中国人容易犯的 1500 个语言错误

文若愚 ——— 编著

江西美术出版社
全国百佳出版单位

图书在版编目（CIP）数据

中国人容易犯的1500个语言错误 / 文若愚编著. -- 南昌:江西美术出版社, 2019.2
ISBN 978-7-5480-6524-1

Ⅰ.①中… Ⅱ.①文… Ⅲ.①汉语—基本知识 Ⅳ.①H1

中国版本图书馆CIP数据核字（2018）第278835号

出 品 人：周建森
企 划：北京江美长风文化传播有限公司
责任编辑：楚天顺　朱鲁巍　　策划编辑：朱鲁巍
责任印刷：谭　勋　　　　　　封面设计：施凌云

中国人容易犯的1500个语言错误　　文若愚　编著

出　　版：江西美术出版社
社　　址：南昌市子安路 66 号　　邮编：330025
网　　址：http://www.jxfinearts.com
电子信箱：jxms@jxfinearts.com
电　　话：010-82093785　　0791-86566124
发　　行：010-58815874
经　　销：全国新华书店
印　　刷：北京德富泰印务有限公司
版　　次：2019 年 2 月第 1 版
印　　次：2019 年 2 月第 1 次印刷
开　　本：889mm × 1194mm　1/32
印　　张：25.25
I S B N：978-7-5480-6524-1
定　　价：39.80 元

本书由江西美术出版社出版。未经出版者书面许可，不得以任何方式抄袭、复制或节录本书的任何部分。
版权所有，侵权必究
本书法律顾问：江西豫章律师事务所　晏辉律师

前言
PREFACE

　　语言是人们必不可少的交际工具，熟练运用语言是社会对人们的要求，也是每个人都应具备的一项能力。如果把语言比作一幢高楼，字词句便是搭建语言大厦不可或缺的建筑材料。无论是口语还是书面语，都是由各种形式的句子组成，各类性质的词则是每个句子的组成部件，词又是由字建构而成。字，是词的基础；词，是句的基础；句，是语言的基础。字词句之间的联系密不可分，同时它们又自成体系，各具特点，义项众多。准确是对使用语言的最基本要求，然而在实际生活中人们往往有些字看似会读实则不会读，有些字看似会写却是错的，有些词大家经常用实则不符合语言规范……

　　使用语言文字的水平如何，是一个人文化素质高低的表现。应试中的一个语言错误就可能影响你的分数，而不被录取；签订合同时的一个语言错误就可能给公司造成巨大经济损失，影响晋升甚至让你丢了工作；领导讲话、做报告、公开发言时出现语言错误，不仅自毁形象，而且影响工作的开展甚至动摇地位；面向公众的媒体出现语言错误，不仅惹人笑话，而且误导受众。各种语言错误看似不经意，却影响重大、后果严重。

　　这是一本从错误入手、帮你避免语言错误的实用工具书。全书分为"词义误用""词语混淆""褒贬不当""用错对象""语法错误""修辞错误""逻辑错误"等篇，编者根据中国人日常交往的实际需要，列举了工作、社交和家庭等不同场合中人们常用且误用率较高的1500个语言错误，并引用了一些媒体上出现的病句，寻根溯源，旁征博引，揭示组织语句的基本规律，讲解语法、修辞、逻辑等方面的基本知识，全方位、多角度分析语言出错的原因；学术性、现实性、通俗性达到有效结合，通过对具体的情景形象地分析，举一反三，帮助读者杜绝类似错误的发生。同时，书中还总结了不同场景中应注意的语言规则，为读者提供借鉴。书中版块设计针对性强，简洁明了，先以"例句"形式举出错误，再有针对性地进行分析、辨异，指出正确用法，最后以"特别提示"扩大知识视野，帮助读者触类旁通。

　　本书既重视实用价值，又突出了文化内涵，内容全面，查阅方便，帮你快速提高语言修养，在应试、工作、发言、社交中不再犯错，在人生的各个方面都得心应手。

目录
CONTENTS

第一篇　词义误用

1. 哀艳 2
2. 爱抚 2
3. 拗口 3
4. 拔高 3
5. 拨冗 4
6. 报刊 4
7. 饱受 5
8. 表象 5
9. 播发 6
10. 不日 6
11. 不治 7
12. 惨案 7
13. 草纸 8
14. 蝉联 9
15. 缠绵 9
16. 长跪 10
17. 承接 10
18. 传闻 11
19. 绰约 11
20. 此间 12
21. 打发 12
22. 导致 13
23. 盗汗 13
24. 低迷 14
25. 点缀 14
26. 喋血 15
27. 端倪 16
28. 方圆 16
29. 扶正 17
30. 和顺 17
31. 贺岁 18
32. 后期 19
33. 后果 19
34. 呼吁 20
35. 花费 20
36. 化为 21
37. 恍惚 21
38. 恍然 22
39. 毁誉 22
40. 会师 23
41. 跻身 23
42. 加剧 24

43. 寂寥 24	73. 偏安 41
44. 艰涩 25	74. 喷薄 41
45. 僭越 25	75. 七夕 42
46. 浇漓 26	76. 栖身 42
47. 经受 27	77. 器重 43
48. 惊悉 27	78. 清理 43
49. 净身 28	79. 取缔 44
50. 久违 28	80. 劝酒 44
51. 俊俏 29	81. 劝架 45
52. 可望 29	82. 认领 45
53. 克制 30	83. 冗长 46
54. 口舌 31	84. 日前 46
55. 劳燕 31	85. 三甲 47
56. 滥觞 32	86. 善后 47
57. 狼烟 32	87. 深切 48
58. 炼狱 33	88. 事件 48
59. 恋栈 33	89. 手笔 49
60. 料峭 34	90. 率领 49
61. 漏网 34	91. 率先 50
62. 履历 35	92. 私自 50
63. 履新 35	93. 同比 51
64. 缅怀 36	94. 胴体 51
65. 目前 36	95. 推卸 52
66. 囊括 37	96. 推延 52
67. 内讧 38	97. 斡旋 53
68. 年代 38	98. 问鼎 53
69. 捏造 39	99. 物化 54
70. 扭转 39	100. 先例 54
71. 派遣 40	101. 现存 55
72. 培养 40	102. 消受 55

103. 谢罪 56	133. 不归路 71
104. 杏林 56	134. 成名曲 71
105. 修改 57	135. 橄榄枝 72
106. 须发 57	136. 灰姑娘 73
107. 逊言 58	137. 上下班 73
108. 一并 58	138. 烹小鲜 74
109. 屹立 59	139. 手把手 74
110. 依偎 59	140. 殊不知 75
111. 引申 60	141. 无间道 75
112. 油然 60	142. 想当然 76
113. 有望 61	143. 哀而不伤 76
114. 郁结 61	144. 安步当车 77
115. 遇难 62	145. 安之若素 77
116. 云集 62	146. 白云苍狗 78
117. 造访 63	147. 班门弄斧 79
118. 造就 63	148. 半推半就 79
119. 造诣 64	149. 包罗万象 80
120. 榨取 64	150. 抱残守缺 80
121. 长势 65	151. 杯弓蛇影 81
122. 折桂 65	152. 筚路蓝缕 82
123. 政策 66	153. 闭门造车 82
124. 之后 66	154. 敝帚自珍 83
125. 致仕 67	155. 兵不血刃 83
126. 助长 67	156. 不耻下问 84
127. 专家 68	157. 不揣冒昧 84
128. 追究 68	158. 不寒而栗 85
129. 子女 69	159. 不胫而走 85
130. 自称 69	160. 不绝如缕 86
131. 泼冷水 70	161. 不可开交 86
132. 不动产 70	162. 不可理喻 87

163. 不可一世 87	193. 穿云裂石 104
164. 不堪回首 88	194. 唇齿相依 104
165. 不堪设想 89	195. 猝不及防 105
166. 不刊之论 89	196. 大而化之 106
167. 不落窠臼 90	197. 大方之家 106
168. 不尽人意 90	198. 大快人心 107
169. 不偏不倚 91	199. 箪食壶浆 107
170. 不期而遇 91	200. 灯火阑珊 108
171. 不忍卒读 92	201. 登堂入室 108
172. 不甚了了 93	202. 等量齐观 109
173. 不瘟不火 93	203. 颠扑不破 110
174. 不虞之事 94	204. 鼎力相助 110
175. 不知所云 94	205. 鼎足而立 111
176. 不足为训 95	206. 洞若观火 111
177. 不足为奇 95	207. 独步天下 112
178. 惨淡经营 96	208. 对簿公堂 113
179. 草木皆兵 96	209. 咄咄逼人 113
180. 侧目而视 97	210. 耳濡目染 114
181. 曾几何时 98	211. 耳提面命 114
182. 差强人意 98	212. 繁文缛节 115
183. 长袖善舞 99	213. 罚不当罪 116
184. 长治久安 99	214. 犯而不校 116
185. 尘埃落定 100	215. 方枘圆凿 117
186. 成千上万 100	216. 风餐露宿 117
187. 尺短寸长 101	217. 风口浪尖 118
188. 重蹈覆辙 101	218. 风声鹤唳 118
189. 充耳不闻 102	219. 浮光掠影 119
190. 出神入化 102	220. 釜底抽薪 119
191. 楚楚可怜 103	221. 负隅顽抗 120
192. 触目惊心 103	222. 高高在上 120

223. 高山流水 121
224. 高谈阔论 121
225. 盖棺论定 122
226. 高屋建瓴 123
227. 隔岸观火 123
228. 各行其是 124
229. 耿耿于怀 124
230. 狗尾续貂 125
231. 刮目相看 125
232. 光明磊落 126
233. 瓜田李下 126
234. 鬼斧神工 127
235. 汗牛充栋 128
236. 好高骛远 128
237. 浩如烟海 129
238. 好为人师 129
239. 和盘托出 130
240. 轰轰烈烈 131
241. 后起之秀 131
242. 涣然冰释 132
243. 黄发垂髫 132
244. 绘声绘色 133
245. 活灵活现 133
246. 火中取栗 134
247. 祸起萧墙 134
248. 豁然开朗 135
249. 鸡鸣狗盗 135
250. 集思广益 136
251. 计日程功 137
252. 既往不咎 137

253. 驾轻就熟 138
254. 间不容发 138
255. 剪烛西窗 139
256. 箭在弦上 140
257. 佶屈聱牙 140
258. 金针度人 141
259. 进退维谷 141
260. 近在咫尺 142
261. 噤若寒蝉 142
262. 敬谢不敏 143
263. 久假不归 144
264. 具体而微 144
265. 开门见山 145
266. 慷慨解囊 145
267. 空穴来风 146
268. 狼狈为奸 146
269. 乐此不疲 147
270. 冷若冰霜 148
271. 李代桃僵 148
272. 礼尚往来 149
273. 良莠不齐 149
274. 鳞次栉比 150
275. 羚羊挂角 150
276. 寥若晨星 151
277. 屡试不爽 152
278. 洛阳纸贵 152
279. 络绎不绝 153
280. 眉来眼去 153
281. 每况愈下 154
282. 美轮美奂 155

283. 面如土色	155		313. 人面桃花	172
284. 妙手回春	156		314. 仁者见仁	173
285. 摩肩接踵	156		315. 忍辱负重	173
286. 目不窥园	157		316. 忍无可忍	174
287. 木人石心	157		317. 日理万机	174
288. 目无全牛	158		318. 容光焕发	175
289. 拍案而起	159		319. 如雷贯耳	175
290. 拍手称快	159		320. 如聆謦欬	176
291. 抛砖引玉	160		321. 如履薄冰	177
292. 蓬荜生辉	160		322. 如沐春风	177
293. 披肝沥胆	161		323. 三长两短	178
294. 平分秋色	161		324. 三人成虎	178
295. 萍水相逢	162		325. 色厉内荏	179
296. 扑朔迷离	162		326. 山高水长	180
297. 期期艾艾	163		327. 上下其手	180
298. 七手八脚	164		328. 设身处地	181
299. 七月流火	164		329. 深文周纳	181
300. 千虑一得	165		330. 莘莘学子	182
301. 巧夺天工	165		331. 身临其境	182
302. 轻车简从	166		332. 身无长物	183
303. 轻而易举	166		333. 甚嚣尘上	183
304. 蜻蜓点水	167		334. 生死攸关	184
305. 倾国倾城	167		335. 师出无名	185
306. 情不自禁	168		336. 师心自用	185
307. 请君入瓮	168		337. 失之交臂	186
308. 茕茕孑立	169		338. 时不我待	186
309. 求全责备	170		339. 十室九空	187
310. 推梨让枣	170		340. 势如破竹	188
311. 人浮于事	171		341. 首当其冲	188
312. 人满为患	172		342. 首鼠两端	189

343. 受宠若惊 189	373. 信笔涂鸦 207
344. 疏而不漏 190	374. 休戚与共 208
345. 四郊多垒 191	375. 休养生息 209
346. 岁月蹉跎 191	376. 秀色可餐 209
347. 醍醐灌顶 192	377. 虚怀若谷 210
348. 天伦之乐 192	378. 嘘唏不已 210
349. 铤而走险 193	379. 栩栩如生 211
350. 投鼠忌器 194	380. 循序渐进 211
351. 投桃报李 194	381. 义无反顾 212
352. 退避三舍 195	382. 偃旗息鼓 213
353. 万劫不复 195	383. 阳春白雪 213
354. 万马齐喑 196	384. 扬汤止沸 213
355. 万人空巷 196	385. 一蹴而就 214
356. 望洋兴叹 197	386. 一饭千金 215
357. 望其项背 197	387. 一干二净 215
358. 微言大义 198	388. 一寒如此 216
359. 危言危行 199	389. 一挥而就 216
360. 惟妙惟肖 199	390. 一见如故 217
361. 味如鸡肋 200	391. 一毛不拔 217
362. 文不加点 201	392. 一念之差 218
363. 无家可归 201	393. 一拍即合 218
364. 无可厚非 202	394. 一丝不苟 219
365. 无可非议 202	395. 一言九鼎 219
366. 五风十雨 203	396. 遗老遗少 220
367. 舞文弄墨 203	397. 以耳代目 221
368. 洗心革面 204	398. 以邻为壑 221
369. 下里巴人 205	399. 以身试法 222
370. 宵衣旰食 205	400. 因人成事 222
371. 行云流水 206	401. 寅吃卯粮 223
372. 心有余悸 207	402. 引而不发 224

403. 有教无类 …… 224	409. 炙手可热 …… 227
404. 有口无心 …… 225	410. 众望所归 …… 228
405. 玉石俱焚 …… 225	411. 捉襟见肘 …… 228
406. 缘木求鱼 …… 226	412. 卓尔不群 …… 229
407. 自食其果 …… 226	413. 字里行间 …… 229
408. 振聋发聩 …… 227	414. 左右逢源 …… 230

第二篇 词语混淆

1. 爱戴—爱护 …… 232	21. 变换—变幻 …… 243
2. 安葬—埋葬 …… 232	22. 变异—变易 …… 244
3. 黯淡—暗淡 …… 233	23. 标识—标志 …… 245
4. 懊恼—懊悔 …… 233	24. 表彰—表扬 …… 245
5. 败露—暴露 …… 234	25. 病历—病例 …… 246
6. 板式—版式 …… 235	26. 不耻—不齿 …… 246
7. 包含—包涵 …… 235	27. 不防—不妨 …… 247
8. 暴发—爆发 …… 236	28. 不合—不和 …… 248
9. 报道—报到 …… 236	29. 不利—不力 …… 248
10. 报复—抱负 …… 237	30. 不祥—不详 …… 249
11. 报怨—抱怨 …… 238	31. 不肖—不孝 …… 249
12. 悲哀—悲恸 …… 238	32. 不只—不止 …… 250
13. 本原—本源 …… 239	33. 部署—部属 …… 250
14. 本义—本意 …… 239	34. 猜忌—猜疑 …… 251
15. 笔资—稿费 …… 240	35. 财政—财务 …… 252
16. 庇护—袒护 …… 241	36. 采取—采用 …… 252
17. 必须—必需 …… 241	37. 采撷—采摘 …… 253
18. 鞭笞—鞭策 …… 242	38. 灿然—粲然 …… 253
19. 边境—边界 …… 242	39. 苍茫—苍莽 …… 254
20. 编撰—编纂 …… 243	40. 苍穹—天空 …… 255

41. 查询—查寻 255	71. 淡泊—淡薄 272
42. 搀和—掺和 256	72. 到达—达到 272
43. 孱弱—瘦弱 256	73. 诞辰—生日 273
44. 常年—长年 257	74. 诞辰—诞生 274
45. 沉静—沉寂 257	75. 得宜—得益 274
46. 陈述—陈诉 258	76. 登陆—登录 275
47. 称颂—称赞 258	77. 地力—地利 275
48. 呈现—呈献 259	78. 缔造—建造 276
49. 成心—诚心 260	79. 典范—典型 277
50. 成就—成绩 260	80. 典雅—高雅 277
51. 迟缓—弛缓 261	81. 掉转—调转 278
52. 充分—充足 261	82. 渡过—度过 278
53. 充斥—充溢 262	83. 对换—兑换 279
54. 酬谢—报答 262	84. 堕落—坠落 279
55. 出笼—出炉 263	85. 敦厚—厚实 280
56. 出生—出身 264	86. 讹传—讹舛 280
57. 处事—处世 264	87. 额外—格外 281
58. 处治—处置 265	88. 发奋—发愤 281
59. 传颂—传诵 265	89. 发扬—发挥 282
60. 舛误—错误 266	90. 发泄—宣泄 283
61. 创建—创见 266	91. 法治—法制 283
62. 淳厚—醇厚 267	92. 凡响—反响 284
63. 纯美—醇美 267	93. 反应—反映 284
64. 词汇—词语 268	94. 范围—领域 285
65. 磁器—瓷器 268	95. 妨害—妨碍 286
66. 次序—秩序 269	96. 仿造—仿照 286
67. 窜改—篡改 270	97. 飞跃—飞越 287
68. 措施—办法 270	98. 废黜—废除 287
69. 大义—大意 271	99. 废置—废止 288
70. 胆略—胆量 271	100. 分辩—分辨 288

101. 纷纭—纷纷 ………… 289	131. 合拢—合龙 ………… 306
102. 否决—否定 ………… 289	132. 洪大—宏大 ………… 307
103. 肤浅—浮浅 ………… 290	133. 囫囵—囵囵 ………… 307
104. 伏法—服法 ………… 291	134. 忽然—突然 ………… 308
105. 服饰—服装 ………… 291	135. 花序—花絮 ………… 308
106. 扶植—扶持 ………… 292	136. 化装—化妆 ………… 309
107. 抚养—扶养 ………… 292	137. 荒乱—慌乱 ………… 310
108. 父辈—父亲 ………… 293	138. 汇合—会合 ………… 310
109. 富裕—富余 ………… 293	139. 回还—回环 ………… 311
110. 刚刚—刚才 ………… 294	140. 霍然—豁然 ………… 311
111. 割断—隔断 ………… 294	141. 机体—肌体 ………… 312
112. 各别—个别 ………… 295	142. 即将—将来 ………… 312
113. 公布—颁布 ………… 296	143. 羁留—稽留 ………… 313
114. 攻读—工读 ………… 296	144. 亟待—急待 ………… 314
115. 工夫—功夫 ………… 297	145. 集结—结集 ………… 314
116. 工效—功效 ………… 297	146. 汲取—记取—吸取 …… 315
117. 公证—公正 ………… 298	147. 记录—纪录 ………… 315
118. 供献—贡献 ………… 299	148. 纪念—记念 ………… 316
119. 勾通—沟通 ………… 299	149. 纪事—记事 ………… 317
120. 故居—旧居 ………… 300	150. 简直—几乎 ………… 317
121. 顾忌—顾及 ………… 300	151. 尖利—尖厉 ………… 318
122. 怪癖—怪僻 ………… 301	152. 检察—检查 ………… 318
123. 关于—对于 ………… 301	153. 俭朴—简朴 ………… 319
124. 贯串—贯穿 ………… 302	154. 坚韧—坚忍 ………… 319
125. 灌注—贯注 ………… 303	155. 交代—交待 ………… 320
126. 规划—计划 ………… 303	156. 焦点—交点 ………… 321
127. 鬼怪—诡怪 ………… 304	157. 骄纵—娇纵 ………… 321
128. 国是—国事 ………… 304	158. 校正—矫正 ………… 322
129. 过渡—过度 ………… 305	159. 结合—接合 ………… 322
130. 核计—合计 ………… 306	160. 节俭—节减 ………… 323

161. 结余—节余 …… 324	191. 留传—流传 …… 340
162. 截止—截至 …… 324	192. 流丽—流利 …… 341
163. 界限—界线 …… 325	193. 曼延—蔓延 …… 341
164. 竟然—果然 …… 325	194. 勉力—勉励 …… 342
165. 经济—经纪 …… 326	195. 面市—面世 …… 342
166. 精练—精炼 …… 327	196. 名义—名誉 …… 343
167. 旌旗—锦旗 …… 327	197. 牟取—谋取 …… 344
168. 精心—经心 …… 328	198. 沐浴—洗澡 …… 344
169. 惊慌—惊惶 …… 328	199. 偶然—偶尔 …… 345
170. 精制—精致 …… 329	200. 年青—年轻 …… 345
171. 局促—急促 …… 329	201. 配制—配备 …… 346
172. 局面—场面 …… 330	202. 批阅—披阅 …… 347
173. 举荐—推荐 …… 330	203. 品味—品位 …… 347
174. 剧变—巨变 …… 331	204. 破坏—损坏 …… 348
175. 卷曲—蜷曲 …… 331	205. 歧异—歧义 …… 348
176. 看中—看重 …… 332	206. 其间—期间 …… 349
177. 考察—考查 …… 332	207. 企求—乞求 …… 350
178. 拷问—考问 …… 333	208. 启示—启事 …… 350
179. 扣压—扣押 …… 334	209. 起用—启用 …… 351
180. 宽待—宽贷 …… 334	210. 气候—天气 …… 351
181. 辣手—棘手 …… 335	211. 墙角—墙脚 …… 352
182. 拉拢—笼络 …… 335	212. 切忌—切记 …… 352
183. 老道—老到 …… 336	213. 切实—确实 …… 353
184. 历程—里程 …… 336	214. 情节—情结 …… 353
185. 厉害—利害 …… 337	215. 驱除—祛除 …… 354
186. 莅临—光临 …… 337	216. 权力—权利 …… 354
187. 莅临—亲临 …… 338	217. 劝诫—劝解 …… 355
188. 联接—联结 …… 338	218. 人士—人氏 …… 356
189. 邻近—临近 …… 339	219. 溶化—融化 …… 356
190. 吝啬—小气 …… 339	220. 搔痒—瘙痒 …… 357

221. 沙眼—砂眼 357	251. 体裁—题材 374
222. 擅长—善于 358	252. 体型—体形 374
223. 商榷—商量 359	253. 通讯—通信 375
224. 上映—上演 359	254. 统帅—统率 376
225. 深沉—深刻 360	255. 凸显—突显 376
226. 神话—神化 360	256. 推托—推脱 377
227. 神智—神志 361	257. 蜕化—退化 378
228. 胜地—圣地 361	258. 万万—千万 378
229. 时世—时势 362	259. 挽留—挽回 379
230. 施行—实行 363	260. 枉顾—罔顾 379
231. 食言—失言 363	261. 危难—危急 380
232. 实足—十足 364	262. 为了—因为 380
233. 试验—实验 364	263. 委曲—委屈 381
234. 嗜好—爱好 365	264. 无愧—不愧 381
235. 侍候—伺候 365	265. 无理—无礼 382
236. 势利—势力 366	266. 无谓—无所谓 382
237. 首犯—初犯 366	267. 无疑—无遗 383
238. 收集—搜集 367	268. 武断—果断 383
239. 受权—授权 367	269. 习用—袭用 384
240. 受益—收益 368	270. 现行—现形 384
241. 竖立—树立 368	271. 协调—和谐 385
242. 书写—抒写 369	272. 泄露—泄漏 385
243. 熟习—熟悉 369	273. 心律—心率 386
244. 属下—下属 370	274. 心酸—辛酸 387
245. 水力—水利 370	275. 行迹—形迹 387
246. 说和—说合 371	276. 醒悟—省悟 388
247. 搜缴—收缴 372	277. 修养—休养 389
248. 逃生—得救 372	278. 修整—休整 389
249. 提词—题词 373	279. 徐徐—慢慢 390
250. 题名—提名 373	280. 玄乎—悬乎 390

281. 学历—学力 ………… 391
282. 殉情—徇情 ………… 391
283. 一齐——起 ………… 392
284. 一向——贯 ………… 393
285. 窈窕—苗条 ………… 393
286. 湮没—淹没 ………… 394
287. 意气—义气 ………… 394
288. 屹然—毅然 ………… 395
289. 意谓—意味 ………… 395
290. 异议—疑义 ………… 396
291. 隐讳—隐晦 ………… 396
292. 引荐—引见 ………… 397
293. 营利—盈利 ………… 397
294. 应急—紧急 ………… 398
295. 幽雅—优雅 ………… 398
296. 优遇—优裕 ………… 399
297. 原件—元件 ………… 399
298. 原配—原装 ………… 400
299. 原形—原型 ………… 400
300. 缘于—源于 ………… 401
301. 云云—芸芸 ………… 402
302. 运行—运营 ………… 402
303. 择要—摘要 ………… 403
304. 振动—震动 ………… 403
305. 正轨—正规 ………… 404
306. 肢解—支解 ………… 405
307. 指使—支使 ………… 405
308. 制定—制订 ………… 406
309. 钟情—衷情 ………… 406
310. 终生—终身 ………… 407

311. 忠心—衷心 ………… 408
312. 中止—终止 ………… 408
313. 自恃—自持 ………… 409
314. 自治—自制 ………… 409
315. 总览—纵览 ………… 410
316. 专程—专诚 ………… 410
317. 捉笔—捉刀 ………… 411
318. 卓见—灼见 ………… 412
319. 琢磨—捉摸 ………… 412
320. 阻击—狙击 ………… 413
321. 作客—做客 ………… 413
322. 红灯区—亮红灯 ………… 414
323. 百家争鸣—百花齐放 ………… 415
324. 应接不暇—目不暇接 ………… 415
325. 功亏一篑—前功尽弃 ………… 416
326. 另眼相看—刮目相看 ………… 416
327. 不孚众望—不负众望 ………… 417
328. 不谋而合—不约而同 ………… 418
329. 不以为然—不以为意 ………… 418
330. 形影相吊—形影不离 ………… 419
331. 无所不至—无微不至 ………… 419
332. 耸人听闻—骇人听闻 ………… 420
333. 信口雌黄—信口开河 ………… 420
334. 侃侃而谈—夸夸其谈 ………… 421
335. 一文不名—一文不值 ………… 422
336. 不胜其烦—不厌其烦 ………… 422
337. 鱼目混珠—鱼龙混杂 ………… 423
338. 改弦更张—改弦易辙 ………… 423
339. 望尘莫及—鞭长莫及 ………… 424

第三篇　褒贬不当

1. 昂贵 ………………… 426
2. 霸占 ………………… 426
3. 包藏 ………………… 427
4. 曝光 ………………… 427
5. 辈出 ………………… 428
6. 沉溺 ………………… 428
7. 大肆 ………………… 429
8. 胆敢 ………………… 429
9. 活跃 ………………… 430
10. 机警 ………………… 430
11. 伎俩 ………………… 431
12. 面孔 ………………… 431
13. 末日 ………………… 432
14. 清算 ………………… 432
15. 轻松 ………………… 433
16. 染指 ………………… 434
17. 煽动 ………………… 434
18. 恣恿 ………………… 435
19. 效尤 ………………… 435
20. 心怀 ………………… 436
21. 行径 ………………… 437
22. 熏染 ………………… 437
23. 迎合 ………………… 438
24. 涌现 ………………… 438
25. 圆滑 ………………… 439
26. 赞美 ………………… 440

27. 茁壮 ………………… 440
28. 恣睢 ………………… 441
29. 恣意 ………………… 441
30. 丧家狗 ……………… 442
31. 私下里 ……………… 442
32. 半斤八两 …………… 443
33. 抱头鼠窜 …………… 443
34. 暴虎冯河 …………… 444
35. 别具匠心 …………… 445
36. 不可告人 …………… 445
37. 重整旗鼓 …………… 446
38. 臭味相投 …………… 446
39. 处心积虑 …………… 447
40. 蠢蠢欲动 …………… 447
41. 大放厥词 …………… 448
42. 殚精竭虑 …………… 448
43. 当机立断 …………… 449
44. 道貌岸然 …………… 449
45. 顶礼膜拜 ………… 450
46. 东窗事发 …………… 451
47. 方兴未艾 …………… 451
48. 费尽心机 …………… 452
49. 粉墨登场 …………… 452
50. 凤毛麟角 …………… 453
51. 附庸风雅 …………… 453
52. 改头换面 …………… 454

53. 管窥蠡测 454
54. 过江之鲫 455
55. 邯郸学步 455
56. 含沙射影 456
57. 虎视眈眈 457
58. 极尽……能事 457
59. 见风使舵 458
60. 卷土重来 458
61. 连篇累牍 459
62. 满城风雨 459
63. 面目全非 460
64. 名不虚传 461
65. 明目张胆 461
66. 名噪一时 462
67. 匹夫之勇 462
68. 评头论足 463
69. 奇文共赏 463
70. 气急败坏 464
71. 巧舌如簧 465
72. 倾巢而出 465
73. 罄竹难书 466
74. 趋之若鹜 466
75. 如丧考妣 467
76. 如数家珍 467
77. 如蚁附膻 468
78. 上行下效 468
79. 神机妙算 469
80. 拾人牙慧 469
81. 始作俑者 470

82. 守株待兔 471
83. 顺水推舟 471
84. 随声附和 472
85. 叹为观止 472
86. 弹冠相庆 473
87. 天花乱坠 474
88. 同心同德 474
89. 推波助澜 475
90. 蔚然成风 475
91. 无独有偶 476
92. 无以复加 476
93. 无所不为 477
94. 心劳日拙 478
95. 胸无城府 478
96. 虚张声势 479
97. 煊赫一时 479
98. 寻章摘句 480
99. 咬文嚼字 480
100. 衣冠楚楚 481
101. 一丘之貉 481
102. 一团和气 482
103. 有口皆碑 482
104. 雨后春笋 483
105. 与时俱进 483
106. 沾沾自喜 484
107. 振振有词 484
108. 置之度外 485
109. 擢发难数 486
110. 装腔作势 486

目录 / 15

第四篇 用错对象

1. 安放 488
2. 按捺 488
3. 暗自 489
4. 饱满 489
5. 保存 490
6. 保护 490
7. 拜读 491
8. 拜访 491
9. 败坏 492
10. 鄙人 492
11. 厕身 493
12. 创始 494
13. 垂询 494
14. 淡漠 495
15. 悼亡 495
16. 嫡亲 495
17. 恩师 496
18. 贰臣 496
19. 耳顺 497
20. 芳邻 497
21. 芳心 498
22. 府上 499
23. 斧正 499
24. 夫君 500
25. 供认 500
26. 公民 501
27. 古稀 501
28. 官方 502
29. 光顾 502
30. 国人 503
31. 孩提 504
32. 寒舍 504
33. 后裔 505
34. 惠赠 505
35. 留步 506
36. 孪童 506
37. 落得 507
38. 家偅 507
39. 监护 508
40. 减免 509
41. 届满 509
42. 金兰 510
43. 紧缩 510
44. 晋升 511
45. 敬启 511
46. 令尊 512
47. 魁梧 513
48. 难友 513
49. 弄璋（弄瓦） 514
50. 化离 514
51. 乔迁 515
52. 亲生 516

53. 鹊桥 ………………………… 516	83. 豆蔻年华 ………………………… 532
54. 任免 ………………………… 517	84. 闺中密友 ………………………… 533
55. 弱冠 ………………………… 517	85. 国色天香 ………………………… 534
56. 抒发 ………………………… 518	86. 河东狮吼 ………………………… 534
57. 填房 ………………………… 518	87. 红颜知己 ………………………… 535
58. 忝列 ………………………… 519	88. 环肥燕瘦 ………………………… 535
59. 翁婿 ………………………… 519	89. 黄发垂髫 ………………………… 536
60. 下榻 ………………………… 520	90. 见仁见智 ………………………… 536
61. 先父 ………………………… 520	91. 精神矍铄 ………………………… 537
62. 乡愿 ………………………… 521	92. 举案齐眉 ………………………… 537
63. 享年 ………………………… 521	93. 老气横秋 ………………………… 538
64. 笑纳 ………………………… 522	94. 满目疮痍 ………………………… 539
65. 义女 ………………………… 523	95. 眉飞色舞 ………………………… 539
66. 沿用 ………………………… 523	96. 藕断丝连 ………………………… 540
67. 夭折 ………………………… 524	97. 破镜重圆 ………………………… 540
68. 英俊 ………………………… 524	98. 秦晋之好 ………………………… 541
69. 羽化 ………………………… 525	99. 青梅竹马 ………………………… 542
70. 针对 ………………………… 525	100. 情同手足 ………………………… 542
71. 知命 ………………………… 526	101. 人老珠黄 ………………………… 543
72. 拙作 ………………………… 526	102. 石破天惊 ………………………… 543
73. 并蒂莲 ……………………… 527	103. 天作之合 ………………………… 544
74. 绿帽子 ……………………… 527	104. 脱颖而出 ………………………… 544
75. 青少年 ……………………… 528	105. 先斩后奏 ………………………… 545
76. 赡养费 ……………………… 528	106. 小鸟依人 ………………………… 546
77. 未亡人 ……………………… 529	107. 相敬如宾 ………………………… 546
78. 忘年交 ……………………… 530	108. 相濡以沫 ………………………… 547
79. 小动作 ……………………… 530	109. 香消玉殒 ………………………… 547
80. 主人公 ……………………… 531	110. 言听计从 ………………………… 548
81. 比翼双飞 …………………… 531	111. 嫣然一笑 ………………………… 549
82. 长命富贵 …………………… 532	112. 英年早逝 ………………………… 549

113. 玉树临风 550

第五篇 语法错误

词类误用

名词的误用 552

1. 板砖 552
2. 裨益 552
3. 别扭 553
4. 禀赋 553
5. 操守 554
6. 称谓 554
7. 耻辱 555
8. 创伤 556
9. 此行 556
10. 诞辰 557
11. 分野 558
12. 共识 558
13. 故障 559
14. 结晶 559
15. 讲座 560
16. 纠葛 560
17. 女人 561
18. 亲情 562
19. 荣誉 562
20. 收益 563
21. 缩影 563
22. 外遇 564

23. 义愤 564
24. 阴霾 565
25. 忧患 565
26. 责编 566
27. 智慧 566
28. 高风亮节 567
29. 花容月貌 567
30. 文韬武略 568
31. 衣冠禽兽 569

动词的误用 569

32. 拜会 569
33. 道歉 570
34. 发生 571
35. 进取 571
36. 冷藏 572
37. 威慑 572
38. 享受 573
39. 障碍 573
40. 致意 574
41. 滞后 574
42. 重创 575
43. 主持 575
44. 钻研 576
45. 出奇制胜 576

46. 墨守成规 577

形容词的误用 577

47. 肮脏 577
48. 费解 578
49. 活跃 578
50. 强壮 579
51. 亲爱 580
52. 乌合 580
53. 幸福 580
54. 足够 581
55. 做作 582
56. 沉甸甸 582
57. 龙飞凤舞 583

数词、量词的误用 583

58. "二"与"两" 583
59. "俩"和"仨" 584
60. "增长到"和"增长了" ... 584
61. "减少"和"降低" 585
62. 概数和约数的叠用 585

代词的误用 586

63. 几许 586
64. "本"与"该" 587
65. 你、我、他 587
66. 其 588
67. 这里、那里 588

副词的误用 589

68. 常常 589
69. 多重否定 590

70. 反而 590
71. 更 591
72. "没有"和"不" 592
73. 强行 592
74. 稍微 593
75. 相当 593
76. 亦 594

介词的误用 595

77. 关于与对于 595
78. 在 595

连词的误用 596

79. 和 596
80. "和"与"或" 597
81. 或者 598
82. 而 598
83. 况且与何况 599
84. 尽管……也 600
85. 既然……因此就 601
86. 首先要……，然后要…… 602

助词的误用 603

87. 的、地、得 603
88. 着、了、过 604

语义重复

89. 波及到 605
90. 不良陋习 606
91. 亲自操刀 606
92. 再次重返 607
93. 个人私事 607

94. 公诸于众 608	123. 首开先河 623
95. 出乎意料之外 608	124. 国外舶来品 623
96. 屋子里家徒四壁 609	125. 令人堪忧 624
97. 是……的好楷模 609	126. 凯旋而归 624
98. 明目张胆……公然…… 610	127. 望眼欲穿的眼睛 ... 625
99. 化疗治疗 610	128. 亲眼目睹 626
100. 处罚处理 611	129. 亲自…… 626
101. 目前……已于昨日…… 611	130. 带妆彩排 627
102. 不仅违法，也违反了相关的法律法规 612	131. 免费赠送 627
	132. 一天天地日臻完善 ... 628
103. 在……的重视和关注下 ... 612	133. 立刻顿悟 628
104. 各参半 613	134. 第一部处女作 629
105. 然后……然后…… 613	135. 第一桂冠 629
106. 一些个别 614	136. 最早的渊源 630
107. 包含有…… 614	137. 提出质疑 630
108. ……中，其中…… 615	138. 女士坤车 631
109. 并肩一起 615	139. 最近新闻 632
110. 平方顷 616	140. 到就近医院就医 ... 632
111. 因怀念而想起 616	141. 不良陋习 633
112. 精选了集粹 617	142. 这个中 633
113. 水生的长在水里 ... 617	143. 民众们 634
114. 妇孺及年幼之人 ... 618	144. 它其中 634
115. 更加变本加厉 618	145. 高足弟子 635
116. 头上的帽子 619	146. 先后—— 635
117. 星期天的时候 620	147. 百姓民不聊生 636
118. 不必要的浪费 620	148. 灾民哀鸿遍野 636
119. 举行了献花 621	149. 人民生灵涂炭 637
120. 进行投票 621	150. 几天几夜通宵达旦 ... 638
121. 很早就有听说 622	151. 目前的当务之急 ... 638
122. 生活安居乐业 622	152. 妄自菲薄自己 639

153. 书香门第之家 639
154. 忍俊不禁地笑了起来 640
155. 无人驾驶的无人机 640
156. 从未有过的空前 641
157. 白日依然依山尽，黄河还是入海流 641
158. 独自自然一身 642
159. 一声如洪钟般的 643
160. 责无旁贷的责任 643
161. 想尽了千方百计 644
162. 显得相形见绌 644
163. 全身被打得遍体鳞伤 645
164. 难言之隐的苦衷 645
165. 不言而喻的潜台词 646
166. 令人贻笑大方 647
167. 乘风扶摇直上 647
168. 擦亮眼睛拭目以待 648
169. 小处不拘小节 648
170. 受"其的"影响 649
171. 淘汰局外 649
172. 过去曾经 650
173. 正常的事业 650
174. 独特的特征 651
175. 倾向偏重 652
176. 感到……自豪感 652
177. 评为是 653
178. 光怪陆离的怪现象 653
179. 经销或销售 654
180. 天南地北、四面八方 654
181. 虚浮的浮浅 655
182. 过分的溢美之词 655
183. 过虑的想法 656
184. 使自己自卑 656
185. 感到自惭形秽 657

搭配不当

主谓搭配不当 658
186. 本性爆发 658
187. 自行车使用 658
188. 人体标本参加展出 659
189. 工作和设计被采用 659
190. 水质流动 660
191. 文字有一百二十斤重 660
192. 生产量……供应 661
193. 消防车……放弃休假 661
194. 市场严重滞销 662
195. 萧声逡巡 662
196. 俱乐部面有难色 663

主宾搭配不当 663
197. 加强教育是问题 663
198. 米特科也是离异 664
199. 梦幻成泡影 664
200. 珠穆朗玛峰是山坡 665
201. 晋文公成为北方一大强国 665
202. 粮食获得了丰收年 666

动宾搭配不当 666
203. 亲历惊魂 666
204. 停放着生产设备 667

目录 / 21

205. 图书室落座通榆 667
206. 遵守交通安全 668
207. 打开知名度 668
208. 丰富玉米经济 669
209. 娶回新娘子 669
210. 遭受质疑甚至是非 669
211. 嫌弃我母亲不生男孩 670
212. 加快规模 670
213. 打造古都 671
214. 手、耳也"开窍" 671
215. 戴上紧箍咒 672
216. 一人献血，全家享用 672
217. 有效改善时间 673
218. 女人的问题女人办 673
219. 看到乡音、笑声 674
220. 努力学习，保卫国防 674
221. 宰杀、解剖、切割牛羊的肉 675
222. 找工作的艰辛，我们愿分享 676
223. 塑造力量 676
224. 揭发黑幕 677
225. 被签约 677
226. 缓和、改善和发展两岸局势和关系 678

结构杂糅

227. 不必治疗也无妨 678
228. 不足二三十 679
229. 非常坚定自己的理念 679

230. 几十个学生们 680
231. 作者是……合写的 680
232. 被……把他吵醒了 681
233. 为避免或救护……使之不受损害 681
234. 做好一个受欢迎的辅导员的工作 682
235. 唯她莫属 682
236. 连动 683
237. 目的是为了 683
238. 大多是以……为主 684
239. 大约……左右 684
240. ……的原因是因为 684
241. 平均……以上 685
242. 几乎所有 685
243. 来自于 686
244. "之所以……是因为"和"造成……的原因"杂糅 ... 686
245. 来自在……中 687
246. 能给……有 687
247. 可以……快 687
248. 最厉害之极 688
249. 来自通过 688
250. 根据……看 689
251. 两种句式杂糅 689
252. 叫人糊涂的栏目 690
253. 不恰当的两句并成一句说 691
254. 合二为一的"感觉" 691

255. 把出书热又掀起了一个高潮...... 692
256. 读完了这部小说深深地教育了我...... 692

语序不当

257. 多项并列顺序不合理...... 693
258. 多项修饰语语序不当...... 694
259. "把"字句语序不当...... 694
260. 多重定语语序失当...... 695
261. 主语和状语语序不当...... 695
262. 定语和状语位置颠倒...... 696
263. 被动句式语序不当...... 696
264. 定中语序不当...... 697
265. 主语和宾语语序不当...... 698
266. 多重状语语序不当...... 698
267. 插入语位置不对...... 699
268. 虚词位置不当...... 699

常见复句错误

269. 没有转折关系却用"但"构成转折关系复句...... 700
270. 没有转折关系用"然而"...... 700
271. 没有因果关系却用"因"...... 701
272. 不存在递进关系,却用"也"构成递进关系复句...... 701
273. 毫不相关的句子构成并列关系复句...... 702
274. 颠倒了分句之间的递进关系...... 702
275. 层递关系颠倒...... 703
276. 不按照空间顺序排列分句...... 703
277. 时间顺序颠倒...... 704
278. 条件与结果颠倒...... 704
279. 原因与结果颠倒...... 704
280. 递进关系复句中关联词语搭配不当...... 705
281. 因果关系复句中关联词语搭配不当...... 705
282. 条件关系复句中关联词语搭配不当...... 706

第六篇 修辞错误

语言拉杂

1. 已日渐风行,已形成一种风气...... 708
2. 来来往往、熙熙攘攘,十分热闹...... 708
3. 挫折、困难、种种不顺利...... 709

4. 精心组织，精心指挥，严肃认真，周到细致，稳妥可靠，万无一失 710
5. 从前有座山，山上有个洞 ... 711
6. 用白话说 712
7. 闻所闻而来，见所见而去 712

比喻不伦不类

8. 人体的硬件部位 713
9. 一锅窝头 713
10. 工作紧张……像男人脖子上戴着领带一样 714
11. 人心像煮熟的米饭那样散 715
12. 分裂与统一……犹如鱼与熊掌 715
13. 配颜色……像做化学实验一样 716
14. 像驴子一样勤奋工作 717
15. ……好像一块生铁经过反复锤炼，结果变成了熟铁 717

夸张失实

16. 泪水随风飞舞 718
17. 英国最好的裁缝 718
18. 广州雪花大如席 719
19. 一根豆角……当扁担 720
20. 汗水如喷泉 720

21. 震响万里高原的机器轰隆声 721
22. ……新元素像雨后春笋一样…… 722
23. 关于湿地的定义，汗牛充栋 722
24. 温柔的晓月……会将我烧得体无完肤 723
25. 整个山顶都被打翻了 723

引用不准确

26. 海上升明月 724
27. 语不惊人誓不休 724
28. 秀出于林 725
29. 百金买骏马，千金买美人，万金买高爵，何处买青春？ 726
30. 二十四桥明月夜，波心荡冷月无声 727
31. 高尔基曾经说过…… 727
32. 八戒的个人能力是你三个徒弟里面最差的 728
33. 中国古人说，管理意味着服务 728

滥用文言文

34. 文言请假条 729
35. 告之了日本政府 730
36. 事故甫发生民警速救人 ... 730

第七篇　逻辑错误

概念之间关系混淆

1. 冷水、温水、软水还是硬水 732
2. 鲜菜包括鲜果、香蕉 732
3. 饲养、繁殖蚯蚓等癞蛤蟆喜欢吃的昆虫 733
4. 单位和团体 734
5. 许多作曲家、画家和文艺工作者 734
6. 几种能源，如水、电、煤气等 735
7. 由专家、山东媒体、山东三箭集团等单位组成的 735
8. 报刊、杂志和一切出版物 736
9. 中国驻开普敦大使馆 737
10. 阅读过大量的小说、诗歌、散文以及外国名著 737
11. 球台、球拍、球衣、球鞋等乒乓器材 738
12. 北京、上海、杭州、浙江、江苏等省市的各级领导 739
13. 冷、热饮用更佳 739
14. 学生成了"中性人" 740
15. 硕士生和研究生 741

集合概念误用

16. 公婆张雅晶 741
17. 父母均为双职工 742
18. 有一个子女 742
19. 某词典共收了两万个词汇 743
20. 站满了人群 743
21. 作为一本经济学书籍 744
22. 那一排排、一行行、一树树的桃林 745
23. 要把好大专、院校的收费关 745

数量表述不准确

24. 百旬老妇驾车70余年零事故 746
25. 50至60元上下 746
26. 至少5万元以上的精神赔偿 747
27. 不到5万人左右 748
28. 将近三个多小时 748
29. 两个"王中王" 749
30. 将近十余年 749
31. 最……之一 750
32. 整整高出100多米 751
33. 低三十倍左右 752

34. 糊涂的"翻番" 752
35. 平均文化程度大专以上 ... 753
36. "半个整版"是多少 754
37. "45个"和"第45个" ... 755
38. 24平方米的特大型屏幕 ... 755
39. 贝加尔湖有多大？ 756
40. 秦始皇陵（前247～210年） 757

偷换概念

41. 两个读书，意义不同 758
42. 三个"雪莲"，两个意思 ... 759
43. 思想政治课等于政治素质？ 759
44. 你也在讲话 760

时间先后矛盾

45. 临终前后 761
46. 自古依然 761
47. 海浪真的翻滚了 762
48. 泪流满面的老者生前与死者是什么关系 763
49. 年轻时的近照 763
50. 日前仍在修复中 764
51. 包拯府中悬挂陆游诗句的条幅 764

52. 松赞干布吟诵晚唐诗人的诗句 765
53. 明代小说《中山狼传》引用"毛宝放龟"的典故 766
54. 楚怀王的妃子说自己是"半老徐娘" 766
55. 秦始皇说臣子："你是醉翁之意不在酒啊！" 767
56. 历史从清延续到宋？ 768
57. "当时""现在"有点晕 ... 769
58. 先"付梓"后"著述" ... 770
59. "将于昨日"发放 770

自相矛盾

60. 已经开始学会 771
61. 最后一次见面……重新见到 771
62. 溜达时都会骑车去 772
63. 在电话里母子哭作一团 772
64. 全球现场观众 773
65. 人工栽植的自然林 773
66. 基本爆满 774
67. 一个……一类 775
68. 无法用语言来表达 775

第一篇
词义误用

1. 哀艳

《哀艳的水仙花》……那是一朵哀艳的水仙花，盛开在清冷潮湿的空气中。

"哀艳"形容文辞凄切而华丽，如侯方域《书〈吴延仲集〉后》："(延仲)近体颇哀艳。在韩李间，非其至也。"刘师培《南北文学不同论》："子山继作，掩抑沉怨，出以哀艳之词。"可见，"哀艳"是专门形容文章辞藻、风格的词语，不能用于其他事物。可是，常常有人拿来形容人或事物。

例句用"哀艳"来形容水仙花的神态，显然用错了对象，宜改为"凄艳"或类似的词语。

| 特别提示 |

"哀艳"同样不能用于人。

2. 爱抚

回到家里，陈名爱抚着妻子的头发说："亲爱的，晚上有个客户要来，我得陪他去吃饭……"

根据句义，作者对"爱抚"一词的理解应是充满爱意地抚摸。"爱抚"的"抚"并非"抚摸"的意思，而是指"抚慰"。例句显然是误解了该词，把爱抚误解成"抚摸"。生活中，如此犯错的为数甚众。

"爱抚"意思是疼爱抚慰、关怀体恤，比如张贤亮《灵与肉》："他没有受过多少母亲的爱抚。"《宋史·范仲淹传》："仲淹为将，号令明白，爱抚士卒。"可见例句中"爱抚着妻子的头发"一说显然是错误的，可改为"抚摸/轻抚着妻子的头发"。

| 特别提示 |

"爱抚"是一个兼类词，作名词、动词、形容词均可。

3. 拗口

很多人在使用"拗口"的时候不求甚解,导致出现错误。比如:

他甚至专门请人设计了一个中文名字,夏福禄,读上去和他的英文名字(Scharfenaker)也不太拗口。

"拗口"指的是说起来别扭、不顺口。句中说的是他的中文名字(夏福禄)和他的英文名字(Scharfenaker)在发音上有相近之处,这个意思不能说成"不太拗口"。"拗口"一词,只能修饰所读,而不能指向两个读音的关系。因此,例句可改为"和他的英文名字发音相近"。

| 特别提示 |

使用词语之前,要充分理解词语的意思。

4. 拔高

《肖扬强调:定罪量刑不能因社会舆论压力人为拔高》……他还强调审理刑事大案要案一定要在定罪量刑上把握好宽严相济这个度,做到宽严并用,宽严有据,宽严适度,既不允许任何人有超越法律的特权,法外开恩;也不能因为有社会舆论压力就人为拔高,不是越重越好,更不是不分情节轻重一律顶格重判。

例文中的"拔高"一词用得不妥,该词不能简单地理解成"提高"。

"拔高"的意思是有意抬高某些人物或作品等的地位,比如:"而上级机关也就喜欢这种'拔高'的典型,还闭着眼睛发来了贺电呢!这里还有多少党的作风!"(任斌武《无声的浩歌》)例句所说的是(不能)因为社会舆论的压力而人为地加重刑重犯罪分子的罪名或刑期,这个意思显然是不能用"拔高"表示的,可以考虑换成"加重"等词语。

| 特别提示 |

"拔高"也可指提高，但一般只能用于音量、音高等。形容小孩长个子，也不能用"拔高"来表示。

5. 拨冗

曾于两年前力排众议，核发签证让李登辉赴日本大阪"就医"的日本前首相森喜朗在小泉政府的默许下"因私"访台。短短3天行程，不但办完了为亡友扫墓和与台经济、体育团体交流等私事，还拨冗出席了台当局的授勋仪式，而且会见了现任"总统"陈水扁和前"总统"李登辉，其效率之高，令人咋舌。

例句中"拨冗"一词与全文的感情色彩不相符，应适当修改。

"拨冗"的意思是推开繁忙的事物，抽出时间。这是一个文言色彩比较浓的客套话，含有尊敬或恳求的意味。如："烦请您明天拨冗参加我们的会议。"而从例句上下文的语境来看，作者对"拨冗"的行为主体——日本前首相森喜朗完全没有好感，对该人在李登辉"访台"行程中的一系列行为也明显强烈不满。"拨冗"用在文中显然不合适，将其直接删去或改为"挤出时间"都是可以的。还有一种修改方法就是给"拨冗"加上引号，以示讽刺，这样可以更加突出森喜朗的丑陋行径，更好地表达作者的憎恶之情。

| 特别提示 |

"拨冗"不能写成"拔冗"。

6. 报刊

她订阅了许多报刊、杂志，《万象》《三联生活周刊》等喜爱的杂志更是每期必看。

生活中，像例文这样把"报刊""杂志"并列使用的现象比比皆是，这样其实是错误的。

因为，"报刊"即报纸和杂志（期刊）的总称，用了"报刊"就没有必要再列举"杂志"。例文可以改为"她订阅了许多报纸和杂志"。

| 特别提示 |

同样，"书刊和杂志"的说法也是错误的，"书刊"就是指书籍和杂志。

7. 饱受

郑立的业务能力更是饱受赞扬，在摄影圈子里算是相当有口碑了。

"饱受"意思为屡次遭受，充分经受，一般指向不好的事物，如"饱受冷遇""饱受压迫""饱受饥寒"等。"赞扬"是一个褒义词，显然不适合与"饱受"组合在一起。例句中的"饱受"可以改为"备受""广受"之类的词语。

| 特别提示 |

"饱经"和"饱尝"的用法与"饱受"大致相同，都主要用于不好的事物或不幸的遭遇。"饱尝"的词义范围略宽，可指充分地品尝，如"饱尝美味"。

8. 表象

若想真正地了解事物，必须透过表象，把握实质。

上文例句把"表象"当成"表面现象"，显然是从词语的表层意思来错误理解了。对于词语，人们最常犯这样望文生义的错误。

"表象"一词在心理学中的定义为客观对象不在主体面前呈现时，在观念中所保持的客观对象的形象和客体形象在观念中复现的过程。表象具有直观性、概括性、感觉方式多样性等特征。

"表象"是经过感知的客观事物在脑中再现的形象,绝非表面现象的意思。因此例句可以改成:"若想真正地了解事物,必须透过表面现象,把握内在本质。"

| 特别提示 |

"表象"是一个学术用词,使用时一定要注意区分。

9. 播发

邵、杨、龚正是2月10日跟他打牌的人,他认为自己在"云大"的坏名声全是这3个人播发的。

"播发"是个常用词,也是容易出错的词。"播发"指的是通过广播、电视发出,其指向对象必须是消息、新闻等文稿类事物。同时,"播发"的行为主体限制在三个方面:一是广播电台、电视台,二是在广播电台、电视台工作的播音员、主持人,三是借助于广播电台、电视台发表文告的有关部门。例句中"播发"的指向对象是"坏名声",两者不能搭配。另外,例句中的"这3个人"看来是"云大"的学生,他们无法从事"播发"这一行为。例句可将"播发"改为"传播"。

| 特别提示 |

在使用动词的时候,要明确该词的指向对象和行为主体。

10. 不日

不日前,凤凰台的《媒体大拼盘》播了一个节目,讲的是一位七十多岁的老太太十多年前被一位老先生搭讪,后来竟相思得患了忧郁症,儿子无奈之下为母亲登报寻人。

常见报纸杂志上用"不日前"来表示事情刚刚发生不久,这种误用应该是没有理解"不日"一词的正确含义和用法。

"不日"表示不几天、不久，只能用于未来的几天，如："也许因为不日到香港，先得把身心收拾整洁。"（钱钟书《围城》）例句中，凤凰台的这期节目已经播出，是过去的事情，而"不日"是不能用来表示已经发生过的事情的。因此句首的"不日前"应当改为"不久前"或"几天前"。

| 特别提示 |

苏轼《问零月何以为正》："一月之旱故零书月，一时之旱故零书时，书零之例，时月而不日。"这里的"不日"指日期不明。

11. 不治

一位老教授坚持冬泳，身强体健……在冬泳之前，他的身体状况是百病缠身，久病不治。

例句中"百病缠身，久病不治"容易产生歧义。

"不治"的含义是不可救治，或经过治疗无效而死亡。比如："因伤势过重，不治身亡。""患者病情进一步恶化，终致不治。""不治之症"则指医治不好的绝症，也指去除不掉的祸患和弊端。例句中的老教授还能冬泳，显然没有因病不治而死亡。作者所要表达的意思应该是老教授"久病不愈"，通过坚持冬泳使身体康复了。作者混淆了"久病不愈"和"久病不治"的概念，应该把这句话改成"百病缠身，久病不愈"。

| 特别提示 |

"不治"含有死亡的意思，人"不治"就是死亡，病"不治"就是绝症。

12. 惨案

近年来，体育新闻报道中运用暴力性词语的情况屡见不鲜。例如2006年中国足球超级联赛第四轮比赛，其结果是山东鲁能泰山队以1:5意外输给了上海联城足球队。于是一名体育记者进行了如下报道：

1比5！这次是什么惨案？我们不妨把它叫做"联城惨案"，只不过山东鲁能不是给联城制造了一个惨案……30分钟内上海联城完全在进行一场屠杀，而且是优美的屠杀。30分钟不仅在比分上摧毁了烧钱如烧纸的对手，而且在精神上摧毁了还做着中超冠军梦的对手……就这样制造了一场一流的屠杀。

仅仅一段文字，用了3个"惨案"、3个"屠杀"、2个"摧毁"，如此血腥味十足的词语竟然用到比赛解说中，实在是不应该。"惨案""屠杀""摧毁"是用来描写战争的，带有强烈的暴力倾向，将这类词语用在体育赛事上显然不合适。球迷对自己喜爱的球队、球星所投入的感情不可否认，但是在信息传播上，用"屠杀""摧毁"来说明足球比赛，用"惨案"来形容比赛失败是不恰当的。

| 特别提示 |

词语的选择要尊重文体的语言风格，在特定环境下使用恰当的词语才可与文体的风格色彩相一致。

13. 草纸

有这样一个产品信息：

《带草纸的演算本》：草纸向演算页折叠后，数页叠加放上本皮可装成方正整齐的演算本。演算时，掀开本皮，打开草纸可进行计算，用完后将草纸扯下，做题时不用再另找草纸，省时省力，方便实用。

初看信息标题，读者肯定都很纳闷，演算本带草纸干什么？这个"创意"似乎有点离谱。其实这里的"草纸"当是"演草纸"之误。

"演草纸"和"草纸"绝不是一种东西。"演草纸"指的是演算数学题等用的纸张。"草纸"则指以稻草为原料造成的纸,颜色发黄,质地粗糙,多做包装用纸;也指劣质的卫生纸。演算本里没有必要带包装用纸,更不可能带劣质卫生纸。所以根据句义,文中的"草纸"应改为"演草纸"或"草稿纸"。

|特别提示|

"草纸文学"(又名"草子文学")是日本中世纪开始流行的一种文学题材,一般是带插图的短篇小说,通俗而具有民族特色。

14. 蝉联

《于丹〈论语〉心得》连续12周登上图书大厦销售排行榜,其中有10次蝉联畅销书排行榜冠军。

"蝉联"并非"多次获得"的意思,例句没有正确理解"蝉联"的含义。

"蝉联"表示连续不断地获得某种称号或担任某一职位。这个词语来自自然界的蝉,蝉的幼虫发育到一定程度后,便会留下躯壳,成虫以原貌从蝉壳中蜕化而出,在原基础上得以延伸和保持,继续成长。所以人们用蝉的蜕变现象,来比喻连续保持的事物或连贯取得的成果。

例句中如果使用"蝉联"一词,应该说明该书连续12次夺得销售排行的冠军才对,这样又明显与事实不符。因此可将例句改为"其中有10周位居畅销书销售排行榜首位"。

|特别提示|

有人会误将"蝉联"写成"禅联",这是不理解词语的由来所造成的。

15. 缠绵

缠绵无力的A股市场,风闻QDII渐行渐近的步伐更显得脆弱不堪,1500点大关无声划破。

很多人误认为"缠绵"是软弱无力的意思。其实"缠绵"的解释有两种：一是指纠缠不已，不能解脱，多指疾病或者感情；二是指婉转动人。例句想要说的是"A股市场"没有了向上涨的力量，不能用"缠绵"，应该用"疲软"。

| 特别提示 |

缠绵还可以用来指情意深厚。比如："感君缠绵意，系在红罗襦。"

16. 长跪

近来，"长跪"一词频频出现在报端。但是，仔细分析，发现十有八九都用错了。

例一：《老板店前长跪不起》
例二：《湖南无牌警车撞死三人，肇事警察长跪三小时谢罪》

这两个标题的作者，都把"长跪"一词理解成了"长时间地下跪"。这是完全错误的。

事实上，"长跪"并非长时间地下跪，而是古代的一种坐姿，其姿势是两膝着地，臀部离开足跟，直身而跪。如："秦王色挠，长跪而谢之。"（《战国策·魏策》）而今，由于有了椅子和凳子，人们不再席地而坐罢了。

| 特别提示 |

与"长跪"相对的是"坐"，其姿势是两膝着地，臀部压在脚跟上。

17. 承接

"女体盛"以年轻女性身体承接食品，美其名曰"处女内在的纯情与外在的洁净能激发食客的食欲"，即使在日本也被视为极端大男子主义的产物⋯⋯

"承接"指用手或容器接受从上面放下来或掉下来的物品，也可指承担、接受，指接续。例句中用的是第一个意思，它的指向对象是"食品"，但引文中的，"食品"并不表现为从上而下的物品，因此不宜用"承接"来作为它的支配语。例句中，"年轻女性的身体"是被作为放置"食品"的容器来使用的，应将"承接"改为"放置"或者"承载"。

| 特别提示 |

"承接"解释为承担、接受时，其指向对象一般应为工作、任务之类的概念。

18. 传闻

生活中，总能听到很多的"传闻"，但是很多"传闻"的用法是错误的。比如：

周正毅自杀系传闻

"传闻"是个兼类词，作动词时指辗转听到，作名词时指辗转流传的事情。从这个词自身并不表示其所传之事是虚假的，而是可能真也可能假。从引语所出全文可知，所谓"周正毅自杀"是一件虚假的事情，既如此，例句中的"传闻"不能确切表示文义。例句应该将"传闻"改为"误传""谣传"之类的词语。

| 特别提示 |

"传闻"的消息来源广泛，传闻不是谣言，其真实性往往被证实。

19. 绰约

她绰约看到一块白蜡，正一点点地融化，潜入城市滚荡的浮尘。

例句中的"绰约"一词纯属误用，作者很明显将其理解成隐约、模糊之类的含义了。

《庄子·逍遥游》："肌肤若冰雪，绰约若处子。""绰约"形容的是女子体态柔美的样子，如"风姿绰约""绰约多姿"等。例句用"绰约"来形容看东西模糊不清的样子，完全没有理解该词的正确含义。句中的"绰约看到"宜改为"隐约看到"或"隐隐约约地看到"。

| 特别提示 |

"绰约"只能用于女性，使用时应注意对象。

20. 此间

哈尔滨市道里公安分局还做出决定：受理此案的抚顺派出所民警停止执行公务 30 天，此间岗位津贴扣发……

该句明显将"此间"误解为在此期间，犯了望文生义的错误。

"此间"，《现代汉语词典》中解释为：自己所在的地方；此地。如："此间功课并不多，只六小时，二小时须编讲义，但无人可谈，寂寞极矣。"（《鲁迅手稿全集》书信第二册）"此间"表示的是一个空间概念，而例句想要表述的则是时间范围，因此须将"此间"改为"在此期间"。

| 特别提示 |

"间"是"时间"和"空间"两个词包含的一个相同词素，"此间"之"间"为"空间"之"间"，表示地点。

21. 打发

当文字与金钱撕扯时，它正在打发一串串文化泡沫。

"打发"的词义较为丰富，可指把人派出去，指用某种手段使人离去。例句中说的是"文字"与"金钱"纠缠在一起后产生的情况，作者的本意是说产生了某种事物，即句中的"一串串泡沫"，这样的意思不能用打发。例句可以把"打发"改成"制造"之类的词语。

| 特别提示 |

打发还可指消磨时间、日子。

22. 导致

我们今天，从上到下，都明白了，贫穷不是社会主义，要普遍富起来，才能导致安定团结。

例句中"导致安定团结"的说法不太妥当，须修改。
"导致"即引起，这个词语基本都用于不好的事情和状态。比如"导致双方关系完全破裂""导致国民经济比例失调""病毒入侵导致电脑彻底瘫痪"，等等。而例句中的"安定团结"，是国家和人民都希望能够长久维持的好现象，所以说用"导致"是完全不合语境的。句中的"导致安定团结"可以改为"实现安定团结"。

| 特别提示 |

使用"导致"一词的时候还应注意程度轻重，一般的小事情、小状况，用"引起"之类的词语即可。

23. 盗汗

空腹献血，容易出现一些不适症状，如头晕、恶心、面色苍白、四肢乏力、出盗汗等。

"盗汗"一词常被人误解误用，最常见的就是将"盗汗"与"虚汗"混为一谈。

"盗汗"也叫"寝汗"，指的是因生病或身体虚弱而出现入睡后出汗、睡醒后即止的症状。"盗汗"仅限于夜里出汗。"虚汗"

则是由于身体衰弱、患病或神经紧张而引起的不正常的出汗现象。从医学常识来看，例句中应将"盗汗"改为"虚汗"。

| 特别提示 |

"盗汗"本身属于动词，使用时不应在前面再加"出"等动词。

24. 低迷

2003年年初，《读书时间》因为收视率的低迷被央视"末位淘汰制"警告。

"低迷"意思是（神志）昏沉、不振作或（状态）不景气，如"心情低迷""市场低迷""发挥状态低迷"。"收视率"是一个数据统计概念，不适宜用"低迷"来形容，可改为"收视率较低"，或改成"收视状况低迷"之类的说法。

显然，用"低迷"来形容"收视率"不妥。此外，考试成绩等也不能用"低迷"形容。

| 特别提示 |

"低迷"在书面语中还有迷离、迷蒙之义。如南唐代李煜《临江仙》："别巷寂寥人散后，望残烟草低迷。"

25. 点缀

发生在2004年12月26日的大海啸造成的旷世灾难，使人们无法像往年一样欣喜地迎接新年。今年元旦，法国巴黎著名的香榭丽舍大街点缀黑纱；挪威全国降半旗志哀；……我国中央电视台也临时取消了元旦晚会的直播。

"点缀"的意思是加以衬托或装饰，使原有的事物更加美好，如"蔚蓝的天空中点缀着朵朵白云"。香榭丽舍大街上披挂黑纱，是为了悼念在"大海啸造成的旷世灾难"中死去的人们，显然用含有锦上添花的美好意味的"点缀"是很不合适的。例文可以根据实际情况改为"披挂黑纱""悬挂黑纱"之类的说法。

"点缀"一词多与美好相联系，常用于喜庆场合。不少人常把它理解为中性词，使用于悲伤场合，这是不应该的。

| 特别提示 |

"点缀"还有应景、凑数之义，如《燕京岁时记·灯节》："市卖食物，乾鲜俱备，而以元宵为大宗。亦所以点缀节景耳。"

26. 喋血

一则报道的标题是：

受伤男子喋血街头　延误救治命丧黄泉

例句中的"喋血"一词用法有误。

喋血，形容血流遍地（杀人很多）。"喋"，原本作"蹀"。蹀者，足蹈也。大开杀戒之后，踏着别人的鲜血才称之为"蹀（喋）血"。在各种典籍上，"喋血"是个常用词语。岳飞的《五岳祠盟论》中有这样的句子："北逾沙漠，喋血虏廷，尽屠夷族。"在现代，鲁迅先生在《破恶声论》中也用到了这个词："下民无不乐平和，而在上者乃爱喋血，驱之出战，丧人民元。"从古至今，"喋血"都是杀人很多致使血流遍地的意思。

很多人将"喋血"误用为"流血"。例句中"喋血"的主体不应该是"受伤男子"，而应该是刺伤他的某人。所以，"受伤男子喋血街头"的说法，显然词不达意。标题可以将"喋血街头"改成"血溅街头"或者"卧血街头"等。

| 特别提示 |

例句即使改成以某人作主语，同样不能使用"喋血"，因为"喋血"说的是杀人很多。

第一篇　词义误用／15

27. 端倪

从此，其才华初露端倪。

"端倪"，作名词时的意思是事情的眉目、头绪、边际。《庄子·大宗师》："反覆终始，不知端倪。"再比如《文选·谢灵运〈游赤石进帆海〉诗》："溟涨无端倪，虚舟有超越。"北宋王安石的《和农具诗·牧笛》中也有"绿草无端倪，牛羊在平地"的诗句。"才华"是指表现于外的才能，比如"才华横溢""才华出众"。

"端倪"用在事情、事件上，不用在人的身上；而"才华"是指人的才能。例句中"端倪"例句中属于词义的误用。再者，"初露"是指刚刚显现，和"端倪"重复。因此，例句中的"端倪"应该删除。

| 特别提示 |

"端倪"还有动词词性，指推测事物的始末；窥测、捉摸。比如："千变万化，不可端倪。"

28. 方圆

《山西一医院爆炸，方圆一平方公里内建筑均受损》：今天凌晨二时二十五分左右，山西省原平市轩岗煤电有限公司职工医院突然发生爆炸，目前已造成21人死亡。发生爆炸的地点是医院的一个车库，爆炸使方圆一平方公里内的建筑不同程度受损。

句中"方圆一平方公里"的说法是错误的。

"方圆"指周围或周围的长度，如《三国演义》："建安二十四年秋七月，筑坛于沔阳，方圆九里。"郭小川《钢铁是怎样炼成的》诗："方圆几十里的厂地，处处是繁茂的野草。""方圆"极易被误用，这是一个表示长度的名词，但人们常用来表示面积大小。"一平方公里"显然是指面积，它不能和"方圆"并用。文中的"方圆一平方公里内"可以直接去掉"方圆"，改为

"一平方公里内"。

| 特别提示 |

"方圆"也可指方形和圆形,泛指事物的形体、性状,引申为规矩、准则,如"不以规矩,不成方圆"。

29. 扶正

《王海鸣暂不扶正,两项大赛成考核指标》

这是一则消息的标题,其中的"扶正"一词用错了。细读文章,才知道当时中国女足没有主教练,由教练组组长王海鸣暂代。至于王海鸣能否被任命为主教练,还没有确定。显然,作者把"扶正"理解为从暂代职务转为正式职务了。这属于望文生义。何谓"扶正"?《现代汉语词典》释:旧时把妾提到妻的地位叫扶正。原来,旧时称妻为正室,妾为侧室或偏房,妻死后妾作妻,这就叫扶正。可见,王海鸣无论如何是不能被"扶正"的。还有不少人把副职转成正职也叫作"扶正",这也是错误的。

| 特别提示 |

此外,"扶正"一词还有把歪倒倾斜的东西扶持归正之义。

30. 和顺

《热爱生活即理财》:俗话说,"家和万事兴"。夫妻和顺是家庭和睦相处的基石。夫妻和顺了,二人都能以诚相待,那么家庭的收入便可以统一管理,家庭的支出也能统筹安排。

例文中"和顺"一词用法错误。

"和顺"的意思是和善温顺,只能用于形容人的性格。如:"她是一个性情十分和顺的女孩。"例句用"和顺"来形容夫妻之间的关系,不妥,应改为"和睦"等。

把"和顺"误解为和睦、和美,也是人们常犯的错误。正确理解词义，是避免误用的关键。

| 特别提示 |

"和顺"不能写成"合顺"。

31. 贺岁

2004年11月25日是当代文坛泰斗巴金老先生101岁的生日，京、沪、川等地特别举行了活动以示庆贺。其中有关上海庆贺活动的一则报道称：

记者了解到，上海日前已开始了为时一周的贺岁活动：在上海档案馆新馆举办"走近巴金"系列讲座，余秋雨第一个登台，讲解巴金作品的魅力和影响。

这段话让人很不解：不是在为巴金先生举行生日庆贺活动吗？怎么又出来个"贺岁"活动？看来是作者将"贺岁"与"庆贺生日"混为一谈了。"贺岁"一词很常见，如每年春节期间播出的"贺岁"节目，还有年年让观众过把瘾的"贺岁片"，等等。"贺岁"的意思是贺新年，"贺岁活动"就是庆贺新年的活动。而上文说的是给巴金老人庆祝生日，不是庆祝新年，用"贺岁"显然是不恰当的。

"贺岁"的"岁"是"年"的意思，不是指人的年龄，作者把表示新年的"岁"当成了"生日"，由此错误地使用了"贺岁"一词。巴金老人过101岁的生日，可以把庆贺生日的活动称为"贺寿"活动。"贺寿"就是祝寿，祝贺巴金老人健康长寿，是符合文义的。

| 特别提示 |

"贺岁"一词是与"新年"联系在一起的，"贺岁"活动当然也是在元旦或春节期间举办的庆贺公历或阴历新年的活动。而在其他时间举行的活动则不能用"贺岁"一词。

32. 后期

杭州市气象台说,今明两天杭州阴有阵雨,局部有雷雨,一些地方雨量还比较大;明天后期雨止,随着天气转好,后天起气温又将升高。

"后期"指的是某一时期的后一阶段,如"19世纪后期""90年代后期"等。"后期"所指向的必须是有一定长度的时间段。但在实际中,不少人没有注意这一点,也把该词指向较短的时段,例句中"明天后期"的使用,就是犯了这样的错误。例句宜根据实际天气情况把"明天后期"改为"明天下午""明天夜间"等。

| 特别提示 |

"前期"指某一时期的前一阶段,用法与"后期"相同。

33. 后果

这股新的命名潮至少为上海股市带来了几个直接后果:194个上市公司的行业归属更加清晰,地区板块的炒作变得更加艰难,而理性投资者对个股的把握更方便了。

"后果"指最后的结果,一般指向坏的方面。如:"环境严重污染造成的后果难以想象。""后果"的近义词"结果"指向是中性的;"成果""效果"的指向是好的方面。例句中,从冒号后面的三个分句可以看出,"新的命名潮"为"上海股市"带来的绝对是好的结果,因此用"后果"来表示就不合适了,改为"结果""效果"都是可以的。

| 特别提示 |

"后果"一词既然已经确指是有害的、不幸的结果,因此"坏的后果""不良的后果"等说法都是画蛇添足。

34. 呼吁

报纸上早有史学家在写文章,呼吁应该以何种形式,庆典一下这幢大楼不同凡响的历史。

"呼吁"指向别人或社会申述,请求援助或主持公道。需要注意的是,"呼吁"所接的宾语,必须是一件明确的事情。如"呼吁各界人士捐款援助灾区""人大代表呼吁将传统节日纳入法定假日"等。而例句中"呼吁"的内容是"以何种形式"去做某事,这是带有征询、商量性质的。事情既然不明确,就不宜用"呼吁",这里的"呼吁"可以改为"探讨""征询"之类的词语。

"呼吁"也可作名词用,指请求援助或主持公道的申述,如巴金《关于〈家〉》:"我要写一部《家》来作为一代青年的呼吁。"

| 特别提示 |

另外,例句中"庆典一下这幢大楼不同凡响的历史"的说法存在语法方面的错误。"庆典"指隆重的庆祝典礼,这是一个名词,例句却明显当成了动词用,应将"庆典"改为"纪念"。

35. 花费

在这部小说中,作者花费那么多比喻与形容,象征与隐喻,就是为了把高浓度的文学性品质挤进某种原生态的生活。

"花费"意思是因使用而消耗掉,常与"金钱""时间""精力""心血""力气"等词语搭配。"花费"的对象,必须是在使用过程中会被消耗掉的东西,不能正确理解这一点是导致人们经常误用该词的主要原因。例句中"花费"的宾语是"比喻与形容""象征与隐喻",这些都是语言中的修辞手法,任何人都可以不限量地进行使用,并不存在消耗的问题。所以说这里用"花费"是不合适的,可以改为"运用""使用"等词语。

| 特别提示 |

"花费"作名词时,指消耗的钱财。如:"虽说得过几个差使,无奈省里花费大,所领的薪水连浇裹还不够。"(《官场现形记》)

36. 化为

清末学者龚自珍一阕"我劝天公重抖擞,不拘一格降人才"已然化为现实。

"化为"的意思是变成。该词语一般是指事物向坏的方面转化,并且结果通常是消失掉,如化为泡影、化为乌有等。在例句中,作者说的是龚自珍"我劝天公重抖擞,不拘一格降人才"的理想向好的方面变化,同时其结果也从原来所没有的变为现实的。所以"化为"的使用是不当的,可将其改为"成为"之类的词语。

| 特别提示 |

使用"化为"的时候,要注意语境。

37. 恍惚

例一:一时间,华尔街又恍惚回到了20世纪90年代末的互联网热潮时代。

例二:深夜静谧无人的时候,她会恍惚神仙一样的感受。

"恍惚"是一个形容词,意思是神志不清或精神不集中,如"精神恍惚";也可以表示不真切、不清楚,如"恍惚听见他说话"。第一个例句没有正确理解"恍惚"的词义,把它与"仿佛""似乎"混淆了;第二个例句没能准确把握"恍惚"的词性,把它当成动词使用,违反了它的使用规则。这两种错误都十分常见,要注意避免。

|特别提示|

"恍惚"的使用对象只能是人,不能是时间、事件等。

38. 恍然

可今天,我突然不认识三峡了,好像误入别人家的厅堂,一时间恍然不知所措。

把"恍然"误解为"恍惚"或"茫然"的大有人在,例文的作者就犯了这样的错误。

"恍然"形容突然省悟的样子,如"恍然大悟"。从例句的句义来看,作者想表达的是意识模糊、不真切的感觉,这显然与"恍然"一词完全没有关系,宜改为"恍惚""茫然"等词语。此外,还要注意不要把"恍然"误解为"恍如","恍如"意思是仿佛。

|特别提示|

"恍然"还很容易与"俨然"混淆,误当成与什么很像之义。这类错误也应注意避免。

39. 毁誉

他认为无名氏这个人从整体来说是失败的,身后萧条,没有儿女,太太又拒不出面治丧,还出书毁誉,参加丧礼的亲朋好友也很少;由于死得突然,连遗嘱都没有立就匆匆与世长辞。

结合上下文,不难看出作者误解了"毁誉"这一词语,把其当成毁坏名誉的意思来用了。

"毁誉"是一个联合结构的名词,指毁谤和赞誉,如"毁誉不一""毁誉参半"等。例句将"毁誉"当成了动宾结构的动词,属误用,可将"出书毁誉"改为"出书毁谤他的名誉"等说法。

| 特别提示 |

"毁"字组成的词语基本都是动词,如"毁坏""毁谤""毁灭""毁容""毁约"等。"毁誉"比较特殊,使用时一定要注意把握词义和词性。

40. 会师

《女篮亚锦赛中韩争霸成空,中日女篮会师决赛》:(日本女篮)经过两个加时赛以 81∶72 击败韩国队,这样她们就将在今天的决赛中与中国队交锋,而韩国队只能与中国台北队争夺三、四名,同时日本队也已经提前获得雅典奥运会的入场券。

这是一则体育新闻,看完文章内容就会发现,该文标题中的"会师"用得完全不对。

"会师"的本义是几支独立行动的部队在一处会合,如秦牧《长河浪花集·深情注视壁上人》:"(南昌起义军)转战粤东、湖南,和伟大领袖毛主席在井冈山划时代的会师。""会师"也可比喻几方面人员的汇合。不论用哪种意思,"会师"的双方肯定都是自己人,"会师"也都是为了同一个目的。例句说的是日本女篮打败韩国后即将与中国队交锋对抗,争夺冠亚军。中日女篮是赛场上的敌手,不可能"会师"。文题中的"会师决赛"可改为"进入决赛"。

| 特别提示 |

"会师"不宜写成"汇师"。

41. 跻身

原来的尖子生,沉迷于网络游戏后学习成绩不断下滑,这次的期末考试竟然跻身到班级总分名次的下游水平。

"跻身"的意思是使自己上升到某种行列或位置,如"跻身文坛""跻身前三名"等。这个词最容易被误解为进入某一范围的意思,例句就犯了这样的错误。

成绩倒退,就不适合使用"跻身"一词了。句子中的"跻身"可用"滑落"来替代。

| 特别提示 |

"跻"是登、上升的意思,因此不要将"跻身"写成"挤身"。

42. 加剧

动词"加剧"有特定的指示对象,不了解这一点就会导致对该词的误解误用。看例句:

红黑白的三色基调极具视觉冲击,也加剧了《琥珀》带有怪诞意味的现代风格。

"加剧"的意思是使情况变得更为严重,特指事情向坏的方面发展。如"局势加剧恶化""市场风险加剧""病势加剧"等。"带有怪诞意味的现代风格"并不是什么坏的东西,最多算中性事物,因此不适合用"加剧"这个词,可改为"加深""加强"等。

| 特别提示 |

"加剧"的指向对象一般是相对抽象的事物,不适用于比较具体的事物。

43. 寂寥

看完这本书,我一厢情愿地把安然想象成一个脆弱又寂寥的人,会一个人坐在公园角落的秋千架上,看夕阳碎碎暖暖,落满一地。

把用来形容环境的"寂寥"拿来形容人的性格,是人们使用"寂寥"一词时常犯的错误,例句就是如此。

"寂寥"意思是寂静、空旷，如巴金的《利娜》："上面永远是那个灰色的天，下面是那寒冷的、寂寥的、大雪封闭了的荒原。"例句中"脆弱又寂寥的人"的说法是不恰当的，"寂寥"一般用于形容环境，形容人的孤单、冷清应该用"寂寞"。

| 特别提示 |

"寂寥"是一个书面用语，一般口语中很少用到。

44. 艰涩

因为，我们这一代人的生活道路从来就是艰苦与艰涩的。

例句中的"艰涩"一词用得不对，作者大约将其理解为"艰辛"与"苦涩"的结合体了。

"艰涩"指的是（文辞）晦涩、不流畅、不容易理解。如《宋史》："文章平易者多浅近，渊深者多艰涩。"鲁迅《书信集》："英国的王尔德等的作品，译文很艰涩。"

"艰涩"一词有其特定的指向对象，不能误用，更不能把它拆分开来解释。例句中的"艰苦与艰涩"可以考虑改成"艰难与苦涩"。

| 特别提示 |

"艰涩"也可指道路通行困难、行走困难，如"道路艰涩""步履艰涩"。

45. 僭越

站在公允的立场上看，这篇署名文章已经僭越了文学评论的界限，带有刻意攻讦的腔调。

例句中"僭越"一词用得不对。

"僭越"指的是超越本分，冒用地位在上的人的名义或物品。如："谅以天尊地卑，君臣道别，宜杜渐防萌，无相僭越。"（《魏书·清河王怿传》）从例句的内容来看，作者所说"僭越"的主客体分别是"这篇署名文章"和"文学评论"。而这两个事物分属不同的范畴，无所谓"地位"的高低或"名分"的悬殊，所以用"僭越"是错误的，将"僭越"改为"超越""逾越"才与句义相符。

| 特别提示 |

"僭越"亦可用作谦辞，意思是超越本分行事。如孔尚任《桃花扇》："（小旦）何不行个令儿，大家欢欢？（丑）敬候主人发挥。（小旦）怎敢僭越？"

46. 浇漓

我坐起来，任雨水浇漓我的身心。

例句中"浇漓"一词用错了。

"浇漓"是形容词，指（风俗等）不朴素敦厚，常用来形容人心日下。如鲁迅《热风·随感录五十八》："慷慨激昂的人说：'世道浇漓，人心不古，国粹将亡，此吾所为仰天扼腕切齿三叹息者也！'"

"浇漓"也可以用来形容文风浮艳不实；还可以用来指酒味淡薄或借指薄酒，如唐朝皮日休在《酒中十咏·酒泉》中写道："玉液是浇漓，金沙乃糟粕。"

例句错把形容词"浇漓"用作动词，而且浇漓的三个意思都不能适用于文章的语境，应该改为"浇淋"。

| 特别提示 |

"浇漓"是个贬义词，与其词义相近的还有"浇薄"，同样指人情或风俗刻薄、不淳厚。

47. 经受

每家旅游服务单位都经受过消防安全培训，大荆消防中队在节日期间加强值班人员安排。

例句中"经受过消防安全培训"的说法不恰当。

"经受"意思是承受、禁受，它的指向对象大多是不好的事物，如"经受严刑的考验""经受沉重的打击"等。"消防安全培训"对于服务单位来说是十分必要的，并不是什么不好的东西，也不是需要靠行为主体坚强的意志才能承受的事物。因此这里用"经受"是不恰当的，宜改为"接受"。

| 特别提示 |

"禁受"的词义和用法与"经受"相同。

48. 惊悉

惊悉您得了感冒，现馈赠鲜花一束，希望您早日康复！

例句中"惊悉"一词犯了大词小用的错误。

"惊悉"属于书面语，意思是得知某一重大的恶性变故后，感到很震惊。能够让人"惊悉"的消息应该是影响大局的军事或政治事件，或者是亲朋好友的死亡消息。比如："刘备惊悉曹操军将至，亲率数十骑出城观察，果然望见曹军旌旗，只得仓猝应战。"叶剑英获悉张发奎将军逝世后即致电其家属："惊悉向华将军逝世，不胜哀悼。乡情旧谊，时所萦怀。特电致信，尚希节哀。"例句中的消息只是感冒而已，用"惊悉"一词有些夸张，可以用"听说""得知"等词替换。

"惊悉"的消息一定是负面的、恶性的消息，而且是出于意料之外的消息，所以会感到震惊。这是正确使用"惊悉"一词的要点。

| 特别提示 |

句中"馈赠"一词同样是书面语，往往用于第三者的赠送行

为,此处可以改为"送来""送上"。

49. 净身

"昨日的净身活动由人体艺术模特组委会主办","围观者也不管净身是不是件神圣的事,只是好奇而坚决地在冷风中等了2个小时,就为看'美女沐浴'。""11时左右,人体模特选手们到达净身处,男女选手分两组分别沐浴"。"参加昨日净身活动的选手们却并不紧张,经过多天训练,他们从人群中穿过,到达净身处时也神色坦然"。

上文作者毫不吝惜,在文中前后共用了十几个"净身",其实他要讲的是某人体艺术模特组委会搞的一次所谓的"泉边沐浴、净化身心"的活动,而他把"净身"当成"净化身心"的缩略语了,真是让人啼笑皆非。

"净身"之"净",原为佛教用语,指破除俗世情欲,无所沾染。如"净食""净国""六根已净"等。"净身"则指男子被割去生殖器中的睾丸,如:"忠贤本市井无赖,中年净身,夤入内地。"(杨涟《劾魏忠贤二十四大罪疏》)"净身"说白了就是阉割,即便有模特偏要"净身",那也是男性的专利,怎么美女模特也要"净身"呢?从何"净"起?这种乱用词的文章实在是很滑稽。

一篇文章中写道:"1999年初,我结束了这场婚姻,几乎是净身出户。"作者想说明的是主人公遭遇婚变,什么都没带就独自一人离开了家,用"净身"来表示两手空空、孑然一身是错得离奇的。

| 特别提示 |

"净身"一词含义特殊,切不可随意乱用。

50. 久违

SARS如同瘟疫一般带着致命的病毒猛然袭来,这使已经久违大面积突发性致命传染病的国人几乎感到普遍的恐慌和无助。

由于误解了词义,文章的作者错误使用了"久违"一词。

"久违"是一句客套话,意思是好久没见。如《儒林外史》:"赵雪兄,久违了!那里去?"王统照《揽天风雪梦牢骚》:"啊啊,萧然大爷,久违,久违!""久违"作为朋友久别重逢时的客套话,潜台词是很久没见十分想念,这是说话者向对方表示好感的一种说法。例句用其说明"致命传染疾病"的长时间没有出现是十分不妥的,宜改为"很久未见"之类的说法。

| 特别提示 |

"久违"中的"违"是分离、不见面之义,不能误解为违背、违反。

51. 俊俏

坐落在三林地区的"杉林新月"已是一座外观漂亮且充满现代气息的住宅小区。不仅外表俊俏,其内部的设施和装备比起其他商品房也不差,建筑中处处闪动着智能化的影子。

"俊俏"指(相貌)好看,如:"那位姑娘模样十分俊俏。""俊俏"一般用于人,有时也可作拟人手法用在动物身上,如"俊俏的小画眉"。"俊俏"是不能用来形容非生命物体的漂亮的。例句中的"外表俊俏"宜改为"外表漂亮"等说法。

| 特别提示 |

同"俊俏","俊美""俊秀"一般也只能用于人。另外,"俊俏"不能与同音词"峻峭"混淆。后者形容的是山势高峻陡峭,二者完全没有关系。

52. 可望

他们表示,整个治安处于不稳定,袭击事件也逐渐组织化,而且当地治安可望继续处于不稳定状况。

由于没能正确理解词，例句中"可望"一词用得不妥。

"可望"意思是可以指望、有希望，如："百姓期盼的'工资多涨点，物价少涨点'可望在未来一年实现。""可望"一般都用于好的事物，或者至少也是说话者主观盼望出现的事物。例句中"治安状况的不稳定"既不是好现象，更不可能是当地人民盼望的局面，因此"可望"一词用在句中是不合适的，宜改为"可能"之类的词语。"可望"一词后接不好的现象，是使用该词最容易犯的错误。

| 特别提示 |

"有望"意思是有可能、有希望，用法与"可望"相同。

53. 克制

市二医院的医生在检查时发现，张先生双眼的泪小管严重阻塞，导致了眼泪无法克制地外流。

忽视"克制"的感情色彩是导致该词误用的主要原因，例句中的"克制"误用就属于这种情况。

"克制"即"抑制"，多用于情感方面，如茅盾《昙》："一种异样的酸辣的滋味升腾到她鼻尖了，然而她还能克制自己。"魏巍《东方》："他立刻克制住自己的情感，斩钉截铁地说：'我们一定能打过去！'"例句中张先生眼泪不停地流是生理原因导致的（泪小管严重堵塞），因此用"克制"是不合适的，宜改为"控制"。

| 特别提示 |

"克制"在方言中有打击、压制之义，例："看他红光满面，不像受过克制的模样。"（康濯《工人张飞虎》）

54. 口舌

在惜时如金的新闻发布会上，刘副司长今天不仅大赞其美味，当了一回钓鱼台国宾馆西点师傅的"义务宣传员"，而且不吝口舌，把芳菲苑会场之舒适、会议伙食之可口通通夸了一番。

例句中"口舌"这个词语用得不对，与语境不符。

"口舌"有两种含义，一指因说话而引起的误会或纠纷，如"口舌是非"；二指劝说、争辩、交涉时说的话，如"他费了很多口舌才最终说服他们"。例句说的是大力夸赞别人，用"不吝口舌"来表示显然与"口舌"一词词义不合，所以应改为"不吝赞美之辞"之类的说法。

| 特别提示 |

"口舌"一词原有动词的用法，意思是争吵、闹纠纷，如："我是个良善人，从不曾同人口舌，经官动府。"（《儒林外史》）现在"口舌"仅作名词用。

55. 劳燕

"劳燕"是误用率较高的词语之一，不少人不明白这个词语的特定含义，随意使用，导致表述不当。

这两位老艺术家共同走过了五十年的人生岁月，劳燕双飞，琴瑟和鸣，互敬互爱的婚姻生活令人羡慕不已。

"劳燕分飞"出自古乐府《东飞伯劳歌》："东飞伯劳西飞燕，黄姑织女时相见。""劳燕"是伯劳和燕子两种鸟类的代称，后人用"劳燕分飞"来比喻人分离。"劳燕"指夫妻分离，并非比翼鸟。所以，例句用"劳燕双飞"来比喻夫妻之间感情和谐，无疑是望文生义，可考虑改成"比翼齐飞"。

| 特别提示 |

有的文章中用"劳燕纷飞"来表示寒窗苦读的学子完成繁重的学业,终于踏入社会的各行各业。这种用法也是错误的。

56. 滥觞

互联网时代,信息滥觞带来的弊端难以细数。

把"滥觞"一词误解为泛滥,是误用该词最主要的原因,上文即是如此。

"滥觞"是一个古语词,意思是江河发源处的水很少,只能浮起酒杯,比喻事物的起源、发端。如:"中国文化大抵滥觞于殷代。"(郭沫若《今昔集·论古代文学》)望文生义地将"滥觞"当成事物、思想不受限制地流行,只能导致语义不明。依例句的句义,直接将"滥觞"改为"泛滥"即可。

| 特别提示 |

常用义之外,"滥觞"还有波及、影响的意思,如:"盛唐人诗,亦有一二滥觞晚唐者。"(宋·魏庆之《诗人玉屑·沧浪诗评》)

57. 狼烟

《化学仓库失火熏倒学生,天桥上目睹狼烟滚滚》

这是一则新闻的标题,其中"狼烟"一词使用不当。

"狼烟"是指古代边防报警时在烽火台燃烧狼粪升起的烟,借指战火。古人常用"狼烟四起""狼烟滚滚"表示边疆不平静。比如,唐朝段成式在《酉阳杂俎》中说:"狼粪烟直上,烽火用之。"北宋钱易云说:"凡边疆放火号,常用狼粪烧之以为烟,烟气直上,虽烈风吹之不斜。烽火常用此,故谓'堠'曰'狼烟'也。"例句犯了不明词义、望文生义的错误,"狼烟"宜改为"浓烟"。在现代社会,"狼烟四起"也可用来指激烈的商战。比如

"业界狼烟四起，B2B 丰收在即"。

| 特别提示 |

"狼烟"非浓烟，有特定含义，是古代军队传递敌人来犯的信号，不能用来指平常的烟火。

58. 炼狱

影片《南京大屠杀》中的幸存者、目击者的描述给我们展现了 1937 年那个人间炼狱的城市的真实场景：残破的城墙、尸体遍布的街道、街头不堪凌辱的少女、臭名昭著的"百人斩杀比赛"等。

上文中"炼狱"一词使用不当。

"炼狱"在天主教指人生前罪恶没有赎尽，死后灵魂暂时受罚的地方。在炼狱中人的灵魂可以得到净化，从而升上天堂，比喻让人经受磨炼的艰苦环境。比如："人的一生有太多的痛苦和煎熬，但是对我来说这就是人间的炼狱，经历过痛苦和煎熬，人的精神才能不断升华。"炼狱是磨炼人的地方，经过磨炼之后能够得到成长。例句中，南京大屠杀是惨无人道的杀戮，发生大屠杀的南京并不是磨炼人的地方。应该把"炼狱"改为"地狱"，而且"人间地狱"也是比较常用的说法。

| 特别提示 |

用词时要考虑词汇的确切含义，词义要与文章所表达的语义一致。

59. 恋栈

由于不注意"恋栈"的特定含义，不少人把它简单理解为"留恋"，造成严重语言错误。看例句：

《歌王恋栈，举办大赛定上海》

这是一家报纸的文章标题。文章说的是歌王多明戈新世纪演唱会在上海大剧院演出成功后，剧院艺术总监向多明戈建议，把下届"多明戈声乐大赛"也放在上海举办，多明戈答应了。也许多明戈对上海有特殊的情感，或颇有留恋，但无论如何，也不适合用"恋栈"一词。"恋栈"原指马对马棚的依恋之情，现用以说明做官之人对官位的依恋。所以，不能把对某地或某事物的留恋叫"恋栈"。

| 特别提示 |

"恋栈"出自《晋书·宣帝纪》"驽马恋栈豆"一语，含贬义。

60. 料峭

寒冬腊月，沿江大堤上人头攒动，民工们正顶着料峭的寒风，挖淤固堤。

民工们在寒风中挖淤固堤的精神是可嘉的，然而说"顶着料峭的寒风"就不妥了，因为句子的开头有明确的时间表示："寒冬腊月"。严冬腊月里的寒风不能用"料峭"来形容，"料峭"一词是用来形容春寒的，常说"春寒料峭"，没有说"冬寒料峭"的。如果形容严冬的寒风，可用"凛冽"或"刺骨"，"凛冽的寒风""刺骨的寒风"皆指严冬的风的寒冷。由于不明"料峭"的固定搭配，许多人都犯类过似的错误。

| 特别提示 |

还有人用"料峭"形容山势，显然是把"料峭"误解为"陡峭"。这一点也要注意。

61. 漏网

1989年罗马尼亚在那一场血腥味十足的变革之后，新执政当局没收了前总统齐奥赛斯库家人的全部财产，甚至包括身上穿的、脚上踩的，无一漏网。

例句中的"漏网"一词用错了对象。
"漏网"比喻罪犯、敌人等侥幸逃脱法网，没有被逮捕或歼灭。如："每战集中绝对优势兵力，四面包围敌人，力求全歼，不使漏网。"（毛泽东《目前形势和我们的任务》）"漏网"这个词只能用于人或动物，例句中"漏网"所指的对象是"齐奥赛斯库家人的全部财产"，显然不对。不明"漏网"的修饰对象，是导致误用的根源。

| 特别提示 |
"漏网"含有贬义，用时应注意语境的感情色彩。

62. 履历

从春都、轻骑、猴王等上市公司由盛到衰的履历中，中国股市已经饱尝了太多资金违规运营的苦果，但始终深陷劣质化的泥淖之中不能自拔，这与监管风暴的姗姗来迟有密切关系。

例句中"履历"一词用得不对。
"履历"指个人的经历或记载个人经历的简要说明文件。如"她的履历十分简单""请填一份履历表"等。"履历"只能用于单个的人。实际中，不少人把"履历"误解为经历，致使犯下严重语言错误。例句中"履历"的定语是上市公司，明显不对，宜改成"过程""经历"等。

| 特别提示 |
"履历"现为名词，古汉语中有作动词的用法，意思是亲自经历过，如："履历周故居，邻老罕复遗。"（陶渊明《还旧居》）

63. 履新

编者认真捧读这些来自天南地北的建议，决定在保留读者热忧肯定的基础上，做一下履新。首先，扩大信息量……其次，尽可能地每期做一本重点书的专题介绍……第三，加强趣味性与读者的参与性。

上文作者显然没有理解"履新"一词的正确含义，将其当成革新、改革之类的意思来用了。

"履新"指的是官员就任新职，如："为民、务实、清廉，八省市区新任领导人履新感言。"例句说的是报纸版面的改革，用"履新"明显不对，宜改为"改革""革新"等。

| 特别提示 |

"履新"是一个书面用语，平常口语中用"上任"之类的说法就可以了。

64. 缅怀

"缅怀"一词被误用的概率相当高，主要原因是不明该词修饰的对象应该是逝去的人或美好事物。

鼓浪屿的美丽风光吸引了成千上万的游客。人们旅行结束回到家乡，仍然会对那迷人的美景缅怀不已。

"缅怀"指的是追思、遥想以往的人或事，对象多为已经去世的（好）人或已经逝去的美好事物。如"缅怀古哲""追念亡友，缅怀先烈""缅怀革命历史"等。鼓浪屿的风景虽美，但并没有消失不见，因此不能用"缅怀"。例句中的"缅怀"宜改为"怀念"等词语。

| 特别提示 |

"缅"是个容易读错的字，注意它的读音。

65. 目前

至2001年1月，扬美公司目前拖欠不还的中银贷款本息总计 12799435.00 美元。

句中"目前"一词用得不妥。

"目前"是时间用语,指当前、现在。"目前"一词不能随便使用,它所指的是说话者说话的时候,或作者写作、文章发表的时间,不能泛指就近的一段时间。例文发表的时间是 2002 年,作者用一个"目前",读者自然会认为是到看到这篇文章的时候,而例句一开始就确定了事情的时间期限——"至 2001 年 1 月",这显然就造成了时间表述的不一致。例中"目前"一词可直接删除。

| 特别提示 |

一些文章中常将"目前"与"现今""如今""当下"等词连用,这就造成了表意重复,这一点应注意避免。

66. 囊括

因为不求甚解,"囊括"一词常常被人误用,造成严重语病。例如:

2004 年的雅典奥运会,中国运动健儿为国争光,一举囊括了 301 枚金牌中的 32 枚。

"囊括"与"包括""包含"等词不同。"囊"本义是两端扎起的口袋,"囊括"即将所指范围内的所有东西都尽收囊中,比喻全部包罗或全部得到。如《过秦论》中写道:"(秦孝公)有席卷天下、包举宇内、囊括四海之意,并吞八荒之心。"例句说中国健儿夺得 301 枚金牌中的 32 枚,很明显不能用"囊括"来表示。宜改为"一举夺得""一举拿下"之类的说法。

| 特别提示 |

"囊括"中的"囊"字注意避免写成"攮"。

67. 内讧

由于对词义理解不深，不少人把"内讧"一词写成"内哄"，以致引人误解。看下面的例句：

《台湾：民进党再起内哄》：台湾"内阁"改组、党政人事变动之际，民进党内派系间战火再起。

"内讧"指集团内部由于争权夺利等原因而发生冲突或战争。"讧"的意思是争吵、混乱、冲突，如《诗·大雅·召旻》："蟊贼内讧。"郑玄注："讧，争讼相陷之言也。""哄"是多音字，义项较多，包括许多人同时发出大笑声或喧哗声、欺骗、逗人喜欢、吵闹、开玩笑，等等。把"内讧"说成"内哄"不知所云，况且，词典上根本没有"内哄"一词。

| 特别提示 |

"讧"音 hòng。

68. 年代

1961 年代末，担任副总统的陈诚赴美访问。

例句中"1961 年代"表述错误。

"年代"有两层意思，一是指时代、时期（多用于过去较远的，不确指），如"年代久远""黑暗年代""不同年代"等。二是指每个世纪从"……0"到"……9"的 10 年，比如 1920 ~ 1929 年是 20 世纪 20 年代。句中的"1961 年"是确指的时间，仅仅是一年而不是 10 年，因此"1961 年代末"是说不通的，可改为"1961 年年底"之类的说法。

| 特别提示 |

注意"年代初期"不能缩写成"年初"，"××年代初期"指的是一个 10 年中的前两三年；"年初"则指一年的开头一段

时间。

69. 捏造

造物弄人，上帝把她捏造得完美无缺，给了她魔鬼的身材及天使脸蛋，一米六五，纤秀挺拔……

从文中可以看出，作者将"捏造"误解成上帝捏土造人之义了。这种误解是导致"捏造"误用的最主要原因。

"捏造"的意思是：凭空编造，假造事实。如"捏造罪名""捏造流言""无稽的捏造"等。"捏造"的对象只能是抽象的概念，魔鬼身材、天使脸蛋的美女是不可能"捏造"得出来的。句中"捏造得完美无缺"应改为"塑造得完美无缺"。

| 特别提示 |

"捏造"是一个贬义词，用时应注意感情色彩。

70. 扭转

很多人在使用"扭转"时，忽视其转变的方向性，导致语言错误。比如：

他们觉得，社会影响大导致了更多的行政干预，使得办案人员冒失地把调查听到的、学校可能存在的内部矛盾认定成了作案动机，从而扭转了案件方向。

"扭转"意思是纠正或改变事物的发展方向或目前的状况。一般来说，"扭转"指的是从原来错误的或让人不快、难以接受的情境中转向正确的或让人愉快的、可以接受的情境之中，但例句中说的却是改变原来正确的情况，转向了不正确的方向，这种情况下不能用"扭转"，应该改成"改变"较为妥当。

| 特别提示 | ：

"扭转"还有调转之义，如"扭转身子"。

71. 派遣

应该用在大处的"派遣"常常被人运用到小处或口语中，造成语言错误。看例句：

老师派遣我去请吴非的家长。

"派遣"的意思是（政府、机关、团体等）命人到某处做某项工作，通常是上级对下级的指令。"派遣"是书面语，一般用在很正式的语境中。如"派遣到国外的大使""派遣增援部队""派遣代表团前去访问"等。老师让学生去请家长，自然用不上"派遣"，改为"叫"或"让"才与句子的语气相一致。

| 特别提示 |

使用"派遣"时，一定要注意该词的方向性（上对下）和语体色彩。

72. 培养

既然它对未成年人是弊大于利，既然"网吧"已沦落为"毒吧"，既然"网吧"已成为一种培养未成年人犯罪的"温床"（这样的事例屡见不鲜），那么，山西方山县的这种做法是应该值得称道的。

"培养"一词具有一定的感情色彩，是个褒义词。可是，不少人把它用到贬义环境中，导致表意错误。上文就犯了这样的错误。

"培养"的意思是按照一定目的长期进行教育和训练，该词一般用于褒义语境。如"培养优秀人才""培养孩子健全的人格""培养独立思考的能力"等。例句说"培养……犯罪"显然不当，宜改为贬义词"滋生"。

| 特别提示 |

"培养"还可以表示"培育"，即以适宜的条件促使其发生、成长和繁殖，如"培养牡丹""细胞培养"等。

73. 偏安

西石岭，是偏安在青山绿水之间的一个小山村，位于青龙满族自治县境内。

例句中的"偏安"一词明显是作者的误用。

"偏安"一词不能从字面意思来理解，它有着特定的含义。"偏安"是指封建王朝不能统治全国而苟安于仅存的部分领土。如三国蜀诸葛亮《后出师表》："先帝虑汉贼不两立，王业不偏安，故托臣以讨贼也。"《二刻拍案惊奇》："侥幸康王南渡，即了帝位，偏安一隅，偷闲取乐。"例句讲的并不是古代封建王朝政权存亡的问题，只是想说明这个小山村十分偏僻，用"偏安"来形容显然是错误的。

| 特别提示 |

此外，把"偏安"误解成心神安宁之类的意思而误用的也不在少数，如某人在博客中写道："不论你是归人还是过客或是隐士，福州永远是一个可以让你白日做梦，让你偏安的地方。"

74. 喷薄

无数的讨伐声和民愤就顺着"宝马"车撞人案这一决口喷薄而出，而夹杂其中的，还有种种难以描摹的不平衡心理。

"喷薄"是误用率较高的词语之一。不少人因不明白该词有特定的修饰对象而胡乱使用，导致语病出现。

"喷薄"形容水涌起或太阳上升的样子，如清许承钦《秋日登晴川阁》："洪涛喷薄无今古，尚似英雄气未平。"峻青《海啸》："火，并没有熄灭。它仍在地下熊熊地燃烧着，只等那时机一到，它就会冲破地壳，喷薄而出。""喷薄"一般用于充满生气、气势壮盛的事物，含有一定的褒义。例句中"喷薄"的主语是"无数的讨伐声和民愤"，这显然是不合适的，宜将"喷薄"改为"汹涌"。

| 特别提示 |

注意"喷薄"勿写为"喷博"。

75. 七夕

1937年的七夕之夜，日本侵略军发动了著名的卢沟桥事变。在这关键的时刻，国共两党终于团结一致、共赴国难。这是整个中华民族的一大幸事。

"七夕"指农历七月初七的晚上，民间传说牛郎织女每年的这个时候就会在天河相会。是夜，妇女都会在庭院中祭拜织女，向其乞求智慧和巧艺，"七夕"因此也被称为"女儿节""乞巧节""情人节"。可以说，"七夕"是中国最具浪漫色彩的一个传统节日。卢沟桥事变发生在公历7月7日，那天是农历五月二十九，显然不能用"七夕"来表示。

| 特别提示 |

"七夕"即指七月初七的晚上，因此"七夕夜"的说法也是不妥的。

76. 栖身

向烈士遗属捐赠房屋，让烈士的亲人有了栖身之所。

"栖身"指的是暂时居住，而不是长时间甚至永久居住。既然是将房屋赠送给了居住的人，从时间上来说，应该是长时间，甚至是永久的。故"栖身"用在句中是不合适的，应该改成"安居"。

| 特别提示 |

栖身用在动物身上时，一般是指具体的栖息地。比如："猿猴以森林作为栖身之所。"

77. 器重

无怨见他如此器重这尊佛像，在旁边拍完一张照片后，也忙过来仔细看了一下。

例句将"器重"用于"佛像"，不妥。

"器重"指看重、重视，这个词只能用于人，并且必须是上级对下级、长辈对晚辈。如茅盾《动摇》："我看这个人完全是投机分子。史俊那么器重他，想来可笑。"例句中"器重"的宾语是一尊佛像，这显然超出了"器重"一词的使用范围，应改为"看重"。

| 特别提示 |

"器重"不能写成"器中"。

78. 清理

很多人容易将"清理"理解为清洁，这是错误的。看例句：

昨天下午，该小区某号楼 3 楼的一户居民请来一位保洁工，想清理一下自己的窗户。

"清理"指彻底整理或处理。"清理"的指向对象一般是凌乱的物品，在行为主体从事这一行为之后，它们将表现出与原来不同的形态，其中有的还有可能被丢弃。而例句中的"窗户"，按照一般常识来理解，不可能表现出凌乱的形态，而只可能蒙上尘土、污垢等，"保洁工"所做的只是清除附着于"窗户"上的尘土、污垢，不会做出丢弃的举动。这种行为不能称为"清理"。因此，应该将例句中的"清理"改为"清洁"。

| 特别提示 |

"清洁"是个兼类词，作形容词用时意思为没有尘土、干净；作动词用时指去除物品上的尘土等污物。

79. 取缔

他们不喜欢我们蹬三轮的,想取缔我们,说我们搞乱了交通秩序……其实最主要的原因还是从我们身上收不了多少钱。

由于对"取缔"一词理解不到位,不少人像上文作者一样误用。

"取缔"的意思是明令取消或禁止,如"取缔黑网吧""取缔无证行医"等。这个词语的指向对象一般是团体、机构或具体的事情。当它用于人时,只能指人的某种身份,而不可能是人本身。例句说"取缔我们",这里的"我们"指的是人,不能由"取缔"来支配,可以改为"赶走我们"等说法。

| 特别提示 |

"取缔"的"缔"意思是禁止、约束,注意该字的正确写法。

80. 劝酒

《2万余公务员岁末收到"劝酒信"》

这则新闻的标题不免让人产生疑问:这么多公务员为何收到"劝酒信"?"劝酒"的意思是在酒席上劝人喝酒,难道要劝2万多名公务员喝酒吗?实际上并非如此。新闻内容说的是2005年岁末年初之际,无锡市公安局等有关部门发出这封"劝酒信",要求公务员杜绝酒后驾车。公安部门所发的应该是"拒酒信",奉劝司机们不要酒后驾车。

| 特别提示 |

"劝酒"不是劝人不喝酒,而是劝人多喝酒,"拒酒"才是要求人忌酒。在酒席上要"劝酒",到了驾驶室里可要"拒酒"。二者仅一字之差,但意义却是截然相反。

81. 劝架

劝父母打架无效,花季少女泼酒精自焚。

"劝酒"与"劝架"虽然都有"劝",但"劝酒"是劝人多喝酒,这个"劝"带有鼓励之义。而"劝架"不是劝人打架,而是劝人不要打架、停止打架,这个"劝"是劝阻、劝告的意思。两处的"劝"含义不同,使得"劝酒"与"劝架"在语义上也大相径庭。为了保持上下句对应一致,例句可改成:"父母打架劝阻无效,花季少女引火自焚。"

| 特别提示 |

"劝"的义项有两种:一是鼓励、劝勉;一是劝说、规劝。前一义项多用于古义,如《劝学》中的"劝";今义多用后一义项,如"劝人改过"。例句中出现了表意不明的语病,是因为将"劝"的义项混淆了。

82. 认领

巨额诊治费用挂账,未来究竟由谁认领,现在还来不及确定,但仍需未雨绸缪。

"认领"一是指辨认并领取,二是指把别人的孩子当成自己的孩子领来抚养。前者的指向对象是物品(在某种特定语境下也可以指向人),后者的指向对象是人。当这个词指向物品时,其物必须是本来属于行为发出者所拥有的,只是因为某种原因而暂时失去了。例句中的"巨额诊治费用"并不是行为发出者原来所拥有的,"认领"用在句中不合词义,可以改成"承担"之类的词语。

| 特别提示 |

"认领"的指向对象是人或物品,而且要求是具象概念,不能是抽象概念。

83. 冗长

武汉拥有冗长的铁路线和堪称黄金水道的水上交通，造就了一副过于发达以致良莠不分的胃口，负荷太重的血管丧失了良好的流通功能。

例句中"冗长"一词使用错误，它不能用来形容铁路线的长。

"冗长"指废话多，拉得很长，如"冗长的演讲""文辞冗长"等。"冗长"只能用于文章、讲话等，不能用来形容其他事物的"长"。例句宜改为"漫长的铁路线"。

"冗长"被误用的现象普遍，原因都在于没有把握住该词的特定修饰对象。

| 特别提示 |

"冗"字组成的词语基本都是贬义词，如"冗长""繁冗""冗杂""冗员""冗笔""冗赘"等，使用时应注意感情色彩。

84. 日前

由北京人民艺术剧院复排的大型历史话剧《蔡文姬》定于5月1日在首都剧场上演，日前正在紧张的排练之中。

生活中，像上文作者这样把"日前"误解为"现在"错误使用的现象十分普遍。

"日前"意思是几天前，属于过去时，表示时间已经过去。如："日前，她曾去过国家图书馆。"而例句中想说明的是正在进行，因此应当把"日前"改为"目前"。

| 特别提示 |

"日前"与"日后"同理，一个表示过去，一个表示将来，均不能用于正在进行的事情。

85. 三甲

2006象甲落幕，粤沪京位居三甲……广东《东莞日报》队获得冠军，上海金外滩队获得亚军，北京中加队获得第三名。

例句用"三甲"来表示"前三名"，明显属于望文生义。但是，现实中如此误用的人不在少数。

"三甲"排名源于古代的科举制度，"甲"乃"等级"之义，"三甲"的意思就是三个等级，分别是一甲、二甲和三甲。举人参加殿试后，考中进士前三名的称为一甲或第一甲（状元、榜眼、探花），第四名至第一百名左右称为二甲或第二甲，其余的统称为三甲或第三甲（二百人左右），没有考中进士的举人则被列为乙榜。因此"三甲"只能解释为三个等级或第三甲，绝无"前三名"的释义。例句中误用的"三甲"直接改为"前三名"即可。

| 特别提示 |

"三级甲等医院"也可以简称为"三甲医院"，应注意区分。

86. 善后

联谊晚会逐渐推向高潮的时候，他的心始终牵挂着家中的两个孩子。活动迟至九点半才结束，料理完善后事宜冒雨蹬着自行车回家时，快十点了。

例文中的"善后"一词纯属乱用。

"善后"指的是灾变丧乱后，妥善地料理遗留的问题，这个词所指向的绝对是不好的事情。如："胡锦涛对重庆客车燃烧事故做批示：妥善处理善后"；"3名中国工程师2月15日在巴基斯坦遇袭身亡……有关方面目前正全力处置，做好善后工作。"例句中作者用"善后"指处理联谊晚会结束后的一些事情，这很明显是误用，可以改为"处理完剩下的事情"。

| 特别提示 |

"善后"兼可作名词,意思是灾变丧乱后,需要处理的遗留问题。

87. 深切

是什么导致利剑高悬?是什么让无辜的群众承受不应有的生活之痛?无论你是有产者无产者,最后的结局都一样受到深切的伤害。

例文中"深切"一词用得不妥。

"深切"意思为真挚恳切,它是一个褒义词,一般用于美好或庄重的语境。如"母亲深切的期盼""深切缅怀周总理""深切哀悼为国捐躯的烈士",等等。例句用"深切"来形容"伤害"之深,不妥。另外"最后的结局"也表意累赘,例文末句宜改为"最后都一样受到深深的伤害"。

像例文这样忽视"深切"的感情色彩,把它等同于"深深",是造成误用的主要原因。

| 特别提示 |

"深切"还有深刻而切实之义,如"深切的体会""言辞深切"等。

88. 事件

元月8日,永昌小区的一住户反映,新建的垃圾间被人推倒、砸坏……市民的法制观念淡薄和公德意识偏差是造成此事件的主要原因。

例文中的"事件"一词属大词小用。

"事件"指的是历史上或社会上发生的不平常的大事情。如"年度十大新闻事件""黑砖窑事件""9·11恐怖事件",等等。

例句说的是小区内的垃圾间"被人推倒、砸坏",这是一种缺乏公德心的恶劣行为,但用"事件"来表示显然程度过重了。另外"偏差"一词用得也不恰当,例文后半句宜改为"市民的法制观念淡薄和公德意识差是造成此事的主要原因"。

| 特别提示 |

　　注意"事件"与"事故"的区别,后者指的是意外的损失或灾祸,如"生产事故""交通事故"等。

89. 手笔

"春城晚报"四个字辑自王羲之的手笔。

　　何谓"手笔"?"手笔"即手迹,指的是亲手留下的墨迹。在书画艺术中,手迹还被称为"真迹"。《现代汉语词典》中对"真迹"的解释是:出自书法家或画家本人之手的作品。但据资料记载,王羲之书法的真迹已失传,后世所见的都是宋以来所刻丛集中的刻本。王羲之的书法"真迹"如今是找不到的,"春城晚报"四个字来自王羲之的"手笔"一说是不符合逻辑的。例句可以这样修改:"'春城晚报'四个字辑自后世'王体'刻本或书帖。"

| 特别提示 |

　　大手笔:名家的作品,或规模大、影响深远的计划或举措。注意与"手笔"的区分。

90. 率领

前不久局长亲自率领我去一发达城市洽谈一笔业务,我受宠若惊。

　　例句中"率领"一词用法不当。像例句这样搞不清"率领"的对象,是不少人误用该词的主要原因。

　　"率领"即带领,该词所接的必须是队伍或集体,如"率领军队""率领代表团出国访问"等。例句中"率领"的对象是"我",是单个的人,所以说用得不恰当。句中"亲自率领我"宜改为"亲自带我"。

| 特别提示 |

"率领"的指示对象只能是一群人(拟人用法除外)。

91. 率先

王涛尽量往脸上堆挤他的关切,说话的声音也饱含着爱怜和疼惜。为了能达到这个效果,王涛率先对着镜子苦练了十几遍。

"率先"一词带有比较的意味,许多人不能准确理解这一点,导致误用。上文即如此。

"率先"意思是带头、首先,如"率先冲过终点""首都应在全国率先实现教育现代化"等。"率先"表示做某件事情在别人之前,而例句说的是某人在做某事之前先做另外一件事,用"率先"显然是不对的,宜改为"事先"。

| 特别提示 |

"率先"适用于中性和褒义的语境,不能用于贬义。

92. 私自

老张听到女老乔提前退休,从此不再来上班的消息,心中有些黯然,私自感叹:"都是我害了她!"怀着一份内疚,对下属的同志们更加体贴。

上文中"私自"一词属于误用。

"私自"指的是背着组织或有关的人,自己(做不合乎规章制度的事)。如"春运期间,私自涨价者将被停运""公家物品不得私自拿走"。从例文的内容可以看出,作者想说的是"老张"暗自发出一些感叹。"感叹"是个人的心理活动,并不需要经过其他人或组织的允许,也不可能触犯规章制度。例句中的"私自"可以改为"暗自""暗暗""私下里"等词语。在使用"私自"时,不少人会犯类似的错误,这都是由于对词义把握不准造成的。

| 特别提示 |

"私自"含有贬义,使用时应注意感情色彩的统一。

93. 同比

当今媒体在报道经济类统计数据的时候,经常会使用"同比"一词。但是,由于对该词的理解不确,常常造成误用。看下文:

公司1999年实现主营业务收入18.01亿元,主营业务利润3.88亿元,尤其重要的是外贸出口创汇6056万美元,同比增长36.61%。

"同比"是指跟以往同一时期相比,多指跟上一年同一时期相比。每月、每季度、半年数据跟上年同期比较,都可以用"同比",但是,整年与上年比较不宜使用"同比"。上文对"同比"的使用,超越了特定的时间范围。

| 特别提示 |

使用"同比"易犯的另一个错误是,前文缺乏时间词,致使没有可以比较的时间范围。

94. 胴体

现今媒体常常用"胴体"一词赞美女性优雅的裸体,这种描绘似乎很诗意,事实上误解了词语的本义。例如:

××夏日全裸写真展尽丰满性感胴体。

胴体:躯干,特指牲畜屠宰后,除去头、尾、四肢、内脏等剩下的部分。"胴体"一词被滥用的情况非常严重，有人说该词语义形象丰富、语感佳，用来代称女性裸体是极美妙的。查阅如今的报纸、杂志、网络，"美妙"的"胴体"屡见不鲜，其实完全是以讹传讹。"胴体"与曼妙、迷人、性感、妖娆等义项没有一点联系，它所指向的是毫无诗意的血淋淋的屠宰场景。如："丹麦开发生产猪胴体瘦肉率检测装置，并在猪屠宰场中应用。"

| 特别提示 |

"胴体"之"胴"音 dòng，同时注意勿写成"侗体""峒体"。

95. 推卸

戴先生搁置巨幅创作，还推卸掉很多出版社的约稿，以多病之躯全力投入创作《大亨》连环画。

例文中的"推卸"完全不合语境。

"推卸"指不肯承担（责任），故意逃避，如"提倡租房是地方政府在推卸责任"。"推卸"暗含说话者对行为主体应当承担某样事情却故意逃避的做法的不满。例句中，"出版社的约稿"并非"戴先生"应当完成的事情，谈不上"推卸"。作者只是想说明戴先生为了创作大型作品而全力投入、心无旁骛的精神。从文章的内容和感情色彩两个方面来看，句中的"推卸掉"应改为"推掉"。

| 特别提示 |

注意"推卸"与"推谢"的区别，后者指的是推辞退让、辞谢，如："安公子连连推谢，说：'本该奉扰，只是现同着家眷不便。'"（《儿女英雄传》）

96. 推延

目前，该地区的许多成功的改革思路和模式正在其他许多地方推延，而该地区的一些教训和弯路也正在被避免。

例文作者将"推延"当成推广延伸之义了,实属望文生义。"推延"的意思是推迟、拖延,如:"这件事情很要紧,最好不要推延。""这次的活动因故推延三天举办。""推延"不是"推广延伸"的缩写,例句中的"推延"宜改为"推广""推展"等。

| 特别提示 |

注意"推延"与"拖延"的区别,"推延"是中性词,指延迟;"拖延"指延长时间,不及时办理,含有一定的贬义。

97. 斡旋

他俩又出现了矛盾,只能请老王出面斡旋了。

"斡旋"的释义是调解、扭转,如:"大使馆出面斡旋,希望尽快解决此次危机。""斡旋"的主体通常是国家,是指通过谈判、调解来和平地解决国际争端。在文章中使用时必须注意恰当的对象。例句中的用法属于大词小用,应改成"调解"。

| 特别提示 |

还有一种误用"斡旋"的现象,就是把该词误解为起伏。如:"这本科幻小说善于设置刺激的悬念,情节斡旋起伏,吸引了大批的读者。"

98. 问鼎

《聂卫平问鼎中国民视快棋赛》:30 日,聂卫平九段以三又四分之一子击败马晓春九段,夺得 1993 年"CCTV 杯"中国电视快棋赛冠军。

从内容来看,作者是把标题中的"问鼎"的含义与"夺得冠军"的意思等同起来了,而实际上"夺冠"与"问鼎"不是一个概念。应将标题中的"问鼎"改成"夺魁"或"夺冠"。

"问鼎"一词,据《现代汉语词典》解释:春秋时,楚子

（楚庄王）北伐，陈兵于洛水。周定王派遣王孙满慰劳楚师，楚子向王孙满询问周朝的传国之宝九鼎的大小和轻重。楚子问鼎，有夺取周王朝天下的意思。后用"问鼎"指图谋夺取政权或在体育比赛中获得决赛权等。可见，"问鼎"的意思是还未夺取冠军。而文中则明确说明"夺得……冠军"，因此标题中的"问鼎"用得不恰当，属于概念的错用。

| 特别提示 |

体育竞赛中获得第一名，可以用来指称的词很多，除了常见的"夺冠""夺魁""夺金""夺锦"之外，还可以说"高居榜首""独占鳌头""蟾宫折桂""执牛耳"，等等。

99. 物化

在这个严重物化、欲望化的消费时代中，如何守护与开放好这一沉潜的诗性人文资源，如何依据它提供的原理创造出一种诗化新文明，就是在江南重新发现中国诗性文化的根本目的。

《庄子》中有一句："圣人之生也天行，其死也物化。"后来人们便用"物化"来指代死亡。如："这些三十年代的预言家们，只有少数人至今健在，不少人已经物化。"（柯灵《香雪海》）例句想表达的是现代社会人们过于重视金钱、物质方面的享受，作者将"物化"与"欲望化"并列，明显是没有理解"物化"的正确含义。

| 特别提示 |

"物化"只能指人的去世，不可用于其他地方。

100. 先例

青年组的设计方案令人耳目一新，整座大桥横跨河面的部分，没有一个桥墩，桥身全靠铁索拉起，这在国内还是先例。

把"先例"误解为首例，是人们常犯的语言错误。例句就犯了这样的错误，用"先例"来表示"创造性的设计"。

"先例"的意思是已有的事例。例句中，作者应该想要表达该设计具有开创性、尚无先例的意思，若将"先例"一词改为"首例"，语意就无误了。

| 特别提示 |

"先"有时间或次序在前（跟"后"相对）的释义，如"先例""先河"等，常表示过去时态，不用作现在时。

101. 现存

为什么昔日冲锋陷阵时，敢于冲破条条框框和不合理的现存制度，向往平等和民主的人，而一旦功成名就，就想将民主和平等束之高阁，甚至还给别人戴上精神枷锁？

文中的"现存"一词用得不太恰当。

"现存"指现在留存、现有的，它所指的事物必须是在说话者表述时还依然存在的。而例句中"现存"所指向的是"昔日冲锋陷阵时"存在的不合理的制度，如此用法是不合适的，可以删去"现存"。

| 特别提示 |

"现存"只能用于事物，不可用在人身上。

102. 消受

《渝北房交会周末开锣，购房者美房美食一起消受》

"消受"不能完全等同于"享受"，这两个词语的用法有一定的差别。但是，人们常常把二词通用，例句就是如此。

"消受"的意思是享受、受用，这个词语多用于否定或反问句式，如"无福消受""消受不起""难以消受"等。"享受"的使用范围比"消受"广,一般不限定句式和语境,例句中的"消受"改为"享受"更合适。

| 特别提示 |

"消受"也指忍受、禁受,如:"这地狱的生活如何能令人消受得!"(蒋光慈《哀中国·在黑夜里》)

103. 谢罪

《十龄童装昏避害,入室盗贼刎颈谢罪》

上面的标题中"谢罪"一词与文义不符。

"谢罪"是一个文言色彩较重的词语,意思是自认有过,请人谅解。如《资治通鉴》:"帝自端门入,升殿,慷臣顿首谢罪。"例句说的是罪犯入室偷盗,被警察包围后用刀自杀。盗贼自杀可能出于畏罪,也可能有其他的原因。作者将罪犯的这一行动归纳为"刎颈谢罪",显然不合逻辑,过于武断,有失新闻真实性。例句中的"谢罪"应改为"自杀"。

| 特别提示 |

"谢过"的意思是承认错误,表示歉意,程度较"谢罪"轻。

104. 杏林

某电视台播出某小学进行传统文化教育的情况。电视画面上一群小学生在摇头晃脑地读《三字经》,这时字幕上打出了四个大字:杏林书声。

"杏林"一词出自晋代葛洪的《神仙传》:三国时闽籍道医董奉隐居庐山,"为人治病,不取钱物,使人重病愈者,使栽杏五株,轻者一株,如此十年,计得十万余株,郁然成林……"后来,"杏林"逐渐成了医家的代名词,人们常用"杏林春满""誉满杏林"来赞美具有高尚医风的医生。用"杏林"代指学校显然不当。"杏坛"的典故出自《庄子·渔父》:"孔子游乎缁帷之林，休坐乎杏坛之上。弟子读书，孔子弦歌鼓琴。"教书育人的地方可以用"杏坛"代称。

| 特别提示 |

使用典故时要弄清楚典故的确切含义，最好知道典故的出处，以免张冠李戴，闹出笑话。

105. 修改

很多人常常将"修改"单纯地理解为"改"，以致出现语法错误。比如：

经过磋商，编辑和作者决定将短篇《幻城》修改成长篇出版。

"修改"指的是改正文章、计划等中存在的错误和缺点。"修改"所指的行为并不要求改变其指向对象的性质，原来是什么物品，经过"修改"后仍应是什么物品。但在例句中，行为主体"编辑和作者"在从事"修改"这个行为前，其指向对象是"短篇"，而在完成这一行为后，事物将变为"长篇"，事物的性质发生了根本的变化，故"修改"一词不能适用，应该改为"改"。

| 特别提示 |

"修改"的指向对象一般限于具象的文本类东西。

106. 须发

秋末风凉，从窗户里吹进来，时常拂动着她两鬓的须发，她却毫没感觉地站着。

例句中的"须发"实乃作者的误用，作者大约将其理解为头发了。像上文作者这样误解"须发"的人很多。

注意，"须发"是个联合型合成词，指的是胡须和头发，不可把它仅仅理解为头发。例句中的"她"可以有"发",却不可能有"须"。所以说这里的"须发"用的是不对的,应改为"头发"。

| 特别提示 |

"须眉"则指胡须和眉毛,也是男子的代称,不能用在女性身上。

107. 逊言

有的美国官员急了还要发出逊言,称朝鲜为"暴政前哨"。朝鲜闻之,感情受到伤害,不愿带着屈辱参加六方会谈。

从文章的内容来看,作者应该是把"逊言"当成"出言不逊"来用了。这种想当然,是造成"逊言"误用的主要原因。

"逊言"不是"出言不逊"的缩写,这两个词语的含义恰恰相反。"逊言"意思是言语谦逊恭顺,如《后汉书·胡广传》:"(胡广)性温柔谨素,常逊言恭色。""出言不逊"则指说话傲慢、粗鲁,没有礼貌。如《东周列国志》第十八回:"桓公大怒曰:'匹夫出言不逊!'喝令斩之。"根据例文内容,可以改为"有的美国官员急了便出言不逊"。

| 特别提示 |

"逊"音 xùn,不可读成 sūn(孙)音。

108. 一并

他为汉林泡杯茶,进厨房与妻子一并忙碌,两人叽里呱啦地说着湘西话。

上文把"一并"混同于"一起",是导致误用的主要原因。

"一并"表示合在一起,如"一并办理""一并带去"。"一并"只适用于事情或物体,不可用于人。例句中用"一并"表示两个人一起做某事,超出了该词的使用范围。这里的"一并"宜改为"一起""一同""一块儿"等。

| 特别提示 |

"一并"只能作副词,不能当成形容词用。

109. 屹立

这些碉堡作为其侵华的罪证在此屹立了几十年。

把含有褒义色彩的"屹立"当成中性词使用,是人们常犯的语言错误。上文就是如此。

"屹立"的意思是像山峰一样高耸而稳固地挺立,常用来比喻坚定不可动摇。"屹立"是一个褒义词,带有庄严肃穆的色彩,如"人民英雄纪念碑巍然屹立在伟大的天安门广场""中华民族屹立于世界民族之林"。例句说日军侵华时留下的碉堡"屹立"在那里,这恐怕是读者在感情上不能接受的。

| 特别提示 |

不要将"屹立"误写成"毅立"。

110. 依偎

那名产妇依偎在吉林市某单位门前。

"依偎"是指亲热地靠着、紧挨着。比如:"孩子依偎在奶奶的怀里。""依偎"在作谓语时,后面一般加"在"字结构的短语作状语,说明"依偎"的对象。"依偎"一般用在人与人之间,而不用在人与物之间。身体靠在物体上时应该用"倚靠"。

| 特别提示 |

依偎是指靠在别人的身上,倚靠还可以指依赖、依靠。

111. 引申

在实际应用中,有些人把"引申"误写为"引伸",如此理解是错误的。看下文:

马克思用 Besitz 一词来刻画这个转变过程(我译之为"篡夺"。注:Besitz 是由及物动词 besitzen 转化而来的名词。它的基本义是"占有""占据",引伸义是"占有物""财产")。

"引申"与"引伸"读音相同,但词义有一定的区别。"引申"指(字、词)由原义产生新义,如"道"的本义是道路,引申义是道理、方向、方法等。"引伸",《现代汉语词典》没有收录,古汉语中有,出自《易经·系辞上》:"引而伸之,触类而长之,天下之能事毕矣。"它指由一事一物联想、推广、延伸至另外的事物,如丁玲《阿毛姑娘》:"每一个联想都是紧接在事物上的,而由联想引伸的那生活,又都变成仙似的美境。"可见"引申""引伸"各有所指,不能混淆。例句中显然应当用"引申"。

| 特别提示 |

"引申""引伸"都不能写成"引深"。

112. 油然

郁金香见过商女两次,听老曹说过无数次了。先存了一份敬畏,近距离相见时,乡下女人的自卑感油然升起。

不考虑其色彩随便使用,是导致"油然"一词误用的根源,上文就犯了如此错误。

"油然"一词有着比较鲜明的色彩,一般用于美好的事物。

"油然而生"的感情也一般都是美好的,比如敬佩、自豪等。例:"门户方张,和气充满,入其门油然生敬。"(宋·陈亮《刘夫人何氏墓志铭》)例句中说"自卑感油然升起",显然不太妥当,可改为"自卑感乍然升起"。

| 特别提示 |

"油然"也指云气上升。《孟子·梁惠王上》:"天油然作云,沛然下雨,则苗勃然兴之矣。"

113. 有望

昨天下午 5 时,上海中心气象台首度发布高温红色预警信号……无雨的申城今日最高气温有望攀升至 35℃。

这则气象预报看似合情合理,实际上这里用错了一个词"有望"。"有望"的意思是有希望,一般用于人们期待出现的好事,如"股指有望出现新轮快速反弹""学习成绩有望提高"等。报道中是说气温将攀升到 35℃,如此的高温对于无雨的申城来说是更增加了烦恼,显然是不受欢迎的。既然是人们不希望的事情,怎能用"有望"一词呢?所以,"有望"用在这里不妥当,改成"预计"或"可能"更为合适。

| 特别提示 |

用词时一定要考虑词语的感情色彩,否则会导致误解。

114. 郁结

词典中的差错有两种:一种是由于作者的笔误或排版的疏忽所致,属于显性错误,一般人容易看出;一种是由于作者的疏失或编者的妄改所致,属于隐性错误,一般人不易看出,致问题郁结,后果深远,是为硬伤。

上文中用错了一个词语——"郁结"。

《楚辞·远游》:"遭沉浊而污秽兮,独郁结其谁语?"王逸注:"思虑烦冤无告陈也。""郁结"的意思是积聚不得发泄,它所指向的对象,通常都是忧愁、烦闷、愤怒之类的心理状态。如叶圣陶《恐怖的夜》："声音里面含着繁喧的寂寞，郁结的悲哀。"

上文例句用"郁结"形容词典中差错的累积，明显不妥，可改为"问题累积"。另外，文中的"后果深远"说法也不恰当，宜改成"后果严重"。

| 特别提示 |

"郁积"用法与"郁结"相同。

115. 遇难

如今已是一名人民法官的吕先生回忆道："我们一家在1991年的特大洪涝灾害中遇难，多亏解放军战士的营救，才得以生还。"

吕先生是幽灵？还是解放军战士有起死回生的高明医术？这都不符合实际。例句很明显用错了一个词语——"遇难"。

"遇难"单用时，表示因遭受迫害或遇到意外而死亡，如冰心《晚晴集·追念振铎》："告诉你一个不幸的消息，你不要难过。振铎同志的飞机出事，十八号在喀山遇难了。""遇难"虽然也有遭遇危难之义，但是必须与表转折的词语连用，如"遇难不死""遇难成祥"等。例句的主人公显然是在世的，因此不能说成"在……中遇难"，宜将"遇难"改为"遇险"。"遇险"即遭遇危险，不限定遇到险情后的结果。

| 特别提示 |

"遇害"同样不能直接理解成遭遇灾害，它指被杀害，如："1930年，杨开慧烈士不幸遇害。"

116. 云集

恐怖分子云集车臣

"云集"比喻（人）像天空中的云一样从各处聚集在一起。"云集"含有褒义，一般用于得到肯定的人或团体。如"名家云集""精英云集""人大代表云集",等等。例句说"恐怖分子云集车臣",显然不妥,宜改为"恐怖分子麇集车臣"。

| 特别提示 |

"云集"只可用于人或由人所组成的团队,不能用于物体。

117. 造访

徐阿姨,这次没有时间去你家,下次一定专程造访。

这句话中的"造访"一词犯了大词小用的错误,这也是该词误用的最常见形式。

"造访"是拜访的意思,属于敬辞,用于比较正式、比较庄重的场合,造访的对象一般是有身份有地位的人。比如:"周末,我们一行人造访了著名书法家金伯兴先生。""造访"的对象也可以是著名的地点。比如:"著名政治家赵宝煦造访丹阳书院。"例句中的造访对象"徐阿姨"并非德高望重的大人物,用"造访"一词属于大词小用,可以改为"看望""探望"。修改之后既合适又亲切。

| 特别提示 |

"造访"是书面语,而且词义比较重,使用时要注意场合。

118. 造就

这个劫难,是他自己造就的。

不注意词语的感情色彩,必然会导致词语误用。上文中的"造就"一词之所以与文章语境完全不符,就是因为没注意到该词的感情色彩。

"造就"意思是培育练就,多用于褒义语境,如"造就杰出科技人才""造就亿万富翁"等。例句将"造就"与"劫难"搭配在一起,显然不合适。文中的"造就"宜改为"造成"。

| 特别提示 |

"造就"还可作名词,指造诣、成就,如:"她所期望的是做一个好的医生,做一个技术上极有造就、极有贡献的医生。"

119. 造诣

使用 Microsoft Office Word 2007 提供的"书法字帖"功能,可以灵活地创建字帖文档,自定义字帖中的字体颜色、网格样式、文字方向等,然后将它们打印出来,这样就可以获得符合自己的书法字帖,从而提高自己的书法造诣。

由于对"造诣"一词的理解有误,不少人经常误用该词。上文就是一例。

"造诣"指在学业、专门技术等达到的水平、境地,一般用于学问、技艺特别精湛的人。该词通常用于肯定、褒义的语境之中,如:"李煜在诗词书画方面都有着很深的造诣。"从例句的内容来看,将"提高自己的书法造诣"改为"提高自己的书法水平"才比较贴切。

此外,"诣极"指造诣极深;"诣绝"指造诣空前绝后,比如,明朝胡应麟在《少室山房笔丛》写道:"夫书画诣绝者,必传无疑。"

| 特别提示 |

"诣"音 yì,不能读成 zhǐ。

120. 榨取

劳务诈骗分子想方设法尽可能多地榨取求职者钱财,骗求职者填求职表后开始以传真费、证件费、培训费、服装费等名目繁多、不断增设的费用或者押金的方式实施诈骗。

"榨取"有两个意思,一是通过压榨而取得,如"纯花生榨取的优质食用油""榨取番茄汁"等；二是比喻残酷地剥削或搜刮，如"榨取民脂民膏""地主拼命榨取佃户血汗"等。"诈取"则指通过故意掩盖真相、施加强制性压力等手段夺取他人的财物或权利。"榨取"没有欺骗的意思，显然，例文对这个词的使用不当，应改为"劳务诈骗分子……诈取求职者钱财"。

| 特别提示 |

"诈"意思是欺骗、用某些手段诓骗，如"诈骗""欺诈""诈财""尔虞我诈"等，其中的"诈"都不能写成"榨"。

121. 长势

《中国低档服务器市场长势迅猛》：如世界其他地区一样，中国PC服务器市场的长势正在超过台式PC机。

"长势"指植物的生长状况，如"今年风调雨顺，水稻长势喜人"；"棉花长势较好，今年有望丰收"。"长势"只能用于植物，不可泛指其他事物的生长势头。例句说的是"低档服务器市场"的发展，文题和正文中的"长势"可分别改为"发展"和"发展势头"。

| 特别提示 |

"长势"同样不能用于人的生长发育。

122. 折桂

不理解词语由来，是造成"折桂"一词经常被误用的主要原因，下文就是如此。

有人老是质疑，内地电影为何无缘奥斯卡。××导演也说，他得不了奖，是天算不如人算。其实，无缘奥斯卡是对头的，因为内地电影还不及格。××导演的折桂也不是天算，是技不如人。

"折桂"这个词源自一个典故。《晋书·郤诜传》记载："武帝于东堂会送，问诜曰：'卿自以为何如？'诜对曰：'臣举贤良对策，为天下第一，犹桂林之一枝，昆山之片玉。'"晋武帝问郤诜如何自我评价，郤诜便说："我就像月宫里的一段桂枝，昆仑山上的一块宝玉。""蟾宫折桂"这个成语由此而来。如今，"折桂"一词大多被人们用来比喻在各类竞技比赛、评比中荣获冠军。"××导演"既然"无缘奥斯卡"，只能是"落选"，不能说成"折桂"。

| 特别提示 |

蟾宫折桂：科举时代比喻考取进士。

123. 政策

出版社也应该考虑换个政策了，签售不是百试百灵的仙丹。

"政策"指国家或政党为实现一定历史时期的路线而制定的行动准则，如"民族政策""货币政策""宗教信仰自由政策""推广廉租房政策"等重大举措。"出版社"不是国家的权力机关，出版社所做的决定是不能用"政策"来表示的。文中的"政策"宜改为"方法""措施"等。

| 特别提示 |

"政策"只能作名词，不能当成动词用。

124. 之后

据了解，20世纪中期，在原省博物馆从开封迁至郑州之后，高大的领袖塑像就稳稳矗立在这里。

仔细一分析，以上报道中关于领袖塑像"矗立"的时间与事实是不符的，原因出在"之后"一词的运用上。句中的"在……之后，就……"说明时间非常短，表明博物馆搬迁和领袖塑像的建立这两件事是一前一后完成的。可是据有关人员考查，河南省博物馆创建于 1927 年，馆址设在当时河南省的省会开封。1961 年，河南省博物馆由开封迁至现省会郑州。而领袖塑像则是建于后来的"文革"时期。时间上相距如此之大，怎么能用"在……之后，就……"来表述呢？这样看来，这则报道并非完全属实，有可能是作者自己杜撰出来的。

| 特别提示 |

"在……之后，就……"的句式所涉及的一前一后两件事情，在时间上是紧接着的关系，其意思和"一……就……"差不多。

125. 致仕

大量中国古代知识分子一生最重要的现实遭遇和实践行为，便是争取科举致仕。

例句将"致仕"一词错误地理解为"踏上仕途、从政为官"。"致仕"旧时指官员交还官职，即辞官的意思。如："议郎郑均，束修安贫，恭俭节整，前在机密，以病致仕，守善贞固，黄发不怠。"（《后汉书·郑均传》）"致仕"的"致"意思是交出，不能误解为达到、实现，例句中的"致仕"可以考虑更改为"求仕"。

| 特别提示 |

"致仕"也写成"致事"："大夫七十而致事。"（《礼记·曲礼上》）

126. 助长

Google 是记者全方位的助手，它极大地发展和助长了记者作为个体的能力，使单个记者现在能完成原来必须多人协作才能完成的工作。

不少人误用"助长"，都是因为对该词的指示对象不清楚。
"助长"的意思是帮助增长，多用于不好的方面。如"助长不良风气""助长骄傲自大的作风""助长房价非正常上涨"等。

例句说 Google 提高了记者作为个体的能力，这显然不能用"助长"来表示，可改为"提高""增强"等词语。

| 特别提示 |

"助长"的指向对象一般都是作风、风气、现象、情绪等相对抽象的事物，不适合用于具体的事物。

127. 专家

现在，"专家"一词有滥用化倾向，有必要引起注意。看例句：

王大爷乐呵呵地说道："他是一位赶马车的专家，全村没有人能比得过他。"

"专家"指的是在学术、技艺等方面有专门技能或专业知识的人，"专家"必须具备比较高深的理论知识，而且该词较多地用于书面语。上面例句中的王大爷是个赶马车的高手，但是，赶马车不需要较高的理论修养，因此把例句中的"专家"换成"把式"或"行家"更合适。"把式"一指会武术的人，二指精通某种技术的内行人，更多地用在口语之中。

| 特别提示 |

"专家"的同义词还有"行家"。"行家"指对某一学问或技术有较深造诣、并为行内人所认同的人，兼用于口语和书面语。

128. 追究

新兴的中产阶层在财富的拥有方面有以下几个明显的特征：……三是有一辆看上去不错的车，车的年代和型号就不追究了。

例文中的"追究"用得不合适。

"追究"意思是追问根由，追查原因、责任等，从词义可以看出,"追究"所指向的通常都是不好的事情。如"建设部:房产调控落实不力将追究相关领导责任";"王岐山:北京市各级官员不依法行政者必受追究"。而例句的意思是中产阶层对车的年代和型号不是很看重,用"追究"显然是错误的,宜改为"讲究""考究"等。

| 特别提示 |

注意"追究"不要和"追求"混淆。

129. 子女

"子女"指儿子和女儿,是一个集合概念。但是,许多人常常把它与"一个"连用。下文便是一例。

王先生一家是丁克族,现在又渴望家庭的温暖,所以今年也领养了一个子女。

只有正确理解词语含义,才能准确使用词语。"一个"所指单一,而"子女"所指集合,是不兼容的。例句中的"领养了一个子女"应改为"领养了一个孩子"。

| 特别提示 |

"子女"也可比喻为一个民族的后来者,如"中华民族的优秀子女"。

130. 自称

5月份又出了本新书,叫做《纵横天下湖南人》,把湘人的自称自赞又推上了一个新的台阶。

从句义可以看出,作者误将"自称"理解成"自我称赞"之义了。

"自称"指自己称呼自己,自己声称,如"皇帝自称'寡人'"

"布拉德·皮特自称外表平庸"等。"自称"和"自吹自擂"没有关系,例句中的"自称自赞"明显说不通,宜改为"自誉自赞"。

| 特别提示 |

"自称自己是……"这样的句式犯了画蛇添足的毛病,"自称"就是自己称呼自己,完全不必再加一个"自己"。

131. 泼冷水

早恋是令很多家长和老师头疼的问题。某报纸针对这个问题,专门请了位专家为家长做了讲座。但是,在报道的引言部分,出现了下面这样的话:

在题为"如何应对孩子早恋"的讲座上,博士给家长们泼了一盆冷水。

像例句的作者一样,很多人都把"泼冷水"简单理解为让人清醒的意思。其实,"泼冷水"虽然有让人头脑清醒之义,但这是以打击、挫伤他人热情为前提的。也就是说,它侧重强调打击人的热情。家长对孩子的成长付出了很多努力,对孩子早恋的问题更是忧心,这里用"泼冷水"一词很不恰当,可以改用"提供了一副清醒剂"。

| 特别提示 |

一般情况下,说某人"泼冷水"是对某人这种言语或者行为的不认同。

132. 不动产

有一家地主将银子铸成一大个整块,藏在地窖里,每有银子便都烧熔了浇进去,子孙也不易偷窃花费,巴尔扎克笔下葛朗台家也没有这么大块的不动产吧。

上文中的"不动产"用得不对，它不能简单理解为拿不动的财产。

"不动产"的字面意思是不能移动的财产，特指土地、房屋及附着于土地、房屋上不可分离的部分（如树木、水暖设备等）。例文中所说的银子铸的"大整块"，虽然不能轻易地拿起来，但移动它的办法却多的是，移动后也不会造成任何损失，因此不能称其为"不动产"，用"财产"表示即可。

| 特别提示 |

"动产"是相对于"不动产"而言的，指金钱、证券、器物等可以移动的财产。如："朱延年才露了面，所有动产与不动产都交给债权团分配。"（周而复《上海的早晨》）

133. 不归路

新世纪的第一次自学考试刚刚结束。走出考场时，我就想：不管这次成绩如何，我都会沿着这条悲喜交加的不归路走下去。

这是从某报"我与考试"专栏里摘抄出来的文字。文章的内容是作者自叙在参加自学考试的过程中，是如何克服种种困难的。然而，她在表示坚定不移沿着自学成才之路走到底时，竟用了"不归路"一词，让人大感不解。

所谓"不归路"，是指死路。自学考试怎么能说是"不归路"呢？

| 特别提示 |

使用词语的时候，要注意词语的含义，不能望文生义。

134. 成名曲

当然一首红的作品是不够的，还是要继续努力，对不对？你这一辈子能写出二三十首成名曲的话，那你这一辈子就无忧了。

"二三十首成名曲",这种说法是不恰当的。何谓"成名曲"?简言之,就是成就演唱者名声的那首歌。"成名",动词,意思是成就名声,"成名曲"为偏正结构的短语,意思是使歌曲作者或歌手一举成名的歌曲。如歌星伍思凯的成名曲是《特别的爱给特别的你》,就是说伍思凯是因演唱《特别的爱给特别的你》这首歌而成名的。所以说,"成名曲"只能是一首歌。同样,王力宏的成名曲《唯一》、张信哲的成名曲《爱如潮水》等也都是专指一首歌。总之,"成名曲"只能是一首,不可能有"二三十首"。

| 特别提示 |

不光歌曲有"成名曲"之说,小说、文集、电影等也有"成名小说""成名散文集""成名电影"等,且在数量上也都是唯一的。

135. 橄榄枝

《××自曝央视已抛出橄榄枝,争取 2008 当裁判》

这是一篇新闻报道的标题,文章讲的是××自曝央视有意聘用其做体育节目主持人,并表示自己对此十分憧憬。此处"橄榄枝"一词的用法令人百思不得其解,难道××和央视曾有嫌隙?显然不是,错因在于作者不理解该词的含义。

"橄榄枝"的典故出自《圣经·旧约·创世纪》。挪亚放出鸽子来试探大地洪水灾害的情况,鸽子第一次去时洪水依然滔滔,无法落地,只得返回。七天后鸽子再次被放出,晚上回来时衔着橄榄枝,挪亚由此获知洪水已退。后来,人们便把橄榄枝作为和平的象征。双方交战,若一方求和,便可说是"伸出橄榄枝"。"我带着橄榄枝和自由战士的枪来到这里,请不要让橄榄枝从我手中滑落。"这是巴勒斯坦前民族权力机构主席亚西尔·阿拉法特 1974 年在联合国大会上发表的名言。他的这句名言可以很好地帮助我们理解"橄榄枝"的正确含义。除了战争范畴外,"橄榄枝"一词现在还可以表示一般情况下的愿意化解矛盾、谋求和解。

| 特别提示 |

当表示希望和解的时候,一般说"伸出橄榄枝""递出橄榄枝",最好不要用"抛出""扔出"等字眼,否则会让人觉得很没诚意。

136. 灰姑娘

有些人用词不求甚解,想当然地把"灰姑娘"理解为"脏姑娘",造成表达错误。

小芳不爱干净,身上的衣服总是脏兮兮的,别人都叫她"灰姑娘"。

"灰姑娘"这个词源于《格林童话》,字面意思是指很脏的姑娘,但是它有更深层的含义。一个女孩被后妈欺负,穿灰色的旧外套,每天担水、生火、做饭、洗衣服,睡在炉灶旁的灰烬中。女孩的身上沾满灰烬,又脏又难看,别人都叫她灰姑娘。王子举办舞会,灰姑娘偷偷穿上漂亮的礼服和舞鞋来到舞会,被王子看中,舞会结束灰姑娘慌忙跑回家,丢了一只舞鞋。王子捡到舞鞋,为了找到灰姑娘,他宣布谁能穿上舞鞋谁就是他的新娘。当然,只有灰姑娘能穿上那只舞鞋,她跟随王子来到了王宫,过上了幸福的生活。

灰姑娘的寓意是在极度艰苦中心怀对美好未来的期望,保持善良和积极的心态最终会获得幸福。由此可知,例句用"灰姑娘"形容不爱干净、浑身脏兮兮的小芳是不合适的。

| 特别提示 |

"灰姑娘"具有善良、积极的优秀品质,可以被称为"灰姑娘"的人一定是在经过艰难困苦之后获得幸福的人。

137. 上下班

他每日同 CCW 的老员工们一道从位于北京西郊的电子情报

所大院坐班车到万寿路上下班。

"上下班"是上班和下班的合称,包含了两个方向不同的行动。但不少人总是忽视其中的一项,把它用为"上班"或"下班",例句就是如此。例句所描述的只是"下班路线",因此不适合使用该词。恰当的修改是把全句改为:"他上下班总是同 CCW 的老员工们一道,坐着班车在位于北京西郊的电子情报所大院与万寿路之间的路上奔波。"

| 特别提示 |

"上下班"的目的地不同,所以与它搭配的路线不能是一个方向的。

138. 烹小鲜

毛主席不愧是判案的"大手笔",一副治大国如烹小鲜的样子。

"烹小鲜"出自《老子》十六章,原文是"治大国如烹小鲜"。"烹小鲜"就是煎小鱼,由于在锅里易烂易碎,煎小鱼要格外小心,不能随意翻动,治理国家也要像煎小鱼那样小心留神。但是,现在很多人望文生义,把"烹小鲜"理解成轻而易举或小菜一碟,这是完全错误的。例句的作者就犯了这样的错误。

| 特别提示 |

对于"烹小鲜"这类有出处的词语,要弄清本义再用,否则容易产生误解。

139. 手把手

黄某二话没说,就从保险柜里拿出 6000 元人民币手把手地交给了陈某⋯⋯

"手把手"不是手递手,可不少人却做如此理解。上文误用就是如此。"手把手"即亲自,仅限用于指点、传授技艺等。如"手把手教你化彩妆""外婆手把手地教我写字"等。例句说的是亲手把钱交给某人,这显然不能说成"手把手",宜改为"亲手""亲自"等。

| 特别提示 |

"手把手"不宜改成"手把着手"之类的说法。

140. 殊不知

一位女性梳头晨妆,将脱落的几缕长发有心留下来,殊不知这是在她什么年龄和哪个清晨开始做起的。

"殊不知"意思是竟然不知道,表示引述别人不正确的意见后加以纠正;也有竟然没想到之义,表示纠正自己原来不正确的想法。细读例句,并没有这两种意思,应该把"殊不知"改为"但不知"之类的话。

| 特别提示 |

殊,多义字,这里作竟然讲。

141. 无间道

《公开的"无间道"将折磨曼联》

这是一篇报道的标题。其中"无间道"使用错误。

"无间道"是佛教词语,又作无碍道,是佛教修行的四道之一,指开始断除所应断除的烦恼,而不为烦恼所阻碍的修行,由此可无间隔地进入解脱道。"道"指的是通往涅槃的方法,"四道"指修习佛法的四种方法,依此可达涅槃,即加行道、无间道、解脱道、胜进道。

电影《无间道》的热映使"无间道"成为一个热门词汇,但是让人们误解了它的意思。在大众媒体上通常用来表示失败、痛苦或者灾难，例句的意思是曼联要接受失败的折磨。但是在佛教中"无间道"只是信徒修炼的第二个阶段，并没有磨难的含义。"无间地狱"或者"阿鼻地狱"，才对应着永受痛苦、无有间断的处境。

| 特别提示 |

汉语中很多词语与佛教有关，使用时要注意词语的原义，如"涅槃""三昧"等。

142. 想当然

在一场活动中，孙海英和吕丽萍备受瞩目，某家报纸报道了这一活动，其中导语中有这么一句话：

孙海英和吕丽萍是当晚想当然的主角。

文中"想当然"用得莫名其妙。"想当然"这个词出自《后汉书·孔融传》，原句是："以今度之，想当然耳。""想当然"是指凭主观推测，认为事情大概是这样或应该是这样。比如："我们不能凭想当然办事。"但是，很多人不能正确理解词义，而将它当成"当然"使用，上面例文就是如此。在写作中，要注意"想当然"中包含的主观成分，也许在客观事实上是相反的。例句想要说明肯定的意思，应该将"想"字删除。

| 特别提示 |

"想当然"的使用，一般表示写作者或者说话人不认同某种观点。

143. 哀而不伤

谈到作文有何秘籍时，费老说："写文章切勿虚情假意、哀而不伤。能够真正打动读者的文章一定要融入作者的真情实感，如果连自己都不能感动，就更不可能感动别人。"

显然上文作者并不理解"哀而不伤"这个成语的含义,将其当成泪是真的、悲哀是假的来用了。当然,如此误解的不在少数。

"哀而不伤"语出《论语·八佾》:"子曰:'《关雎》乐而不淫,哀而不伤。'"哀,悲哀;伤,妨害。原指悲伤不至于使人伤害身心,后形容诗歌、音乐优美雅致,感情适度。"乐而不淫,哀而不伤"是孔子所提倡的文艺风格和生活态度。他认为万物都应遵循中和为美的法则,不能过于放纵、任其泛滥。健康、适度、平和,一切都应表现得恰到好处。

| 特别提示 |

"哀而不伤"的"伤"不能理解为伤心。

144. 安步当车

当时暴雨如注,满路泥泞,汽车已无法行走,抢险队员们只好安步当车,跋涉一个多小时赶到了大坝。

例句中"安步当车"一词用得完全不合语境。"安步当车"出自《战国策·齐策四》:"晚食以当肉,安步以当车,无罪以当贵,清静贞正以自虞。"其意思是慢慢地步行,就当是坐车,形容轻松缓慢地行走。"安步当车"体现的是一种闲适的雅兴,它与例句紧张急迫的氛围很不协调,宜改为"以步代车"。

| 特别提示 |

"安步当车"还可以比喻人不贪求富贵,而能安于贫苦。

145. 安之若素

能让一个女人安之若素的男人必是她深爱和依赖的,能让一个男人安之若素的女人也必是美丽而坚韧的,能让原本陌生的两个人安之若素地寄放彼此的心和眼睛,这样的情感也必是温暖绵长的。

上文作者连用三个"安之若素",看起来虽然工整而有气势,用法却完全不对。

安之若素:安,安然、坦然;之,代词,指人或物;素,平常;(遇到不顺利的情况或反常现象)像平常一样对待,毫不在意。"安之若素"与"泰然处之"相近,前提是发生了较大的变故。例文作者想表达的是恋人间相处和谐,两人在一起便感觉内心十分安宁、踏实,应将"安之若素"改为"心安气定"或"内心安宁"。

| 特别提示 |

"安之若素"现在也可指对错误的言论和行为不闻不问,听之任之。

146. 白云苍狗

古人说得好,时间就好像白云苍狗,转瞬即逝。虚度年华,老来后悔莫及啊。

许多人把"白云苍狗"混同于"白驹过隙",导致该词的误用,上文即是如此。

"白云苍狗"原作"白衣苍狗",出自杜甫《可叹》一诗:"天上浮云似白衣,斯须改变如苍狗。"天上的浮云像白色的衣裳,顷刻之间又变成了苍狗,比喻世事变幻无常。如:"自从先严弃养,接着便是戊戌政变。到现在换了多少花样,真所谓白云苍狗了。"(茅盾《蚀·动摇》)"白云苍狗"与时间急遽流逝是没有关系的,例句应换成"白驹过隙"。

| 特别提示 |

"白云苍狗"一般用于感叹世事变化不定,不能表示人的性格多变。

147. 班门弄斧

鬼子居然在村民面前玩弄阴谋诡计，这可真是班门弄斧，很快就被大家识破了。

这里的"班门弄斧"用得不正确。如果按照句义理解，那村民岂不是成了"玩弄阴谋诡计"的行家了吗？

其实这个成语的意思很好理解。被人们尊称为木匠始祖的鲁班是战国时候的鲁国人，他十分精于制作器具。"操斧于班、郢之门，斯强颜耳。"（唐·柳宗元《王氏伯仲唱和诗序》）意思就是，在鲁班和郢人（也是一个操斧能手）的门前卖弄使用斧子的本事，脸皮也太厚了。后来人们便用"班门弄斧"来比喻在行家面前卖弄本领，不自量力。"鲁班门前弄大斧"与"关公面前耍大刀"说的是一个道理。从例句的语境看，"班门弄斧"应改为"自不量力"。

| 特别提示 |

有人将"班门弄斧"写成"搬门弄斧"，除了不理解"班门"的意思外，还可能受到"弄"字的影响，所以造出这样一个"对仗工整"的词语来，用时应注意避免。

148. 半推半就

在实际运用中，不少人把"半推半就"理解为"含混、吞吐"，这是不正确的。看下文：

占领伊拉克9个月后，美国总统选举9个月前，白宫26日半推半就，正式放弃了伊拉克拥有大规模杀伤性武器的"论断"。

"半推半就"指一边推开、一边靠拢，形容内心愿意、表面假意推辞的样子。"推"是假的，行为主体主要的意思在"就"，也就是愿意接受。但在句中，"白宫"的真正意愿是"正式放弃",具体行为则是"白宫"在说话时因难言之隐而吞吞吐吐、模棱含混。因此,这里不能使用"半推半就"。

| 特别提示 |

"半推半就"含贬义。出自元代王实甫的《西厢记》:"半推半就,又惊又爱,檀口揾香腮。"

149. 包罗万象

不能准确理解词语含义,随意扩大或缩小词语所指范围,是误用"包罗万象"的重要原因,下文就是典型一例。

工人俱乐部里,象棋、扑克、乒乓球、电视机、书报、画片,包罗万象。

"包罗万象"出自《黄帝宅经》卷上:"所以包罗万象,举一千从。"形容内容丰富,无所不有。显然,一家俱乐部的文化娱乐设施不可能多到这种程度。

此句可改为:"工人俱乐部里,有象棋、扑克、乒乓球、电视机、书报、画片等,各种娱乐工具应有尽有。"

| 特别提示 |

"应有尽有"意思是应该有的全都有了,形容一切齐全。

150. 抱残守缺

整个村庄被一场罕见的龙卷风袭击过后,房屋毁坏无数,到处一片狼藉。老人们抱残守缺,一个也不愿意离开自己住了一辈子的老屋。

仅从字面意思出发,误解真正词义,是误用"抱残守缺"这个成语的常见原因。上文例句就是如此。

抱残守缺:守着残缺陈旧的东西不放。形容思想守旧,不求改进。"抱残守缺"意思近似"故步自封""因循守旧""墨守成规",含有贬义。

上文中的老人们是在房倒屋塌的时候心恋故园,并非思想保守,所以不能用"抱残守缺"这个成语。再说,留恋故园是一种美好的感情,不适合用含有贬义的词语。

| 特别提示 |

"抱残守缺"注意不要写成"报残守缺"。

151. 杯弓蛇影

中国的成语很多都是有来由的,不少人往往只看字面意思,对其所具有的特定含义不甚了了,导致误用。下文作者对"杯弓蛇影"一词的使用即是如此。

吴先生火冒三丈:"你们说的这些都是杯弓蛇影,完全是无中生有,不符合事实情况嘛!"

"杯弓蛇影"的故事出自汉代应劭《风俗通义·世间多有见怪》:"时北壁上有悬赤弩照于杯,形如蛇。宣畏恶之,然不敢不饮。"又见于《晋书·乐广传》,书中记载乐广有一次请客饮酒,一位客人见酒杯里有条蛇,喝后吓得病了。当知道这蛇原来是屋角上一张弓照在杯里的影子,他的病就好了。后来,人们便用"杯弓蛇影"来比喻因疑神疑鬼而妄自恐慌。

例句作者把"杯弓蛇影"误解为无中生有显然是错误的,可改为"道听途说"或"凭空捏造"。

| 特别提示 |

"杯弓蛇影"的近义词有"疑神疑鬼""风声鹤唳""草木皆兵"等。

152. 筚路蓝缕

常有人把"筚路蓝缕"理解成"衣衫褴褛",下文就是一例。

走在繁华大都市的街头,看见那些沿街乞讨的筚路蓝缕的乞丐,心里十分不是滋味。

"筚路蓝缕"语出《左传·宣公十二年》:"筚路蓝缕,以启山林。"筚路,柴车;蓝缕,破衣服;驾着简陋的车、穿着破烂的衣服去开辟山林,形容创业的艰苦。如:"网际创业零重力:网路事业如何从筚路蓝缕跃升到股票上市。"例句可以修改为"沿街乞讨的衣衫褴褛的乞丐"。

| 特别提示 |

应注意"筚路蓝缕"一词首尾二字的写法。

153. 闭门造车

"闭门造车"是最容易被误用的词语之一,误用的根源在于误解词义。请看下文:

这个暑假我决定充分利用时间,学习古人"闭门造车"的精神,两耳不闻窗外事,专心在家补习外语。

成语"闭门造车"的本义和现在通用的比喻义是截然不同的。朱熹《中庸或问》中说:"古语所谓'闭门造车,出门合辙',盖言其法之同也。"意思是说:虽然是关起门来在家里制作的车子,拿出门去使用的时候,却能和车辙完全贴合,这是因为有一定的规格、尺寸作标准的缘故。而"闭门造车"流传至今,词义已经发生了相当大的变化,现在一般用来比喻脱离实际,只凭主观想法办事。古语"闭门造车"乃赞其出门合辙的巧妙,今谓"闭门造车"则是批评出门不能合辙的不顾实际。回到上述的例句中,可以看出其中所用的"闭门造车"无论是哪种用法都与语境不相符,如果换成"目不窥园"就比较合适了。

| 特别提示 |

注意"闭门造车"中的"车"不能读成 jū。另外,也不能把它擅自改成"闭门造船""闭门造炮"等。

154. 敝帚自珍

搞不清"敝帚自珍"一词的适用对象,是人们经常误用该词的主要原因。下文即是一例。

毕业时同学们送给我的东西即使不值钱,我也一直敝帚自珍,因为礼轻情意重嘛!

"敝帚"只能用来谦指自己的东西,别人的东西即使再破也不宜说"敝帚",何况还是人家送给自己的礼物。敝帚自珍:敝,破的;珍,爱惜;把自己家里的破扫帚当成宝贝,比喻东西虽然不好,自己却很珍惜。"遗簪见取终安用,敝帚虽微亦自珍。"(宋·陆游《秋思》)例句宜改为"我也一直非常珍惜"。

| 特别提示 |

"敝帚千金"意思同"敝帚自珍",同样只能用于自谦。

155. 兵不血刃

因为不求甚解,很多人误用"兵不血刃",导致严重语言错误。一则体育新闻的标题是:

《中国队兵不血刃胜日本》

兵:武器;刃:刀剑等的锋利部分。这个词原意是说兵器上没有沾上血,形容没有经过战斗就轻易取得了胜利。这个成语强调的是未经战斗,而不是在战斗中轻松获胜。只看例句,还以为中日两队未经交战,中国队就胜利了。但是看了整篇报道之后才知道，中日两队不仅进行了比赛，而且过程相当激烈。对于激烈的比赛，用"兵不血刃"显然是不恰当的。

| 特别提示 |

"兵不血刃"出自《荀子·议兵》，原句是："故近者亲其善，远方慕其德，兵不血刃，远迩来服。"

156. 不耻下问

他是个计算机专家，又会两种外国语，我们这些初学计算机的人要虚心向他求教，不耻下问。

新手向行家学习，怎么能用"不耻下问"呢？显然，作者误解了"不耻下问"。像例文作者这样不分对象乱用该词的现象十分普遍。

"不耻下问"出自《论语·公冶长》"敏而好学，不耻下问"，意思是不以向学问或地位比自己低的人请教为耻。理解该词的要点在"下"字，其意思是"向下"问。

句中"我们"要求教的对象是一个专业知识比自己强很多的专家，用"不耻下问"明显是不合适的，应改为"勤学好问"。

| 特别提示 |

"不耻下问"一般用于夸赞别人的治学精神，很少用在自己身上，否则容易让人感觉很不谦虚。

157. 不揣冒昧

不少人之所以用错"不揣冒昧"，多因为误解了这个词的修饰对象。看下文：

王总工程师就是这方面的行家，下面请他不揣冒昧地跟大家讲几句。

"不揣冒昧"属于谦辞，只能用于自谦；而例句中却用来修饰别人的发言,十分不妥。

不揣冒昧,没有慎重考虑就轻率行事的客气话,表自谦。如:"又看到日本学界也每每用汉文出书,我真是不揣冒昧,竟想把我的论著也拿去尝试。"(郭沫若《海涛集·我是中国人》)例句中的"不揣冒昧"可以改成"不吝赐教"。

| 特别提示 |

"不揣"指不自量,谦辞,用于向人提出自己的见解或有所请求之时。注意不能写成"不惴""不瑞"等。

158. 不寒而栗

乍暖还寒的初春季节,即使穿着小棉袄走在阳光灿烂的校园里,仍然觉得有点不寒而栗。

例句用"不寒而栗"来形容气候寒冷,显然属于望文生义。

不寒而栗:栗,畏惧、发抖;不冷而发抖,形容非常恐惧。"是日皆报杀四百余人,其后郡中不寒而栗,猾民佐吏为治。"(《史记·酷吏列传》)"不寒而栗"中"栗"的原因只因恐惧,与天气没有关系。例句宜改为"仍然觉得有点寒气逼人"。

| 特别提示 |

"不寒而栗"中的"栗"注意不能写成"粟"。

159. 不胫而走

汉代陵寝的一些石雕经历了千年的风雨洗礼,多数都已损坏,有些甚至不胫而走,最终出现在国外的文物拍卖市场上。

"不胫而走"也是很容易望文生义的词,经常与"不翼而飞"混淆。

不胫而走:胫,小腿;走,跑;没有腿却能跑,比喻事物无须推行,就已迅速地传播开去。"不胫而走"侧重指事情、消息等用不着刻意宣传，就迅速流传开来，不能用来表示东西无故丢失。例句宜改为"不翼而飞"。

| 特别提示 |

"不胫而走"还容易写成"不径而走"，并解释成没有路却溜走了。这种错误也应避免。

160. 不绝如缕

一时间，"闲闲书话"热闹非凡，跟帖者不绝如缕，有诚心支持者，亦有搞笑者。不管是征婚还是炒作，总算给整日在书斋苦读的书生们带来了一丝轻松的话题。

"不绝如缕"常被误解为络绎不绝、接连不断的意思，例句显然也犯了这样的错误。

不绝如缕：绝，断；缕，细线；像细线一样连着，差点儿就要断了，多用来形容局势危急或声音、气息等低沉微弱，时断时续。不能见到"不绝"就理解成络绎不绝的意思。上例可改为"跟帖者络绎不绝"。

除了用以形容局势危急外，"不绝如缕"最常见的是用来表示声音绵延悠长，如："或者人已经转过山头望不见了，歌声还余音袅袅，不绝如缕。"

| 特别提示 |

"不绝如缕"不能形容感情的深厚。

161. 不可开交

相同的生活经历、共同的志趣爱好，使他们两人早年结成了深厚的友谊；现在虽都已是年届花甲的老人，但彼此见面时仍然亲得不可开交。

似乎只有"忙得""吵得""闹得""不可开交"，"亲得不可开交"倒是第一次听闻，这种用法对吗？

先看一下该成语的释义。不可开交：开，解开；交，相错、纠缠；形容无法摆脱或结束。其修饰的对象往往是复杂混乱的局面，对于亲昵、欢乐、轻松的场面，用"不可开交"显然是不合适的。例句可以改成"但彼此见面时仍然那么亲密无间"。

| 特别提示 |

"不可开交"只能作"得"后面的补语，如果没有这样的语境条件，就不能使用该成语。

162. 不可理喻

7月7日晚，龙截住了张，不依不饶地强拉张到附近的派出所"评个理儿"，结果使这桩不可理喻的"卖子奇案"浮出了水面。

例句中用"不可理喻"一词来形容案件是不恰当的。虽然"卖子"可以称得上奇案，但这种行为是不能用"不可理喻"来形容的。《现代汉语词典》对"不可理喻"有着明确的解释：不能够用道理使某人明白，形容愚昧或态度蛮横，不讲道理。显然，"不可理喻"是用来形容人的，例句中却用它来形容行为，因而是错误的，换成"匪夷所思""不可思议"较为合适。

| 特别提示 |

"不可理喻"出自明代沈德符《万历野获编·褐盖》："此辈不可理喻，亦不足深诘也。"它的近义词有固执己见、一意孤行等，全都是用来形容人的，不能用来形容行为或事物。

163. 不可一世

大词小用或小词大用是人们常犯的语言错误，比如人们常把"不可一世"这个该用到大处的词用到小处。请看下文：

学习是没有止境的，谦虚是上进的良友。如果刚得到一点点成绩,就不可一世,尾巴翘得老高,那永远也无法取得再大的进步。

例句中的"不可一世"程度有点重,不是很妥帖。

不可一世:自以为没有一个人能比得上,形容目空一切、狂妄自大到了极点。如:"希特勒是一个不可一世的大独裁者。"如果用"不可一世"来形容人在取得一点成绩后的骄傲自满,就显得程度重了一些。例句中的"不可一世"可以改为"傲慢自大""自命不凡"之类的说法。

| 特别提示 |

"不可一世"是一个贬义词,如果夸赞某人在某一领域内成就突出、无人能比,是不能用这个成语的。

164. 不堪回首

毕竟经历的都过去了,已成往事,不堪回首。人生短暂,何必斤斤计较过去?有些时候,与其在痛苦中回忆、彷徨、颓废,何不开心地展望未来、珍惜未来呢?

"不堪回首"的意思是指对过去的事情想起来就会感到痛苦,因而不忍去回忆。堪:可以忍受。回首:回顾。"不堪回首"出自唐代戴叔伦《哭朱放》:"最是不堪回首处,九泉烟冷树苍苍。"常用来表示对巨大的人事变迁的感慨。比如,南唐李煜《虞美人》:"春花秋月何时了,往事知多少。小楼昨夜又东风,故国不堪回首月明中。"

例句要表达的意思是,过去的已经过去,不要再回头看了。"不堪回首"在内容上与上下文不能衔接,可以改成"不必回首"或"无须回首""何须回首"。

| 特别提示 |

"不堪回首"常用于感叹的语句。

165. 不堪设想

火场的四周都是村民的连片住宅,如果扑救不及时造成火势进一步蔓延扩大,后果将不堪设想……肆虐的火魔终被彻底扑灭,成功保护了四周民房的安全,避免了火烧连营悲剧的发生。

"不堪设想"这个词语的滥用情况非常普遍。例文也使用了该词,与上下文的语境不符。

"不堪设想"意思是:未来的情况不能想象,指会发展到很坏很危险的地步。例文交代了现场的情况——"火场的四周全是村民的连片住宅"。可见,火势如果没能及时控制、进一步扩大,连片的房屋肯定会被全部烧光,这样的后果绝对不是不能想的。火势蔓延、房屋会烧光是常识,说不能想象是违背逻辑。因此,"不堪设想"宜改为"不难设想"。

| 特别提示 |

注意"不堪设想"不要写成"不勘设想""不刊设想"等。

166. 不刊之论

该文立意浅陋、语句不通、章法混乱,根本就是不刊之论,总编看了啼笑皆非,直接扔在了一边。

"不刊之论"这一成语常常被误解为"不能予以刊登的文章",引句即属此例。错误的根源在于不理解其中"刊"字的含义。这里的"刊"非刊登,而是削除、删改的意思。古人把字写在竹简上,有错误的话只能削去。后来便用"不刊之论"比喻正确的、不能改动或不可磨灭的言论,也用来形容文章布局用字精当、无懈可击。若将"不刊"理解成不能刊登,意思便完全相反了。例句可改为"根本无法予以刊登"。

| 特别提示 |

"不刊之论"还常被误解为荒唐可笑的、极端错误的看法和

言论，如："这种鼓吹有钱便是万能的说法，简直是不刊之论。"这里的"不刊之论"宜改为"荒谬至极"。

167. 不落窠臼

苏轼也擅长书法，他取法颜真卿，但能不落窠臼，与蔡襄、黄庭坚、米芾并称宋代四大家。

例句中"不落窠臼"一词使用不当。书法大家颜真卿若闻自己的作品被人称之为"窠臼"，不知做何感想。

不落窠臼：窠臼，旧格式、老套子（多指文艺作品）；比喻不落俗套，有所创新。"初学必从此入门，庶不落小家窠臼。"（明·胡应麟《诗薮·内编》）例句用"独树一帜"（单独树起一面旗帜；比喻独特新奇，自成一家）更为妥帖。

| 特别提示 |

"窠臼"二字应注意写法和读音，不能胡乱写成"巢曰"，否则会让人笑掉大牙。

168. 不尽人意

很多人将"不尽人意"当成"不尽如人意"的缩写，这是错误的。例如：

对明星有不尽人意的地方，可以批评，但批评不等于漫骂和人身攻击。

例句中的"不尽人意"用法是不正确的，应该改成"不尽如人意"。虽然两个短语都以"不尽"开头，但在结构和含义上是完全不同的。"不尽如人意"的意思是不完全符合人的心愿，"不尽人意"的意思是人的意思没有尽到。"不尽如人意"和"不尽人意"是意义不同的两个词，不能等同视之。

| 特别提示 |

"不尽如人意"的"不尽",是副词,意思是不完全。"不尽人意"的"不尽"是个偏正结构,"不"是副词,意思是没有;"尽"是动词,意思是尽到。

169. 不偏不倚

去年还有一起遗产继承案引来很多瞩目,虽然牵涉数目也不少,但它令我们关注的更重要的原因是它发生的时间,不偏不倚,正是在"非典"横行的四月。

例句将"不偏不倚"这一成语理解成了时间上的"不前不后",属于望文生义。

"不偏不倚"出自朱熹的《中庸章句》:"中者,不偏不倚,无过不及之名。""倚"即"偏";不偏袒任何一方,表示公正或中立。如:"只要办理得人,不偏不倚,合乎中庸,一以国粹为归宿,那是决无流弊的。"(鲁迅《彷徨》)"不偏不倚"一般用来表示人的态度或立场,不能用来表示时间。例句中直接删除"不偏不倚"即可。

| 特别提示 |

与"不偏不倚"词义相对的有"厚此薄彼""偏听偏信""畸轻畸重"等。

170. 不期而遇

在使用"不期而遇"一词时,人们常对"不期"视而不见,把它简单理解为相遇,导致该词误用现象严重。看下文:

为了让分别多年的老同学不期而遇,我们精心组织了这次同学会。

前面说"不期而遇",后面却是"精心组织",严重的语病是因为对"不期"的漠视。

不期而遇：期，约定时间；没有约定而意外地相遇。如："有时候会想两个人走在路上，不期而遇，应该是种什么样的惊喜和快乐。""不期而遇"是意外、偶然的事情，同学会既是精心准备的，也就谈不上意外了。例句可改为："为了让分别多年的老同学欢聚一堂，我们精心组织了这次同学会。"

| 特别提示 |

"参加保险可以在灾祸不期而遇时，使投保者或其惠人得到一笔赔偿。"遭遇灾祸，自然是没有约好的，但这样的语境下用一个"不期而遇"就显得十分滑稽，不如说成"参加保险可以在灾祸不幸到来时，给予投保者或其受益人一笔赔偿"。

171. 不忍卒读

(《哲学史讲演录》)东方哲学的部分简直不忍卒读，他（黑格尔）说中国哲学，谈到孔子、《易经》、老子，孔子是没有哲学的……他看到的《道德经》的译本显然问题非常严重，他那时刚刚听说过孟子，至于"离坚白"之类大概闻所未闻，无怪乎说中国没有哲学了……他对概念的误解误用到处都是，我大段大段地径直跳过。

例文中"不忍卒读"一词明显用错了。

我们看一下"不忍卒读"的解释：卒，尽，完；不忍心读完，常用以形容文章内容悲惨动人。根据句义，作者想说明的是黑格尔《哲学史讲演录》一书中对东方哲学的理解十分粗糙，不少地方的阐述都存在谬误。这样的作品显然不会让人看得悲伤，而是一些错误的地方令读者无法接受罢了。作者的意思是文章写得不好，而非悲惨动人，首句可修改为"东方哲学的部分简直是漏洞百出"。

| 特别提示 |

"不忍卒读"形容的是文章悲惨动人,重点在"悲",除此而外,不论是表示文章的坏还是好都不能说"不忍卒读"。

172. 不甚了了

小时候的他聪明伶俐,十分惹人喜爱。不知为何,现在却不甚了了,人总是木木的,念书工作没有一样能拿得起来的。

作者可能是受"小时了了,大未必佳"影响,把"不甚了了"误解成不怎么聪明、平庸愚笨了。如此理解,是导致该词常被误用的主要原因。

不甚了了:甚,很;了了,明白、清楚;意思是不很明白、不很懂。如:"我回家去了三年,外面的事情,不甚了了。"(清·吴趼人《二十年目睹之怪现状》)例句可以改为"不知为何,现在却平庸无奇"。

| 特别提示 |

"不甚了了"还常被误解为放在一边不管了,就算完事。如:"处理顾客投诉也只是走一个形式,最后大多不甚了了。"这里的"不甚了了"应改成"不了了之"。

173. 不瘟不火

与往年相比,今年"金九银十"的含金量似乎有所下降,九月车市整体温和增长,十月的表现也不瘟不火。

文中用"不瘟不火"来表示销售情况不够火爆,完全不理解该成语的含义。

"不瘟不火"指的是戏曲表演既不沉闷乏味,也不急促,一般用来夸赞演员的演技高超,能够将角色把握得恰如其分。例句可以改成"十月的表现也比较平淡"。

| 特别提示 |

"不瘟不火"的"火"的意思是急促,不能理解成不发火,比如"面对流言,他不瘟不火"同样是望文生义。

174. 不虞之事

人们之所以经常误用"不虞之事",是因为把"不虞"误解为不想或不愿。看下文:

这么多年过去了,恩怨是非早已被时间冲淡,那些不虞之事谁都不会再提起了。

"不虞之事"指的是没有料想到的事情,从例句的句义看,把它误解为不愿提起之事了。

"不虞"解释为没有想到的、意料之外的。这在很多文献中都有实例,如《诗·大雅·抑》:"质尔人民,谨尔侯度,用戒不虞。"《左传·僖公四年》:"君处北海,寡人处南海,唯是风马牛不相及也。不虞君之涉吾地也,何故?"

| 特别提示 |

不虞之灾:意外的灾难。

175. 不知所云

陈晨因病休学大半年,第一天回到学校听英语老师讲课时,竟然完全不知所云,看来真的是落了太多的功课,只能重修一年了。

句中的"不知所云"属望文生义,如果学生真的听课不知所云,那应该是老师讲得不好,而不是学生的理解能力存在问题。
"不知所云"原是诸葛亮《出师表》中的一句话:"临表涕泣,不知所云。"不知所云:不知道说的是什么,形容语言紊乱或空洞。它指的是说话人或写作者的表达有问题,常常被误解为听者没有理解。例句可以改成:"听英语老师讲课时,完全是云里雾里，一点儿也听不懂。"

| 特别提示 |

把"不知所云"当成"耳旁风"来用也是不正确的。来看这样一个句子："小家伙特别顽劣，听妈妈训话从来都是不知所云，左耳进，右耳出。"

176. 不足为训

你不要总是耿耿于怀，毕竟只是一个小错误，不足为训。大家依然对你充满期待。

"不足为训"乍一看好像是不足以成为教训的意思，其实不然。

误解该成语的关键是不理解"训"的含义。"训"除了常用的教导、训诫外，还有两个释义。一是词义解释（训诂）；二是准则、典范。"不足为训"中的"训"即解释为法则、典范。这个成语的意思是：不值得作为效法的准则或榜样。如："一些学生进入高三后便给自己强加压力，每天埋头苦读十四五个小时，精神可嘉，不过这种做法不足为训。"

| 特别提示 |

"不足为训"的近义词是"不足为法"，均含贬义，表否定。

177. 不足为奇

由于对成语"不足为奇"的含义理解不够准确，常常会发生该成语的误解误用。

五环房价一平方米过万元，低收入者一年不吃不喝可能也买不下一个卫生间，市民早对此已不足为奇。

不足为奇：不值得奇怪，指事物现象等很平常。事实上，房价过分虚高绝对不正常，应该引起重视，只是低收入者见怪不怪而已。例句成语用得不恰当，如果照原句解释起来，就是"市民认为奇高的房价不值得奇怪"，这显然是说不通的，应当改为"不以为奇"。

| 特别提示 |

"不足为奇"常常暗含说话者的不屑，含有贬义。

178. 惨淡经营

在我们置身的这个时代，音乐精神的沉沦和贫乏是有目共睹的，假唱已经成为一个毒瘤，导致中国歌坛病入膏肓，成为一个半死不活、惨淡经营的行业。

例句中用"惨淡经营"来形容当今歌坛半死不活的状态是不合适的。这个成语十分容易引起误解，它到底是什么意思呢？

查阅汉语词典，可知"惨淡"除了暗淡无色和凄凉、萧条、不景气的释义外，还有一个意思就是形容苦费心力。"惨淡经营"一成语就用了这最后一个释义。惨淡经营：惨淡，苦费心思；经营，筹划；本指作画前，先用浅淡颜色勾勒轮廓，苦心构思，经营位置。如："诏谓将军指绢素，意匠惨淡经营中。"（唐·杜甫《丹青引赠曹将军霸》）现在则指在困难的境况中尽心地规划某项事业。修改为"成为一个半死不活、奄奄一息的行业"。

| 特别提示 |

"惨淡经营"的近义词有"苦心经营""苦心孤诣"，含褒义。

179. 草木皆兵

且说永新（县）这一仗是在田溪区域间打的，只因当地群众基础好，乃至草木皆兵。战斗只进行了半天，敌人不敢怠慢，且打且退，最后草草收兵回营。

例句作者望文生义，将"草木皆兵"一词的含义完全理解反了。

"草木皆兵"的故事出自《晋书·苻坚载记》，淝水之战时，苻坚登寿春城瞭望，看到东晋军队阵容严整，又远望八公山，把山上的草木都当成晋军，十分恐惧。后来人们便用"草木皆兵"来形容人在惊慌之时神经过敏、疑神疑鬼。例文中说，永新县的老百姓积极支持部队作战，只消半天就把敌人打得"草草收兵回营"，怎么能说老百姓"草木皆兵"呢？作者显然是把"草木皆兵"误解成全民皆兵之义了。建议原文修改为"乃至全民皆兵"或"以至令敌草木皆兵"。

| 特别提示 |

注意不要将"草木皆兵"随意改成"草木俱兵"等说法。

180. 侧目而视

阳春三月，杭州西湖迎来越来越多的游客，一位年逾花甲的老人在西子湖畔展示"真功夫"，引来行人侧目而视。

这是一篇报道文字，在其旁边还配有图片，上面是一位老者在练功，过路行人侧过脸观看。

"侧目而视"的意思是不敢从正面看，斜着眼睛看，形容畏惧而又愤怒的神色。

老人的"真功夫"吸引了众人的目光，使得人们的视线不约而同地发生了转移，这说明老人的"功夫"算得上绝活儿，使路人称奇。然而文中却用了"侧目而视"一词，以形容行人观看的神态，显然是不合适的。

仅按字面意思把"侧目而视"误解为侧过脸去看，导致该词被严重误用。

| 特别提示 |

还有人将"侧目而视"理解为瞧不起人的意思，如："他得了冠军，就对同伴侧目而视，颇有点老子天下第一的劲头。"显然这也是不对的，宜改为"对同伴傲慢不逊"。

181. 曾几何时

曾几何时喝酒成了贯彻骑士精神、落实个人英雄主义的主要措施在社会上广为流传……曾几何时,喝酒不是为了味蕾,而是为了精神。

"曾几何时"常被误解为过去、很久以前、不知道何时等意思,均属于望文生义。

"曾几何时"出自唐代韩愈的《东都遇春》:"尔来曾几时,白发忽满镜。"诗中的"曾几时"显然是才多长时间的意思,后来衍化为"曾几何时":几何,若干、多少;才有多少时候,指没过多久。"曾几何时"一般用来感叹人、事在不长的时间内发生较大的变化,含有较浓的感情色彩。例句中的"曾几何时"可直接说成"不知什么时候起"。

| 特别提示 |

"曾几何时"一表示过去,二表示时间短,运用时应注意两者缺一不可。另外,"曾几何时"含有强烈的感叹色彩,所感叹的事物变化可以是悲伤、不幸的,也可以是愉悦、美好的。

182. 差强人意

中国队的排名则在前30名之外,并首次与获奖无缘……如此差强人意的成绩,国人不禁要问:中国田径怎么了?

例句误将"差强人意"作"不尽人意"解了。

"差强人意"经常被用错,原因主要在于不理解"差"一字的含义。"差"是一个多音多义字,在"差强人意"一词中,"差"字义为稍微、尚且、比较;"强"原义是振奋。"差强人意"的正确含义是大体上还能使人满意。该词常常被人们误解为不能令人满意,例句即属于这种情况,可以改成"如此不尽人意的成绩"。

| 特别提示 |

使用"差强人意"一词时,要避免与"不尽人意""不如人意"等词语混淆。与"差强人意"意思相近的词语有"甚强人意""差慰人意""差可人意""差适人意"等。

183. 长袖善舞

张丹、张昊实力超群、长袖善舞,当他们流畅华丽的表演完成之后,帕拉维拉簇体育馆内全场观众起立为他们鼓掌,将一簇簇鲜花扔进了冰池。

例句摘自一则新闻,新闻内容是中国选手张丹、张昊以近乎完美的表演夺得了世界大学生冬季运动会花样滑冰双人组冠军。句中用"长袖善舞"来形容运动员娴熟优美的滑冰技巧实在是离谱,显然作者并不理解该成语的含义。

《韩非子·五蠹》:"长袖善舞,多钱善贾。"袖子长,有利于起舞。原指有所依靠,事情就容易成功。后形容有财势会耍手腕的人,善于钻营取巧,会走门路。含贬义。如:"李春山长袖善舞,当时的一帮名公巨卿,甚至连醇王都被他巴结上了。"(高阳《清宫外史》)例句中的用法实属望文生义,可改为"张丹、张昊实力超群、动作完美"。

| 特别提示 |

"长袖善舞"同样不能简单地理解成善于跳舞,如不能说"杨丽萍长袖善舞"。

184. 长治久安

正是这一原因,近来北京、上海、广州等媒介发达城市都出现了镀金式的应聘者,这些人通过考核成功进入媒介,其实压根并不想长治久安,而是打定主意只是短期工作,带有明确的考察学习目的,有的甚至是为了跳槽或者已选定了所跳之"槽"后,到前卫媒介充充电然后再上任。

把"长治久安"简单地误解为长期稳定,是造成该词被误用的主要原因。"长治久安"语出东汉班固《汉书·贾谊传》:"建久安之势,成长治之业。"形容社会秩序长期安定太平。如孙中山《民族主义》:"有了很好的道德,国家才能长治久安。""长治久安"既不能用于个人,更不能误解成长期安身在某处。

| 特别提示 |

"长治久安"中,"长"即"久",不能写成"常治久安"。

185. 尘埃落定

搞不清"尘埃落定"的修饰对象,不当使用,是人们经常误用该词的主要原因。

异乡漂泊数十年,终于得以回乡养老,也算是尘埃落定了。

尘埃落定,比喻事情经过许多变化,终于有了结果;或经过一阵混乱后将结果确定下来。如"希捷收购迈拓尘埃落定"。"尘埃落定"用来形容人是不合适的,例句可改为"也算是落叶归根"。

| 特别提示 |

"尘埃落定"注意不能写成"沉埃落定"。

186. 成千上万

在实际运用中,有一些人用"成千上万"来修饰商品价格,这种用法是不正确的,超出了这个词语的适用范围。看下文:

由于信鸽不像一般的家禽,它是有身价的,有的名鸽身价成千上万,有的鸽主甚至是以鸽为生。

"成千上万"形容的是数量非常多。如:"做假事骗得了几个人,骗不了成千上万的人。"(老舍《神拳》)它的反义词是"寥寥无几"。例句用"成千上万"来形容信鸽的身价高,显然是错误的,可以改为"身价上千、上万"或"身价不菲"。

| 特别提示 |

"成千上万"也作"成千累万""成千成万"。

187. 尺短寸长

张家长,李家短,别家的事情我不管。你是一个知书达理的女孩,这个道理应该很清楚才是,怎么也跟着她们议论起这些尺短寸长的八卦来了。

例句误用"尺短寸长"一词,将其混同于"飞短流长"。《楚辞·卜居》:"尺有所短,寸有所长。"意思是应用的地方不同,一尺也有显着短的时候,一寸也有显着长的时候;比喻人和事物各有各的长处和短处。这里的"长、短"与"张家长,李家短"不是一回事,不能用来表示与己无关的是是非非。例句应将"尺短寸长"改为"飞短流长"。

| 特别提示 |

"尺短寸长"还要注意不能和"高低不等""参差不齐"混淆。如:"这次的几个参赛小组实力很不均衡,可以说是尺短寸长,有得看了。"这里应该将之替换为"参差不齐"。

188. 重蹈覆辙

虽然村里维修了几次,可路刚刚修好没几天又重蹈覆辙。

"重蹈覆辙"这个成语出自《后汉书·窦武传》:"今不想前事之失,复循覆车之轨。"蹈:踏;覆:翻;辙:车轮碾过的痕迹。重蹈覆辙是说再次走上翻过车的老路。用来比喻不吸取失败的教训，重犯过去的错误。比如："你已经犯过一次错误了，可别重蹈覆辙。"

很多人容易犯和例句一样的错误，望文生义，没有真正地理解词语的意思。例句是想说又和原来一样了，而不是说犯了和过去一样的错误。"重蹈覆辙"的主语是人，而不能是例句中的"路"。例句可以将"重蹈覆辙"改成"伤痕累累"。

| 特别提示 |

在实际使用中，要注意重蹈覆辙的主语只能是人，不能是事或物。

189. 充耳不闻

不少人之所以误用"充耳不闻"，主要是因为把它简单误解为不闻了。看下文：

这位高考状元在与学弟学妹们分享学习经验时说道："大家到了备考的冲刺关头，一定要专心致志。坐在书桌前，就应当对外界喧嚣充耳不闻，完全投入其中。"

充耳不闻：塞住耳朵不听，形容不愿意听取别人的意见。"充耳不闻"是故意所为，学习时听不到外面的吵闹则是注意力高度集中所致，例句可以把"充耳不闻"改为"心无旁骛。"

"充耳不闻"是针对不愿听取别人的意见而言，不能理解成一般情况下的"听到装作听不到"。

| 特别提示 |

"充耳不闻"与"两耳不闻窗外事"不是一回事，不能用来形容学习时专心致志的状态。

190. 出神入化

把"出神入化"误解为"出神"是不少人都会犯的错误。

他觉得听评书是人生最大的享受，常常听得出神入化，甚至连吃饭、睡觉都会忘记。

出神入化：神、化，皆指神妙的境域；形容艺术、技艺达到了极高的成就。如："不知道这位老画师是观察了多少的活虾，才能够画虾画得这样出神入化的。"（秦牧《虾趣》）这里的"出神"不能理解为因神情专注而发愣的"出神"。例句可改为"常常听得神游物外"。

| 特别提示 |

"出神入化"不能写成"出神入画"。

191. 楚楚可怜

感情不就是你情我愿，最好爱恨扯平两不相欠。男人大可不必百口莫辩，女人实在无须楚楚可怜，总之那几年你们两个没有缘。

例句误解了"楚楚可怜"的含义。

"楚楚"，（姿态）娇柔、纤弱、秀美。"楚楚可怜"多用来形容女子娇柔可爱。这里的"可怜"不是使人怜悯的意思，而是可爱之义。如《孔雀东南飞》："东家有贤女，自名秦罗敷。可怜体无比，阿母为汝求。""楚楚可怜"是不能用来形容女子自怜自叹的神情的。

| 特别提示 |

与"楚楚可怜"同义的词有"楚楚动人""楚楚可人"。

192. 触目惊心

忽略对环境因素的强调，把"触目惊心"简单理解为"心惊"，是不少人易犯的语言错误。看下文：

杂技演员们在空中飘来荡去，潇洒自如，一个个惊险刺激的动作让人感到触目惊心。

"触目惊心"指看到某种严重情况而引起内心的震动。如:"我们从奉天到哈尔滨沿路触目惊心,都是日本人侵略政策的痕迹。"(瞿秋白《饿乡纪程》)"触目惊心"强调的是环境的悲惨、事态的严重。而用于表达惊险刺激的杂技动作让人感到害怕是不合适的。例句中的"触目惊心"可改为"胆颤心惊""心惊肉跳"之类的说法。

| 特别提示 |

"触目惊心"也作"怵目惊心",含义不变。

193. 穿云裂石

这些具有穿云裂石之功的大力士一上场,就把观众的目光吸引了过去。

例句中"穿云裂石"使用错误。

"穿云裂石"的意思是穿破云天,震裂石头,形容声音高亢嘹亮。出自宋代苏轼《东坡乐府·〈水龙吟〉序》:"善吹铁笛,嘹然有穿云裂石之声。"

例句用"穿云裂石"来形容大力士的功夫就令人费解了,可能作者望文生义,认为"穿云裂石"是形容力气很大,可以劈裂石头。就算大力士可以劈裂石头,但是不可能冲上云霄。所以,例句应适当修改。

| 特别提示 |

"穿云裂石"形容声音的激越,不能用来形容力气很大。

194. 唇齿相依

中日两国唇齿相依,在地理位置上看是名副其实的"近邻"。

例句中"唇齿相依"一词用得十分不妥，有悖事实。

唇齿相依：嘴唇和牙齿互相依靠。比喻双方关系密切，相互依存。例："澳与内地特别是与广东，已经形成了唇齿相依、休戚与共的依存关系。""唇齿相依"强调的是双方相互依存、休戚与共。仅仅表示地理位置上的靠近，不宜用"唇齿相依"。中国和日本隔海相望，根本谈不上生死与共，完全可以用"一衣带水"来表示。

| 特别提示 |

"唇齿相依"的近义词有"唇亡齿寒""辅车相依""休戚相关"等。

195. 猝不及防

不考虑"猝不及防"的修饰对象，简单把它理解为"突然"，是人们经常误用该词的主要原因。

猝不及防的惊喜，被动挨打的尴尬，疲于奔命的惊险，绝处逢生的狂欢，让申花在中超首场就经历了"最长的一天"。

猝不及防：猝，突然、出其不意；事情来得突然，来不及防备。这个成语与"措手不及"的意思接近，多用于不好的方面，如"失败的打击来得猝不及防"。例句中的"惊喜"很明显是指好事，用"猝不及防"是不恰当的。根据文义，作者想说的是惊喜是意料之外的，不妨用"从天而降"来替换"猝不及防"更为妥当。

| 特别提示 |

"猝然"的意思是突然地、出乎意料地，一般也只用于不好的方面。如柔石《二月》："采莲底母亲的猝然自杀，竟使个个人听得骇然。"

196. 大而化之

解决麻烦从来有两种模式，通常一种是将问题变小，小意味着成本低。这是寻常的思路。但另有种方法就是偏要把问题变大，变大了才能解决。……前一种我叫作小而化之，后种模式叫大而化之。

上文中的"大而化之"使用颇为不妥。

《孟子·尽心下》："大而化之谓圣。"大而化之：原指美德发扬光大，进入化境；现形容做事情疏忽大意、马马虎虎。例句中的"大而化之"完全背离了成语原来的意思。成语的含义是约定俗成的，不宜随意改动，以免造成词义混乱。

| 特别提示 |

"大而化之"还经常被误解成大事化小、小事化了，当成一种息事宁人的处世态度，这种错误也属于望文生义，用时应注意。

197. 大方之家

比尔·盖茨热衷公益事业，可谓大方之家。他曾一次向印度捐赠1亿美元，用于帮助印度控制和防治艾滋病蔓延；还捐款5亿美元给全球抗击艾滋病、结核和疟疾基金会，用来帮助医疗条件较差的贫穷国家。

对于"大方之家"一词，人们常把它误解为大方的人加以使用，上文既是如此。

大方之家：大方，大道理；原指懂得大道理的人，后来泛指见识广博或学有专长的人。语出《庄子·秋水》："吾长见笑于大方之家。"

| 特别提示 |

"大方之家"也简称为"方家"，即指精通某种学问技艺的专家学者、内行人，如"贻笑方家"。

198. 大快人心

《大快人心：三星 Q 屏智能机 i308 再次降价》

高端智能手机再次降价，消费者当然高兴。不过可不能从字面上去理解"大快人心"这个成语的含义。

大快人心：指坏人受到惩罚或坏事受到打击，使大家非常痛快。郭沫若就曾写过："大快人心事，揪出'四人帮'。"可见，"大快人心"用在上引的新闻标题中是不合适的，直接改为"好消息：三星 Q 屏智能机 i308 再次降价"即可。

| 特别提示 |

"大快人心"不宜随意改成"大乐人心"之类的说法。

199. 箪食壶浆

他虽然已是一位成功人士，但仍不忘创业的艰辛，始终过着箪食壶浆的生活。

例句很显然把"箪食壶浆"误解成粗茶淡饭之类的意思了。"箪食壶浆"语出《孟子·梁惠王下》："以万乘之国伐万乘之国，箪食壶浆以迎王师，岂有他哉！"战国时燕国君主鱼肉百姓，百姓对其充满仇恨。齐燕交战时，燕国百姓"箪食壶浆"犒劳齐国军队，于是齐国在与燕国势均力敌的情况下短短十五天就将其击败了。箪：盛饭的竹器；食：食物；浆：汤。百姓用箪盛饭、用壶盛汤来欢迎他们爱戴的军队，形容军队受到群众热烈拥护和欢迎的情景。如："时操引得胜之兵，陈列于河上，有土人箪食壶浆以迎之。"（明·罗贯中《三国演义》第三十一回）如果不了解成语典故，又不认真查阅词典，很容易犯与例句相同的错误。例句应将"箪食壶浆"改为"粗茶淡饭""粗衣淡食"之类的说法。

| 特别提示 |

"箪食壶浆"中"食"音"sì",注意不要读错。

200. 灯火阑珊

晚风徐徐,城市的阑珊灯火尽收眼底。

作者想描述的是城市夜晚的繁盛灯火,用以"阑珊灯火"(出自"灯火阑珊"),意思就完全相反了。"灯火阑珊"的误用在报刊中比较常见,多由望文生义所致。

"灯火阑珊"出自南宋辛弃疾的《青玉案·元夕》:"蛾儿雪柳黄金缕,笑语盈盈暗香去。众里寻他千百度。蓦然回首,那人却在,灯火阑珊处。""阑珊"一词包括这样几种含义:衰减、消沉("诗情酒兴渐阑珊");零落、暗淡("蓦然回首,那人却在灯火阑珊处");残败、将尽("歌断酒阑珊");凌乱、歪斜("字阑珊,模糊断续,都染就泪痕斑");困窘、艰难("官况阑珊")。

"灯火阑珊"的意思是灯火零落、暗淡,绝无繁华热闹的含义。例句可考虑改为:"晚风徐徐,城市万家灯火尽收眼底。"

| 特别提示 |

有两个词的用法需特别注意,一是"春意阑珊",意思是春意将尽(常被误等同于"春意盎然");二是"意兴阑珊",意思为意兴快没了(不同于"兴致勃勃")。

201. 登堂入室

《有些鲜花不宜登堂入室》:中国室内环境监测中心提出,有些花卉是不宜放在居室中的。

这又是一个望文生义的典型例子。新闻标题将"登堂入室"错解为进入室内了。

古代宫室,前为堂,后为室。登上厅堂,又进入内室,比喻学问或技能由浅入深，循序渐进，达到更高的水平，也比喻学艺深得师传。"皆黄门登堂入室者，实自足以名家。"（宋·吴炯《五总志》）

例句作者这样把"登堂入室"作进入室内解，是十分常见的语言错误。例句应改为"有些鲜花不宜室养"或"不宜在室内种植"。

| 特别提示 |

"登堂入室"也写成"升堂入室"，出自《论语·先进》："子曰：'由也升堂矣，未入于室也。'"

202. 等量齐观

例一：她父亲思想开明，对女儿和儿子等量齐观，并无重男轻女的思想。

例二：当有人以广岛、长崎平民的伤亡和南京人民被屠杀而等量齐观地宣称"中国人民是战争的受害者，日本人民也是战争的受害者"时，我不同意这种简单的说法。

把"等量齐观"混同于"一视同仁"，是常见的语言错误，例句就是如此。

等量齐观：等，同等；量，衡量、估量；齐，一齐、同样；指不管事物之间的差异，同等看待。"一视同仁"和"等量齐观"的区别在于，前者侧重指对人或动物等态度一律平等，后者则主要用于非生命的事物之间的比较。显然例句改用"一视同仁"才是正确的。

| 特别提示 |

一视同仁：同样对待，不分亲疏厚薄。

203. 颠扑不破

《颠扑不破纯属作秀，上市公司离破产有多远》：尽管上市公司进入破产程序者不乏其人，但最终被宣告破产者却还没有一家，颇有些颠扑不"破"的意味。

上文标题和正文都出现了一个成语——颠扑不破，作者显然将"破"理解成破产了。

颠扑不破：颠，跌；扑，敲；无论怎样摔打都破不了，比喻理论学说完全正确，不会被驳倒推翻。如"马克思主义真理颠扑不破""科学社会主义理论是颠扑不破的真理"。"颠扑不破"只能专指理论的正确、无法驳倒。它的一个近义词"牢不可破"的适用范围就要广得多，可以表示人际关系、物体建筑等异常坚固，不可摧毁。所以，例文中的"颠扑不破"换成"牢不可破"更为合适。

| 特别提示 |

"颠扑不破"中的"颠"容易写成"巅"，注意不要写错。

204. 鼎力相助

你我相识已有几十年，两家也可称得上世交。不管怎么样，只要你有了困难，我们一定会鼎力相助！

鼎力相助：鼎力，敬辞，大力；（请求或感谢）别人对自己的大力帮助。"鼎力"一般是表请托或感谢时用，不可用于表示自己帮助别人。例句可以改为："我们一定会尽绵薄之力，全力相助！"

| 特别提示 |

"鼎力相助"很容易误写成"顶力相助"，这种错误应注意避免。

205. 鼎足而立

例一：众多的山峰，高峰俊骨，鼎足而立，撑起青天。

例二：新兴商城才开张，鸿运百货大厦又敲响了锣鼓，两家商店形成了鼎足之势。

例一中"鼎足而立"一词用得大有问题，例二中用错了"鼎足之势"这个成语，此两例都没有理解"鼎足"的意思。

先来了解一下什么是"鼎"。《现代汉语词典》上解释为：古代煮东西用的器物，三足两耳。"鼎足"有三只，"鼎足而立"即像鼎的三只脚一样，三者各立一方；比喻三方面分立相持的局面。出自西汉司马迁《史记·淮阴侯列传》："臣愿披腹心，输肝胆，效愚计，恐足下不能用也。诚能听臣之计，莫若两利而俱存之，三分天下，鼎足而居，其势莫敢先动。"常说的"三国鼎立"就是指魏蜀吴三国分别建立政权，在一段时间内共存的政治局面。

例一的错误有两点：一、"鼎足而立"的对象不能是自然景物；二、"鼎足而立"的必须是三方，不能说"众多的……鼎足而立"。改为"傲然耸立"才比较合适。

例二中前文已经说了是"两家商店"，语境义与成语含义相悖，应该把"鼎足之势"改为"对峙之势"。

| 特别提示 |

与"鼎"相关的词语还有"鼎立""鼎峙"等，均表示三方面的对立局势，不可用于两方或多方对立。"鼎"还有盛大的含义，如"鼎鼎大名""春秋鼎盛"。

206. 洞若观火

把"洞若观火"混同于了解情况，是人们常犯的语言错误，请看下文：

他对邻居家中有几个孩子，谁多大了，性格怎样，都能够洞若观火。

"洞若观火"形容观察事物明白透彻，好像看火一样，多指透过表面看清本质，一般用于对人的内心想法或一些重大事件的看法。出自明代林潞《江陵救时之相论》："当以某辞入告，某策善后，勇怯强弱，进退疾徐，洞若观火。"比如，鲁迅《南腔北调集·〈守常全集〉题记》："以过去和现在的铁铸一般的事实来测将来，洞若观火！"

例句中用"洞若观火"来形容对邻居家孩子的了解有点大词小用，宜改用"十分了解"。

| 特别提示 |

"洞若观火"含有褒义，使用时注意感情色彩。

207. 独步天下

与恩师彻夜长谈后，他下定了决心：独步天下，靠自己的力量打拼属于自己的世界。

"独步天下"是一个很有气势的词语，常在武侠小说中被用来形容侠客孤身一人，独闯天下。例句想要表达的也是同样的意思，其实这种用法是望文生义的。

"独步天下"出自《后汉书·戴良传》："独步天下，谁与为偶！"独步，独一无二，超出同类之上。"独步天下"其实是指独一无二，特别突出；意思是超群出众，无人可比。如："我若仲尼长东鲁，大禹出西羌，独步天下，无与为偶。"例句中的"独步天下"改为"独闯天下"才正确。

| 特别提示 |

"独步天下"的近义词有"独一无二""无与伦比""超群出众"。注意不能说成"独步于天下"。

208. 对簿公堂

已经炒了一年多的"《可可西里》被指抄袭纪录片《我和藏羚羊》"一事终于有了最新进展。昨天（6月30日）上午，两片导演在朝阳法院第三法庭上对簿公堂，一个说对方抄袭，一个说对方在炒作，互不相让。

"对簿公堂"的误用是典型的望文生义，诸多报纸杂志都将其当成到法庭对质来使用。媒体的误导作用是明显的，现在很多人都不明白该成语的正确含义了。

簿，文状、起诉书之类；对簿，受审问；公堂，旧指官吏审理案件的地方。"对簿公堂"的意思是在法庭上受审讯，是不能理解为打官司的。例句可改为："两片导演在朝阳法院第三法庭上当庭对质。"

| 特别提示 |

"对簿公堂"也可以说成"对簿公庭""公庭对簿"。

209. 咄咄逼人

由于不理解"咄咄逼人"的含义，或不明其感情色彩，不少人误用该词。请看下文：

面对受害方及其律师咄咄逼人的控诉，犯罪分子最终不得不低头认罪。

咄咄逼人：形容气势汹汹，盛气凌人，使人难堪；也指形势发展迅速，给人压力。在形容气势方面，"咄咄逼人"与"理直气壮"不同，它强调的是一种盛气凌人、傲慢自大的感觉，含有贬义。能使罪犯乖乖地低头认罪，控诉方的气势自然不会太弱，换成"义正词严"，就比较贴合语境了。

"咄咄逼人"的另一用法是形容迅猛的发展势力给人压力，如："美系汽车陷入困顿，日欧系汽车咄咄逼人。"

| 特别提示 |

另外,"咄咄"音 duō duō,意思是使人惊奇或感叹的声音,注意不要写错或念错。

210. 耳濡目染

望文生义,把"耳濡目染"当成亲耳所听、亲眼所见,是人们常犯的语言错误。请看下文:

虽然是第一次,但由于写的都是那天自己耳濡目染的事情,因此写得生动、现实感强。

耳濡目染:形容听得多看得多了以后,无形之中受到影响。绝不能想当然地理解为"耳闻眼见"。看一下正确的用法:"她完全没有读过书,但她单凭耳濡目染,也认得一些字,而且能够暗诵得好些唐诗。"(郭沫若《少年时代·我的童年》)例句应改为:"写得都是那天自己耳闻目睹的事情。"

用"耳濡目染"表示受其他人或事物的影响某人发生变化的时候,这种变化应该是无形之中的,并且是在较长的一段时间内逐渐形成的。

| 特别提示 |

"耳濡目染"只能作谓语或定语,不能作宾语。如"耳濡目染了许多事情"的说法就是错误的。

211. 耳提面命

他是我最真诚的朋友,经常耳提面命地对我提出忠告,使我不断进步。

"耳提面命"意思是不但当面告诉他,而且要揪着他的耳朵叮嘱。后来便用"耳提面命"形容长辈教导热心恳切,要求严格。这个成语只适用于长辈对晚辈、师长对弟子或上级对下级,不能用在同辈之间。因此例句可改为"经常恳切地对我提出忠告"。

使用"耳提面命"一词时还应注意避免两种错误的用法。一是望文生义，如："电话给人们带来了莫大的方便，但打电话有时并不是最好的联系方法，有些事情非得耳提面命，一边说一边比画才能真正讲清楚。"该句见一"耳"一"面"便认为是当着面的意思。二是褒贬误用，如："教育要讲究方式方法，不能总是耳提面命，摆官僚作风。"句中用"耳提面命"来表示摆威风、倚老卖老地训斥别人，同样不妥。

| 特别提示 |

"耳提面命"出自《诗经·大雅·抑》："匪面命之，言提其耳。"

212. 繁文缛节

搞错"繁文缛节"的修饰对象，是人们经常误用该词的主要原因。

"简练为文"是适应快节奏发展的时代要求的，所以写作时应删除繁文缛节，追求"句无可削""字不得减"的高水准。

"繁文缛节"只能用在仪式、礼节上，例句用来形容文章，显然是错误的。

"繁文缛节"原为"繁文末节"。出自苏轼《上圆丘合祭六仪》："仪者必又曰：省去繁文末节，则一岁可以再郊。"繁文缛节：文，规定、仪式；缛，繁多；节，礼节；过分烦琐的仪式或礼节，也比喻其他烦琐多余的事项。如："不知道南宋比现今如何，但对外敌，却明明已经称臣，惟独在国内特多繁文缛节以及唠叨的碎话。"（鲁迅《坟·看镜有感》）例句形容文章繁冗累赘，不能用"繁文缛节"表示，可改为"冗杂之辞"之类的说法。

| 特别提示 |

"缛"字念 rù，释作烦琐、繁重，注意该字音形义的正确使用。

213. 罚不当罪

在实际中,很多人把"罚不当罪"理解为罪行重处罚太轻,恰好把词义理解反了。因此有必要加以纠正。看下文:

《巨额财产来源不明罪,罚不当罪的法律思考》:随着反腐败进一步深入和此类案件被不断查处,该罪量刑畸轻等弊端也越来越显现出来。

《现代汉语词典》对"罚不当罪"的解释是:处罚与罪行不相称,多指处罚过重。例文作者显然对该词作出了错误的理解。

| 特别提示 |

这个词出自荀况的《荀子·正论》:"夫德不称位,能不称官,赏不当功,罚不当罪,不祥莫大焉。"

214. 犯而不校

用"犯而不校"表示知错不改,是人们使用该词时常犯的错误。看下文:

一个人在工作中难免有一些缺点和错误,只要认真改正就行,不能犯而不校。

犯而不校:犯,触犯;校,计较;受到别人的触犯或无礼也不计较。出自《论语·泰伯》:"以能问于不能,以多问于寡;有若无,实若虚,犯而不校。""犯而不校"表示的是一种豁达的胸襟,与"以牙还牙""小肚鸡肠"相对。例句若想用一个词语来表示犯了错误也不改正,可以说"知错不改""一误再误""执迷不悟"等。

| 特别提示 |

"犯而不校"中的"校"音 jiào,不能写成"犯而不较"。

215. 方枘圆凿

王师傅做了一辈子的木匠活,方枘圆凿,样样精通,"小鲁班"的称号真是名不虚传。

例句把"方枘圆凿"理解为木匠技艺高超,什么活都拿手,与成语的原义相去甚远,属于典型的望文生义。

"方枘圆凿"出自战国楚国宋玉《九辨》:"圆凿而方枘兮,吾固知其鉏铻而难入。"枘:榫头;凿:榫眼。方榫头不能楔进圆孔洞,比喻格格不入,不能相合。如《杰克·韦尔奇自传》序言:"我开始想,也许某一天自己可以担任 CEO 的职位。然而这种可能性似乎与我背道而驰。我的很多同年人认为我是方枘圆凿,对于 GEO 来说是完全不合适的。"

| 特别提示 |

注意"方枘圆凿"中"枘"字的写法和读音。

216. 风餐露宿

不少人在使用"风餐露宿"的时候,把它简单理解为辛苦劳碌,这是错误的。

自从家中收养了弃婴,邓艳华整日风餐露宿。

"风餐露宿",也可以写成"露宿风餐"或"餐风宿露",出自北宋苏轼的《将至筠先寄迟适远三犹子》,原句是:"露宿风餐六百里,明朝饮马南江水。"形容旅途或野外生活的艰辛。也就是说,这个词只能用于旅途或野外生活,不能用于普通生活。例句中的邓艳华有家,因此不会"露宿",再说,她过的也不是旅途或野外生活。所以,例句应适当修改。

| 特别提示 |

"风餐露宿"的近义词有"栉风沐雨""草行露宿"等。

217. 风口浪尖

《××一个月间迅速走红,站在风口浪尖实话实说》……一个月内上百次媒体报道、数十家电视台专访,让××成为风口浪尖上的文化人。

上例标题和正文中都出现了一个成语:"风口浪尖"。结合上下文我们不难发现,作者是把它理解成最走红的、最受追捧的意思了,这显然犯了望文生义的错误。

"风口浪尖"比喻的是社会斗争最激烈、矛盾最尖锐的地方。如:"我站在风口浪尖,紧握住日月旋转。"例句完全误解了"风口浪尖"的词义,应适当修改。

| 特别提示 |

一些网站的时尚版常见"走在潮流的风头浪尖上"等说法,用"风头浪尖"来表示"时尚潮流的前沿"同样是错误的。

218. 风声鹤唳

对成语"风声鹤唳"不求甚解,随意乱用的现象很普遍。看下文:

鬼子对民兵们设下的埋伏浑然不知,以为又一只肥羊即将成为囊中之物,结果刚一进村,就被机智的民兵们杀得风声鹤唳,真是大快人心!

"杀得风声鹤唳"?作者想表达的是战斗激烈痛快,但是"风声鹤唳"是完全没有这个含义的。

"风声鹤唳"出自《晋书·谢玄传》,前秦苻坚领兵进攻东晋,大败而逃,溃兵听到风声和鹤叫,都疑心是追兵。后来人们便用"风声鹤唳"来形容人在惊慌时疑神疑鬼。例句中的"杀得风声鹤唳"实在是说不通,改成"杀得天昏地暗"比较合适。

| 特别提示 |

"风声鹤唳"与"草木皆兵"的意思相同,均表示惊慌失措或自相惊扰,含有贬义。

219. 浮光掠影

把"浮光掠影"误解为简单看看,必然导致该词的误用。下面这一句子的作者就犯了这样的错误。

这次的鼓浪屿之行虽然时间仓促,浮光掠影,但还是留下了非常深刻的印象。

浮光掠影:像水面的光和掠过的影子一样,一晃就消逝。比喻观察不细致,学习不深入,印象不深刻。如:"学问从实地上用功,议论自然确有根据;若浮光掠影,中无成见,自然随波逐流,无所适从。"(清·李汝珍《镜花缘》)例句想表达的是由于时间不充裕,只能大致地游览一下旅游景点,换成"走马观花"意思才正确。

| 特别提示 |

"浮光掠影"含有贬义,意思近似于"浅尝辄止",用时应注意感情色彩。

220. 釜底抽薪

他现在有了困难你不去帮忙,反而落井下石、釜底抽薪,算是什么朋友?

例句中的"釜底抽薪"明显被作者理解错误了。

不少人把这个成语理解成你做着饭,我偏给你撤掉火的意思。这样理解属于典型的望文生义。釜底抽薪:釜,古代的一种锅;薪,柴;把柴火从锅底抽掉,比喻从根本上解决问题。如:"扬汤止沸,不如釜底抽薪。"

依据文义,例句可修改成"反而落井下石、火上浇油"。

| 特别提示 |

"釜底抽薪"的近义词有"拔本塞源""斩草除根"。注意不能写成"斧底抽薪"。

221. 负隅顽抗

宋太祖赵匡胤虽然对李煜负隅顽抗,劳他兴师动兵有些生气,但他为人还算豁达,并不是锱铢必较之人。

后主李煜在文学、艺术上的造诣颇深,诗、词、书、画样样精通,可惜生在了帝王家。国破家亡后,他被宋朝皇帝先软禁后毒杀,可以说是一个悲剧性的人物。例句中说李煜"负隅顽抗",用词不太妥当。

负隅顽抗:凭借险阻,进行顽固抵抗,与"束手就擒"意思相对,都是贬义词,只能用在坏人身上。如:"警方果断开枪,两负隅顽抗毒贩一死一伤。"例句中的(李煜)"负隅顽抗"可以换成一个中性词"拼死抵抗"。

| 特别提示 |

"隅"音 yú,不要读成"偶"音,更不能写成"负偶顽抗"。

222. 高高在上

在经济拮据,而医药费用高高在上的情况下,他们总是大病化小,小病化了,直到孕妇生孩子也要躺在家里,直到生命危在旦夕。

忽视"高高在上"的特定含义,简单地把它理解为"高",是人们常犯的语言错误。上文作者就是这样误解该词语,拿它表示价格、费用高的。

高高在上:形容的是领导干部不深入实际,脱离群众。如:

"有些同志高高在上，脱离群众，屡犯错误。"（毛泽东《学习和时局》）"高高在上"所刻画的是某些当官的爱摆官架子、自以为了不起的嘴脸，它有特定的修饰对象，不能用来形容价格高。例句中的"高高在上"宜改为"居高不下"。

| 特别提示 |

"高高在上"也可泛指地位高，如鲁迅《坟》："今也不然，所以即使单想高高在上，暂时维持阔气，也还得日施手段，夜费心机，实在不胜其委屈劳神之至。"

223. 高山流水

喀纳斯，一个高山流水、精致壮阔的奇妙国度；拍下的照片仿佛是一幅幅浑然天成的油画。

用"高山流水"一词来形容自然景色是不恰当的。

"高山流水"出自《列子·汤问》："伯牙善鼓琴，钟子期善听。伯牙鼓琴，志在登高山，钟子期曰：'善哉，峨峨兮若泰山。'志在流水，钟子期曰：'善哉，洋洋兮若江河。'"后人便用"高山流水"来比喻知音或乐曲高妙。该成语有特定的比喻义，所以不能用来形容自然景观，例句宜改为："喀纳斯，一个山清水秀、精致壮阔的奇妙仙境。"（喀纳斯自然景观保护区位于我国阿尔泰山西北端，此处的"国度"一词用得也不合适）

| 特别提示 |

"高山流水"亦不能用来形容文章的流畅优美，如："他先是反复思考，认真研究材料，然后执笔成文，行文如高山流水自然流畅，受到人们一致好评。"其中的"高山流水"也属于误用。

224. 高谈阔论

弄不清"高谈阔论"的感情色彩，不分场合加以使用，是导致该词常被误用的主要原因。下文就是如此。

刚刚参观了城市远景规划展览的政协委员们在座谈会上高谈阔论，畅所欲言，表现出参政议政的极大热情。

"高谈阔论"出自唐代吕岩《徽宗斋会》："高谈阔论若无人，可惜明君不遇真。"意思是漫无边际地大发议论，多含贬义。如："越是一知半解的人，越是喜欢高谈阔论，这就叫满瓶不动半瓶摇。"

这个词语用在对参政议政有极大热情的政协委员身上，显然是不合适的。例句可以修改为："政协委员们在座谈会上热烈讨论，畅所欲言。"

| 特别提示 |

"高谈阔论"表示的是一个动作，不能当成名词来用。如："他的这些高谈阔论最好还是收起来，免得招人耻笑。"这里就用错了词性。

225. 盖棺论定

现实中，不少人把"盖棺论定"简单理解为"定论"，致使该词屡被误用。看下文：

第三届相声小品大奖赛已经落下帷幕，这次比赛优秀作品屈指可数，表现优异的演员更是寥寥无几，整体水平远远低于前两届已被观众盖棺论定。

"盖棺论定"一词用在此处错误有二，一是时间不对，二是对象不对。

盖棺论定：论定，下结论；盖上棺材盖，才能下结论，意思是一个人的功过是非到死后才能做出结论。"盖棺论定"也作"盖棺事定"，晋刘毅曰："丈夫儿踪迹不可寻常，使混群小中，盖棺事方定矣。""盖棺论定"的对象只能是人，而且必须是已经去世的人。所以说例句用的是不对的，可修改为："整体水平远远低于前两届已成定论。"

| 特别提示 |

"盖棺论定"不能想当然地写成"盖棺定论"。

226. 高屋建瓴

马老说,江总书记的报告高屋建瓴,深得民心。特别是报告着力阐述了"三个代表"的重要思想,这是对马克思主义的重大发展,可以说是把马克思主义向前推进了一大步。

"高屋建瓴"常常被当成"高瞻远瞩"来赞誉领导的报告或指示。上引例句就犯了这样的错误。

"高屋建瓴"出自《史记·高祖本纪》:"地势便利,其以下兵于诸侯,譬犹居高屋之上建瓴水也。"瓴:盛水的瓶子。把瓶子里的水从高层顶上倾倒,比喻居高临下,其势不可阻遏。"高屋建瓴"与"高瞻远瞩"是没有一点意义上的联系的,例句应用后者替换之。

| 特别提示 |

"高屋建瓴"还常被错误地用来形容写作技巧的高超,如:"著者高屋建瓴,通观微至,解析了大量文学翻译的佳品适例。"这种错误也应注意避免。

227. 隔岸观火

不少人将"隔岸观火"误解成由于受阻隔,看着别人有麻烦因帮不上忙瞎着急,所以,该词屡被用错也就不稀奇了。下文就是一例:

事已至此,这件事情如何解决只能看他俩了,父母再怎么担心,也是隔岸观火瞎着急。

"隔岸观火"出自唐代乾康《投谒齐已》:"隔岸红尘忙似火,当轩青嶂冷如冰。"隔着河看人家着火,比喻见人有危难不援助,而采取站在一旁看热闹的态度。这个成语绝非见到麻烦帮不上忙，心里很着急的意思，所以用在句中明显不合适，可以直接删去。

| 特别提示 |

"隔岸观火"表示的是一种袖手旁观、事不关己高高挂起的态度，含有贬义，用时应注意。

228. 各行其是

各战斗小组请注意，等十二时整组织口令一发出，大家就各行其是，争取圆满完成这次实战演习。

例句中的"各行其是"一词明显是用错了。各小组若真的"各行其是"，怕只能被"敌军"打得落花流水了。

各行其是：行，做、办；是，对的；各自按照自己认为对的去做，比喻各搞一套。如："我们要按规章制度办事，不能各行其是。""各行其是"与"各自为政"意思相近，含有贬义。例句中的"各行其是"应该是"各就各位"之误。

| 特别提示 |

"各行其是"中的"是"有对、正确的意思，不能写成"各行其事"。

229. 耿耿于怀

把"耿耿于怀"简单理解为记在心头，是导致该词常被误用的主要原因。下文对该词的使用就很是不妥。

这些天来，由于没有完成好任务，他一直耿耿于怀，深感辜负了大家的期望。

"耿耿于怀"形容有心事萦绕，不能忘怀。这个成语含有生气、不满、怨恨之义，不能用于一般的心事，或是表示永远记住别人的好处。如:"真正的朋友应该互谅互助,不能因为一点小事就耿耿于怀,记恨在心。"例句可以改为"他一直心怀不安"。

使用"耿耿于怀"这个成语时,还应注意不能犯表意重复的错误。如:"他心里一直耿耿于怀,总想找机会发泄一下。"该句中的"心里"就与"于怀"重复了。

| 特别提示 |

"耿耿于怀"后面不能跟宾语。如"全世界好多女人耿耿于怀辣妹"的用法就不合要求。

230. 狗尾续貂

"狗尾续貂"原指封任官爵太滥。古代皇帝的侍从官员用貂尾作为帽子的装饰,任用官员太滥,貂尾不够,就用狗尾代替。比喻拿不好的东西接到好的东西后面,显得好坏不相称(一般指文艺作品)。

得到先生为拙作所写的读后感,真是狗尾续貂,令我十分高兴。

例句中的"狗尾续貂"本想恭维先生,反倒羞辱了人家,应适当修改。

| 特别提示 |

注意,不可把"狗尾续貂"理解成多此一举。

231. 刮目相看

把"刮目相看"误解为另眼相看,显然是忽略了这个成语的特定意义,如此理解也是造成它常被误用的主要原因。

《国民党四大家族美国豪宅好莱坞都刮目相看》

"刮目相看"指别人取得显著进步,不能再用老眼光看待。该新闻标题中的"刮目相看"让人有点摸不着头脑,作者的意思是说好莱坞电影人原来瞧不起国民党四大家族，见了豪宅才另眼看待，还是说四大家族原先破败，现在发达了？显然都说不通。其实，例文说的是这栋豪宅十分受好莱坞导演的欢迎，已经在此拍摄了数十部电影，包括《公主日记》、《加菲猫》续集等。很明显作者没有正确理解"刮目相看"的含义，才出现误用。

| 特别提示 |

"刮目相看"也可以写成"刮目相待"。

232. 光明磊落

不少人常把"光明磊落"等同于"光明正大"，这必然导致词语误用。看下文：

今年初，美英多次对伊拉克实施空中打击，但始终没有提出一个光明磊落的理由。

"光明磊落"形容心地光明，襟怀坦白。出自清代蒲松龄《聊斋志异·聂小倩》："公子光明磊落，为天人所钦瞩。"比如："他为人光明磊落，在群众当中威信很高。"

"光明磊落"只能用于形容人，而例句中"光明磊落"修饰的是"理由"，应该改为"光明正大"。"光明正大"的意思是心怀坦白，言行正派。出自《朱子语类》卷七三："圣人所说底话，光明正大。"

| 特别提示 |

"光明磊落"和"胸怀坦荡"都只能用来形容人。

233. 瓜田李下

君王住在那里，臣民们在瓜田李下过着安康的生活。

上文中用"瓜田李下"来指代田园生活，完全是望文生义。

"瓜田李下"出自古乐府《君子行》："君子防未然,不处嫌疑间,瓜田不纳履,李下不整冠。"意思是经过瓜田,不弯下身来提鞋,免得人家怀疑摘瓜;走过李树下面,不抬起手来整理帽子,免得人家怀疑摘李子。后来便用"瓜田李下"来比喻容易引起嫌疑的地方。既然"瓜田李下"是个可疑之地,又怎能"过着安康的生活"?作者在使用这个成语的时候,想必是从"瓜田李下"的环境来考虑,以为"瓜田李下"是个瓜果丰盛的富饶之地,却没想到这个词的背后还隐藏着某种行为。

例句可以改成"臣民们过着怡然自得的田园生活"。

| 特别提示 |

"瓜田李下"的近义词是"瓜李之嫌"。"瓜李之嫌"出自《旧唐书·柳公权传》："瓜李之嫌,何以户晓?"比喻处在受到嫌疑的境地之中。

234. 鬼斧神工

丹霞山是地理学界"丹霞地貌"的命名地,是世界地质地貌景观中的瑰宝,是大自然鬼斧神工的杰作。

"鬼斧神工"一词,常被误用来形容自然景物,殊不知大错特错。例句就犯了这样的错误。"鬼斧神工"的意思是像是鬼神制作出来的,形容技巧高超,不是人力所能达到的。出自清代屈大均《端州访研歌和诸公》："年来岩底采无余,鬼斧神工多得髓。"比如:"悬空寺依山而筑,鬼斧神工。"

"鬼斧神工"只适用于形容建筑、雕塑等技艺精巧,不能用来形容自然景物。

| 特别提示 |

"鬼斧神工"也可以写成"神工鬼斧",与"巧夺天工"意义相近。

235. 汗牛充栋

不少人把成语"汗牛充栋"简单地理解为"多",忽视其特定的指示对象,导致严重的用词错误。下文就是一例:

北京的成都小吃店汗牛充栋,装潢、服务、菜品基本大同小异。曾有人笑言,站在北京城的任何一个地方,往任何一个方向步行十分钟以内,必定有一个成都小吃。

汗牛充栋:栋,栋宇、房屋;运书时牛累得出汗,存放时可堆至屋顶,形容藏书非常多。"其为书,处则充栋宇,出则汗牛马。"(唐·柳宗元《文通先生陆给事墓表》)"汗牛充栋"只能用来形容藏书之多,与"浩如烟海"同义,不能指其他的事物。

例句中形容成都小吃店非常多,可以换用"多如牛毛"一词。

| 特别提示 |

"汗牛"意思是使牛出汗,有些文章中将"汗牛充栋"写成"汉牛充栋",明显还是不理解成语的含义。

236. 好高骛远

《范埃克塞尔好高骛远,弃勇士向往大都市欲投纽约》:上个季后赛中表现出色的范埃克塞尔显然不满于再效力勇士这样的"烂队",本周三他就公开宣称,他希望能够到尼克斯队打球。

从词义和词语的感情色彩来说,"好高骛远"用在上文中都是不恰当的。

《宋史·道学传一·程颢传》中说:"病学者厌卑近而骛高远,卒无成焉。""好高骛远"即由此而来,好,喜欢;骛,追求;比喻不切实际地追求过高过远的目标。"好高骛远"与"脚踏实地"相对,义近"好大喜功""急功近利"。范埃克塞尔效力尼克斯并非不靠谱的事情,尼克斯队也希望能够挖到出色的人才,所以用"好高骛远"是不正确的,可以换成"另谋高就"之类的词语。

| 特别提示 |

"好高骛远"也可以写成"好高务远",注意"骛"是追求的意思,不要与"趋之若鹜"的"鹜"(鸭子)混淆。

237. 浩如烟海

蒙古民歌浩如烟海,种类繁多,但若以节奏形态划分,可归纳为两大类,即"乌尔图音道"(长调)和"包古尼道"(短调)。她不仅是民间艺术的精华,也是中华民族音乐宝库中的灿烂明珠。

忽视"浩如烟海"一词的特定修饰对象,是人们经常误用该词的主要原因。例文作者就犯了这样的错误。

浩如烟海:浩,广大;烟海,茫茫大海;形容文献、资料非常丰富。如:"古今载籍,浩如烟海。"(清·周永年《儒藏记》)"浩如烟海"虽有数目巨多、不计其数的意思,但是只能用来形容文献典籍,不能用在其他事物上面。例文中的"浩如烟海"可直接删去,因为后面已经有了"种类繁多"。

| 特别提示 |

"浩如烟海"的指示对象与"书盈四壁""文山书海"相近,含义也大致相同,用时应注意。

238. 好为人师

在这所山村小学里,他一干就是三十年,全身心地扑在了学生身上。他常说:"要有下辈子,还当孩子王!"王老师的这种好为人师的精神深深地感动了那些纯朴的乡亲们。

这段话中的"好为人师"一词属于典型的误用。好为人师:喜欢当别人的教师,形容不谦虚、自以为是、爱摆老资格。孟子说:"人之患在好为人师。"意思就是人最怕的就是不谦虚。毛泽东在《新民主主义论》中也写道:"科学的态度是'实事求是','自以为是'和'好为人师'那样狂妄的态度是决不能解决问题的。""好为人师"同"狂妄自大"属贬义词,不能从字面意思理解为热爱教师这一行业。例句可以修改为"王老师对教师岗位的执着热爱深深地感动着那些纯朴的乡亲们"。

| 特别提示 |

"好为人师"与"虚怀若谷"相对。

239. 和盘托出

许多人不深入理解"和盘托出"的含义,不分对象地用在人身上,导致该词误用。看下文:

即使仅仅出于安全的考虑,以伪装的面目出现也不一定就是最佳方法,有时倒还是把自己和盘托出,让别人透彻地了解自己更加有效。

和盘托出:原义是端东西时连盘子一起托了出来。比喻全都讲出来,毫无保留地说出实情。出自明代冯梦龙《警世通言》卷二:"饭罢,田氏将庄子所著《南华真经》及《老子道德》五千言,和盘托出,献于王孙。"如:"现在除非把这事和盘托出,再添上些枝叶,或者可以激怒于他,稍助一臂之力。"(清·李宝嘉《官场现形记》第二十七回)

例句中"把自己和盘托出",用错了对象,应该改为"把自己的想法和盘托出"。

| 特别提示 |

"和盘托出"的对象应该是事件或想法,了解该成语的原义和比喻义,使用时就不会出差错。

240. 轰轰烈烈

像拥进屋来时一样，杉木凼寨子上的人们轰轰烈烈地退出去了，"汪汪汪"的狗咬声又在寨路上持续一阵，终于也平息了。

例句中的"轰轰烈烈"用得不妥。

"轰轰烈烈"形容气魄雄伟、声势浩大，所指对象往往是壮观的社会活动，如"轰轰烈烈的土改运动""轰轰烈烈地做一番事业"等。一般用于积极向上的语境，含有一定的褒义色彩。不少人因认识不到这一点，常在使用时犯错。

例句中用"轰轰烈烈"形容人从屋里出来时又吵又乱的样子，明显不当，宜适当修改。

| 特别提示 |

"轰轰烈烈"是一个褒义词，使用时应注意感情色彩。

241. 后起之秀

忽视"后起之秀"一词特定的修饰对象和时间要求，随意使用，是造成该成语常被误用的主要原因。看下文：

刚一起跑，高三（2）班的夏丰就滑倒了，他爬起来奋力追赶，离终点20多米时终于成为后起之秀，夺得3000米跑的第一名。

后起之秀：后出现的或新成长起来的优秀人物，形容出类拔萃的人才。如："一批后起之秀迅速崛起，形成声势浩大的新文学桂军，全国瞩目。""后起之秀"的"后起"是一个相对的概念，使用该成语时一般应表明大致的时间范围，或者参照对象。比如相对于朱自清、沈从文来说，20世纪30年代崛起的萧乾可以被称作现代文坛的后起之秀，而对于21世纪、当代文坛来讲，萧乾就要算是老前辈了。

同时，"后起之秀"须经过较长时间的成长和确认，不适合用在短暂时间的语境中。例句对该成语的使用不合要求，可将它修改为"后来居上"。

| 特别提示 |

"后起之秀"的近义词是"青出于蓝""后来居上"。

242. 涣然冰释

不深入理解"涣然冰释"所包含的特定意义,用它来形容冰消雪化,是人们常犯的语言错误。看下文:

由于太平洋暖流的影响,去年春天来得早,春节刚过,北海公园就涣然冰释,让喜欢滑冰的人大失所望。

涣然冰释:涣然,流散的样子;释,消散;像冰遇着热消融一般,形容嫌隙、疑虑、误会等完全消除。这个词语不是用来形容冰雪融化,而是专门用来修饰嫌疑或误会的。

例句可修改成:"春节刚过,北海公园的冰场就开始融化了。"

| 特别提示 |

"涣然冰释"也可以说成"涣尔冰开"。需要注意的是"涣然"不能写成"焕然","焕然"是形容有光彩的意思,如"光彩焕然""焕然一新"等。

243. 黄发垂髫

现实中,不少人将"黄发垂髫"误解为"黄毛丫头",从而闹出笑话。看下文:

我突然想起黄发垂髫初懂事理时,有一回和母亲走亲戚。

"黄发垂髫"出自东晋陶渊明的《桃花源记》:"土地平旷,屋舍俨然,有良田、美池、桑竹之属……黄发垂髫,并怡然自乐。""黄发"指老人(老人发白,白久则黄),"垂髫"指小孩子(头发扎起向下垂着)。"黄发垂髫"意即老人与小孩。由此可见,例句用词是错误的,可以改为"我突然想起年幼初懂事理之时"。

| 特别提示 |

"黄发垂髫"是一个古语词,使用时还应注意语言环境,须与文风相符。

244. 绘声绘色

Robert Knepper 在《越狱》中的表演绘声绘色,让 T-BAG 这个极端邪恶残忍然而充满悲剧性的人物深入人心。

例句中用"绘声绘色"一词来形容演技是不恰当的。

"绘声绘色"的意思是以可见或可理解的形式来描绘或概括,形容叙述、描写得生动逼真。"绘声绘色"一般只能用在文章或语言交流上,例句可改为"形神兼备"。

| 特别提示 |

"绘声绘色"也可以说成"绘声绘影""绘影绘声",注意不要与"有声有色"混淆。

245. 活灵活现

用"活灵活现"来形容人的活泼乐观、伶牙俐齿是常见的语言错误。看下文:

开朗幽默的他一直被朋友们称为"快乐种子",整天活灵活现的,没想遇见心仪的姑娘,居然变得呆若木鸡,说话都结结巴巴的。

"活灵活现"是形容描述、模仿的人或事物非常生动逼真,使人感觉好像亲眼看到了一样。"活灵活现"说的是再现技艺的高超,不能直接用来修饰人或人的性格,也不能用来直接形容人的精神状态。

例句可以说成"整天活泼乐观"。

| 特别提示 |

"活灵活现"的近义词有"惟妙惟肖""栩栩如生""绘声绘色""神形兼备"。

246. 火中取栗

今年初上海鲜牛奶市场燃起竞相降价的烽火,销售价格甚至低于成本,这对消费者来说倒正好可以火中取栗。

"火中取栗"的故事出自17世纪法国寓言诗人拉·封丹的寓言《猴子与猫》,猴子骗猫取火中栗子,栗子让猴子吃了,猫却把脚上的毛烧掉了。后来人们便用"火中取栗"来比喻受人利用,冒险出力,自己却一无所得。"火中取栗"的要点有二,一是冒险为别人出力,二是上当受骗。许多人把"火中取栗"的行动者当成得利者,完全搞反了词义,"火中取栗"的行动者应该是出力上当的受骗者。

例句可以修改为"这对消费者来说倒正好可以从中受惠"。

| 特别提示 |

"火中取栗"的近义词是"代人受过""为人作嫁"。

247. 祸起萧墙

不求甚解,把"祸起萧墙"简单理解为一般的事故或灾祸,忽视其特定含义,是人们使用该词时常犯的语言错误。看下文:

没想到,由于楼房的工程质量不过关,结果造成严重事故,真是祸起萧墙。

"祸起萧墙"出自《论语·季氏》:"吾恐季孙之忧不在颛臾,而在萧墙之内也。"萧墙,古代宫室内当门的小墙。"祸起萧墙"

即指祸乱发生在家里，比喻内部发生祸乱。

例句中楼房根基、墙体等因建筑时偷工减料而造成的事故是不适合用"祸起萧墙"来表示的。

| 特别提示 |

形容内部祸乱的成语还有"萧墙之患"，注意"萧墙"不能写成"箫墙"。

248. 豁然开朗

只看到"豁然开朗"这一词语的后半截，把该词简单理解为"开朗"，是对该词的常见误解。看下文：

他性格热情、大方、豁然开朗，整天乐呵呵的，圈子里的朋友没有一个不喜欢他。

豁然开朗：豁然，形容开阔；开朗，开阔明亮；从狭窄幽暗突然变得宽敞明亮，比喻顿时领悟了一个道理。"极初狭，才通人。复行数十步，豁然开朗。"（晋·陶潜《桃花源记》）此"开朗"非彼"开朗"也，"豁然"也不是豁达的意思，例句宜改为"热情、大方、乐观开朗"。

| 特别提示 |

"豁然开朗"的比喻义是顿时通达领悟，因此不能说成"突然豁然开朗"。

249. 鸡鸣狗盗

"鸡鸣狗盗"常常为人不齿，被贬得一文不值，其实都是望文生义所致。

防守足球，或者说那些以防守反击为看家本领的球队是很容易被妖魔化的，仿佛一说攻势足球就是明火执仗的江洋大盗，而防守反击，就成了小偷小摸的鸡鸣狗盗之辈。

"鸡鸣狗盗"的故事出自《史记·孟尝君列传》。战国时，齐孟尝君出使秦国时被扣留，他的一个门客便装作狗夜里潜入秦宫，偷出本已献给秦王的狐白裘送给秦王的爱妃，才得以释放。孟尝君深夜逃至函谷关时，秦王令人追捕，但此刻城门紧闭，另外一个门客就学公鸡叫引得众鸡齐鸣，骗开城门，孟尝君这才得以脱险逃回齐国。"鸡鸣狗盗"比喻微不足道的技能，也就是雕虫小技的意思，它与小偷小摸没有关系。例文将"鸡鸣狗盗"与"江洋大盗"相对，其实是不理解成语的含义，可以修改为"小偷小摸的鼠窃狗盗之辈"。

| 特别提示 |

"鸡鸣狗盗"除了比喻微不足道的技能外，还可以表示具有这种技能的人。

250. 集思广益

《球迷为新火箭起绰号集思广益，巴蒂尔有望成蝙蝠侠》……不过显然 CLUTCHFANS 的网民们要打破这一惯例，这两天，他们就为给巴蒂尔起绰号集思广益呢！

例文中"集思广益"一词用得不妥。

集思广益：集中众人的智慧，广泛吸收有益的意见。语出三国蜀诸葛亮《教与军师长史参军掾属》："夫参署者，集众思，广忠益也。""集思广益"的主语应该是领导者，不能是提意见的群众，更不能泛指大家在一起想办法、出主意。

据此可知，例文应适当修改。

| 特别提示 |

"集思广益"是一个动宾式并列词组，其中"集"和"广"分别是集合、扩大之义，因此不能将成语随意改成"集思益

广""广集思益"等说法。

251. 计日程功

实践中,不少人把"计日程功"误解成逐渐积累就能成功,导致对该词的误用现象屡有发生。下文就是一例:

你有学习英语的热情和积极性,这点非常重要。不过不能太心急,一口吃不成个胖子嘛,只要日积月累坚持不懈地练习,计日程功,英文水平自然能大幅度地提高。

"计日程功"意思是可以数着日子计算工作进度或成效,形容有把握在短时间内成功。例中想说明的是想要学好英文必须长时间踏踏实实地积累,而"计日程功"则表示较短的时间即可成功。因此例句就显得自相矛盾了,可将"计日程功"替换为"日积月累"。

| 特别提示 |

"计日程功"中的"程"是计算的意思,不能写成"计日成功"。该词与"指日可待"是近义词。

252. 既往不咎

"既往不咎"一词有特定的时间限制,但不少人使用时忽略这一点。下文作者就犯了这样的语言错误。

指导员对我们这半年来的表现非常满意,他说了,下个月的联欢晚会上,我们可以尽情地放松一下,打打闹闹的"小节目"只要不过火,领导都既往不咎。

尚未发生的事情,如何"既往不咎"?

"既往不咎"出自《论语·八佾》:"成事不说,遂事不谏,既往不咎。"既,已经;往,过去;咎,责备;原指已经做完或做过的事，就不必再责怪了；现指对以往的过错不再责备。"不咎"的只能是"既往"的事情，不能用于现在或将来要发生的情况。另外要注意，"咎"的意思是责备，不是追究。这也是容易出错的地方。

所以例句应该改成"领导都概不追究"。

| 特别提示 |

"既往不咎"也可以说成"不咎既往"。有的人将"既往不咎"写成"继往不究"，也是不明其义的表现。

253. 驾轻就熟

把"驾轻就熟"误解为避重就轻是常见的语言错误。看下文：

省长视察工作时着重强调："对于百姓提出的难题，市政领导班子要切实地解决，不能图省事，避实就虚、驾轻就熟，更不能敷衍了事，完全走形式主义。"

句中"驾轻就熟"用得不妥。市领导若真能"驾轻就熟"地帮百姓解决难题，恐怕就无须省长"着重强调"了。

驾轻就熟：驾轻车，走熟路。比喻对某事有经验、很熟悉、做起来容易。例句可能将其当成"避重就轻""避害就利"的同义词了，其实"驾轻就熟"语同"得心应手"，与投机取巧是完全没有关系的。例句可改为"不能图省事，避实就虚、避重就轻"。

| 特别提示 |

"驾轻就熟"的近义词有"轻车熟路""得心应手"等。

254. 间不容发

不少人将"间不容发"误解成十分拥挤，中间连一根头发也容不下了。这明显是望文生义，所以他们用错该词也就在所难免。看下文：

这些复杂对立的情感,林林总总,会将这间小屋挤得满满的,间不容发。

"间不容发"出自汉代枚乘《上书谏吴王》:"系绝于天,不可复结;坠入深渊,难以复出,其出不出,间不容发。"中间容不下一根头发,比喻与灾祸相距极近,情势十分危急。如:"他躲闪了一下,总算幸免。这种间不容发的生死之际也够人深思了。"(朱自清《执政府大屠杀记》)

"间不容发"的含义与拥挤完全没有关系。因此例句可将之改为"水泄不通"。

| 特别提示 |

"间不容发"还可以用来形容诗词文章遣词造句准确无误,天衣无缝。如:"荆公晚年诗律尤精严,造句用字,间不容发。"(宋·叶梦得《石林诗话》)

255. 剪烛西窗

"剪烛西窗"一词有着特定的含义,不了解这一点,把它简单理解为点燃蜡烛,必然会导致用词错误。看下文:

我的居所常常停电……这时,我便剪烛西窗,捧卷阅读至深夜。

"剪烛西窗"出自唐代诗人李商隐的《夜雨寄北》一诗:"何当共剪西窗烛,却话巴山夜雨时。"原义是思念远方的妻子,希望早日相聚。后来人们便用"剪烛西窗"来泛指亲友重逢或聚谈。

由此可见,这个词用在例句中是完全不合适的,可考虑修改为:"我便点起蜡烛,捧卷夜读至深夜。"

| 特别提示 |

见一"烛"字,便误作为挑灯夜读,将导致语意不伦不类。成语大都由历史或诗文典故衍化而来,切不能望文生义。

256. 箭在弦上

很多人把"箭在弦上"误解为某事即将到来,从而导致语言错误的发生。下文就是一例:

《多种食品涌起涨价潮,新一轮涨价箭在弦上》

这则新闻标题中的"箭在弦上"一词值得商榷。

箭在弦上:箭已经搭在弦上,比喻为形势所迫,事情已经到了不得不做或话已经到了不得不说的时候。所谓"箭在弦上,不可不发",不能表示一般的某事即将到来,而是有点迫不得已、火烧眉毛的意味。

各类生活用品竞相涨价,原因复杂。生产商涨价并非全为形势所逼,也没到火烧眉毛的紧急程度,因此用"箭在弦上"是不合适的,标题可修改为"多种食品竞相提价,新一轮涨价大潮即将到来"。

| 特别提示 |

"箭在弦上"不可理解为"剑拔弩张"。

257. 佶屈聱牙

仅从字面理解,将"佶屈聱牙"误解成说话结结巴巴、磕磕绊绊,是不少人误用该词的主要原因。看下文:

明天是你第一次登台演讲,最好把演讲稿多背几遍,免得到时候佶屈聱牙,被人家笑话。

佶屈聱牙:佶屈,曲折,引申为不顺畅;聱牙,读起来拗口、别扭;形容文字晦涩艰深,难懂难读。"佶屈聱牙"指的是文章古奥晦涩或读起来拗口别扭,而例句想说的是因为对演讲稿的不熟或紧张而引起说话结巴,明显不是一回事,应改为"免得到时候结结巴巴"。

| 特别提示 |

"佶屈聱牙"这几个字不太好写,很容易弄错。如"屈"不能写成"曲";"聱"不可写成"嗷"或"螯"。

258. 金针度人

她人缘不好,最主要的原因就是她总是小肚鸡肠、金针度人,时间一久,就没有人愿意和她交心了。

例句望文生义,将"金针度人"理解成以小人之心度君子之腹的意思了。

"金针度人"的典故出自唐代冯翊《桂苑丛谈·史遗》。书中记载,郑侃有一女名采娘,采娘七夕祭织女时,织女给她一根金针,叫她藏在裙带中,三天之内不要说话,就会具有奇巧。此后采娘的刺绣技艺果然大有长进。后人便用"金针度人"比喻把高明的方法传授给别人。金针,比喻秘法、诀窍;度,通"渡",越过,引申为传授。如:"用笔之活可作金针度人。"(鲁迅《集外集拾遗·怀旧》)例句可用"以小人之心度君子之腹"等说法替换"金针度人"。

| 特别提示 |

"金针度人"说的是将高超的技艺、方法传授给别人,因此不宜用在自己身上,否则会让人感觉不谦虚。

259. 进退维谷

在多数误用"进退维谷"的例子中,作者大多把这个成语当成前后都是山谷使用了。看下文:

在黄山游览,满目青山,进退维谷,苍松凌空,飞泉漱石,让人深知黄山既险且秀的特色。

"进退维谷"是说不论前进后退都很艰难,比喻陷入困境。

在这个成语中,"谷"指困境,而非山谷。

而例文作者将"进退维谷"误解为前后都是山谷,致使文句不通。句中前面已用了"满目青山",所以可以直接将"进退维谷"删除。

| 特别提示 |

"进退维谷"出自《诗经·大雅·桑柔》:"人亦有言,进退维谷。"注意不能写成"进退唯谷"。

260. 近在咫尺

皮特和朱丽的婚礼近在咫尺,据说两人在年底前就将完成终身大事。

"近在咫尺"意思是距离不过在六七寸至一尺之间,形容距离特别近。"咫"是古代的长度单位,约合现市尺六寸二分二厘,常被比喻为很短的距离。如:"他的公馆近在咫尺,也不换衣服,就这么走回去了。"(《二十年目睹之怪现状》)需要注意的是,这里的"近"只能指空间距离上的"近",不能表示时间上的"近"。违背这个要求,就会导致词语误用。

例句说的是皮特和朱丽的婚期将近,这显然是说时间的短暂,因此用"近在咫尺"是不对的,可以改为"近在眼前"。

| 特别提示 |

"咫"组词常用的有"咫步"(短距离)、"咫见"(短浅的见识)、"咫尺天涯"等。"咫"字比较容易被写错念错,用时应注意。

261. 噤若寒蝉

有些人不深入,把"噤若寒蝉"简单理解为寒冷,这必然会造成严重的语言错误。看下文:

一场突如其来的大雨破坏了小朋友们的野炊计划,山间的气温越来越低，小家伙们个个都瑟瑟发抖、噤若寒蝉。

噤若寒蝉：噤，闭口不作声；像深秋的蝉那样一声不吭，比喻因害怕有所顾虑而不敢说话。如："张曙光一句'今后俱乐部有谁再乱说话就让他回家'的话让队员噤若寒蝉。"在使用"噤若寒蝉"时，要特别注意，不能用它来形容天气寒冷。

因此，例句可改为："小家伙们个个手脚冰凉、瑟瑟发抖。"

| 特别提示 |

"噤若寒蝉"中的"噤"意思是闭口不作声，不能写成"禁若寒蝉"或"静若寒蝉"。

262. 敬谢不敏

在实践中，把"敬谢不敏"当成致谢不及时加以使用的为数不少。如此望文生义，是导致误用该词的主要原因。下文就是一例：

没想到我们离家的日子里，年老的母亲病后都是远房的表姐在体贴照顾。我们敬谢不敏，心里充满了愧意。

"敬谢不敏"在成语词典中的解释是这样的：谢，推辞；不敏，不聪明、没有才能；恭敬地表示能力不够或不能接受，多为推辞做某事的婉辞。

"敬谢不敏"是无能为力、力所不及的意思，与不及时感谢之义是八竿子也打不到一块儿的。例句可以直接说成"我们没有及时地感谢人家，心里充满了愧意"。

| 特别提示 |

"敬谢不敏"是表示推辞做某事的婉辞，意思是"我"因为无能所以推辞重任，不能用于一般的拒绝。如："班长说'十一'老同学们一起去登山，可惜我要加班，只能敬谢不敏了。"这种用法也是错误的。

263. 久假不归

有些人单单从字面理解"久假不归"一词,把它误解成长期请假不归。如此必然会犯语言错误。看下文:

班长的座位已经空了半个多月,他久假不归,家里一定出了什么事情了。

久假不归:假,借;归,归还;原指假借仁义的名义而不真正实行。孟子:"久假而不归,恶知其非有也?"现指长期借用而不归还。"久假不归"中的"假"不是请假,"归"也不是回来,作者用成语原想使句子简洁,结果反而弄巧成拙,不如直接说"他请了这么长的假还没有回来"。

| 特别提示 |

"久假不归"含有贬义,行为近似无赖,使用时应注意感情色彩。

264. 具体而微

乐趣,看来是件具体而微的小事,却反映了人的情操,并反过来影响了人的道德。

作者误将"具体而微"理解成了具体微小的意思了。

"具体而微"的意思是内容大体具备而形状或规模较小,近似于"麻雀虽小,五脏俱全"。例如:"所居有池五六亩,竹数千竿,乔木数十株,台榭舟桥,具体而微。"(唐·白居易《醉吟先生传》)其中"具体"的含义是具备大体的内容,而非详细、不抽象的意思。该成语引起很多人误解的原因就出在不理解"具体"的含义。

| 特别提示 |

"具体而微"出自《孟子·公孙丑上》:"冉牛、闵子、颜渊,

则具体而微。"意思就是冉牛、闵子和颜渊大体近于孔子，却不如他那样的博大精深。

265. 开门见山

走出小客栈，开门见山，山峰挺拔，山脚下的泉水清洌甘甜。极目所望，无处不是赏心悦目，小田说得没错，这儿可真是修养身心的好地方。

句中的"开门见山"一词用得不合适，因为该成语的本义已经消失，现在只用其比喻义。

"开门见山"由"此地堪终日，开门见数峰"（唐·刘得仁《青龙寺僧院》）衍化而来，此后就逐渐有了约定俗成的含义，即比喻说话或写文章直截了当，不拐弯抹角。如："太白发句，谓之开门见山。"（宋·严羽《沧浪诗话·诗评》）

现代汉语中，这个词语的本义已经不存在，因此不能用来当成推开门就看见山使用。

| 特别提示 |

"开门见山"的近义词有"开宗明义""直截了当"，均属中性词。

266. 慷慨解囊

如果把"慷慨解囊"仅从字面上理解成大方地拿出钱来，忽略其特定的含义，必然会导致该词的误用。看下文：

英国的一项科学研究显示，播放一些古典音乐能促使食客情不自禁地慷慨解囊，有助于增加酒店的收入。

"慷慨"意思是大方，不吝啬；"解囊"就是打开装有钱财的口袋。"慷慨解囊"的意思是把口袋里的钱财毫不吝啬地拿出来帮助别人，比喻不吝惜钱财，在经济上给人提供帮助。如："看到灾区的孩子们渴望读书的眼神,老师和同学们都纷纷慷慨解囊。"

"慷慨解囊"是将自己的钱用作他人身上以解决他人的困难,不适合用于自己给自己花钱的语境。而上述例句的意思是食客在餐馆吃饭,因听到美妙的古典音乐感到大快朵颐而情不自禁地多花钱。这部分钱是食客为自己花的,并非用于给他人提供钱财上的帮助,也没有救济之义,怎能用"慷慨解囊"呢?例句宜改为"食客情不自禁地敞开腰包"。

| 特别提示 |

"慷慨解囊"是一个褒义词,除了反语幽默外,不能用来表示贬斥。

267. 空穴来风

《征收"空置税"纯属空穴来风,上海楼市虚惊一场》

"空穴来风"是媒体错用的高频词,该则新闻标题将"空穴来风"当成"无中生有的事情"错用了。

穴:洞、孔;来:招致。"空穴来风"意思是有了洞穴才进风,比喻消息和传说不是完全没有依据的。不少媒体常常将这个词当成"凭空捏造""无中生有"来使用,意思完全与原义相反了。例句可改为"征收'空置税'纯属无中生有"。

| 特别提示 |

"空穴来风"出自宋玉的《风赋》:"臣闻于师:'枳句来巢,空穴来风。'"因为枳树弯曲,才会常常招引鸟儿筑巢;由于洞穴是空的,才引来了风。

268. 狼狈为奸

这一伙人,狼狈为奸,干尽坏事,终于受到了法律的制裁。

"狼狈为奸"比喻互相勾结干坏事。"狼"和"狈"是两种动物。典故源自唐代段成式《酉阳杂俎》，狼的前腿长，后腿短；狈则相反，前腿短，后腿长。狈每次出去都必须依靠狼，把它的前腿搭在狼的后腿上才能行动，否则就会寸步难行。狼很凶残，狈的大脑很灵活，它们常合伙伤害牲畜。有一次，狼和狈走到一个人家的羊圈外面，虽然里面有许多只羊，但是羊圈既高又坚固，于是它们想出了一个主意：让狼骑在狈的脖子上，再由狈用两条长的后腿直立起来，把狼驮得很高，然后，狼就用它两条长长的前脚，攀住羊圈，把羊叼走。

"狼狈为奸"的适用的范围是两个人，比如："他们两人在一起狼狈为奸，欺压百姓。"例句中指一伙人干坏事应该用"朋比为奸"（形容坏人结成集团干坏事）。

| 特别提示 |

"狼狈为奸"的近义词有"沆瀣一气""同流合污"。

269. 乐此不疲

"乐此不疲"一词是形容对某事感兴趣而沉浸其中，但很多人却把它用于对物或景物感兴趣，这是错的。看下文：

"欲写龙湫难下笔，不来雁荡是虚生"，当游览到雁荡山大龙湫瀑布时，人们真有种乐此不疲、不愿离去的感觉。

《后汉书·光武帝纪》中记载光武帝刘秀处理朝政勤勉不息，经常兴致高昂地与大臣商议国事至深夜。太子劝道："颐爱精神，优游自守。"光武帝却道："我自乐此，不为疲也。"后人便用"乐此不疲"，指喜欢做某件事而不知疲倦，形容对某事特别爱好而沉浸其中。"乐此不疲"使用原则是对事不对物。例句对"乐此不疲"的使用违反了这个要求，是不合适的，应作适当修改。

| 特别提示 |

"乐此不疲"不能用来形容笑话、喜剧等惹人发笑。

270. 冷若冰霜

现实中,有不少人拿"冷若冰霜"修饰天气,这种用法是错误的。看下文:

今天天气真冷,吹口气都能结成冰,真是冷若冰霜啊!

"冷若冰霜"的字面意思是冷得像冰霜一样,比喻待人接物毫无热情,也比喻态度严正,不可接近。出自汉代王逸《正部论》:"谚曰:政如冰霜,奸宄消亡;威如雷霆,寇贼不生。"元代王实甫《西厢记》第一本第二折:"俺老夫人治家严肃,凛若冰霜。"

例句中使用"冷若冰霜"形容天气寒冷是错误的。"冷若冰霜"是固定成语,只能使用它的比喻义,形容不热情、不温和,态度极为冷淡或过于严肃。如:"笑起来一双眼又秀又媚,却是不笑起来又冷若冰霜。"(刘鹗《老残游记续集》第二回)

| 特别提示 |

"冷若冰霜"的近义词有"冷酷无情""冷眼旁观""若无其事";反义词有"满腔热情""和颜悦色""热情大方"。

271. 李代桃僵

"李代桃僵"是个有特定含义的成语,不可随意使用,否则会犯难以理解的语言错误。看下文:

六月份是李代桃僵的时节,硕大的桃子、鲜艳的李子,飘来阵阵香甜。

"李代桃僵"的意思是李树代替桃树而死。原比喻兄弟互相爱护互相帮助,后转用来比喻以此代彼或代人受过。"僵"是枯死的意思。出自古乐府《鸡鸣》:"桃生露井上,李树生桃旁。虫来啮桃根,李树代桃僵。树木身相代,兄弟还相忘。"如:"芝焚蕙叹嗟僚友,李代桃僵泣弟兄。"(清·黄遵宪《感事》诗)

例句把"李代桃僵"理解为桃李成熟，显然没有弄清楚成语的基本意思，更不用说其特定的意义了。

| 特别提示 |

"李代桃僵"的同义词是"代人受过"。

272. 礼尚往来

不少人把"礼尚往来"当成送礼来用，犯错也就不可避免了。看下文：

妈妈说，爸爸虽然在官场混了这么些年，位高权重，但围在身边的都是一些礼尚往来的人。锦上添花、阿谀奉承他们擅长，若见父亲如今陷入困境，又有谁会真心实意地帮助他，跑来雪中送炭呢？

尚：崇尚。理解了这个字的含义就能明白这个成语真正的意思了。"礼尚往来"出自《礼记·曲礼上》："礼尚往来。往而不来，非礼也；来而不往，亦非礼也。"在礼节上讲究有来有往，现也指以同样的态度或做法回应对方。"礼"指礼节，不是例句中的"金钱、礼物"之义。根据句义，修改为"围在身边的都是一些巴结送礼的人"更合适。

| 特别提示 |

"礼尚往来"不表示金钱上的来往，因此不能写成"礼上往来"。

273. 良莠不齐

有些人在使用"良莠不齐"时，随意扩大使用范围，导致该词的严重误用。比如：

《NBA 新帅期中考试成绩良莠不齐》

例句用"良莠不齐"来表示成绩悬殊较大，只注意了"不齐"而不理解"良莠"的含义。

莠,狗尾草,比喻品质坏的人。"良莠不齐"的意思是好人和坏人混在一起。在使用时,不能随意扩大范围,用它来表示高矮混杂、成绩或水平的高低不等都是不合适的。因此例句可改为"成绩参差不齐"。

| 特别提示 |

"良莠不齐"一般只用来形容品质,并且是群体间的比较,不能用于个体前后的品质变化,使用时须加以注意。

274. 鳞次栉比

在使用"鳞次栉比"一词时,不少人忽视其特定的修饰对象,造成词语误用,语意不明。看下文:

起伏的群山一座挨着一座,鳞次栉比,一直延伸到远方,消失在迷茫的暮色中。

鳞次栉比:栉,梳篦的总称;像鱼鳞和梳子的齿一样,一个挨着一个地排列着,多用来形容房屋或船只排列得很密很整齐。如:"东关外羊毛衖左右,闽粤游民群聚于此,赌馆烟舍,鳞次栉比。"(清·王韬《瀛壖杂志》)"鳞次栉比"是不可以用来形容山川连绵起伏的。例句前面已说"起伏的群山一座挨着一座","鳞次栉比"可以直接删去。

| 特别提示 |

"鳞次栉比"也可以说成"栉比鳞次",用时要注意指示对象。

275. 羚羊挂角

有些人用"羚羊挂角,无迹可求"来形容事物隐藏得很深,无法找寻踪迹,是犯了望文生义的错误。看下文:

犯罪嫌疑人深通如何规避侦察，有多处秘密藏身场所，真是羚羊挂角，无迹可求。但是，公安人员最终还是抓住了这个狡猾的家伙。

关于"羚羊挂角"的记载，最早见于《埤雅·释兽》："羚羊夜眠以角悬树，足不着地，不留痕迹，以防敌患。"赋予"羚羊挂角"新寓意的是宋朝的严羽，他在《沧浪诗话·诗辨》中写道："诗者，吟咏情性也。盛唐诸人，惟在兴趣，羚羊挂角，无迹可求。故其妙处，透彻玲珑，不可凑泊。"后来人们便用"羚羊挂角，无迹可求"来比喻诗词文章的自然超脱、不落痕迹、言有尽而意无穷的玄妙意境。由此可知，"羚羊挂角"有特定的修饰对象。

所以，例句完全用错了这一成语，应做适当修改。

| 特别提示 |

还有人把"羚羊挂角"当成"画蛇添足"的同义词使用，也是极其错误的。

276. 寥若晨星

《这枚奖章寥若晨星》：这种毛泽东奖章是为配合解放战争开展的立功运动而颁发的，授予在作战中立功显赫的英雄人物，被定为我军战时最高奖章，也是东北抗联最高级别奖章，现存世可谓寥若晨星。

寥若晨星：稀少得像早晨的星星，形容数量少。如："太阳刚刚西下，街上的行人便已寥若晨星"。（郑振铎《黄昏的观前街》）早晨的星星固然数量不多，但不可能只有一颗，可见"寥若晨星"不能用于形容单个的事物。上述标题中说的是"这枚奖章"，意思很明显指的是"一个"奖章，这样用"寥若晨星"来形容就不恰当了。

| 特别提示 |

例文中说的是"这种毛泽东奖章",用"寥若晨星"一词是可以的。

277. 屡试不爽

很多人都把"屡试不爽"中的"不爽"理解为不畅快,这是完全错误的,也是导致"屡试不爽"被误用的主要原因。看下文:

来北京已有近半年的时间,他参加了大大小小几十场招聘会,面试也不计其数了,却屡试不爽,到现在也没有找到合适的工作,想到未来,心灰意冷。

参加面试屡试不爽,主人公还何来"心灰意冷",应该"满面春光"才是啊?显然作者是误解了"屡试不爽"一词。

差错、失误、违背是"爽"的释义之一,除了"屡试不爽"外,相同释义的还有"爽信""爽约""毫厘不爽"等。明白了"爽"的含义后,理解"屡试不爽"就很容易了,它的意思就是屡次实验都没有差错。例句将"屡试不爽"误解成"总是失败",导致句义完全相反,应改为"屡战屡败"。

| 特别提示 |

"屡试不爽"是中性词,褒贬语境都可以使用。另外注意不要将其中的"爽"理解成舒服、痛快。

278. 洛阳纸贵

用"洛阳纸贵"来表示纸价上涨,纯属望文生义。如此误解,后果必然是误用。下文就是一例:

为了治理水流污染,该地区依法取缔了十几家污染严重的造纸厂,一时间,洛阳纸贵,用纸大户纷纷抢购。

"洛阳纸贵"的故事出自《晋书·文苑·左思传》。西晋太康年间的著名文学家左思写了一部《三都赋》，经张华、皇甫谧的大力推荐，文章在京都洛阳广泛流传，人们竞相传抄，洛阳的纸竟然因此涨价了好几倍。后来，人们便用"洛阳纸贵"来比喻著作广泛流传，风行一时。运用"洛阳纸贵"一词时，不能从字面意思来理解，例句就犯了这样的错误，可以直接说成"一时间，纸价飞涨"。

| 特别提示 |

"洛阳纸贵"特指文章著作风行，不能用于其他事物。如"沪连大战球票洛阳纸贵"错误就在于指事对象不正确。

279. 络绎不绝

《××广告代言络绎不绝，摇钱天后半年进8000万》：××的演艺事业可说是如日中天，亚洲演唱会门票销售成绩亮丽，广告代言邀约络绎不绝。

从字面看，"络绎不绝"与"接连不断"意思一样，其实这两个词是有区别的。例文中的"络绎不绝"就用错了。

"络绎不绝"是形容人、马、车、船等来来往往，接连不断。"接连不断"指一个接着一个，不间断。后者的指示范围要比前者广。例文中是说××广告代言的邀约非常多，几乎不间断，用"络绎不绝"来形容是不合适的，可改为"接连不断"或"连绵不绝"。

| 特别提示 |

"络绎不绝"的"络"注意不能写成"骆"。

280. 眉来眼去

由于把"眉来眼去"一词误解为挤眉弄眼，所以不少人把该词用错。看下文：

他俩一边眉来眼去,一边打着手势,偷偷地核对考卷答案,自以为行动十分隐蔽,其实早已被监考老师发现了,悄悄地记在了簿子上。

"眉来眼去"一般用在男女关系上,形容双方以眉眼传情。如:"日渐情熟,眉来眼去,情不能已。"(明·冯梦龙《警世通言》)例句中说两个学生通过眉眼示意来作弊,用"挤眉弄眼"更加合适。

| 特别提示 |

除了用于男女示爱之外,"眉来眼去"还可以表示坏人之间暗自勾结、串通一气。

281. 每况愈下

吴老师独特的英语教学法大大提升了学生们学习英语的兴趣,这学期以来,学生们的成绩有了大幅度的提高,"不及格大军"的人数每况愈下。

例句仅从字面意思理解,将"每况愈下"误用为越来越少。

"每况愈下",意思为每一次的情况越发没有前一次好,比喻一直在走下坡路,情况越来越糟糕。例句想说明的是学生成绩提高了,不及格的情况越来越少,这是好现象,如果用"每况愈下",就自相矛盾了,改为"大大降低"即可。

"每况愈下"原作"每下愈况",出自《庄子·知北游》:"庄子曰:'夫子之问也,固不及质。正获之问于监市,履狶也,每下愈况。'"意思是集市上估测猪的肥瘦,愈是接近猪的下部(猪脚),愈能看出其真正肥瘦。比喻越是从低微的事物上推求,越能看清"道"的真实情况。后人误作"每况愈下",沿用至今,词义也发生了改变,现在用来表示情况越来越糟糕。

| 特别提示 |

记住,"每况愈下"义近"越来越糟",就不会再搞错了。

282. 美轮美奂

"美轮美奂"是现代汉语中,使用出错率最高的词汇之一。出错的原因在于忽视其特定的修饰对象而滥用。下文就是一例:

今年春节晚会最感人最震撼的亮点是,21个盲人表演的美轮美奂的《千手观音》,将传说中的千手千眼观音演绎得如此的精致典雅,让所有观众击节赞叹。

"美轮美奂"语出《礼记·檀弓下》:"晋献文子成室,晋大夫发焉。张老曰:'美哉轮焉!美哉奂焉!'"东汉学者郑玄注解:"轮,言高大;奂,言众多。"后来使用"美轮美奂"来形容房屋宏伟壮观、富丽堂皇。这个成语也能用于描述建筑,不能因为其中有两个"美"便移为他用。例句中的"美轮美奂"可改为"精彩绝伦"。

| 特别提示 |

不少人常常把"美轮美奂"写成"美仑美奂",前"轮"言高大,后"仑"言思、条理、伦次,意思毫无联系,不可错写。

283. 面如土色

很多人一年下来,时差颠倒,生物钟混乱,有的发胖,有的变瘦,有的面如土色。

例文中的"面如土色"属于误用。

面如土色:脸色和土的颜色一样,没有血色,形容极端惊恐。如"吓得面如土色""惊得面如土色"。"面如土色"不是因为营养不良或生活不规律等原因造成的,它只是形容人受到惊吓后的反应。例句宜改为"面容苍白"等。

| 特别提示 |

"面如土色"也可以说成"面色如土",如:"一日,方燕饮,闻喧詈声;释杯凝听,则妇已搴帘入矣。石大骇,面色如土。"(蒲松龄《聊斋志异》)

284. 妙手回春

"妙手回春"一词仅仅表示医术高明,其他方面的技艺再高超,也不能用该词来修饰。忽视其特定的修饰对象,就会导致语言错误。看下文:

好一幅"梅花闹春"图,这妙手回春之作,把人们带到了融融春光之中。

"妙手回春"指医生医术高超,能把垂危的病人治愈。妙:绝妙;妙手:指技能高超的人;回春:比喻复活。出自唐代司空图《诗品·自然》:"俯拾即是,不取诸邻,俱道适往,着手成春。"后来人们用"妙手回春"称赞医生医术高明,能把病人治好。如:"总之,(我)也不是对症下药、妙手回春的医生。"(巴金《谈〈新生〉及其他》)

例句用"妙手回春"形容绘画作品,理解错了成语的意思,可以改为"惟妙惟肖"。

| 特别提示 |

"妙手回春"是褒义词,近义词是"起死回生",反义词是"庸医杀人"。

285. 摩肩接踵

没搞清"摩肩接踵"的修饰对象,随意乱用,是不少人误用该词的主要原因。看下文:

2004年真可谓"世界选举年",从欧洲、亚洲、美洲到非洲大陆，大大小小的选举摩肩接踵。

摩肩接踵：肩碰肩，脚碰脚，形容人很多，拥挤不堪。例："元宵节赏灯的人摩肩接踵。"这个成语所指向的行为主体必须是人。例句中说"大大小小的选举摩肩接踵"，不妥。这里的"摩肩接踵"可用"接连不断"代替，后者的使用范围更为广泛。

| 特别提示 |

"摩肩接踵"也可说成"肩摩踵接"。"摩"容易错写成"磨"，应注意避免这种错误。

286. 目不窥园

在生活中，不少人把"目不窥园"误解成偷窥，在这个基础上使用，不仅错得离谱，还会闹出笑话。看下文：

你读了那么多书，应该懂得做人要正派的道理，现在这样到处刺探别人的隐私，这是很不道德的，古人不是说过要"目不窥园"吗？

作者将"目不窥园"当成不偷窥别人、不刺探别人的隐私，实属谬误可笑。

"目不窥园"出自《汉书·董仲舒传》，董仲舒专心读书，"三年目不窥园"。后来便用来形容专心致志、埋头苦读。这里的"窥"显然不是偷窥、刺探的意思，不能误用。

| 特别提示 |

"目不窥园"只能用于表示学习时的专心状态，不能拿来说明对某事没有兴趣，置之不顾。

287. 木人石心

导游公布了这一木人石心的消息，所有的游客都惊呆了，傻傻地站着，完全不知接下来应该怎么做了。

例句明显从字面意思上理解，把"木人石心"当成了令人震惊的意思了。

"木人石心"一词出自《晋书·夏统传》。夏统才华横溢，名望颇高。太尉贾充为了增加自己的势力，便用厚禄美人引诱夏统出来做官，但夏统丝毫不为所动，于是贾充无可奈何地说："夏统可真是木头做的人，石头做的心呀。"后来，人们便用"木人石心"形容意志坚定，任何诱惑都不动心。例句中的"木人石心"显然属于望文生义，可改为"令人震惊"。

| 特别提示 |

"木人石心"是褒义词，不能用来形容人食古不化、因循守旧。

288. 目无全牛

"目无全牛"这一成语常常被误用，问题还是出在望文生义，当成了没有全局观念。

在向高考冲刺的紧张阶段，备考复习缺乏通盘考虑，目无全牛，顾此失彼，这是许多高三同学复习收获不大的重要原因。

《庄子·养生主》中写道："始臣之解牛之时，所见无非牛者；三年之后，未尝见全牛也。"意思是一个杀牛的人最初杀牛，眼睛看见的是整个的牛，三年以后，技术纯熟了，动刀时只看到皮骨结构，而看不到全牛。后来人们便用"目无全牛"比喻技术熟练到了得心应手的境界。例句可将"目无全牛"直接删去。

| 特别提示 |

"目无全牛"的近义词有"庖丁解牛""得心应手""游刃有余"。

289. 拍案而起

粉碎"四人帮"以后的 1978 年夏季,拨乱反正,群情激昂,文学开始复苏。当《班主任》《哥德巴赫猜想》《丹心谱》《最宝贵的》《伤痕》等一批像怪物一样的文艺作品刚刚露头的时候,一向沉稳的××拍案而起,兴奋得几乎大呼大叫,说:"我们进入了一个新的历史时期,文学艺术要与它相适应。现在这些作品,是可喜的新气象……"

例文中的"拍案而起"一词与文章内容很不相符,作者把它和"拍案叫绝"搞混了。

拍案而起:拍着桌子猛然站立,形容极为愤怒。如明代冯梦龙《东周列国志》:"芈氏大怒,拍案而起。"毛泽东《别了,司徒雷登》:"闻一多拍案而起,横眉怒对国民党的手枪,宁可倒下去,不愿屈服。""拍案而起"是形容人极度愤慨。而例文中讲的是××对优秀作品的出现兴奋不已,并褒扬这些作品的出现是"可喜的新气象",这怎么能说是"拍案而起"呢?例文可以改为"拍案叫绝"或"拍案称奇"等。

| 特别提示 |

"拍案而起"的近义词有"义愤填膺""愤然作色"。

290. 拍手称快

导致"拍手称快"被误用的最常见原因是把该词简单理解为"叫好"。之所以如此误解,是因为忽视了这个词语的特定含义。

《老街供电线路改造启动,市民拍手称快》

"拍手称快"意思是大快人心、拍手相庆,多形容正义得以伸张、公愤得以消除时的高兴心情。显然,这个词不适合用来形容政府为民办事、人民的高兴之情。例文可以改成"齐声叫好"。

| 特别提示 |

"拍手称快"的用法比较特殊,只能用在仇恨得以消除之时。而其他的词如"拍手叫好""拍手称奇""拍手欢迎"等则没有这一特定含义。

291. 抛砖引玉

作为自谦之词,"抛砖引玉"不能不分对象地随便使用。否则就会犯语言错误。下文就是一例误用:

会议开始比较沉闷,多亏张院长抛砖引玉的一番话,才使大家发言积极起来。

"抛砖引玉"的意思是抛出砖去,引回玉来;比喻自己先发表粗浅、拙劣的文字或不成熟的意见,来引出别人的佳作或高见,以表谦虚。"抛砖引玉"不能用于对方或第三方,更不能用来表示领导的表率作用。例句可根据上下文的语境作如下修改:"张院长幽默风趣的一番话……"

| 特别提示 |

"抛砖引玉"的近义词有"投砾引珠""引玉之砖"。

292. 蓬荜生辉

您刚刚乔迁新居,房间宽敞明亮,只是摆设略显单调,建议您挂幅油画,一定会使居室蓬荜生辉。

"蓬荜生辉"只能用作自谦,句中说别人的新家蓬荜生辉明显不妥。

元代秦简夫《剪发待宾》:"贵脚踏于贱地,蓬荜生光。"蓬荜生辉:蓬荜,编蓬草、荆竹为门,蓬门荜户,形容穷苦人家;使寒门增添光辉。谦辞,表示别人到自己家里来或张挂别人给自己题赠的字画等而使自己非常光荣。别人刚刚乔迁的新家,怎么能说成"蓬荜"呢？宜改为"锦上添花"。

| 特别提示 |

"蓬荜生辉"还可以说成"蓬荜增辉""蓬荜生光""蓬屋生辉""蓬间生辉"。

293. 披肝沥胆

《为打造奥运尖兵披肝沥胆，川乒教练刘平受病折磨》

这是一则新闻标题。文章写的是四川男乒主教练刘平在检查出身患膀胱癌之后，仍然坚持带队训练比赛，终于让五连败的四川男乒得以保级，球队重整旗鼓，并准备踏上新的征程。教练带病训练，令人感动，不过"披肝沥胆"用得完全不对语境，应予以修改。

披肝沥胆：露出肝脏，滴出胆汁；比喻真心对待，倾吐心里话，也比喻极尽忠诚。如："虽访问所不及，犹将披肝沥胆，以效其区区之忠。"(司马光《体要疏》)"披肝沥胆"一词适用的语境一般只有两种，一是朋友间开诚相见；二则表示对主忠诚。刘平教练兢兢业业地为了乒乓球事业辛苦付出，应该用"呕心沥血""鞠躬尽瘁"之类的词语才贴切。

| 特别提示 |

"披肝沥胆"是褒义词，不能用在奸人身上。

294. 平分秋色

不考虑"平分秋色"的感情色彩，随意使用，是不少人误用该词的根源。看下文：

论本事，他们俩可算平分秋色，都不怎么样。

"平分秋色"的意思是平分秋天景色，比喻双方各得一半，不分高低。出自唐代韩愈《昌黎集·卷二·合江亭》:"穷秋感平分,新月怜半破。"也比喻不相上下,可以匹敌。如:"他的技艺很好,可与名家平分秋色。"这是褒义的。

例句的意思含有贬义,应该把"平分秋色"改为"半斤八两"。"半斤八两"的意思是半斤、八两轻重相等,比喻彼此不相上下。八两:即半斤,旧制一斤为十六两。出自宋代无名氏《张协状元》戏文第二十八出:"两个半斤八两,各家归去不须嗔。"

| 特别提示 |

"平分秋色"和"半斤八两"都是不相上下的意思,但是"平分秋色"含有褒义,"半斤八两"含有贬义。

295. 萍水相逢

把"萍水相逢"简单地理解为"相遇",是有些人用错该词的主要原因。下文就是较为典型的一例:

他俩是50年前的故友,没料到半个世纪之后却在异乡萍水相逢,两人异常激动。

浮萍随水漂泊,聚散不定,"萍水相逢"即比喻素不相识的人偶然相遇。如唐代王勃《秋日登洪府滕王阁饯别序》:"萍水相逢,尽是他乡之客。"《镜花缘》:"我们萍水相逢,莫非有缘!"

"萍水相逢"的只能是陌生人,例句说的是故友重逢,显然用"萍水相逢"是不正确的,可以直接说成"没料到半个世纪之后却在异乡偶然相逢"。

| 特别提示 |

"萍水相逢"中的"萍"指浮萍,借喻漂泊不定。

296. 扑朔迷离

云就像天气的"招牌",看云可以识天气;但必须有丰富的经验，因为云的变化是扑朔迷离的。

"扑朔迷离"是我们都非常熟悉的一个成语，看过《木兰辞》的人肯定都记得文章最后的几句："雄兔脚扑朔，雌兔眼迷离，双兔傍地走，安能辨我是雄雌。"雄兔脚乱动，雌兔眼睛半眯着，但是跑起来的时候就很难辨别哪个是雄的，哪个是雌的。后来就用"扑朔迷离"比喻事物错综复杂，难于辨别。而形容事物变化迅速是不能用"扑朔迷离"的，例句可改为"因为云彩是变化莫测的"或"因为云彩是瞬息万变的"。

| 特别提示 |

"扑朔迷离"就好像问"是真是假"，只能用以比喻事情复杂难辨。

297. 期期艾艾

成语"期期艾艾"常被错误地理解成懦弱、犹豫，也有把它理解成哀怨的，这些理解都是错误的。看下文：

你一个大男人，遇到这种常见的小状况应当果断地作出决定。别老那么期期艾艾、举棋不定的。

《史记》中记载，汉代有一个叫周昌的将军，他口吃，说话很费劲，有一次和汉高祖刘邦争论废掉太子一事，说："臣口不能言，然臣期期知其不可。"《世说新语》中记载了三国时候的魏国名将邓艾，他也是口吃，他在说到自己的时候，常常说"艾……艾"。后来，人们便用"期期艾艾"形容口吃的人吐辞重复，说话不流利。"期期艾艾"只能表示口吃或因紧张等原因造成的暂时口吃，绝对没有犹豫不决的含义。例句可改成"别老那么瞻前顾后、举棋不定的"。

| 特别提示 |

"期期艾艾"词义近似说话磕磕绊绊，不流利。

298. 七手八脚

在人行道上卖茶叶蛋的老汉一见市容执法人员到来，立刻七手八脚收拾摊子准备撤退，却不慎被茶汤烫伤。

"七手八脚"这个词是形容人多手杂，动作纷乱的，出自宋代释普济《五灯会元》卷二十："上堂七手八脚，三头两面，耳听不闻，眼觑不见，苦乐逆顺，打成一片。"

而例文中只是一个老汉慌忙收拾摊子，怎么能"七手八脚"？这在逻辑上是说不通的，用"手忙脚乱"比较合适。"手忙脚乱"形容做事慌张而没有条理，多表现惊慌失措的样子。

| 特别提示 |

"手忙脚乱"出自宋代释普济《五灯会元》："问：'如何是大悲境？'师曰：'千眼都来一只收。'曰：'如何是境中人？'师曰：'手忙脚乱。'"

299. 七月流火

七月流火，但充满热情的岂止是天气，今天我们××大学的师生以火一般的热情在这里欢迎××先生一行。

"七月流火"，语出《诗经·国风·豳风·七月》："七月流火，九月授衣。"这里的"七月"，是夏历七月，正值暑渐退而秋降至的时节。"流火"则是天上的大火星向下降落之义。"七月流火"的意思就是夏去秋来，天气渐渐转凉。将"七月流火"理解成火热的七月，用来形容盛夏酷热，实属望文生义。

| 特别提示 |

现代汉语习用很多古语词，用时应该掌握词语的典故和约定俗成的含义，不可随意改之，以讹传讹。

300. 千虑一得

成语"千虑一得"乃自谦愚笨之语,不可把它用到别人身上,否则不仅犯下语言错误,更会造成对他人的冒犯。下面例句就犯了这样的错误:

老张办事历来谨慎,凡事非经过深思熟虑决不急于下结论,真是千虑一得,慎之又慎。

"千虑一得"语出《晏子春秋·内篇杂下十八》:"婴闻之:圣人千虑,必有一失;愚人千虑,必有一得。""千虑一得"的意思就是愚笨的人细致考虑也会有可取的地方,一般用于发表意见后表示自谦的话。若说别人"千虑一得",岂不等于说人家是一个笨蛋了么?例句可这样的修改:"真可谓三思而后行,慎之又慎。"

另外,还要把"千虑一得"与"深思熟虑"区别开来,深思熟虑强调的是思考的过程。

| 特别提示 |

"千虑一失"与"千虑一得"意思相反,表示聪明的人考虑问题也会有疏漏的地方。

301. 巧夺天工

成语"巧夺天工"只适用于形容人工制作的东西,绝不可用它修饰天然事物。可是,在实际运用中,用它修饰自然景物的人比比皆是。看下文:

翘首西望,海面托着的就是披着银发的苍山。苍山如屏,洱海如镜,真是巧夺天工。

"巧夺天工"出自晋代郭璞《葬书》:"微妙在智,触类而长,玄通阴了,巧夺造化。"夺:胜过;人工的精巧胜过天然,形容技艺十分高超。其实该成语从字面意思上就能得知其适用对象:

"夺"的既然是"天工",那只能是"人工"。例句中形容自然景色之美,可以说成"美妙如画"。

| 特别提示 |

"巧夺天工"与"鬼斧神工"是同义词,用法也近似。

302. 轻车简从

成语"轻车简从"有特定的使用对象和较为固定的适用范围,不能正确理解这一点,就会导致语言错误。看下文:

平时上下班时,我经常使用的是 SAFRO 的公文包式的摄影包……而在平时"扫街"时,我多带一个小的 MEKKO 的小挎包,放上一支旁轴和一个小数码,轻车简从,非常方便。

"轻车简从"指的是古代的君王或官吏在外出巡行时,只带轻便的行装和少数的人员,便于暗中探访民情。现在一般用来形容领导干部抚恤民情,不铺张浪费。如:"邓小平生活简朴,外出轻车简从,不搞排场,不吃请,不扰民,不给地方添麻烦。"(《邓小平八次南巡纪实》)一般人外出时行装简便,不宜用"轻车简从"来表示。例文可改为"轻松出发,非常方便"。

| 特别提示 |

"轻车简从"也可以说成"轻装简从"。

303. 轻而易举

这张照片,我轻而易举是不出手的!

"轻而易举"这个成语我们经常使用,其义不难理解,指的是做事情毫不费力。如:"这件事对他来说简直是轻而易举。"这个成语多用来形容办事容易、不费力,不能混同于"轻易"。

| 特别提示 |

"轻而易举"的近义词有"易如反掌""唾手可得";反义词有"来之不易"。

304. 蜻蜓点水

把"蜻蜓点水"误解为"迅速"或"匆忙"而使用,是人们常犯的语言错误。看下文:

烧饼摊边,热气阵阵,推着单车的上班族如蜻蜓点水般路过,结束晨练的老人们三三两两沿路而坐,7角钱的油条烧饼,生意还不错。

例句用"蜻蜓点水"来形容行人停留时间之短,显然是望文生义。

"蜻蜓点水"指蜻蜓在水面飞行时用尾部轻触水面的动作,比喻做事肤浅、不深入。"蜻蜓点水"侧重的是肤浅,而非迅速或匆忙。而例句要表达的是"匆忙"之义,应适当修改。

| 特别提示 |

"蜻蜓点水"含贬义,近义词有"浮光掠影""浅尝辄止""走马观花"。

305. 倾国倾城

很多人望文生义,把"倾国倾城"理解为国家或者城市失守,导致语言错误。比如:

愁看京口三军溃,痛说扬州七日屠,山海关是国家的大门,……一旦失守,便难逃倾国倾城的厄运。

"倾国倾城"原指因女色而亡国,现在多指女子的美丽程度足以让全国、全城的人们为之倾倒,言女子之极美丽。该成语在现代汉语中，只有形容女子貌美一个词义。例句中将其用来指国家或城池的倾覆，是不适的，应适当修改。

| 特别提示 |

"倾国倾城"出自汉武帝时音乐家李延年的诗："北方有佳人，绝世而独立。一顾倾人城，再顾倾人国。宁不知倾城与倾国，佳人难再得。"

306. 情不自禁

实践中，常有人把"情不自禁"混同于"不由自主"，忽视"情不自禁"特定的修饰对象，导致较为严重的语言错误。下文就是一例：

爷爷动脉硬化，两只手会情不自禁地抖动起来，已经多年不写东西了。

"情不自禁"指感情激动得不能控制住自己，强调完全被某种感情所支配。禁：抑制。出自南朝梁代刘遵的《七夕穿针》诗："步月如有意，情来不自禁。"比如："她又情不自禁地放声哭了。"

例句中爷爷的手抖动是疾病导致的，爷爷并没有动感情，因此使用"情不自禁"不恰当，可以换成"不由自主"。"不由自主"的意思是由不得自己，控制不住自己，通常指身体不受自己控制。当形容震惊、慌张以及由于某种外界原因而由不得自己时，应该用"不由自主"。

| 特别提示 |

"情不自禁"用来描述人的感情，不应该用来描述动作。

307. 请君入瓮

由于对成语"请君入瓮"的词源和词义认识不够明确，有些人把它混同于"瓮中捉鳖"，造成语言错误。看下文：

警察们布下了天罗地网，只待请君入瓮了。

"请君入瓮"的故事发生在唐朝，女皇武则天怀疑周兴要造反，便令酷吏来俊臣前去审问，周兴当时还未知情。来俊臣怕他不招，就想了一个办法，他装模作样地问周兴说："犯人要是死活不肯认罪该怎么办呢？"周兴洋洋得意道："那还不简单，拿个大瓮，把犯人装进去，四周点上炭火烤，还有什么事情他不会承认呢？"来俊臣于是命人搬来大瓮，周围点火，对周兴说道："奉命审问老兄，请老兄快入瓮吧！"周兴吓得面色惨白，慌忙倒地磕头认罪。后来，人们便用"请君入瓮"比喻用某人整治别人的办法来整治他自己。显然，例句中的"请君入瓮"换成"瓮中捉鳖"更合适一些。

| 特别提示 |

"请君入瓮"的意思近似于"以其人之道，还治其人之身"。

308. 茕茕孑立

把"茕茕孑立"理解为一个人孤零零地站着，是不少人用错这个词语的重要原因。看下文：

为了见他的朋友，他一个人茕茕孑立在那儿等了一个多小时了。

"茕茕孑立"的意思是孤身一人，只有和自己的身影相互慰问，形容无依无靠，非常孤单。通常指一生而不是指某时。茕茕：孤独的样子；孑：孤单。

这个成语有一个典故：晋武帝司马炎看重蜀国的故臣李密，多次下诏起用他，但都被李密坚决推辞了。司马炎下令如果他再敢推辞就逮捕下狱，按律问斩。经过深思，李密写了一篇《陈情表》，呈给司马炎，表中以孝治天下为主旨，说他幼时，"伶仃孤苦……外无期功强近之亲，内无应门五尺之童，茕茕孑立，形影相吊"，多亏了老祖母把他抚养长大。而今，老祖母已96岁，又长年卧病在床。他才44岁，报效国家的日子还长，而孝敬祖母的时间已不多了。恳请司马炎体谅他的苦衷。司马炎看了很感动，且无法怪罪。为了笼络人心，索性派了两个女仆帮他侍奉老祖母。

例句应该改为"形单影只"。

| 特别提示 |

"茕茕孑立"近义词是"孤苦伶仃""举目无亲"。

309. 求全责备

不能求全责备于带头大哥，他也警告了"要调整"。但他不能预先知道国家要调印花税。他不是制定政策的人，只是一介股民。

这是某网友发表的评论。作者显然将"求全责备"的"责备"从字面意思上理解成批评指责了。

求、责：要求；全、备：完备，完美。对人或对事要求完美无缺。其中的"责备"与"求全"的含义是一样的，都是要求完美的意思。例句错误地将"求全责备"理解成因为追求过好的结果，所以批评怪责，可改成"不应苛责带头大哥"。

| 特别提示 |

"求全责备"不能带宾语，如"上司不能求全责备下属"，这种说法是不对的，应改成"上司不能对下属求全责备"。

310. 推梨让枣

不了解"推梨让枣"的由来，简单把这个词语理解为谦虚，是不少人使用不当的原因。看下文：

推梨让枣是广为传颂的谦让美德的表现；假如只有一个梨的时候，孩子们难道不应该让给妈妈吗？

"推梨"和"让枣"源自两个典故。汉末孔融兄弟七人，融居第六,四岁时,与诸兄共食梨,融取小者,大人问其故,答道:"我小儿,法当取小者。"又南朝梁王泰幼时,祖母集诸孙侄,散枣栗于床,群儿皆竞取,泰独不取。问之,答道:"不取,自当得赐。"

"推梨让枣"指兄弟之间和睦相处、互相礼让,不用于母子关系。例句用这个成语来指孩子礼让母亲,不妥当。

| 特别提示 |

"推梨让枣"指兄弟之间的友爱,不能用于其他关系。

311. 人浮于事

例一:三十几岁,是不是人浮于事的年纪?近来发觉做什么事都是心不在焉,没有太大的兴趣,没有一个目标。

例二:终于深刻地领会了"人浮于事"这四个字了。每天都好像很忙却没一件事是觉得干得好的。

例三:众人贬说:人浮于事。我个人看来不然,关键是"人浮于事"浮的程度,人的精力毕竟有限,凡事都陷入太深,结果是你只能做具体的某一两件事。针对具体的事情,深入到什么程度,浮到什么程度,都要有具体的度,也只有浮到恰到好处,才能一览众山,才能把各种各样繁杂的事情同步处理好、监控到位。

上面这几个句子均摘自网络日志。例一和例二都把"浮"解释为轻浮、浮躁,将"人浮于事"当成无所事事或做事不深入来理解。例三甚至对该成语进行了详细的"剖析",看似有理,实则差之甚远。

人浮于事:浮,超过;原指人的才德高过所得俸禄的等级,后指工作人员的数目超过工作的需要、事少人多。如:"英特尔公司日前称它的管理层人浮于事,表示将裁减一千名经理人。"

| 特别提示 |

"人浮于事"意思与"十羊九牧""人多不干事"相近,与"人尽其才""各得其所"相反。

312. 人满为患

这天大桥正式通车,笔者一早来到公交大桥二线的浦东起点站。是时,车站两侧早已人满为患,人人喜笑颜开,都想乘大桥车上南浦桥。

人满为患,因人多造成了困难,强调人多的坏处。"患"是祸害、灾难的意思。"客栈小,已经人满为患。"(郭沫若《洪波曲》)"人满为患"是贬义词,如果人多得阻塞交通,有碍治安,影响工作或生活,自然是"人满为患"。

而例句中,人的确满,但是看作者的意思,带有一种称赞、喜悦的意味,并没有批评贬斥的情绪,可见,他只在说"人满",而不想表达"为患"。他错把"人满为患"当成人很多的意思了。

表示人多的成语有很多,"人山人海""人头攒动"等都可以描述人多的情景。例句如果把"人满为患"改为"人头攒动"就恰当了。

| 特别提示 |

使用成语切忌断章取义,绝不能像例句那样用"人满为患"时,只考虑"人满"而置"为患"于不顾。

313. 人面桃花

望文生义,不理解其特定含义,是不少人误用"人面桃花"的重要原因。下文就是典型的一例:

《彩妆:"人面桃花"腮红随心打造》

例句作者按字面意思理解"人面桃花",将它混同于"面若桃花"了。

"人面桃花"出自唐代崔护《题都城南庄》一诗:"去年今日此门中,人面桃花相映红。人面不知何处去,桃花依旧笑春风。"

此后,"人面桃花"便被用以形容男女邂逅钟情,随即分离之后,男子追念旧事的情形。"人面桃花"表达的是爱恋的情思,不能用来形容女子貌美如花,所以上例标题可改为:"彩妆:面若桃花腮红随心打造"。

| 特别提示 |

"人面桃花"不能随意改为"人面杏花""人面梨花"等。

314. 仁者见仁

不少人将"仁者见仁"误解为大家意见一致,正好把这个成语的意思弄反了。下文就是典型的一例:

在要不要坚持四项基本原则的大是大非面前,大家要仁者见仁,以便达成共识。

"仁者见仁,智者见智"语出《周易·系辞上》:"仁者见之谓之仁,智者见之谓之智。"仁者见它说是仁,智者见它说是智,比喻对同一个问题,个人的观察角度和立场不同,见解就不相同。

如果将这样的语义放在例句中显然是不合适的,大是大非的原则性问题怎么能"仁者见仁"呢?这样还如何能"达成共识"?例句可以考虑改成"大家要统一思想"。

| 特别提示 |

"仁者见仁,智者见智"也可以简单地说成"见仁见智"。

315. 忍辱负重

不少词语语义有轻有重,不考虑这一点,往往会导致词语误用。比如,"忍辱负重"就常常被人重词轻用。看下文:

由于沉迷网络游戏,他的成绩竟然滑落到班级倒数第十名。这学期开学以来,他忍辱负重,专心学习,终于在这次考试中取得了令人刮目相看的成绩。

"忍辱负重"出自晋代陈寿《三国志·吴志·陆逊传》:"国家所以屈诸君使相承望者,以仆有尺寸可称,能忍辱负重故也。"这个成语的意思是忍受耻辱,承担重任,以完成艰巨的任务。成绩后退,不能算什么"耻辱";努力学习,也不能叫做"负重",例句可以改成"铭记教训"。

| 特别提示 |

"忍辱负重"这个成语含有褒义,经常用来夸赞能够顾全大局忍受屈辱、担负重任的人,与"卧薪尝胆"近义,使用时要注意感情色彩。

316. 忍无可忍

这天他忍无可忍,那位法国女郎实在是太漂亮、太热情了。

"忍无可忍"意思为忍受到再也无法忍受的地步,一般用来形容行为主体忍受到极限。"忍"的对象一般是外在的压迫欺凌、让人看不惯的事情,这些事情诱发内心的强烈的反抗性情绪,结果往往是做出某些反抗性的举动。但例句中要说的是"他"对"法国女郎"的喜爱,应改为"情思难抑"等词。

| 特别提示 |

"忍无可忍"出自晋代陈寿的《三国志·魏志·孙礼传》:"宣王曰:'且止,忍不可忍!'"

317. 日理万机

将"日理万机"这个专用于大人物的词汇随便使用,是不少人误用该词的主要原因。看下文:

王老师勤勤恳恳,日理万机,在教坛上默默奉献了30年。

"日理万机"出自《尚书·皋陶谟》："兢兢业业，一日二日万机。"《汉书·百官公卿表上》："相国、丞相，皆秦官，金印紫绶，掌丞天子助理万机。"在现代汉语中，"日理万机"是指一天内要处理上万件事务，形容当政者处理政务的繁忙。余敏《深情忆念周伯伯》中有这样一句："建国以后，我们敬爱的周总理日理万机，夜以继日，成年很少有休息的机会。"可见，该词词义很重。

例句中，将"日理万机"用在普通老师身上，显然是犯了大词小用的错误。

| 特别提示 |

日理万机，多用于书面语中，亦可作"日有万机"。

318. 容光焕发

有的人搞不清"容光焕发"的特定修饰对象，随意使用，这难免会造成语言错误。

上任后，为了搞活企业，他大胆引进竞争上岗的用人机制，职工的积极性一下子被调动了起来，企业的面貌容光焕发。

容光焕发：脸上散发出光彩，形容身体健康、精神饱满。"容光焕发"与"神采奕奕""精神抖擞""容光满面"等词意思相近，都只适合用于形容人的精神面貌。例句中用来形容"企业面貌"，不当，可改为"日新月异"或"焕然一新"。

| 特别提示 |

注意"容光焕发"不要写成"荣光涣发""荣光唤发"等。

319. 如雷贯耳

"如雷贯耳"这个词，虽然来源于自然界的"雷声"，但现在只能用于形容人的名声。可是，还是有不少人把这个词用于自然界。看下文：

昨天下了一场雷阵雨，雷电交加，雷声大得吓人，震得耳朵嗡嗡作响，真是如雷贯耳啊！

"如雷贯耳"是一个比喻性的词语，字面意思是好像响亮的雷声传进耳朵里，形容人的名声很大。"贯"是贯穿、进入的意思。常用的说法是："久仰大名，如雷贯耳。"

例句用"如雷贯耳"来形容雷声很大是不恰当的。既然是比喻性的词语就要有本体和喻体的区别，作者用雷声来比喻雷声就说不通了。可以把"如雷贯耳"改为"振聋发聩"。

| 特别提示 |

类似的比喻性成语还有"如芒在背""如火如荼""如胶似漆""如饥似渴""如鸟兽散""如坐针毡""如鱼得水""如梦初醒"，等等。使用这些成语时要注意不能使用本义。

320. 如聆謦欬

（鲁迅）先生对人生的透视，对艺术的卓见，让丁玲如聆謦欬。

文中"如聆謦欬"使用错误。

"謦欬"是古语词，意思是咳嗽或咳嗽声，后来引申为谈笑或谈笑声。"如聆謦欬"的意思是好像听到了别人的谈笑声。如果在想象或回忆中感到别人谈笑声可以用"如聆謦欬"；如果是亲耳听到别人的教诲则应该用"亲聆謦欬"。例句中丁玲是亲耳听到了鲁迅的谈话，因此不能用"如聆謦欬"，应该改为"亲聆謦欬"。如果丁玲没有见到鲁迅，只是听别人转述鲁迅的意见或看过鲁迅的文章，则可以用"如聆謦欬"。

| 特别提示 |

"謦欬"两个字的读音是 qǐng kài。

321. 如履薄冰

"如履薄冰"是一个很容易被误用的成语。看下面的例句：

例一：他这样做自以为很稳妥，其实是如履薄冰，稍不注意就会出现错误。

例二：当登上黄山天都峰的鲫鱼背时，人们都常有如临深渊，如履薄冰的那种恐惧之感。

例一错在不了解"如履薄冰"的使用范围，这个成语只能用于主观心理，而不能用于客观环境。例二错在没有弄懂词义，它表示谨慎小心，而不是恐惧。

"如履薄冰"出自《诗·小雅·小旻》："战战兢兢，如临深渊，如履薄冰。"如履薄冰：履，践踩在上面；像走在薄冰上一样，比喻行事极为谨慎，存有戒心。

| 特别提示 |

"如履薄冰"中的"履"字容易读错写错，应多加注意。

322. 如沐春风

成语"如沐春风"被误用的情况非常多，随便看一下报纸和网站都有误用的例子，如：

《××四度抵台如沐春风，人气依旧居高不下》

这是一则新闻标题，其中的"如沐春风"一词让人心生疑惑，看完下文才明白，原来作者想说的是××受到了影迷的热烈接待。这里用"如沐春风"，真是风马牛不相及。

"如沐春风"也作"如坐春风"，意思是像坐在春风中间，比喻同品德高尚且有学识的人相处并受到熏陶，犹言和高人相处，就像受到春风的吹拂一般。成语中的"春风"不再是本义，而是比喻义。例："（鲁迅先生）说话时态度镇静，亲切而又从容，使听的人心情舒畅,真个有如沐春风的感觉。"

例句可改为"××四度抵台风光无限,人气依旧居高不下"。

| 特别提示 |

"××与××再约会如沐春风",如此用法也实在令人匪夷所思,应尽量避免此类错误使用。

323. 三长两短

在具体运用中,不少人把"三长两短"误解为出差错,如此一来,必然会导致语言表达出差错。看下文:

考前每个考生都应充分做好复习准备,否则,上了考场万一有个三长两短,就会影响正常水平的发挥。

"三长两短"指意外的灾祸或事故,借指人的死亡。含贬义。巴金的《春》中有这样一句:"万一海儿有个三长两短,那我也活不下去了。"说"三长两短"借指人的死亡是有依据的。古时棺木不用钉子,用皮条把棺材底与盖捆合在一起。横的方向捆三道,纵的方向捆两道。横的方向木板长,纵的方向木板短,就有了这"三长两短"之说。

例句中把"三长两短"用来表示考试失利,显然是不合适的。

| 特别提示 |

"三长两短"有时也被缩略成"长短",意思不变。《红楼梦》第十一回:"可是呢!好个孩子。要有个长短,岂不叫人疼死!"

324. 三人成虎

如果将"三人成虎"中的"成(造成)"理解成"成为",就会把"三人成虎"误认为是团结起来力量大。下文就犯了这样的错误:

"三人成虎"一说，可以称作咱们"早已有之"的关乎团结的说喻了……"一根筷子拧得断，一把筷子拧不断"，连三岁的孩童也能道破其中掩含的教义：团结就是力量。

《战国策·魏策二》："夫市之无虎明矣，然而三人言而成虎。"意思是闹市中本来没有老虎，但是经过三个人的谣传，听的人就信以为真。后来人们便用"三人成虎"来比喻说的人多了，就能使人们把谣言当事实。千万不可把"三人成虎"理解成团结起来力量大。

| 特别提示 |

"三人成虎"的近义词有"众口铄金""人言可畏"等，均表示流言惑众，属贬义词。

325. 色厉内荏

体检纯粹是没病找病，不过还真能找出不少毛病来，有的人看上去像生猛海鲜，活蹦乱跳，可一体检，啥病都有，好像大树给蛀空一样，败絮其中，色厉内荏。

色厉内荏：色，神色、样子；厉，凶猛；荏，软弱；外表强硬而内心怯懦。语出《论语·阳货》："色厉而内荏，譬诸小人，其穿窬之盗也与。"如叶圣陶《英文教授》："他跑遍租界的各处，观察了帝国主义爪牙的色厉内荏的窘态。"

"色厉内荏"只能用来形容人的性格或为人处世的态度，例句中用其形容人的身体状况明显超出了这个成语的使用范围。例句宜改为"外强中干"之类的词语。

| 特别提示 |

"色厉内荏"的"荏"很容易写错，应注意。

326. 山高水长

《前生有约今生难求,自君别后山高水长》:信手翻开你填下的诗词,满纸吹来的皆是不尽的歌声。高山、流水,知音难寻。残月晓风,君往何处?

上例作者将"山高水长"简单地理解成(你我隔着)千山万水之义,明显属于望文生义。

山高水长,像山一样高耸,如水一般长流,比喻人品德高尚,声誉流传久远,也可比喻恩德深厚。如:"云山苍苍,江水泱泱。先生之风,山高水长。"(宋·范仲淹《严先生祠堂记》)例文标题可考虑改成"自君别后天各一方"。

| 特别提示 |

"山高水长"注意不要和"山高水低"混淆,后者是比喻意外的灾祸或不幸的事情,与前者的含义完全没有联系。

327. 上下其手

把"上下其手"误解为手忙脚乱是常见的语言错误。看下文:

为了迎接评估,敝校从年初起就紧急动员,上下其手,从领导到职工,均忙得人仰马翻。

例句中"上下其手"使用不当。

"上下其手"原指说话时的手势,把手抬高或把手压低,比喻玩弄手法,串通作弊。这个典故出自《左传·襄公二十六年》:楚国攻打郑国,穿封戌俘虏了郑皇颉,公子围与之争功。他们找到伯洲犁做公证人,伯州犁有意偏袒公子围,叫皇颉作证,并向皇颉暗示,举起手说:"夫子为王子围,寡君之贵介弟也。"把手放下说:"此子可为穿封戌,方城外之县尹也,谁获子?"

例句作者就是把"上下其手"误解为手忙脚乱了,为了不影响句子的意思,可以把这个成语删掉。

| 特别提示 |

也有人把"上下其手"误解为对女性的非礼行为。

328. 设身处地

不少人把"设身处地"误解为"亲临其境",其实这两个词大不相同。看下文:

只要你设身处地,到抗洪抢险第一线去,你就不能不为我们子弟兵那种舍己为人的精神所感动。

设身处地:设想自己处在别人的那种境地,指替别人的处境着想。如:"创作者触景生情,评论家设身处地,才能相得益彰。"(孙犁《秀露集·耕堂读书记》)"设身处地"强调的是假想自己身处于某一环境中,而例句的意思是某人亲身到抗洪抢险第一线去。一个是想象,一个是亲临,这样就造成了前后语境的不统一,如果改为"身临其境""亲临其境"就比较合适了。

| 特别提示 |

"设身处地"不可改为"设身处境"。

329. 深文周纳

所谓"不求甚解",指观书时不刻意求深奥烦琐的解释,即不深文周纳钻牛角尖。

例句中"深文周纳"用错了。

"深文周纳"的意思是定罪名很苛刻,想尽办法把无罪的人定成有罪,泛指不根据事实而牵强附会地妄加罪名。《史记·酷吏列传》:"与赵禹共定诸律令,务在深文。"《汉书·路温舒传》:"上奏畏却,则锻炼而周纳之。""深文"的意思是严苛的法律条文;"周纳"的意思是罗织罪名。这两个词合并起来就是苛刻、周密地援引法律条文,给人定莫须有的罪名。

| 特别提示 |

使用成语的时候不能望文生义、不求甚解，如果不知道成语的出处，不确定成语的含义就不要乱用。

330. 莘莘学子

打开网页，"众多的莘莘学子""莘莘学子们""一大批的莘莘学子"的说法随处可见；"一个莘莘学子""每一位莘莘学子"也屡见不鲜。这些说法都是错误的，是对"莘莘学子"一词的严重误解误用。看一则例句：

那是一张两人的合影，左边是一位英俊的解放军战士，右边是一位文弱的莘莘学子。

"莘莘"是何意？《现代汉语词典》解释为：（书面语）形容众多。"莘莘学子"即众多的学生，所以"众多的莘莘学子""莘莘学子们"的"众多""们"是多余的；由词义可知，该词语不能用来形容个体，所以"一（每）位文弱的莘莘学子"之类也是错误的，是自相矛盾。只有准确理解词义，才不会用错"莘莘学子"。

| 特别提示 |

注意不要将"莘莘"读成"xīn xīn"，应为"shēn shēn"。

331. 身临其境

在具体应用中，把"身临其境"混同于"设身处地"的不在少数，这实在是一个严重的语言误区，我们需多加注意。看下文：

销售代表要身临其境地为客户着想。

"身临其境"的意思是亲自面临某种境地。明代袁宏道《八识略说序》："向非身历其境，恶能穷其边崖，指其归宿者哉！"

《三国志·吴志·吴主传》："而曹公已临其境。"

例句想要表达的意思是销售代表应该为客户的处境着想，所以应该把"身临其境"改为"设身处地"。

| 特别提示 |

"身临其境"又作"身历其境"。

332. 身无长物

许多人把"身无长物"一词中的"长物"理解为长处或优点，致使对该词造成严重误解误用。看下文：

本是厨艺天才的张东官在常人看来是身无长物的小混混，因为胡乱做菜，被苏州城无数的酒楼炒了鱿鱼。但他身藏两样绝活，一样在手上：他会一手变魔术、耍杂技一般的切菜功夫；一样在嘴上：他有一条能尝出百味配料的舌头，而且巧舌善辩，能背大段菜名和整本评书。

身无长物：长物，多余的东西；除一身之外再没有多余的东西。原指生活俭朴，现形容贫穷。如："这些逃难人虽则身无长物，因为一到惠阳就逢到数十年来从未有过的冷。"（茅盾《归途杂拾·韩江船》）例句可以改成"张东官在常人看来是一无所长的小混混"。

| 特别提示 |

"别无长物"与"身无长物"的意思一样，均用来表示穷困或俭朴。

333. 甚嚣尘上

减负的声音早已式微，中小学生的学习压力甚嚣尘上，其原因之一，就是那无穷无尽的一课一练、强化训练、巩固操练、经典练习，等等。

例句用"甚嚣尘上"来形容学生学习压力的加重，显然是没有掌握该成语的正确含义。

"甚嚣尘上"的典故出自《左传·成公十六年》。晋楚交战，楚王登车窥探敌情，对侍臣说道："甚嚣，且尘上矣。"意思就是说晋军喧哗纷乱得厉害，连尘土也飞扬起来了。后来人们便用"甚嚣尘上"来形容对传闻之事议论纷纷，现在该成语一般用来形容错误或反动的言论十分嚣张。如毛泽东《新民主主义论》："近来的妥协空气，反共声浪，忽又甚嚣尘上，又把全国人民打入闷葫芦里了。"可以看出，"甚嚣尘上"与例句中的内容完全没有关系，应改为"学习压力日益加重"或其他类似的说法。

| 特别提示 |

"甚嚣尘上"是贬义词，用时需注意与文章的感情色彩保持一致。

334. 生死攸关

由于对"生死攸关"这一词语理解不够全面，不少人会误用该词。下文就是较为典型的一例：

排雷是生死攸关的工作，这个排雷部队已伤亡200多人。

"生死攸关"的意思是生死存亡的关键，指关系到生存和死亡。比如："遵义会议在中国共产党和人民军队历史上是一个生死攸关的转折点。"

"生死攸关"涉及生和死两个方面，是指可生可死的关键之处，而从例句要表达的意思来看，只强调排雷工作的危险性，并不包含"生"，顾此失彼而造成用词错误。可以改为"排雷是极其危险的工作"。

| 特别提示 |

使用成语时不要顾此失彼，"生死攸关"关系到生与死两方

面，其近义词是"生死存亡"。

335. 师出无名

例一：为什么要给巴赫以默默的帮助？巴赫那时还只是师出无名的孩子呀！莫非他或她或他们早已猜到巴赫将来的命运？

例二：好歌没有出现，屎盆子全扣给大赛也不公平，大赛毕竟给那么多师出无名者一个机会。

两个例句中，把"师出无名"的词义理解错了。

师出无名：师，军队；名，名义，引申为理由；出兵没有正当理由，泛指做某事没有正当理由。例："《师出无名征兵难——美陆军征兵计划面临严峻形势》：征兵之难，源于反战。美国师出无名的伊拉克战争，造成10万平民死于非命，也让1700多名美国大兵丧生异域。"

| 特别提示 |

"师出无名"也作"兵出无名"，含有贬义。

336. 师心自用

从字面意思看，"师心自用"很容易当成将老师所传授的知识为自己所用，下面例句就犯了这样的错误。

俗话说，师傅领进门，修行在个人。我们学习也是一样的道理，重要的是能够举一反三，师心自用，这样才能融会贯通，学深学透。

"师心自用"出自北齐颜之推的《颜氏家训·勉学》："见有闭门读书，师心自是，稠人广座，谬误差失者多矣。"这里的"师"不是指老师，而是意动用法，即以什么为师。师心自用：师心，以心为师，这里指只相信自己；自用，按自己的主观意图行事；形容自以为是，不肯接受别人的正确意见。例句将其当成善于学习借鉴为我所用,是不正确的,可修改为"重要的是能够举一反三,触类旁通"。

| 特别提示 |

"师心自用"含有贬义,其近义词有"刚愎自用""妄自尊大""故步自封""固执己见"。

337. 失之交臂

《与秦晋之好失之交臂,把失落的爱洒向歌坛》:她们曾是音乐人的女友或爱妻,她们如今皆只身在歌坛打拼;她们对昔日的情感态度迥然……在色彩艳丽、光怪陆离的娱乐圈,与秦晋之好失之交臂的艺人们却演绎着对待离别分手时各不相同的故事版本。

"失之交臂"指的是好机会离得很近,却又当面错过了。"失之交臂"的只能是曾经离着自己很近的、唾手可得的机会。

例文讲的是几名女歌手与知名音乐人结束恋情后独自在歌坛打拼的故事。用"失之交臂"表示恋人分手,不大妥当。标题及正文中的"失之交臂"宜改为"劳燕分飞"之类的说法。

而且这些歌手加音乐人的组合并非都曾成婚,说"秦晋之好"也是不对的,也应考虑作修改。

| 特别提示 |

在用"失之交臂"形容丧失机会时,应注意切合语境。

338. 时不我待

因为对古汉语的生疏,有些人往往把"时不我待"误写为"时不待我",造成语言错误。下文就是一例:

吸纳进行时,机不可失,时不待我。

成语中没有"时不待我",只有"时不我待"。"时不我待"

的意思是时间不等人,需要抓紧时间。"时不我待"按照现代汉语习惯可以理解为"时不待我",但是成语中保留了古代词语的语法结构,"不我待"是"不待我"的倒装。在古代汉语中,如果句子是否定句,而且宾语是代词"我",那么"我"就要放在动词之前,形成倒装的句子结构。

《论语·阳货》中有"日月逝矣,岁不我与"。《文选·与吴季重书》中有"然日不我与,曜灵急节"。"岁不我与""日不我与"和"时不我待"是同一个意思,现在常用"时不我待"。比如曹靖华《智慧花开灿如锦》:"忽而念及时不我待,只得像拉起一根葛条,不顾首尾,匆匆割取眼前一段。"

| 特别提示 |

类似的谓宾倒装结构的成语还有一些,比如"人莫予毒"。

339. 十室九空

在使用"十室九空"时,不少人望文生义,把它误解为房屋空置。看下文:

数据显示,现时香港大约有1700幢工厦,当中近70%(约1200幢)在市区,但随着经济转型,不少工厦都十室九空,虽有发展商高调地推出工厦招租及提供优惠,但市场反应仍冷淡,主因是厂商北移多年,工厦需求连年下降。

"十室九空"的意思是十户人家,九家空无所有,形容灾荒、战乱或暴政使人民破产或流离失所的悲惨景象。厂商北移,导致市区工厦需求量降低、房屋空置率高,给开发商带来了较大的损失,但无论如何也不能称作"十室九空"。而且从语法上来看,"不少工厦都十室九空"也是说不通的,可改成"工厦大都空置"。

| 特别提示 |

注意"十室九空"不要和"万人空巷"混淆,后者是指家家户户的人都从巷里出来了,形容庆祝、欢迎、游乐等盛况。

340. 势如破竹

在词语运用时,一定要考虑其所应修饰的对象,否则很容易误用词语。看下文作者对"势如破竹"的误用:

一开盘,若干只股票就一路狂跌,势如破竹,使已经遭受股市重重打击的股民又雪上加霜。

需要强调的是,"势如破竹"只能形容夺取胜利毫无障碍,不能表示来势凶猛。

"势如破竹"见于《晋书·杜预传》:"今兵威已振,譬如破竹,数节之后,皆迎刃而解。"势,气势、威力;形势像劈竹子一样,上面几节破开以后,底下各节顺着刀势就分开了。比喻节节胜利,毫无阻碍。股票暴跌,受到崩盘的威胁,用"势如破竹"显然不妥,可换成"来势凶猛"或"势不可当"。

| 特别提示 |

"势如破竹"强调的是情势,所以不能望文生义地写成"事如破竹"。

341. 首当其冲

"首当其冲"是一个经常被误用的词语,在众多的误用中,最多的是把它当成"首先"而加以使用。

例一:沈致远先生现为美国杜邦公司中心研究院院士,主业是从事高温超导电子学研究……他的业余爱好十分广泛,首当其冲的是博览群书,爱思考,勤写作。

例二:农民赖泽民首当其冲,办了全省第一家私营缫丝厂。

"首当其冲"解释为首先受到攻击或遭受灾难，并非单纯的首先、第一的意思。理解这个成语的关键在于"当"和"冲"两个字。"当"是面对、向着的意思，"冲"是交通要冲的意思。正面对着交通要冲，当然最先受到冲击或承受灾难。看一下正确的用法："高家是北门一带的首富，不免首当其冲，所以还是早早避开的好。"

| 特别提示 |

"首当其冲"中"冲"的释义是要冲，不能望文生义地理解为冲锋陷阵，用来表示打仗、游行、救人时勇于冲在最前沿的人也是不恰当的。

342. 首鼠两端

很多人用词时，把表示迟疑不决或动摇不定的"首鼠两端"当成言行前后不一致使用，造成严重的语病。下面是较为典型的例子。

这所学校向家长发了一封关于收取学费的公开信，言"切实减轻群众负担"，可实际收费额却步步攀升。首鼠两端，堪称奇文。

"首鼠两端"的故事出自《史记·魏其武安侯列传》。老鼠生性多疑，出洞时一进一退，不能自决。"首鼠两端"的意思就是在两者之间迟疑不决或动摇不定。而例句想表达的是言行前后不一致，因此应做适当修改。

| 特别提示 |

"首鼠两端"也可说成"首施两端"。"首施、首鼠，迟疑也。"（朱谋玮《骈雅·释训》）

343. 受宠若惊

把"受宠若惊"误解为受到惊吓，是有些人误用该成语的主

要原因。看下文:

　　由于一到长沙就受到人们的追捧,大熊猫"公主"受宠若惊,居然一晚上都躲在树上,怎么都不肯下来。

　　受宠若惊:宠,宠爱;因为得到意外的宠爱或赏识而惊喜不安。《老子》第十三章:"得之若惊,失之若惊,是谓宠辱若惊。"这里的"惊"描绘的是既高兴又有点紧张不安的神态,它与惊吓、恐惧无关。观众过分的热情并没有令大熊猫"公主"惊喜不已,而是把"她"吓得躲在树上一晚上都不肯下来。很明显,句中的"受宠若惊"用法错误,可改为"受惊不浅"等说法。

|特别提示|
　　有人将"受宠若惊"写成"受宠若金"也是错误的,一定要注意避免。

344. 疏而不漏

　　在使用"疏而不漏"时,有的人忽视这个词特定的使用对象,造成不应该的语言错误。下文就是较为典型的一例:

　　他的文章结构严谨、思路清晰、语言精练恰当,可谓疏而不漏,令人佩服。

　　"疏而不漏"出自《老子》:"天网恢恢,疏而不失。"意思是天道公平,作恶之人必定受到惩罚。"恢恢"形容非常广大,天道像一个广阔的大网,它看起来似乎很不周密,但是最终不会放过任何一个坏人。现在常用的"法网恢恢,疏而不漏"是由"天网恢恢,疏而不失"改动而来,其意思是法制的大网恢宏宽阔,犯法之人最终逃脱不了法律的惩处。所以,这个词语只能用到对坏人的惩罚上,不能用到其他场合。

　　用"疏而不漏"来形容文章的要点全面、条理清晰,脉络明朗、言简意赅实在是差之千里,例句该词可替换成"言简意赅"。

| 特别提示 |

现在,一般很少单独使用"疏而不漏",而是把它与"天网恢恢"或"法网恢恢"连用。

345. 四郊多垒

在具体运用中,有些人把"四郊多垒"误解为"固若金汤"。其实,这两个成语释义差别很大,如此使用必然造成严重的语言错误。看下文:

此城四郊多垒,固若金汤,不宜强攻。

"四郊多垒"的意思是指四郊都有敌人的营垒,本指频繁地受到敌军侵扰,形容外敌侵迫,国家多难。出自西汉戴圣《礼记·曲礼上》:"四郊多垒,此卿大夫之辱也。"比如,鲁迅《华盖集·牺牲谟》:"在这四郊多垒时候,那里来这许多饭?"

可见"四郊多垒"与"固若金汤"的意思正好相反,"固若金汤"的意思是金属造的城,滚水形成的护城河。形容防守极为牢固。出自《汉书·蒯通传》:"必将婴城固守,皆为金城汤池,不可攻也。"

| 特别提示 |

"四郊多垒"的近义词是"四面楚歌"。

346. 岁月蹉跎

将"岁月蹉跎"错误地理解成了时光飞逝、岁月无情,是人们经常误用该词的主要原因。看下文:

56年,弹指一挥间,岁月蹉跎。

"岁月蹉跎"出自晋代阮籍《咏怀》诗:"娱乐未终极,白日忽蹉跎。"意思是时间白白地过去,虚度光阴。例文想表达的是光阴似箭、一去不复返,用"岁月蹉跎"明显是错误的,应该改为"岁月飞逝"或"光阴荏苒"。

| 特别提示 |

"岁月蹉跎"也常说成"蹉跎岁月",注意"蹉跎"不能写成"磋砣"。

347. 醍醐灌顶

有些人对"醍醐灌顶"不做深入理解,把它当成头浇凉水,这真是大错特错,如此误解,必然用错该词。

堂堂西北大汉,直磨得形销骨立,比弱不禁风的林妹妹的身子骨儿还虚,就这么醍醐灌顶般地折腾。

《现代汉语词典》上解释:醍醐指酥酪上凝聚的油;"醍醐灌顶"指将纯酥油浇到头上。这一成语比喻给人灌输智慧,使人彻底醒悟。佛教上比喻最高的佛法。我们有时听了别人的意见或建议一下子受到启发,获得了某种顿悟,此时可用"醍醐灌顶"来表述。比如:"他的慨叹犹如醍醐灌顶,使我一下明白了做人的道理。"

而例文作者用"醍醐灌顶"来修饰"折腾",是将"醍醐灌顶"误解成"痛苦"了,完全曲解了成语的含义。

| 特别提示 |

"醍醐灌顶"的近义词为"茅塞顿开"。

348. 天伦之乐

词语的使用有自己的规则,不能随意扩大词语的使用范围。但是,由于不少人不注意这一点,越界使用,致使语言错误的发生。像"天伦之乐"就常被误用。

时隔二十多年,如今我们欢聚一堂,与曾经呕心沥血栽培我们的恩师共享天伦之乐。

"天伦之乐"何以用来形容师生之情?例句中的这个成语明显用错了对象。

"天伦之乐"出自唐代李白《春夜宴从弟桃花园序》:"会桃李之芳园,序天伦之乐事。""天伦",旧指父子、兄弟等亲属关系。"天伦之乐"即泛指家庭的乐趣。如:"每年除夕之夜,家家团圆,共享天伦之乐。"此"乐"只能用在家庭成员之间,而不能形容其他关系的乐趣。例句可修改为"与……恩师共叙师生之情"。

| 特别提示 |

"天伦之乐"的近义词是"合家欢乐",含有褒义。

349. 铤而走险

"铤而走险"是一个高频误用词,它适用于被动状态。很多人不明白这一点,把它用到主动语境中,导致语言错误。看下文:

在沿海地区一些单位、团体为了牟取暴利,不惜铤而走险,大量进口小汽车。

铤而走险:铤,快跑;走险,奔赴险处;在无路可走的时候不得不采取冒险的行动。"铤而走险"侧重无路可走、被逼无奈。例如:"大部分都是遭受压迫、铤而走险逼上梁山的人。"例句中那些敢于犯法走私的单位并没有受到压迫或遭遇危机,他们无非是想"牟取暴利",用"铤而走险"不当,可改为"为了牟取暴利,竟敢无视国法"。

| 特别提示 |

"铤而走险"与"孤注一掷"词义相近,注意不要写成"挺而走险"。

350. 投鼠忌器

"投鼠忌器"有特定的含义,不能表示一般情况下的做事有顾虑。使用该词时不注意这一点,就会犯语言错误。看下文:

随着体能的极大消耗,上海浦东队在下半场时打法渐渐有些走样,武汉雅琪队则顾虑自己的球门失守,投鼠忌器,无意全取三分。

投鼠忌器:投,用东西去掷;忌,怕、有所顾虑。想用东西打老鼠,又怕打坏了近旁的器物;比喻想打击坏人而又有所顾忌。"投鼠忌器"只能表示除恶时的顾忌,不符合例句的语境。例句可考虑改成:"武汉雅琪队则顾及后方失守,无暇进攻全取三分。"

| 特别提示 |

"投鼠忌器"虽然表示有所顾忌,但是不能理解成做事畏首畏尾。如:"做事情老是投鼠忌器,没有魄力怎么能把事情做好呢?"这里应该说成"老是瞻前顾后"或"老是畏首畏尾"才正确。

351. 投桃报李

有些人将含有互相报答的"投桃报李"误解为互相报复,这必然导致该词的错误使用。看下文:

多站在对方的立场考虑问题,就不会因为一点嫌隙而投桃报李、你攻我伐,最后导致矛盾越来越深,冤冤相报的日子永无尽头。

"投桃报李"出自《诗经·大雅·抑》:"投我以桃,报之以李。"后来便用来表示彼此友好交往、以礼相待。"投桃报李"内含善意,而不是恶意的"以牙还牙"。理解了该成语的正确含义之后,我们就会发现它在例句中完全用反了,应该把它改为"互相报复"等词语。

| 特别提示 |

还要注意不要将"投桃报李"误解成恩将仇报之类的意思。

352. 退避三舍

生活中,有些人把"退避三舍"混同于"望而却步",以至误用该词。看下面的例子:

巴以冲突逐步升级,中东局势充满了变数,令许多旅游者和投资者退避三舍。

"退避三舍"这一成语出自《左传》中的一个著名故事,意思为让步,不能理解为远离某物。春秋时晋楚交战,晋文公(重耳)为了实现当年许下的诺言,下令军队后退九十里,驻扎在城濮。(《左传·僖公二十三年》:"晋楚治兵,遇于中原,其辟君三舍。")成语"退避三舍"即比喻不与人相争或主动让步。

"退避三舍"指双方相争,一方主动退让,而"望而却步"没有这两层含义。例句宜改为"令许多旅游者和投资者望而却步"。

| 特别提示 |

"退避三舍"还常常被误当成"敬而远之"来使用,如:"他嘴里浓重的大蒜味儿令人退避三舍。"这种错误应注意避免。

353. 万劫不复

卜绣文既然选择了这一目标,就要万劫不复地去实现它。

"万劫不复"如果仅从字面意思上理解,很容易就会用错,例句便当成"百折不挠"来用了。

佛家称世界从生成到毁灭的一个过程为一劫,万劫就是万世的意思。"万劫不复",指永远不能恢复,比喻浩劫极重,受影响极大。例句想表达的是下定决心、克服一切困难去实现目标,所以应改为"百折不挠地去实现它"。

| 特别提示 |

"万劫不复"的近义词有"日暮途穷""山穷水尽",注意不能写成"万劫不覆"。

354. 万马齐喑

有些人喜欢使用成语,但又不求甚解,导致严重语言错误。看下面例文对"万马齐喑"的使用:

今天早盘开始大盘就开始强势上攻,伴随着成交量有效放大,形成了万马齐喑的壮观场面。

"万马齐喑"出自龚自珍的《己亥杂诗》:"九州风气恃风雷,万马齐喑究可哀。"所有的马都沉寂无声,比喻沉闷压抑的政治局面,也可泛指其他死气沉沉、令人窒息的沉闷局面。理解这个成语的关键就在"喑"字。"喑"的意思是嗓子哑、不能出声,引申为缄默不语。如果把"喑"误解为嘶叫,那么很容易就会把"万马齐喑"当成"万马奔腾""龙腾虎跃"的同义词了。例句明显就是犯了这样的错误。

| 特别提示 |

"喑"读作 yīn。

355. 万人空巷

《大宅门》的播放真可以称得上是万人空巷,不仅火爆老北京,就连在上海,也打破了央视一套近几年来的收视纪录。

"万人空巷"这个成语的误用频率相当高,许多报纸杂志常常将其当成人们从街上跑到家里的意思来使用,显然都犯了望文生义的错误。

"巷"相对于"街"而言，指的是比较狭窄的里弄（居民住宅间的小过道），理解了这个字的意思就可以明白成语的正确含义了。空巷：街道里弄里的人全部走空；万人空巷：指家家户户的人都从巷里出来了。

|特别提示|

"万人空巷"多用来形容庆祝、欢迎等盛况。

356. 望洋兴叹

站在日光岩的巅峰，凭栏远眺，小岛的迷人风光尽收眼底，远处的大海波澜壮阔，更是让人望洋兴叹，原来这里就是避秦人的桃花源么？

"望洋兴叹"就是望着大海发出感叹吗？这种望文生义的理解实在差矣。

"望洋兴叹"语出《庄子·秋水》："于是焉，河伯始旋其面目，望洋向若而叹。"望洋，仰视的样子；向，对着；若，海神。这句话的意思是：在这时，河伯才掉转头来，仰头面对着海神若发出感叹。"望洋兴叹"原义是在伟大事物面前感叹自己的渺小。现多比喻做事时因力不胜任或没有条件而感到无可奈何。例句可修改为"更是让人感叹不已"。

|特别提示|

"望洋兴叹"中的"望洋"是一个联绵词，意思是仰视，作"兴叹"的状语。不可随意造出"望钱兴叹""望球兴叹"等动宾词组。

357. 望其项背

在使用"望其项背"时，把它混同于"望尘莫及"。这种望文生义的现象十分普遍，务必注意。

成都五牛俱乐部一二三线球队请的主教练及外援都是清一色的德国人，其雄厚财力令其他甲 B 球队望其项背。

"望其项背"出自清代汪琬的《与周处士书》："言论之超卓雄伟，真有与诗书六艺相表里者，非后世能文章家所得望其肩项也。"意思是其言论精妙绝伦，后代文人无法超越。"望其项背"意思为能够看得见前面人的颈项和脊背，表示可以追得上或赶得上。

例句想要表达的是"成都五牛队实力很强，其他甲 B 球队无法相比"，用了"望其项背"后，意思就变成了"其他甲 B 球队可以赶得上"了，可修改为"无法望其项背"或"望尘莫及"。

| 特别提示 |

"望其项背"一词只有加上"非""不能""难以"等否定词后才表示无法赶上或超越。用时如果不注意，语意就会完全相反。

358. 微言大义

有些人在使用"微言大义"时，把它误解为简单、通俗的话语道出深刻的含义。这种理解实在是望文生义。

《"不能让群众吃亏"之微言大义》："不能让群众吃亏"，朴实的话语道出了一个极其重要的理念。正因为我们的政府是人民的政府，人民的政府坚持执政为民，所以在涉及人民群众根本利益、切身利益的问题上，各级政府就必须积极维护、切实保障群众利益，通俗的说法即"不能让群众吃亏"。

微言大义：微言，精微的语言；大义，本指经书的要义，后指大道理；包含在精微语言里的深刻的道理。"微言大义"中的"微"既不是朴实无华的同义词，也不同于"人微言轻"中的"微"（低微），它的准确解释应该是"精微"。例文中的"微言大义"应适当修改。

| 特别提示 |

注意"微言大义"不要写成"危言大义"或"微言大意"。

359. 危言危行

陈水扁不断地散布"台独"言论,干分裂祖国的勾当,这些危言危行必将使他成为中华民族的千古罪人。

句中"危言危行"一词属于误用,错在不理解其中"危"字的含义,把这个成语当成危险的言论和行为来用了。

《论语·宪问》:"邦有道,危言危行,邦无道,危行言孙。""危"在古汉语中有一个释义是端正、正直,如"正襟危坐"。而"危言危行"的意思就是说正直的话,做正直的事。"危言危行"显然是一个褒义词,如果不懂"危"字之义,语意和感情色彩就完全相反了。例句可以说成:"这些丑陋的言行必将使他成为中华民族的千古罪人。"

| 特别提示 |

还应注意不能把"危言危行"理解成劝诫的"逆耳忠言"或教导之语。

360. 惟妙惟肖

例一:万绿湖中的岛屿各具神态,各显风姿,栩栩如生,惟妙惟肖:或如垂钓老翁,或如禅定高僧……皆神妙而不可言。

例二:天然睡佛惟妙惟肖,堪称世界一绝。

例三:珠海石榴岗工地挖到人形植物……耳朵、鼻子、四肢无不具备,各部位惟妙惟肖,实在令人拍手叫绝。

"岛屿""睡佛""人形植物"都是天然景物,它们同别的事物相似纯属巧合,并非出于模仿,因此用"惟妙惟肖"来形容都是错误的。

"惟妙惟肖"形容艺术技巧好，刻画或描摹非常逼真。惟：助词；肖：相似，类似。也作"维妙维肖""唯妙唯肖"。出自宋代岳珂《英光堂帖赞》："永之法，妍以婉，（米）芾之体，峭以健。马牛其风，神合志通；彼妍我峭，惟妙惟肖。"使用"惟妙惟肖"，要把握两点，第一，刻画描摹应该是人的行为；第二，写和仿的结果都十分逼真。认为只要两个东西相似，不管出于什么原因，都叫"惟妙惟肖"，必然会造成误用。

| 特别提示 |

"惟妙惟肖"是用来形容艺术技巧的，近义词是"栩栩如生""活灵活现"。

361. 味如鸡肋

在使用"味如鸡肋"一词时，有人把它理解成很有嚼头、越嚼越香的意思。这是错误的，依此使用该词，必然导致误用。

一部优秀的文学作品，起码要看上两遍，才会感到味如鸡肋，方能窥出其中的精妙。

《三国志·魏志·武帝纪》裴松之注引《九州春秋》曰："夫鸡肋，弃之如可惜，食之无所得，以比汉中，知王欲还也。""味如鸡肋"即出于此，鸡肋，鸡的肋骨，没有肉，喻指无多大意味而又不忍舍弃的东西；比喻对事情的兴趣不大或少有实惠。例句用"鸡肋"来比喻含义隽永、耐人寻味的优秀文章，可谓背道而驰。句子可以改为"才会感到其味无穷"。

| 特别提示 |

如果形容文章索然无味、平淡无奇，应用"味同嚼蜡"，而非"味如鸡肋"。

362. 文不加点

在实用中,不少人以为"文不加点"中的"点"是标点。这种理解是错误的,属于望文生义。看下文:

这篇文章结构混乱,错字连篇,甚至文不加点,编辑看了哭笑不得。

"文不加点"出自汉祢衡的《鹦鹉赋序》:"衡因为赋,笔不停辍,文不加点。"形容作者文思敏捷,写文章一气呵成,无须修改。"点"表示涂改,以为"点"就是指标点符号,必然会造成误用。

| 特别提示 |

"文不加点"中的"点"是涂抹修改文字的意思,不能当成"标点"来解释。

363. 无家可归

不能将"无家可归"理解为暂时回不了家,否则将造成语言错误。看下文:

离家出走的小燕来到公园电话亭:"妈,我成了断线风筝,无家可归了。"

"无家可归"的意思是没有家可以回,指流离失所。

例句中,"小燕"离家出走,显然不是无家可归,而是有家她不回去。可以把"无家可归"改为"流落街头"。此外,"断线风筝"比喻一去不返,杳无音信;而"小燕"在打电话给妈妈,并不是没有音信,所以使用也不当。

| 特别提示 |

"无家可归"的同义词是"流离失所""背井离乡"。

364. 无可厚非

很多人之所以误用"无可厚非"一词，是因为没有正确理解该词。该词有两层意思，一是有错，二是不必过分责备。误用者往往忽略它的第一层意思。看下文：

汉府雅苑的业主一点错都没有，他们维护自己的权益无可厚非。

"无可厚非"的意思是不必过分责难。就是说，虽然有错但事出有因，受批评一方尚有某些该原谅的地方，不必过分责难。厚，过分；非，非议、责难。比如："因为她头一次使用高压锅，把饭煮糊了，这是无可厚非的。"例句中指出业主并没有错误，他们维护自己的权益属于正当行为，因此不应该使用"无可厚非"，恰当的词语是"无可非议"。

| 特别提示 |

"无可厚非"出自东汉班固《汉书·王莽传中》："莽怒，免英官。后颇觉悟，曰：'英亦未可厚非。'复以英为长沙连率。"

365. 无可非议

实用中，把"无可非议"混同于"无可厚非"的不在少数，看下文：

他的设计虽然有些缺点，但方向正确，而且很有新意，我认为无可非议。

句中开头就说设计方案是有缺点的，用"无可非议"程度过轻，而且也说不通。

"无可非议"的意思是没有什么可以批评指责的，也就是说当事人所做的事并没有错误，把事情办得有理、成功，不应该遭到指责。比如欧阳山《三家巷》："你们的盛情是可感的，动机是无可非议的。"

"无可非议"与"无可厚非"之间简单地说,"无可非议"指没有错误,"无可厚非"指错误不大、不应过分责备。例句应改为"我认为无可厚非"。

| 特别提示 |

"无可非议"出自孔子《论语·季氏》:"天下有道,则庶人不议。何晏注引孔安国曰:"无所非议也。""

366. 五风十雨

春意甚浓了,但在北方还是五风十雨,春寒料峭,一阵暖人心意的春风刚刚吹过,又来了一片沁人心脾的冷雨。

例句中"五风十雨"这个成语用的是不对的。从句义看,可能将其当成初春时节天气变幻莫测之义了。

"五风十雨"出自汉代王充《论衡·是应》:"风不鸣条,雨不破块,五日一风,十日一雨。"意思是五天刮一次风,十天下一场雨,形容风调雨顺、气候十分适宜。如宋代王炎《双溪诗钞·丰年谣》:"五风十雨天时好,又见西郊稻秫肥。"元代萨都剌《云山图》诗:"清平海宇无风烟,五风十雨歌丰年。"由此可见,"五风十雨"表示"风调雨顺"这个含义已经是约定俗成的了,不能把它当成天气变化无常之义,更与"春寒料峭"这个特定时节没有关系。

| 特别提示 |

"五风十雨"作为成语,有着格式固定的特性,不宜改为"五雨十风"或其他的说法。

367. 舞文弄墨

《明星出书成风潮,舞文弄墨大秀"才气"》

这是一篇文章的标题,正文讲的是明星出书成热潮,动动笔杆便赚得个钵满盆溢、名利双收。不过，明星写作，至多算是"业余选手"，怎能说是"舞文弄墨"呢？显然作者并不理解这个成语的含义。

舞文弄墨：舞、弄，故意玩弄；文、墨，文笔。原指曲引法律条文作弊（也作"舞文弄法"），后常指玩弄文字技巧。"明习法令，而舞弄文墨，高下其心。"（《隋书·王充传》）例文并无指责明星"玩弄文字技巧"或"歪曲法律条文"之义，所以，标题应适当修改。

| 特别提示 |

"舞文弄墨"，一"舞"一"弄"，因此还容易被望文生义地理解成写文章挥洒自如、技巧高超，应注意避免用错。

368. 洗心革面

把修饰主观变化的"洗心革面"误解成客观事物的旧貌换新颜，是误用该词的主要原因。下文就是典型一例：

《颐和园大船坞首次大规模修葺，"洗心革面"迎十一》：颐和园的大船坞是目前国内面积最大的船坞建筑，由于年久失修，公园从今年4月起就开始对它进行大规模修复，十一将重新与游人见面。

洗心革面：清除旧思想，改变旧面貌，比喻彻底悔改。"洗心革面"常与"重新做人"连用，意思是悔过自新。"洗心革面"只适用于人在犯错后彻底悔改，不能用在其他物体上，也不能用来表示团体、企业的改革。

上引标题可改为"颐和园大船坞首次大规模修葺，焕然一新迎十一"。

| 特别提示 |

"洗心革面"出处《抱朴子·用刑》："洗心而革面者，必若

清波之涤轻尘。"近义词是"改过自新""痛改前非";反义词是"死不改悔"。

369. 下里巴人

绝对另类的乡村风流……除娄茶英和吴天保外,书中还塑造了杨小涛、吴小草、吴细根等众多"下里巴人"的形象。情节曲折,细节生动,读来耐人寻味。

结合上下文,作者对"下里巴人"理解应该是乡下人、平民百姓。此种误解屡见不鲜,这"下里巴人"到底是什么人?翻一下词典就明白了。

《下里》《巴人》原是战国时代楚国流行的民间通俗歌曲,后来人们便用"下里巴人"泛指通俗的、普及的文学艺术,常与"阳春白雪"对举。"客有歌于郢中者,其始曰《下里》、《巴人》,国中属而和者数千人……其为《阳春》、《白雪》,国中属而和者不过数十人。"(《文选·对楚王问》)唐代李周翰作注:"《下里》、《巴人》,下曲名也。《阳春》、《白雪》,高曲名也。"

| 特别提示 |

将"下里巴人"写成"下巴里人"的情况,一定要注意避免,以免贻笑大方。

370. 宵衣旰食

大词小用是人们常犯的语言错误,比如"宵衣旰食"就是如此。看下文:

《一路风雪一路春风:宵衣旰食保出行,风雪不停不离岗》:连日来,连绵大雪将港城大地装饰得银装素裹,分外妖娆。同时,风雪也给市民的生活和工作带来了诸多不便。在风雪中,有许许多多人坚守在自己的岗位上,为港城的冬天带来融融暖意。

上文摘自一则新闻,新闻内容大致是公交总公司员工加班加点,以保证市民出行畅通无阻。公交车员工尽职尽责、为人民着想,值得表扬,不过把加夜班用"宵衣旰食"来形容就有点夸张了。

"宵衣旰食"这个成语出自南朝徐陵《陈文帝哀册文》:"勤民听政,旰衣宵食。"宵,夜间;衣,穿衣;旰,天已晚。天不亮就穿衣起来,时间很晚了才吃饭;形容为处理国事而辛勤地工作。"宵衣旰食"与"日理万机"相似,都是形容为国事而操劳,适用对象只能是君主、大臣或国家领导人。

| 特别提示 |

"宵衣旰食"是一个褒义词,不能误用来表示沉溺于游戏等。

371. 行云流水

"行云流水"一词韵律和字眼都十分优美,可能正因为这样才常常被人们误用。

时间就像行云流水一样,一晃就过去了,并且过去了就永远也追不回来了。

"行云流水",像天上的云彩,江河中的流水,比喻洒脱自然,毫不拘泥做作。一般是指文章、字画、歌唱等,不能用来形容时间和自然景观以及具体行为。如宋代苏轼《答谢民师书》:"所示书教及诗赋杂文,观之熟矣。大略如行云流水,初无定质,但常行于所当行,常止于所不可不止,文理自然,姿态横生。""行云流水"一词有特定的指事对象,既不能用来形容时间的迅速流逝,也不能用来描摹人的行程。所以,例句应适当修改。

| 特别提示 |

"行云流水"的近义词是"挥洒自如",反义词是"矫揉造作"。

372. 心有余悸

使用"心有余悸"一词，必须注意其特定的时间限制，否则必然导致误用。看下文：

他们大半夜的在讨论什么《午夜凶铃》，听得我总感觉鬼魂就在身后，心有余悸，连卫生间都不敢去了。

心有余悸：悸，因害怕而心跳得厉害；危险的事情虽然过去了，回想起来心里还害怕。"心有余悸"只用于对已经发生过的事情感到害怕，近似于后怕。所以，该词只能用于事后，而不是所有的害怕都可以用。例句中，听鬼故事是正在发生的事情，而且鬼魂是虚幻的、不可能出现的，所以用"心有余悸"来表示这种恐惧是不正确的，可改为"毛骨悚然""胆战心惊"等。

| 特别提示 |

"心有余悸"中的"余"表示剩下的、残存的，不能理解为一点点、一部分。例如："贪官们在敛财之初往往心有余悸，半遮半掩；手段熟络后，马上就厚颜无耻、贪得无厌了。"其中的"心有余悸"用得也不恰当。

373. 信笔涂鸦

把"信笔涂鸦"理解成画得又快又好，实在是谬之千里。看例句：

他最拿手的就是人物素描，信笔涂鸦、寥寥几笔，一幅栩栩如生、神形兼备的人物肖像就成功了。

"信笔涂鸦"语出唐代卢仝《示添丁》诗："不知四体正困惫，泥人啼哭声呀呀。忽来案上翻墨汁，涂抹诗书如老鸦。"信笔涂鸦：信，听凭、随意；涂鸦，比喻字写得很拙劣，近似"鬼画符"；形容字写得很潦草，一般作谦辞。"信笔涂鸦"不能用于画画，更不能当成画得又好又快的意思。例句中该成语可以直接删去。

| 特别提示 |

"Graffiti"（源于希腊文的"Graphein"）与街舞、饶舌、DJ并列为街头文化四大元素。"Graffiti"意思是在公众墙壁上涂写文字或图画，通常用幽默、滑稽或另类等方式来表达自己的思想、乐趣、艺术爱好或者政治主张。该词的中文翻译即"涂鸦"。

374. 休戚与共

在使用"休戚与共"时，不少人往往会忽略该词中的"休"或"戚"，导致词语误用。例如一篇消息的标题这样写道：

《中国联通抗震救灾系列报道之八方支援休戚与共》

"休戚与共"的意思是忧喜、福祸彼此共同承担。"休"是欢乐的意思，"戚"是难过的意思。"休戚与共"形容关系密切，利害相同。出自《晋书·王导传》："吾与元规休戚是同，悠悠之谈，宜绝智者之口。则如君言，元规若来，吾便角巾还第，复何惧哉！"元规指的是庾亮，当时庾亮威望很高，在外地镇守。南蛮校尉离间王导和庾亮，对王导说庾亮要举兵向内地进犯，劝王导秘密防范。王导说："我与庾亮福祸彼此共同承担，利害相同。闲言碎语，到智者口中就应停止。如果像你说的那样，庾亮真的来了，我就回家，让位于他，有什么可怕的呢？"于是谣言就绝迹了。

例句标题使用"休戚与共"形容一方有难，八方支援，只体现了"戚"，忽略了"休"，犯了顾此失彼的错误。可以把"休戚与共"改为"患难与共"。

| 特别提示 |

"休戚与共"不同于"息息相关"。

375. 休养生息

如果你留意的话，会发现身边有不少人把"休养生息"一词当成"休息"使用，导致语言错误。看下文：

今天华南地区烈日暴晒，紫外线辐射较强，提醒当地居民最好减少出门，在家休养生息……

这是某广播电台主持人播报"天气早报"时说的话。其中，把"休养生息"当成"休息"误用了。"休养生息"指在国家大动荡或大变革以后，减轻人民负担，安定生活，发展生产，恢复元气。一般用于国家、民族，在适当的条件下也可以用于地区以及行业、企业等。"休息"是指暂时停止工作、学习或活动。导致这个成语误用的根源在于望文生义，没有准确理解词义。

| 特别提示 |

注意，"休养生息"中的"生"和"息"都是指繁殖。

376. 秀色可餐

忽视"秀色可餐"的特定修饰对象，是造成该词大量误用的主要原因。

《秀色可餐的点心》：这些精美的点心让你彻底明白什么叫秀色可餐。真正的美食当前，谁能不眼馋呢？那就快和我们来过过眼瘾吧！

秀色可餐：秀，娟秀、容颜美丽；美女能够使人忘掉饥饿。原形容女子姿容非常美丽，后也形容景色优美秀丽。"秀色可餐"同"沉鱼落雁"一样，带有那么一点夸张的意思，不能用在真正"可餐"的食物上面。例句可改为"令人垂涎欲滴的点心"。

"秀色可餐"也可用于景色，如："今年五月游颐和园，华天丽日，殿阁巍峨，泛舟昆明湖上，水光潋滟，岸柳成荫，秀色可餐。"

| 特别提示 |

"秀色可餐"亦作"可餐秀色""秀色堪餐"。

377. 虚怀若谷

敬辞谦用是导致许多人误用"虚怀若谷"的主要原因。看下文：

今天应大家的要求总结一下自己成功的经验，我觉得最重要的一条就是我做到了虚怀若谷，因为我相信一句古话：满招损、谦受益。

虚怀若谷：胸怀像山谷那样深而且宽广，形容十分谦虚。"虚怀若谷"是一个褒义词，含有敬意，通常用来称赞对方谦虚的品质，不能用在自己身上。例句可修改成："我觉得最重要的一条就是我做到了谨慎谦虚。"

| 特别提示 |

"虚怀若谷"一词也有被误解成故弄玄虚的，应注意避免。

378. 嘘唏不已

"市民的家电消费方式几乎彻底改变了：周五买一份《长沙晚报》，参照其铺天盖地的家电广告报价，选择一家专业家电卖场，渐渐成了不少消费者购买家电的习惯。"市民张先生在接受记者采访时嘘唏不已。

"嘘"指吐气，"唏"是啼哭之义，"嘘唏"的意思是因悲伤而哽咽、抽泣。嘘唏不已：形容因心情悲伤难过而不停地抽泣的样子。如杜甫《羌村三首》之一中写道："邻人满墙头，感叹亦嘘唏。""嘘唏"一词是用于人心情悲伤时的。而例文是在说令人高兴的事，不能用"嘘唏不已"，应该改成"兴奋不已"。

| 特别提示 |

"嘘唏不已"出处《晋书·后妃·左贵嫔传》:"歔欷不已,若丧所生。""嘘唏不已"同"歔欷不已",也可用作"唏嘘不已"。

379. 栩栩如生

"栩栩如生"是个高频误用词,很多人之所以用错,是因为把它用于修饰真实的人或事物,而它只能用来修饰描摹、雕刻的人或物的情态。

例一:《真相与谎言》:美国的铁杆盟友英国首相布莱尔更是栩栩如生地说,萨达姆的军队在接到命令45分钟内就可以向美英发射生化武器。

例二:从军事斗争、宫闱内幕、经国治家到礼仪时尚、农事桑麻,各类场景栩栩如生。

"栩栩如生"意思是好像活的一样,形容生动、逼真。这个成语一般用于文章、绘画、雕塑等艺术作品,使用的要点在于它只用于"描摹或雕刻的"。如秦牧《艺海拾贝·虾趣》:"这些画里的虾所以栩栩如生,是由于他深刻观察过真正的虾的生活,笔墨变化、写照已经达到了极高境界的缘故。"

用来形容现实的生活场景或真人说话的神态,都是不恰当的,例句宜做修改。

| 特别提示 |

"栩栩如生"的"栩"音 xǔ,不要读错,也不能写成"许许如生"。

380. 循序渐进

季节自有自己的更替规律,它总是春、夏、秋、冬,循序渐进。

有些人把"循序渐进"理解为循环,明显犯了望文生义的错误。上文就是一典型。

《论语·宪问》:"不怨天,不尤人,下学而上达。"朱熹在《四书集注》中对这句话做了这样的注解:"但知下学而自然上达,此但自言其反己自修,循序渐进耳。"循序渐进:循,按照;序,次序;渐,逐渐;指学习、工作等按照一定的步骤逐渐深入或提高。

"循序渐进"与季节循环交替之义是风马牛不相及的,例句可改为"春、夏、秋、冬,循环往复"。

| 特别提示 |

"循序渐进"的"循"是遵循、按照的意思,不能写成"寻"。

381. 义无反顾

不少人把握不准词语的感情色彩,把褒义词"义无反顾"用到坏人身上,导致严重的语言错误。看下文:

歹徒义无反顾地把警察打倒,然后落荒而逃。

"义无反顾"的意思是做正义的事,勇往直前,绝不犹豫回顾。比如:"朱成功受大明的厚恩,只有一死图报,义无反顾。"其中"义"是指应该做的事,正义的事"义无反顾"是一个褒义词,出自汉代司马相如《喻巴蜀檄》:"触白刃,冒流矢,义不反顾,计不旋踵。"

例句用"义无反顾"来形容歹徒,显然没有弄清楚这个成语的感情色彩,可以把"义无反顾"改为"丧心病狂"或"孤注一掷"。

| 特别提示 |

"义无反顾"的近义词是"勇往直前""破釜沉舟",反义词是"畏首畏尾""畏缩不前"。

382. 偃旗息鼓

《全国武术比赛偃旗息鼓》：精彩纷呈、场场爆满的全国武术比赛今天在这里圆满结束。

偃旗息鼓：放倒军旗，停击战鼓；指秘密行军，不暴露目标；也指停止战斗，或比喻停止批评、攻击。"偃旗息鼓"跟"圆满结束"根本不是一回事，中间不能画等号。例文标题可直接替换为"圆满结束"。

| 特别提示 |

"偃旗息鼓"中的"偃"意思为仰卧，引申为倒下，不能写成"掩旗息鼓"或"奄旗息鼓"。

383. 阳春白雪

实用中，不少人把"阳春白雪"仅仅理解为高雅艺术，这是不全面的，如此误解必然造成这个成语的误用。

《春天的故事》曲词优美，为群众喜闻乐见，真不愧为阳春白雪。

"阳春白雪"原指战国时代楚国的一种艺术性较高、难度较大的歌曲。现比喻高深的、不通俗的文学艺术。使用"阳春白雪"必须注意两点：修饰的对象一要高深，二要不通俗。

例句用"阳春白雪"形容《春天的故事》这首广为传唱的歌曲显然不妥，可以改为"经典歌曲"。

| 特别提示 |

"阳春白雪"形容高雅艺术，与相对的是"下里巴人"。

384. 扬汤止沸

《中国股市急需扬汤止沸》：一年之后的今天，中国股市的

"汤"终于沸腾无比……在目前中国股市投资热情极为沸腾的情况下……采取扬汤止沸的方式改革，可以用"市值优先认购选择权"来代替现行的现金申购。

例文想说的是中小股民疯狂而盲目地进行股票投资，股市存在较多泡沫，如果不通过改革"止沸"，冷却中小股民非理性的投资热情，必然会导致其遭受巨大损失。

"扬汤止沸"出自汉代枚乘《上书谏吴王》："欲汤之沧，一人炊之，百人扬之，无益也；不如绝薪止火而已。"意思是把锅里开着的水舀起来再倒回去，使它凉下来不沸腾；比喻办法不彻底，不能从根本上解决问题。

| 特别提示 |

"扬汤止沸"的意思近似于治标不治本，含有贬义。

385. 一蹴而就

"一蹴而就"是一个误用率相当高的成语，不少人把它误解成"一气呵成"，致使误用现象严重。看下文：

吴教授真不愧为丹青妙手，在他的笔下，一幅画三下两下便一蹴而就了。

"一蹴而就"也作"一蹴即至"，意思是踏一步就成功，形容事情轻而易举，一下子就能成功。出自宋代苏洵《上田枢密书》："天下之学者，孰不欲一蹴而造圣人之域。"这个成语含有贬义，经常用于否定的语境中。

该成语与"一气呵成""一鼓作气"之类的词语没有词义上的关联。例句中的"一蹴而就"可以改成"一挥而就""一气呵成"等。

| 特别提示 |

"一蹴而就"中"蹴"音 cù，用的是本义：踏、踢。

386. 一饭千金

在众多误用"一饭千金"的例子中,作者多把这个词误解为奢侈浪费,看一则例文:

现在不少大款,认为钱是自己赚来的,怎么花谁也管不了,常常挥金如土,一饭千金,他们还觉得这才叫有派,这才叫潇洒。

"一饭千金"的典故出于《史记·淮阴侯列传》:"信钓于城下,诸母漂,有一母见信饥,饭信,竟漂数十日。"又:"信至国,如所从食漂母,赐千金。"韩信未得志时境况十分凄苦,总是饿着肚子。有一位漂絮的老妈妈在自己生活并不宽裕的情况下接济韩信,给他饭吃。后来,韩信显贵,被封为楚王,便以美食重金报答当年帮助他的那位老妈妈。于是,人们就用"一饭千金"来比喻厚厚地回报对自己有恩的人。例句用"一饭千金"来表示奢侈浪费的作风,完全不对。

| 特别提示 |

"一饭千金"义同"滴水之恩,当涌泉相报",含有褒义。

387. 一干二净

在实际运用中,不少人按字面意思理解"一干二净",把它解释为非常干净。这显然没有搞清该词的含义,也自然会造成语言错误。看下文:

今天妈妈在家大扫除,小新破天荒地乖巧起来,帮妈妈把窗户的玻璃擦得一干二净。

"一干二净"的意思是十分彻底,一点儿也不剩。如:"高中时所学的地理知识,如今已忘得一干二净。"用"一干二净"来形容物体干净、没有一点杂质是不正确的。例句应改为"把窗户的玻璃擦得一尘不染"。

| 特别提示 |

"一干二净"与"干干净净""一尘不染"等词语的差别比较细微,使用时应注意区分。

388. 一寒如此

望文生义,不求甚解必然导致词义误解,不少人误用"一寒如此",多是这个原因。

冬季的集安城,一寒如此,窗外大雪纷飞,一片银装素裹。我俩趴在热乎乎的炕上,准备雪一停就去院子里堆大雪人。

"一寒如此"是如此寒冷的意思吗?我们来看一下正确的解释。

一寒如此:一,竟然;寒,贫寒;竟然贫寒到这样的地步,形容穷困潦倒到极点。原来"一寒如此"的"寒"表示的是贫寒,而非寒冷。

例句应改为"冬季的集安城,如此寒冷"。

| 特别提示 |

还要注意不要将"一寒如此"理解成特别寒碜,"一寒如此"只能用来形容贫穷。

389. 一挥而就

实用中,把"一挥而就"混同于"一蹴而就"的为数不少。看下文:

伟大的奋斗目标,绝不是一挥而就能实现的,而必须付出艰苦的努力。

"一挥而就"是指写字、画画、作文很快就完成了,形容才思敏捷。就:成。出自宋代朱弁《曲洧旧闻》第七卷:"东坡一挥而就,不日传部下,纸为之贵。"从例句的语境看,用"一挥而就"形容很快实现目标显然不合适,可改为"一蹴而就"。

| 特别提示 |

"一挥而就"的近义词有"一气呵成""下笔千言"等。

390. 一见如故

那次我到南宁卖《触摸往事》,我没想到突然站在我面前的是一位当年和我同在一个村插队的老朋友,虽然二十多年未见,却一见如故,往事全浮现在眼前。

例句中"一见如故"用得不对,这个成语不能用在老朋友身上。"一见如故"的意思是初次见面就像老朋友一样,形容彼此情投意合。语出《左传·襄公二十九年》:"聘于郑,见子产,如旧相识。"作者相遇的,是二十多年前的老友,不可能是第一次见面。所以说用"一见如故"是错误的,建议该处应适当修改。

| 特别提示 |

"一见如故"亦作"一见如旧",《新唐书·房玄龄传》:"太宗以敦煌公徇渭北,杖策上谒军门,一见如旧。"

391. 一毛不拔

梁新记牙刷,一毛不拔。

"一毛不拔"形容人吝啬自私,锱铢必较。出自《孟子·尽心上》:"杨子取为我,拔一毛而利天下,不为也。墨子兼爱,摩顶放踵,利天下,为之。"意思是说,杨子主张的是"为我",即使拔他身上一根汗毛,能使天下人得利,他也是不干的;而墨子主张"兼爱",只要对天下人有利,即使自己磨光了头顶,走破了脚板,他也是甘心情愿的。

例文广告语用"一毛不拔"形容牙刷毛的坚固结实,没有改变成语的语素,但是改变了成语的含义,忽略了成语的本义。

| 特别提示 |

现在学生经常用错成语,很多错误来自谐音广告语。学生对谐音成语中的错别字不能正确辨别,多是受广告的误导。

392. 一念之差

许多农民巧妙地将服装厂剪裁后废弃的"下脚料"做成帘子,当做蔬菜大棚的"棉被",这真是一念之差,变废为宝。

农民聪明地把垃圾做成大棚保温被,如此变废为宝、充分节约资源的事情应该值得提倡才是,何以用上"一念之差"呢?显然作者只看到了成语的前半截,误解了它的含义。

一念之差:念,念头、主意;差,错误;一个念头的差错(造成严重的后果)。"一念之差"意思与"一步走错,全盘皆输"相似,用在例句中完全是错误的,可以修改为:"这真是物尽其用,变废为宝。"

| 特别提示 |

"一念之差"只能用在严重的后果、不好的事情上,因为一个念头的转变而带来好的结果是不能用它来表示的。

393. 一拍即合

黑社会性质组织的非法力量带来社会治安问题,官员手中的公共权力带来腐败问题。如果这两个问题一拍即合,就可能成为一个触及政治制度与政治文明的更严重的问题。

"一拍即合"原指一打拍子就合上了乐曲的节奏,现多比喻双方很容易在观点或行动上取得一致。如:"雅虎中国新任总经理谢文:'我和马云一拍即合。'""一拍即合"这个成语只能用于人或由人所组成的团体、机构等。例句中"一拍即合"的主体分别是"社会治安问题"和"腐败问题",这显然是不对的。例句可改为"如果这两个问题纠结在一起"。

| 特别提示 |

"一拍即合"不能写成"一拍即和"。

394. 一丝不苟

朱聪站在门口,他西装革履,黑色的西服配着一条猩红色的领带,刚理的头发一丝不苟,显得特别精神。

例文作者用"一丝不苟"来形容头发纹丝不乱,明显用错了对象。

"一丝不苟"出自《儒林外史》:"上司访知,见世叔一丝不苟,升迁就在指日。"它形容做事认真细致,一点儿也不马虎。如:"事无大小,不管是自己的事或者别人的事,先生一律认真对待,真正做到一丝不苟。"(巴金《怀念鲁迅先生》)"一丝不苟"只能用来形容人做事的态度,例句说的是头发很整齐、有精神,用"纹丝不乱"才是正确的。

| 特别提示 |

"一丝不苟"含有褒义。另外注意不能写成"一丝不拘"。

395. 一言九鼎

很多人把"一言九鼎"用到自己身上,这是不对的。看下文:

我说话向来一言九鼎,你就放心吧!

"一言九鼎"的意思是一句话抵得上九鼎重。比喻说话力量大,能起很大作用。形容人信誉极高,一言半语就起决定作用。比如:"你若是专家或者要人,一言九鼎,那自当别论。"(朱自清《很好》)

"一言九鼎"出自汉代司马迁《史记·平原君列传》:"毛先

生一至楚而使赵重于九鼎大吕。毛先生以三寸之舌，强于百万之师。胜不敢复相士。"秦国的军队包围了赵国的都城邯郸，赵国国君孝成王派平原君到楚国去求援。毛遂自告奋勇提出要去，平原君勉强带着他一起前往楚国。平原君到了楚国与楚王谈及援赵之事未果。毛遂对楚王说："我们今天来请你派援兵，你一言不发。楚国虽然兵多地大，却连连吃败仗，连国都也丢掉了，依我看，楚国比赵国更需要联合起来抗秦！"毛遂的一席话说得楚王口服心服，立即答应出兵援赵。

例句中用"一言九鼎"来表示信守诺言，显然理解错了成语的意思，可以把"一言九鼎"改为"一诺千金"。"一言九鼎"是恭维别人的话，通常用来形容别人，不能用在自己身上。

| 特别提示 |

"一言九鼎"本义是口才好，后来演变成说话的分量重。

396. 遗老遗少

"遗老遗少"有其特定的含义，不能直接从字面意思上理解成遗留下来的老人和小孩，否则必然造成误用。看下文：

葫芦村十分贫困落后，每年春节过后，村里的青壮年全都去外乡打工，偌大的一个村庄几乎全是遗老遗少。

遗老：旧称前朝的旧臣；遗少：留恋旧时代的少年。"遗老遗少"即指改朝换代后仍效忠前一朝代的人，也泛指留恋过去、思想陈腐、顽固守旧的人。"遗老遗少"也称"遗民"，含贬义。如：《20世纪初中国的遗老遗少》将辛亥革命前后中国历史舞台上活跃的遗老遗少的特殊心态刻画得活灵活现。"

例句使用"遗老遗少"是不合适的，可以将之改为"偌大的一个村庄几乎只剩下老人和孩子"。

| 特别提示 |

"遗老遗少"词式固定,不能随意说成"遗少遗老"。

397. 以耳代目

《以耳代目修身养性,晚年毛泽东听曲秘闻》……原来,毛泽东病逝前夕,患眼疾双目几乎失明达600多天,党中央为减轻毛泽东的痛苦,秘密组织有关人员为毛泽东录制古诗词,为的是让毛泽东能够以耳代目修身养性。

例文作者"直译"了"以耳代目"这个成语,显然不了解它的正确含义。

以耳代目:把听来的当成亲见,形容不亲自去调查研究,专门听信别人的话。如:"遗憾的是,当代的绘画市场混乱,太多的操作,太多的泡沫,忽悠了不少'以耳代目'的'藏家',使他们栽了大跟斗,付出了惨痛代价。"

| 特别提示 |

"以耳代目"是一个贬义词,用时应注意感情色彩。

398. 以邻为壑

俗话说,远亲不如近邻。互敬互助的邻里关系不但让大家居住得更舒心,在自己偶尔遇到一些小麻烦无法解决的时候,完全可以以邻为壑,让相处融洽的邻居们给自己帮个忙。

"以邻为壑"这个成语出自孟子的一段话:"子过矣,禹之治水,水之道也,是故禹以四海为壑。今吾子以邻国为壑,水逆行谓之洚水。洚水者,洪水也。仁人之所恶也,吾子过矣。"以邻为壑:把邻国当做大水坑,把本国的洪水排泄到那里去;比喻只图自己一方的利益,把困难或祸害转嫁给别人。如"'以邻为壑',全不为别部、别地、别人想一想,这样的人就叫做本位主

义者。"(毛泽东《整顿党的作风》)

"以邻为壑"是自私自利的小人行为,明目张胆地对邻居说"我要以邻为壑",非把邻居气得浑身发抖不可。

| 特别提示 |

不能把"以邻为壑"随意改成"以邻为祸"。

399. 以身试法

以身试法派——墨镜大导演王家卫、怪怪大导演徐克都属于这一派。《2046》里的章子怡和梁朝伟的激烈床戏,王家卫亲自示范。

以身试法:以自己的行为来试试法律的威力,指明知法律是禁止的,还要去做触犯法律的事情。如:"《以身试法法不容》:身为执法者的杨尚荣,竟还以身试法,多次直接筹划、教唆虚开增值税发票。"

例文给王、徐两位导演定义为"以身试法派"是很荒唐的,显然属于望文生义。

| 特别提示 |

"以身试法"出自《汉书·王尊传》:"明慎所职,毋以身试法。"

400. 因人成事

许多人把"因人成事"理解为靠人才成事。这是对该成语的误解,据此使用则是误用。

××集团股份有限公司董事长兼总裁在接受媒体的采访时说:"万达的成功是把握机会趁势崛起,因人成事,创造机会。"谈到"因人成事"时,他说道,人才的培养对于万达的发展来说非常重要,万达每年都会挑选一批有潜力的年轻人充实到企业第一线,锻炼两年后再从中挑选优秀的人才。同时万达拥有丰厚的员工待遇、完善的激励机制和固定的培训计划,放手用人。

翻一下成语词典,"因人成事"一词的解释是这样的:依赖别人的力量办成事情。《史记·平原君虞卿列传》:"公等碌碌,所谓因人成事者也。""因人成事"这一成语,只能用于自谦或表示贬义,例句应适当修改。

| 特别提示 |

使用"因人成事"时还应注意词语的感情色彩。

401. 寅吃卯粮

旧时佃户生活异常贫苦,每年打下来的新米,交完了租子再换些生活用品后就所剩无几了。农民只能寅吃卯粮,拿陈年的劣质稻米、苞谷充饥。到了每年青黄不接的时候,生活更是艰难,饭桌上可以见到的,也只有红薯和野菜了。

要理解"寅吃卯粮"这个成语,首先得弄明白"寅"和"卯"先后顺序的问题。

古人以天干地支的组合来作为年、月、日、时的序号。"寅""卯"是地支的第三、四位,"卯"在"寅"后。"寅吃卯粮"的意思也就是这一年吃了下一年的粮,比喻经济困难,收入不够支出,预先支用了以后的进项。"寅吃卯粮"如今可以时髦地称为"超前消费",在过去可是"败家子"的行为。旧时佃户吃不上新米,只能吃陈年剩下的粮食,这怎么能说是"寅吃卯粮"呢?说"卯吃寅粮"还差不多。修改例句时可以直接将该成语删去。

| 特别提示 |

"寅吃卯粮"也作"寅支卯粮",只指入不敷出时预先借支以后的进项,不能用来表示挪用别处的款项来填补亏空。

402. 引而不发

填鸭式的教育方式使很多学生都不再明白"思考"一词的含义。对于一些稍复杂的问题,他们已经不会做出自己的判断或发表自己的见解。课堂上,老师引而不发,学生只会"乖乖"地听讲,死记硬背。

从句义看,作者用"引而不发"说明的是老师引导、启发学生,但学生也不能有所领悟和活跃地阐述自己的看法。这与"引而不发"的正确含义是毫无联系的。

引而不发:引,拉弓;发,射箭。拉开弓却不把箭射出去,比喻善于引导控制;也比喻做好准备暂不行动,以待时机。按照例句的意思,应该用"启而不发"才是正确的。

| 特别提示 |

注意"引而不发"与"箭在弦上"的区别。"引而不发"是故意留箭在弓上,比喻伺机行动;"箭在弦上"则表明形势危急,不得不发。

403. 有教无类

在使用"有教无类"时,有的人把它误解为教学无法,造成严重语病。

这位老师的课讲得并不好,照本宣科、有教无类,留住学生的办法只能靠点名记分。

《论语·卫灵公》:"子曰:'有教无类。'""有教无类"是孔子所提倡的教学主张,意思是不管贵贱贤愚,哪一类人都应该给予教育。孔子这种教育面前人人平等的主张充分体现了人民性和民主性,"有教无类"的思想对于培养人才、提高全体社会成员的素质起到了非常积极的推动作用,在中国教育发展史上具有划时代的意义。

"有教无类"是一个褒义词，绝不能误解成"授课不得法"等表示教学方法不好的意思。

| 特别提示 |

"有教无类"侧重指人人都有受教育的权利。

404. 有口无心

默读时口里不要发出轻微的声音，因为这种低声朗读不仅会阻碍阅读的速度和理解的深度，而且还会影响他人，或违反纪律，甚至有可能变成有口无心的"假读"。

"有口无心"的意思是嘴上说了，但心里没有那么想，指不是有心说的（没有恶意）。如："大爷快别动气，咱是个有口无心的人，不会说话。"（清·李宝嘉《活地狱》）例句换成"心不在焉""心猿意马"之类的词语才正确。

| 特别提示 |

"有口无心"与"刀子嘴，豆腐心"的含义比较接近，注意不能与"口是心非"混淆。

405. 玉石俱焚

《火箭97比86羞煞黄蜂，姚明火拼对手玉石俱焚》：姚明和马格洛伊玉石俱焚均得到5次犯规。

该则新闻说的是姚明不惜5次犯规，也要拼掉黄蜂两大内线布朗和马格洛伊尔，火箭队最终取得胜利。其中"玉石俱焚"一词用得不太恰当。

玉石俱焚：美玉和石头一齐烧毁了，比喻好的和坏的一同毁掉。使用的要点是必须要好的和坏的两方同时毁掉。火箭和黄蜂只是球场上的对手，没有好坏、贤愚之分。所以说"玉石俱焚"是不合适的，可换成"同归于尽"或"血战到底"。

| 特别提示 |

有人用"玉石俱焚"来形容朋友反目两败俱伤，或恋人分手义断情绝，这些用法都是错误的。

406. 缘木求鱼

实用中，很多人把"缘木求鱼"误解为"顺藤摸瓜"，致使这个成语的误用率颇高。

他们根据那位青年提供的线索，先找到张某，要他供出是从哪儿贩来的，再缘木求鱼，终于把制造假冒名酒的黑窝子找到了。

"缘木求鱼"出自《孟子·梁惠王上》："以若所为，求若所欲，犹缘木而求鱼也。"缘，顺着；木，树。顺着树干爬上树去捉鱼，比喻行事的方向、方法不对，必将劳而无功。

例句中的"缘木求鱼"一词应改为"顺藤摸瓜"或"顺蔓摸瓜"。

| 特别提示 |

"缘木求鱼"的近义词有"竹篮打水""水中捞月"等。

407. 自食其果

小王平时工作很努力，如今晋升为主管，这真是自食其果。

"自食其果"的意思是做了坏事，自己受到损害或惩罚。比如："目无法纪的领导干部终因自己的罪行而自食其果。""自食其果"是一个贬义词，遭遇的结果必定是不好的。

例句中小王工作努力获得提升是好事，应该把"自食其果"改为"付出自有回报"。

| 特别提示 |

"自食其果"是一个贬义词，其近义词是"罪有应得""自作自受"等。

408. 振聋发聩

由于吊舱距离涡轮风扇式发动机很近,所以噪声至少在130分贝左右,足以振聋发聩。

振聋发聩:聩,天生耳聋,引申为不明事理;声音很大,使耳聋的人也能听得见,比喻语言文字作用很大,能唤醒糊涂麻木的人。如:"此数言,振聋发聩,想当时必有迂儒曲士以经学谈诗者。"(清·袁枚《随园诗话补遗》)

上例中的"振聋发聩"明显是"震耳欲聋"之误,应予以改正。

| 特别提示 |

"振聋发聩"也作"发聋振聩",意思相同。注意不要把"振"误写为"震"。

409. 炙手可热

南京高校中,南京邮电学院在历经两年的低潮之后再度雄起,今年分数线可能攀升至595分。而与此同时,几所多年来炙手可热的高校却遭遇"滑铁卢",线上生源不足,可能要吃二志愿。

"炙手可热"一词是目前媒体误用频率最多的词语之一,诸如上例,将其误解成吃香、热门、流行的情况不胜枚举。

"炙手可热"的意思是摸上去感到热得烫手,比喻权势大、气焰盛,使人不敢接近。"热"的是权势,而非知名度等其他事物。例句可改为"热门的高校"。

| 特别提示 |

"炙手可热握大权,待郎充犬吠篱边。"(清·陈忱《水浒后传》)"炙手可热"形容的是权贵们依权霸市,是一个贬义词,使用时应注意感情色彩。

410. 众望所归

不考虑"众望所归"的特定修饰对象，随意扩大其使用范围，是不少人误用该词的根源。看下文：

《降低房价并非众望所归，居民安居方是楼市良药》

"众望所归"的意思是众人的信任、希望都归向某人，多指某人得到大家的信赖，希望他（她）担任某项工作。"众望所归"的对象只能是人，不能用于其他的事物，如"香港特区行政长官选举纪实：当选乃众望所归"。例句若改为"降低房价并非人心所向"就比较贴切了。

| 特别提示 |

"众望所归"与"深得人心"意思相近，注意不要写成"重望所归"。

411. 捉襟见肘

把"捉襟见肘"真的当成衣服又破又小，是造成这个成语误用的重要原因。下文就是如此犯错的：

运动会上，他借的一身运动服很不合身，真是捉襟见肘。

"捉襟见肘"是指衣服破烂，拉一下衣襟就露出胳膊肘儿，形容生活贫困，经济拮据。出自先秦时庄周《庄子·让王》："曾子居卫，十年不制衣，正冠而缨绝，捉襟而肘见，纳履而踵决。"比如："平时所过的早就是捉襟见肘的生活，哪有什么余钱来做归国的路费呢？"也用来比喻顾此失彼，无法应付。比如，邹韬奋《被关在门外的教职员》："也许因为力量的限制，致有捉襟见肘的情形。"

| 特别提示 |

"捉襟见肘"的近义词有"衣不蔽体"，反义词有"绰绰有余"等。

412. 卓尔不群

实用中,不少人望文生义,将"卓尔不群"理解为性格不合群,如此就严重曲解了成语的原意。看下文:

那个女孩性格非常内向,卓尔不群,很少和他人交往,也不参加任何社会活动。

"卓尔不群"出自《汉书》:"夫唯大雅,卓尔不群。"卓尔:突出的样子,不群:与众不同。"卓尔不群"是指才德优秀卓越,超出常人。不可用来形容人的性格。

例句中的"卓尔不群"应改为"不太合群",这样句义才准确。

| 特别提示 |

"不群"义近"出类拔萃",把握这一点就不会误用了。

413. 字里行间

冯丽脱下高跟鞋,把袜子脱下,穿上了布拖鞋。她对他一笑,表示她现在舒适了。她刚才很不舒服,因为袜子是湿的。"我不穿高跟鞋就和你一样高了。"她说,笑着。但在汉林听来,她字里行间有嫌他矮的意思。

引文中"字里行间"一词不合语境,应作修改。

字里行间:文章语句中间,指文章的某种意思或感情在字句中间隐约透露出来。如:"我把杂志翻开,我仔细地读着。从封面到末页,我找不出一线光明。字里行间透露出来一片惨痛的呼声。"(巴金《新生》)"字里行间"只能用于文章、字句中。例句中"冯丽"并没有写文章,只是"汉林"觉得她的话有言外之意,这明显不能用"字里行间"来表示,宜改为"言语之中"。

| 特别提示 |

"字里行间"已指明作者的思想、潜台词等所在的位置,所以不能用"字里行间之中""字里行间的背后"之类的句式。

414. 左右逢源

说起电脑、互联网来,这个孩子竟然说得头头是道,左右逢源,使在场的专家也惊叹不已。

"左右逢源"最早见于《孟子·离娄下》,本义为"资之深,则取之左右逢其原"。是说功夫到家后,就会用之不尽,取之不竭,比喻做事得心应手、顺利无碍。邹韬奋《经历·青年"老学究"》有一句:"这样,他们在落笔的时候,便已有着'成竹在胸'、'左右逢源'的形势。""左右逢源"也有处世圆滑之义,使用时不可拘泥。

例句显然是失度的,将之去掉即可。

| 特别提示 |

"左右逢源"的同义词有"得心应手""称心如意";反义词有"左支右绌""左右为难"。

第二篇 词语混淆

1. 爱戴—爱护

由于词义接近,有些人容易把"爱戴"与"爱护"混淆,造成语病。下文中的"爱戴"就明显用错了。

县长就是百姓的父母官,自然应该关心、爱戴黎民百姓,处处为人民着想。

"爱戴"的意思是敬爱并拥护,用于表达对长辈、领袖或模范人物的敬重和维护。如:"周总理赢得了全国人民的尊敬和爱戴。""爱护"表示领袖或官员对民众、长辈对晚辈、人对物的爱惜保护。两词虽然都是"爱",但有方向性区别,"爱戴"下对上;"爱护"上对下。例句中的"爱戴"宜改为"爱护"。

"爱戴"一词的指示对象只能是人,不宜滥用。例如:"六大旅游地最受爱戴。"这里哪能用得上"爱戴"?改为"喜爱"即可。

| 特别提示 |

"爱戴"的近义词有"敬爱""拥戴""敬仰"等,使用范围与"爱戴"相同。

2. 安葬—埋葬

"安葬"与"埋葬"是一对近义词,一不小心便会弄混。看下文:

孙中山领导的辛亥革命彻底安葬了清王朝。

"安葬"和"埋葬"同为动词,都有把死者的遗体或骨灰埋入地下之义,但具体用法存在几点不同。"安葬"用于比较郑重的场合,一般还要举行一定的仪式,如"安葬烈士遗体"。"埋葬"则指一般的掩埋尸体,适用于更多的场合。另外,"埋葬"一词还有消灭、清除的喻义。如郭小川《青纱帐——甘蔗林》:

"看吧,当敌人侵犯时,甘蔗林将把他们埋葬;那密密的长叶啊,立刻组成强大的罗网!""埋葬"用于此义时,对象一般是恶人或腐朽、落后、反动的势力。

显然,例句中的"安葬"改成"埋葬"才符合句义。

| 特别提示 |

"安葬"含有一定的褒义,不能用于贬义的语境中。

3. 黯淡—暗淡

屋里的灯光十分黯淡,我们进屋仔细检查后,才发现还有一个瘦小的男孩蜷缩在墙角。

"暗淡"与"黯淡"虽然都有不明亮的意思,但侧重点各有不同,不能混用。例句中的"黯淡"用得不对。

"暗淡"意思是昏暗、不鲜明,一般用来形容具体的、现实存在的"暗",如"灯光暗淡""色调暗淡"等。"黯淡"则主要用于比喻意义上的"暗",如人的心情、情绪等。例:"我自己廊上凝坐,秋风侵衣,一声声卖枣声墙外传来,觉得十分黯淡无趣,正不解为何这般寂寞。"(冰心《寄小读者》)"黯淡"也可比喻境况不佳、希望渺茫等,如沙汀《困兽记》:"因为由于这个打趣,这个哗笑,他看出了危机,觉得前途很黯淡了。"

例句中并没有使用比喻义的意思,只是想说明光线不够明亮,因此应将"黯淡"改为"暗淡"或"昏暗"等。

| 特别提示 |

"黯然"指阴暗的样子,也形容心里不舒服、情绪低落的样子,注意不要写成"暗然",实无"暗然"一词。

4. 懊恼—懊悔

作为一对近义词,不少人都不清楚"懊悔"和"懊恼"的微妙差别，从而导致词语误用。看下文：

这件事情搞砸了全是自己太过任性导致的，想到这里他的心里就懊恼不已。

"懊恼"一词放在上句中不是很恰当，如果换成"懊悔"就比较合适了。

"懊恼"和"懊悔"都有烦恼、悔恨的意思，它们的区别在于，"懊恼"的中心词是"恼"，词义侧重于怨天尤人；"懊悔"重在"悔"，更多的是自我谴责。从例句的语境来看，更宜使用"懊悔"一词。

| 特别提示 |

"懊悔"与"后悔"词义相同，使用时应注意程度轻重。

5. 败露—暴露

由于不辨感情色彩，有些人常把"败露"与"暴露"混淆，造成表达错误。下文就是一例典型：

"伪装"是一个狙击手的基本功，如果还没行动就败露了目标，再好的枪法也没有发挥的机会。

"败露"指的是坏事或阴谋被别人发现，如宋代邵雍《渔樵对问》："窃人之财，谓之盗。其始取之也，唯恐其不多也；及其败露也，唯恐其多矣。""败露"很明显是一个贬义词，例句中的"败露"宜改为中性词"暴露"。"暴露"指隐蔽的事物、矛盾、问题、缺陷等显露出来。如峻青《海啸》："再等一等吧，姑子，免得暴露目标。"

| 特别提示 |

"败露"只能作动词；"暴露"则有动词和形容词两种用法，如"暴露目标""衣着十分暴露"等。

6. 板式—版式

这本小说装帧豪华、板式新颖,可惜的是徒有其表,文章内容纯粹是胡编乱造,思路混乱、语言低俗。读者买回去恐怕只能作踮脚砖了。

"板式"指的是戏剧唱腔的节拍形式,如京剧中的慢板、快板、二六、流水等。如:"'四平'是指格律较宽、速度较快、句尾落四拍子的板式。"(叶德均《明代南戏五大腔调及其支流》)"版式"则指书刊的版面款式,如:"但(《两地书》)版式恐怕不宜太小,因为一小,则本子就太厚,不成样子了。"(鲁迅《书信集·致李小峰》)可见,"板式"和"版式"分别是两个不同行业的术语。

根据例句的内容,"板式"当改成"版式"。

| 特别提示 |

"图板""图版"也容易混淆,这里可以一并识记。"图板"指制图时垫在下面的有一定规格的木板;"图版"则指用于印制照相图片、插图或表格的一种印刷版。

7. 包含—包涵

相较"包含",媒体似乎更青睐"包涵"。事实上,"包涵"非"包含"的雅称,而是另有其义。下文是一则招聘简章,句中的"包涵"显然用错了。

RCI 拥有 29 艘超级豪华邮轮,其中更包涵了 5 艘 142000 吨级全世界最大的超级豪华邮轮,总载客量接近 60500 人。

"包含"好解释,即里面含有。"包涵"则是客套话,意思为请人原谅。如:"都是些粗茶淡饭,还望多多包涵。"

所以,例句应改为"其中更包含了"。

|特别提示|

虽然"涵"有包含、包容的意思,如"涵盖",但并不表示"包涵"就等于"包含",事实上这两个词语各有所指。

8. 暴发—爆发

很多人困扰于高远球打不远、扣杀无力、反手回不到后场等问题,并将此归咎于腕力不够。我认为绝大多数是不会用腕力或不知其中的诀窍,下面是产生手腕暴发力的简单步骤。

"暴发"和"爆发"也是一组不容易分清的近义词,它们虽然都有突然发作的意思,但二者的使用范围不同。例句中"手腕暴发力"的说法是错误的。

"暴发"指突然发作(多用于自然灾害和疾病等具体事物)、突然发财或得势(多为贬义),如"太湖蓝藻暴发污染水质""湖南暴发特大山洪""他靠投机倒把成了暴发户"。"爆发"一指因爆炸而突发,如"火山爆发";二指像爆炸那样突然发生,一般用于战争、革命、运动、力量、情绪等。

例句应改为"手腕爆发力"。"爆发力"特指体育运动中在极短的时间内突然产生的力量,如起跑、起跳、投掷、抽球时使用的力量。

|特别提示|

"爆"有出人意料地出现之义,比如媒体常用的"爆料""爆冷门"等词语。

9. 报道—报到

作为一组同音异义词,"报道"与"报到"经常被人混淆。下文就是一个典型:

新生已经全部报道完毕,接下来就是分配寝室,分发被褥、床单、暖瓶等生活用品了。

"报道"和"报到"词义没有任何关联。"报道"有两层含义,作动词时指通过报纸、杂志、广播、电视或其他形式把新闻告诉群众,如"报道灾情";作名词时指用书面或广播、电视形式发表的新闻稿,如"一篇关于农民工生存状态的调查报道"。

"报到"则指向组织报告自己已经来到,如老舍《四世同堂》:"他去找地下工作者的机关,一来是为报到,二来是看看能否借到一辆自行车。"

由此可见,例句中的"报道"应为"报到"。

| 特别提示 |

"报导"是"报道"的异形词,根据通用性,应以"报道"为规范词形。

10. 报复—抱负

由于读音相同,许多人把"报复"与"抱负"混淆,造成严重语病。看下文:

每个人都应当树立远大的报复、认真策划自己的人生蓝图,这样才有可能收获成功。

"报复"和"抱负"这两个词语除了读音相同外,词义和词性都不一样,不能混用。"报复"是动词,意思是打击批评自己或损害自己利益的人,如"打击报复""报复他人""遭到报复"等。"抱负"是名词,指远大的志向,如"有抱负""抱负不凡""远大的抱负"等。两个词词义差别很大。例句中的"报复"应改为"抱负"。

| 特别提示 |

"报复"原有答复、禀报、报知之义,现已弃用。例:"令人报复去,道有陈婆婆同四个状元来了也。"(关汉卿《陈母教子》)

11. 报怨—抱怨

作为一对词义差别微小的近义词,"报怨"与"抱怨"常被人混淆,必须认真辨析。看下文例句:

多数时候,我却是常常对他们报怨,报怨父母唠叨不合自己意,报怨老公懒惰少做家务,报怨自己好友不理解自己,说这些话的时候却丝毫没有讲不出口的感觉……多点感恩,少点报怨,多点道谢,多从自己身上找找不足,很多事情会变得更好。

例文用了好几个"报怨",显然都与"抱怨"混淆了。

"抱怨"指心中怀有不满,埋怨别人。如:"做错事不要抱怨别人,应该自己检讨。""报怨"则指报复自己所怨恨的人,如"以德报怨"。"抱怨"停留在心里或口头层面,而"报怨"则是有所行动。根据例句的语境,明显应该全部换作"抱怨"。

| 特别提示 |

另外注意"抱冤"意思是感到冤枉,不能与"抱怨""报冤"混淆。

12. 悲哀—悲恸

"悲恸"与"悲哀"是同义词,所不同的是"悲恸"表示的悲哀程度重于"悲哀",由于把握不住这微妙的差别,不少人用错。看下文:

看着母女俩凄凉的生活境况,同行的记者们都觉得很悲恸。

"悲恸"一词程度太重,而且"悲恸"前一般不加程度副词来修饰,例句所用不妥。

"悲恸"意思是非常悲哀,强调因极度悲哀而痛哭,如:"强薨问至,上与皇太后悲恸不自胜。"(晋·袁宏《后汉纪·明帝纪上》)"悲哀"表示伤心难过,与"悲恸"相比更适合例句的语境。

| 特别提示 |

表示难过、伤心的词语还有"悲伤""悲痛""哀恸"等。这三个词语的词义轻重程度依次增加。"哀恸"的词义和轻重程度均与"悲恸"相同。

13. 本原—本源

不少人把"本原"混同于"本源",其实两个词差别很大。如果拿来通用,必然造成语病。看下文:

合理的饮食、适当的运动和优质的睡眠,这些才是健康的本原。

"本原"是一个哲学术语,指一切事物的最初根源或构成世界的最根本实体。比如唯心主义认为世界的本原是精神,唯物主义认为世界的本原是物质;主张世界只有一种本原的称为一元论,主张世界有精神和物质两种各自独立、互不依赖的本原的称为二元论。"本源"原指水流的源头,后借指事物产生的根源,如:"近来科学中的进化论家说,人类是由极简单的动物,慢慢变成复杂的动物……所以人的本源便是动物。"(孙中山《人格救国》)"本源"也比喻事物最重要的方面,比如:"经正而后纬成,理定而后辞畅,此立文之本源也。"(南朝梁·刘勰《文心雕龙》)例句想说的是"合理的饮食、适当的运动和优质的睡眠"对于健康来说是最重要的,"本源"一词的比喻义正好与句义相符,因此句中的"本原"改为"本源"才正确。

| 特别提示 |

"本源"是名词,不能理解成本来源于什么,不能当成动词用。

14. 本义—本意

《教育部发言人:我的许多说法遭有悖本义的概括》:四年来,王旭明的一些发言,被有的媒体冠以"怪论",如"大学生养猪论""上学买衣论"等。王旭明强烈申明,自己的话"何怪之有",媒体过度概括断章取义,他只能抱憾。

"本义"与"本意"看似相同,但用法不一,例文标题中的"本义"就用错了。

"本义"指的是词语本来的意义,本义之外的意义叫做引申义或比喻义。如"防"字本义是堤坝,引申为守卫(边防)、戒备(防止)等。"本意"则指本来的意思或意图,如:"他的本意是好的,就是话说得严厉了一点,你不要放在心上。"文中说,王旭明的一些言论被某些媒体断章取义,冠之"怪论"。这等于说媒体曲解了王旭明原来的意思,应该用"有悖本意"才对。

| 特别提示 |

"本义"只适用于语言学中,与假借义、引申义、比喻义等相对。

15. 笔资—稿费

有些人作文喜欢古雅,搬出许多古语词用到现代文中。由于对词义理解不深,造成误用的情况并不鲜见。看下文:

出版社隐瞒实际发行量,作者因笔资结算问题与出版社大打官司的情况并不少见。

"笔资"是一个古语词,指写字、画画、做文章所得的报酬。"笔资"同"润笔",意思与现在的"稿费"相近,但只适合用在一些特殊语境之中。而"稿费"是指出版机构付给作者的报酬。其构成复杂,由合同确立,不能等于古代的"笔资"。

不论在严谨场合或是一般场合,"稿费"都是清楚明白的。所以,例句中的"笔资"宜换作"稿费"。

| 特别提示 |

"笔资"原还可指写字、绘画、作文的天资禀赋,如清代钱

泳《履园丛话》:"即有一二好天分好笔资,皆为其师汩没。"

16. 庇护—袒护

"庇护"和"袒护"是一组很容易混淆的近义词,不仔细辨析便会误用。看下文:

父母不应该庇护孩子的缺点和错误,这是家庭教育环节中非常重要的一部分。

"庇护"强调的是有意识、有目的地包庇掩护(坏人、坏事),程度较重,如:"我们绝不能庇护反革命分子。""袒护"的意思是偏袒维护,侧重出于私心或偏爱而无原则地保护、支持某一方,词义较轻。显然"袒护"一词更适合例句的语境。

| 特别提示 |

注意"保护""袒护""庇护"这一组近义词在感情色彩上的区分,"保护"主要用于褒义;"袒护"是中性词;"庇护"则主要用于贬义。

17. 必须—必需

"必须"和"必需"词义十分接近,稍有不慎就会用错,必须仔细辨析。

维生素和无机盐是人体必须的营养元素。

显然,作者搞混了。"必须"是副词,用在动词之前,表示在事理或情理上的必要,意思是一定要;"必需"是动词,多作定语和谓语,意思是一定要有、必不可少的。比如例句的正确说法是"维生素和无机盐是人体必需的营养元素"。如果要用"必须",则应换成"维生素和无机盐是人体必须摄入的营养元素"之类的说法。

| 特别提示 |

与上两个词语相似的词还有"须要"和"需要",它们的区别和"必须""必需"之间的区别是一样的。

18. 鞭笞—鞭策

恩师送给我的那张书法我一直贴在书桌前,它时时刻刻都在鼓舞我、鞭笞我:永远不要停下前进的步伐。

"鞭笞""鞭策"虽然都有用鞭子打的意思,但内在的含义完全不同,例句就混淆了这两个词语。

"鞭笞"本指用鞭子或板子打,现多比喻对丑恶现象或错误思想的谴责、批判。如:《三人行》的全篇对于'愚蒙顽固'的市侩主义,并不加以鞭笞的。"(瞿秋白《乱弹·谈谈"三人行"》)"鞭策"原指用鞭和策赶马,让马快跑,现一般比喻通过督促、激励、鼓舞等催人奋进。例句显然用"鞭策"才是正确的。

| 特别提示 |

"鞭挞"的词义和词性均与"鞭笞"相同,但"鞭笞"的书面色彩更浓一些。

19. 边境—边界

"边境"和"边界"区别很微妙,不认真辨析,容易导致词语误用。下文作者就搞混了这两个词。

为防不法分子偷渡,许多国家都在边境设置了边卡。

"边界"和"边境"有所分别。"边界"强调"界",指地区或国家之间的界线,指的是一条线。"边境"则指靠近边界的地方,有一定的范围,是面的概念。而"边卡"是指设置在边界上的哨所或关卡。所以说"边境"放在例句中范围稍广,应该换成"边界"。

| 特别提示 |

容易混淆的还有"边疆"和"边陲"。"边疆"指的是靠近国界的大片领土,范围最广,如"新疆地处边疆"。"边陲"是一个文言词,同"边境",如"边陲重镇"。

20. 编撰——编纂

不少人把"编纂"与"编撰"混淆,其实它们并不是同义词。虽然都含有"编",但各有不同的侧重点。不加细究,就会造成误用。看下文:

系主任曾参与多部字典、词典的编撰工作。

例句中的"编撰"用得不对。"撰"指有创造性的写作,"编撰"意思是编辑撰著,它强调原创性,必须有主观创作在里面。"编纂"则指编辑,主要指资料较多、篇幅较大的著作,如各种工具书、法典、年鉴、专业志、地方志等。"编纂"强调的是对已有材料的汇集、重新整理编排。字典、词典的编辑,多为语言成果和相关资料的汇编,所以,例文中的"编撰"应当改为"编纂"。

| 特别提示 |

"纂"念三声,注意正确的写法。

21. 变换——变幻

"变换"和"变幻"是常被人们搞混误用的一对近义词,下文就是较为典型的误用:

无论国际风云如何变换,我国坚持和平共处的五项基本原则不变。

句中的"变换"一词用得不妥。"变换""变幻"虽然都有"变"的意思,同属于动词,但词义还是存在着一定的差别。

"变换"指事物的一种形式或内容转换成另一种。"变幻"则指不规则地改变。"变换"指事比较具体，后面一般要加宾语，如"变换位置""变换发型""变换角色"等。"变幻"强调的是事物变化无常、动荡不定，使人难以预测。"变幻"后一般不跟宾语，如"风云变幻""变幻莫测"等。例句中的"变换"改为"变幻"才更加妥帖。

| 特别提示 |

注意两词与"变化"的区别。变化指事物在形态上或本质上产生的新状况。

22. 变异—变易

由于音近义近，有些人会把"变异"误用为"变易"，因此有必要认真辨析。看下文：

旅行计划如果有变异的话，一定要记得及时通知大家。

"变异"和"变易"都有"变化"之义，但各自的适用对象和范围都不相同。"变异"指的是同种生物世代之间或同代生物不同个体之间在形态特征、生理特征等方面表现出来的差异。如"染色体变异""病毒变异"等。"变易"就是指改变、变化，如"变易发型""变易服饰""计划变易"等。"变异"是名词，侧重于"异"（奇特的），多就事物的本质特征而言；"变易"是动词，侧重于"易"，多就事物的情况、形式、方法而言。

因此，例句应该用"变易"。

| 特别提示 |

与之近义的词还有"变更""变动"等。"变更"即改变，一般用于书面语；"变动"多指职务、社会现象等的变化。

23. 标识—标志

《卫生部拟规范化妆品标识，禁用有效率和医疗术语》……该征求意见稿所称化妆品标签标识是指粘贴、连接或印刷在化妆品销售包装上，以及置于销售包装内的文字、数字、符号、图案、音像和其他材料。

例文中"标识"一词的规范写法应是"标志"。

"标志"有两层含义，一指表明特征的记号，二指表明某种特征。如"新版地图上的各项标志都很清楚"；"GDP 的大幅增长标志着人民生活水平有了很大的提高"。《说文解字》："志，意也。从心，士声。"段玉裁引《周礼·保章氏》注曰："'志，古文识。识，记也。'盖古文有志无识，小篆乃有识字。"可见，"志""识"同源，"标志""标识"都不算错。但是在现代汉语中，"识"常用义读音均为 shí，如"认识""识别""识字"等，"识"只有在表示记号之义的时候才与"志"相通。从词语使用频率来看，应以"标志"为规范字形。

| 特别提示 |

"博闻强识"一词中，"识"音 zhì，意思是记忆、识念，不能读错、写错。

24. 表彰—表扬

"表扬"与"表彰"是常被人混淆的一对词语，看下文：

班长利用课余时间积极帮助偏科的同学补习功课，并带动全班同学开展"一帮一"的互助学习活动，充分发挥了班级领头人的作用，今天的校会上受到了老师的表彰。

"表彰"虽然也表示"表扬"，但在词义程度、适用对象和语体色彩等方面都与"表扬"不同。"表彰"指对杰出人物、伟大功绩、壮烈事迹等进行表扬,语气比较庄重,一般用于书面语中。如"先进个人表彰大会""表彰全国劳模"等。而"表扬"是指对一般的好人好事进行公开赞美,兼可用在书面语和口语中。如:"如何表扬学生是教师职业的一门艺术。"

从例句的语境看,用"表彰"显然程度太重,宜改为"表扬"。

| 特别提示 |

"表彰"的"彰"意思是表明、显扬,不能错写成"璋""幛"等。

25. 病历—病例

《白领综合征之病历大全》:临床调查表明,长期坐办公室的工作人员容易罹患多种职业病,西方学者将这类职业病统称为"白领综合征"……编录此"白领综合征之病历大全",只希望办公室的工作人员能"有则医之,无则防之"。

例文中的"病历"属于误用,明显与"病例"混淆了。"病例"指某种疾病的实例,某个人或生物患过某种疾病,就是这种疾病的病例。"病历"则指医务人员记录病人的病情、诊断和处理方法的档案,如"电子病历""病历书写规范"等。

"病历"没有必要编成"大全",根据例句的句义,文中的"病历"改为"病例"才对。

| 特别提示 |

"病历"是病情的记录,不能误解成历次所犯的疾病。

26. 不耻—不齿

在实用中,许多人把"不耻"与"不齿"混淆。对于这对极容易混淆的词语,我们要深入辨析。看下文:

当年哥白尼发表"地圆说"时,不也违背了整个主流科学界的认知？虽然今天看当年的那些主流科学界，可能有许多人非常不耻他们的行径，但相同的故事可能在任何一个年代里发生。

"不耻"的意思是不以为有失体面、不以为耻（"耻"为意动用法），如"不耻下问""不耻人后"等。"不齿"中的"齿"原指牙齿，在这里用作动词，有提及、说到、列为同类的意思。"不齿"的意思就是不愿意提及，表示极端地鄙视，如"这种卑劣的做法为人所不齿"。从例文的内容看，其中的"不耻"改为"不齿"才是正确的。

| 特别提示 |

注意不要将"不耻"错误地理解为无耻、不知羞耻。

27. 不防—不妨

怎么样才能及时有效地清洁这些污垢，而且还不会损伤漆面，并让爱车恢复昔日的美丽光彩呢？记者搜集整理了一些行之有效的办法，车主遇到此类问题不防一试。

例句显然混淆了"不防"与"不妨"这两个"长相相似"的词语。

"不防"表示没有防备或没有料想到，如"宁可千日无灾，不可一日不防"；"他冷不防地跳出来，吓了我们一大跳"。"不妨"则表示可以这样做，没有什么害处，如："你不妨去撞撞运气。"可见，例句中的"不防"改成"不妨"才说得通。

| 特别提示 |

"妨"的原义是危害、伤害，如："贼父之子，妨兄之弟，与此同召。"（《论衡·偶会》）另外注意，"妨碍""妨害"等词中的"妨"都不能写成"防"。

28. 不合—不和

"不合"与"不和"差别微妙,也时常被人混淆误用。下文就是典型的误用例子:

幸亏自己的妻子贤淑,始终把这个小姑子当亲妹妹看,而且在结婚后,事事谦让着小姑子,这才使得他的家庭没有因姑嫂不合,造成重大的矛盾。

"不合"侧重指因性格、观念等方面的差异而合不来,如"个性不合""理念不合""意见不合"等。"不和"则指不和睦、不团结,多用于亲人或关系较近的人之间,如"夫妻不和""兄妹不和""感情不和"等。

由此可知,例句中的"不合"应改为"不和"。

| 特别提示 |

"不合"还有不符合、不应该等义。如"血型不合""不合手续","早知如此,当初就不合叫她去"。

29. 不利—不力

由于读音相同,不少人很容易把"不利"和"不力"搞混,以致造成误用。下文就是较为典型的例子:

《足协用军训作秀掩办事不利,福帅无奈改训练计划》:忙于用军训作秀的中国足协,却在事关集训最关键的问题上不断给福帅出难题——训练场地和热身对手都难以令人满意。

"不利"与"不力"含义有别。"不利"指没有好处、不顺利,如"目前的形势对我们非常不利""吸烟对健康不利""出师不利"等。"不力"则指不尽全力、不用力,效率或成效低,如"办事不力""领导不力""打击不力"等。

从例句的文义来看,标题中的"不利"显然应改为"不力"。

| 特别提示 |

与这一组词语相对的还有"有力"和"有利",同样应该注意它们的区别。"有力"指有力量、分量重;"有利"指有好处、有帮助。

30. 不祥——不详

由于"不详"和"不祥"是一对形近词,被混淆误用的概率较高。下文作者就犯了词语误用的错误。

她说这几天自己老是做噩梦,心里有一种不详的预感。爸妈说可能是心理压力太大,劝她不要胡思乱想,放松心情,好好休息。

其实,两个词的区别还是很大的。"不详"即不详细、不完善,如"言之不详""地址不详""出生年月不详"等。"不祥"即不吉利,如"不祥的征兆"。可见例句中"不详的预感"当为"不祥的预感"。

| 特别提示 |

"不详"还是书信用语,一般用在信的末尾,表示不细说之义。

31. 不肖——不孝

"不肖"和"不孝"不仅是同音词,词义上也有接近之处。看下文:

这位姑娘的征婚启事很有个性,第一条就写着:对父母不肖者,免谈。

肖,似也,"不肖"原指儿子不像父亲、不如父亲。《史记·五帝本纪》:"尧知子丹朱之不肖,不足授天下。"司马贞索隐引郑玄曰:"言不如父也。""不肖"后引申为品行不好、没有出息(多用于子孙)。而"不孝"则指对父母等长辈不孝顺,比如旧时将三种最不孝敬父母的行为称为"三不孝"（分别是陷亲不义、不求仕宦、无子绝祀）。《孟子·离娄上》："不孝有三，无后为大。"

例句说的是不孝顺父母的人就没有"面试"的机会，用"不肖"说不通。而且"不肖"是形容词，也不能放在句中充当谓语的成分。因此例句中的"不肖"应改为"不孝"。

| 特别提示 |

"不肖"同时还是自谦之称，谓自己无德无能。如《战国策》："今齐王甚憎张仪，仪之所在，必举兵而伐之。故仪愿乞不肖身而之梁。"

32. 不只—不止

《芬兰冰人遇酒即化，雷克南不只一次被列入黑名单》：这已经不是雷克南第一次喝醉酒了，在短短一年半的时间里，这位芬兰小飞人已经两次因酗酒上了芬兰报纸的头版头条，在芬兰的某些酒馆里，雷克南这个名字甚至已经被列入了黑名单，因为他曾经在这里"闯祸"。

上文标题中的"不只"使用错误，作者把它与"不止"混淆了。

不只：不但、不仅，如："河水不只可供灌溉，且可用来发电。"不止：超出某个数目或范围，如"这种事情发生不止一次了"。"不止"含有超过、不仅限于某一范围之义。例文标题显然应该用"不止"。

| 特别提示 |

"不止"还解释为持续不停，如"泪流不止""傻笑不止"。

33. 部署—部属

《新棉即将上市：质监系统部属打假工作》：在新棉即将上

市之际,国家质检总局在青岛召开全国棉花质量监督工作会议,要求全国纤检机构全力加强今年新棉的质量监督、专项打假和公证检验工作。

"部属"与"部署"是一组很容易混淆的词语,例文标题中的"部属"就用错了。

"部属"是名词,即部下、下属。如"上司应学会充分调动部属工作积极性"。"部署"是动词,意思是安排、布置。如"部署各项工作""战略部署""部署了一个团的兵力"等。例句说的是质监机构安排质量监督、打假等工作,自然应用"部署"。

| 特别提示 |

"部署"是书面语,日常口语中用"安排"即可。另外注意"部署"不能写成"布署"。

34. 猜忌—猜疑

作为一对近义词,"猜忌"和"猜疑"常常被人混淆,以致造成语言错误。

《我国交通厅长进入事故多发期,多少钱决定多大权》……特别是这两件系统内部人人都可能猜忌的工程,法院判决的结果果然证明张昆桐在其中拿了好处。

"猜忌"的意思是怀疑别人对自己不利而心怀不满,"猜忌"的行为主体和指向对象都必须是人。"猜疑"指怀疑、起疑心,对人对事不放心,既可对人也可对事。另外,"猜忌"有不满或忌恨之义,而"猜疑"则没有这层意思。

例文说的是人们对某个"工程"中的问题心存怀疑,并没有说这其中的问题会对自己产生什么不利,显然从句义和使用对象上都不适合用"猜忌"这个词。例句中的"猜忌"宜改为"猜疑"。

| 特别提示 |

"猜嫌"即"猜忌",区别在于"猜忌"兼可用于书面语和口头语,"猜嫌"则主要用于书面语。如宋代司马光《涑水记闻》:"君臣之间两无猜嫌,上下相安,不亦善乎?"

35. 财政—财务

两份通告还就香港媒体对周正毅财政状况的有关报道进行澄清……另外,周正毅还向该公司董事会确认"其并无任何财政困难"。

例文中的"财政"用得程度稍重,宜改为"财务"。

"财政"指的是政府部门对资金的收入与支出的管理活动。不论是就周正毅还是其公司而言,用"财政"都是不合适的,宜用"财务"代替。"财务"指有关财产的管理或经营以及现金的出纳、保管、计算等事务。"财务"一词的适用范围比较广,机关、企业、团体、个人等都可以运用。

| 特别提示 |

"财务"勿与"财物"混淆,后者指钱财和物资,如"爱护公共财物""私人财物"等。

36. 采取—采用

中国医学院首都医院采取大剂量化学抗癌药物治疗绒癌和恶性葡萄胎,取得了显著的疗效。

例句中"采取"一词用得不妥,宜改为"采用"。

采取:采纳听取、选择施行,后面一般接的是某种政策、方针、措施、方法、形式、态度等相对抽象的事物,如"采取措施""采取强硬的态度"。采用:认为合适而使用,其后一般接材料、技术、方案、文稿等比较具体的事物,如"采用新设备""采用先进技术"。由此可见,例句应改为"采用大剂量化学抗癌药物治疗"。

| 特别提示 |

另外还要注意区分"采纳"与这一组词语的不同。"采纳"侧重于接受,一般用于意见、主张、建议等。

37. 采撷——采摘

作为两个词义基本相同的词语,"采撷"和"采摘"被混淆是很常见的。下文的"采撷"就用错了:

《采撷瓜果到京郊》:前来采撷的人络绎不绝,人们愿在充满泥土芳香的大自然中,亲手采撷果实,亲口品尝原汁原味的特瓜特果,乐趣无穷,笑声不断。

"采撷"意思为摘取、采摘,与"采摘"词义基本相同。但两个词适用的场合不同,"采撷"多用于富有诗意的书面语中,带有美好的感情色彩。如王维那首著名的《相思》:"红豆生南国,春来发几枝。愿君多采撷,此物最相思。"而"采摘"的应用场合则宽泛得多。所以,根据例句的语境,句中"采撷"换成"采摘"更为合适。

| 特别提示 |

"采撷"还有采集之义,如"书海采撷""诗文采撷"等。另外注意"撷"字的正确读音。

38. 灿然——粲然

女孩对着镜头灿然一笑,双颊露出两个可爱的小酒窝。

"灿然"和"粲然"词性和读音都相同,但词义和用法存在一定的差别,例句中用"灿然"来形容女孩的笑容是不正确的。

"灿然"的基本义是形容明亮，如艾芜《海岛上》："左边的岛屿，则真是万家灯火，通体灿然。"还可以形容花朵、服饰、文辞等华美艳丽。如张贤亮《土牢情话》："她像一片未经污染的土地，上面仍然灿然地开放着鲜花。""粲然"一词主要有这样几种含义，一是形容鲜明发光，如"星光粲然"；二是形容显著明白，如"粲然可见""粲然分明"等；三指露齿而笑的样子，如《谷梁传》："军人粲然皆笑。"范宁注："粲然，盛笑貌。"可见，例句中用来形容女孩开心地笑，应用"粲然"。

| 特别提示 |

注意"灿烂"与"灿然"的区别。"灿烂"形容光彩鲜明耀眼，如"星光灿烂""灿烂辉煌"，这与"灿然"的基本义接近。但"灿烂"没有形容文采、服饰华美艳丽的用法。

39. 苍茫—苍莽

由于读音相近，再加上对"苍茫"与"苍莽"理解不准，不少人会混淆这两个词，造成语病，请看下文：

《北国森林公园——阿尔山的苍茫林海》：阿尔山是一片绿色的土地，这里植被完好，林木森森，花草遍野，森林覆盖率达63%，林间常见的野生植物有57科190属269种。

"苍茫"和"苍莽"都是形容词，都有辽远空阔、了无边际之义，但用法有一定的区别。"苍茫"侧重的是地域边际旷远而朦胧，人的视觉不是很清楚，一般用于平原、水域、沙漠、暮色等。"苍莽"在含义上侧重指广阔无边，"莽"原指密生的草，所以"苍莽"经常用于形容森林、山岭等环境的辽阔。例文所介绍的是一片"植被完好，林木森森、花草遍野"的森林公园，显然"苍莽"要比"苍茫"更加贴合语境。

|特别提示|

"苍"既可以指青色(蓝和绿),也可以指灰白色。如"两鬓苍苍""苍松翠柏"等。

40. 苍穹—天空

"苍穹"与"天空"的区别就在于"苍穹"只适用于书面语境,如果不注意这一点,就会造成词语误用。看下文:

2002年的那次沙尘暴人们记忆犹新,苍穹由蓝变红,天地间一片混沌。大家走在路上根本不敢开口说话,除非自己想吃到一嘴的沙子。

"苍穹"即指天空、苍天,但其只适用于书面语中,不宜与"天空"换用。如黄遵宪《八月十五夜太平洋舟中望月作歌》:"搔首我欲问苍穹,倚栏不寐心憧憧。"相对来说,"天空"一词的使用范围要大得多,所以,例句中的"苍穹"宜改为"天空"。

|特别提示|

"苍穹"也可写成"穹苍"。

41. 查询—查寻

邮编查询:输入所要查找的地市(或县)的拼音的首字母进行查询即可,例如:查询上海邮编需输入 sh,其中 sh 是上海(shanghai)的拼音首字母的组合。

例文中"查询"当为"查寻"之误。

"查询"与"查寻"音同义近,很容易混淆。"查询"指调查询问,如:"我们立即向各方面展开了广泛的查询,然而,回答只有一个:没有见到这样的一位同志。"(郭鹏《刘亚生》)"查寻"指查找,如"查寻邮件""查寻电话号码""信息查寻系统"等。例句介绍的是邮编的查找,自然应用"查寻"。

| 特别提示 |

同音词还有"査巡","査巡"即巡查。

42. 搀和—掺和

《"泪眼"范伟：悲喜剧搀和一块演》

"搀和""掺和"经常被混用，很多词典的解释也是语焉不详，事实上应以"掺和"为规范字形。

"搀"是一个形声字，从手，本义是扶、牵挽。如："她搀着老奶奶过马路。""掺"则表"混合"义。因此，在表示两种东西混合在一起时，应以"掺和"为规范写法。

| 特别提示 |

同理，"搀假""搀杂""搀兑"等词应分别写成"掺假""掺杂""掺兑"。

43. 孱弱—瘦弱

同义词有时有书面语和常用语的区别，"孱弱"是书面语，"瘦弱"是常用的口头语，当然也可以用于书面，但"孱弱"却不适用于口头。不明白这一点，就会造成词语误用。下文就是一个例子：

这个孩子特别挑食，身体十分孱弱，跟豆芽菜似的，仿佛一阵风都能吹倒。

"孱弱"和"瘦弱"都可以指身体瘦小虚弱，但前者只适合用在书面语中，例句中的"孱弱"改为"瘦弱"更妥当一些。

| 特别提示 |

"孱弱"还可以指胆小怕事、软弱无能，如清代和邦额《夜谭随录·丘生》："碧衣者曰：'今不痛加惩治，彼以为我辈孱弱，必源源而来矣。'"

44. 常年—长年

《一朝荣誉，常年努力》：最高人民法院和司法部联合表彰了 100 个模范人民调解委员会，其中，崂山区王哥庄街道人民调解委员会榜上有名。多年来，王哥庄街道调委会以创建平安街镇、构建和谐社会为己任……较好地发挥了人民调解"第一道防线"的作用。

例文标题中的"常年"用得不对，作者把它和"长年"混淆了。"常年"和"长年"是人们非常容易搞混的一组近义词。《现代汉语词典》中对这两个词的解释是这样的："常年"，终年、长期；"长年"，一年到头、整年。我们分别从"常"和"长"这两个字上来推敲一下，就可以更明白这组词语的区别。"常"的意思是经常。"常年"就是指在一年或几年的这一时间段内，事情发生的频率比较高，如"常年帮助老人""常年出差"都是侧重指事情经常发生。"长"则表示持久，"长年"就是说一年到头、好多年都是如此，侧重指时间的长期性。概括地说，"常年"强调频率的经常，"长年"强调时间的久长。所以，例文标题中的"常年"理应改为"长年"。

| 特别提示 |

"常年"还指平常的年份，如："今年 9 月份全国平均气温 17.2 度，比常年偏高 0.9 度。"

45. 沉静—沉寂

在 21 世纪初，早已沉静多年的病原微生物给人类世界带来了不小的波澜。

这里的"沉静"用得不对。"沉静"是形容词，指环境安静，也用于形容人的性格沉稳、文静，或心情、神色等安详。如"夜幕下的小山村格外沉静""她是一个温柔而沉静的小姑娘"。该词只能用于人或环境。"沉寂"有两层意思,一是指十分寂静,二是指消息全无。"沉寂"多用于环境和消息。

例句显然是在说"病原微生物"很长时间以来没有消息,所以,用"沉静"不妥,宜改为"沉寂"。

| 特别提示 |

注意"沉静"与"沉浸"的区别。

46. 陈述——陈诉

"陈述"和"陈诉"都有说出来、告知的意思,但各自表达方式和内容都不相同。不能认清这种区别,就会造成词语误用。

受害者母女二人在法庭上含泪陈述了犯罪嫌疑人令人发指的罪行。

"陈述"是指有条有理地陈说、叙述,"陈述"不限定所说的内容,运用范围较广,如"陈述个人经历""陈述技巧""陈述养生秘诀"。"陈诉"则指详细列举、说明事实,所"诉"的主要是委屈、痛苦、冤情等其他不好的遭遇,以引起别人的同情或帮助。如老舍《四世同堂》:"他们有什么委屈都去向李四妈陈诉,李四妈便马上督促李四爷去帮忙。"

显然,例句用"陈诉"更准确。

| 特别提示 |

"陈诉"原也作"陈愬",现"愬"为非通用字,应以"陈诉"为规范词形。另外还要注意区分"申诉"与"申述"。

47. 称颂——称赞

由于对词语的轻重把握不当,不少人把"称颂"与"称赞"混淆,造成语言错误。下文就是较为典型的例子:

《被杨坤羽泉称颂,三里屯音乐周末登陆南京》:由太合麦田创立的"三里屯音乐"自去年接连推出了《男孩女孩三里屯音乐之酒吧歌手合辑》《三里屯音乐之男孩女孩的情人节特辑》两张翻唱合辑……羽泉则对这张唱片的创意赞赏有加:"太合麦田提供了一个让外界朋友了解酒吧歌手的好机会。"

"称颂"和"称赞"都表示赞扬,区别在于,"称颂"有颂扬之义,程度较重,一般用于功德业绩十分卓著的人。如"称颂革命英雄""称颂伟大的领袖"等。"称赞"指用语言表达对人和事物的优点的喜爱,用于一般值得表扬、夸奖的人或事。如:"班长积极帮助同学,受到老师的称赞。"太和麦田为酒吧歌手出专辑,显然还用不上"称颂"。

| 特别提示 |

表示赞扬之义的还有"称道",它的程度比"称赞"更轻一些。

48. 呈现—呈献

这本书能够呈现出来,首先要感谢于根元先生。

例句中"呈现"为"呈献"之误。

"呈现"即显出、露出,只能指某种景象或现象显露出来,不能用来表示人的出现。如:"一幅官僚家庭的黑暗而冷酷的活动影片便呈现在眼前。"(茅盾《色盲》)"呈献"中的"呈"即用此义,整个词语的意思是(把物品、意见等)恭敬地送给(某人或某集体)。如"谨以此书呈献给我的母亲"。可见"呈献"用在例句中才是正确的。

| 特别提示 |

"呈"有恭敬地送上之义,如"谨呈""呈送""呈阅"等。

49. 成心—诚心

实用中，把"成心"与"诚心"搞混的人不少，看下面的例子：

人家成心帮你，求爷爷告奶奶四处奔波，你居然不领情，这不是好心当成驴肝肺吗？

"成心"本指偏见、成见，《庄子·齐物论》："夫随其成心而师之，谁独且无师乎？"成玄英疏："夫域情滞著，执一家之偏见者，谓之成心。"现在"成心"多指存心、故意，如老舍《骆驼祥子》："这两天我不打算跟你拌嘴，你可也别成心气我！"没有存心、故意给人帮忙的说法，例中的"成心"应改为"诚心"。"诚心"指的是诚恳的心意或诚恳，如："我们国家要有很多诚心为人民服务、诚心为社会主义事业服务、立志改革的人。"

| 特别提示 |

"成心"与"诚心"的词性也不同。"成心"是副词，在句中充当状语；"诚心"可兼作名词和动词。

50. 成就—成绩

作为一对近义词，"成就"与"成绩"被人混用的现象很严重。下文就是一个例子：

有人在某些方面取得一点点成就便骄傲自满，而博学多才的人往往谦虚谨慎。这就是俗话所说的"满瓶不动半瓶摇"。

"成绩"和"成就"词义比较接近，但在程度轻重上有明显的区别。"成绩"程度轻，指工作或学习中的收获，它可以和"优秀""很差""一般"等褒贬义词搭配，是个中性词。"成就"指事业上优良的成绩，一般组合成"辉煌的成就""巨大的成就""成就突出"等词组。"成就"较正式，程度重、含褒义，且不能用在学习上。因此例句的语境更适合用"成绩"一词。

| 特别提示 |

"成就"还可以用作动词,意思是完成、造就,如"成就革命大业"。"成绩"没有这样的用法,只能作名词。

51. 迟缓——弛缓

由于理解不到位,不少人把"迟缓"混同于"弛缓",如此一来,便多有误用现象出现。下文就是一个典型例子:

考试成绩公布后,考生和家长们紧张的情绪才逐渐迟缓下来。

"迟缓"和"弛缓"都是同义复词,区别就在"迟"与"弛"上。"迟"即缓,意思都是慢,"迟缓"指缓慢、不迅速,如"老人的动作十分迟缓"。"弛"的意思是松开、松懈,而"缓"也有放松、松弛之义,所以"弛缓"就是和缓、舒缓的意思,常用于心情、气氛、局势等。显然例句中的"迟缓"改为"弛缓"才对。

| 特别提示 |

注意"弛缓"不要写成"驰缓"。

52. 充分——充足

该市有关部门近日对生猪生产供应市场监测显示……生猪存栏量达 180 万头,其中母猪存栏恢复到 20 万头,市场供应充分。

"充分"与"充足"词义接近,但同中有异,不能混用,例文中的"充分"就用得不对。

"充分"表示足够,一般用于抽象事物,如"理由不充分""准备工作不充分"等。"充足"意思是多到能满足需要,多用于具体事物,如"光线充足""经费充足""时间充足""物资充足"等。另外,"充分"还有尽量、完全之义,如"充分利用有利条件""充分调动人民的积极性"等;而"充足"则没有这样的用法。

例句说的是生猪市场供应不匮乏,应当用"充足"。

| 特别提示 |

"充分"不要写成"充份",后者是异形词,应以前者为规范词形。

53. 充斥—充溢

另一方面,为了维持和增进社会公共利益,必须予以强化的社会规制和经济规制,却由于这样或那样的原因未能切实实施和展开,以致假冒伪劣产品充溢市场、坑蒙拐骗嚣张、环境污染蔓延、社会治安动荡等现象在部分地区、部分领域依然未得到很好的解决。

例文中的"充溢"一词用得不妥,建议改为"充斥"。

"充溢"和"充斥"都有充满的意思,区别就在于两个词语的感情色彩不一样。"充溢"的意思是充满洋溢,一般用于褒义。如"这首小词充溢着江南的田园情趣""孩子们的脸上充溢着甜美幸福的笑容"。"充斥"意思是到处都塞满,含有厌恶之义,主要用于贬义。如《左传·襄公三十一年》:"敝邑以政刑之不修,寇盗充斥。"巴金《除恶务尽》:"大量的毒草充斥市场,多少读者和观众被引上了歧途。"例文说市场上到处都是假冒伪劣产品,应当用"充斥"来表示。

| 特别提示 |

这两个词的近义词是"充满",该词在褒贬语境中都可以使用。

54. 酬谢—报答

作为一对近义词,"酬谢"与"报答"被人混用的概率颇高。下文就是典型的例子:

这些被救助的失学孩子纷纷表示,一定要用优异的成绩来酬谢帮助自己的好心人。

"酬谢"和"报答"都有表示感谢之义，但使用范围不一样。"酬谢"指的是用礼物、金钱等表示谢意，如："有拾到本人证件并归还者，本人一定重金酬谢！""报答"意思是用实际行动来表示感谢，运用范围比较广，可以兼指物质与精神上的回馈。如"我们要报答父母的养育之恩"。显然例句中用"报答"才对。

| 特别提示 |

注意与"答谢"的区别，其意思是受了别人的好处或招待，表示谢意。

55. 出笼—出炉

"出笼"一词常常被误用，原因就在于没弄清该词的感情色彩，将其用在了中性甚至褒义的语境中。下面的新闻标题就犯了这样的错误。

《香港高校内地高招计划出笼，学生可获永久居留权》

"出笼"本义指将蒸制的东西从笼屉中取出，用作比喻义时是贬义词，指囤积居奇的货物大量出售、通货膨胀时货币大量发行、坏的作品发表或伪劣产品上市等。"出炉"本义指将烘烤、冶炼的东西从炉中取出，其比喻义是新产生出来的。

例句说的是香港高校积极吸纳内地优秀生源，这怎么也不能说是坏事，题中"出笼"一词用得不妥，可改为"出炉""出台"等。

| 特别提示 |

依据两个词的本义，"刚出笼的面包""刚出炉的馒头"的说法是错的。

56. 出生—出身

在实用中，把"出身"与"出生"搞混的人不在少数，但二者不能混为一谈。看下面的例子：

深圳有一批出生贫寒、自食其力的打工族，他们一边节衣缩食，一边把大部分积蓄投到股市里，做着在股市中发大财的美梦。

"出身"旧时指做官时最初的资历，如"进士出身""武举出身"等，现在一般指个人早期的经历或由家庭经济基础所决定的身份。而"出生"含义很浅显，就指胎儿从母体中生出来。显然例句中说"出生贫寒"是错误的，应改为"出身贫寒"。

| 特别提示 |

"诞生"也指出生，但使用场合要正式一些。另外"诞生"还可以比喻新事物的出现，"出生"没有这样的用法。

57. 处事—处世

"为人处世"常常被人们错误地写成"为人处事"。"处事"与"处世"含义并不相同，不能混为一谈。

为人处事是每个人终生必修课，尤其年轻人在当今交往频繁、人际关系复杂的社会里更是如此。

"处事"指的是处理事务；而"处世"的意思是在社会上活动，与人交往相处，常说的"为人处世"即指待人接物。例文讲的是如何应付世情、如何与人相处，自然应该用"处世"才对。

| 特别提示 |

还有一个同音词——"处士"，需要注意区别。"处士"原来指有才德却隐居起来不愿意做官的人，后来则泛指没有经历仕途的读书人。

58. 处治—处置

实用中,由于没有认真辨析,把"处治"与"处置"混淆,犯下语言错误的人不少。

新来的助理小江勤快好学又有礼貌,遇到一些棘手的事情也总是能很妥善地处治好,所以得到了大家一致的认可。

"处治"含义单一,即指处分、惩治,对象一般是违法犯罪者。如郭沫若《孔雀胆》:"那么殿下,请你处治我的诳报军情之罪。""处置"指发落、惩治时,同"处治";但"处置"还有安排、处理之义,如鲁迅《书信集·致王育和》:"平复兄捐款,我不拟收回,希寄其夫人,听其自由处置。"而例句中用得正是"处置"的后一种意思,因此句中的"处治"应改成"处置"。

| 特别提示 |

"处置""处治""处理"中的"处"都读三声。

59. 传颂—传诵

实用中,搞不清"传颂"与"传诵"区别的人很多。下文就是较为典型的例子:

《岳阳楼记》是其传颂千古的名作……全文记叙、写景、抒情、议论融为一体,动静相生,明暗相衬,文辞简约,音节和谐。

"传颂"指辗转传布颂扬,如"人们传颂着这个感人的英雄事迹"。"传诵"也有辗转传布称道的意思,"如传诵英雄事迹",这一点与"传颂"差别不大。但"传诵"还有辗转传布诵读之义,如"这些经典文章都被广泛地传诵",专门用于修饰诗文,这层意思是"传颂"所没有的。例文中要传布的是诗文,因此应改为"《岳阳楼记》是其传诵千古的名作"。

| 特别提示 |

同音词还有"传送",指将物品、消息、声音等从一处传递到另一处。

60. 舛误—错误

成绩优秀的学生似乎都有这样一个习惯,就是将每次考试中出现过的舛误摘录在笔记本上,并做好分类和标注。复习时经常拿出"错题本"温习,事半功倍。

"舛误"用在上例中不合适,宜改为"错误"之类的词语。

"舛误"指差错、谬误,多用于书面语中,且只指文字、历史、事实等方面的差错、谬误,不能用于其他的错误(不当的行为等)。如《隋书·王劭传》:"劭具论所出,取书验之,一无舛误。"蔡元培《致〈新青年〉记者》:"政学会演说,报纸所载有漏脱,有舛误。"相对而言,"错误"一词的使用范围要大得多。学生在考试中出现的差错,并非文字、历史、事实方面的差错,所以改用"错误"为宜。

| 特别提示 |

"舛"音 chuǎn。

61. 创建—创见

媒体对安意如《陌上花开缓缓归》一书的评论褒贬不一,有的不屑一顾,斥之为垃圾商业文字。有的则大力吹捧,言其对魏晋南北朝诗词的研究很有创建。

例句中"创建"分明是与"创见"搞混了。

"创建"的意思是创立,如"创建了新的文学流派""创建杂志"等。"创见"则表示独到的见解,如"毛泽东对文化建设极有创见"。例句改为"对……很有创见"才说得通。

| 特别提示 |

"创建"既可以指创立学校、工厂、杂志等,还可以用于文学流派、文风、思想潮流等。"创办"只能表示开始办工厂、学校等实体性的东西。

62. 淳厚—醇厚

鲁菜中有一道经典的"开水白菜":高汤历练,文火焙烘,再滗去沉淀,看似清澈见底,但所有精华都浓缩在汤水中,口感淳厚,回味无穷。

例句中的"淳厚"应为"醇厚"之误。

"淳厚""醇厚"有所区别。"淳厚"指的是敦厚质朴,用来形容人的忠厚老实,如杜鹏程《保卫延安》:"这位天才的军事家像普通劳动人民一样质朴、淳厚。"在这个意义上"淳厚"与"醇厚"相通。但是"醇厚"还有一个含义,就是指滋味、气味等纯正浓厚,如"酒香醇厚""咖啡香浓醇厚"等。"淳厚"没有这种用法。因此例句中的"口感淳厚"应改为"口感醇厚"。

| 特别提示 |

"纯朴"同"淳朴",表示民风、性格等诚实、朴素,没有"醇朴"一词。

63. 纯美—醇美

"纯美"和"醇美"也是容易被混淆的一对近义词,许多人搞不清它们的区别,以致产生误用。看下文例子:

他那纯美浑厚的男中音,给人们带来巨大的艺术享受。

"纯美"和"醇美"虽然都含有"美"这个语素,但它们的词义和修饰对象都是有差别的。"纯美"意思是纯洁美丽,多用于民风、心灵、感情等,如"心灵纯美"。"醇美"意思是纯正甜美，多用于口感、嗓音等，如"音色醇美"等。上面例文说的是歌手的音色好，当用"醇美"才对。

| 特别提示 |

注意"纯正"一词。"纯正"一指纯粹，如"口音纯正"；二指纯洁正当，如"动机纯正"。

64. 词汇—词语

"词汇"和"词语"虽然不是同一个范围内的概念，但在实用中，仍有不少人把二者混淆。看下文：

在我看来，陈道明这个二十多年来持续引起关注的电影演员，已经成为我们这个时代集体记忆的一部分。从这个意义上说，"陈道明"已经成了一个词汇，就像改革开放、个性解放、下海等词一样，成为我们理解昨天的关键词之一。

"词汇"指一种语言中或某一范围内所使用的词语的总称，如"汉语词汇""英语词汇""法律专业词汇"等。"词汇"作为一个集合概念显然是不能表示具体的、个别的词或词组的。"词语"指词和词组、字眼，其适用范围要比"词汇"宽泛得多。

结合上下文，句中的"已经成为一个词汇"可以改为"已经成为一个象征性词语"。

| 特别提示 |

"词汇"不要写成"辞汇"。

65. 磁器—瓷器

《冠绝古今之中国磁器名窑：中国汝瓷》……汝窑以烧制青釉瓷器著称。

上例标题和正文中分别出现了"磁器""瓷器"两种写法，

到底哪一个才是正确的呢？

现代汉语中的"磁""瓷"二字分工明确，"磁"指物质能吸住铁、镍等金属的性能；"瓷"则指用高岭土烧成的一种质料，比陶质细腻，硬而脆。如"瓷瓶""瓷砖"等。因此，应以"瓷器"为通用字形。

| 特别提示 |

"磁器口"分别指北京市东城区的一个地名和重庆西嘉陵江畔的一个著名古镇，注意不要写成"瓷器口"。

66. 次序—秩序

"次序"和"秩序"是汉语中最容易被混淆误用的一对词语，虽然二者有着本质的差别。看下文：

《讲究卫生遵守公共次序是公民的基本教育》：社会的文明程度高低从人们行为的两个方面就可以反映出来，一、人们是否讲究卫生；二、人们是否遵守公共次序。

"次序"指事物在空间或时间上排列的先后，如《水浒传》："见空中数行塞雁，不依次序，高低乱飞。"《红楼梦》："倒底分个次序，让我写出来。""秩序"则指有条理、不混乱，符合社会规范化状态，如"维持秩序""社会秩序"等。由此可知，凡牵涉到规范化状态，都要使用"秩序"，而不能使用"次序"。

例句中的"公共次序"改为"公共秩序"才是正确的。"公共秩序"也称社会秩序，指为维护社会公共生活所必需的秩序。

| 特别提示 |

"次序"在古文中有作动词的用法，意思是调节、安排，如《史记·乐书》："令侍中李延年次序其声，拜为协律都尉。"

67. 窜改—篡改

"窜改""篡改"这一组词语被混用的情况非常常见。下面例文使用的几处"窜改",都有问题。

《台湾外籍神父修女连署抗议日本窜改教科书》:日本新教科书窜改二次大战有关南京大屠杀、慰安妇等重大史实,引起中国、韩国相继提出严正抗议。

"窜"有改动(文字)之义,如"点窜"(删减修改)、"窜定"(修补改订)、"窜益"(改动和增益)等。"窜改"的意思就是对成语、古书、文件、文章等作文字上的改动,如郭沫若《关于大规模搜集民歌》:"书上有些比较可靠的民间歌谣,虽然不多,但很可贵。因为它是第一手的资料,不是经过窜改的。""篡"字释作非法夺取,"篡改"很明显是一个贬义词,指用作伪的手段改动原文或歪曲原意(经典、理论、政策、历史等)。日本肆意改动教科书,企图歪曲历史真相,自然应当用"篡改"一词。

| 特别提示 |

因为与"窜"字组合的词语基本都带有贬义,如"窜犯""窜扰""抱头鼠窜"等,人们便很容易把"窜改"误解成贬义词。事实上"窜改"是中性词,使用时应注意这一点。

68. 措施—办法

"措施"和"办法"词义相近,但适用语境不同。如果不能准确辨析这一点,就会造成误用。看下文:

大家都开动脑筋,谁想到好的解决措施请立刻向班长汇报。

"措施"指针对某种情况而采取的处理办法。"办法"指处理事情或解决问题的方法。二词含义大体相同,区别在于,"措施"常用于比较大的事情,一般用在书面语中,如通告、公文、法律文件等。"办法"一词的使用范围比较广泛,既可用于口语,也可用于书面语;既能用于大事,也能用于生活琐事。从例句的语境看,显然用"办法"替换"措施"更准确。

| 特别提示 |

"措施"的量词一般用"项","办法"则主要用"个"。

69. 大义——大意

在具体运用中,把"大义"与"大意"相混淆的颇有人在。看下面的例句:

再次阅读整篇文章,尝试归纳整篇文章的主旨大义。

"大义"意思为深奥的道理或代表正义的道理,如"微言大义""深明大义"等。"大意"一指(文章、话语)主要的意思,如"段落大意";二指疏忽、不注意,如"粗心大意"。例句要说的是文章的主要意思,应该用"大意"。

| 特别提示 |

"大义"在古汉语中还可以表示婚姻,如:"既欲结大义,故遣来贵门。"(《玉台新咏·古诗为焦仲卿妻作》)

70. 胆略——胆量

"胆略"一词的内涵要比"胆量"丰富,有些人不理解这一点,以致造成混淆误用。

四季里面,唯有一个夏季,穿起鞋子来,可以肆无忌惮地夸张,只要有胆略,真是什么样的凉鞋都可以勇往直前地穿到脚上招摇过市。

"胆略"指胆识与智谋,如《三国志》:"公瑾雄烈,胆略兼人。"魏巍《东方》:"没有对貌似强大的敌人敢于藐视的英雄胆略,没有对人民群众创造力的深刻信念,怎么能够作出这样的决定呢?"而"胆量"则没有智谋之义。

"胆略"不但要有胆量,更要有谋略。把这个词用在女性夏季穿凉鞋一事上,显然是不合适的。根据句义,句中"胆略"宜改为"胆气"或"胆量"。

| 特别提示 |

"胆略"一词含有褒义,用时应注意语境。

71. 淡泊—淡薄

虽然很久没见,但两人的感情并没有因此而淡泊。

"淡泊"与"淡薄"并不是同音异形词,它们各有所指。例句中的"淡泊"使用不当。

"淡泊"指对名利淡漠、不重视。如"非淡泊无以明志,非宁静无以致远。"(诸葛亮《诫子书》)"淡薄"一词的含义比较丰富,主要有以下几点:一、(云雾等)密度小,如"大雾渐渐地淡薄了"。二、(酒、食物)味道不浓,如"这酒的口感太淡薄"。三、(感情、兴趣)不浓厚,如"感情淡薄""对高尔夫球的兴趣淡薄"。四、(印象)因淡忘而模糊,如"印象非常淡薄了"。例句中表示的是感情的不浓厚,显然用"淡薄"才是正确的。

| 特别提示 |

"淡泊""淡薄"在古汉语中都有家道清贫的意思。例:"家私产业,仍是祖宗流传的,甚是淡泊。"(《梼杌闲评——明珠缘》)"代儒家道虽然淡薄,倒也丰丰富富完了此事。"(《红楼梦》)

72. 到达—达到

"到达"和"达到"虽然只是颠倒了一下位置,但词义却有区别。不了解这一点,就会导致误用,看下文:

然而，李民却没有兑现诺言。时间在流逝，王梅的忍耐也逐渐到达了极限。

"到达"指到了某一地点或阶段，如"火车将于下午六点到达南京"。毛泽东《实践论》："认识的真正任务在于经过感觉而到达于思维。""达到"即"到"，多指抽象事物或某一程度，如"达到改善的目的""达到国际先进水平"等。

例句中"忍耐的极限"是人的心理状态，是抽象的事物，用"达到"更合适。

| 特别提示 |

"达到"可以说"达得到""达不到"；"到达"没有这样的说法，与"到达"相对的有"没有到达""尚未到达"等。

73. 诞辰—生日

虽然"诞辰"和"生日"的词义相同，但二者在用法上还是有区别的。

下月一号是妈妈五十岁的诞辰，我们全家决定好好为妈妈庆祝。

"诞辰"与"生日"同义，区别在于"诞辰"是书面语，并且只能用于身份比较尊贵的、值得人们尊敬的人。如郭沫若《洪波曲》："这一天是孙中山的诞辰，我们在操场上还举行了一个纪念会。"表示一般人的出生日，用"生日"即可。

| 特别提示 |

"诞"读音为 dàn，意思为出生，如"诞生""诞辰"；也作生日，如"寿诞"；还有虚妄的、荒唐的之义，如"荒诞""怪诞"。

74. 诞辰——诞生

把"诞辰"当成"诞生"使用的情况比比皆是,并大有以讹传讹之势。因此有必要详加辨析,以正视听。看例句:

例一:在纪念周总理诞辰八十周年的日子里,吴吉昌……
例二:《纪念刘少奇同志诞辰百周年大会在京举行》

"诞辰"是名词,指所尊敬的人的生日,如"今日是鲁迅先生的诞辰";"诞生"是动词,指出生,如"她诞生在战乱岁月"。

误用"诞辰"最常见的就是例句所示的"××诞辰××周年"形式。从语法上看,这种用法存在严重语病。"诞辰"是名词,因此,它不能带补语,只能把数量短语放到"诞辰"之前进行限定,也就是说,只能说成"××周年诞辰"。事实上,许多人都把"诞辰"当成动词"诞生"使用了。

| 特别提示 |

"诞生"只能用于人,或喻指国家、组织等,不能用在动物身上。

75. 得宜——得益

《上海变成现代主场,沈祥福:进球得宜于赛前训练》:昨晚,北京现代队在上海八万人体育场以 2 比 0 战胜了上海国际队……能够战胜上海国际,很大程度上要得宜于比赛之前的针对性训练。

例文混淆了"得宜"与"得益"这一组词语。这两个词读音接近,但词义和词性都不相同。

"得宜"是形容词,意思是得当、适宜,如"旗袍剪裁得宜""健康保养得宜""学习方法得宜"等。"得益"则指受到利益、得到好处,如"得益匪浅""财产得益人"等。例文说的是现代队能够获胜是受益于比赛前的针对性训练,显然文中的"得宜"应当改为"得益"。

| 特别提示 |

"得宜"是形容词，后面不能接介词。

76. 登陆—登录

网络兴起以来，"登陆"和"登录"这两个原来不易混淆的词语误用率大大增加，下面两则例文都犯了这样的错误。

例一：据了解，学校党政领导经常登陆BBS论坛了解学生的思想动态，专职学生工作干部都注册有自己的个人账号，并经常登陆论坛与学生进行沟通。

例二：他们可以免费登陆社区教育网站，网站里有电子图书、青少年健康知识，当然还有动画片。

"登陆"意思是渡过海洋或江河登上陆地，可特指作战的军队登上对方的陆地，或比喻商品打入某地市场。如"台风登陆""诺曼底登陆""惠普最新款笔记本电脑即将登陆北京市场"。"登录"原义是登记、列入、记载，现在引申为注册，即计算机用户输入用户名和密码，以取得计算机网络系统的认可。因此网络报刊常见的"注册登陆""登陆邮箱""登陆论坛"等说法都是错误的，均应将"登陆"改为"登录"。

| 特别提示 |

"登陆""登录"二词被媒体混用的现象非常普遍，必须认真区分开来。一些网站为了避免犯错，干脆就用"登入"，表示"登记进入"，也算正确。

77. 地力—地利

都城所在，人口骤然增多，赋税也空前加重，只有充分发挥地力，争取单位面积的最高额产量，农民才能生活，也才可以养活不从事农业劳动的"权贵"及其一伙。

例文中的"地力"用错了,应为"地利"。

"地利"指土地有利于种植作物的条件,如"充分发挥地利,提高产量"。沈约《劝农访民所疾苦诏》:"相亩辟畴,广开地利。""地力"则指土地肥沃的程度,如"多施基肥,增加地力"。"地力"作为一种"程度",只会提高或降低,与是否"充分发挥"没有关系。例句中的"充分发挥地力"改成"充分发挥地利"才是正确的。

| 特别提示 |

"地利"还可以指地理的优势,出自《孟子·公孙丑下》:"天时不如地利,地利不如人和。"赵岐注:"地利,险阻,城池之固也。"

78. 缔造—建造

作为一对近义词,"缔造"和"建造"经常被人混淆,造成语言错误。下面就是较为典型的例子:

我要返回的吕作平的家,是老姨夫亲手帮忙缔造的。

例句中的"缔造"用法不当。

"缔造"意思是创立、建立,一般用于伟大的事业,指示对象通常是相对抽象的概念,如"缔造欣欣向荣的国家""缔造和平与繁荣的21世纪"。"建造"指建筑或修建,指示的对象通常是具体的房屋、花园等。

例句中的"缔造"指向的是"吕作平的家",显然不合适,宜改成"建造""修建"等词语。

| 特别提示 |

缔,读音为dì,有创立之义,注意不要读错写错。

79. 典范—典型

德国犹太医生组织是一家致力于医学伦理道德的组织，该组织正准备与以色列巴以兰大学和以色列医学组织合作，共同为新医生进行医生和伦理道德知识方面的培训，并计划建造一所图书馆，其中包括对历史上反面医学典范约瑟夫·门格勒做全面的介绍。

上文中"反面医学典范"的说法不当。约瑟夫·门格勒，纳粹战犯，"二战"时奥斯维辛集中营的一名医师，他曾进行种族和血缘研究和令人发指的活人人体试验。这个被人们称为"死神"的人，如何能够成为"典范"？

"典范"指可以作为学习、仿效标准的人或事物，是一个褒义词，凡是称为"典范"的都是正面的、合乎规范的，不能用在坏人、坏现象上面。"典范"容易和"典型"混淆。"典型"指的是具有代表性的人物或事件，它属于中性词，用在褒贬语境中均可。"典范"强调好的东西可以作为榜样、楷模（"范"字释义），"典型"侧重指人或事情具有代表性。很明显，例文的"典范"应改为"典型"。

| 特别提示 |

"典型"兼有名词和形容词两种用法，"典范"只能作名词。

80. 典雅—高雅

2004年岁末，在不到一年的时间里。这家旗舰店正式开业。吴宗恩亲自主持了开幕庆典，她举止典雅大方，言谈间笑语盈盈。

"典雅"与"高雅"的修饰对象不同。"典雅"的意思是优美不粗俗，一般用于文章、建筑、雕刻等艺术作品。如"词句典雅""风格典雅"等。"高雅"与"猥琐粗俗"相对，意思是高尚雅致，多形容人的言谈举止中所透露出来的良好教养和高尚情趣。例句中的"举止典雅"应改为"举止高雅"或"举止优雅"。

| 特别提示 |

"高雅"也可指高超雅正(与"平庸邪恶"相对),如"格调高雅""韵律高雅"等。

81. 掉转—调转

虽然有时候"掉转"与"调转"能够通用,但不能把二词等同使用,因为"调转"词义比较丰富,不了解这一点就会造成误用。看下文:

工作掉转申请表已经交给了领导,希望能尽快批复。

"掉转"和"调转"都可以指向相反的方向改变,如"掉转身子""调转船头"。但是"调转"还可以表示工作等调动转换,而"掉转"是不可以这样用的。例句中的"掉转"当改为"调转"。

| 特别提示 |

"调换"与"掉换""调头"与"掉头""调包"与"掉包"都可以换用,但"调动"不能写成"掉动"。

82. 渡过—度过

《动物园里动物宝宝渡过清凉一夏》:炎热的夏季已经来临,省气象台已经连续发布了高温橙色预警信号,动物园里的动物宝宝们将如何渡过这炎炎夏日呢?

例句中"渡过"用得都是不对的。

"渡过""度过"各有所指。"渡过"原指从此岸到彼岸,现在泛指空间上的经过或比喻意义上的通过(危机、困难等),如"渡过鸭绿江""渡过艰难险阻"。"度过"一般指时间上的经过,如"度过假期""度过大学时光""度过一生"等。例句中动物宝宝们要"清凉"地过完夏天,是时间上的过程,应该用"度过"才对。

|特别提示|

"欢度春节""共度中秋""海边度假""度日如年"等均表示时间上的经过,其中的"度"不能写成"渡"。

83. 对换—兑换

由于对"兑换"一词理解不深,不少人把它写作"对换",这是典型的混淆误用。

《淘宝可本外币自由对换,洗钱者弹冠相庆》

"兑换"指用证券换取现金或用一种货币换取另一种货币,如"兑换现金""用人民币兑换英镑"等。"对换"则指相互交换、对调,如"对换座位""对换工作岗位"等。例句中显然应当用"兑换"。

|特别提示|

这里还需注意"兑现"不能写成"对现"。"兑现"指凭票据向银行换取现款,也比喻实现诺言。

84. 堕落—坠落

《随钢筋水泥从 10 米高空堕落》:由于盖梁下面的钢模松动,7 名工人从 10 米高的空中随钢筋水泥一起跌落地上,其中 3 人重伤、4 人轻伤。

这是一则新闻,标题中的"堕落"一词用得不对,作者明显将其与"坠落"混淆了。

"堕落"与"坠落"的词形很接近,又都有同一个语素"落"字,因此比较容易被人们搞混。"坠落"即落、掉,如"陨星坠落""飞机冒着黑烟,坠落在大海里"等。"堕"字单独解释有落下、掉下之义,同"坠落",但组词成"堕落"时,词义就变成了(思想、行为)往坏里变;道德方面下落至可耻或可鄙的程度，如杨沫《青春之歌》："一个人政治上一后退，生活上也必然会腐化堕落。"可见"堕落"和"坠落"是不能混用的。

从例句的内容看，标题中的"堕落"自然应是"坠落"，另外标题成分不全，应在"随钢筋水泥"前加上"工人"之类的词语。

| 特别提示 |

"堕"字还可以读作"huī"，同书面语的"隳"，意思是毁坏。

85. 敦厚—厚实

××卫生湿巾使用柔软敦厚的无纺布制成。

"敦厚"，指忠厚、笃厚诚实。比如《灵枢·逆顺肥瘦》："其端正敦厚者，其血气和调。"多用来形容人的品性，比如"温柔敦厚""质朴敦厚"等。说"无纺布"柔软是无可厚非的，但是说它"敦厚"就属于用词不当了。例句可以将"敦厚"改成"厚实"。

| 特别提示 |

在使用词语的时候，要注意使用的对象。

86. 讹传—讹舛

"讹传"和"讹舛"是常被人搞混的两个词语，因此有必要详加辨析。先看一个较为典型的例子：

这批摩崖石刻的文字内容对研究我国交通、水利、科技、书法艺术的发展，尤其是研究汉隶演变，具有重大的意义，它弥补了史书的缺漏，校正了史书的讹传，堪称一部重要的石刻文献，为国家一级文物。

"讹传"与"讹舛"的含义并不相同。"讹传"指与事实不相符的传闻，如："这个小道消息纯属讹传，切勿轻信。""讹舛"指的是文字方面的错误，如"校订粗疏，讹舛甚多"。从例句的内容来看，用"讹舛"才是正确的。

| 特别提示 |

"讹"字的读音和写法需要特别注意。

87. 额外——格外

"额外"和"格外"经常被人混淆误用，这里做一下辨析，明确它们的异同。先看一则例句：

随着切尔西长大，她的私生活也额外被公众关注，关于她的恋爱绯闻往往是欧美各大媒体的头条新闻。

"额外"是一个形容词，指超出规定数量或范围的，如"额外开支""额外的任务"。而"格外"则是一个副词，表示超过寻常，如"格外亲热"。"额外"强调超出定额，"格外"则没有这层意思。例文作者想说的是切尔西的私生活特别受到公众的关注，所以改用"格外"才合适。

| 特别提示 |

《水浒传》中有这样一句："他是额外之人，方显化，极是灵验。"这里的"额外"意思为脱离红尘，此义现已弃用。

88. 发奋——发愤

"发奋"与"发愤"读音相同，意思也十分相近，因此常被人混淆误用，看下面的例句：

《夏衍的两次发奋》：（夏衍说）："有一次吴晗、翦伯赞在谈明朝朱元璋的故事，我插了一句嘴，大概讲了一句外行话，被吴晗痛损了几句，说：'你还当文化部长呢，这一点都不懂！'当时我觉得一方面惭愧，一方面发奋用功：每天抽出一个钟头念《二十四史》，看《资治通鉴》。"

"发奋"意思是振作起来，强调精神由萎靡不振向奋力自强转变的状态，如"发奋努力""发奋有为"；"发愤"则指决心努力，强调由于精神受到某种刺激而产生的内在动力，如"发愤图强"。"发奋"适用范围广，既可以指个人，也可以指团体或国家；"发愤"只能指个人。夏衍决心"恶补"历史知识，原因是被行家嘲笑，受了刺激，感觉十分惭愧，而非一开始浑浑噩噩，经此事才振作起来用功。因此，文中的两个"发奋"都应改为"发愤"才对。

| 特别提示 |

　　"发奋"还可以说成"奋发"，如"奋发努力""奋发图强"；而"发愤"是不可以反过来说成"愤发"的。

89. 发扬—发挥

　　在实际运用中，把"发扬"和"发挥"混淆误用的人大量存在，看下面的例句：

　　"文革"最大的特点就是把人性中的恶发扬到了极致。

　　"发扬"指发展和提倡（优良作风、传统等），如"发扬正气""发扬民主""发扬艰苦奋斗的精神""将奉献精神发扬光大"等。"发扬"是一个褒义词，它所指向的必须是经人们认可的事物。"发挥"有两层含义：一、把内在的性质或能力表现出来；二、阐发，把意思或道理充分表达出来。

　　例句说将"人性中的恶"发扬到了极致，既不合"发扬"的词义，感情色彩也不统一。用"发挥"更恰当。

| 特别提示 |

　　"发挥"也指宣传，如周素园《贵州民党痛史》第三篇第八章："开设报馆，发挥本社（自治社）之主张。"

90. 发泄—宣泄

不能辨析"发泄"和"宣泄"指示对象的差别，是很多人混淆误用这两个近义词的重要原因，看下文：

这时候，他们已经不单单是在看比赛，而是在发泄一种长久以来积压在内心深处的怀念故国和家乡之情。

"发泄"，尽量发出，指示对象多为情欲或不满情绪等，主体一般是人，比如："发泄兽欲，发泄私愤。""宣泄"意思为舒散吐露、泄露，也有排放泄出积水之义，比如"宣泄爱国激情""洪水宣泄"。"宣泄"要比"发泄"的词义内涵丰富，适用范围也较大。

例句用"发泄"来描写海外游子内心深处怀念祖国和家乡的感情，显然不合适，应改为"宣泄"。

| 特别提示 |

"发泄"具有一定的贬义色彩，如"发泄不满""发泄私愤"。

91. 法治—法制

"法治"与"法制"是我们在中学政治课本上就能接触到的名词，不过人们在使用过程中还是经常将其混淆。看例句：

我们的祖国是一个法治健全、民主、和谐的社会主义国家。

"法治"即依据法律来治理，与"人治"（非理性）相对。"法制"广义上是法律制度的简称，法律制度是统治阶级按照自己的意志通过政权机关建立起来的，包括法律的制定、执行和遵守，是统治阶级实行专政的方法和工具。可以说，"法治"就是用"法制"去治理。只有"法制"，才有所谓"健全"或"疏漏"。理解了"法治"与"法制"的区别后，下面这些词组的含义就很好区分了。"法治社会"即依据法律来治理的社会，"法制社会"即有法律制度的社会；"法治观念"即不依据人的主观意志而是根据法律制度来治理的观念，"法制观念"即遵守法律法规的意识。例句中的"法治"应改为"法制"。

| 特别提示 |

法制（狭义）：指一切社会关系的参加者严格地、平等地执行和遵守法律，依法办事的原则和制度。

92. 凡响—反响

虽然词义上完全没有关联，但作为读音相近的一对词语，"凡响"和"反响"还是被不少人混淆误用。看下文：

《阎世铎自传引球迷强烈凡响，称该书披露足坛内幕》

"反响"指事物所引起的意见、态度或行动，如徐迟《哥德巴赫猜想》："早在他的论文发表时，西方记者迅即获悉，电讯传遍全球。国际上的反响非常强烈。""凡响"则指平凡的声响、音调，比喻平庸的作品、水平一般的事物。"凡响"一般都与否定词连用，如"不同凡响""非同凡响"等都是形容某人或某事物达到不平凡的境界。很显然，例句应改为"引球迷强烈反响"。

| 特别提示 |

"反响"原来还指声音反射回来，但现在该义基本已经不用。如："（王耀勋）说了便有一个声音反响过来。"（胡也频《到莫斯科去》）

93. 反应—反映

"反应"和"反映"的使用频率很高，是一对经常被人混淆误用的词语。有必要对其认真辨析，以求准确用词。看例句：

央行行长周小川9日表示，人民币走势反应了市场供求状况，这是一件好事。

"反应"一指化学变化，二指机体对外界环境的改变或刺激而产生的对应变化。"反映"一指把情况、意见等告诉上级或有关部门，二指反照，比喻把客观事物的本质表现出来。"反应"与"反映"的词义不同，词性也不同。前者是名词，表状态；后者是动词，表动作。人民币升值贬值是一个表面的现象，它的走势必然有其本质原因。所以例句应该改为："人民币走势反映了市场供求状况。"

| 特别提示 |

下面这则新闻标题可以很好地帮助大家理解"反应"与"反映"的区别："贵州154个监测中心药品不良反应立即反映"。

94. 范围—领域

"领域"与"范围"含义比较接近，因此常常被人混淆误用。其实，这两个词语还是有区别的。看例句：

他们的谈话领域很广，包括哲学、科学、政治等多个方面。

"范围"指周围界限，如"工作范围""活动范围""考试范围"等。"领域"指学术思想或社会活动的范围，如"思想领域""自然科学领域"等。这两个词语的区别主要有两点：一、"领域"一词的使用范围比"范围"狭窄，它只能用在学术思想或社会活动方面；二、"领域"的语气更加郑重，一般用在书面语或很正式的场合中。例文中语气比较随意，探讨的不能确定是严格的学术问题，把"领域"换成"范围"更恰当。

| 特别提示 |

"领域"还可以表示一个国家行使主权的区域；"范围"在书面语中还指限制、概括，使用时多加注意。

95. 妨害—妨碍

《"六食"妨碍健康》：吃零食、偏食、暴食、快食、烫食、咸食，直接妨碍人体对营养的摄取，从而对人体健康产生不利影响，应尽量避免。

例文标题中的"妨碍"应改为"妨害"才正确。

妨害：有害于，如"酗酒妨害健康"。妨碍：使事情不能顺利进行；阻碍。如："自习室里要保持安静，不要妨碍其他同学学习。""妨害""妨碍"的区别在于："妨害"强调害处，后面一般接名词；"妨碍"强调障碍，后面需接动词或短语。例文正文中说："吃零食、偏食……直接妨碍人体对营养的摄取。"这里"妨碍"用得不错。但标题中说"妨碍健康"就不对了，应改为"'六食'妨害健康"或"'六食'妨碍健康的保持"等说法。

| 特别提示 |

注意"妨碍""妨害"中的"妨"意思是阻碍、伤害，不能写成"防守"的"防"。

96. 仿造—仿照

作为一对音近词，"仿造"和"仿照"经常被人混淆，以致造成严重的误用。看下面的例句：

我们可以仿造外地的普遍做法，对高新技术企业、高新技术产品的所得税可以先征后返，或者以科技项目名义一次性给予补助。

"仿造"指模仿一定的式样制造，对象一般是具体的事物，如："iPod Shuffle 仿造品售价仅为真品的七分之一。""仿照"则指模仿参照，照用已有的方式方法，对象大多是抽象事物。可见，例句应改为"我们可以仿照外地的普遍做法"。

|特别提示|

"仿造"也可以用来表示模仿例句、例文的格式或用词来写新的句子、文章。

97. 飞跃—飞越

按说,"飞跃"与"飞越"有着较大区别,本不该混淆。可在实用中,混淆误用的却不乏其人。

《不平凡的路虎——可以飞跃黄河穿越山岭》

"飞跃"指事物从旧质到新质的转变,比喻突飞猛进,多用于比较抽象的事物,如鲁迅《三闲集·文艺与革命》:"社会停滞着,文艺决不能独自飞跃。"也可指飞腾跳跃、腾空跳跃,如"小麻雀在树林中飞跃"。"飞越"则指飞着从上空越过,词义十分明确,如"柯受良驾车飞越黄河"。

"飞越"与"飞跃"区别明显,例文中的"飞跃"换成"飞越"才是正确的。

|特别提示|

"飞越"在书面语中还可以比喻为飞扬,如"心神飞越"。

98. 废黜—废除

弘德殿上书房传来琅琅读书声,同治帝几乎每天都这样苦读……他早已知道自己是大清国的第十位皇帝,自己将来的任务就是治理国家,完成先皇临终遗命,收复失地,废黜屈辱条约,重振祖宗家业。

例文混淆了词语"废黜"与"废除"。

"废除"与"废黜"读音接近,都有使原有的人、事物失去作用之义,但指示对象方面有较大的差别。"废黜"指罢免、革除(官职)或取消王位、废除特权地位等。如:"杨孝政上书谏曰：'皇太子为小人所误，宜加训诲，不宜废黜。'"（《隋书·房陵王勇传》）"废除"则谓取消、废止，一般用于法令、法规、制度、条约等。如"废除奴隶制""废除现有的宪法""废除不平等条约"等。

例句中的"废黜屈辱条约"显然应当改为"废除屈辱条约"。

| 特别提示 |

"废黜"是书面用语，不适用于日常口语中。另外注意"黜"字的正确读音和写法。

99. 废置—废止

因为"废置"和"废止"都含有废弃的意思，许多人便误以为两个词可以通用。但这种想法是错误的，看下文：

土地增值税一度曾因计算方法相对复杂等原因，几乎遭致废置，而今再度被提上日程，也是受大势影响。

"废置"指将认为没用的东西搁置在一边，一般用于具体事物，如"废置了很久的烤箱""回收废置家电""废置的钢材"等。"废止"意思是取消、不再行使，多用于法令、法规、制度、条例等抽象事物。例句说的是"土地增值税"几乎被取消，自然应当用"废止"。

| 特别提示 |

古文中"废置"常指帝王的废立和官吏的任免，如《周礼·天官·大宰》："三曰废置，以驭其吏。"郑玄注："废犹退也，退其不能者，举贤而置之。"

100. 分辩—分辨

"分辩"与"分辨"虽然含义不同，但因字形很相似，十分容易混用。

《真假本本扑溯迷离，小黑 T43 行水难分辩》

"分辩"指的是为了消除误会、指责而进行辩白，说明事情的真相。如："人证物证俱在，还有什么好分辩的呢？""分辨"意思是区分辨别，如"分辨真假币""分辨是非黑白"。例文说的是奸商较多，消费者辨别 T43 行水货比较困难，显然标题中的"分辩"应改为"分辨"。（另，"扑溯迷离"中的"溯"为错别字，应改成"扑朔迷离"）

| 特别提示 |

"辨析""辨认""辨别力""明辨是非"等词语中的"辨"都不能写成"辩"。

101. 纷纭——纷纷

那年秋天，千利休的儿子在院子里打扫落叶，千利休在旁边看见说："没有打扫好……"千利休走过去，摇动整个树干，一时间落叶纷纭，满地金黄。千利休说："打扫好了。"

例文中的"落叶纷纭"，这种说法不妥，"纷纭"宜改为"纷纷"。"纷纭"指的是（言论、头绪、事情等）多而复杂，如"众说纷纭""思绪纷纭"等。"纷纷"则指（往下落的东西、言论等）多而杂乱。如"纷纷暮雪下辕门，风掣红旗冻不翻""落叶纷纷""议论纷纷"等。"纷纭"不能用来形容自然物体的落下，例句宜改为"一时间落叶纷纷，满地金黄"。

| 特别提示 |

"纷纭"在古文中有"纷云"的写法，属于借字，今应以"纷纭"为规范字形。

102. 否决——否定

"否决"和"否定"都有"否"的意思，但二词也有明显区

别,不认真辨析,会导致误用而影响表达。看例句:

虽因同行相嫉,他"文革"时期的力作几乎全部被否决,但他的职业生涯与功名之途,算是顺利的。

"否决"指在议案表决或其他意见、计划进行审批时表示否定的态度,如"否决议案""否决权"等。该词有着特殊的指向对象,只能用于会议的议案或下级的请示。"否定"是指不承认事物的存在或事物的真实性,也可表示否认,其修饰的范围较为宽泛。

例句说的是"力作"不被别人认可,用"否决"显然是不合适的,宜改为"否定"。

| 特别提示 |

"否决"一般用在比较正式的场合中,使用时应注意语体色彩。

103. 肤浅—浮浅

在使用的时候,不少人只注意到"肤浅"与"浮浅"含义的相似性,而忽略二词各有侧重,以致造成误写误用。看下文:

他这个人特别肤浅,整个一个纨绔子弟,同事们没一个看得上他的。

"肤浅"意思是局限于表面、不深刻,侧重于指学识、观点、认识、理解、体会等的浅薄和不深刻。"浮浅"指轻浮、浅薄,侧重于指人性格不稳重、不踏实,缺乏内涵及修养。弄清了二者的区别,也就明白例句用"肤浅"形容人的性格是不合适的,用"浮浅"显然更恰当。

| 特别提示 |

一些介绍化妆品的文章中用"肤浅"来表示人的肤色较浅或指淡化肤色,这种借用不足取。

104. 伏法——服法

《前火箭状元认罪伏法，桑普森将服刑两个月赔 30 万》

上例标题太过夸张，"服刑两个月"如何能说成是"认罪伏法"？

伏法：罪犯被执行死刑。只能用于被执行死刑的罪犯身上，而不能用于被判非死刑的罪犯。如："《请家教为名绑架女大学生，杀人碎尸凶徒今伏法》：湖北省武汉市中级人民法院依法对绑架犯沈洪保宣判死刑，将其押赴刑场，执行死刑。"服法：服从法院判决。例文标题中的"伏法"显然应改为"服法"。

| 特别提示 |

"服法"还是口服药剂等服用方法的简称，如"中药汤剂的 10 种服法"。

105. 服饰——服装

"服饰"和"服装"是很容易被混淆误用的一对近义词。看下面的例句：

例一：对现代女性而言，长裤是最能表现她们干练帅气的服饰。
例二：面试时一定要穿大方得体的服饰。

这两例中，"服饰"一词的使用都不准确，使用"服装"显然更为合适。"服饰"不单指衣服，它包括人的衣着和身上的装饰，如"服饰淡雅""服饰华美"。"服装"是衣服鞋帽的总称，一般专指衣服。例一将"长裤"说成"服饰"，范围太大了，应改为"服装"。例二"穿""服饰"显然是不合适的，也应改"服饰"为"服装"。

| 特别提示 |

"服饰"的范围大于并包括"服装"，二者有不同的使用限制。

106. 扶植—扶持

作为一对读音和语义都比较相近的词语,"扶植"和"扶持"经常被人混淆误用。看下面的例句:

老人膝下无子无女,老伴去世后,生活全靠远房侄子尽心扶植。

"扶植"的意思是扶助培植,一般用于上对下或强对弱的培植。如:"晚清时,列强扶植傀儡政权,企图瓜分中国。""扶持"指的是扶助、护持、照料,如:"堂上阿奶仗汝扶持。"(清·袁枚《祭妹文》)显然"扶植"一词不符合例句的语境,将其改为"扶持"就说得通了。

| 特别提示 |

"扶植"不能写成"扶直"。

107. 抚养—扶养

"抚养"和"扶养"是极容易被混淆的一对近义词,实际中误用二词的人比比皆是。

昨天,记者走进了老人的家,倾听了一个身世凄凉的老人独力抚养两个弃婴和一个孤寡老人的故事。

例句说主人公"抚养"弃婴是对的,而"抚养"比自己大的老人就不合适了。

"抚养"和"扶养"区别在于,"抚养"侧重关心爱护并教育培养,只能用于长辈对晚辈;"扶养"侧重扶助、供养,泛指对有亲属关系的人提供生活扶助,包括对长辈、晚辈和平辈,适用范围广。例句应改为"抚养两个弃婴并扶养一个孤寡老人"。

| 特别提示 |

还有一个词——"赡养",它的意思是供给生活所需,特指子女供养父母、晚辈供养长辈。

108. 父辈—父亲

由于概念不清,不少人把"父辈"与"父亲"相混淆,造成令人费解的语言错误。

女儿欣喜若狂,我也露出了从未有过的做父辈的笑容。

"父亲"是一个相对于自己子女的个体;而"父辈"泛指与父亲同辈的亲友,这是一个集合概念。例句中用"父辈"来代替"父亲",犯了概念混淆的语言错误,"做父辈的笑容"应改为"做父亲的笑容"。

| 特别提示 |

"父辈"是同一个辈分的人的泛指,包括母亲。注意:没有"母辈"的说法。

109. 富裕—富余

《首钢搬迁,六万富裕人员再就业可享"优惠税收政策"》:四月二十七日,针对首钢集团重工业基地迁出首都的计划出台及首钢六万余名富裕人员和下岗工人面临再就业问题,北京市石景山地方税务局落实再就业优惠税收政策,勉励首钢人勇于再就业,开创新生活。

这则新闻让人看了疑问重重。首先看标题,首钢有六万"富裕人员"?这"富裕"的标准如何界定?再看正文,"富裕人员"为何又要和下岗工人一起"面临再就业问题"?原来是作者把"富裕"和"富余"这两个词混为一谈了。

"富裕"指(财物)充裕,"富余"意思为足够而有剩余。"富裕"强调富有,一般只能指金钱财物;"富余"则侧重指剩余,指示对象比较宽泛,如时间、空间、人员、事物等。例文中六万余名将与下岗工人一起面临再就业问题的人员,并非是"财物充裕"的人,而是在首钢集团搬迁后不再被企业所需要的"剩余人员。所以，标题和正文中的"富裕"全部改为"富余"才是正确的。

| 特别提示 |

"富裕"也可作动词，意思是使富裕，如"加快发展农业建设，富裕农民"。

110. 刚刚——刚才

"刚刚"和"刚才"都含有过去不久的意思，很多人容易混淆。例如：

今天我大老远跑到了你们这儿，没想到一来就遇上了刚刚的事儿。

"刚刚"与"刚才"的区别可以从几方面看：首先，从词性上看，"刚刚"是副词，强调的是不太长的时间以前；"刚才"是表示时间的名词，指刚过去不太长的时间。其次，二者在句中的位置不同。"刚刚"必须用在动词之前，而"刚才"一般位于主语前，有时也位于主语后。再次，二者所强调的内容不同。"刚刚"是句子的主要信息，而"刚才"后面所引出的内容才是句子所要强调的主要信息。

从上面的分析我们可以知道，例句犯了将时间副词当成时间名词来使用的错误，属于词性的误用，应该把"刚刚"改成"刚才"。

| 特别提示 |

"刚刚"除了表示时间不长外，还常表示空间、数量等正好或勉强达到某个标准。如"人员刚刚够"。

111. 割断——隔断

虽然"割断"与"隔断"词义有相当的差别，但作为一对读音相近的词语，二者还是经常被人混淆误用。看下文：

原本正规的两居室被房东用三合板割断成大小不等的7间小屋，然后再按单间的价格高价出租。

"割断"指用有刃的器截断、切断，或比喻为通过人为干预使……分开或分隔（多用于抽象事物），如"割断绳索""割断历史""血缘关系是无法割断的"等。"隔断"指用分隔物（如墙）把……分成几部分或把一个结构（如房屋、房间或围栏）的一部分同另一部分分开，如《红楼梦》："探春素喜阔朗，这三间屋子并不曾隔断。"三合板不可能"割断"房屋，例句中的"割断"应改为"隔断"。

| 特别提示 |

"隔断"也可作名词，指用来把屋子空间分隔开的遮挡的东西。

112. 各别—个别

中国足协关于中超第二轮各别场次转播表变更通知：……原定上海东方电视台将转播中超第二轮上海申花与山东鲁能比赛将不再进行现场直播。

这是一则通知，其中的"各别"一词用得不对，作者显然将其与"个别"混淆了。

"个别"不同于"各别"。"个别"指的是单独、单个，如"个别解决""个别谈话"；也指极少数、少有，如"这种现象是极个别的"。"各别"的意思是各不相同、各有分别，如"中国八大菜系，风味各别"。"各别"还有特别的意思。很明显，"各别"和"个别"不能混用，例句中的"各别"应换成"个别"。

| 特别提示 |

还应注意"个人"与"各人"的区别。"个人"指一个人（与集体相对），如"个人应服从集体安排"；"个人"还可作自称，

指"我",如"个人认为这个方案比较合理"。"各人"指每一个人,如:"各人的东西还得各人操心。"(赵树理《田寡妇看瓜》)

113. 公布—颁布

"颁布"虽然含有"公布"之义,但决不能把两个词简单等同,否则就会犯严重的语言错误。看下文:

市教育局颁布了此次全市高三学生摸底考试计划,考试将于三、四、五月份分三次进行。

"颁布"指公布(法律、法令、条文)等,主体一般是国家政府机关或人民团体,执行的主体和指示的对象都是特定的,如"《甘肃省建设工程造价管理条例》颁布实施"。而"公布"意思是公开发布、向公众说明,一般用于方案、计划、账目、通知等。例句中"学生摸底考试计划",显然应该用"公布"。

| 特别提示 |

"深圳颁布内地首部警察法典大案第一时间公布"这则新闻标题中的"颁布""公布"就用得非常准确,可以帮助我们更好地区分这组近义词。

114. 攻读—工读

"攻读"与"工读"词义大不相同,绝不能混用。看下面的例句:

三年前小雨来到北京开始攻读生活,一边挣钱一边念书的路走得很艰难,但小雨咬着牙坚持了下来。一想到明年就能取得本科文凭,她的心情就灿烂无比,所有的挫折和烦恼都烟消云散了。

"攻读"侧重点是"攻",强调努力地读书或钻研某一门学问,如:"他让爷爷给寄来了好多的中医医书,刻苦攻读。"(袁静

《伏虎记》)"工读"一词在词形上就暗示了它的词义,它是工作与读书的结合体,意思是以本人劳动的收入来供自己读书,现在多指半工半读或勤工俭学。"工读"是一种以工助学的求学方式,与例句所要表达的意思完全相符,因此句中的"攻读生活"应改为"工读生活"。

| 特别提示 |

"公读"则指当众朗读,如:"宋楚瑜公读祭文:炎黄子孙不忘本,两岸和平一家亲。"

115. 工夫—功夫

"工夫"与"功夫"是常被人们混淆误用的一对词语,看下文:

《中国茶燃脂工夫一级棒》:吴至行医师在研究中指出,茶叶萃取物可能会加强热能产生,促进脂肪氧化及 24 小时的热量耗损率,刺激脂肪水解并抑制胰脏脂解酵素的活性,因而会影响人体内的脂肪量。

"工夫"指的是占用的时间或空闲的时间,如"三毛用了九个月的工夫就学会了德语""明天要是有工夫我们一起去游泳"。"功夫"意思是花费时间、心思、精力或指某方面的本领、造诣和素养,如"李小龙让中国功夫名扬海外"。例文讲的是茶叶的燃脂本领很强,因此应该用"功夫"。

| 特别提示 |

在表示为了达到某个目的而花费很多的时间和很大的精力时,一般说"下工夫""费工夫",而不用"功夫"。

116. 工效—功效

作为一对读音相同的词语,"工效"和"功效"常常被人们混淆误用。其实,这两个词的词义差别还是很明显的。看下面的例句：

　　其实喝茶除了有益健康之外，泡过的茶叶敷脸还有消炎、祛斑、收缩毛孔的工效呢。

　　"工效"指的是工作效率，如："这种复眼照相机已用于印刷制版和大量复制大规模集成电路中精细的显微镜，大大提高了工效和质量。"（《眼睛与仿生学》）"功效"则指事物或方法发挥的有利作用，多指功能、成效，如"牛奶有安神补钙的功效"。例句写的是泡过的茶叶有消炎等作用，明显应该用"功效"才对。

| 特别提示 |

　　"工效"指的是工作的效率，不能理解成工人的劳动效率。

117. 公证——公正

　　由于读音相同，本来不该混淆的"公证"与"公正"，现在也常被人混用。看例句：

　　《缓刑两年阿姆自觉判决很公证》：阿姆因为在底特律非法携带枪支而被判刑，但缓期两年，携带相信法庭的判决十分公证。除此以外，阿姆还要交纳2500美元罚金、接受心理治疗和吸毒测试。

　　"公证"是一个动词，有特定的含义，指被授以权力的机关（如公证处）根据当事人的申请，依照法定程序对法律行为或具有法律意义的事实、文件确认其真实性和合法性的活动。如"出生公证""遗嘱公证""合同公证"等。而"公正"是个形容词，它的意思是公平正直，没有偏私，如"为人公正""公正的评价"等。例句中说"很公证""十分公证"，首先从语法上来看，"公证"作为一个动词不可能受程度副词的修饰；再结合文章的内容，就可以看出显然是作者把"公证"与"公正"混淆了。

| 特别提示 |

"公正"还是一个复姓,清王士禛《池北偶谈·谈异三·少正》:"古代以官为氏者,有公正。"

118. 供献—贡献

"供献"与"贡献"完全不是一回事,虽然读音相同,但不能混淆。可是,实践中还是有很多人用错。看下文:

部长亲自接见了来自全国各地的劳模们,感谢他们为社会主义现代化建设做出的杰出供献。

"贡献"有两种含义,作动词时,指拿出物资、力量、经验等献给国家或公众,如"为祖国贡献自己的力量";作名词时指对国家或公众所做的有益的事,如"做出了杰出的贡献"。"供献"则指供奉神佛祖宗或供奉神佛祖宗的物品,如"供献神灵的瓜果"。"贡献"以前也可当"供献"用,如:"人们在这一天,都得恭恭敬敬地去向'玉皇上帝'叩头行礼,贡献祭品,祈求上天降福消灾。"(马南邨《燕山夜话》)但现在"贡献"与"供献"已经有了明确的分工,不宜再换用,例句显然应改为"作出的杰出贡献"。

| 特别提示 |

使用"贡献"一词时,应注意程度轻重,程度较轻的语境中,用"帮助""作用""功劳"等就可以了。

119. 勾通—沟通

虽然只有一字之差,但是"勾通"与"沟通"不但词义有别,而且感情色彩也大不相同,所以不能混淆,否则就要出笑话了。看下文:

《吴建豪、安七炫组合进军歌坛,语言勾通靠英语》

"勾通"是一个贬义词,指暗中串通,如:"他们狼狈为奸、里外勾通,干了不少伤天害理的事情。""沟通"原指开沟以使两水相通,后泛指使两方相通连,也指交流彼此的意见,属中性词。如"沟通南北的大运河""沟通思想""语言沟通"等。例句"勾通"一词应改为"沟通"。

| 特别提示 |

"勾通"只能用于人、组织、国家之间。"沟通"既可以用于人,也可以用于动物或其他事物,如"宠物也需要沟通和关怀"。

120. 故居——旧居

近义词"故居"和"旧居"经常被人混淆误用,看例句:

那是我童年的故居……故居近山,山峦青翠,鸟语花香;故居傍溪而建,因而拥有了一溪绕村而流的碧蓝。

"故居"和"旧居"虽然都表示从前居住过的房子(或地方),但适用对象不同,不能混用。"故居"特指已故者从前的住处,如"鲁迅故居""老舍故居"等。"旧居"则指旧时的住处,多用于健在的人。由此可见,绝对不存在自己说自己"故居"如何如何的情况。根据例文的语境,宜将"故居"改为"旧居"或"旧宅"。

| 特别提示 |

"故居"一词含有一定的褒义色彩,一般是供后人参观纪念的。因此"故居"不宜用于坏人。

121. 顾忌——顾及

由于对音近词"顾忌"和"顾及"理解不准,不少人在使用时常把两个词弄混。

《"氧气美少女"厉娜忙专辑宣传，无暇顾忌身体》

"顾忌"的意思是恐怕对人或事情不利而有所顾虑，如"无所顾忌""毫不顾忌"等。"顾及"则指注意到、照顾到，如"无暇顾及""顾及脸面"等。例句中的"无暇顾忌身体"显然应改为"无暇顾及身体"。

| 特别提示 |

"顾忌"不宜说成"忌顾"。

122. 怪癖—怪僻

因为"怪癖"和"怪僻"的读音相同、词义接近，所以常常被人混淆误用。看下面的例句：

寒山是个寺僧，怪僧，曾隐居天台山寒岩，因名寒山。寒山的诗写得很美，而脾性又十分怪癖，常常跑到各寺庙中望空噪骂，和尚们都说他疯了，他便傻笑而去。

"怪癖"与"怪僻"词性不同。"怪僻"是形容词，指古怪而罕见的，多用于形容人的性格、举止，如："张文的爷，是前清的举人，脾气极怪僻。"（庐隐《灵海潮汐》）"怪癖"是名词，指古怪的癖好，如："这是我从生下来就有的怪癖。"（端木蕻良《早春》）例文说的是寒山性格很怪异，以至于别人都说他疯了，显然应改为"脾性又十分怪僻"。

| 特别提示 |

"乖僻"指性情古怪、异于常理，只能作形容词。

123. 关于—对于

作为常用的一对关联词，"对于"和"关于"被混淆误用的现象很严重。看下文：

采访开始前，劳动与社会保障局的局长给了我一份《对于解决下岗职工再就业问题》的材料。

"关于"与"对于"的用法区别主要有以下几点：一是"关于"与"对于"的作用不同。"关于"表示关联、涉及的事物，侧重指明范围；"对于"表示对待关系，侧重指明对象。二是"关于"与"对于"组成的介词短语在句中的位置不同。"关于"组成的介词短语作状语，通常放在主语前面；而"对于"组成的介词短语作状语时，放在主语前后均可。"关于"组成的介词短语可以当标题，而"对于"组成的介词短语一般不能当标题。

例句中"对于解决下岗职工再就业问题"应改为"关于解决下岗职工再就业问题"。

| 特别提示 |

"关于"和"对于"，有时可以互换，如："关于（对于）这个问题的处理，谁有不同意见？"

124. 贯串—贯穿

"贯穿"和"贯串"是很容易被混淆的一对近义词，实际中误用现象颇为严重。看下文的例句：

辩证规律贯串于万事万物之间，这是我们所熟知的。

"贯串"与"贯穿"都是动词，都可以带宾语，它们都可以表示穿过一种东西或一系列事物，从一端直通到另一端。虽然如此，这两个词所指对象还是有差别的，"贯串"侧重于贯连，强调一样东西把事物的各部分或把一系列事物贯连起来，所指对象较具体；而"贯穿"侧重于贯通，强调一样东西贯通事物的各部分或贯通一系列事物，所指对象较抽象。上文所述对象为抽象的"辩证规律"，所以应当使用"贯穿"。

| 特别提示 |

与这两个词近义的还有"贯通"。贯通:(对思想、学术)全面而透彻地了解;连接沟通。

125. 灌注—贯注

作为一对同音词,"灌注"与"贯注"被人混淆误用并不鲜见。看下文:

明朝的王阳明、陈白沙反对读书,把"静坐"当成获得"良知"的捷径,导致明朝学子心浮气躁,专一爱做翻案文章,哗众以取宠。所以,清朝的朴学又反过来把精力全部灌注在对经典的训诂与考据上。

灌注:用液体浇灌、注入,如"把铁水灌注到沙槽里""把心血灌注在孩子身上"。贯注:将精神、精力集中,如"全神贯注""把精力贯注在考前冲刺上"等。这两个词有不同的指示对象,不可混用。可见,例文中说清代朴学学者集中精力于经典的训诂和考据工作,应当用"贯注"。

| 特别提示 |

"贯"有贯通、贯穿之义,"贯注"也可以表示文章、讲话等语意或语气的连贯。

126. 规划—计划

"规划"与"计划"是一对经常被人混淆的近义词,只有搞清它们的区别与联系,才不至于犯错。看例句:

暑假即将到来,同学们应该提前做一个规划,好让自己两个月的假期过得充实又有意义。

"规划"和"计划"都表示事先拟定的行动的内容、方法、步骤等。它们的不同在于,"规划"比较正式,指比较全面的长远的发展计划,具有全局性和远瞻性,如"十年规划""人生规划"。"计划"更侧重于眼前的事情,指示对象比较具体,如"考前复习计划""旅游计划"等。例句说的是学生为暑假生活做一个安排,自然应用"计划"。

| 特别提示 |

"规划"和"计划"都可以当动词用,表示做规划、做计划。如:"党风建设工作,必须全面规划。""先计划,再行动。"

127. 鬼怪—诡怪

五岁的小雁粤已可独立阅读短小文章。爷爷的邻居家中藏书数千,尤以科幻、恐怖、推理小说居多,小说中的鬼怪、悬念和奇异的情节吸引了小雁粤。

"诡怪"和"鬼怪"的词义、词性均不相同。"诡怪"是形容词,意思是奇异怪诞,如"神秘诡怪""诡怪荒谬""非凡诡怪的艺术魅力"等。"鬼怪"是名词,即鬼和妖怪,如"妖魔鬼怪""世上并无鬼怪"。例文说"鬼怪……的情节","鬼怪"明显是作形容词来用的,改为"诡怪"才正确。

| 特别提示 |

另外"悬念"用得也不对,宜改为"充满悬念",并移至"奇异"之后。

128. 国是—国事

针对美国白宫表示胡锦涛访美行程并非"国是访问"一事,中国外交部发言人秦刚 23 日一再强调是"国是访问",但在面对国际媒体关心胡锦涛访美具体行程时则没有进一步说明,连胡锦涛将于 4 月中旬的哪一天出访都未做回应。

"国是"与"国事"是比较容易混淆的一组词语。上例作者就明显搞混了。

　　"国是"与"国事"并非同义词,它们在词义范围上有一定的区别。"国是"专指国家的大政方针,如"国家领导人与政协委员共商国是"。"国事"指国家大事、政事,也可泛指一切与国家有关的事情,它的使用范围比"国是"宽泛得多。如"进行国事访问""议论国事""家事国事天下事,事事关心",等等。"国是"与"国事"的区别还有二者的语体色彩不同,"国是"具有庄重、严肃的色彩,一般用于书面语中;"国事"既可用于书面语,也可用于口语。根据例句的语境,句中"国是"一词显然应改为"国事"。

| 特别提示 |

　　"国是"与"国事"语法功能不同,"国是"只能在句中充当主语或宾语的成分;"国事"除此以外还可以充当定语,如"国事访问""国事文书"等。

129. 过渡——过度

　　"过渡"与"过度"被人混淆误用的现象很严重,看例句:

　　办公离不开电脑的上班族更应注意视力的保护,最好每隔一个小时就起身休息片刻,用眼部按摩、眺望远处等方式让眼睛得到充分的休息。如果长时间盯着电脑屏幕,很容易就会因为用眼过渡而导致视力不断下降。

　　"过渡"指事物由一个阶段或一种状态逐渐发展变化而转入另一个阶段或另一种状态,如"过渡时期""过渡地带"等。"过度"则指超过一定的限度,如"劳累过度""过度兴奋""悲伤过度"等。例句中的"用眼过渡"显然应是"用眼过度"。

| 特别提示 |

"过渡"与"过度"的词性也不相同,"过渡"是动词,"过度"是形容词。

130. 核计—合计

在实际运用中,混淆"核计"与"合计"的人不少。看下面的例句:

这件事情咱们几个人得好好核计一下,别太快做决定。

"核计"与"合计"虽然读音相同,但词义区别还是明显的。导致混淆误用,多半因为对词义不够理解。"合计"主要有三个意思:一指合在一起计算、共计,如"四小组合计三十二人"。二指盘算,如"她心里老在合计这件事"。三指共同商量,如"大家合计这事儿该怎么办"。"核计"一词的含义比较单一,就是指核查计算,如"核计成本"。显而易见,例句中的"核计"应改为"合计"。

| 特别提示 |

"合计"表商量、盘算时,可以说"合计合计","核计"则没有这样的说法。

131. 合拢—合龙

在报刊中,把"合龙"误为"合拢"的现象相当严重,对这两个词的词义和用法有必要认真辨析。看下面的例句:

《雅亮大桥合拢,预计今年十月通车》:9月22日零点,海南目前最高的公路桥正式合拢,预计该大桥在今年10月底即可竣工通车。

"合龙"是一个专用词,修筑堤坝或桥梁等时从两端施工,中间的一段叫龙口，最后从中间接合，这就叫做"合龙"。而"合拢"的使用范围就比较广泛了，它可以泛指事物闭合、聚集到一起，如"眼皮合拢了""几路人马最终合拢到一起"。例文中讲大桥即将完工，很明显应该用"合龙"才对。

| 特别提示 |

"合拢"可以反过来说成"合不拢"，如"妈妈乐得嘴都合不拢了"。"合龙"则没有这样的用法。

132. 洪大—宏大

由于词义相近，"洪大"和"宏大"二词常被人们混淆。其实，这两个词还是有差别的。看下面的例句：

这次的高校联合演出规模洪大，反响空前热烈。

"洪大"和"宏大"虽然都有"大"的意思，但所指对象不同。例句中说"规模洪大"是不对的。

洪大：声音大而响亮，如"洪大的钟声"，这个词一般只用来修饰声音。宏大：规模巨大、志向宏伟，如"场面宏大""宏大的志愿""宏大的建筑群"等。可见，例句中的"演出规模洪大"应改为"演出规模宏大"。

| 特别提示 |

没有"鸿大""弘大"的说法，用时应注意避免。

133. 囹圄—囵圈

如果一个人是为了救我而身陷囹圄，但我眼睁睁地见他死，能救却不救，我将无颜再苟活在这个世界上。

例文中的"身陷囹圄"应是对"身陷囵圈"的误用。

"囵圈"也作"囵圈"，即监狱。《礼记·月令》：(仲春之月)

"命有司，省囹圄，去桎梏。""身陷囹圄"说白了就是坐牢、被捕。"囫囵"乍一看与"囹圄"很相似，但是含义却完全不一样。"囫囵"意思是完整、整个儿的，比如我们最熟悉的"囫囵吞枣"，就指把枣整个儿地吞下去，比喻学习等方面不加分析，含糊笼统地接受；还有"囫囵觉"，则指整夜不被惊醒的睡眠。

| 特别提示 |

"囹圄"这个词除了词形需要正确掌握之外，读音也要特别注意，读成 líng yǔ。

134. 忽然—突然

很多人在实际运用中，容易将"忽然"和"突然"相混淆。比如：

这话来得太忽然，与当时的时代环境完全不符。

这是某年高考试卷上的一道辨析例句的题目。"忽然"与"突然"都有变化快、出乎意料的意思，但二者的词性不同。"忽然"指时间短促、变化迅速，是情态副词；"突然"有突如其来之义，是形容词。"突然"可用程度副词修饰，可作谓语，可作宾语，可作定语，还可作补语。但"忽然"不能充当谓语或谓语中心语，因此不能用"太"来修饰。例句误将副词当成形容词使用了，应该将"忽然"改为"突然"，在句中作补语。

| 特别提示 |

作为情态副词的"忽然"，一般用于句首，如："忽然，天下起了雨。"

135. 花序—花絮

由于读音相同，不少粗心人把"花絮"误写为"花序"。

我们同时在东方宽频的网站里面有节目的点播,有幕后花序,有选手的 blog,还有自己的原创、翻唱、有自己网络的 fans 团……

"花絮"与"花序"词义相去甚远,误用多半因粗心大意所至。"花序"指花在花轴上排列的方式,分有限花序和无限花序两大类,前者如聚伞花序,后者如总状花序、穗状花序等。"花絮"则比喻各种有趣的零碎新闻,多用作新闻报道的标题。如萧乾《未带地图的旅人》:"联络官每天都举行新闻发布会,但'透露'的都是些花絮,诸如三巨头午餐席上的菜谱。"例句中的"幕后花序"显然应改为"幕后花絮"。

| 特别提示 |

"花絮"的本义是轻柔的花朵,如柳永《迷神引》:"时觉春残,渐渐飘花絮。"现在该义已不常用。

136. 化装—化妆

我的手包里随时带着一个化装盒,里面只是一些化装基本用的东西,有假睫毛、黑色的眼线膏、眉影,还有一支粉色的唇膏……我从专业化装师那学到了很多东西,但我个人认为,只有自己才真正知道如何让自己更漂亮。

例文中的几个"化装"显然都应该改成"化妆"。

"化装"指演员为了适合所扮演的角色的形象而修饰容貌,或为了掩盖本来面目而改变自己的装束、容貌等。如"化装的道具有假发、镶牙、假胡子、眼镜等",又如"他在这出戏中将化装成一个少妇"等。"化妆"指用脂粉、唇膏等化妆品使容颜看起来更漂亮。"化妆"侧重美容,只限于头面部;"化装"侧重假扮,包括整个形体。所以说这两个词的含义并不相同,不能混用。

| 特别提示 |

与"化装"和"化妆"相应的,还有"卸装"和"卸妆"。"卸装"指装扮者卸除装饰,"卸妆"指卸除妆容(洗去脂粉口红之类)。

137. 荒乱—慌乱

虽然"荒乱"与"慌乱"有着较大差别,但在实际运用中,把这两个词搞混的人还是不少。看下文:

这个偷书贼将几本价值不菲的画册藏在了大衣里,店员走过来时,他明显露出了荒乱的眼神,但随即故作镇静地翻看杂志。

"荒乱"与"慌乱"虽然都有乱的意思,但二词修饰的对象截然不同。"慌乱"指慌张而混乱,用于形容人的心理状态、言行举止,如"内心慌乱""脚步慌乱""神色慌乱"等。"荒乱"则指社会秩序极端不安定,年荒世乱,如"社会荒乱,民不聊生"。由此可知,例句中"荒乱的眼神"应改为"慌乱的眼神"。

| 特别提示 |

"慌张""慌忙"不能写成"荒张""荒忙"。

138. 汇合—会合

报刊和网络文章中,搞不清"汇合"与"会合"的区别,混淆误用二词的现象十分普遍。看下面的例文:

《彭帅西部银行赛亮相,晏紫两周后汇合新搭档》:晏紫将在两周之后前往美国与彭帅汇合,在温网中有上佳表现的新组合晏紫/彭帅也将继续配对征战北美,温网的初次磨合也让两人很有信心在美网中再创佳绩。

"汇合"和"会合"都有聚集之义,二者的主要区别在于,"汇合"多指水流的聚合或精神、思想等抽象事物的汇聚,如

"小溪在此汇合""民众的意志汇合成巨大的力量"等。"会合"则包含了相会、见面之义,多用在人员或具体的事物方面,如:"参会人员将在此地会合,一同出发。"例文中说晏紫与新搭档彭帅集合、见面,理应用"会合"。

| 特别提示 |

注意不要将"汇合"写成"浍合"。

139. 回还—回环

"回还"与"回环"貌似不易混淆,其实不然,很多人在使用这两个词的时候,往往犹豫再三,还是搞错。看下文:

这里峰连叠嶂,层峦耸翠,茂林密布,树木深幽,飞瀑流湍,溪水回还,老树枯藤,珍禽异兽,鸟语花香,到处充满勃勃的生机和无限的神秘。

"回还"即回到原来的地方之义,如"回还故里""此行凶多吉少,怕是难以回还"。"回环"则指曲折环绕,如"小桥九曲回环""溪水曲折回环"等。例文"回还"应改成"回环"。

| 特别提示 |

"回环"同时还是汉语中的一种修辞手法,也叫"回文"。如王融的《春游回文诗》:"池莲照晓月,幔锦拂朝风;风朝拂锦幔,月晓照莲池。"

140. 霍然—豁然

"霍然"和"豁然"是经常被人混淆的一对词语,误用的根源在于对它们的理解不准确。

读了新华网这段话,霍然开朗。到底是新华社办的网站,有水平,高人多。这段话说得非常清楚,其实房价的涨和跌与穷人、小老百姓没有关系，等着国家的经济适用房就可以了。所以我就等着了，谁叫我是穷人呢？

"霍然"有两层意思，一是表示突然、快速，如："焕然雾除，霍然云消。"（司马相如《大人赋》）二是特指疾病迅速消除，如"病体霍然而愈"。而"豁然"则形容开阔、通达、坦荡，如"豁然开朗""豁然醒悟"。

| 特别提示 |

"豁"没有迅速、立即的意思，所以，"豁然一亮""豁然病愈"之类的说法都是不正确的。

141. 机体—肌体

"机体"与"肌体"是混淆程度较高的一对词语，虽然它们有区别。看下文：

每个生命肌体内部的遗传密码都是统一的。

"机体"是具有生命的个体的统称，包括植物和动物，也被称为有机体。这个词语内涵广泛，涵盖了从最低等的原始单细胞生物到最高等复杂的人类。"肌体"则指人的身体，也经常用来比喻组织机构，其词义范围较窄，有特定的所指对象。

例文中的"每个生命"，显然既包括动物又包括植物，因此应该使用"机体"。

| 特别提示 |

注意，"有机体"不是"有机物"。

142. 即将—将来

实际应用中，很多人常常误解"即将"的词性，以致把它与"将来"混淆。比如：

我们对信仰是不干涉的。只要不影响即将的企业管理和发展，我们绝不要求任何是党员的人退党。

"即将"，时间副词，意思为将要、就要。比如"儿童节即将到来"。时间副词只能作状语，不能作定语修饰名词性成分。如可以说成"即将开始""即将结束"，而不能说"即将的开始""即将的结束"。而且，"即将"是指在很短的时间内将要发生什么（事情）。"将来"也是一个时间词，但是是名词词性，指现在以后的时间，而且时间上相对长一些。

例句中应该将"即将"改为"将来"。

| 特别提示 |

大多数副词尤其是时间副词只能作状语，少数程度副词可作补语。用作定语的副词最常用的就是"非常"，除此之外，其他的副词则不能作定语修饰名词。

143. 羁留——稽留

"羁留"与"稽留"二词古意盎然，不少人喜欢使用，但由于理解不深，有的人往往把这二词混淆。看下文：

族中子弟，士农工商，各有恒业，非年高稚弱及有事羁留而在家闲游者，老成必督责焉，故族内少游惰之人。

"稽留"的意思是停留、延迟，且不分本地还是外地。如"因事稽留在家数月""这次出差时间很紧，办完公事就直接返回了，片刻都没有稽留"。"羁留"则指羁旅滞留（停留在外地）。例句中说的是"因事在家停留"，用"羁留"显然是错误的，应改为"稽留"。

| 特别提示 |

另外，"羁留"还有羁押、拘留之义，如蒲松龄《聊斋志异》："（县令）以此被参揭免官，罚赎羁留而死。""稽留"则无此义。

144. 亟待—急待

"亟待"与"急待"是一对混淆误用率很高的词语。因此，有必要对它们详加辨析。看下面的例句：

《打工妹身患重病亟待治疗，老板同事捐款助其渡难关》

有人认为"亟待"和"急待"含义完全相同，只不过前者是书面语。其实，这一组近义词用法有一定的差别。"亟待""急待"都表示急迫待办，区别在于，"亟待"强调的是意义的重要性，常指较大的事件；"急待"则侧重指时间的紧迫性。"亟待"包含问题、状态已经严重到极点的意思。如："中国事业单位改革亟待回归'公共服务'本色：（事业单位）机构臃肿，效率低下，已经难以适应目前中国市场经济的需要，严重制约了经济和社会的协调发展。"如果仅仅表示时间上的刻不容缓，应用"急待"。例句应适当修改。

| 特别提示 |

"亟"又读 qì，意思是屡次、再三，如《左传·隐公元年》"亟请于武公"，意思是屡次向武公请求。

145. 集结—结集

许多人认为，"集结"和"结集"仅仅颠倒了语素次序，词义应该是相同的。这是导致二词经常被混淆误用的根源。看下文：

作为一名图书编辑，我自然想把这些给人美好感受的文章集结出版，使读者能在精神上享受到美食和旅游的乐趣。

"集结"即聚集，特指军队等集合到某一指定地域，如"集结兵力""集结待命"。"结集"有着特殊的使用范围，指将单篇的文章集中起来，编成集子，如"结集出版"等，而不能当成一般意义上的"汇聚""集合"来用。所以，例句的语境适合使用

"结集"一词。

| 特别提示 |

"结集"是动词,不能当成名词用。

146. 汲取—记取—吸取

作为一组近义词,"汲取""吸取"和"记取"经常被人混淆误用,看例句:

孰料,仅仅不到两年的时间,他还是被车祸夺去了生命……我的这位朋友,如果他能汲取第一次车祸的教训,如果这一次他不酒后驾车,他完全可以避免这次"杀身之祸"。

上文中的"汲取"使用不当。

"汲取"和"记取"的主要区别在于,"汲取"强调在加工、提高的基础上吸取,一般用在营养、智慧、知识和他人或外部的经验上;"记取"强调的是"记",是前车之鉴,一般用于自身或内部的经验教训。所以说,例文中的"汲取"改成"记取"更妥帖。

"汲取"与"吸取"词义基本相同,只不过"吸取"在使用场合和搭配对象方面都要比"汲取"广泛。"汲取"主要用于比较文雅庄重的书面语中,常与抽象事物搭配;"吸取"则在书面语口头语中都可以使用,并且不论抽象还是具体的事物都能够搭配。

| 特别提示 |

汲,读音为 jí,本义是从下往上取水。

147. 记录—纪录

关于"记录"与"纪录"的含义及用法,不少专家都进行过辨析,但实际中混淆误用的现象依然严重。看下文:

刘翔以 12 秒 88 的优异成绩打破了尘封 13 年的男子 110 米

栏世界记录，真不愧"飞人"的称号。

"记录"指把听到的话或发生的事写下来，如"听课时最好做课堂记录"；也指这种行为的发出者，如"张亮担任会议记录"；还指这种行为的结果，如"把会议记录存档"。"纪录"指在某一限定范围内最好的成绩，如"打破世界纪录""再创新纪录"；"纪录"还是对"记录"的整理结果，是条理化的"记录"。可见例句明显用错了词语，应改为"打破了……世界纪录"。

| 特别提示 |

"纪录"还可指专门报道某一问题或事件的文艺作品，如"纪录片"。

148. 纪念—记念

在实际运用中，因搞不清"纪念"和"记念"的区别，把这两个词语混淆误用的现象颇为严重。看例句：

把这本书送给你，做个记念吧！

"纪念"和"记念"都有通过记忆或文字等方式把事物保持或记录下来的意义。但仔细考察，两个词还是有差别的，"纪念"是指用事物或行动对人或事表示怀念，其使用的场合要比"记念"多，比如"纪念币""纪念碑""纪念馆""纪念品"等。而"记念"则表示惦记、挂念之义，比如："他心里记念着家里的亲人。"也就是说，"纪念"侧重于用物或行为；"记念"侧重于心里想。另外，"记念"多作动词用，而"纪念"除作动词外，还作名词，意思是纪念品，如："这是他留给我的最好纪念。"

| 特别提示 |

"纪念日"指发生过重大事件值得纪念的日子，如国庆日、国际劳动节等。

149. 纪事—记事

"纪事"和"记事"是比较容易被人混淆的一对近义词,应当引起注意。看例句:

这不是书,只是一些零碎的纪事罢了,或是诗词、或是散文,内容大抵如此。

纪事:一般做名词,记载事实或记载某些事迹、史实的文字,一般用在书名或报纸、杂志专栏中,比较正式,如"白洋淀纪事""唐诗纪事"。记事:一般做动词,指把事情记录下来或记录历史经过,还可以表示小孩子对事物有了记忆的能力,如"那时尚年幼,还不记事儿"。可见"纪事"与"记事"的用法存在一定的差别。根据例句的句义,应该改成"这不是书,只是一些零碎的记事罢了"。

| 特别提示 |

还有一个容易混淆的词是"纪实"。"纪实"是名词,指的是对事件所做的现场报道、记录真实情况的文字(与虚构相反),如"表彰大会纪实""纪实文学"。

150. 简直—几乎

不少人在使用中把"简直"和"几乎"搞混,因为他们没有注意到二词的真正区别。

我国渔场的面积,简直占世界渔场总面积的四分之一。

"简直"是副词,表示完全如此,强调等同,语气略带夸张,如:"在你的眼中,他简直就是垃圾。""几乎"也是个副词,它的意思是将近于或差不多,强调很接近。对比可知,这两个词所表达的程度是不一样的。细读上文,其所强调的是接近,所以应当改用"几乎"。

| 特别提示 |

　　差不多：相差不多，接近。注意与"简直"和"几乎"的区别。

151. 尖利—尖厉

　　"尖利"与"尖厉"经常被人混为一谈，其实二者有明显的差别。看一则例句：

　　但是，时尚从来也无法发出尖利的声音，它追随着发酵的口味，不能撕裂任何东西，却可以被任何东西影响、篡改。

　　"尖利"意思是尖锐锋利，如"尖利的刀锋""眼光尖利"。"尖厉"则形容声音高而刺耳，如"尖厉的警报声""尖厉的惨叫"等。"尖利"一般表示（物体）锋利或比喻意义上的锋利，不能形容各种声音。例文中的"尖利"应改为"尖厉"。

| 特别提示 |

　　"尖厉"只能用来形容声音，不可用于其他事物，比如，不能说"尖厉的匕首"。在表示言辞、斗争的激烈时应用"尖锐"而非"尖厉"。

152. 检察—检查

　　在实际应用中，把"检察"与"检查"混淆的人比比皆是，这里我们有必要对它们进行辨析。看例句：

　　试卷答完了不要急于交卷，认认真真地检察几遍，往往就能发现粗心大意造成的错误或其他不应失分的地方。

　　"检察"指的是检举核查、考察，特指国家法律监督机关依法定程序进行的法律监督活动，如"人民检察院"。"检察"的应用范围较窄，属于司法用语，一般不用于其他。"检查"释义有三，分别是为了发现问题而用心查看，如"检查作业"；翻检查考，如"检查文卷"；检讨，如"书面检查"。"检查"的应用范围较广，不仅用于对人和对别的事物，还可以用于对自己。例句说的是查看试卷，以发现错误，应该用"检查"才对。

| 特别提示 |

"检察"还要注意不能与"监察"搞混，"监察"意思是监督各级国家机关和机关工作人员的工作并依法检举违法失职的现象。

153. 俭朴——简朴

"俭朴"与"简朴"读音相同，含义接近，经常被人混淆误用。看下文：

她十分推崇海明威的"冰山风格"，主张行文简练、用字俭朴、剔除所有花哨无用的语句；创作时力争以最少、最贴切的语言来表达最丰富、最深刻的含义。

"俭朴"侧重指生活用度俭省朴素、不浪费，如："周总理的生活一向很俭朴，一件大衣穿了十几年也不愿意换。""简朴"强调的是简单、朴素，除了表示生活作风外，还经常用于形容语言、文笔、器物风格等的简单质朴。如："这款轿车外表简朴、内置奢华贴心，深受许多低调商务人士的青睐。"例句要说的是文笔简练朴素，用"简朴"才更妥帖。

| 特别提示 |

同样需要体会细微差别的一组词语是"俭约"和"简约"。"俭约"即俭省，节俭、不浪费。"简约"则强调简略、简单或形容生活品质简洁、高雅，或气质内敛。

154. 坚韧——坚忍

"坚韧"和"坚忍"音相近，而且又都是以"坚"字开头，很容易混淆。如下例：

在品尝了太多的失败滋味后，常昊能有今天的成功喜悦，毫无疑问，他是一位坚韧者。

"坚韧"是指坚固而有韧性，不易折断，比如"质地坚韧"。"坚忍"则是指在艰苦困难的情况下，坚持而不动摇，比如"坚忍不拔的意志"。

一般来说，说一个人"坚忍"，是指这个人在面对巨大困难时所拥有的心理承受能力。如同例句中的常昊，他在成功前，经历了重重的失败，但是没有失态。而且没有被长时间的失败打倒，在最失败的时候没有惊慌失措，而是勇敢地面对，最终走向了成功。因此，我们能说常昊是一个"坚忍者"，而不是"坚韧者"。

| 特别提示 |

"坚忍不拔"和"坚韧不拔"是同义词，其区别在于："忍"强调的是一种状态，指以极大的毅力忍耐、忍受；"韧"则强调的是一种评价，指意志百折不挠、万难不屈。就词语的历史来看，"坚忍不拔"出现得早，但是现代汉语中则是以"坚韧不拔"更为常见。

155. 交代—交待

有很多人搞不清"交代"与"交待"的区别，造成严重的混淆误用。看下面的例句：

A岗责任人因故离岗，必须提前向B岗责任人做好交待工作，B岗责任人在顶岗期间，要履行A岗职责。

"交代"有移交、接替的意思，如"交代工作"；也有嘱咐、吩咐之义，如"领导一再交代我们要按政策办事"；还作说明、解释解，如"交代问题"。"交待"与"交代"的第三个义项相同，在表达此义时可通用。但是"交待"没有"交代"的前两个释义。例文要说的是"移交工作"，所以应将"交待"换作"交代"。

| 特别提示 |

"交待"一词还有完结之义,如:"这一下,我的老命要交待了。"

156. 焦点—交点

"交点"与"焦点"有相当的差别,按说不该混淆,但实际中,把二词混淆误用的现象并不鲜见。看下文:

这件事传得沸沸扬扬的,都成了最近的交点话题了。

"交点"与"焦点"含义完全不同。"交点"指的是线与线、线与面相交的点,如"这里是两条铁轨的交点"。"焦点"一词有这样几个意思,一指某些与椭圆、双曲线或抛物线有特殊关系的点,二指平行光线经透射镜折射或曲面镜反射后的会聚点,"焦点"还常用来比喻问题的关键或争论、注意力的集中点,如"争论的焦点""新闻焦点"等。例句用的正是这个比喻义,"交点话题"显然应改为"焦点话题"。

| 特别提示 |

元代无名氏《昊天塔》第三折:"俺这里明明白白都交点,您那里件件桩桩亲接取。"这里的"交点"意思是清点财物,交付给有关的人。

157. 骄纵—娇纵

有的父母对孩子呵护过度,骄纵溺爱,造成孩子实际操作能力的欠缺。

例句中"父母对孩子……骄纵溺爱"的说法不妥,显然是混淆了"骄纵""娇纵"这一组词语。

"骄纵"的意思是骄傲自大、放纵专横,骄纵的对象通常是自己;"娇纵"则指娇惯放纵,一般用于家长对孩子。"娇纵"是动词,后可接宾语,如"奶奶娇纵孙子"。作为形容词的"骄纵"

显然不具备这样的语法功能，只能用于"性格骄纵""骄纵惯了"等说法。

例句中的"骄纵溺爱"应改为"娇纵溺爱"。

| 特别提示 |

"骄纵"不能望文生义地理解成骄傲地纵横（即自信满满、如鱼得水地做一些事情）。如"女性如何才能骄纵职场"这一说法是不当的。

158. 校正—矫正

"校正"与"矫正"是很容易被混淆的一组词语，为避免错误发生，我们在这做一下辨析。看例句：

弟弟的牙齿很不整齐，妈妈准备带他去医院做校正。

"校正"与"矫正"虽然都有改正的意思，但使用对象不同。"校正"的意思是校对订正"，一般用于文稿或炮位。如鲁迅《书信集·致许广平》："重看校稿，校正不少，殊可嘉尚。""矫正"指改正、纠正，其所指对象通常是偏差、错误或行为，如"矫正发音"；"矫正"在医学中指通过外科手术把人体上畸形的部分改变成正常的状态，如"矫正畸形脊柱""矫正牙齿"等。例句显然应用"矫正"代替"校正"。

| 特别提示 |

"校正""校对""校勘"中的"校"都读 jiào。

159. 结合—接合

是"城乡结合部"还是"城乡接合部"，各种媒体上对于它的书写十分混乱，这里有必要加以辨析。看下文：

《走学校跨越式发展之路——谈城乡结合部地区学校的发展

策略》：像回龙观镇、北七家镇、东小口镇，均处在城乡接壤地区。近年来，人们从经济与管理的角度出发，把这类地区称为城乡结合部。

例文多次用到"城乡结合部"这样的说法，其实是混淆了"结合"与"接合"这一组同音词。

"结合"，指的是人或事物之间发生紧密的联系，所指比较抽象，强调结合在一起的各个部分成为一个整体，相互融合，如"理论结合实际"。"接合"则指连接起来使合在一起，所指比较具体。"接合"的各部分除了相互接触的部分连在一起之外，依然各自独立，如"用电焊接合这两个零件"。

| 特别提示 |

"结合"还经常用来指男女结为夫妻，如："他俩经过6年的爱情马拉松，终于结合在一起，可谓有情人终成眷属。"

160. 节俭—节减

作为一对同音近义词，"节俭"和"节减"在实际运用中被混淆的现象相当严重。看下面的例句：

《蓬莱法院开源节流压缩开支，三年节俭近三百万》

"节俭"和"节减"虽然都含有"节省"之义，但具体含义和词性都有区别。"节俭"是形容词，意思是生活俭省，有节制。如徐特立《我的生活》："一家老小三口，无劳动力，靠收租子维持生活，比较节俭。""节减"是动词，指减少用度，如："LG-飞利浦第四季亏损1.86亿，今年将节减开支。"例句说"节俭开支近三百万"，从句义和语法上来说都是错误的，应改为"节减开支近三百万"。

| 特别提示 |

"节制"不表示节约、俭省，它有两层含义，一是控制、限

制,如"适当节制饮食是健康的生活观念"。二指指挥管辖,如"这几个部门归他节制"。

161. 结余—节余

同音词"节余"和"结余"经常被人混淆误用,看下文:

家庭年收入2.5万元,年日常开销1.8万元,年节余比例28%。

"节余"既可作动词也可作名词,作动词指因节约而剩下,如"每年节余一万多元";作名词则指节余的钱和东西,如:"这个月省吃俭用,总算有了一点节余。""结余"也有动词和名词两种词性,作动词指结算后余下,如"本季度结余3000元";作名词则指结算后余下的钱,如"单位年度结余"等。无论是作动词还是名词,"节余"比"结余"多出节约之义,这是二词的最大区别点。例句并没有节约的意思,说的是家庭收支情况和最后的剩余,因此,"年节余"应改为"年结余"。

| 特别提示 |

节约:动词,多用于较大范围的节省。

162. 截止—截至

欧佩克官方新闻署31日称,截止1月27日当周欧佩克七种原油一揽子均价上涨1.25美元至42.67美元/桶,高于1月20日当周的41.42美元/桶。

如果根据句义,原油上涨现象于1月27日当天停止,以后将不会再出现任何变化。这种说法显然是不符现实的。错因就在作者误用了"截止"一词。

"截止"的意思是到一定的期限停止进行,如"此次征文投稿已于昨日截止"。而"截至"意思为截止到某个时候,如:"截至2006年底,全国累计用于廉租住房制度的资金已逾70亿元。"截止"表示(事情)到此为止,不再继续。"截至"表示到目前这个阶段事情如何(并未结束)。区分"截止"和"截至"有一个小窍门,"截止"后不加时间宾语,通常说"于×年×月截止";"截至"后一定会出现时间宾语,如"截至×年×月"。原油价格浮动肯定不会到某一时间段就永远不变了,因此,句中"截止"应改为"截至"。

| 特别提示 |

"截至"与"截止到""截止至"的意思一样,可以通用。

163. 界限——界线

在实际运用中,不少人只看到"界限"与"界线"的词义相近之处,而忽略其差异,导致混淆误用时有发生。看下文:

以前男女生同桌,一闹别扭时,总爱在桌子上画上一条界限,美其名曰"三八线",以示井水不犯河水。

"界限"与"界线"虽然有分界的意思,但具体用法上还是有一定的区别。"界线"指两个地区分界的线或某些事物的边缘,也指不同事物的分界,所指比较具体,如"画了一条界线""房基地的界线必须划清"。"界限"指不同事物的分界、分隔或划分等,所指范围比较笼统,如"中国拟取消户口界限"。当说到不同事物的分界时,一般使用"界限"而不用"界线"。例句中说的是画一条线,所以应当使用"界线"。

| 特别提示 |

"界限"还有一个意思是限度、止境,"界线"没有这样的用法。如"侵略者的野心是没有界限的"。

164. 竟然——果然

在对猜测的结果进行表述的时候,人们很容易将"竟然"和

"果然"混淆。比如：

> 我就猜他会来，他竟然真的来了。

"竟然"是副词，表示出乎意料，比如："这么简单的一道试题，他竟然用了半个小时。"但是，例句显然不是说出乎意料，而是已经猜测到结果了，也就是意料之中。当事实与所说或所料相符时，应该用"果然"。比如："她说要下雨，果然就下了。"

| 特别提示 |

"竟然"可用于好的方面，也可用于不好的方面，但是只能放在主语后，不能放在主语前。

165. 经济—经纪

虽然"经纪"与"经济"有着较为明显的区别，但在实际中还是有不少人混淆误用。看例句：

> 由于不善经济，这两年，她家的生活水平没有提高。

"经济"一词的含义有这样几点：一指社会物质的生产、流通、交换等活动；二指生活用度、家境，如"经济宽裕""经济拮据"；三指对国民经济发展有利的，如"经济作物"；四指个人生活用度；五指用较少的代价获得较大的成果。"经纪"虽然与其读音相同，但意思完全不同。"经纪"指筹划并管理、经营、料理等，如"不善经纪""经纪其家"等。由此可知，例句中的"经济"当改为"经纪"。

| 特别提示 |

"经纪人"是如今很热门的一个词语，它指的是为买卖双方撮合或在交易所中代他人进行买卖而从中获取佣金的人。如"房地产经纪人"等，不可写成"经济人"。

166. 精练—精炼

由于"精练"和"精炼"词义有相同的部分,所以不少人把二词看作完全相同的词语。实际上,两个词还是有区别的。看下面的例句:

法国巴黎银行分析师说:"目前炼油利润很高,炼油厂正尽可能多地将原油精练成汽油。"

"精练"和"精炼"相同点在于它们都可以指文章或说话简明扼要,没有多余的词句。如"这篇文章写得十分精练(精炼)"。这组近义词的区别是,"精练"一词还表示精研熟悉、精明干练,如"高三英语精讲精练""需要精练的干部";"精炼"另有提炼精华、除去杂质的释义,如"精炼原油""精炼金银"。所以,例句应改为"将原油精炼成汽油"。

| 特别提示 |

"精练"还有精悍强壮之义。

167. 旌旗—锦旗

由于对词义理解不深,有些人会将"旌旗"和"锦旗"混淆,造成语言表达的不当。看下面的例句:

办公室里挂满了旌旗。

"旌旗"指古代一种旗杆上用彩色羽毛做装饰的旗子,现泛指各种旗子。古时在军队行军、驻扎,皇家出行、庆典时都会使用这种旗子来壮大声势。"锦旗"是一种极为特殊的旗子,是用彩色绸缎制成的,授给各种竞赛中的优胜者,或者送给团体或个人,表示敬意、谢意等。工作红旗手护士长的办公室里,挂的自然应该是"锦旗"而非"旌旗"。

| 特别提示 |

"旌旗"中的"旌"读 jīng。

168. 精心—经心

在实际运用中，有的人漫不经心，把"精心"和"经心"混淆，造成语言错误。看例句：

我公司拥有大批优秀的设计施工管理人员及经过长期培训的施工人员。精心设计，经心施工。

精心：特别细心、用心，如"精心准备""精心呵护"。经心：留心、在意，如"漫不经心""不经心地说"。例文中的"设计"和"施工"都应该用特别专心、周密细心来表示，因此"经心"应改为"精心"。

| 特别提示 |

"经心"还有烦心、操心的意思，如"经心于琐事"等。

169. 惊慌—惊惶

作为一对近义词，不少人经常把"惊慌"和"惊惶"混淆，造成词语误用。看例句：

面对突然的变化，刘明惊惶失措，不知道该怎么办才好。

惊慌：害怕慌张，如"惊慌失措""神色惊慌"等。惊惶：惊慌，如"惊惶不安"等。虽然如此，这两个词还是有区别的，"惊慌"侧重点在"慌"，既有内心的慌，也表现在神色和行为上；而"惊惶"侧重点在"惶"，主要描述惊惧的内心状态。上面重点在于行为的失措，改为"惊慌"更恰当。

| 特别提示 |

"惊恐"，惊惶恐惧，与上述二词的区别点在"恐惧"上，用

时要多加留意。

170. 精制—精致

我带去了一元人民币,可以买十二张比扑克牌略大些的中国民间剪纸画。纸极薄,画也极精制,无名作者的无名民间艺术,买了十元钱的也显不出堆头。

例文中的"精制"明显是"精致"之误。

"精制"与"精致"的词义和词性都不相同。"精制"是动词,指在粗制品上加工;精工制造,如"初制茶必须经过精制才可以饮用"。"精致"是形容词,指精巧细致,如"图案精致""精致的工艺品"等。例句说的是中国民间剪纸画很精美,自然应当用"精致"。

| 特别提示 |

"精致"只可以用于物品,不能用来形容人的长相。

171. 局促—急促

如果不详加辨析,有时候很容易把"局促"与"急促"混淆。看下文:

她的胸脯情不自禁地起伏着,仿佛喘气也局促了。

"局促"含义有二,一指(空间)狭小、不宽敞,如:"卧室太过局促,仅容转身。"二指拘谨不自然,如"他变得局促不安"。"急促"指快而短促,如"急促的呼吸""急促的脚步声";或指时间短促。通过对比可以看出,"局促"与例句的语意不符,改为"急促"才对。

| 特别提示 |

"局促"在一些方言中还可指(时间)短促、急迫,如:"一天的时间太局促了,如何能办妥?"

172. 局面—场面

在一些特定的场合，人们很容易把"局面"和"场面"混淆。

县长嫁女儿，那局面可真叫气派。

"局面"指一个时期内事情的状态，如"稳定的政治局面"。"场面"一词常见的含义有这样几点：一、叙事性文学作品或戏剧、电影、电视剧中，人物之间在一定的时间和环境中互相发生关系而构成的生活情景；二、泛指一定场合下的情景；三、表面的排场。"场面"与"局面"相比，所表示的范围要小、对象要具体，存在时间也较短暂。例句想说明的是婚礼很讲排场，显然应该用"场面"替换"局面"。

| 特别提示 |

"局面"还有一种使用频率相对较低的含义，即指规模，如："这家书店局面不大，但架上的书都是主人精挑细选的，摆放陈列也十分巧妙合理。"

173. 举荐—推荐

昨日，"甘肃省最值得外国人去的10个地方"评选的消息见报后，广大读者纷纷通过本报开通的四种推荐方式，争先举荐他们心目中陇原大地最值得外国人去的地方。

这则新闻中的"举荐"一词用得不对，宜改为"推荐"。

"举荐"和"推荐"意思接近，但用法有别，"推荐"的适用范围要比"举荐"广。"推荐"指介绍好的人或事物希望被任用或接受，如"这是一本值得推荐的儿童读物""他推荐的人选，绝对错不了"。"举荐"指向他人推荐人才，希望获得任用，如姚雪垠《李自成》："臣且愿趁此为陛下举荐贤材，为国效力。"可见，"举荐"只能用于人，"推荐"用于人或事物都可以。例句说的是介绍最值得游人去的旅游胜地,自然应用"推荐"。

| 特别提示 |

"引荐"同"举荐",都是指对人的推荐。如《水浒传》:"前者又蒙引荐诸位豪杰上山,光辉草寨。"

174. 剧变—巨变

因为"剧变"与"巨变"意思相近,所以把两个词混淆误用的现象颇多。看下文:

改革开放二十年,这个小山村如今也发生了剧变,再也不是往日贫穷落后的模样了。

"剧变"指剧烈的变化,强调变化强烈而迅速,如"东欧剧变""台风来袭,天气剧变"。"巨变"指巨大的变化,强调状态或面貌变化大,如:"一些韩国明星整形后相貌发生了巨变,完全没有了以前丑小鸭的影子。"例句说的是小山村在这二十年间发生了非常大的变化,显然用"剧变"是不合适的,应该换成"巨变"。

| 特别提示 |

同音词还有"聚变""聚变"也叫"热核反应",指的是在极高的温度下,轻元素的原子核产生极大的热运动而相互碰撞,结合成较重核。

175. 卷曲—蜷曲

从词形词义上看,"卷曲"与"蜷曲"十分接近,所以总有人把二者混淆,造成一定的语言错误。看下面的例句:

他躺在床上卷曲着双腿,豆大的汗珠不时地冒出来,忍受着胃部的剧痛。

其实,这两个词的具体词义并不相同,不能混用。"卷曲"

词义为弯曲、使弯曲。要准确理解这个词,得弄清"卷"的字义,"卷"指把东西弯转裹成圆筒形或可以卷成圆筒形的东西,如"卷尺""烟卷""胶卷"等。而"蜷曲"一般特指(人或动物的肢体)弯曲,如"她懒洋洋地蜷曲在沙发上"。由"蜷曲"一词的特指对象可知,例句中的"卷曲"用得不对,改成"蜷曲"就可以了。

| 特别提示 |

注意:"蜷"音 quán。

176. 看中—看重

东软集团人力资源部相关负责人宋清君坦白,对拥有证书的大学生企业在初选时会有所关注,他们看中的多是大学生在校期间参加的一些程序设计大赛或是机器人大赛等,企业从中可以寻找出应聘人团队合作的亮点,对这点东软非常看中。

例文中的"看中"一词用得不对,没有将之与"看重"区分开来。

看中:通过观察,感觉满意,如:"她一眼就看中了那款惠普笔记本。"看重:很看得起、看得很重要,如:"企业很看重求职者的工作经验。"例文说用人单位重视的是应聘大学生的团队合作精神,显然用"看重"才对。

| 特别提示 |

"看重"前面可以加"非常""十分"等程度副词,"看中"则不可以这样说。"看中"可以说成"看得中"或反过来说"看不中",而"看重"就不能这样说。

177. 考察—考查

词语"考查"与"考察"经常被人混淆误用。

联合国发言人9日证实,联合国秘书长安南决定派遣两名高级官员前往埃塞俄比亚和厄立特里亚,就落实安理会有关这两个国家的决议情况进行实地考查。

"考察"意思是实地调查、细致深刻地观察或考验审查。而"考查"是指用一定的标准来衡量、评定或审核,它含有考核、检查的意思,一般用于上级对下级、老师对学生,如"考查该年级学生的语文成绩"。可见,例文中的"考查"改成"考察"才说得通。

| 特别提示 |

"××考察团"和"××考查团"的说法正确与否,应该看该组织准备进行的是什么活动。如果是实地观察了解相关情况的,用第一种;如果是采用某一标准去查看评定的,则用第二种。

178. 拷问—考问

有些人用词随意,把"拷问"与"考问"相混淆,这样表达,不仅会犯语言错误,甚至会造成严重误导。看下面的例句:

《孙俪遭遇恋情大拷问,并不排除结婚可能》

拷问:拷打审问;考问:一是考察询问,二是为了难倒对方而问。"拷问"只用于审问坏人,与"考问"的意思相去甚远,绝对不能混淆。看完全文,才明白原来是孙俪在出席媒体见面会的时候,记者故意询问恋情的问题。媒体记者想为难孙俪,无非是想获得一些吸引读者眼球的故事,很明显用不上残酷的"拷问",改为"考问"就比较合适了。

| 特别提示 |

"考问"既可用在主动句中,也可以用于被动句中。如:"老师考问学生";"这么刁钻的问题,我可真被他考问住了。"

179. 扣压—扣押

作为一对同音词,"扣压"和"扣押"被混淆误用的现象很严重。看下文:

只见卢副连长手一挥,战士们立即分散向铁壳船围去。"报告连长,3名嫌疑人已抓获,扣压一批货物!"

扣压:将文件、意见等扣留下来不办理。如:"内外诸衙门的报告,有对自己不利的也就扣压下来。"(吴晗《朱元璋传》)扣押:拘禁、扣留、依法没收或占有。如"扣押赃物""扣押人质""嫌疑犯已被扣押"等。例文讲的是边防战士扣留犯罪分子的走私物品,无疑应该用"扣押"。

| 特别提示 |

"扣压"只能用于物;"扣押"兼可用于人和物。

180. 宽待—宽贷

不少人把"宽待"和"宽贷"混为一谈,其实这两个词词义不同,不可混用。看下面的例句:

有人向这位百岁老人请教长寿的秘诀,老寿星乐呵呵地说:"无非是饮食有节、积极运动,除此以外,最重要的是要保持良好的心态,宽贷他人,不要为一点小事斤斤计较。"

"待"指对待,"宽待"的意思是宽以待人、不苛求、不过分计较,用于人的态度方面,如"宽待俘虏"。"宽贷"则指宽容、饶恕,常与否定词连用,一般用于犯了错误或犯罪的人,显然不符合例句的语境,如:"何况现在的法律,对于破坏分子是决不能宽贷的啊。"例句中的"宽贷他人"应改为"宽待他人"。

| 特别提示 |

注意"宽待"与"款待"的区别。"款待"指的是热情优厚

地招待,如"盛情款待""款待客人"。

181. 辣手—棘手

作为一对形近词,"辣手"与"棘手"常被人混淆,虽然这两个词词义迥异。看下文:

这个事儿的确很辣手,但也不是完全没有解决的办法。

"辣手"作名词时,指毒辣的手段;作形容词时,指手段厉害或毒辣。"下辣手"则指施用凶狠毒辣的手段,如:"若要去了这几个当权的,非下辣手不行。"(《二十年目睹之怪现状》)"棘手"是形容词,形容事情难办或人难以对付,像荆棘一样刺手。如:"罗敦玉觉得没一桩不容易,就只这件多少有点棘手。"(沙汀《还乡记》)例句说的是事情不好办,自然应当用"棘手"。

| 特别提示 |

"棘"和"辣"字形比较相像,因此常有人把"棘手"念成"辣手",应注意避免。

182. 拉拢—笼络

作为一对近义词,"拉拢"和"笼络"经常被人混淆误用。

很多人说周某某很能拉拢人心,果然不假。

虽然"拉拢"与"笼络"都有为了对自己有利,用手段使别人向自己方面靠拢之义,但两个词还是有区别的。"拉拢"所指对象是人,强调的是出于不正当的目的,把别人拉到自己一边来,含有有求于人或有利用他人的意味;而"笼络"所指对象是人心、感情等,常和"人心"搭配,强调的是以讨好等手段争取别人的感情,使别人亲近自己,其词义比"拉拢"轻。

| 特别提示 |

"拉关系""拉帮结派"中的"拉"与"拉拢"中的"拉"用法相同,都是拉拢联络之义。

183. 老道—老到

《〈有多远走多远〉行动拉练,老狼显老道驾车经验》

这是一篇文章的标题,看完文章才明白,写的是歌手老狼驾车技术老练娴熟,令其他队员佩服不已。"老道"即道士,如"白眉老道",不可理解成有道;"老到"则指办事老练周到、(功夫)精深,如"处理问题极为老到""简练而老到的文字"。例句应改为"老狼显老到驾车经验"。

| 特别提示 |

另外注意不要将"老道"当成老道理、老调来解释。

184. 历程—里程

在某些语境中"历程"与"里程"非常容易混淆,因此有必要对它们详加辨析。先看一则例句:

《足球生涯崭新历程,巴斯滕接过教练上岗证书》:面对自己足球生涯一个崭新历程的即将开始,巴斯滕面对荷兰媒体坦言:"尽管作为球员我获得了巨大的成功,但是以教练员的身份出现在赛场上却是一个全新的开始。"

历程:经历的过程;里程:路程。"历程"与"里程"的区别主要体现在两个方面。第一,"里程"可以表示具体的路程,如"往返里程60余公里","历程"则没有这样的用法。第二,"里程"侧重发展的过程,所指时间不明确或表示将来时。"历程"则强调经历过的过程,用于表示过去的语境,如"回顾几十年的奋斗历程"。例文讲巴斯滕即将以教练的身份在其足球生涯中迎接全新的开始,自然用"崭新里程"更加合适。

| 特别提示 |

"里程"有构词能力,如"里程碑"。而"历程"则没有构词能力。

185. 厉害—利害

作为一对同音词,"厉害"和"利害"经常被人们混淆误用。为避免这类语言错误,在此做一下辨析,先来看一则例句:

这件事情不但关系到个人的厉害,更关乎集体的荣誉。

在表示"严厉"之义时,"厉害"和"利害"可以通用。但不能因此认为两个词可以混用,因为它们另有区别。"厉害"还表示难以忍受或对付;剧烈、凶猛。如:"跑完一千米,心就跳得厉害。"此时,便不可换成"利害"。"利害"有利益和损害的意思。如:"相信梁河县的人大代表在贱卖选票的时候也一定经历过一番周密的利害计算。"此处也不可换作"厉害"。由此可知,例句应改为"关系到个人的利害"。

| 特别提示 |

注意"厉害"不能写成"历害"。

186. 莅临—光临

有些人为了显示自己有学问,用词故意文一点,比如,该用"光临"时偏要用"莅临",也不管合适不合适。看下文:

小叶书屋定于十一月一日正式营业,届时欢迎广大读者莅临。

其实,"光临"和"莅临"不能混淆。"莅临"意思是来到、来临,只能用于身份、地位比较尊贵的人;"莅临"同时具有很明确的目的性,后面一般要接宾语来说明"莅临"的目的,如"欢迎省教育厅领导莅临我校视察工作"。"光临"是对他人来访的敬称。

光顾书店的顾客身份并不明确,顾客是来买书、看书还是闲逛也不得而知,所以说用"莅临"是不合适的,应该换成商家欢迎顾客的常用词——"光临"。

| 特别提示 |

另外需要提醒的是,"莅"字的读音为 lì。

187. 莅临—亲临

容易与"莅临"混淆的不仅有"光临",还有"亲临"。看下文:

报载孙中山的孙女孙穗芳女士近年多次莅临北京大学,为推动孙中山研究做出了贡献。

"莅临"和"亲临"的差别体现在两个方面。一是词义的侧重点,"莅临"强调的是行为者身份的尊贵,包含词语使用方对行为者的尊敬;"亲临"强调的是亲自到达,体现行为者对事情的重视。另外,"莅临"一般用于词语使用方对行为者的欢迎,当第三方对事情进行转述或报道时,宜用"亲临"。

例文强调的是孙穗芳女士对"孙中山研究"的重视,而"报载"一词又说明了该句是对事情的报道,因此,句中的"莅临"改为"亲临"更加贴切。

| 特别提示 |

"临"是个容易写错的字,书写时要多加注意。

188. 联接—联结

作为词义区分细微的一对近义词,"联接"和"联结"极容易被混淆误用。看下面的例句:

湛江是联接我国西部和珠三角的战略要地。

例句中"联接"的使用是不恰当的,应该改为"联结"。"联接",动词,义同"连接",意思是互相衔接或使连接,如"山岭联接""联接道路"。"联结",动词,义同"连结",意思是结合(在一起),如:"开罗枢纽地,联结亚、非、欧。"其区别要点在于,"联接"强调两个事物衔接,而"联结"强调联为一体。

| 特别提示 |

"联接"同"连接","联结"同"连结"。

189. 邻近—临近

"邻近"与"临近"读音完全相同,词义也很接近,因此经常被人混淆误用。看下文:

我们即将飞往危地马拉。聚会的时间邻近了,不知我们将有什么新发现。

其实,这一对近义词在用法上有明确分工。"邻近"有两个义项,一是位置接近,二是附近,该词只指空间位置上的接近,如"邻近的学校""中国与日本邻近"等。"临近"既可以表示空间上的靠近,也可以指时间上的接近。如"春节临近了"等。例句说的是"聚会时间"的靠近,自然应当用"临近"。

| 特别提示 |

"临近"只能作动词,"邻近"兼可以作名词和动词。

190. 吝啬—小气

同义词"吝啬"和"小气"经常被人混淆误用,看下文:

姐姐批评道:"同学借你块橡皮都不给,你也太吝啬了。"

虽然词义相同,但不能把"吝啬"与"小气"完全等同,因为这两个词有不同的语体色彩。"吝啬"和"小气"意思都是当用而舍不得用；过分爱惜自己的钱财，如《聊斋志异》："朱大兴，彰德人。家富有而吝啬已甚。"二者区别在于"吝啬"适合用在书面语中，而"小气"一般用于口语。由此可知，例句中的"吝啬"改为"小气"更合适。

| 特别提示 |

"小气"还有肚量小、缺乏气魄之义。如鲁迅《书信集·致萧军》："我不爱江南，秀气是秀气的，但小气。""吝啬"绝无这种用法。

191. 留传—流传

近义词"留传"和"流传"被混淆误用的现象很严重。这里深入辨析一下，帮助读者把二词区分开来。看例句：

百年前欧美踢踏舞是黑人解放时广为留传的舞蹈，它正好象征着解放。

留传：遗留下来传给后世。流传：传下来或传播开。"留传"和"流传"的区别主要体现在这样几个方面：一、侧重点不同，"留传"侧重于具体的物品；"流传"更多地用于信息或抽象的精神层面。二、传播形式的不同，"留传"一般是主观刻意的行为；"流传"则主要是通过口头的语言、书面的文字随意、自然地传播。三、传播范围的不同，"留传"一般是纵向地，如"老祖宗一代代留传下来的"；"流传"范围更广，可以兼指纵向的时间、横向的空间上的传播，如"英雄的事迹广为流传"。例文想说明的是踢踏舞在空间上的影响十分广泛，而不是强调一代一代传递下来，因此应改为"而踢踏舞是黑人解放时广为流传的舞蹈"。

| 特别提示 |

"留传"强调的是纵向地传递，因此常用的搭配有"留传万代""留传后世""留传至今"等。

192. 流丽—流利

用非常流丽的英语，斯科拉向西班牙媒体表达了对之前在西班牙一段生活的美好回忆，那段时间在他的生命中也是非常重要的。

"流丽"与"流利"具体含义和适用对象都有一些差别，不能混为一谈。例句中的"流丽"当改为"流利"。

"流丽"的意思是流畅而华美，多用于诗文、书法等。如《明史·李东阳传》："为文典雅流丽，朝廷大著作多出其手。""流利"则指话说得快而清楚；文章读起来通畅，如"她讲的一口流利的法语""文章写得很流利"等。根据例句的语境，"非常流丽的英语"改为"非常流利的英语"才是正确的。

| 特别提示 |

"流利"还有灵活、不凝滞之义，如《法书要录》："敬通又能一笔草书，一行一断，婉约流利。"

193. 曼延—蔓延

《一场大火烧毁8家居民房》：由于风势较大，消防战士爬上屋顶利用各种工具将与其相连的民房房顶拆除，防止火势继续曼延。同时，帮助附近居民抢救屋内的重要财物。

"曼延"和"蔓延"读音完全相同，又包含一个共同的语素，因此常常被人们混用。其实，这两个词语并不能画上等号，它们在具体含义上是有一定的差别的。例文中的这个"曼延"就用得不对。

"曼延"的"曼"是长、远的意思，"曼延"的意思也就是向远方延伸、连绵不断的样子。"曼延"是形容词，常在句中充当定语或谓语的中心语，如"小道曼延曲折"等。

"蔓延"之"蔓"，谓草本蔓生植物的枝茎，引申为滋长、延伸。"野有蔓草。"（《诗·郑风·野有蔓草》。）包含"蔓"字的词语都含有滋生、扩展之义,如"蔓生"(蔓延生长)、"蔓蔓"(滋长延伸的样子)。"蔓延"即形容像蔓草一样不断地向四周扩展延伸,如"火势蔓延";也可引申为传播、散布,如"瘟疫蔓延""灾情蔓延"。因此,例句中的"曼延"当改成"蔓延"。

| 特别提示 |

另外还需要注意区分的一个词语是"漫延"。"漫"意思是水过满往外流,"漫延"即比喻像水满外溢一样向外扩展,常用来形容辽远、空旷的景象,如:"沙漠一直漫延到遥远的天边。"

194. 勉力—勉励

"勉力"和"勉励"是很容易被混淆的一组词语。在对二词辨析之前,先看一则例句:

《李振声院士勉力中学生努力学习》

"勉励"是动词,意思是劝人努力、鼓励,其适用对象一般是他人或相互之间,如"老师勉励学生努力学习""互相勉励"。"勉力"也是动词,意思为努力、尽力(去做),其修饰的对象往往是自己,如"勉力为之""勉力做好本职工作"。由以上辨析可知,例句中的"勉力"应当改为"勉励"。

| 特别提示 |

"勉励"不能错写成"勉厉""勉历""勉利"等。

195. 面市—面世

在日常阅读中发现,把"面市"与"面世"混淆误用的情况屡见不鲜,因此有必要对二词详加辨析。先看一则例句:

《"越洋"面试即将面市》

"面市"与"面世"存在一定的区别。"面市"指(产品)开始供应市场;"面世"则指作品、产品问世,与世人见面。它们的区别在于,厂家生产出新产品以后,如果数量较少,只是先做一下公开的展示,并不出售,我们可以说"面世";当新产品有足够的供应量,开始正式销售的时候,则应说"面市"。另外,"面世"还可以表示作品和其他不可出售的新事物,"面市"则没有这样的用法。如"新诗面世""1997年第一只克隆羊多莉面世了"。

例句中的"面市"用得不对,"'越洋'面试"是一种新型的面试方式,怎么可能"面市"呢?应该说"面世"才对。

| 特别提示 |

"面市""面世"可分别与"上市""问世"互换使用。

196. 名义—名誉

把"名义"与"名誉"混淆的现象并不少见。看下文:

张学良曾被聘为东北大学的名义校长。

"名誉"有两层含义,一作名词,指个人或集体的名声、荣誉。二作形容词,指赠给的荣誉或名义上的职务(只担任名义,不负责具体的事务)。这种职务多赠给一些德高望重的人,以示尊敬。因此这个"名誉"带有庄重、褒扬的色彩,如:"诺贝尔奖得主齐揩华博士获聘南开大学名誉教授。"其他还有"名誉校长""名誉主席"等。"名义"这个词也有两种含义,其一指做某事时用来作为依据的名称或称号,如"以组织的名义""以个人的名义"等。其二指表面上、形式上,如:"他名义上是主席,其实实权都被架空了,和傀儡没有分别。"这里的"名义"就表示仅限于称号或名目,没有实际意义。很明显,例句应改为:"张学良曾被聘为东北大学的名誉校长。"

| 特别提示 |

"名义"表形式上、表面上之义时,一般需与方位词"上"

连用，有时还要加助词"的"。如"名义上是领导""名义上的领导"。

197. 牟取—谋取

由于不能准确把握词的感情色彩，不少人把"牟取"和"谋取"混淆误用，造成表意不当。看下面的例句：

在资源约束的条件下，制度是农民牟取生存与发展的最可靠的保障，如果制度保障缺位，那么农民的生存状态当然是要大打折扣的。

"牟取"是一个贬义词，意思是采用不正当的手段获取（名利），如"非法牟取暴利"。"谋取"是中性词，指设法取得。农民希望在健全的制度下谋求生存和发展，怎么能说成"牟取"呢？应当换成"谋取"。

| 特别提示 |

"牟"还有表地名和姓氏的用法。

198. 沐浴—洗澡

不注意用词的语体色彩，是人们混淆"沐浴"和"洗澡"的主要原因。看下文：

暑假是这些小男孩的"黄金时光"，没有哪天不在外面玩得脏兮兮地回来。妈妈们常常揪他们的耳朵：瞧你，脏死啦！快去沐浴！

"沐浴"即"洗澡"，但前者只适用于书面语中。如白居易《沐浴》诗："经年不沐浴，尘垢满肌肤。"日常口语中用"洗澡"即可。

另外，"沐浴"与"洗澡"的区别还在于，"沐浴"具有比喻义。"沐浴"可以比喻为受到润泽,如《史记·乐书》:"沐浴膏泽而歌咏勤苦,非大德谁能如斯!"也可比喻为沉浸在某种环境中,如叶圣陶《倪焕之》:"在这一片锣鼓声中,全镇的人把所有的一切完全忘掉了,他们只觉得好像沐浴在快乐的海里。"

| 特别提示 |

"洗澡"可以说成"洗个澡",但"沐浴"绝不能说成"沐个浴"。

199. 偶然—偶尔

很多人容易将"偶尔"和"偶然"相混淆。如下例:

这一天,校园内的师生都被这突如其来的偶尔事件所震骇。

"偶然"和"偶尔"都有副词词性,都表示间或、有时候的意思。但是,"偶尔"明显具有频率词属性,而"偶然"重在强调出乎意料。"偶然"和"偶尔"还都有形容词词性,"偶然"表示事理上不一定要发生而发生的;超出一般规律的,比如"偶然事故""偶然因素"等。"偶尔"表示偶然发生的,比如"偶尔的事"。

例句应该把"偶尔"改为"偶然"。

| 特别提示 |

可以说"十分偶然",不能说"十分偶尔"。

200. 年青—年轻

"年青"和"年轻"总是被人们当成同义词来随便使用,事实上这两个词语的含义是有所差别的。看下文:

这次生日,40岁的××表示会在家里度过,晚上会上网与歌迷齐过生日,生日愿望是希望年青貌美及身体健康。

"年轻"的具体含义有三层,一指年纪不大,如:"那个女孩今年才17，很年轻。"二指相比较而言年龄较小，比如可以说60岁的人比70岁的年轻。三还可以引申为有精神、有活力。"年青"则指处在青年时期，并且只能用于青年。"年青"一般不用于比喻。在指二三十岁的人时，"年青""年轻"都可以使用，但超过40岁或是年纪更大的人，就不能再用"年青"表示了。

从例文的时间看，此时的××已经40岁，用"年青"肯定是不合适的。况且"年青"的时光早已过去，不是祈祷可以得来的。因此宜将"年青"改为含有有精神、有活力之喻义的"年轻"。

| 特别提示 |

此外，从语法角度看，"年青"一般作定语，而"年轻"既可作定语，也可作谓语。

201. 配制—配备

"配制"和"配备"都有动词词性，而且都含有布置的意思，所以非常容易混淆。比如：

有多少有用的配制？

"配制"是动词，有两种含义：一是把两种以上的原料按一定的比例和方法合在一起制造，比如"配制药剂""配制鸡尾酒"；二是为配合主体而制作陪衬事物，比如"书内配制插图"。"配备"当布置讲时，也是动词，一般是指布置兵力，比如"按地形配备火力"。

例句中的"配制"前用"有用的"来修饰，明显是作为名词使用的，但是"配制"没有名词词性。例句明显是将"配制"和"配备"混淆了。"配备"作名词时，指成套的设备、装备等，比如"现代化的配备"。因此，例句应该将"配制"改成"配备"。

| 特别提示 |

配备还可以指根据需要分配人力或者物力，比如"配备骨干

力量""配备三辆吉普车"。

202. 批阅—披阅

由于"批阅""披阅"读音相同,都有"阅读"之义,因此常常有人把二者混为一谈,造成语言错误。看下文:

为了做好这次大型演讲,沈先生批阅了无数的文献资料,认真准备翔实而确凿的材料,耗费了大量的心血。

"批阅"意思是阅读并加以批示或批改,如"批阅文件""批阅学生作业"等。"披阅"的"披"有打开、散开之义,如"披露"等。"披阅"是展卷阅读、翻看的意思,比"批阅"少了批示或批改之义。如明代李贽《与焦弱侯书》:"山中寂寞无侣,时时取史册披阅,得与其人会觌,亦自快乐。"例句说的是沈先生准备演讲材料而阅读文献资料,文献资料是不可能加以批示或批改的,因此,句中的"批阅"应改为"披阅"。

| 特别提示 |

"披阅"的同义词有"披览"等。"披览"一般只用于书面语。

203. 品味—品位

"品味"与"品位"是混淆误用率较高的一对词语。因此有必要对它们详加辨析,以免出错。先看一则例句:

拥有一辆顶级跑车是所有男人的梦想,而这些打着名牌汽车头衔的手机有不少是限量版,价值不菲,彰显尊贵的品味。

"品味"与"品位"音同形近,但是含义各有不同。"品味"意思是品尝滋味、仔细体会,也可以指食物的风味。除了后一种释义外,"品味"一词基本用作动词,如"品味咖啡""品味隽永的美文"等。"品位"则是名词,它原指官阶、品级;也可指矿石中有用元素或有用矿物含量的百分率；现在最多的是用来表示品质、质量、档次或气质等。从例句句义来看，想说的是这些限量版手机品质高、有档次，男性使用会让人感觉很有尊贵的气质，而且动词"彰显"的宾语只能是一个名词。因此，句子应改为"彰显尊贵的品位"。

| 特别提示 |

"高品味的文章""品味独到的人"中的"品位"，都应改成"品位"。

204. 破坏—损坏

"破坏"和"损坏"也是经常被人混淆的一对词语。看下面的例句：

各位乘客请注意，请您在乘车过程中爱护车厢内的公共设施，如有破坏，须照原价赔偿。

"破坏"词义丰富，指使建筑物或事物受到损害，也指变革风俗、违反条约或规定。"损坏"是指由于各种原因造成的物件残缺破损。从程度上看，它比"损坏"重，并且带有十分明显的主观故意性。从对象上看，"破坏"除了用于具体的物件，还可以用于名誉、纪律、秩序等抽象事物；而"损坏"一般只用于具体的物件。

由此可见，例句的语境用"损坏"更合适。

| 特别提示 |

"破坏"也指物体的组织或结构损坏，如"营养成分因高温而破坏"。

205. 歧异—歧义

"歧异"和"歧义"是经常被人搞混的一对词语。看例句：

有些广告为了制造宣传效果，故意写歧异句，给消费者留下深刻印象，但实则造成了不良影响。

"歧异"指有分歧差异；不相同。"歧"即"异"，这是一个同义复词，如"文化歧异""思想观点歧异"等。"歧义"是名词，指在语言文字方面出现两种或多种不同的意义，有两种或几种可能的解释。比如"咬死了猎人的狼狗"这句话，既可以解释为猎人被狼狗咬死了，也可以理解为"猎人的狼狗被别的动物咬死了。根据例句的语意，显然应将"歧异"更改为"歧义"。

| 特别提示 |

"歧义"不可写成"歧意"。

206. 其间—期间

当前，"其间"与"期间"混淆误用的现象很严重，不但时间要求紧迫的报纸，就是精心编校的图书，也屡屡出错。看例句：

（孙立人）1950年3月～1954年6月任台湾"陆军总司令"兼"保安司令"，期间，孙大事改革……

该句中"期间"的说法肯定是不对的，应该改为"其间"。

在表示时间这一概念时，"其间"与"期间"虽然含义相仿，但用法存在一定的差别。"其间"与"期间"都可以表示在某一段时间里面。但"其间"中的"其"是一个代词，意思是那、那个。所以"其间"可以单独作为时间状语，前面没有必要再用代词或加一些表限制、修饰的词语。而"期间"是不可以单独作时间状语的，它的前面必须要加上一些限制或修饰性词语，如"春节期间""抗战期间""疗养期间"等。

| 特别提示 |

"其间"还有一个释义是那中间，与"其中"相仿，与"期间"无关。

207. 企求—乞求

一是部分贫困生产生了心安理得的心理,认为学校帮他是应该的,把家庭的贫穷当做企求施舍的资本。

如例句所示,"企求"与"乞求"也是常常被人们随意混用的一组近义词,下面我们来看看它们之间的区别在什么地方。"企求"表示的是渴望得到什么东西的一种心理,如"她为学生呕心沥血,从不企求什么";"母亲无所企求,一心扑在这个家上"。"乞求"意思是请求别人给予,如"乞求施舍""乞求宽恕"等。"企求"侧重于心理状态,没有具体所指;"乞求"则表示一个动作,一般后面需跟宾语,说明"乞求"的东西。所以说这两个词不能当成同义词来换用,例句中"企求施舍"应改成"乞求施舍"。

| 特别提示 |

注意近义词"祈求",该词表示恳切地希望或请求,一般用于向神灵祈祷或下级对上级(谦卑地)提出请求,如"祈求上帝的帮助""祈求风调雨顺、国泰民安"。

208. 启示—启事

在实际运用中,因搞不清"启示"与"启事"的差异而混淆误用的现象十分严重。

《郑州大学第五附属医院招聘启示》:现因业务发展需要,公开招聘相关专业技术人员……

"启事"指的是为了公开声明某事而刊登出来或贴出来的文字,如"寻人启事""征稿启事"。"启示"则是启发开导,使有所领悟的意思。比如马龙·白兰度主演的一部经典影片——《现代启示录》,便通过剖析最黑暗、最卑劣的人性来启发人们去思考去领悟故事的真谛。通过辨析可知,例文中的"启示"应当改为"启事"。

| 特别提示 |

"启事"是名词,而"启示"在句中兼作名词和动词。如"这本书启示了我们……""这本书给我们的启示是……"。

209. 起用—启用

"起用"与"启用"也是较容易被混淆误用的两个词语。看下文:

据人民网报道,中国驻韩国大使馆领事部今天在汉城(今首尔)举行新址起用仪式,中国驻韩使馆大使宁赋魁及韩国外交通商部、华侨侨领等约80人出席。

"起用"用于人,一指重新任用已经退职、免职的官员,二指提拔使用。如"美拟起用萨达姆时代军官""起用新人"等。"启用"的意思是开始使用,用于物,如"启用新设备""启用印章"。例文说的是开始使用中国驻韩大使馆领事部新地址,应该用"启用"。

| 特别提示 |

"起航""启航"与"起程""启程"这两组词语意思一样,可以通用。

210. 气候—天气

在实际运用中,把"气候"与"天气"混淆的人并不鲜见。看下面例句:

明天气候不错,非常适合登山郊游。

"气候"与"天气"所指范围不一样。"气候"指的是一定地区里经过多年观察所得到的概括性的气象情况，它与气流、纬度、海拔、地形等有关，一般指较大地区、较长时间内的气象状况，如："昆明气候宜人，四季如春。""天气"则指一定时间内的特定地区大气中发生的各种气象变化，所指时间比较短，一般指一天、几天或一周的气象情况，如："下周的天气以晴朗为主。"例句显然用"天气"才准确。

| 特别提示 |

"气候"还可以比喻动向或情势，如"政治气候"；或比喻结果、成就等，如："小打小闹，难成气候。"

211. 墙角—墙脚

在阅读中，发现不少人把"挖墙脚"写作"挖墙角"，这是混淆了二词。看例句：

反革命分子千方百计地挖社会主义的墙角。

"墙角"与"墙脚"读音相同，但含义有所区别。"墙角"指的是相邻墙壁的交角，如："转过墙角，走进胡同里。""墙脚"即墙根，如："把砖瓦堆在墙脚下。""墙脚"还有一个比喻义：事物的根本、事物赖以建立的基础，"挖墙脚"一词常比喻通过破坏手段来从根本上摧毁事物或损害他人。可见，例句中的"墙角"应改为"墙脚"。

| 特别提示 |

"墙根"与"墙脚"词义几乎相同，但没有"墙脚"的比喻义。

212. 切忌—切记

在网络上，经常看到有人把"切忌"和"切记"混淆误用，这里做一下辨析。先看一则例句：

《女人切忌不能轻易说出的话》

切忌：切实地避免或防止、千万不要，如"准妈妈切忌着凉"。切记：务必牢牢地记住，如："这些道理你一定要切记在心。"这两个词都有特别强调之义，但强调的内容大不相同，"切忌"强调的是要避免的，而"切记"强调的是要牢记的。因此，例句应该改成"女人切记不能轻易说出的话"或"女人切忌的几句话"。

| 特别提示 |

"切忌"前不要再加"一定""千万"之类的词语，避免叠床架屋。

213. 切实—确实

我也看了"舞动奇迹"的第五场，××跳得切实不错，我看是评委有意刁难××，评委是在考验选手的耐心么……

"切实"的意思是切合实际，如"切实可行""切实保障安全""切实抓好'菜篮子'工程"等。"确实"则指事情真实可靠、毫无疑问，如"SK-Ⅱ产品确实含重金属铬和钕"。很显然，例句中应用"确实"替换"切实"。

| 特别提示 |

"确实"还作副词，表示对客观情况真实性的肯定，如："坚持慢跑确实对提高心肺功能有好处。"

214. 情节—情结

在阅读中不难发现，"情节"与"情结"混淆误用的现象十分严重。此处做一下辨析，希望对读者有所帮助。先看例句：

既有浓郁的怀旧意味，满足人们的怀旧情节，又提供现代的商业操作模式，制造挣钱的机会。

情节，指的是事情的变化和经过，如"故事情节""情节曲折生动"等。情结，则指心中的感情纠葛、深藏在心底的感情，如"思乡情结"。两个词词义相差甚远，导致错误的原因在于不能准确把握词义，因"情"致误。例句中的"情节"当改为"情结"。

| 特别提示 |

"情结"一般用来表示深埋在心中的感情，不能滥用，诸如"水煮鱼情结""吊带衫情结"之类的说法就会显得很滑稽。

215. 驱除—祛除

经常被人混淆的"驱除"和"祛除"其实用法有别，注意到区别点就不会再搞错了。看下面的例句：

《开运：巧手制作驱除病魔的护身符》：这种驱除病魔的护身符不仅可以自己使用，也可以送给你的家人或好朋友呢！

"驱除"指赶走、除掉，适用于具体的人或事物，如"驱除蚊蝇""驱除杂念"。"祛除"则指除去疾病、疑惧或迷信的邪祟等，其对象主要是影响身心健康的不良因素，如"祛除风寒""祛除紧张心理""祛除邪魔"等。可见例句中的"驱除"应换成"祛除"才对。

| 特别提示 |

容易混淆的还有"去除"，该词是指除掉、除去。洗去污渍、清理垃圾等应用"去除"。

216. 权力—权利

加拿大房客的权力和义务须知：1.房客的权力：（1）房客有权留客住宿（非牟利的）（2）……2.房客的义务：（1）应按照所

签协议要求按时缴纳房租（2）……

"权力"与"权利"是很容易混淆的一组词语。例文中"权力"应为"权利"之误。

"权力"指的是政治上的强制力量或职权范围内的支配力量，如"立法权力""公安机关有依法逮捕犯罪嫌疑人的权力"等。"权利"表示公民或法人依法行使的权力和享受的利益。"权力"与"权利"的区别从语素的不同上就可以看出来。"权力"侧重政治上的强制力量，"权利"侧重利益。"权利"常与"义务"相对，意思比较好懂。"权力"具有强制性、单向性、相互依赖性、工具性等基本特征，是由地位和职责带来的；而"权利"则是由法律赋予的。

| 特别提示 |

"权益"与"权利"词义相同，在"公民的合法权利""民主权利""受教育权利"中，都可以换成"权益"。

217. 劝诫—劝解

虽然"劝诫"与"劝解"的具体含义并不相同，但还是有很多人混淆误用。看下面的例句：

双方在法庭上剑拔弩张，几次发生争吵，法官不得不加以劝诫。

"劝诫"指劝告别人改正缺点，警惕未来，如"劝诫烟民戒烟"。"劝解"有两层含义，一指劝导宽解，如："大家又是安慰又是劝解，她终于想通了。"二指调停，排解纠纷、平息争端，如："要不是大伙的极力劝解，他俩非打起来不可。""劝诫"的重点在"诫"，强调劝人改过；"劝解"的重点在"解"，强调开解、调解。从例句的内容来看，作者想表达的正是"排解"，所以句中的"劝诫"应改为"劝解"。

| 特别提示 |

"劝诫"不能写成"劝戒"。

218. 人士—人氏

在特定的场合里,人们容易混淆"人士"与"人氏",下面例文中的"人士"就属于此类误用。

外地人参观游览天堂、苏州城无论多少次,也只能窥见皮毛。只有被一方水土涵养的当地人士,才能将这里的"天圆地方""良辰美景"最精髓的部分刻画出来。

"人士"指有一定社会影响的人物,如"民主人士""党外人士""爱国人士"等。"人氏"即指某一地方的人(多就籍贯而言)。如《红楼梦》:"这贾雨村原系湖州人氏。"根据例句的语境,文中的"当地人士"改为"当地人氏"才是正确的。

| 特别提示 |

"人士"与"人氏"均为书面语,日常口语中较少用到。

219. 溶化—融化

近义词"溶化"和"融化"很容易被人们混淆误用,认真辨析一下,理清它们的词义与用法,以免再犯语言错误。看下文:

在全球变暖化影响下,北极冰雪不断溶化,逐渐成为各国争夺石油、渔业、钻石及开辟航线的新领域。

"溶化"即溶解,指固体或液体物质分子均匀分布于一种液体中,如"砂糖在水里很快就溶化了"。"溶"字形旁是"水",所以包含"溶"字词语都与水或其他液体有关,如"溶解""溶剂""溶液"等。"融"字在现代汉语中主要有两种用法,一是指冰、雪等由冻结变为液态,如"昨夜的降雪已经全部融化""冰激凌在太阳下一点点地融化";二是用于调和、和谐义,如"融洽""融畅""其乐融融"等。由此可知,例文应改为"北极冰雪不断融化"。

| 特别提示 |

容易与这一组词语混淆的还有一个词"熔化"。从"熔"字的形旁可以看出,它与火和高温有关,如"熔点""熔炉"等。"熔化"指的是固体在高温的作用下变成液体,如"铁加热至1530摄氏度以上就会熔化为铁水"。

220. 搔痒—瘙痒

《皮肤瘙痒症的中医治疗》:皮肤瘙痒症是指临床上无原发损害,而以皮肤瘙痒为主的一种神经功能障碍性疾病。皮肤瘙痒症多好发于老年人及中年人,多见于冬天及夏天。

"搔痒"和"瘙痒"读音、词形都很接近,词义也有一定的联系,因此经常被混用。上面的这个例子就明显混淆了这一组词语。"搔痒"是一个动宾结构的词语,指在身体发痒的地方抓挠。如"隔靴搔痒",隔着靴子搔痒,比喻说话或作文不中肯、不贴切,没有抓住要点,或做事没有抓住关键。"瘙痒"指(皮肤)发痒,如《聊斋志异》:"数日,遍体瘙痒,皮尽脱。"简言之,"搔痒"是动作,"瘙痒"是病症。例句中的"搔痒"自然改为"瘙痒"才正确。

| 特别提示 |

"瘙"念第四声,不同"搔"。

221. 沙眼—砂眼

《怎样预防幼儿砂眼》:砂眼的病程比较长,可数月或数年,治疗起来比较顽固而且治疗不彻底,容易复发。幼儿患有砂眼,只要家里积极配合,坚持治疗,治愈砂眼并不困难。

"砂眼"与"沙眼"的含义迥然不同。"砂眼"指的是气体或杂质在铸件内部或表面形成的小孔,如"米汤可补新砂锅的砂眼""所有有砂眼的铸件都需要挑出来"。"沙眼"则属于眼疾的一种,指一种由沙眼衣原体引起的慢性结膜、角膜炎,患者结膜上形成灰白颗粒,逐渐形成瘢痕,刺激角膜,使角膜发生溃疡。可见,"砂眼"的"眼"指像眼睛一样的小洞;"沙眼"中的"眼"才指眼睛。"砂眼"是铸件的缺陷;"沙眼"是眼疾。这样就能分清这组同音词的区别了。例句自然应用"沙眼"。

| 特别提示 |

古汉语中这两个词语可以通用,但现在已有明确分工,不宜混用。

222. 擅长—善于

近义词"擅长"和"善于"经常被人混淆,现对二词进行辨析。先看一则例句:

他擅长左手横握球拍。

"擅长"是指在某方面有特长,如"擅长油画"。"善于"是指在某方面具有特长,如"善于与人打交道"。两个词相同点在于它们都是动词,都用在动词或动词性短语前面,都有在某方面有特长的意思。它们的不同点在于,"擅长"的意思是独具某种特长,表示在某一专业方面特别精通;而"善于"含有在某一方面好一点的意思,即在某方面具有特长,并不含有特别精通之义,程度比"擅长"差一些。比较可知,例句中"擅长"改成"善于"更贴切。

| 特别提示 |

"擅长"容易被误写成"善长"。需要特别说明的是,现代汉

语中没有"善长"的说法。

223. 商榷—商量

在使用时，不考虑词语的语体色彩，是造成"商榷"与"商量"混淆误用的主要原因。看例句：

这件事情你最好再和父母商榷一下，不要随便做出决定。

"商量""商榷"都有交换意见、商讨研究之义。区别在于，"商量"多指一般问题，常用于口语，可作叠语"商量商量"；"商榷"是文言词，多指学术问题或其他需要慎重研究的大问题，常用于书面语，包含一种尊敬、客气的色彩。在例句的语境中用"商榷"是不合适的，应改为"商量"。

| 特别提示 |

另外还需要注意"协商"一词的用法。"协商"的意思是共同商量以便取得一致的意见，语气要比"商量"更庄重一些，一般用于比较大的事情或社会性、国际性的问题。

224. 上映—上演

《电视名嘴集体转场话剧，〈青瓷〉下月上映》:(《青瓷》)是湖南作家浮石在狱中所著长篇处女作，小说目前发行已达数十万册。由湖南省话剧团和潇湘电影频道联合出品的话剧《青瓷》，将更值得期待。

"上映"与"上演"含义接近，但有着不同的适用对象，因此不能混为一谈。"上映"指电影上演、放映，如"最新贺岁片《集结号》即将在京上映"。"上演"则指戏剧、舞蹈等的演出，如老舍《四世同堂》："新民会成立了剧团，专上演日本人选好的剧本。"例句说的是由小说《青瓷》改编成的同名话剧即将演出，显然应用"上演"。

| 特别提示 |

"新片上映"不能说成"新片上影"。

225. 深沉—深刻

"深沉"的词义丰富,很多时候容易和相近的词语"深刻"相混淆。比如:

《波拉 X》被认为是卡拉克斯最为深沉的一部影片。

"深沉"是个多义词,可以形容程度深,如"暮色深沉";也可以表示沉着持重,轻易不向人暴露思想感情,如:"老张为人深沉,思想不外露。""深刻"则指达到事情或问题本质的,如"深刻剖析";内心感受程度很深的,如"印象深刻"。例句想说的是影片深入到了所要反映的事情的本质,因此用"深刻"才能准确表达这个意思。

| 特别提示 |

"深沉"还可以用来形容声音低沉。"深刻"是形容词,一般不能直接作动词的宾语,在使用时要注意。

226. 神话—神化

在词语使用中,混淆"神话"和"神化"的现象时有发生。其实,它们只是同音词,词义差别很大。看例句:

劳模乐呵呵地说:我是一个普通人,其实只是做了一些自己该做的事情,别人可能都把我神话了吧?

"神话"是名词,不能充当谓语,是指反映古代人民对世界起源、自然现象及社会生活的原始理解的故事和传说。神话虽然没有科学性,但它体现了人在自然面前顽强不屈的斗争力以及对美好理想的执着追求,富有积极的浪漫主义精神。"神化"是一个动词,意思是把人或物看成神来对待。如:"在我国的封建社会里,从天子、诸侯以至庶民百姓,都要把有功的人加以神化。"(艾芜《都江堰的神话故事》)可以看出,"神话"和"神化"的含义与用法都是不同的,根据例句的语意,应将"神话"改为"神化"。

| 特别提示 |

"神话"还可以形容荒诞的无稽之谈,如:"所谓反动派进攻不能粉碎的神话,在我们队伍中不应有它的位置。"(毛泽东《迎接中国革命的新高潮》)

227. 神智—神志

"神智"和"神志"也是人们比较容易混淆的一组词语。下面例句中的"神智"就用错了。

注射剂十分灵效,立竿见影,病人立刻止住了疼痛,恢复了神智。

"神智"即精神与智慧。如北齐刘昼《新论·知人》:"故明哲之相士,听之于未闻,察之于未形,而鉴其神智,识其才能,可谓知人矣。""神志"则指知觉和理智,常说的"神志不清""神志模糊"就是指人的知觉和意识不清醒,陷入昏迷、半昏迷状态。"神智"侧重于智慧,只能是增加或减少,不可能丢失后再恢复;"神志"侧重于感知。根据句义,应改为"病人……恢复了神志"。

| 特别提示 |

"神智"的"神"指精神,不能误解为神灵、神奇之义。

228. 胜地—圣地

在报刊网络上,经常会发现把"胜地"与"圣地"混淆的现象。看下文：

延安是中华民族的发祥地之一，又是红色革命胜地。它有着非常悠久的历史，是国务院首次公布的全国 24 个历史文化名城之一。

"胜地"指著名的风景优美的地方，比如常见的"旅游胜地""避暑胜地"等。"圣地"的含义完全不同，它指宗教徒称与教主生平事迹有重大关系的地方，如基督教徒称耶路撒冷为圣地，伊斯兰教徒称麦加为圣地。"圣地"也比喻具有重大历史意义或作用的地方，如徐迟《三峡记》："北京，人民的首都；北京，革命的圣地。"比较可知，例句中的"胜地"应该换成"圣地"。

| 特别提示 |

"胜地"的"胜"意思是优美的，同样的词语还有"胜景""胜迹"等。

229. 时世—时势

近代中国是带着无奈和屈辱进入世界体系的，这个特点就决定着它深受国际环境的影响……中国的民族主义主张错综交织，亦可见时世之危急和国人之紧迫感。

例文中"时世"一词系"时势"之误。

"时世"即时代，如狄更斯的小说《艰难时世》；也指当前的社会，如"他对时世认识深刻"。"时势"指的是某一时期的客观形势，如："迫于时势，她只得做出这样的选择。""时世"侧重强调时代，而"时势"则侧重于形势。上文中说"时世之危急和国人之紧迫感"，"危急"的不能是"时世"，只能是当时的形势，因此应将"时世"改成"时势"。

| 特别提示 |

"时世""时势"的同音词还有"时事"，"时事"意思是当代的事情，特指近期内发生的国内外大事，注意不能搞混。

230. 施行—实行

"实行"与"施行"是比较容易被混淆误用的一对近义词，要注意辨析二词，以免犯错。看下面例句：

《支付宝施行准金融机构双轨制管理，等待发牌转正》

"施行"的解释是法令、规章等公布后从某个时间开始发生效力或按照某种方式或办法去做；"实行"则指用行动来实现。"施行"与"实行"的区别在于，"施行"的内容比较具体，如"本条例自公布之日起施行""施行阑尾炎手术"；"实行"的内容宽泛而抽象，如"实行改革""新车上号实行 10 选 1"。"实行"使用范围广泛，一般来说除了法令政策外，其他都可以用"实行"。例文说的是企业内部的改革，用"实行"更为合适。

| 特别提示 |

与上两个词语意思相似的还有"实施"。"实施"的用法基本与"施行"相同，差别在于"实施"还可以作定语，如"国家安监总局发布《烟花爆竹经营许可实施办法》"。

231. 食言—失言

答应别人的事儿，他向来说到做到，从不失言。

"失言"不能等同于"食言"，句中"失言"一词属于误用。

"失言"指的是无意中说出不该说的话，如"酒后失言""一时失言，后悔万分"。"食言"是一个很形象的词语，把自己说出来的话吃掉，形容违背诺言、言而无信。如："孩儿，既蒙张太公金诺，必不食言；你可放心早去。"(高明《琵琶记》)。"失言"是无意为之，"食言"是有意而为。例句显然用"食言"才是正确的。

| 特别提示 |

"失言"也可指出言失当，如："李白又奏道：'臣有一言，乞

陛下赦臣狂妄,臣方敢奏。'天子道:'任卿失言,朕亦不罪。'"(《警世通言》)

232. 实足—十足

《再造一个国门又何妨?蒋立升意气风发、信心实足》

"实足"和"十足"都有充足之义,但词义侧重点和使用对象并不相同。例文中的"实足"用得不对。

"实足"指确实足数的,侧重指数目的实际情况,一般与数量或年龄搭配。如"与会者实足220人""校长今年实足65岁"。"十足"指达到充足的程度或完全的地步,如"威风十足""干劲十足""十足的理由"等。例文说的是某人很有信心做某事,自然应当说成"信心十足"。

| 特别提示 |

"十足"也可以指成色纯,如"十足的黄金"。

233. 试验—实验

在实际应用中,把"试验"和"实验"混淆误用的现象很普遍,辨析二词之前,先看一则例句:

张华这次物理试验考试不及格。

"实验"有两个义项,一是为了检验某种科学理论或假设而进行的某种操作或从事某种活动,二是指实验的工作,如:"基础知识扎实,实验技能较差。""试验"是指为了察看某事的结果或某事物的性能而从事某种活动,含有试试、试行的意思,如:"我国发射的第一艘试验飞船完成了空间飞行试验任务。"对假设或已有的理论进行操作验证叫"实验"。对新发明、生产的仪器、设备、武器装备等进行试运行检验叫"试验"。"实验"一般用于科学领域,而"试验"适用领域较广。

| 特别提示 |

"试验田"进行农业试验的田地,也比喻试点或试点工作。不要写成"实验田",因为没有这一说。

234. 嗜好—爱好

在日常应用中,不少人把"嗜好"与"爱好"混淆误用。看下文:

老两口把晚年生活安排得充实又有趣,爬山、钓鱼、打门球、抖空竹等户外运动不必说,两人还对棋类特别感兴趣,尤其嗜好下象棋,经常在饭后兴致勃勃地对杀几盘。

"爱好"指的是喜爱某样事物或对某种活动具有浓厚的兴趣并积极参加,如"爱好文学""爱好游泳"等。"嗜好"的程度比"爱好"重,表示很特殊的爱好,而且经常指不良的喜好,含有一定的贬义。如巴金《利娜》:"不过对于他这样的人这是不够的,因为他在修道院里就得了喝烧酒找女人的嗜好。"显然,例句用"爱好"更恰当。

| 特别提示 |

"爱好"既可以作名词,也可以作动词;"嗜好"只能作名词。

235. 侍候—伺候

我一直以为在家里侍候花花草草是件需要耐心的事情,应该是退休后的余兴。但前些年开始,我却在阳台上种了很多花草,都是些芳香植物。

"侍候"和"伺候"词义非常接近,很容易混淆,现进行辨析。"侍候"指服侍,通常用于对长辈或地位比较高的人,也指在人身边供人使唤,或照料饮食起居,其对象一般是人,如"父母晚年时儿女应该尽心侍候"。"伺候"不分地位高低,既可以用于人，也可以用于动物、花草等有生命的事物。例文中说照料花草，应当用"伺候"。

| 特别提示 |

"伺候"还有一层意思指等候、守候，如："伺候柴进回庄，林冲便说道：'非是大官人不留小弟……'"（《水浒传》）

236. 势利—势力

作为一对同音词，"势利"与"势力"时不时会被人混淆，其实，它们的词性、词义均不相同。下面例句就混淆了"势利"和"势力"。

据气象中心预测，台风"拉尼娜"的影响势利范围还将继续扩大。

"势利"是形容词，形容以地位、财产等分别对待人的恶劣表现或作风，如《醒世恒言》："那白行简的儿子叫做白长吉，是个凶恶势利之徒。见遐叔家道穷了，就要赖他的婚姻，将妹子另配安陵富家。""势力"是名词，指政治、经济、军事等方面的力量。"势力范围"即指势力所能达到、控制的区域，可用于比喻义。通过辨析可知，例文中的"势利范围"应改为"势力范围"。

| 特别提示 |

"势利"在古汉语中指形势有利，如《荀子》："兵之所贵者，势利也。"现该义已弃用。

237. 首犯—初犯

原谅我吧，我这次真的是首犯啊，头一回啊！以后再也不敢了！

句子中"首犯"使用错误，如果真的是"首犯"，那就很难被原谅了。因为"首犯"的意思是在犯罪集团或者聚众犯罪中起组织、策划、指挥作用的犯罪分子。"初犯"是指第一次犯罪或犯错误、过失等;也指第一次犯罪并被判处有期徒刑以上刑罚的人。例句说话人想表达的意思应该是"初犯"。

| 特别提示 |

"首犯"和"初犯"虽然只有一字之差,但是含义却大相径庭。"首犯"指犯罪集团的头目,"初犯"指第一次犯错。

238. 收集—搜集

近义词"收集"和"搜集"经常被人混淆误用,这里进行辨析,希望对读者有所帮助。看下面例句:

《美军方情报部门越界收集情报,被疑伸手过长》

"收集"和"搜集"都有将东西聚合起来的意思。这两个词的区别在于,"收集"仅仅是将东西收拢聚合在一起,"搜集"还包含了四处寻找、到处搜罗的意思。情报部门搜罗情报,用"搜集"更合适。

| 特别提示 |

"收罗""搜罗"的区别与"收集""搜集"相同。另外,"搜刮""搜寻"中的"搜"不能写成"收"。

239. 受权—授权

由于马虎大意,不少人在使用中把词义相反的"受权"与"授权"相混淆,造成严重的误解。看下文:

本公司将受权智多星工作室,由该工作室全权代理本项目动漫 FLASH 策划工作。

受权:接受委托做某事的权力,如"新华社受权播发××草案"。授权:把权力委托给别人或其他机构代为执行,如"布什授权情报机构窃听境内电话"。从例句的语境看,"本公司"是主体,它将交付给"智多星工作室"相关的一些权力,因此应该改为"本公司将授权智多星工作室"。

| 特别提示 |

与上一组词语相同,"授业""受业"也是主客体相反的一组词。"授业"表示传授知识技艺或给予产业;"受业"则表示跟老师学习知识或技艺。

240. 受益—收益

《意见》中为此明确规定:地方政府要将廉租房保障资金纳入年度预算,住房公积金增值收益除去必要的开支后要全部投入廉租房建设,土地出让净受益用于廉租房建设的比例不得低于10%。

"受益"的意思是得到好处、受到利益,如:"此次改革,农民受益良多。""收益"则指生产上、商业上的收入,如"收益大增""收益甚少"等。二者的区别点在于看有没有商业或生产活动,商业或生产所得用"收益",不经过这个途径所得用"受益"。例句中的"受益"应改为"收益"。

| 特别提示 |

注意,"受益匪浅"不能写成"收益匪浅"。

241. 竖立—树立

在阅读时,经常会发现有人把"竖立"和"树立"两个词混淆,致使表意不明。看下面的文字:

《像找爱人一样找工作——竖立科学求职观》

"竖立"与"树立"读音、词性都一样,但含义不同。"竖立"指物体垂直,一端向上,一端接触地面或埋在地里,用于具体的事物,如"竖立旗杆""竖立标语牌""竖立纪念碑"等。"树立"意思是建立,一般用于抽象的好的事情,如"树立远大的理想""树立良好道德风尚"等。所以例句自然应是"树立正确求职观"了。例:"3月28日,海南师范大学田家炳教学楼前,刚刚竖立的《关于树立正确荣辱观的倡议书》吸引学生驻足观看。"这里的两个词语运用的就很准确了。

| 特别提示 |

注意,"独树一帜""树碑立传"中"树"不能写成"竖"。

242. 书写—抒写

把"书写"与"抒写"混淆的现象并不少见。看下文:

党的十七大的胜利召开必将为中国的社会主义建设书写新的壮丽篇章。

"书写"与"抒写"的用法不同。"书写"即指写(字),如"答卷时书写要工整"。"抒写"则指表达、描写,含有比喻义,如碧野《白云、绿树、金花》:"这悠扬的乐曲抒写着祖国山川的明丽。"再如:"其诗清和澹泊,尤能抒写性灵。""抒写"常用于含有褒义的抒情语境中,而"书写"仅仅是"写"的意思。因此,例句中的"书写"改成"抒写"比较合适。

| 特别提示 |

《金史·文艺传》:"用荐为史馆书写。书写,特抄书小吏耳。"这里的"书写"是名词,指做抄写工作的人。现代汉语中已无此义。

243. 熟习—熟悉

由于对词义把握不准,有些人总把"熟习"与"熟悉"混淆。看下文:

我在这座山上待过多年，对山上的每条道路都熟习。

熟悉：指知道的清楚、详细。该词适用的范围很广，常指看到的、听到的和了解到的情况，多用于环境以及抽象的事物。熟习：学习得很熟练或了解得很深刻，多用于学问和技能，对象常是技艺、业务等，适用范围比较窄，如"熟习业务"。另外，"熟习"要求主语有"操作"，而"熟悉"则没有。由此可知，上文中的"熟习"当改为"熟悉"。

|特别提示|

"熟练"与"熟习"词义相近，但词性不同。"熟练"是形容词，而"熟习"是动词。

244. 属下—下属

顾雏军称自己于1991年赴英国创业，以"实力"成功说服英国一家超市集团，在属下600家超市使用他的制冷剂改造中央空调。

文中的"属下"一词是误用，将其与"下属"（动）混淆了。"属下"是一个名词，指部下、下级，它只能用于指人，如"他是总经理属下的得力干将""正确激励属下是管理技能之一"。"下属"是动词，意思是归属于、从属于。例句说的是一家超市集团内的600家超市，用"下属"才是正确的。

|特别提示|

"下属"也可作名词，义同"属下"，但使用范围广，兼可用于人和物。

245. 水力—水利

同音词"水力"和"水利"时常被人混淆，虽然这两个词词义差别甚大。看下文：

法案规定，政府每年要为农村每个家庭提供100天的就业机会，工作是非技术性的手工劳动，如修路、架桥、平整土地、开凿运河、兴修水力等农村基础设施建设。

"水力"的定义是：海洋、河流、湖泊的水流所产生的做功能力，是自然能源之一，可以用来做发电和转动机器的动力。如"水力发电""水力资源"。"水利"则指利用水力资源和防止水灾的事业，也可指水利工程，包括防洪、排洪、蓄洪、灌溉、航运和其他水力利用工程。例句中的"兴修水力"明显应改为"兴修水利"。

| 特别提示 |

"水利"还可指兴修水利带来的利益或水路之便。如《史记·滑稽列传》："西门豹即发民凿十二渠，引河水灌民田，田皆溉……至今皆得水利，民人以给足富。"

246. 说和—说合

由于都有"往一块儿说"的意思，"说和"与"说合"常被人混淆误用。看下文：

大娘是一个热心肠的人，尤其喜欢给人家牵红线。这条街上就有两三对恩爱夫妻当初是由大娘说和的呢。

其实，"说和"与"说合"的对象和目的都不相同。"说和"针对彼此不和的人，意思是调解双方的争执与矛盾，劝说使之和解，如："我说他们不用人费心，自己就会好的，老祖宗不信，一定叫我去说和；赶我到那里说和，谁知两个人在一块儿对赔不是呢。"（《红楼梦》）"说合"则指从中介绍，促成别人的事；把两方面说到一块儿，比如"说合亲事"。例句讲的是"大娘"为人做媒，显然应当用"说合"。

| 特别提示 |

"说合"还有商量之义,如:"他们正说合着集资建校舍的事儿。"

247. 搜缴—收缴

"搜缴"与"收缴"也是经常被混淆误用的一对近义词。辨析之前,先看一则例句:

执法人员深入市场,收缴有毒猪肉。

搜缴:搜查缴获,其对象是物品,一般指非法或违禁物品,如"搜缴走私物品""搜缴私藏武器"等。收缴:接收、缴获,还有征收上交的意思,如"收缴税款"。"搜缴"与"收缴"都有缴获的意思,但"搜缴"指的是先搜查再缴获,其对象多为违禁品。例文执法人员针对的是违禁的"毒猪肉",显然用"搜缴"更合适。

| 特别提示 |

"搜剿"意思是搜索剿灭,对象是人;"搜缴"对象是物,二者不能混用。

248. 逃生—得救

词义基本相同的"逃生"和"得救"经常被混淆误用,报纸杂志也不例外。看一则新闻标题:

《印尼渔民被困一周,严重脱水奇迹逃生》

这个标题中的"逃生"一词用错了。"逃生"意思是逃出危险的环境以求生存,该词的重点在"逃",这个字表示是一种主观能动性的活动。而上文中的渔民已经被困一周,严重脱水,身体不支,因此"逃生"是不合适的。"得救"意思是得到救助,脱离险境,这个词强调的是被救,获救者是被动的。因此,将上述标题中的"逃生"改为"得救"更贴切。

|特别提示|

"逃生"与"得救",一个是主动的,一个是被动的,而它们的近义词"获救"则没有倾向性。

249. 提词——题词

不明就里的人往往把"提词"混同于"题词",这是错误的。看下面的例句:

今天是毛泽东诞辰纪念日,重温毛泽东 1939 年 12 月 9 日为延安世界语展览的提词,以纪念伟人……

"提词"指的是演出时给台上的演员提示台词,如"提词工作""提词机"。"题词"含义就完全不一样了,作为名词,指的是为了纪念或勉励而写下来的话;作动词时,则指写一段话表示纪念或勉励,如"题词留念""题词鼓励全连战士"。毛主席为延安世界语展览特意写的一段话,自然应该是"题词"而非"提词"。

|特别提示|

"题名"的"题"是写的意思。

250. 题名——提名

北京时间 4 月 2 日凌晨,NBA 官方公布了三月份的东西部联盟最佳球员的得主。来自迈阿密热火队的沙奎尔·奥尼尔和明尼苏达森林狼队的凯文·加内特分别获得该项殊荣。休斯敦火箭队的特雷西·麦格雷迪获得该奖项的题名。

例文中的"提名"写成了"题名",显然是作者搞混了。

"题名"指题目的名称或为表示纪念、褒扬而写上姓名,如:"其船背稍夷,则题名其上。"(明·魏学伊《核舟记》)"提名"

则指在评选或选举之前先提出有可能当选的人或事物名称。如"世界七大奇迹长城获提名""陈冲获金马影后提名",等等。例文中说NBA三月份东西部联盟最佳球员一奖的角逐中,麦格雷迪曾是候选,应当用"获得……提名"才对。

| 特别提示 |

"提名"不要误解为"提起……名称"之义。

251. 体裁—题材

该剧体裁新颖,情节曲折,贴近生活,真实生动,已经把感情这部分内容演绎到了极限,感人至深,令人回味,发人深思,是本年度大为看好的超级情感家庭伦理大戏。

例句错用了词语"体裁"。

"体裁"与"题材"经常被人们混淆,实际上两个词语的含义完全没有联系。"体裁"指的是文学作品的表现形式,可用多种标准来划分。如根据结构可分为诗歌、散文、小说、戏剧等;根据韵律可分为韵文和散文,等等。"题材"则指构成文学和艺术作品的材料,即作品中具体描写的生活事件或生活现象。如"题材新颖""历史题材""访谈的题材",等等。根据例句的内容,文中的"体裁新颖"显然应改为"题材新颖"。

| 特别提示 |

注意"体裁"不能写成"体材";"题材"也不能写成"题裁"。

252. 体型—体形

教练介绍说,游泳是帮助燃烧身体多余脂肪、塑造优美体型的最佳运动之一。

"体型"与"体形"二词常常被人们混为一谈,事实上这两个词是有区别的。例句中的"体型"就属于误用。

体型：人体的类型（主要指各部分之间的比例），如瘦长体型、矮胖体型、正常体型、特殊体型，等等。而"体形"主要指的是人或动物身体的形状，也可以指机器等的形状。如"体形纤瘦""体形匀称"等。"体型"无所谓优美与否，只有"体形"才能说丰满、苗条、优美、迷人等。可见，例句应改为"游泳是……塑造优美体形的最佳运动之一"。

| 特别提示 |

"形体"与"体形"意思接近，是现在比较流行的一个词语。"形体"一指身体的形状，如"形体训练""形体健美操"。二指物体的形状及其结构，如"文字的形体""识字之初，苦于形体之辨别"。

253. 通讯—通信

"通讯"与"通信"这组词语经常被人们混为一谈。使用时一定要注意二者的区别，以免误用。看一则例句：

《我国研制发射尼日利亚通讯卫星定点成功》：5月22日北京时间8时22分零5秒，我国研制发射的尼日利亚通信卫星一号经过五次变轨，成功定点在东经42°赤道上空。

"通讯"指的是一种详尽、形象而生动地报道人物、事件的新闻体裁，通讯的类型有：人物通讯、事件通讯、工作通讯、文艺通讯等。"通信"的概念有狭义和广义之分，狭义的"通信"就是通过书信来交流信息、反映情况，如写信时在信封上所写的地址就叫"通信地址"；广义的"通信"指沟通、交流信息，无论采取何种手段传递信息，都可以叫做"通信"。比如利用电波、光波等电子技术将语言、文字、图像等信息从一地传递到另一地，即为"通信"。"通信卫星"则指用于通信目的的人造地球卫星，它能够把来自一个地面站的信号转发或发射给其他的地面站。而"通讯卫星"的说法是不存在的,例文标题中应与正文统一,改成"通信卫星"。

| 特别提示 |

另外需要注意区分"通信员"和"通讯员"。"通信员"指在部队或机关中担任传递公文等联络工作的人员;"通讯员"则指报刊、电台、通讯社等单位邀请的经常为其写通讯报告的非专业人员。

254. 统帅——统率

不少文章把"统帅"等同于"统率",其实这两个词还是有区别的。

《40人统帅27万从业大军,百联从舰队变航母》……如今,这40多个人统帅着百联集团的27万从业大军。其实,这27万人中只有大约5万人跟百联存在着行政上的关系,也就是真正属于百联集团的人。

"统帅"和"统率"含义有别。"统帅"既可作名词,也可作动词,作名词指统领武装力量的最高领导人;作动词义同"统率"。"统率"只能作动词,意思是统辖率领。在表示统辖率领之义时,"统帅"和"统率"通用;当指武装力量的领导人时,只能用"统帅"。例文标题和正文中所用的"统帅",无论从词义还是词性上来说都应该改为"统率"。

| 特别提示 |

另外需要注意的是,"表率"是一个同义复词,二字都有楷模、榜样之义,因此不可以写成"表帅";"率领"也不能写成"帅领"。

255. 凸显——突显

"凸显"与"突显"是被混淆误用极为严重的一对词语。辨析二者之前，先看一则例句：

市场规范化的问题日益突显出来。

"凸显"是个动词，意思是清楚地显露。"突显"也是动词，意思是突出地显露，如"胳膊上突显青筋"。这两个词词义区分极为微妙，"凸显"强调的是原本存在的事物更加清晰化，而"突显"强调的是原先看不到的事物突然地或突出地显露，辨析的要点在于观察事物原先的状态。由此可知，前文中的"突显"应该改为"凸显"。

| 特别提示 |

与这两个词词义接近的还有"突现"。突现：一是突然出现，二是突出地显现。该词与"突显"的区别在于，"显"重在由暗到明、由模糊到清晰的显现，"现"重在由无到有的出现。

256. 推托—推脱

在运用中，不少人甚至是报纸杂志的编辑都会把"推托"和"推脱"混淆误用。现对二词进行辨析，看下文：

《大庆联谊案股民仍不服，申银万国推托掉大多责任》

文中"推托"使用不当。

"推托"意思是借故拒绝，即委婉表示不接受，推托的对象往往是别人让自己做而自己不愿意做的事，如："她以加班为理由，推托掉了这场无聊的聚会。""推脱"是指推卸、推辞，使某事与自己无关，推脱的对象多是责任、问题，如"推脱责任"。由此可知，例文标题应该用"推脱"才对。

| 特别提示 |

"推脱"重点在"脱"，脱去干系。如此便容易理解了。

257. 蜕化—退化

"蜕化"和"退化"是很容易被混淆误用的一对词语。看例句:

科学家认为,鲸最先是生活在陆地上并靠四肢爬行的,后来进入海洋生活后,它的前肢逐渐变成又薄又扁的鳍,后肢则完全蜕化。

"蜕化"指虫类脱皮,也比喻人彻底变坏、变质,腐化堕落,如"蝉蛹破土而出,蜕化成蝉""我们要坚决把蜕化变质分子从党内清除出去"等。"退化"则指生物体在进化过程中某一部分器官变小,构造简化,机能减退甚至完全消失;也泛指事物由优变劣、由好变坏。辨析可知,例句应该改为"后肢则完全退化"。

| 特别提示 |

注意没有"褪化"这个词。"褪"意思是减退、消色,如"褪色"。

258. 万万—千万

明天早上要开年会,你可万万别睡过了。

例句中的"万万"用得程度稍重,宜改为"千万"。

"万万"和"千万"都可以放在否定祈使句中,表示劝阻别人不能做某事,这两个词作副词用时含义相同,但在轻重程度上有所区别。"万万"的程度较重,意思是绝对,无论如何(用于否定式),如:"高压线危险!万万碰不得!""千万"表示无论如何,不管怎样,如:"这件事情很要紧,千万别拖拉。"根据例句的语境,用"千万"就足够了。

"千万"可以用在肯定祈使句中,表示要求别人一定做到,相当于务必、一定,"万万"没有这样的用法。如:"教太太快收拾东西;别的都不要紧,就是千万带着小孩子的东西,和书房里那几张画,那几张画!"(老舍《骆驼祥子》)

| 特别提示 |

"万万"可以用在否定陈述句中,强调事情的出人意料,"千万"就不能这样用。如:"我军以迅雷不及掩耳之速包围了敌人,这是敌人万万没有想到的。"

259. 挽留—挽回

"挽留"和"挽回"也是很容易被混淆误用的一对近义词。辨析之前,先看一则例句:

他已经知道实情,但他想挽留残局。

挽留:使要走的人留下来。"挽留"的对象一般是人,如:"虽然老师傅一再挽留,他还是走了。"挽回:扭转不利局面。"挽回"的对象可以是局面、影响,也可以是面子等。如:"由于平时消防意识淡薄,导致了这次重大火灾事故,给商场造成了不可挽回的损失。"这两个词的区别点就在于适用对象不同。由此可知,例句中的"挽留"应改为"挽回"。

| 特别提示 |

挽救:从危险中救回来。"挽救"的对象可以是人、生命或局面,如"挽救生命"。

260. 枉顾—罔顾

"行政院"选择非假日举行路跑,未顾及交通繁忙,实在是枉顾台北市民的权益。但陈水扁却态度蛮横地说:"我就是要跑,够胆就把我抓起来。"

该文中,作者混淆了一组词语——"枉顾"和"罔顾"。这组词语虽然读音相同,但词义并不一样,不能混用。

"枉顾"是敬辞,意思是屈尊看望,用于对方来访自己。如:"承蒙先生枉顾,寒舍蓬荜生辉。""罔"字文言色彩较浓,含义之一是无，没有，"置若罔闻"中的"罔"用的就是这个释义。"罔顾"也就是不顾的意思。例句想说的是行政院举行路跑不顾及市民利益，显然应该用"罔顾"。

| 特别提示 |

注意"罔"字的正确写法。

261. 危难—危急

在互联网上"危难"与"危急"被混淆的现象很严重，为避免误用，作如下辨析。

恶狼一步步逼近，正在危难之际，远处传来一声枪响。

"危急"是个形容词，意思是危险而紧急，如"形势危急"。"危难"是个名词，意思是危险和灾难，如"陷于危难之中"。认真揣摩，可知"危急"强调的是形势，"危难"强调的是处境。例文明显强调形势，当改用"危急"。另外，"正在……之际"这样的结构中应用动词短语或形容词短语，不应用名词短语。

| 特别提示 |

注意与"危险"的区别。"危险"是个形容词，意思是有遭到损失或失败的可能。

262. 为了—因为

连词"为了"和"因为"经常被人混淆，有必要对它们进行辨析。看下文：

因为人民的利益，他献出了宝贵的生命。

为了：表目的的连词，如："好好地休息是为了更好地工作。"因为：表示因果关系的连词，如："因为工作忙，所以不回去了。"在实际应用中，一定要弄清楚句子是因果关系还是目的结果关系，然后结合二词的用法，正确使用。例句应改用"为了"。

| 特别提示 |

"为着"，介词，用法和"为了"是一样的。

263. 委曲—委屈

一种无法形容的眼神，充满了怨恨、仇视、委曲和不解——从一个11岁的女孩子眼里直勾勾地射向他，令他心如针刺，无法摆脱。

"委曲"含义比较丰富，一指（曲调、河流、道路等）弯弯曲曲、曲折延伸，如"婉转委曲""委曲的羊肠小道"；二指事情的原委和底细，如"告知这其中的委曲"；三指文辞曲折含蓄，如"《暗香》一词委曲清婉"；还可指屈身折节，如"委曲从俗"。"委屈"比较常用，它的意思是受到不应该有的指责或待遇，心里很难受；或指亏待别人、让人受到委屈，如"真是对不起，委屈你了"。根据例句句义，应该用"委屈"才对。

| 特别提示 |

成语"委曲求全"，意思是勉强迁就以求保全、为顾全大局而暂时忍让。注意不能写成"委屈求全"。

264. 无愧—不愧

这是一个伟大政党的清醒和自觉。它告诉人们：与时俱进、日益成熟的中国共产党无愧于我们事业的领导核心。

例句中的"无愧于"用得不妥，作者混淆了"无愧"和"不愧"这两个词语。

"无愧"意思是没有什么对不起别人之处、没有可以惭愧的地方，如"问心无愧"。"不愧"意思是当得起某种称号，称得上，如周而复《上海的早晨》："柳惠光听到这里，觉得严律师真不愧是个刀笔吏，说话一针见血。"例句想说的是中国共产党完全可以担当得起人民的领导核心，而不是重在说明共产党对于"领导核心"有没有惭愧的地方。所以说句中的"无愧"一词用错了，宜改为"中国共产党不愧为我们事业的领导核心"。

| 特别提示 |

"不愧"是偏正结构，常与"是""为"等动词连用；"无愧"是动宾结构，一般后接介词"于"，或单独用在句尾。

265. 无理—无礼

不少人把"无礼"与"无理"搞混，造成词语的误用和理解的困难。看一则例句：

《如何应对因需求没被满足而无礼取闹的孩子》

无礼：缺乏对人的尊重，没有礼貌，如："和鸾大声喝道：'你们这些作乱的人，休得无礼。'"（许地山《缀网劳蛛》）无理：没有道理、毫无理由，如"无理要求""无理取闹"。"无礼"强调的是人的素质和行为，既可以作形容词，也可以作动宾词组充当句子的谓语成分。"无理"侧重于某一具体事情，一般只能作形容词。

| 特别提示 |

"无理"一词在古文中还有一个常用义，即（玉器等）没有纹理。如《淮南子·览冥训》："金积折廉，璧袭无理。"

266. 无谓—无所谓

在具体运用中，把"无谓"与"无所谓"混淆误用的现象十分常见。看例子：

《××无谓激情戏》

"无谓"是形容词,意思是没有价值、毫无意义,如"无谓的争论""无谓的牺牲""无谓的冒险举动"等。"无所谓"的意思是不在乎,没什么关系或指说不上。例文作者想说的是××不惧怕激情戏,比较放得开,没有太多的顾忌。而"无所谓"则正好能传达这个意思。从文义和语法方面考虑,例句标题宜适当修改。

| 特别提示 |

"无谓"不能与"无畏"混淆,后者指的是没有畏惧,不知害怕,如"无畏的英雄气概"。

267. 无疑—无遗

今天在群星争艳的上海国际电影节红地毯上,黄圣依一袭波绿长裙,将曼妙身材一展无疑。

"无疑"即没有可疑之处,表示非常肯定,如"确信无疑"。"无遗"则表示没有遗留,一点儿都不剩,如"暴露无遗"。作者想表达的是黄圣依将曼妙的女性曲线展现得非常直接,所以应该用"一展无遗"。

| 特别提示 |

"无疑"一词一般只用在肯定句中,否定句中不宜使用。如"这个结论不是无疑的",这样的说法就不太顺畅。

268. 武断—果断

"武断"容易与"果断"混淆,我们在使用时要多加注意。看一则例句:

他们的头头性格武断果敢,办事雷厉风行,很有魄力。虽然有时候显得有点"不近人情",但下属还是无不钦佩。

"果断"和"武断"一褒一贬,不能当成同义词。"武断"是一个贬义词，主要有这样几点含义：一指只凭主观作判断，如"我对此事了解不多，不敢武断"；二是形容言行主观片面，如"这样的结论，实在太武断了"。"果断"是褒义词，指的是言行果敢决断、不迟疑。如："在一些小事情上，她是那么绵软，可是在大事情上，她却能做出果断的决定。"（魏巍《东方》）例句意在褒扬，宜将"性格武断果敢"改为"性格果断"。

| 特别提示 |

"武断"在古汉语中有妄以权势裁断是非曲直，现已不常用。《史记》："当此之时，网疏而民富，役财骄溢，或至兼并豪党之徒，以武断于乡曲。"

269. 习用—袭用

"习用"和"袭用"是较容易被混淆的一对词语，为避免误用，为读者辨析一下。

万氏因科举失意，乃矢志医学……家传方中的牛黄清心丸、玉枢丹、安虫丸等，有良效，有些至今为临床习用。

"习用"的意思是常用、惯用，如"习用语""考前冲刺的习用技巧"。"袭用"则指沿袭地采用，如"袭用古方制丸药""袭用古代风俗"等。"习用"强调习惯，"袭用"则侧重沿袭历史。例文说现在临床仍在使用古时中医的丸药配方，应该用"袭用"才对。

| 特别提示 |

"袭用"之"袭"是沿袭、照样继续下去的意思，不能理解成抄袭。

270. 现行—现形

在具体使用中，不少人把"现形"与"现行"相混淆。看下面的例句：

被抓现形，大概是各级政府领导在"反腐倡廉"的大背景下最不愿看到的。

"现形"是动词，意思是显露原形，如清末小说《官场现形记》。"现行"有两层含义，一指现在施行的、现在有效的，如"现行法律""现行制度"；二指正在进行或不久前曾进行犯罪活动的，如"现行犯"。例句用的明显是"现行"的第二种含义，所以句中的"被抓现形"应当改为"被抓现行"。

| 特别提示 |

"现形"中的"形"指人或事物的原形，注意不能写成"现型"。

271. 协调—和谐

我们的文学和整个时代前进的脚步尚不和谐。

"协调"与"和谐"都指配合得适当、得当。它们的区别主要有以下两点。首先，词义的侧重点不同。"和谐"强调不矛盾，彼此融合，互无不利影响；一般用于色调色彩、声音、情感或环境氛围等。"协调"强调互相在步调、规模或倾向性等方面取得一致；一般用于不同事物在发展中的相互关系，或不同部门之间的工作关系等。其次，词性不同。"协调"除了作形容词外，还可以兼作动词，如："组长的任务是协调组里的工作。"而"和谐"则没有这样的用法。可见，例文的语境改用"协调"更好。

| 特别提示 |

与"和谐"词义更接近的是"谐调"，其词义是和谐、协调。

272. 泄露—泄漏

2007年9月15日晚11时左右，我校值班室接到美兰公安分局指挥中心通报,在沿江五西路我校老北门外发生煤气泄露事件,要求派出警力协助处置。

"泄露"指的是不应该让人知道的事情被别人知道了,如"泄露机密""泄露风声""天机不可泄露"等,其所指对象多是事情、消息或秘密等无形的东西。"泄漏"则指液体或气体漏出,如"汽油大量泄漏""天然气泄漏"等,其所指对象为液体或气体等物质。由此可知,例句中的"泄露"显然应该换成"泄漏"。

| 特别提示 |

注意"泄露"与"表露"的区别。"表露"义为流露、显示,有主动或不自觉的意味。

273. 心律—心率

今天的生理课上,老师教我们怎样测量心律。我们小组都在70~82次,老师说属于正常范围。

"心律"与"心率"是两个完全不同的概念,但很多人还是不加区别地随意使用。例句明显也用错了。

"心律",心脏跳动的节律。正常人的心跳节律是非常规则的,如同钟摆一样"滴答滴答",做稳定的跳动。心脏调节神经不正常等原因造成的心跳忽快忽慢、节奏紊乱的病状,就叫做"心律失常"或"心律不齐"。"心率"指的是心脏跳动的频率(即每分钟跳动的次数),正常成年人的心率在60~90次。心律失常的病人,可能心率依然处于正常的范围内。所以说"心律""心率"不能随便乱用。例句显然应该说成"老师教我们怎样测量心率"。

| 特别提示 |

从定义可以看出,"心律加快""心律减慢"之类的说法都是不存在的,"心律"只能说是否稳定、规律,没有快慢之分。

274. 心酸——辛酸

美国的富人大部分曾经是穷人,他们不是依靠继承遗产而毫不费力地过上富裕生活的。他们饱尝心酸,长期同逆境搏斗,对于贫困深有体会。

上文中的"心酸"应为"辛酸"之误。

"心酸"即心里痛苦,悲伤,如:"宝玉见他哭了,也不觉心酸起来。"(《红楼梦》)"辛酸"本指辣和酸,比喻痛苦悲伤。如:"她的一生,充满贫苦人民及其儿女的无限辛酸。"(孙犁《白洋淀纪事》)"心酸"强调的是内心的一种状态,因此常与"觉得""感到""让人"等词连用。"辛酸"侧重于指不幸的遭遇,多与"往事""经历"等词连用。根据例句的上下文,显然应将"心酸"改为"辛酸"。

| 特别提示 |

"辛酸"也是化学溶剂亚羊脂酸的别称。

275. 行迹——形迹

《认为乘客行迹可疑,美航班战机护送下返航》:8月23日,一架美国西北航空公司的飞机在荷兰阿姆斯特丹斯希普霍尔国际机场起飞后不久便被迫返航,荷兰警方随后拘捕了机上的12名乘客,原因是他们"行迹可疑"。

"行迹"指行动的踪迹,如:"这就是那个行迹不定而久未抓获的犯罪嫌疑人张某。""形迹"则指举止和神色,如:"那人东张西望,神色慌张,形迹十分可疑。""行迹"表示的是一个动态的过程,一个比较长的路线;"形迹"则表示相对固定的一个空间范围内,人的举止和神态。

荷兰警方拘捕的这12名乘客的可疑之处在什么地方,下文有交代:"有消息透露称,有几名乘客在飞机上一直在查看所携带的塑料袋,还频频抽出手机,并且试图相互递送手机。还有部分人在警告灯未关闭的情况下便擅自解开安全带。"可以看出,这些"危险乘客"的可疑在于他们奇怪的举止和神色,所以说,文中"行迹可疑"的说法是错误的。

因此,例文标题和正文中的"行迹可疑"当写作"形迹可疑"。

| 特别提示 |

"形迹"还可以指礼貌、客套,如:"年来所以不曾通一信寄一字者,正因为我们本是神交,不必拘泥形迹。"(胡适《寄吴又陵先生书》)

276. 醒悟——省悟

后来我慢慢醒悟到一个道理……这个道理就是在人家控制的范围之内,我不能控制的事情,我不再去担心。

例文中的"醒悟"一词用得不当,该词条的编辑显然将其与"省悟"混淆了。

"醒悟"和"省悟"虽然都有明白过来的意思,但具体用法并不相同。"醒悟"指在认识上由模糊到清楚、由错误到正确,它多指主体受外界的影响(如别人的教导、点拨等)而明白一些道理,并且强调这种认识是突然获得的,近似于"猛醒""顿悟",如:"田妃恍然醒悟:这首诗对女子确有点不吉利。"(姚雪垠《李自成》)而"省悟"侧重指通过自己内心的思考,而慢慢明白过来。如将例句中的"醒悟"换成"省悟",就与文义相符了。

| 特别提示 |

在词法上,"醒悟"是不及物动词,后面不能带宾语;"省悟"是及物动词,可以带宾语。

277. 修养—休养

《膝关节动手术修养半年，NBA 状元秀处子赛季废了》

文章标题竟然出现了"动手术修养半年"这样的错误，不合情理。

"修养"与"休养"虽然读音相同，但含义完全不一样。"修养"指的是理论、知识、艺术、思想等方面达到一定的水平，或指逐渐养成的为人处世的正确态度。如"文学修养""他是一个很有修养的人"。"休养"则指休息调养，如"去郊区休养院休养"。很明显，例文中的"修养"应该改为"休养"。

| 特别提示 |

"休养"也指恢复并发展国家或人民的经济力量，如"实施休养生息政策"。

278. 修整—休整

"修整"与"休整"是较容易被搞混的一对词语，有必要尽心辨析。看下文：

三是由于初出云岭等地不利，部队被迫在茂林停留两个白天加以修整，这样就给了顽军形成紧密包围圈的时间，使北移队伍陷入重重包围之中，未能在合围之前冲出去。

"修整"指的是修理、修剪、整理，多用于物品，如"修整眉形""修整草坪""修整农具"等。"休整"意思是休息整顿，一般用于军队或两人以上的团体，如"利用战役间隙休整部队非常必要"。说"修理""修剪""整理"军队都是不合适的，例句应改为"部队被迫在茂林停留两个白天加以休整"。

| 特别提示 |

"休整"对主语有要求，它不适宜用在个人身上，如"汪涵

疲劳过度血洒幕后，告别荧屏半月作休整"中的"休整"宜换成"休养"或"休息"。

279. 徐徐—慢慢

由于不太注意语体色彩，不少人把"徐徐"和"慢慢"混淆误用，看下面的例句：

长跑后不宜立即坐下休息，正确的方法是先放慢跑步速度，直至步行状态；然后徐徐地走上七八分钟，注意正确的走姿，并有意识地轻甩双腿，让紧张的肌肉逐步放松。

"徐徐"指速度或节奏缓慢地，如杨朔《泰山极顶》："如果说泰山是一大幅徐徐展开的青绿山水画，那么这幅画到现在才完全展开，露出画卷最精彩的部分。"再如"红旗徐徐升起""火车徐徐开动"等。"徐徐"多用于比较正式的语境中，一般口语中很少用到。例句中的"徐徐"改为"慢慢"即可。

| 特别提示 |

"徐徐"还可表示以缓慢而尊严的步伐，如"中国舰队从远方徐徐而来"。

280. 玄乎—悬乎

《〈无极〉撩开神秘面纱，故事简单主题有点悬乎》……影片虽然是关于一个女人和三个男人之间的故事，但看过影片的媒体表示《无极》还有一些更深层的东西，让人感觉有些悬乎。

文中"悬乎"一词用得不妥，作者应该把它与"玄乎"搞混了。"玄乎"与"悬乎"都是口语词，意思也很容易混淆。"玄乎"指的是玄虚不可捉摸，如："他说得挺玄乎，但听着又觉得有点道理。""悬乎"源自方言词，意思是危险；不保险、不牢靠。如郭澄清《大刀记》："姓乔的诡计多端，硬闯辕门总是个悬乎事儿，不宜队长出马。"例句讲的是电影《无极》虽然故事情节简单，但在思想主题上似乎有着深层的含义，句中的"悬乎"显然用得不对的，改为"玄乎"才与文义相符合。

| 特别提示 |

"玄乎"不可写成"炫乎""眩乎"等。

281. 学历—学力

"学历"与"学力"是非常容易混淆的一组词语，下面例句就完全用颠倒了。

他虽然没有什么学力，但是通过这些年的刻苦努力，终于自学成才，具备了相当高的学历。

"学历"意思是学习的经历，指曾在哪些学校肄业或毕业。人们通常所讲的"学历"，指的是某人在正规教育机构中最后也是最高层次的学习经历（以获得合法学历证书为凭证）。"学力"则指在学问上达到的程度。比如国家高等院校硕士研究生招生就规定具有同等学力的考生也可报考。"同等学力"即指以自学、高职高专、成人教育等方式达到与大学本科毕业生相同的知识水平。可以看出，"学力"可以通过自学等方式提高，"学历"却必须是由正规、合法的教育机构来认证。因此，例句中的这两个词语前后互相调换一下就对了。

| 特别提示 |

"学力"表示的是学问上的造诣、学问上达到的水平，不能理解成学习的能力。

282. 殉情—徇情

严格自律、廉洁从政。乡机关工作人员在公务活动中，认真履行工作职责、自觉遵守职业道德和工作纪律，不殉情枉法、不滥用职权……一经查实，严肃处理。

大致看一下上下文，我们就可以发现作者的错误是混淆了"殉情"和"徇情"。

"殉情"与"徇情"音同形近，但含义却大相径庭，搞错了就会闹出笑话。二词的区别就在"殉"和"徇"上。"殉"字本义是殉葬，后引申为为维护某种事物或追求某种理想而牺牲生命，如"殉难""殉国""光荣殉职"等。"殉情"的意思也就是为了追求爱情而自杀。"徇"意思为顺从、曲从，如"徇情""徇私"都指为了私情而作不合法的事情。例文很明显应该将"殉情枉法"改为"徇情枉法"。

| 特别提示 |

"殉"和"徇"都读 xùn。

283. 一齐——一起

为商量这件事，今天早上，舅舅乘车，叔叔坐船，一起来到我家。

"一齐"是个副词，表示同时，侧重指时间上的共同性，强调从人或事物的每个个体出发；"一起"也是副词，表示一同，侧重指动作、事情发生在同一个场所，强调从整体出发，动作常是在同一时间同一地点发生的。

例文强调的是"舅舅"和"叔叔"同时到来，况且，他们分别从不同的地方、采用不同的出行方式，所以不宜用"一起"，应改为"一齐"。

| 特别提示 |

"一起"还可以作名词，表示同一个处所，如"他们坐在一起"。

284. 一向——一贯

在实际应用中，人们很容易混淆"一向"和"一贯"。比如：

他对待工作和生活的这种不闻不问的"老庄态度"是一向的。

"一向"作副词时，可以表示从过去到现在，比如"一向简朴""一向好客"；也可以表示从上次见面到现在，比如："你一向可好啊？"而"一贯"是属性词（形容词的附类），表示（思想、作风等）一直如此，从未改变。

例句显然是把"一向"误当成形容词了，属于词性的误用，应该改为"一贯"。

| 特别提示 |

"一向"也可以用作名词，指过去的某一段时期，比如"前一向雨水较多"。

285. 窈窕—苗条

《十分钟早餐，吃出窈窕身材》

这是一篇文章的标题，用"窈窕"修饰"身材"，犯了用词不当的错误。

"窈窕"的原义是（宫廷、山水）深邃幽美，后用来形容女子心灵仪表兼美的样子。"窈"：深邃，喻女子心灵美；"窕"：幽美，喻女子仪表美。"窈窕淑女"不是指身材苗条的淑女，而是指兼具心灵美和仪表美的淑女。根据文章的意思，应该把"窈窕"改为"苗条"。

| 特别提示 |

"窈窕"也可以直接指美女，如陆机《吊魏武帝文》："陈法服于帷座，陪窈窕于玉房。"

286. 湮没—淹没

刚跑到马路上,海浪就冲上了路面。也就是一瞬间,我们再回头,度假村的前台、餐厅、泳池和所有茅草亭都已被湮没!

"淹没"即指(水)漫过、盖过,也比喻为一种声音盖住了另一种声音,如"洪水淹没了整个县城""雷鸣般的掌声淹没了他的讲话"。"湮没"意思为埋没,多用于比喻义,其指向对象多带有一定的抽象色彩,如"被湮没的古老文明""湮没的辉煌"等。例句说的是海浪漫过度假村,显然用"淹没"更合适。

| 特别提示 |

"湮"读音同"淹"。

287. 意气—义气

父亲训斥道:"小小年纪,就学会了什么哥们儿意气。我看你纯粹是游手好闲,以后不许再和那些乱七八糟的'朋友'来往。"

"意气"有这样几个含义:一、意志和气概,如"意气风发""意气高昂";二、志趣和性格,如"意气相投";三、因主观或偏激思想产生的非理智性情绪,如"意气用事"。"义气"指因私人友谊而甘于承担风险或牺牲自己利益的气概,如"讲义气""重义气"。"义气"一词现常用作贬义,表示不顾后果盲目地为不三不四的朋友帮忙。从例句的语境看,自然应改为"哥们儿义气"。

| 特别提示 |

"义气"可以受副词的修饰,如"多么义气""特别义气"。"意气"则没有这样的用法。

288. 屹然—毅然

他满含热泪,用力地握了握老战士粗糙的大手,转身屹然离去。

"毅然"指坚决地、毫不犹豫地,通常是对动态的形容,如"毅然放弃了待遇优厚的工作,专心准备考试"。"屹然"不同于"毅然",它指的是像山峰一样高耸、稳固挺立的样子,如方孝孺《见山堂记》:"四望诸山,翼然临乎前,屹然蔽乎后。""屹然"表坚定,是对静态的形容,例句中"屹然离去"自然无法解释,若改为"毅然离去",句义便通顺明了了。

| 特别提示 |

"毅然"只可用于人;"屹然"兼可用于人和物。

289. 意谓—意味

韩国的变化,对日本鹰派来说,这意谓着当韩国不再当"前线",日本自己就要成为"前线",这当然不是他们愿意的事,如何在东北亚边缘寻找新的"前线",遂成了美日鹰派的目标,而台湾也就在这样的战略思维下"中选"。

"意味"作动词时表示包含了某种意思,如"生产效率的提高意味着劳动力的节省"。"意味"作名词时指包含的某种情调、趣味或含蓄的意思,如"意味深长""意味无穷""细细体会字里行间的意味"等。"谓"同"说","意谓"即意思是说,如:"'无厘头'原本只是一个地域性词语,流行于广东佛山一带,意谓一个人言行无目的无中心,粗俗随意,莫名其妙。"例句说的是韩国发生的一些变化,对日本鹰派来说包含着其他的意思,即自己要代替韩国成为"前线",句中的"意谓"改为"意味"才是正确的。

| 特别提示 |

"意谓"是主谓结构的复合词,不能当成名词。

290. 异议—疑义

作为一对经常被人混淆误用的词语,"疑义"和"异议"其实有着比较明显的区别。看例句:

众法官对该案的定性已无疑义,就剩下最后的量刑了。

"异议"即不同的意见,如唐代卢照邻《南阳公集序》:"异议蜂起,高谈不息。"巴金《春》:"觉新看见大家都这样主张,也就没有异议。""异议"同时也是法律用语,指法官对案件判断持有不同意见,如《唐律·断狱·疑罪》:"法官执见不同者,得为异议。议不得过三。""疑义"则指可疑之点、可以怀疑的道理。显然例句更适合用"异议"一词。

| 特别提示 |

"疑义"容易错写成"疑议",实无"疑议"一词。"异议"也不能写成"异义"。

291. 隐讳—隐晦

《亚洲杯失利朱广沪背黑锅,元老高丰文隐讳轰足协》……不过,对于为数不多性格倔强的元老来说,他们不会放弃为中国足球说话的机会。与会元老马克坚、金志扬和高丰文都在会上提出了意见。其中高丰文的话语也是隐讳地指责了足协……也许这点弦外音也是昨天务虚会上唯一让足协感到不够圆满的地方。

读完这段话,读者会感觉很别扭。"性格倔强"的高丰文既然"不会放弃为中国足球说话的机会""指责了足协",并且让"足协感到不够圆满",那怎么会说是"隐讳"呢?文义的自相矛盾原因就出在其中错用的"隐讳"一词。

"隐讳"与"隐晦"的区别一定要注意分清。"隐讳"指有所顾忌而隐瞒不说;"隐晦"则指表达含蓄、意思不明显。从例句的上下文来看,明显应该将"隐讳"改为"隐晦"。

| 特别提示 |

"隐讳"音同"隐晦",注意不要写成"隐违""隐诲"等。

292. 引荐—引见

在实际应用中,不少人把"引荐"和"引见"搞混。

多亏了他的引荐,我才得以采访这位著名的作家。

"引荐"指的是荐举,推荐别人、向人推荐,如"人才引荐会"。"引见"则指引人相见,使彼此认识,如:"初来乍到,对同事都不熟,麻烦您引见一下。"记者采访作家,自然说不上"推荐",由介绍人介绍认识才符合逻辑。

| 特别提示 |

"引荐"同"举荐"。

293. 营利—盈利

"盈利"和"营利"在实际中存在大量的误用现象,看例句:

《国土部:土地储备机构不能以盈利为目的》……土地储备机构的定位不能以盈利为目的,要积极服务于政府土地宏观调控。

"营利"指的是谋求利润,谋求私利,如鲁迅《书信集·致李秉中》:"此地的新书坊,大都以营利(而且要速的)为目的。""盈利"作动词时指获得利润,如"每月固定盈利12%左右";作名词时即指"利润",如"每天的盈利都很少"。"营利"带有强烈的目的性和主观色彩;"盈利"则侧重指一种自然的结果。依据例句的语境,文中的"盈利"改为"营利"更贴切。

| 特别提示 |

"赢利"的词义和用法均与"盈利"相同。

294. 应急—紧急

人们之所以经常把"紧急"和"应急"搞混,是因为对这两个词的词性不够了解。看例句:

长春市对应急事故的处理方案出台。

"应急"是个动词,指应付迫切的需要,比如"应急措施等"。"紧急"是个形容词,指必须立即采取行动、不容拖延的,比如"紧急集合""紧急关头"等。

例句想要说明的是,这个方案是针对突发事故处理的。一般情况下,突发事件发生时,人都处于一种紧张的状态。因此,例句要用"紧急",而不是"应急"。

| 特别提示 |

"应急"也指应付紧急情况,常常需要立即采取某些超出正常工作程序的行动。

295. 幽雅—优雅

近义词"幽雅"与"优雅"常常被人混淆误用,看例句:

扣扣春季女装倾情为喜爱时尚而不追逐潮流,个性而不张扬的中意含蓄之美都会职业女性塑造幽雅、知性、美丽大方的着装形象。

"幽雅"与"优雅"词义相近,但侧重点不同。"优雅"指优美雅致或优美高雅,一般用于形容环境、景色、乐曲、人的姿态和举止等。如:"她的优雅的举止,有教育的谈吐……都证明她是君实的卓绝的创造品。"(茅盾《创造》)再如"优雅动听的乐曲""优雅舒适的卧室"等。"幽雅"则指幽静雅致，主要用于静态的环境和氛围，如"幽雅的古典园林"。可见，例文中的"幽雅"改成"优雅"才符合句义。

| 特别提示 |

另外还需注意区分"优美"与"幽美"。"优美"即美好，既可指风景、环境、建筑，也可以形容人的姿态、声音、举止等。而"幽美"的词义范围就要小得多，一般只能用于形容环境、景色的幽静美丽。

296. 优遇—优裕

在实际运用中，不少人不太注意"优遇"与"优裕"的区别，导致一定程度的混淆误用，看例句：

没有优遇的财力和人力资源，想要创办一个学校可不那么容易。

"优遇"是动词，意思是优待。如《中国通史》："世宗采用签入军籍，每月发给钱米的办法来优遇女真民户。""优裕"是形容词，指富裕、丰足，多用于财物、人力，如叶圣陶《倪焕之》："他们的生活当然并不优裕，可是男俭女勤，也不至于怎样竭蹶。"毛泽东《抗日游击战争的战略问题》："但在兵力优裕的条件下，使用次要力量于外线……"例句的意思是创办学校需要丰足的资金和人力资源，用"优遇"显然是不对的，应改为"优裕"。

| 特别提示 |

近义词还有"优厚"，它主要用于指薪水待遇好、丰厚。

297. 原件—元件

××公司详细资料：主营产品——电脑原件、电脑；主营行业——电脑产品制造设备；企业类型——个体经营。

"原件"指的是翻印稿件、制作复制品所依据的原来稿件或物件，如"资质证书的原件和复印件需要一并寄回"。"元件"指机器、仪器的组成部分，其本身常由若干零件构成，可以在同类产品中通用，如"电子元件""标准元件""设备元件"等。例句中的"电脑原件"改为"电脑元件"才与文义相符。

|特别提示|

容易混淆的还有"元器件"。"元器件"是"元件"和"器件"（电子、电工仪器上能独立起控制作用的单元，常由几个元件组成，有时也指较大的元件）的合称。

298. 原配—原装

目前市场上 MP3 产品的原配耳机大都音质一般，甚至有些杂牌 MP3 所配送的低档劣质耳机成本只有几毛钱……

事实上"原配"一词有其特定的含义，绝不能和"原装"混淆。"原配"指第一次娶的妻子，如"孙荃是郁达夫的原配夫人"；也指第一次结婚的，如"他们是原配夫妻"。"原装"是指原来装配好的。"原配"含义特殊，不能和"原装"混用。例句中的"原配耳机"是指 MP3 产品原来装配好的耳机，应用"原装耳机"表示。

|特别提示|

"原配"也作"元配"，例："以元配韦氏夫人祔而葬，次配崔氏夫人于其域异墓。"（韩愈《唐故昭武校尉守左金吾卫将军李公墓志铭》）

299. 原形—原型

中央电视台最近热播的电视剧《亮剑》，其中主角李云龙的原形就是湖北红安籍将军王近山。

"原形"有两层意思，一是指原来的形状，如"地球最老古树重现原形，类似现代棕榈树"；二指本来面目（含贬义），如"原形毕露""打回原形"。而"原型"的意思是原来的类型或模型，特指叙事性文艺作品中塑造人物形象所依据的现实生活中的人。例句应改为"李云龙的原型就是湖北红安籍将军王近山"。

| 特别提示 |

"原型"一词源于卡尔·荣格的"原型理论"，指神话、宗教、梦境、幻想、文学中不断重复出现的意象，它源自民族记忆和原始经验的集体潜意识。这种意象可以是描述性的细节、剧情模式，或角色典型，它能唤起观众或读者潜意识中的原始经验，使其产生深刻、强烈、非理性的情绪反应。

300. 缘于—源于

《湖湘文化缘于炎黄文化和神农文化》：根据湖南考古发掘和先秦文献中许多史实记载的惊人暗合，人们对湖湘文化的历史长河产生了再认识：湖湘文化不仅源自千年，而且缘于炎黄文化和前炎帝神农文化。

"缘于"的意思是鉴于、起因于、原因在于，多指事物产生、存在或发展的原因。如"女儿的成功缘于从小设计人生"。"源于"指起源于、源自、来源于，用于说明主体产生、存在和发展的条件或基础，如"艺术源于生活"。从例句的内容来看，文中的"缘于"显然用错了，应改为"源于"。

| 特别提示 |

当句中主语和宾语既为因果关系，宾语同时又是主语产生的条件和基础时，"缘于""源于"便可通用。如"成功缘于勤奋"，也可以说成"成功源于勤奋"。

301. 云云—芸芸

打开网页，经常会发现有人把"云云"与"芸芸"搞混。看下文：

看来股市、楼市不跌，密集的调控政策是不会停止的。可是股市跌了损失的是云云众生，楼市跌了损失的是那些大亨，当然还有那些吸血鬼。

"云云"是书面用语，意思是如此、这样，多在引用文句或谈话时，表示结束或有所省略，如孙犁《金梅〈文海求珠集〉序》："目前有一种流行的说法：有些文艺评论所以写不好，是因为作者没有创作实践云云。""芸芸"则是形容众多的意思，如"万物芸芸""苍生芸芸"等。"芸芸众生"是一个有特别含义的词语，它原是佛教指的一切有生命的东西，现在多用来表示众多的平常人。例句中的"云云众生"明显是"芸芸众生"的误写。

| 特别提示 |

同音词还有"纭纭"。"纭纭"是形容多而乱。古汉语中"纭纭""芸芸"通用，现在二词已有明确分工，不能混淆。

302. 运行—运营

有些人不明就里，往往把"运行"跟"运营"混淆误用，导致语言错误的发生。看下面这则例句：

《北欧最大中国商贸城开始试运行》：未来几天，在商贸城已建成的一期展厅和将来被用作精品厅的试运行区内，还将有中国民俗和歌舞表演及艺术品展示，用以在当地推广中国文化。

"运行"指的是（星球、车船）等周而复始地运转，如"人造卫星已经进入预定的运行轨道""地铁五号线下月初试运行"等。"运营"则指各种机构运转营业，如"工矿企业需要改善低效率的运营情况"。例句讲的是商贸城试营业,显然不宜用"试运行"来表示。标题和正文中的"试运行"应改为"试运营"或"试营业"。

| 特别提示 |

"运行"也不能与"运用"混淆。如下句:"新的操作方法将在各个工作环节贯彻运行。"这里的"运行"宜改为"运用"。

303. 择要—摘要

《2007 年 7 月 4 日省人事厅工资处培训会主要内容择要》

"择要"是一个动词,意思是挑选主要的、选择重要的,如郭沫若《羽书集·后方民众的责任》:"前方的情形想来是各位所关心的,因此我想择要的向各位报告一下。""摘要"有两种含义,它作动词时,指摘录要点,如"摘要发表""进行摘要";作名词时,意思是摘录下来的要点,如"谈话摘要""新闻摘要""会议摘要需要认真阅读"。上例标题中的"择要"从内容和语法两个角度来分析都应该改为"摘要"。

| 特别提示 |

"择要"中的"择"念 zé 时,意思是挑选、选择。"择"念 zhái 时,意思是挑拣、理清,多用于口语中,如"择菜""把乱糟糟的毛线择开"。

304. 振动—震动

"振动"和"震动"是经常被人混淆误用的一对词语,下文就是一则典型例子:

晚上看电视连续剧《卡尔·马克思的青年时代》……马克思的热情和燕妮的崇高使我从内心深处受到振动。

"振动"与"震动"词义完全不一样。"振动"是一个物理概念,指的是物体通过一个中心位置,不断地做反复运动,有一定的时间规律和周期,也叫振荡。如"自由振动""振动电机""振动控制系统"等。"震动"含义有二,一是颤动或使颤动,如"轰轰的春雷震动了山谷";二指使人心里不平静,如"消息震动了所有的学生"。所以例句应改为"……使我内心深处受到震动"("从"字多余,直接删去)。

| 特别提示 |

"振"有奋起、兴起的意思,而"震"没有这样的含义。因此注意"振奋""振作""振兴"等词语不能写成"震奋""震作""震兴"。

305. 正轨—正规

在实际中,不少人把"正轨"与"正规"混淆误用。因此,有必要对这两个词进行辨析。看下文:

招聘启事上写了,要求正轨大学毕业,本科以上文凭,月薪面议。

"正轨"是形容词,意思是符合正式规定的或符合一般公认的标准的。"正规"含有权威、模范的意思,因此人们常把它与假冒伪劣等联系起来,作为完全对立的两个方面。而"正规大学"一般指经教育部批准注册、在国家教育部有备案的全日制高等学校。它是相对民办、函授、成人、远程教育等教学方式而言的。"正轨"则指正常的发展道路,如"走上正轨""纳入正轨"等。显然"正轨大学"是说不通的,根据句义,应将其改为"正规大学"。

| 特别提示 |

"正轨"是名词,相对的说法有"歧途""弯路"等。

306. 肢解—支解

《贩蛋男子掐死背叛女友怕泄露，将尸体支解后抛弃》

"支"字本义为枝条，后引申为四肢，并随义造分化字"肢"。但很多古文里仍用本字"支"来代替"肢"。"支解"就是这种用法的典型。如《战国策·秦策三》："（吴起）功已成矣，卒支解。"（鲍彪注："断其四支。"）"支解"是古代碎裂肢体的一种酷刑。现代汉语中"肢"字专指人的四肢或某些动物的腿。因此在表示"碎裂肢体"这个含义的时候，应用"肢解"。当"肢解"引申为普通意义上的分裂、破解时，宜用"支解"，与"支离破碎"等词统一，如"被中国人支解的名言"。

| 特别提示 |

注意"支撑""支派""支吾""乐不可支"等词语的写法。

307. 指使—支使

作为一对近义词，"指使"与"支使"被人混淆误用的现象十分普遍。看下文：

新来的这个伙计愚笨不堪，指使他做的事儿没有一件能让人满意的，主人家和其他的工人没有一个喜欢他的。

"指使"和"支使"虽然都有派人做某事之义，但是词语的感情色彩、具体含义和用法都不尽相同。"指使"是一个贬义词，指煽动某人去做某事，"指使"的主体常常是出于不可告人的目的背地里派别人做某事，所"指使"去做的事情通常也是不好的。如侯方域《朋党论》："在散地而攻小人，则以为授意指使也。""支使"是中性词，指差遣、分派别人去做某事，多用于具体的事情。如《红楼梦》："只是你从今别进这屋子了，横竖有人伏侍你，再别来支使我，我仍然还伏侍老太太去。"根据例句的语境，将"指使"改为"支使"才准确。

| 特别提示 |

"支使"原有支付、使用义，现已不用。如："此钱本由斥卖弃物，两曾奏闻本院，自来支使，不系诸处帐籍。"（宋·苏舜钦《上集贤文相书》）

308. 制定—制订

在接受媒体采访时，全国政协委员、中国社科院学术委员喻权域表示，他将提出建议人大制定《惩治汉奸言论法》。

"制定"指定出（法律、法规、计划、章程等）；"制订"，指创制拟定。辨析这一组近义词可以从词语语素的不同入手。"制定"的"定"有决定、确定的意思，强调行为的结果，表示已经完成；"制订"的"订"表示"拟"的动作，强调行为的过程（不一定会有结果）。细看例文，喻之建议尚未提出，所以说用"制定"是不对的，应改为"制订"。另外该句还犯了一处语病，即"他将提出建议人大制定"一句中，"建议"一词既要作前半句的宾语（名词，又要作后半句的谓语（动词），读来十分别扭，可改为"他准备建议人大制订"。

| 特别提示 |

"制定"一般用于比较正式的场合，如出台法律法规等。"初秋，制定水油平衡保湿计划。"这句话中的"制定"应改为相对随意一点的"制订"或其他说法。

309. 钟情—衷情

同音词"钟情"与"衷情"被人混淆误用的现象很普遍，因此有必要进行辨析。

可以说，针对部分对现实生活中的人际关系不满意的学生而言，网络的出现恰好给他们一个空间和机会，可以在网上与同龄人自由交流、倾诉钟情，宣泄自己内心真正的快乐、烦恼、孤独和痛苦，以及自己对生活、学习、人生的看法与感受。

"钟情"与"衷情"词义的侧重点和词性都不一样。"钟情"是动词，指感情专注，一般用于爱情，如"一见钟情""钟情于她"。"衷"意思是内心，常见的组词有"衷肠"（发自内心的话）、"衷心"（出于内心的）等。"衷情"是名词，指内心的真实情感，如"互诉衷情""衷情向谁诉"。从句义和语法角度来看，例文中的"倾诉钟情"自然应改为"倾诉衷情"。

| 特别提示 |

注意"钟爱"不能写成"衷爱"。"钟爱"意思是特别疼爱、非常喜爱，主要用于子女或其他晚辈中的人，如《醒世恒言》："贺司户夫妇，因是独养女儿，钟爱胜如珍宝。"

310. 终生—终身

驾车撞人后千万不可逃逸，否则就会被终生禁驾！

"终生"与"终身"不是异形词，但两个词的含义又十分接近，它们的区别究竟在什么地方？我们可以这样来理解。"终生"指的是一个人从出生到去世的这段时间（婴幼儿期可忽略），如"哺乳期妈妈的饮食影响宝宝终生""儿时读经，终生受益"；"终身"的"身"可以解释成身份，"终身"即指具有某种身份后直到去世的这段时间。如"终身总统"（自当选总统当日算起）、"剥夺政治权利终身"（自法院判决生效之日起）、"终身大事"（多指婚姻，由男女到适婚年龄起）。现在我们就可以明白，例文中"终生"的用法是不对的，应改为"终身"。

| 特别提示 |

中国著作权法规定，公民作品的发表权、使用权和获得报酬

的保护期为作者终生及其死亡后的50年。由此可见,"终生"只指人的有生之年。

311. 忠心—衷心

在实际运用中,混淆"忠心"与"衷心"的现象并不少见。看例句:

叶佳同学荣获全国物理竞赛第一名,班上的同学都向她表示忠心的祝贺。

"忠心"是个名词,意思是忠诚的心,如"赤胆忠心""忠心耿耿""忠心报国"等。"衷心"是个形容词,表示发自内心的、真心的。例文中,用名词"忠心"修饰"祝贺"不合语法;况且,同学之间的祝贺,自然应该用"衷心"。

| 特别提示 |

"衷心"还可以表示内心、心中,如《三国志》:"孙权以妹妻先主,妹才捷刚猛,有诸兄之风,侍婢百余人,皆亲执刀侍立。先主每入,衷心常凛凛。"

312. 中止—终止

马自达在华最早的合作伙伴一汽海南马自达汽车(下称"海马")已经主动走向自主之路……"我们将在今年年底中止和马自达汽车的品牌合作。"海马销售公司总经理孙忠春表示,以后海马推出的新车都将完全使用自主品牌。

引文中"中止"一词使用错误。

"中止"是说中途停止(事后还要继续),类似"暂停"。"终止"则表示事情完全结束、停止。海马汽车销售经理既然已经说了"以后海马推出的新车都将完全使用自主品牌",那么海马与马自达汽车的品牌合作必然是彻底结束了,而不可能是中途停止，所以文中的"中止"应改为"终止"。

| 特别提示 |

另外，"中场"与"终场""中伏"与"终伏"的区别与上面一组词区别是一样的，注意不能混淆。

313. 自恃—自持

李宗勉功进参知政事，拜左丞相，兼枢密使，掌握国家军政大权，但他虽居相位，仍清廉自恃，家若贫士，被誉为公清之相。李宗勉死后，皇帝赐谥文清，葬富阳城北的小隐山。

"恃"字含义单一，本义是依赖、倚仗。常见的包含"恃"字的词语用的都是本义。比如"恃爱"指倚仗对方的爱宠，"恃才傲物"指倚仗自己的才能而骄傲自大，"有恃无恐"指因为有所倚仗而毫无顾忌等。"自恃"是一个贬义词，包含两层含义，一指过分自信而骄傲自满；二指自以为有所倚仗，如"自恃功高"。无论哪一种含义，"自恃"放在引文中都不对，应改为"自持"。"自持"包含自我克制、自守、自行处理等义，最常用的就是自我克制（即控制自己的欲望或情绪）。可见"自持"才符合文章的内容和感情色彩。

| 特别提示 |

"恃"读音为 shì，不能读成 chí。

314. 自治—自制

不少人把"自治"与"自制"两个词语相混淆，这是不应该的。看例句：

通过网上朋友的指点，我七扭八拐地绕进了西塘。免去了门票的喜悦心情和即将投入江南古镇的激动让我有些难以自治。

"自治"是一个政治学概念，指的是民族、地区、团体等受其所隶属的国家、政府或上级单位领导外，对自己的事务行使一定的权力。如"自治乡""自治县""自治州""自治区"等。"自制"含义有二，分别指自己制作、克制自己，如"自制蛋糕""愤怒的心情难以自制"等。从例句的句义看，"自治"一词改成"自制"才对。

| 特别提示 |

注意"自制力"不要写作"自治力"。

315. 总览—纵览

"总览"与"纵览"词义差别很是细微，不加留神就会混淆误用。看下面的例句：

他纵览全局，有了崭新的构想。

"总览"指全面地看、综观，如"总览全书""新闻总览"等。"纵览"放开眼任意地看，如"纵览四周""纵览群书"等。这两个词虽然都有"看"的意思，但侧重点和使用的语境都不同，"纵览"一词侧重于任意自由地看，多用在开阔眼界的语境中；"总览"强调的是全面综合地看，多用在全面把握的语境中。

例文讲的是对局面的全面把握，应把"纵览"改成"总览"才合适。

| 特别提示 |

与"总览"词义相近的还有"总揽"，意思是全面掌握、全面控制，如"总揽朝政""总揽集团大权"。使用时要注意区别。

316. 专程—专诚

"专程"与"专诚"意思比较接近，十分容易弄混。在这里做一下辨析，希望对读者有所帮助。看例句：

《张学友专程为妻写歌,抱怨其只听过两次》……他深情演唱写给老婆罗美薇的歌曲《讲你知》,但抱怨她听这首歌不超过两次。

"专程"的意思是专门为了某事而到某地,如"'兄弟'被逮不服气,小偷专程来京挑战反扒民警"。"专诚"则表示诚心诚意、特地(非顺便)。从例文的内容看,明显是用"专诚"更加合适。

| 特别提示 |

"专程""专诚"后一般都接做的事情。注意不要将"专诚"误用作形容词,当成专心、诚实之义。

317. 捉笔—捉刀

例如移花接木给自己编造一个"高干养子"的"红色档案"啦,把大专学历改成大学本科啦,找人捉笔代写论文弄个"硕士"学位啦……都是些正人君子耻以为之的秽行。

结合上下文来看,作者显然是把"捉笔"与"捉刀"搞混了。"捉刀"和"捉笔"完全不是一回事。"捉刀"的典故出自《世说新语·容止》,有一次匈奴使者求见,曹操觉得自己相貌丑陋,不能用威仪震服匈奴,便让气宇轩昂、威武不凡的崔琰冒充他接见使者,自己却持刀装成侍卫,毕恭毕敬地站在榻边。事后曹操派人暗暗地去打听使者对自己的评价,那位使者说:"魏王仪表的确出众,然而那个床头捉刀人,才是真正的英雄啊。""捉刀"后来先被喻为顶替人做事,再后来逐渐成了代人写文章的专用词,而代人作文的人,就叫"捉刀人"。再看"捉笔",这个词比较普通,它没有特殊的含义,就是表示提笔、执笔,如"山西省公务员笔试结束,两万人捉笔'厮杀'"。

| 特别提示 |

注意"捉刀"与"枪手"的区别。"捉刀"谓代人作文,"枪

手"则喻指冒名替人考试。如:"忽然悟到:凡是考试,都可以请枪手,冒名顶替进场。"(《官场现形记》)

318. 卓见—灼见

林语堂先生的《吾国与吾民》一书用辛辣、幽默而充满睿智的语言深入透彻地剖析了中国文化,独具卓见。这本书也是他第一部享誉欧美文坛的著作。

"卓见"与"灼见"读音相同,含义相近,很容易被混淆,但二词存在着细微的差别。"卓"的本义是高而直,引申为高明。"卓见"就是指高明的见解。如杨沫《青春之歌》:"他对于国家大事的卓见更是道静从来没有听见过的。""灼"字本义是火烧,引申为明亮,再引申为明白、透彻。"灼见"指的是正确而深刻的见解。如鲁迅《中国小说史略》:"间杂考辨,亦有灼见。""灼见"是建立在正确认识的基础之上的,有个成语就叫"真知灼见"。根据例文的语境,用"灼见"更合适。

| 特别提示 |

"灼见"的动词用法现在不太常见了,但是有必要了解一下。"灼见"作动词时,意思是洞察、看清楚,如茅盾《追求》:"(仲昭)想到爱人也灼见他的困难,那就已经得到了莫大的慰藉了。"

319. 琢磨—捉摸

我回家看着还没动用的那瓶香油和没吃完的鸡蛋,一再追忆老王和我对答的话,捉摸他是否知道我领受他的谢意。我想他是知道的。

"捉摸"意思是猜测、预料,一般用于否定句,如"很难捉摸""捉摸不定"等。"琢磨"则指反复思索、考虑,如"她琢磨了老半天"。例文中用"琢磨"更加合适。

| 特别提示 |

"琢磨"本指雕刻和打磨玉石,其引申义为加工而使之精美,如"精心琢磨文章的遣词造句"。

320. 阻击—狙击

生活中,把"狙击手"念成或写成"阻击手"的大有人在,有必要在此强调二词的区别,看下文:

在警队里阻击手并不是一个很重要的位置,而且往往在战斗中丝毫起不了任何作用,所以更多的时候,我是在享受着那一种没有刺激的战斗。

先来看一下什么是"狙击"。《现代汉语词典》:(狙击指)埋伏在隐蔽地点伺机袭击敌人。"狙"意思为窥伺、伏伺,如"狙觑"(窥视)、"狙刺"(伏伺行刺)等。"狙击"包含的是一种趁人不备,突然袭击的意思。狙击手原指从隐蔽工事射击的人,现在人们常常把经过特殊训练,掌握精确射击、伪装和侦察技能的射手称为狙击手。"阻"的意思是阻碍、阻挡,"阻击"即指以防御手段阻止敌人增援、逃跑或进攻。"狙击"和"阻击"无论是在作战方式、行动规模还是战斗目标上,都存在着相当大的差别,因此不能混淆。"阻击手"的说法不存在,例文应改为"狙击手"。

| 特别提示 |

"狙"读音为 jū,不能念成 zǔ。

321. 作客—做客

《丁肇中作客山东大学,两小时报告不夹一个英文词》

"作客"是常用的一个书面语,意思是寄居在别处,如"作客他乡"。杜甫的《登高》一诗中有这样两句:"万里悲秋常作客,百年多病独登台。"说的就是诗人常年漂泊无定、疾病缠身的悲惨生活。"做客"使用频率较高，指的是访问别人、自己当客人。例文讲的是丁肇中继1994年首访山东大学后，再次来到山大作学术报告。若用"作客"，岂不是说丁肇中教授寄居在山大了吗？因此，文章标题应改成"丁肇中做客山东大学"。

| 特别提示 |

把"坐客"当"做客"也是错误的。

322. 红灯区—亮红灯

在实际使用中，不少人把"红灯区"与"亮红灯"搞混，真让人啼笑皆非。看某报的一则文章标题：

《注意身体的"红灯区"》

读完全文才发现，文章说的是"亚健康"状态下人体出现的信号，如头晕、失眠、神疲……当出现这一类的身体信号的时候，当然不能轻视。但称之为"红灯区"，显然不妥。仔细一想，原来作者是将"红灯区"与"亮红灯"混淆了。

"红灯区"，《现代汉语词典》中这样解释：指某些城市中色情场所集中的地区。人体当然不可能有"红灯区"，作者想要表达的是身体亮起了"红灯"，结果被说成"红灯区"了。"红灯"原本用在城市交通管理中，由于具有警示作用，后来在言语中，被用来作为危险的信号。头晕、失眠等状况就是我们的身体在亮"红灯"，警示我们注意健康。

| 特别提示 |

董乐山先生曾在《边缘人语》中介绍了"红灯区"的由来。"红灯区"是一个世界性的称呼，具有特定的含义，在使用时要多加注意。

323. 百家争鸣—百花齐放

很多人容易将"百家争鸣"和"百花齐放"混淆,造成语病。比如:

水果销售市场呈现出"百家争鸣"的局面。

春秋战国处于社会大变革时期,因此产生了各种思想流派,出现了艺术上的繁荣景象,后世称之为"百家争鸣"。现在多用来比喻允许各种学术流派发表意见。"百花齐放"则是形容百花盛开,丰富多彩。用来比喻各种不同形式和风格的艺术自由发展,形容艺术界的繁荣景象。也指不同的事物就像百花一样各有各的好处。

"水果销售市场"从根本上来说,都是销售水果的,所以就不会有"百家"的区别。但是不同的商家却像"百花"一样,各有各的好。所以,例句中的"百家争鸣"应该改成"百花齐放"。

| 特别提示 |

"百花齐放,百家争鸣"是1956年中国共产党提出的文艺方针。提倡在党的领导下,艺术上不同的形式和风格可以自由发展,科学上不同的学派可以自由争论。

324. 应接不暇—目不暇接

"应接不暇"与"目不暇接"是很容易被人混淆的一对词语,一不小心就会用错。看下面的例句:

《琳琅满目的项链令人应接不暇》

"应接不暇"和"目不暇接"均可形容东西很多,看不过来。区别在于,"目不暇接"用于被动,对象一般是被人们欣赏、观看的事物;"应接不暇"则用于主动(只有主动才谈得上"应接"),它以人为主语,宾语是对付不过来的人、事、物。如:"业余爱好者热心提问,专家应接不暇。""目不暇接"的适用范围比"应接不暇"小,只表示眼睛看不过来。上引标题应改为"琳琅满目的项链令人目不暇接"。

| 特别提示 |

"应接不暇"表示主动,不应说成"令人应接不暇"或"让人应接不暇"。

325. 功亏一篑—前功尽弃

作为一对近义词,"前功尽弃"与"功亏一篑"经常被人混淆误用。为避免类似的语言错误,有必要对它们进行辨析。看下文:

这次试验眼看就要成功了,要坚持下去,千万不能松动,否则前功尽弃,实在可惜。

"功亏一篑"与"前功尽弃"意义虽然相近但也有细微的差别。这两个成语都有最后未能完成,以前的努力白费了的意思。两者的区别在于"功亏一篑"表示还差一点点就能成功;"前功尽弃"这个成语本身并未指明很快就能成功,而是强调以前的功劳全部废弃。比如:"炸城的工事也遭到了好几次的顿挫……每遭一次顿挫,总要使前功尽弃,又来重起炉灶。"例句中提到"眼看就要成功了",因此使用"功亏一篑"更能体现出成功在即的意思。

| 特别提示 |

"功亏一篑"出自《尚书·旅獒》:"为山九仞,功亏一篑。"

326. 另眼相看—刮目相看

在实际运用,有些人把成语"另眼相看"与"刮目相看"相混淆,产生严重的语病。看下文:

想不到昔日的"浪子"今天却成了英雄,这就不得不令人另眼相看。

"刮目相看"和"另眼相看"都指用新的眼光来看待，但是两者的侧重点有所不同。"刮目相看"的意思是离别几天后就应该去掉老眼光来看待，指被看者已有显著进步，不能再用老眼光看待，强调的是被看者的前后变化。"另眼相看"的意思是用另一种眼光看待，指看待某个人不同一般，也指不被重视的人得到重视，强调的是看者的态度。

例句中"昔日'浪子'今天却成了英雄"，强调被看者前后变化很大，用"刮目相看"更合适。

| 特别提示 |

"刮目相看"出自晋代陈寿《三国志·吴志·吕蒙传》。鲁肃过寻阳，与蒙论议，大惊曰："卿今者才略，非复吴下阿蒙！"蒙曰："士别三日，即更刮目相待，大兄何见事之晚乎！"

327. 不孚众望—不负众望

"不孚众望"与"不负众望"一字之差，意思迥然相反，常常被人们混淆。注意辨析，以免误用。看下面例句：

在十四届亚运会女子 100 米蛙泳比赛中，名将罗雪娟不孚众望，以 1 分 06 秒 84 的成绩刷新了亚洲纪录，并且为中国队再添一金。

不孚众望：孚，信服；不为大家所信服。不负众望：负，辜负、对不起；没有让大家失望。与它词义相近的是"深孚众望"。罗雪娟在蛙泳赛中刷新纪录，为中国队再夺一金，说明她没有令大家失望，怎么能说不被大家信服呢？例句应改为"名将罗雪娟不负众望"。

| 特别提示 |

另外，还应注意"不负众望"与"不负重望"的区别，前者的"期望"侧重指众人、大家，后者则强调期望之深切。

328. 不谋而合—不约而同

例一：小明的妈妈一进来，我们寝室的人就不谋而合地站了起来。

例二：你的主张和我的主张完全一致，这真是不约而同。

"不谋而合"指事先没有商量过，意见或行动却完全一致。谋：商量；合：相符。"不谋而合"一般在句中作谦语，形容自己的意见和别人的意见相同。

"不约而同"指事先没有约定，而彼此的想法和行动完全一致。约：约定；同：相同。比如，茅盾《子夜》："这一声不约而同的叫唤，像禁咒似的立刻奏效。"

两个近义词容易混淆，区别的要点在于"不约而同"多指具体行动相同；"不谋而合"多指观点和见解相同。"不谋而合"在句子中作定语、宾语和补语，"不约而同"一般在句中作状语。例一和例二的成语应该互换一下才准确。

| 特别提示 |

"不约而同"出自西汉司马迁《史记·平津侯主父列传》："无尺寸之势，起闾巷，杖棘矜，应时而皆动，不谋而俱起，不约而同会。"

329. 不以为然—不以为意

因为"不以为然"与"不以为意"一字之差，所以经常被人混淆误用。其实，这两个词的意思相去甚远，现结合例句进行辨析。

中韩不满参拜神社，日相小泉不以为然。

句中"不以为然"应为"不以为意"之误。"不以为然"意思是不认为是对的，表示不同意（多含轻视意）。而"不以为意"则指不把它放在心上，表示不重视、不认真对待。"不以为然"侧重于不同意；"不以为意"侧重于不关心、不重视。

| 特别提示 |

"不以为意"不要望文生义地理解成觉得不符合自己的心意。

330. 形影相吊—形影不离

她们俩形影相吊,上学、吃饭、逛街,整天腻在一起,十分开心。连两家的父母都说,就是双胞胎也未必有这么好的感情。

友情深厚的两个女孩在一起读书娱乐,这是很开心的事情,干吗用一个凄凄惨惨的"形影相吊"呢?明显是和"形影不离"混淆了。

形影相吊:吊,慰问;孤身一人,只有和自己的身影相互慰问,形容无依无靠、非常孤单。如:"茕茕孑立,形影相吊。"(晋·李密《陈情表》)形影不离:像形体和它的影子那样分不开,形容彼此关系亲密,经常在一起。例句显然应改为"她们俩形影不离"。

| 特别提示 |

"形影相吊"的近义词有"形单影只""孤苦伶仃"。

331. 无所不至—无微不至

因为看起来很相似,"无所不至"与"无微不至"便常常被人混淆误用,造成严重语病。看例句:

鲁迅先生对于友人,尤其对于青年爱护无所不至,不但尽心竭力,还常主动帮忙。

无所不至:凡能做的都做到了(用于坏事)。如:"摧残迫害、威逼利诱,敌人的手段可谓无所不至。"其近义词是"无所不为""无恶不作"。无微不至:没有一处细微的地方不照顾到,形容关怀、照顾得非常细心周到。例句显然应该说成"对于青年爱护无微不至"。

| 特别提示 |

"无所不至"还有一个含义是没有达不到的地方。如:"西域流沙,东绝沧海,南征北战,无所不至。"(《为金吾将军陈令英请免官表》)

332. 耸人听闻—骇人听闻

"耸人听闻"与"骇人听闻"是比较容易被人搞混误用的一对成语,在这里进行辨析,希望对读者有所帮助。看例句:

《耸人听闻!笔记本电脑可致男性不育》:据英国《人类与生殖》杂志发表的题为"笔记本电脑导致使用者阴囊温度升高"的研究报告称,由于笔记本电脑在工作时产生的高温和人们放在大腿上的位置能够导致男人的生殖器温度上升,随着时间的延长,将减少精子的发育生成。

耸人听闻:故意说夸大或惊奇的话,使人震惊。骇人听闻:使人听了非常吃惊。两者相同的地方是都使人吃惊,区别在于"耸人听闻"是指假消息、胡编的话,强调主观目的;"骇人听闻"则指确凿的事儿,强调客观效果。上文论证并非胡编乱造,它是由英国研究专家通过科学实验得出的结论,而且新闻报道中也没有对该论证表示疑问或否定,所以用"耸人听闻"明显不合适,应改为"骇人听闻"。

| 特别提示 |

"骇人听闻"一般指社会上发生的坏事,含贬义。

333. 信口雌黄—信口开河

翻开报纸,经常发现把成语"信口雌黄"与"信口开河"混淆误用的现象。看下面的例句:

看完《一万元环游中国》,小王信口雌黄地说:"明年我也带上一万块,环游全国去!"

"信口雌黄"到底是什么意思?雌黄,即鸡冠石,黄色矿物,用作颜料。古人用黄纸写字,如果写错了,就用雌黄涂抹后改写(类似于今天的涂改液)。"信口雌黄"的意思是不顾事实,随口乱说。而"信口开河"的意思是随口乱说一气。这两个成语的区别在于,"信口雌黄"指的是妄加评论、诬蔑和捏造事实,该词强调主语的主观性,语气较重;"信口开河"则指说话不假思索或漫无边际。例句中说小王见别人环游全国,随口就说自己也要去实践,显然用"信口开河"才是准确的。

| 特别提示 |

"信口雌黄"出自《晋书·王衍传》。晋朝清谈家王衍,喜欢谈玄,但经常自相矛盾,漏洞百出。有时候甚至不假思索,随口更改,时人便称他为"口中雌黄"。

334. 侃侃而谈—夸夸其谈

由于都有"善谈"之义,成语"侃侃而谈"与"夸夸其谈"便经常被人混淆误用,造成不应该的语病,看下文:

他这个人一贯爱出风头,喜欢侃侃而谈,工作却华而不实,缺乏吃苦耐劳的精神,在重要关头经不起考验是必然的。

这两个成语虽然都是"谈",不过"谈"的内容和性质都不一样。侃侃,理直气壮、从容不迫的样子。侃侃而谈:理直气壮、从容不迫地说话。夸夸其谈:说话或写文章浮夸,不切实际。两个成语一褒一贬,含义完全不同,不可混用。根据例句的语境,明显应改为"喜欢夸夸其谈"。

| 特别提示 |

需要注意的是,谈得理直气壮才能叫"侃侃而谈",如果将这里的"侃侃"理解成侃大山,用"侃侃而谈"表示闲聊,那就

是望文生义了。

335. 一文不名——一文不值

虽然只有一字之差,"一文不名"与"一文不值"词义相去甚远,混淆误用经常会导致严重语病,不可不察。看下文:

因为缺乏位置感和责任感,他们这几个干部根本就不关心老百姓的生活,在他们眼里,平民意识犹如一块一文不名的破布。

一文不名:名,占有;一个钱也没有,形容非常穷困。如:"如果他有钱给那些人行点贿送包'烟钱',也就过去了;可是他身上一文不名。"(杨沫《青春之歌》)一文不值:文,旧时小铜钱;一个小铜板都不值,形容毫无价值。例句显然应该改成"平民意识犹如一块一文不值的破布"。

| 特别提示 |

不可望文生义,把"一文不名"误解为没有一篇文章是出名的。

336. 不胜其烦——不厌其烦

马大嫂为人热情,工作兢兢业业,总是不胜其烦地为小区居民做好每一件事。

"不胜其烦"与"不厌其烦"外貌十分相似,含义好像也差不多,这就是很多人误用的原因。

这两个成语的意思完全相反。不胜其烦:胜,禁得起、忍受;烦,烦琐。烦琐得使人受不了。如:"于是不胜其烦,人情厌恶。"(宋·陆游《老学庵笔记》)不厌其烦:厌,嫌;不嫌麻烦,形容很有耐心。如:"老师不厌其烦地为学生解答难题。"很明显,例句中马大嫂兢兢业业地在工作岗位上为小区居民做事,应该用"不厌其烦"来表示。

| 特别提示 |

"不惮其烦"与"不厌其烦"同义,注意不要和"不胜其烦"混淆。

337. 鱼目混珠—鱼龙混杂

经常会有人把"鱼目混珠"与"鱼龙混杂"混淆误用,现结合例文对这两个成语进行辨析。

由于发表网络歌曲的门槛很低,网友原创的歌曲都可以传到网络上去,这也造成了网络歌曲创作的鱼目混珠。

"鱼目混珠"的意思是拿鱼的眼睛来冒充珍珠,比喻以假乱真、以次充好。"鱼龙混杂"则比喻好的和坏的掺杂在一起。例句的语意是网络歌曲发表门槛低,造成网络歌曲好坏掺杂、参差不齐,显然应该用"鱼龙混杂"。使用"鱼龙混杂"一词时还需要注意,它指的是好坏混杂,不能用来形容成绩、水平、质量等高低不等。

| 特别提示 |

"鱼目混珠"出自魏伯阳的《周易参同契》上卷:"鱼目岂为珠?蓬蒿不成槚。"

338. 改弦更张—改弦易辙

"改弦更张"和"改弦易辙"词义接近,极容易搞混。为避免误用,有必要对它们进行辨析,看例句:

《王思懿改弦更张扮白领仍是丽人》:王思懿将一改以往"潘金莲""妖姬"的"不良"形象,成为 CCTV 1 大戏《紫荆勋章》中的白领丽人……这对她来说,是一个新的挑战和机遇。

改弦更张:调整、改换琴弦,使声音和谐优美;比喻改革制度或变更方针、政策。如："今者革命政府不恤改弦更张，以求与人民合作。"改弦易辙：琴换弦，车改道；比喻改变原来的方向、计划、办法等。对比可知"改弦更张"比"改弦易辙"改变更彻底，变革的层级更高。如果说"改弦更张"是重选职业，"改弦易辙"只是在职业内改变做事的方法。

可见，上述新闻标题中的"改弦更张"是不合适的，因为王思懿原来扮演的角色单一化，现在要挑战完全不同以往的银屏形象，如此应该用"改弦易辙"才对。

| 特别提示 |

"改弦更张""改弦易辙"都很容易与"改头换面""改邪归正"混淆，用时应注意区分。

339. 望尘莫及—鞭长莫及

一些独生子女一离开家，就觉得好像脱离了囚笼，一个人开始独立生活，随心所欲，想做什么就做什么，反正山高皇帝远，父母想干涉也是望尘莫及。

"望尘莫及"的典故出自《庄子·田子方》："夫子奔逸绝尘，而回瞠若乎后矣。"（注："夫子"，孔子；"回"，颜回）短短十几个字，便将颜回"望尘莫及"、瞠目结舌的神态形象而生动地刻画了出来。后来人们便用"望尘莫及（望尘不及）"来表示望见前面骑马的人走过扬起的尘土而不能赶上，比喻远远落在后面。"望尘莫及"用于自身时，一般表谦虚。"鞭长莫及"原义是鞭子虽长，也不能打到马肚子上，后借指力量达不到或因时空距离无法控制。例文中，"望尘莫及"这个词跟整个句义完全没有联系，应为"鞭长莫及"。

| 特别提示 |

"鞭长莫及"语出《左传·宣公十五年》："虽鞭之长，不及马腹。"

第三篇

褒贬不当

1. 昂贵

很多人认为"昂贵"是个中性词,在使用中容易忽视它的感情色彩,导致出现语法错误。比如:

我来到这里是要寻找几样最昂贵、最值钱的东西:正义、尊严、公理和未来……

"昂贵",指价格很高,带有一定的贬义,反映出作者对所指对象的反感。句中将"昂贵"用于"正义、尊严、公理和未来",但从句义看,作者对这些是充满好感的,"昂贵"的使用在感情色彩上显然不妥。可把"昂贵"改为"宝贵"或"珍贵"。

| 特别提示 |

此外要注意"昂贵"的指向,它一般用来修饰价格。

2. 霸占

"霸占"本来是个贬义词,但现在不少人拿来随便使用,造成严重误解。看下面例句:

《韩雪霸占浙江荧屏,〈明天我不是羔羊〉再度夺冠》:一部由内地"玉女掌门人"韩雪主演的都市伦理剧《明天我不是羔羊》近日在浙江登陆,并一举拿下了强势频道——浙江教育科技电视台全年的收视冠军!

"霸占"是一个典型的贬义词,其意思是倚仗权势占为己有,其对象可以是财物、土地,也可以是人。而"占领"是一个中性词,原指用武装力量取得,也可泛指为"占有",如"占领国内市场"。例文中,用贬义的"霸占"来修饰成功演员韩雪显然是不恰当的,标题改用"占领"为宜。

| 特别提示 |

"霸占"和"占领"都表示用强力取得,但"占领"的对象不能是人。如"黄世仁强行霸占了喜儿"中的"霸占"就不能换成"占领"。

3. 包藏

在实际运用中,不少人不太注意感情色彩,导致许多贬义词被误用,"包藏"一词就是常被用错的一个。看下文:

打算购买笔记本电脑的同学们可要注意了哦:Acer 将于 2007 年 9 月 16 日至 10 月 31 期间,推出"包藏爱心,真情无限"——2007 年 Acer 返校促销大行动。

"包藏"的意思是包含、隐藏,这是一个带有贬义的词语,常组成"包藏祸心""包藏罪犯""包藏祸胎""包藏歹意"等动宾短语。将"包藏"与"爱心"搭配在一起,感情色彩明显不统一。句中的"包藏爱心"宜改为"饱含爱心"。

| 特别提示 |

"饱藏"和"包藏"都有深深地隐藏着的意思,区别在于前者没有贬义,一般用于中性或褒义的语境。

4. 曝光

她也承认,那本书的走红很大程度上得益于书中曝光了她和男友的私人生活。

"曝光"本指照相底片或感光纸感光的过程,引申指原来隐秘的事情显露出来。"曝光"的本义是一个专业词汇,没有感情色彩,但现在通常用来比喻隐秘的事(不光彩的)显露出来,被大众知晓。例句中"她和男友的私人生活"在"她"本人眼里不是不好的事情,因此"曝光"不适用于这个句子,应该把"曝光"改为"披露"。

| 特别提示 |

"曝光"还可以用指人公开露面。

5. 辈出

把含有褒义色彩的"辈出",用作中性词,甚至是贬义词,是人们常犯的语病。看下文:

日本政坛为何小泉之流辈出,甚至还有石原知事这样更怪的人?

"辈出"指一批又一批地出现,是一个褒义词,一般用于作者所肯定的人。例句中的"小泉之流"虽然是人,但从句中的语气来看,作者对其抱有轻蔑的态度,"辈出"的使用不符合其感情色彩。可以把例句中的"辈出"改为"层出不穷"之类的中性词。

| 特别提示 |

"辈出"这个词只能用于人,比如"人才辈出""新人辈出"等。

6. 沉溺

贬义词"沉溺"一词常常被人当成中性词使用,以致造成语言错误。看下文:

语言流畅,地方特色浓郁,而且把作品中的"阴差阳错"演绎得入情入理,使读者能够沉溺在这个悲喜交加又妙趣横生的小喜剧里,而无心去苛求作品在时代背景和人物性格方面存在的一些瑕疵。

"沉溺",是指陷入不良的境地(多指生活习惯方面)而不能自拔,如"沉溺于网络游戏"。"沉溺"的必须是不良的境地,并且主语者不能自控,陷于这样的处境中无法自拔。所以"沉溺"是一个含有贬义的词语,用在上文中明显不合适,应该改为"沉浸"或"沉醉"。

| 特别提示 |

"沉溺"的近义词有"沉迷""沉湎""沉浸""沉醉"等。"沉迷""沉溺""沉湎"含贬义,多用于不好的事物;"沉浸""沉醉"含褒义,常用于境界或思想等比较美好的方面。

7. 大肆

有些人在使用"大肆"一词时,忽视其应有的感情色彩,造成不应该的语言错误。

听说毛泽东主席决定亲赴重庆和蒋介石进行和谈,××同志连忙吩咐《新华日报》主编说:"我们应该把这件事大肆宣传一下,让全国人民、全世界人民都知道。"

"大肆"是一个贬义词,意思是无所顾忌地(做坏事)。如"大肆诽谤""大肆攻击""大肆挥霍"等。国共和谈,共同抗日,这是件好事,不能说成"大肆"宣传,可以考虑改成"大力""大事"(大力从事)。这两个词都是中性词,放在句中比较合适。

| 特别提示 |

注意不要将"大肆"当成"放肆"的同义词。

8. 胆敢

画家们不拘一格,胆敢独创,使得中国画这门有着悠久历史和深厚积淀的传统艺术在今天得到了发扬光大,呈现出蓬勃的生命力。

例句中的"胆敢"用得很不恰当,它不能用来泛指一般的勇气、魄力。

"胆敢"意思是竟有胆量敢于做（某事），这是一个贬义词，该词所指的事情都是话语者认为不该做的事情。如："王昭君：（大怒）王龙！你站起来！你胆敢对单于这样不敬！"（曹禺《王昭君》）根据例句的语境，作者对画家们大胆积极地创新显然是持褒扬的态度的，所以说用"胆敢"这个词不合适。句中的"胆敢独创"可改为"敢于独创"或"大胆独创"。

| 特别提示 |

"胆大包天""胆大妄为"都是贬义词；"胆略""胆魄""胆识"则含有褒义。

9. 活跃

"活跃"是一个褒义词，但有的人却把它当成中性词使用，有的更是用到贬义语境，造成语言错误。看下文：

《阿富汗驻华使馆参赞警告：恐怖活动正变得越来越活跃》

"活跃"的意思是行动活泼而积极；气氛活泼而热烈，如"辩论赛的气氛十分活跃"等。"活跃"是一个褒义词，含有生气勃勃的意味。例句用来描写恐怖活动，显然不妥，宜改为"猖獗""猖狂"等词语。

| 特别提示 |

"活跃"兼可作动词，即"使活跃"，如："(郭祥）尤其突出的是能够在伤病员中开展文化娱乐活动，起到了活跃情绪的作用。"（魏巍《东方》）

10. 机警

褒义词"机警"有时被人当成中性词使用，更有人把它用到贬义语境。看下文：

敌人再机警，这些阴谋诡计最终也会被我军识破。"

"机警"指机智灵敏，对情况的变化觉察得很快，一般用于正面人物，含有褒义。如昭梿《啸亭杂录·李昭信相公》："公短小精敏，机警过人，凡案籍经目，终身不忘，其下属谒见，数语即知其才干。"例句的语境适合用"狡猾"这个词。"狡猾"指诡诈不可信，狡诈刁钻，含有贬义。

| 特别提示 |

应注意，"机警"一般只能用于人，形容的是人的性格或行为；"狡猾"既可以用于人，也可以用于动物。

11. 伎俩

有的人用词不求甚解，不能准确把握词语的感情色彩，造成词语误用。

这次活动能够顺利举行，还多亏了那两个智多星的好伎俩。

"伎俩"指的是不正当的手段、花招，如"骗人的伎俩终究会被识穿"等。例文中竟出现了"好伎俩"，真是笑话。我们必须注意，"伎俩"一词的贬义色彩十分明显，例文中的"伎俩"宜改为"计谋""主意"等。

| 特别提示 |

"伎俩"很容易错写成"技俩""伎两"等，使用时应注意避免犯这样的错误。

12. 面孔

中性词"面孔"经常被人当成贬义词使用，有必要加以纠正。

长工们早就看透了这几个地主恶霸的丑恶面孔，不顾他们的哀号，立刻捆绑起来送到县里。

"面孔"是一个中性词，即指脸、面部表情，如"新面孔""和蔼的面孔""几张老面孔（熟人）"等。这个词不适合用到贬义语境。上文把"面孔"改为"嘴脸"才更符合地主恶霸的特征和长工们的愤怒心情。"嘴脸"指面貌、表情或脸色（多用于贬义），意思接近于丑恶的面目；猥琐的模样。

| 特别提示 |

"面孔"的近义词是"面貌"。这两个词语的区别在于，后者还可比喻事物所呈现的景象、状态，如"社会面貌""朝气蓬勃的精神面貌"。"面孔"则没有这样的用法。

13. 末日

很多人容易将"末日"误解为最后一天，这是错误的。比如：

我找了些作者的其他作品，无奈截稿期已至末日。

"末日"原是基督教中指的人类世界的最后一天，也可以指人或事物存在于世界上的最后一天，一般泛指死亡或灭亡的日子；专用于令人憎恶的人或事物；如"敌人的末日到了"。例句中将其用于"截稿期"，所指对象是不恰当的，同时作者对这个概念也无憎恶之义，所以"末日"一词不能适用。例句可以直接将"末日"删去，让"截稿期"与"至"形成主谓关系；也可以将"末日"改为"最后一天"。

| 特别提示 |

注意与"末世"和"末年"的区别。"末世"指一个历史阶段的末尾时期，如"封建末世"；"末年"指朝代或君王统治的最后一段时间，如"康熙末年"。

14. 清算

很多人常常误用"清算"这个词的词义，还有人容易弄错这个词的褒贬。比如：

鉴于老人已经进入依靠两名特护连同现代医疗设备维持生存的最后状态，很有必要替他在有生之年清算一笔历史"旧账"。

"清算"既可指彻底地计算，也可指列举全部罪恶或错误并作出相应的处理。前一个意思只用于数字计算或统计，不适用于例句；后一个意思专用于反面人物与反面事物，但例句中的"老人"是作者所尊重的对象，"历史'旧账'"也不是一种发生于"老人"身上的罪行或错误，这种情况不能用"清算"。例句的意思是弄清楚问题，应该适当修改。

|特别提示|

"清算"也用来指证券买卖双方在证券交易所进行的证券买卖成交之后，通过证券交易所将证券商之间证券买卖的数量和金额进行计算的过程。

15. 轻松

作为一个十分常用的词语，"轻松"很容易被误用，其主要原因是忽视其感情色彩。看例句：

去年12月12日凌晨3时，4名歹徒轻松翻越本市某仓储公司的电控铁门，又打开没上锁的值班室房门，将2名值班员牢牢控制住。

"轻松"意思为不感到有负担、不紧张。这个词常用来描述做事的容易或行动的轻捷，带有一定的褒义，至少也应用到中性语境。而例句中将其用于"歹徒"的身上，在感情色彩上不协调。应该将"轻松"删除。

|特别提示|

例句中的"牢牢"也属于褒贬使用不当，也应该删除。

16. 染指

因为不了解"染指"一词的来源,搞不清它的感情色彩,而导致误解误用的现象时有发生。看下文:

毫无疑问,火箭队若想染指总冠军,没有姚明是根本不可能的,火箭队的"灵丹妙药"只可能是姚明,问题是该怎样来发挥"药效",让姚明融入火箭队的战术体系中。

文中的这个"染指"用得很滑稽。NBA 哪支球队不想夺得年度总冠军?总冠军是对职业篮球球队和球员的最大肯定,是所有 NBA 球员梦寐以求的荣誉,如何能用"染指"来表示?

"染指"这个词语历史比较悠久,它源于春秋时的一个故事,在《左传·宣公四年》中有记载。春秋时,郑灵公设宴请大臣们吃甲鱼,故意不给子公吃。子公又难堪又生气,索性走到盛甲鱼的大鼎旁,把手指伸进去蘸上汤,放在嘴里舔了舔就大摇大摆地走了。后来,人们就用"染指"来比喻插手去获得不应得的利益。"染指"一词是个贬义词,例文说火箭队"染指总冠军",显然不是作者的原意,如果将文中的"染指"改为"问鼎",文义自然就通畅明了了。

| 特别提示 |

"染指"仅表示分取非分的利益,不能误解成泛指、传播之类的意思。

17. 煽动

贬义词"煽动"有时会被人当成中性词或褒义词使用,造成语言表达上的严重错误。看例句:

这次的任务是有点难,但是意义重大。如何圆满完成,就看你这个组长煽动队员积极性的本事了。

"煽动"的意思是怂恿、鼓动人做坏事,如《为了周总理的嘱托》:"在这股阴风的煽动下,少数别有用心的人把吴吉昌当做斗争对象。"魏巍《东方》:"资产阶级煽动民族歧视,使我们彼此仇恨。""煽动"很明显是一个贬义词,用在例句中不恰当,应改为中性词"调动"。"调动"即动员,如"充分调动一切积极因素"。

| 特别提示 |

煽,读音为 shān,意思为鼓动,注意其读法和写法。

18. 怂恿

"怂恿"一词带有贬义色彩,但在具体应用中,经常会有人因忽视这一点而误用该词。看例句:

记者采访刚才跳舞的那个漂亮女孩,这位来自戏剧学院的女生说道:"当初若不是姐姐的怂恿,我根本都不敢来北京参加考试,也就不会遇到这么多的好机会,生活可能也是另外一种样子。"

"怂恿"指鼓动别人做某事(多用于坏事情),如"先付钱后抵账,回收店老板怂恿 7 名少年偷窃被刑拘"。例句说的是姐姐鼓励妹妹来京参加考试,追求自己的梦想,这是好事,绝不能用"怂恿"来表示,可改为"鼓励""支持"等词语。

| 特别提示 |

"怂恿"比较容易写错,如写成"耸恿""怂勇"等,应注意。

19. 效尤

有的人不明白"效尤"的感情色彩,有时甚至连词义都没准确理解,随意乱用,造成该词被屡屡误用。看下文:

《人生的 31 种失败》……17.选错合伙人。这是从商者最常见的失败原因。行销个人服务者必须慎重选取聪明有成的业主共同合作，这样的伙伴才会带给你灵感。我们竭力仿效和我们合作最密切的人，审慎地挑一个值得你尽力效尤的业主。

"尤"指过失、罪过。效尤：明知别人的行为是错误的还照着去做。如："恐此子效尤，干那结交权党，势压班僚，丧失名节的事，岂不辱我一门清白？"（《二度梅全传》）"效尤"不是一般的仿效、学习，专指仿效坏的行为，是一个贬义词。所以说例文中的"效尤"用的是不对的，可改为"效仿"。

| 特别提示 |

"以儆效尤"的意思是严肃处理坏人或坏事来警告那些学做坏事的人。"儆"的意思是使人警醒、不犯过错。不可写成"以警效尤""以敬效尤""以示效尤"等。

20. 心怀

由于对感情色彩把握不当，误用"心怀"的现象十分常见。看例句：

这就是胡平主持《江铃都市观察》所心怀的使命。

"心怀"是个兼类词，可以作名词用，指心意、心情，如"书写心怀"；也可作动词用，如"心怀不满"。例句中的"心怀"是动词的用法，当"心怀"作动词用时，它的意思是心里存有（不可告人的目的、难以揣测的恶意），所指对象只能是反面事物，如"心怀叵测""心怀鬼胎"。例句中的"使命"不管是在作者眼里还是在句中"胡平"看来，都是正面事物，"心怀"用在句中不合感情色彩，应该改为"胸怀"。

| 特别提示 |

"心怀"作名词时还可以理解为胸怀、胸襟，如"心怀坦荡"。

21. 行径

贬义词"行径"常被人当成中性词使用,导致文义表达错误。看例句:

莎拉在 1992 年离婚,脱离王室生活后,不但获邀成为美国电视节目主持人,还出版减肥书籍,在美国影集中客串演出,种种行径果然与一般英国皇室成员截然不同,而莎拉这种率真的个性,或许还影响到家族其他成员……

"行径"指的是行为、举止。它是一个贬义词,多用于坏人坏事。如"流氓行径""暴徒行径""卑劣的行径""霸权主义行径",等等。可见,"行径"一词用在例文中与全文的感情色彩不协调,宜改为"行为"。

| 特别提示 |

注意"行径"不要与"行经"混淆。后者意思是行程中经过,如:"火车行经扬州、南京,最后抵达上海。"

22. 熏染

"熏染"是个贬义词,但不少人总把它与"熏陶"混同,造成混淆误用。看下文:

《孕妇应如何进行美感熏染?》……美感即是对美的感受与体会。强调孕妇注重美感熏染,这是"胎教"的重要内容。从丰富孕妇的精神生活来讲,主要是要学会欣赏美、追求美和把握美,使之提高孕妇的美学修养,获得美的享受,从而熏染腹内的胎儿。

熏染:长期接触的人或事物对生活习惯逐渐产生某种影响(多指坏的)。如欧阳予倩《泼妇》:"要知道让一个清洁无瑕的儿童,去受罪恶的熏染,是作母亲的罪恶。""熏染"很明显是一个贬义词，例文中将其用于准妈妈进行美感的胎教工作肯定不对，改用"熏陶"才是正确的。"熏陶"指长期接触的人对生活习惯、思想行为、品行学问等逐渐产生好的影响。"熏陶"的褒义色彩很鲜明，比较符合例句的语境。

| 特别提示 |

"熏"念四声时是一个方言词，意思是（煤气）等使人中毒窒息。

23. 迎合

"迎合"一词有明显的贬义色彩，但有人却把它用到褒义语境，造成一定语言错误。看下面的例句：

一般来说，险种功能越多，其价格越高。而女性保险相当于把普通寿险的一些"非女性"的保险功能去掉，保费相对低一些……保险顾问孙先生说，女性消费本来就讲究精打细算，女性保险的设计正迎合了这一点。

"迎合"指逢迎、猜测或揣度别人的心意以便顺从或投合，含有贬义。如："左右近臣，阿谀顺旨，迎合帝意。"例句中并没有贬低或批评之义，用"迎合"是不恰当的。句中"正迎合了这一点"可改为"正符合这一点"。

| 特别提示 |

"迎合"勿写成"迎和"。

24. 涌现

在写作中，遇到人或事物大量出现的时候，很多人都会使用"涌现"。

例一：不知何时涌现的兜售伪名牌拎包和冒牌手表的游手好

闲之徒,近来似乎更猖獗,人头攒动。

例二:随着经济、科技、文化的发展,知识产权的范围不断扩大,新类型知识产权案件不断涌现。

"涌现",指人或者事物大量出现。比如:新人新作不断涌现。但是很多人在使用时不注意它的指向对象,以至于出现和例句一样的错误。

"涌现"的指向对象必须是受人推崇、喜爱的,至少是不让人反感的。例一中的"游手好闲之徒"和例二中的"新类型知识产权案件"都不可能受到人们的推崇和喜爱,用"涌现"是不合适的。

| 特别提示 |

使用词语的时候,不能只看词义,还要注意词语的指向对象和感情色彩。

25. 圆滑

在下面的例句中,"圆滑"一词用得很不妥,犯了贬词褒用的错误,使全句的感情色彩很不协调。

胡同口的老王头是这片"胡同保护区"的老住户了,他经常给街坊四邻帮忙,人随和亲切,办事又圆滑,大家都很喜欢他。

"圆滑"形容人在为人处世方面善于敷衍、讨好,各方面都应付得很周到。"圆滑"含有势利、不负责任的意思,是一个贬义词。根据例句的语境,应当把"圆滑"改为"灵活"为宜。

| 特别提示 |

注意区分"圆滑"和"狡猾"。"圆滑"侧重指为人处世的方式;"狡猾"侧重指人的品性不端、诡诈习钻,不可信任。

26. 赞美

作为褒义色彩明显的"赞美",有时会被人用到中性甚至是贬义语境之中,造成语言错误。看下文:

这位副总是靠着溜须拍马的"卓越"功力才爬到今天的位置的,没有哪天不见他极力赞美领导,旁人听了都会起鸡皮疙瘩。

"赞美"是一个褒义词,指称赞、赞扬,多用于好人好事,如茅盾《白杨礼赞》:"白杨树实在不是平凡的,我赞美白杨树!""赞美"之情多发自内心。例文中的"副总"是个溜须拍马的家伙,作者本意想对其批评讽刺,使用"赞美"既不合适,同时也使整段文字的感情色彩极不协调,改为"奉承"为妥。"奉承"具体含义是逢迎、谀媚,用好听的话恭维人。"奉承"的目的多出于见不得人的个人利益。

| 特别提示 |

"奉承"原有继承、侍奉之义,现已弃用。如《后汉书》:"陛下奉承洪业,大开疆宇。"黄庭坚《留王郎》:"留我左右手,奉承白头亲。"

27. 茁壮

形容词"茁壮"带有一定的褒义色彩,但不少人却把它用到贬义语境。看下面的例句:

除了油污、汗液、唾沫等,手机的按键缝隙更是灰尘、头皮屑等的藏身之处,若长期得不到清理,手机将成为细菌、病毒茁壮成长的"温床"。

"茁壮"意思为强壮、健壮。"茁壮"所指向的事物通常包含了作者的喜爱之情,如"小树苗在阳光和雨露的滋养下茁壮地生长""希望宝宝茁壮健康地成长"等。可见"茁壮"是一个褒义词，例句将其用于"细菌"和"病毒"，很不恰当。句中的"茁壮成长"宜改为"大量繁殖/滋生"等。

| 特别提示 |

"茁壮"主要用于孩子、年轻人或动植物，侧重反映其生长状态。该词不适合用于年纪较大的人或无生命物体。

28. 恣睢

贬义词"恣睢"被误解误用的现象很普遍，看例句：

他们辛苦恣睢，辗转于风霜雨雪贫困交加的境地，但他们相濡以沫，坚忍沉默。他们有自己的歌声，有诚实、朴拙、无比真实的情感，他们还有一把口琴，借以跟这个烦恼、枯燥、唯利是图的世界相周旋。

"恣睢"是一个十足的贬义词，它的意思是任意胡为、放纵暴戾，如《荀子·非十二子》："纵情性，安恣睢，禽兽行。"陈少白《兴中会革命史要》："那时候日本人在台湾恣睢暴戾，台湾人民畏之如虎。"例句的"恣睢"的行为主体非但没有斥责、贬低之义，相反在字里行间流露出的都是同情和敬佩。因此，文中使用"恣睢"是不合适的，宜改为"劳顿"等词语。

| 特别提示 |

"恣睢"读音为 zì suī。这个词语很容易写错念错，用时应注意。

29. 恣意

与"恣睢"相似，贬义词"恣意"也经常被人误用。看例句：

这位作家的文风恣意汪洋。

"恣意"的意思是放纵、任意、不加限制，如《〈艾青诗选〉

自序》:"这样的一首诗,却被文痞姚文元之流恣意歪曲。""恣意"是一个贬义词,常组成"恣意非为""恣意妄为""恣意纵容"等短语。赞扬作家的文风不宜用"恣意",可以改为文笔"豪放潇洒"。

| 特别提示 |

"恣"字组词多含贬义,如"恣睢""恣意""恣行""恣情""骄恣"等,使用时均需注意感情色彩。

30. 丧家狗

前不久,北大学者李零写了一本书,书名叫《丧家狗:我读〈论语〉》。因为书名中的"丧家狗"三字,这本书引起了不小的争论。

如果从历史常识的角度看,李零没什么问题,孔子落魄不得志,如丧家之犬,孔子自己也认可这个说法。可是,现代汉语中,"丧家狗"被赋予了明显的贬义。"丧家狗"是"丧家之狗"的简称,意思是失去靠山、到处乱窜、无处投奔的人。李零把孔子比成"丧家狗",现代人自然就认为有糟蹋孔夫子的嫌疑,难怪受到抨击。

| 特别提示 |

丧家狗典出《史记·孔子世家》:"郑人或谓子贡曰:'东门有人,其颡似尧,其项类皋陶,其肩类子产,然自腰以下不及禹三寸,累累若丧家之狗。'"

31. 私下里

她站在发布台上时,给人印象是表情肃然,沉着坦然,反应敏捷,遇到挑衅刁难,应答如流。而私下里的章启月完全是另外一个人,热情爽朗,善气迎人。

"私下里"的意思是暗地里、背地里，不公开的场合，带有一定的贬义。但在例句中，作者对行为主体"章启月"并没有指责之义，"私下里"的使用显得不妥。例句中，可把"私下里"改为"日常生活中"。

| 特别提示 |

"私下里"一般是用于表示行为主体背着有关的人或方面私自进行某种活动。

32. 半斤八两

陕西剪纸粗犷朴实，简练夸张，同江南一带细致工整的风格相比，真是半斤八两，各有千秋。

用"半斤八两"来形容两地剪纸艺术的不相上下，实属贬词褒用。

旧度量衡制一斤合十六两，半斤等于八两。人们于是就用"半斤八两"来比喻彼此一样，不相上下。"半斤八两"含有贬义，一般只用在不好的人或事物方面。如："偷鸡摸狗的本事，他俩半斤八两，谁也别笑话谁。"剪纸是中国传统的民间艺术，用"半斤八两"来做比较是不妥当的，宜改为同样比喻难分上下，或含有褒义的"伯仲之间"。

| 特别提示 |

使用"半斤八两"这一成语时应注意不要望文生义，把它当成技艺、本领尚未到家的喻词。比如："你那点三脚猫的功夫，上秤一称也就半斤八两，还是不要去班门弄斧了。"

33. 抱头鼠窜

有的人把贬义词"抱头鼠窜"用在中性语境中，这是不合适的。在此辨析强调，希望对读者有所助益。看下文：

大火以迅雷不及掩耳之速急遽蔓延，一大片的民房顷刻间就变成了火海。逃生的乡民抱头鼠窜，到处都是尖厉的叫声和哭声。

"抱头鼠窜"形容急忙逃走的狼狈相，多用于反面人物，含有贬义。如瞿秋白《赤都心史》："当时激愤了工人，挥起拳来就要上去打；他那鬼头，也只得抱头鼠窜了。"例句形容的是火灾时乡民慌忙逃生的样子，是一个中性语境，显然不可以用"抱头鼠窜"来描写，可改为"惊慌失措"之类的词语。

| 特别提示 |

"抱头鼠窜"注意不要写成"报头鼠窜""抱头鼠串"等。

34. 暴虎冯河

把贬义词"暴虎冯河"当成褒义词使用的现象屡见不鲜，有必要加以强调。看下文：

在严打斗争中，公安干警发扬不怕牺牲的大无畏精神，在一次追捕贩毒分子的行动中，他们暴虎冯河，与贩毒分子进行激烈的枪战，仅半个小时就将其一网打尽。

暴虎冯河：暴虎，空手搏虎；冯河，徒步过河。比喻有勇无谋，冒险蛮干。所以，孔子在回答子路问他若统帅三军愿意与谁共事时说："暴虎冯河，死而无悔者，吾不与也。"例句写的是公安干警勇敢地与贩毒分子作战，并迅速将其一网打尽。这种任务只有勇谋兼俱方能顺利完成，怎能说是"暴虎冯河"呢？改成"所向披靡"才比较合适。

| 特别提示 |

"暴虎冯河"中的"冯"，音义兼同"凭"，不能写错念错。

35. 别具匠心

打开网页，经常会看到有人把"别具匠心"一词当成贬义词使用。看下面例句：

日本军国主义者所发动的侵华战争给中国人民带来了深重的灾难，可是日本文部省却别具匠心地一再修改日本中小学课本，掩盖战争罪行。

"别具匠心"一词出自唐代王士源《孟浩然集序》："文不按古，匠心独妙。""别具匠心"是一个赞美性褒义词，指另有一种巧妙的心思，多指文学、艺术方面创造性的构思。例句想说的是日本文部省的做法另有不可告人的企图，应该用"别有用心"才对。

| 特别提示 |

"别具匠心"是褒义词，一般用作夸赞别人的作品独具一格，有自己的特点。它的近义词有"匠心独运""别具一格""别出心裁""匠心独具"。

36. 不可告人

把贬义词"不可告人"当成中性词使用的现象十分普遍，有必要注意这一点。看下文：

丈夫去世后，她和孩子相依为命，生活十分艰难。看着破败的家，多少个夜晚她都潸然泪下，然而这些酸楚，却都不可告人，只能自己一人承受。

"不可告人"一般指不正当的打算或计谋不敢公开说出来，含有贬义。如："驻伊美军殴打日本记者，试图隐瞒不可告人的秘密。"例句中说孤儿寡母生活艰难，然而这些不便于说出口只能藏在内心深处。这种情况怎么能说是"不可告人"呢？可以这样修改："然而这些酸楚，却都无人诉说，只能自己独自承受。"

| 特别提示 |

"不可告人"的近义词有"别有用心""居心叵测"。

37. 重整旗鼓

不少人仅从字面上理解"重整旗鼓",而忽视其鲜明的感情色彩,导致该词语的严重误用。看下文:

鬼子虽然这次被战士们打得落花流水、溃不成军,但他们一定不肯善罢甘休。我方预计,他们一定会重整旗鼓,再度袭击。

"重整旗鼓"比喻失败之后,整顿力量,准备再干。它表现的是一种不灰心、不气馁的精神,不能用作贬义。因此例句中的"重振旗鼓"宜换成"卷土重来",后者是中性词,也经常用作贬义,比较符合句义。

| 特别提示 |

"重整旗鼓"也可以说成"重振旗鼓"。

38. 臭味相投

"臭味相投"是个典型的贬义词,除非正话反说,否则,用在中性或褒义的语境中都是不妥当的。看下文:

他喜欢下象棋,到星期天就去找臭味相投的伙伴讨论棋艺。

臭味相投:臭味,气味;相投,互相投合;彼此的思想作风、兴趣等相同,很合得来(专指坏的)。如:"乡亲们说,这两个人臭味相投,狼狈为奸,干了不少伤天害理的事情。"例句中"他"和伙伴都很热爱象棋艺术,琴棋书画乃是君子的爱好,喜欢下象棋怎么也不能说成是见不得人的事情。所以,应该用"志趣相投"或"情投意合"来表示。

| 特别提示 |

"臭味相投"是贬义词,词义相近的有"沆瀣一气""同气相求""狼狈为奸"。

39. 处心积虑

经常有人望文生义,忽视"处心积虑"的感情色彩,造成严重的语言错误。看下文:

为了救活这家濒临倒闭的工厂,新上任的厂领导积极开展市场调查,狠抓产品质量和开发,真可谓处心积虑。

"处心积虑"出自《谷梁传·隐公元年》:"何甚乎郑伯?甚郑伯之处心积虑成于杀也。"千方百计地盘算,形容蓄谋已久(多作贬义)。如:"日本处心积虑发展'外向型'海军。"而例句中说新领导想方设法来挽救即将倒闭的工厂,应该赞扬这种精神,所选用词语当为褒义词,比如"殚精竭虑"才对。

| 特别提示 |

注意不要因"积虑"两字便将该成语理解成有很深的忧虑之义,这就是望文生义了。

40. 蠢蠢欲动

有人仅把"蠢蠢欲动"理解为积极策划,想有所行动,而忽视其贬义色彩。如此必然造成严重的语言错误。看下文:

自从中国颁布实施外商投资法规以来,不少外商蠢蠢欲动,纷纷来中国投资。

蠢蠢欲动:蠢蠢,爬虫蠕动的样子;比喻坏人准备进行攻击或坏分子策划破坏活动。如:"与麦克阿瑟咄咄逼人的战争叫嚣和蒋介石集团的蠢蠢欲动相比,艾奇逊等人的声明和保证就显得毫无价值，甚至是别有用心的。""蠢蠢欲动"很明显是一个贬义词。例句中外商来华合法投资，是值得提倡的事情，因此，应将"蠢蠢欲动"替换为"摩拳擦掌"或"跃跃欲试"。

| 特别提示 |

"蠢蠢欲动"的"动"字还常被误解为运动、体育锻炼。如："春暖花开，阳光明媚，在家里窝了一冬的人们不由得蠢蠢欲动，纷纷走到户外，活动筋骨、锻炼身体。"这种用法是错误的。

41. 大放厥词

当前，把贬义词"大放厥词"当成中性或褒义词使用的屡见不鲜，有必要进行强调，以免误用。看例句：

《齐达内大放厥词，退役前"炮轰"皇马巨星政策》

大放厥词：原指铺张词藻或畅所欲言，现用来指大发议论；表讽刺，含贬义。如："吕秀莲大放厥词，攻击大陆诬称第五纵队入台。""日本外相麻生太郎大放厥词称'拜鬼'，不必理会中韩批评。"

例句讲的是齐达内即将正式退役，在无后顾之忧的情况下敞开心扉，严厉抨击了皇马前主席弗罗伦蒂诺的巨星政策。齐达内带着极度的失望离开，临行前指出球队弊病所在，无论如何也不能说是"大放厥词"吧？根据内容，例句宜改为"齐达内惊爆内情"。

| 特别提示 |

"大放厥词"中的"厥"表示其、他的，如"厥后""厥父"。

42. 殚精竭虑

有的人用词随意，把"殚精竭虑"当成贬义词使用，以致造成不应有的严重语病。看例句：

这个骗子为了行骗可谓殚精竭虑。

"殚精竭虑"是个褒义词,形容用尽心思。殚:竭尽;虑:思虑。出自唐代白居易《策林一·策头》:"殚思极虑,以尽微臣献言之道乎!"比如,鲁迅的《商贾的批评》:"但这'殚精竭虑用苦功夫去认真创作'出来的学说,和我们只有常识的见解是很不一样的。"

例句用"殚精竭虑"来形容骗子行骗,显然弄错了成语的感情色彩,可以改为"处心积虑"或"挖空心思"。

| 特别提示 |

"殚精竭虑"多用于书面语,另注意"殚"的写法和读音。

43. 当机立断

把"当机立断"这个褒义词用到贬义的语境中,必然会导致读者的误解。看下文:

这个奸细的身份引起了中共的怀疑,国民党特务机关当机立断,杀人灭口。

"当机立断"的意思是抓住时机,果断地做出决定,含有褒义。如果用于反动的国民党特务机关,就混淆了词语的感情色彩。所以例句可以改成:"国民党特务机关决定丢卒保车,当即杀人灭口。"

| 特别提示 |

"当机立断"容易错写成"当即立断"或"当机力断",用时应注意。

44. 道貌岸然

"道貌岸然"是一个带有贬义色彩的成语,不少人因为弄不清这一点而误用该词。

先生身材魁梧，道貌岸然，刚一见面，我便对他油然而生敬意。

"道貌岸然"的意思是指神态严肃，一本正经的样子。道貌：正经、严肃的外貌；岸然：高傲，严肃的样子。现常用来形容故作严肃正经，实则表里不一的样子，多用于讽刺。比如，鲁迅《准风月谈·吃教》："宋儒道貌岸然，而窃取禅师的语录。"《二十年目睹之怪现状》一百零四回："因看见端甫道貌岸然，不敢造次。"

例句中，不应该用"道貌岸然"这个含有贬义的成语，可以改为"神态庄严"。

| 特别提示 |

"道貌岸然"含有讽刺的意味。

45. 顶礼膜拜

成语"顶礼膜拜"有盲目崇拜之义，所以含有贬义。但不少人因没有注意到这一点，常常误用这个成语。看例句：

《土库曼斯坦总统猝死，民众雕数千座塑像顶礼膜拜》

什么是"顶礼膜拜"？顶礼，佛教拜佛时的最敬礼，人跪下，两手伏地，以头顶着受礼人的脚；膜拜，佛教徒的另一种敬礼，两手加额，跪下叩头。"顶礼膜拜"即指虔诚地跪拜，比喻崇拜到了极点。"顶礼膜拜"含有盲目崇拜、一副奴才相之义，多含贬义。如："对于奥斯卡，中国电影人切勿顶礼膜拜！为了得奖而刻意为之，砸大钱也未必就能当上'第一'。"上引新闻标题可以考虑改为"民众雕数千座塑像大行祭礼"。

| 特别提示 |

"顶礼膜拜"的近义词有"奉若神明"，该词也含贬义；表示崇拜之义的中性词可以用"五体投地"。

46. 东窗事发

"东窗事发"只能用来指恶行败露，不能用于好人好事，否则就会犯下大错。看下面这个例句：

小王两年来资助大学贫困生本来秘而不宣，但不久东窗事发，他的事迹被一位记者做了报道。

"东窗事发"的典故出自元代孔文卿《地藏王证东窗事犯杂剧》，传说宋朝秦桧在自家的东窗下定计陷害岳飞，地藏王化为一个行者到人间作证说东窗事犯了，秦桧不久就死了。后来人们就用"东窗事发"比喻阴谋败露，或罪案遭揭发，将被惩治。例句可用"真相大白"之类的词语。

| 特别提示 |

"东窗事发"由历史典故化来，说法固定，不能改成"西窗事发"等莫名其妙的说法。

47. 方兴未艾

不少人只把"方兴未艾"理解为刚兴起，而忽视其感情色彩，造成褒词贬用的严重错误。看下文：

时下方兴未艾的还有各种与欺诈在若即若离之间的营销手段，比如通过营造各种"炫"概念和蓝图来推动房价非理性上涨。

方兴未艾：方，正当；艾，停止；刚兴起尚未停止，形容形势或事物正在蓬勃发展。冰心《十亿人民的心愿》："我们的友谊，源远流长；我们的事业，方兴未艾！""方兴未艾"是一个褒义词，只能用于好的事物或好的方面。例句将该成语用于近似欺诈的营销手段，明显不妥，需适当修改。

| 特别提示 |

"方兴未艾"即表示现在正在进行的，因此"方兴未艾"前

第三篇 褒贬不当 / 451

不应再加"目前""现在""正在"之类的词语。

48. 费尽心机

仅仅理解词义，而忽视"费尽心机"所包含的感情色彩，是不少人误用该词的重要原因，因此有必要强调一下。看下文：

《"童话大王"郑渊洁：费尽心机反抄袭》……然而，面对抄袭，"童话大王"毫无办法。他费尽心机，想出了三个招数：请律师交涉，把抄袭者写进童话曝光，借童话人物之口谴责这种抄袭行为。

"费尽心机"的意思是挖空心思、想尽一切办法。它与"处心积虑"相近，一般用在坏人坏事上，含有贬义。郑渊洁想尽办法来对付无耻的抄袭现象，是一种正义行为，使用贬义的"费尽心机"显然不合适，改用"煞费苦心"才恰当。

| 特别提示 |

"费尽心思"是中性词，不要与"费尽心机"混淆。另外"费尽心机"注意不能写成"费劲心机"。

49. 粉墨登场

第49届NBA东西部全明星赛将于北京时间明晨7时在三藩市举行，届时球迷们熟悉的奥尼尔、邓肯等将粉墨登场。

"粉墨登场"是一个贬义词，表示讥讽，用在受球迷喜爱的篮球明星身上显然不妥。

粉墨登场：粉、墨，搽脸和画眉用的化妆品；原指演员化妆上台演戏，比喻坏人经过一番乔装打扮，登上政治舞台。如："及至北平攻陷，这些地痞流氓自然没有粉墨登场的资格与本领，而日本也并未准备下多少官吏来马上发号施令。"（老舍《四世同堂》）"小丑化妆——粉墨登场"，从这个歇后语中我们就能很清楚地了解这个成语的含义。例句可改为"奥尼尔、邓肯等将闪亮登场"。

| 特别提示 |

"粉墨登场"亦不能用于新产品的面世。

50. 凤毛麟角

在报刊上,经常有人把褒义词"凤毛麟角"当成中性词使用,这是错误的。看下文:

《英国警察爱蹲办公室,上街巡逻的警察凤毛麟角》

例句中说的少部分的警察按时巡逻保卫公民的人身财产安全,最多算是恪职尽守,若用"凤毛麟角"来形容就不太恰当了。南朝刘义庆《世说新语·容止》:"大奴固自有凤毛。"《北史·文苑传序》:"学者如牛毛,成者如麟角。""凤毛麟角"便用来比喻珍贵而稀少的人才或事物,该词含有褒义色彩。例句中的"凤毛麟角"宜改为"寥寥无几"或意思相近的中性词。

| 特别提示 |

"凤毛麟角"中的"麟"指麒麟,喻稀有之物,不能写成"鳞"。

51. 附庸风雅

贬义词"附庸风雅"现在有被泛用化的趋势,不少人把它当成中性词甚至褒义词使用。看下文:

他是个饱学之士,为人谦和,气度不凡,真是个附庸风雅的谦谦君子。

"附庸风雅"出自清代李宝嘉《官场现形记》:"喜欢便宜,暗中上当,附庸风雅,忙里偷闲。"这个成语的意思是缺乏文化修养的人为了装点门面而结交文人名士,参加有关文化活动。

"附庸风雅"一望便知是个贬义词,例句的主人公既是一位"饱学、谦和、气度不凡"的君子,应该用"风流儒雅"才妥帖。

| 特别提示 |

"附庸"的意思是依附于其他事物而存在的事物,在"附庸风雅"一词中解释为依傍、追随。

52. 改头换面

不注意词语的感情色彩是造成词语误用的一个重要原因。"改头换面"一词就常常因此被错用。看下文:

《"幸运52"昨晚改头换面,李咏拳头变"V"手势》

"改头换面"比喻只改变外表和形式,内容实质不变。首先说词语的感情色彩,"改头换面"是一个贬义词,意思近似于"换汤不换药",用在文中明显不合适;其次,央视"幸运52"的这次全面改版,节目的体例、内容、形式都和以往完全不一样,并不是单一地调整外在形式,所以用"改头换面"也说不通。因此例句应改为"'幸运52'昨晚全新改版,李咏拳头变'V'手势"。

| 特别提示 |

注意"改头换面"同样不能用来表示人的乔装打扮、产品更新换代、报刊论坛改版,等等。

53. 管窥蠡测

在阅读中,经常发现有人把贬义词"管窥蠡测"当成褒义词使用,导致令人啼笑皆非的语言错误。

一叶落而知天下秋,管窥蠡测,从小处便能推测全局,这需要非常卓越的洞察力。

《汉书·东方朔传》:"以管窥天,以蠡测海,以筳撞钟,岂能通其条贯，考其文理，发其音声哉。""管窥蠡测"即由此化来。管，竹管；蠡，贝壳做的瓢。从竹管的小孔里看天，用瓢测量海水；比喻对事物的观察和了解很肤浅、片面。意思与"坐井观天""盲人摸象"相似。而"见微知著"的意思是见到事情的苗头，就能知道它的实质和发展趋势。它与例句的语境相符，所以句中的"管窥蠡测"应换成"见微知著"。

| 特别提示 |

注意"蠡"字的写法，不能写成"蠹"。

54. 过江之鲫

"过江之鲫"是一个误用率很高的贬义词，不少人把它当中性词或褒义词用，还有人望文生义，误解它的词义，造成语病。看下文：

参加冬季越野长跑的上千名运动员，像过江之鲫通过了大桥的涵洞。

东晋王朝在江南建立后，北方士族纷纷来到江南，时人有云："过江名士多于鲫。"后来人们便用"过江之鲫"形容赶时髦的人连续不断，含贬义。例句的主语是参加越野长跑的运动员，又不是什么反面人物，用"过江之鲫"来描述他们是不合适的，应适当修改。

| 特别提示 |

"过江之鲫"还常被误解为动作十分迅速，如："游泳健儿一入水中便有如过江之鲫，迅速游至终点。"

55. 邯郸学步

我们虽然缺乏管理经验，但可以向先进企业学习，起初可能是邯郸学步，但终究会走出自己的路来。

"邯郸"是赵国的都城,"邯郸学步"指学邯郸的人走路,后用来指学别人的东西没学好,反倒把自己的东西忘了。出自庄周《庄子·秋水》:"且子独不闻夫寿陵余子之学行于邯郸与?未得国能,又失其故行矣,直匍匐而归耳。"《汉书》:"昔有学步于邯郸者,曾未得其仿佛,又复失其故步,遂匍匐而归耳。"

"邯郸学步"含有贬义,而例句中"向先进企业学习管理经验"并没有贬义,因此不符合语境,可以改为"简单的模仿"。

| 特别提示 |

"照猫画虎""照葫芦画瓢"都是贬义词,使用时注意感情色彩。

56. 含沙射影

把贬义词"含沙射影"用到正面人物身上是人们常犯的语言错误之一,因此有必要对这个成语进行释义,以免再误用。看下面例句:

向来矜持的冰心以此诗为受辱,当天即写成《蓄道德能文章》登在9月6日该报。此文结尾含沙射影地说:"作家最重要的是人格修养;等人格修养得高尚了,再去做文章,或者就不至于妨害他人,贬损自己!"

传说水中有一种叫做蜮的怪物,它若看见人的影子,就会喷出口中所含的沙子,被喷着的人就会得病,甚至死亡。(故事出自晋·干宝《搜神记》)人们便用"含沙射影"来比喻暗中诽谤或中伤他人。如:"张氏昨日又在《青光》栏上登一启事,含沙射影,肆意诬毁。"(鲁迅《伪自由书·后记》)例文把"含沙射影"用到受人敬重的冰心身上,显然是不恰当的,改为"影射"也许更好。

| 特别提示 |

"含沙射影"与"暗箭伤人"意思比较接近,都比喻暗中诽谤、攻击或陷害别人。区别在于"暗箭伤人"包括以任何手段暗地里伤害别人,程度较重;"含沙射影"一般只限于语言攻击,程度稍轻。

57. 虎视眈眈

在具体应用时,不少人忽视"虎视眈眈"的感情色彩,把它用到褒义或者中性语境中,造成表述不当。

战士们正趴在堑壕沿上,紧握着钢枪,虎视眈眈地望着敌营。

"虎视眈眈"的意思是像老虎那样凶狠地盯着,形容心怀不善,伺机攫取。出自《易·颐》:"虎视眈眈,其欲逐逐。"比如《红楼梦》第四十回中:"你看这里这些人,因见老太太多疼了宝玉和凤姐姐两个,他们尚虎视眈眈,背地里言三语四的,何况于我?"

"虎视眈眈"是贬义词,用来形容"战士们"显然不当,应适当修改。

| 特别提示 |

"虎视眈眈"含有凶狠贪婪的意思,是贬义词,其近义词是"凶相毕露",使用时注意感情色彩。

58. 极尽……能事

监狱的领导根据苗海忠的特殊情况,对他极尽培养之能事,给他创造了发挥才能的机会。

"极尽……能事",指采取一切可以采用的手段做坏事,或达到某一目的,如"极尽造谣污蔑之能事""极尽威逼利诱之能事"等。而例句讲的是苗海忠在服刑期间,监狱的领导本着治病救人的精神，对他进行教育，丝毫没有贬损之义，所以，不应该用这个结构。具体改法应该是："监狱的领导根据苗海忠的特殊情况，对他做到仁至义尽，给他创造了发挥才能的机会。"

| 特别提示 |

"极尽……能事"通常用于贬义的语境中。

59. 见风使舵

"见风使舵"可不是一个什么好词，它只能用到坏人身上。可令人遗憾的是，有些人忽视了它的感情色彩，随意使用，致使表意错误。看下文：

市场不同阶段有不同的焦点……只有在新焦点逐步带动市场变化之后，投资者才会意识到焦点已经发生转变，这一点我们在实际交易中常常碰到，投资者必须随机应变、见风使舵。

宋代释普济《五灯会元》："看风使舵，正是随波逐流。"见风使舵：看风向转动舵柄。比喻做事无定见，看势头或看别人的眼色行事。"见风使舵"之人就如变色龙一般立场不稳，所以含有贬义。"见机行事"则指根据具体情况灵活办事或抓住机会立即采取行动，有沉着机智之义，含褒义。例句应用"见机行事"替换"见风使舵"。

| 特别提示 |

"见风使舵"也可以说成"见风转舵"或"看风使舵"。

60. 卷土重来

在具体使用中，忽视"卷土重来"的感情色彩，随意乱用的现象很严重，这里有必要进行强调，以免误用。看例句：

《国货名品的前世今生：它们可以卷土重来吗？》

"卷土重来"是一个贬义词,比喻坏人在失败后组织力量重新反扑,义近"死灰复燃"。因此,例文中的"卷土重来"换成"重振旗鼓"等词才合适。

| 特别提示 |

"重"即又、再一次的意思,所以"卷土又重来""卷土再重来"的说法都是不正确的。

61. 连篇累牍

成语"连篇累牍"含有一定的贬义色彩,不注意这一点是人们常常误用该词的主要原因。看例句:

《吴敬琏:股市不能太"黑"》……在我国重要经济类报刊如《中国经济时报》上揭露上市公司和金融组织违法违规行为的报道真可谓连篇累牍、屡见不鲜。

"连篇累牍"出自《隋书·李谔传》:"连篇累牍,不出月露之形;积案盈箱,唯是风云之状。"累:重叠、堆积;牍:古代写字的木片;形容篇幅过多、内容重复、文辞冗长。"连篇累牍"同"长篇大论",均含贬义,用在例句中很不恰当,宜将之替换为"不胜枚举""俯拾即是"等词语。"连篇累牍"也作"累牍连篇"。

| 特别提示 |

使用"连篇累牍"这个成语时,还应注意指示对象的正确,只能形容文章的冗长。

62. 满城风雨

略含贬义的成语"满城风雨",现在也有泛用化趋势,在此结合例句,强调一下它的用法。看下文:

他勇斗歹徒的事迹现在已满城风雨、妇孺皆知了。

"满城风雨"出自宋朝潘大林《题壁》诗:"满城风雨近重阳。"这句诗有一个典故。潘大林的好友来信问他:"最近有新诗吗?"潘大林回信说:"秋天的景物,件件都可以写出好的诗句来。昨天我正靠在床铺上闭目养神,听着窗外吹打树林的风雨声,我起身在墙上写道:'满城风雨近重阳。'这时,催交租税的人忽然闯了进来,使我的诗兴一扫而光,无法再继续写下去了。现在我只有这一句寄给你。"(出自宋·《冷斋夜话》)

"满城风雨"字面意思是城里到处刮风下雨。原形容重阳节前的雨景。后比喻某一事件传播很广,到处议论纷纷,多指坏事,含有贬义。例句中勇斗歹徒的事迹是好事,不应使用"满城风雨",可以改为"传为佳话"。

| 特别提示 |

"满城风雨"是一个比喻性的成语,不可以用来形容风雨。

63. 面目全非

经常见人把"面目全非"用在中性甚至是褒义的语境中,殊不知该成语多含贬义。看例句:

如今这里是经济开发区,高楼林立,机器隆隆,给人以面目全非的美好感觉。

"面目全非"的意思是事物的样子改变得厉害,与过去完全不同了。面目:样子;非:不是。出自清代蒲松龄《聊斋志异·陆判》:"举手则面目全非。"比如:"它的厄运,是在好书被有权者用相似的本子来掉换,年深月久,弄得面目全非。"(鲁迅《而已集·谈所谓"大内档案"》)

例句要表达的是对新面貌的美好感觉,用"面目全非"显然不妥,可改为"今非昔比"。

| 特别提示 |

"面目全非"通常用来形容悲惨的景象。

64. 名不虚传

成语"名不虚传"是个褒义词,可总有人把它用到贬义的语境中,造成不应该的语言错误。看下文:

拉斯维加斯赌场妓院之发达可谓名不虚传。

"名不虚传"意思是:确实很好,不是空有虚名。其中的"名"指的是名誉、好的名声。"不虚传"的只能是好名声,不能指恶名。例句把"名不虚传"用到赌场妓院之上,明显不合适,可把它换为中性词"名副其实"。

| 特别提示 |

使用"名不虚传"时还应避免望文生义的误用情况,不要把它与"名副其实"混淆,"名不虚传的中学生""名不虚传的警察"之类的说法都是错误的。

65. 明目张胆

成语"明目张胆"是个典型的贬义词,用到褒义或中性的语境中都是不合适的。

外观上波澜不惊的"改良"运动,内核深处必然存在着新旧交替的真实,与明目张胆的革命不同的是,革新被有意地隐藏在老式外套之后,甚至还对敌人的遗体举行了一场冠冕堂皇的告别仪式,这就是所谓的"光荣革命"。

"明目张胆"是贬义词,意思是公开放肆地做坏事,与"明火执仗"语义相近。如:"许多腐败往往是在见不得光的阴暗角落里偷偷摸摸进行的,然而有一种腐败却是明目张胆、签字画押,这就是某些医院和商家的所谓'医商合作'。"根据例句的语境，"明目张胆"应改为"大胆"。

| 特别提示 |

"明目张胆"的反义词是"鬼鬼祟祟""偷偷摸摸"。"明目张胆"与"肆无忌惮"的区别就是，前者侧重指行为的公开、不遮掩；后者侧重于指（干坏事）毫无顾忌、非常放肆。

66. 名噪一时

很多人都没有注意到"名噪一时"是个典型的褒义词，把它用到中性甚至是贬义语境，造成表述错误。看下文：

秦桧受宋高宗宠信，名噪一时。

名噪一时：在当时很有名声，引起轰动。义近"闻名遐迩"。这里的"名"指的是好名声，不能用来表示恶名。所以，"名噪一时"具有鲜明的褒义色彩。秦桧是一个反面人物，用褒义词来描述是不恰当的，应该换一个更合适的词语。

| 特别提示 |

不能望文生义，把"名噪一时"理解成（名声）昙花一现。媒体常见的"名噪一时，草草收场""当年名噪一时，如今偃旗息鼓"等用法都属于望文生义。

67. 匹夫之勇

成语"匹夫之勇"可不是一个好词，它含有贬义，不少人因忽视这一点而误用该词。

一位普通市民——年逾六旬的老者，没有强健的体魄，却凭匹夫之勇，在一年间就抓获了几十个小偷。

"匹夫之勇"指不用智谋、单凭个人血气的小勇。"匹夫"在古代指平民中的男子，泛指平民百姓。"匹夫之勇"出自《国语·越语上》："吾不欲匹夫之勇也，欲其旅进旅退也。"《孟子·梁惠王下》："此匹夫之勇，敌一人者也。""匹夫之勇"常用来形容冲动、鲁莽、不善思考的人。比如："项羽虽然很勇猛，却只是匹夫之勇，做事不懂得深谋远虑、三思而行。"

"匹夫之勇"含有贬义，而例句有赞颂六旬老者的意思，所以应该改为"单枪匹马"。

| 特别提示 |

"匹夫之勇"的近义词为"血气之勇"。

68. 评头论足

成语"评头论足"是个贬义词，用到褒义或中性的语境中都是不合适的。看例句：

电视连续剧《亮剑》在黄金时段播出后，在社会上引起了强烈反响，人们对它评头论足，大加赞赏。

"评头论足"出自清代黄小配《大马扁》："那全副精神又注在各妓，那个好颜色，那个好太度，评头品足，少不免要乱哦几句诗出来了。"原指无聊的人轻浮地议论妇女的容貌；也比喻在小节上多方挑剔。例句说《亮剑》播出后反响强烈、普遍受到赞赏，应该改为"人们热烈讨论，对其大加赞赏"。

| 特别提示 |

"评头论足"也作"评头品足""品头论足"，近义词是"说长道短"。

69. 奇文共赏

单从字面上看，成语"奇文共赏"好像是个好词，其实，它却是个贬义词。常常有人因弄不清其语体色彩而误用该词，看下文：

王琦的获奖文章写得精彩绝伦,老师特意复印出来,让大家奇文共赏。

"奇文共赏"出自晋代陶潜《移居》诗:"奇文共欣赏,疑义相与析。"原指少见的好文章大家一起欣赏,现在则指把荒谬、错误的文章发表出来,供大家识别、批判和研究。该成语流传至今含义已经发生了根本性的变化,词语的感情色彩也由原来的褒扬变为贬斥,我们现在使用的时候应注意辨别。例句中的"奇文共赏"可改为"欣赏"。

| 特别提示 |

"奇文"现侧重指荒诞不经、错误的文章,不能从字面意思理解为奇妙的、奇特的文章。

70. 气急败坏

有人把贬义词"气急败坏"用在中性的语境,造成表意不当。看下文:

看着面前这个不孝子的丑恶嘴脸,老人气急败坏,抓起旁边的拐杖奋力扔了过去,自己险些从轮椅上摔倒。

"气急败坏"指上气不接下气、狼狈不堪,形容十分慌张或恼怒。这个成语含有贬义,一般用于不为作者所肯定的人,表现其狼狈、焦躁、发怒的神态。如《水浒传》:"只见数个小喽罗气急败坏,走到山寨里叫道:'苦也!苦也!'大头领连忙问道:'有什么事,慌做一团?'"根据例句的语境,句中"老人气急败坏"宜改为"老人气不打一处来""老人气得浑身发抖"之类的说法。

| 特别提示 |

"气急败坏"不能写成"气极败坏"。

71. 巧舌如簧

有些人把"巧舌如簧"简单理解为善于言辩，忽视"巧舌如簧"的贬义色彩，这必然造成严重的表达错误。看下文：

辩论会上，选手们唇枪舌剑，巧舌如簧，精彩激烈的场面赢得了现场观众阵阵掌声。

巧舌如簧：舌头灵巧，像簧片一样能发出动听的乐音；形容花言巧语、能说会道。"巧舌如簧"是贬义词，含有故意迷惑、欺骗他人之义，如："(非法集资行为)第一步都是巧舌如簧，大造舆论，把集资行为说得非常美妙，就像天上掉馅饼一样。"选手们进行激烈地辩论，用"巧舌如簧"自然是不合适的，应适当改动。

| 特别提示 |

"巧舌如簧"的近义词有"油嘴滑舌""簧口利舌"。

72. 倾巢而出

成语"倾巢而出"含有贬义。但往往有人因忽视这一点而误用该词，看下面的例句：

无线与中央电视台合制的重头剧《岁月风云》，昨日（3月20日）于影视博览会举行北京外景开镜仪式……剧中演员倾巢而出，包括：邓萃雯、宣萱、佘诗曼、胡杏儿、林峰、刘松仁、梁靖琪及伍卫国等人参加。

倾巢而出：出动全部力量，比喻敌人发动全部兵力进行侵扰。如："贼兵倾巢而来，必是抵死厮拼。"（《水浒传》）"倾巢而出"很明显是一个贬义词，暗含对坏人紧张慌乱之态的蔑视和嘲讽，因此不能用于中性或褒义语境之中。例句应改为"剧中演员全部出动"。

| 特别提示 |

"倾巢而出"的近义词有"倾巢出动""倾巢而来""倾巢来犯",均为贬义词。

73. 罄竹难书

陈水扁在就职六周年当天前往白沙湾捡垃圾作秀,他装模作样地捡满一包垃圾后感叹道:"有很多我们的志工团体,不管是政府代表或者是民间企业帮忙等,这些都是罄竹难书,非常感人的成功故事。"

陈水扁用"罄竹难书"来形容志工无私的贡献,令人暗笑不已。我们来看一下"罄竹难书"的正解:罄,空、尽;竹,指竹简;书,写;把竹子用完了都写不完,比喻事实(多指罪恶)很多,难以说完。语出《旧唐书·李密传》:"罄南山之竹,书罪未穷;决东海之波,流恶难尽。"语文基础稍微扎实点的中学生都会清楚"罄竹难书"是一个十足的贬义词,专指罪大恶极,难以数尽。陈水扁犯这样常识性的错误也无怪乎招人取笑了。

| 特别提示 |

"罄竹难书"中的"罄"是空、尽、完的意思,如"告罄""罄尽",注意不要与"磬"(一种打击乐器)混淆。

74. 趋之若鹜

"趋之若鹜"是一个普遍被媒体误用的成语,以致高考试题都拿它来做典型考察学生。一般的误用与下面两例一样,都是不理解"趋之若鹜"的感情色彩引起的。

例一:泰宁营造宽松环境　客商趋之若鹜

例二:齐白石画展在美术馆开幕了,国画研究院的画家竞相观摩,艺术爱好者也趋之若鹜。

趋,快走;鹜,鸭子。"趋之若鹜"的意思就是像鸭子一样成群地跑过去,比喻许多人追赶不好的事物。"趋之若鹜"只适用于不正当的追逐,例句等于说客商和艺术爱好者像鸭子一样飞奔,这简直有点骂人的感觉,显然是不妥的,可以替换成"纷至沓来"。

| 特别提示 |

"趋之若鹜"中的"鹜"指鸭子,不要写成"好高骛远"的"骛"(追求)。

75. 如丧考妣

打开报纸网页,经常会发现有人把贬义词"如丧考妣"用在中性乃至褒义语境,令人啼笑皆非。看下文:

听到战友不幸遇难的消息,他如丧考妣,悲痛万分。

"如丧考妣"的意思很好解释,即好像死了父母一样地伤心。应该注意的是,这是一个贬义词,若说"如丧考妣",那这种悲伤一般都是故意装出来的,并不是真情流露。所以,这个成语是不能用来描述好人或一般人,只能把它用到坏人身上。例句中的"如丧考妣"应当改为"摧心剖肝"之类的词语才合适。

| 特别提示 |

《礼记·曲礼下》云:"生曰父,曰母,曰妻;死曰考,曰妣,曰嫔。""考妣"即已经死去的父母。有人错将"如丧考妣"写成"如丧考比"或"如丧考批",显然是不明白词语的含义。

76. 如数家珍

人才流动中的各种限制远不止这些,就不必再如数家珍了。

"如数家珍"意思为像数自己家里的珍宝一样,形容对列举的事物或叙述的事情十分熟悉。这是一个成语,而且含有褒义,它的使用对象应该是美好的事物。但例句中的"各种限制"并不是美好的事物，可把"如数家珍"改为"一一列举"。

使用"如数家珍"有一个条件，那就是人所从事的行为必须是说话，至少也应是在心里默想之类的情景。

| 特别提示 |

"如数家珍"涉及的对象必须是在行为人家里以外的事物，如果本来就是行为人家里的事情，就不能使用。

77. 如蚁附膻

成语"如蚁附膻"是个很明显的贬义词，如果把它用在中性或者褒义语境中，都是不正确的。看下面例句：

西方古典音乐带着古文明的气息在大厅里回旋，满座的听众如痴如醉、如蚁附膻。

"如蚁附膻"语出《庄子·徐无鬼》："蚁慕羊肉，羊肉膻也。"好像蚂蚁附着在有膻味的东西上一样，比喻许多臭味相投的人一起追求某种不好的东西；也比喻趋炎附势或追名逐利的卑劣行径。听众沉醉于优美的音乐，如何能说是"如蚁附膻"呢？句中该词可考虑更换别的词语。

| 特别提示 |

"膻"读音为 shān，指羊臊气。

78. 上行下效

在阅读中，经常发现有人把贬义词"上行下效"用到中性或者褒义语境，这是错误的。看下文：

只有我们的党员干部廉政勤政，率先垂范，才能上行下效，使整个社会风气得到好转。

上行下效：效，仿效、跟着学。上面的人怎么做，下面的人就跟着怎么干（一般指不好的事情）。如："上行下效，淫俗将成。"（《旧唐书·贾曾传》）"上行下效"意思与上梁不正下梁歪相似，而例句说的是领导树立好的榜样，以身作则，自然是不能说"上行下效"的，宜适当修改。

| 特别提示 |

"上行下效"中"行"是"做"的意思，不要写成"形"。

79. 神机妙算

经常见有人把褒义词"神机妙算"用到中性或贬义语境，造成不应有的语言错误。看例句：

我军识破了敌人的神机妙算，提前赶到了泸定桥，把他们消灭在对岸。

神机妙算：惊人的机智、巧妙的谋划；形容有预见性，善于估计复杂的客观形势，决定策略。"神机妙算"含有褒义，用在敌人身上可以加引号表示讥讽，或直接说成"阴谋诡计"等词语。

| 特别提示 |

使用"神机妙算"一词时注意不能望文生义，把它误解成十分机智、善于运算。如："小明数学考试回回第一，真可以称得上是神机妙算。"就用错了该词。

80. 拾人牙慧

把成语"拾人牙慧"当成褒义词使用的现象很常见，有必要对这个成语准确释义，以免再犯。看下文：

古人云："一篇文章千篇偷。"这里的"偷"不是指剽窃、盗取，而是学习借鉴、融会贯通的意思。拾人牙慧，将别人文章中的精髓学到家,真正地为己所用。

南朝刘义庆《世说新语·文学》:"殷中军云:'康伯未得我牙后慧。'"拾人牙慧:牙慧,咀嚼后吐出来的饭菜残渣,比喻别人说过的话;拾取别人说过的只言片语当成自己的话。"拾人牙慧"与"人云亦云"意思相近,都表示没有主见,是一个贬义词。所以例句用它来指学人所长、为己所用是不正确的,可以改成"博采众长"。

| 特别提示 |

2007年的全国高考语文试题中就曾考到了这个成语,不少学生写成"拾人牙惠",应注意避免。

81. 始作俑者

我的妻子李玉莹其实也是这本书的始作俑者,当然义不容辞,特别为此书写了一篇文章,用她的感性的文笔来描述我在芝加哥和哈佛的教授生活。

"始作俑者"语出《孟子·梁惠王上》:"仲尼曰:'始作俑者,其无后乎。'为其象人而用之也。"俑,古代殉葬用的木制或陶制的俑人。孔子认为,王孙贵族流行殉葬,即使是用以人的形象做成的俑人来代替活人也是不人道的行为。所以孔子说,第一个发明用俑人来殉葬的家伙就应该断子绝孙!后来人们便将"始作俑者"引为成语,比喻第一个做某件坏事的人或某种恶劣风气的创始人。"始作俑者"一词出世至今,就是一个十足的贬义词。但如今被人们误用的情况非常常见,经常错解成第一个做某事或完成某项任务的人,甚至当成第一个吃螃蟹的英雄来理解,真是谬之千里。

| 特别提示 |

如要比喻首创某一技艺或事业的人,可以用"开山祖师"或"开山鼻祖"。

82. 守株待兔

把成语"守株待兔"当成褒义词使用的现象并不鲜见,更别说用在中性语境中了。

湖南湘潭市有人利用封建迷信行骗坑人,公安干警守株待兔,一举将行骗的人抓获。

"守株待兔"的故事是我们从小就很熟悉的,讲的是战国时宋国的一个农民看见一只兔子碰巧撞在树桩上死了,他便放下手里的农具不再干活,专门等在那里,希望还能得到自己送上门来的兔子。人们就用"守株待兔"来比喻不主动努力,抱着侥幸心理希望不劳而获;也比喻死守狭隘经验,完全不知变通。例句用这个成语来赞扬公安干警是不合适的,应该把它换成褒义词才行。

| 特别提示 |

"守株待兔"的近义词有"刻舟求剑""因循守旧""坐享其成"等。

83. 顺水推舟

成语"顺水推舟"一般不能用到褒义语境,可实际中,有不少人因不明白这一点而误用。看下文:

《"顺水推舟"的教育》:我的女儿刘贺今年8岁,已经上三年级了。我们在教育她的过程中摸索出一种"顺水推舟"的方法——既让她按自己的意愿行事,又让她必须为自己的"大话"负责。

"顺水推舟"和"因势利导"都有顺应趋势办事之义。它们的区别在于,"顺水推舟"含义侧重于顺应形势灵活改变说话、办事的策略,一般用于中性或贬义的语境。"因势利导"则强调顺着事情发展的趋势,加以引导,使其往好的方向发展或走上正道，一般用于褒义。如："所以开明的行政者对于民意是因势利导的，民意得到畅达，社会也就健全地发展了起来。"（郭沫若《革命春秋·创造十年续篇》）结合例句的语境，宜将"顺水推舟"改为"因势利导"。

| 特别提示 |

"顺水推舟"也作"顺水推船"，如："天地也做得个怕硬欺软，却原来也这般顺水推船。"（元·关汉卿《窦娥冤》）

84. 随声附和

成语"随声附和"是贬义词，把它用到中性或褒义语境中都是不合适的。但实际中，犯这样错误的人并不少，看下文：

大家认为他提出的这条建议很有价值，都随声附和表示赞成。

和：声音相应。"随声附和"是指别人怎么说，就跟着怎么说，形容自己没有主见。这个成语出自明代许仲琳《封神演义》："崇侯虎不过随声附和，实非本心。""随声附和"意思同"人云亦云""鹦鹉学舌"，用于讽刺缺乏主见、盲目追随别人的人，不能表示齐声称赞某样事物。所以，例句可以改成"都纷纷点头表示赞成"。

| 特别提示 |

注意不要将"随声附和"写成"随声附合"。

85. 叹为观止

在阅读中，经常发现有人把"叹为观止"当成贬义词使用，这就犯了褒词贬用的错误。看例句：

湖北省黄金寺村为迎接上级扶贫检查，把几个村的羊群集中到一起，以其规模效益骗取扶贫资金，其手段之恶劣，令人叹为观止。

《左传》中有这样一个故事：春秋时，吴国的季札在鲁国观看各种乐舞，看到舜时的乐舞，十分欣赏，感叹说看到这里够了（"观止矣"），其他的就不必再看了。成语"叹观止矣"即出于此，现在一般说成"叹为观止"。

叹为观止：叹，赞赏；观止，看到这里就够了；指赞美所见到的事物好到了极点。"叹为观止"是一个褒义词，只能用来形容好的事物。例中村干部弄虚作假，使用卑劣的手段蒙骗上级，如何能称为"令人叹为观止"呢？可改为"令人震惊"。

| 特别提示 |

"叹为观止"的主语必须是人，当主语为物的时候，应说"令人叹为观止"或"让人叹为观止"。

86. 弹冠相庆

把贬义词"弹冠相庆"当成褒义词使用的现象很普遍，为避免此类错误的发生，我们在此再做强调。看例句：

《瑞士队员首开纪录，弗雷与队友弹冠相庆》

"弹冠相庆"出自《汉书·王吉传》："吉与贡禹为友，世称'王阳在位，贡公弹冠'，言其取舍同也。""弹冠"即掸去帽子上的尘土，准备做官。后来用"弹冠相庆"指一个人当了官或升职，他的同伙也互相庆祝将有官可以当。这个成语为贬义词，多指小人互相勾结、狼狈为奸。不能因为有"庆"字便当成一般的庆祝来使用。例文用"弹冠相庆"来表示队友间为胜利庆祝是不合适的，应适当修改。

| 特别提示 |

"弹冠相庆"与"一人得道，鸡犬升天"的意思相近，不可误解作"暗自庆幸"。

87. 天花乱坠

仅从字面上看,"天花乱坠"好像是个褒义词,但实际上它是一个典型的贬义词。在实际中搞错这个成语感情色彩的现象很普遍,看例句:

李老师热情高、方法活,很难懂的内容他也能讲得天花乱坠,教学效果很好。

传说梁武帝时云光法师讲经,感动了上天,天上纷纷落下花来。现在人们用"天花乱坠"来比喻说话有声有色,极其动听,但虚妄夸张而不切实际。"天花乱坠"常与"唾沫横飞"连用,就可见该词的褒贬色彩了。例句误用的"天花乱坠"可改为"趣味盎然"。

| 特别提示 |

"天花乱坠"只能用来形容说话,不能用于其他方面。如"想得这么天花乱坠""在这天花乱坠的大都市""天花乱坠的故事情节"等说法都是错误的。

88. 同心同德

打开网页,时不时发现有人用"同心同德"来修饰坏人,这就犯了褒词贬用的错误,搞错了词语的感情色彩。看下文:

他出狱后,仍不思悔改,和一个盗车犯同心同德,半年之内偷了三辆摩托车。

同心同德:同心,齐心;同德,为同一目的而努力;指思想统一,信念一致。如:"新一届政协一定能够在邓小平理论和'三个代表'重要思想指引下,同心同德,艰苦奋斗……把中国特色社会主义事业不断推向前进,做出新的更大贡献。""同心同德"是一个褒义词,义同"齐心协力""并肩作战",不能用在坏人坏事上。例句中的"同心同德"应替换为"狼狈为奸"。

| 特别提示 |

"同心同德"只用于思想、信念方面,两个人的兴趣爱好相似不能说"同心同德"。

89. 推波助澜

别看有"推"又有"助",可"推波助澜"实在不是一个什么好词,它含有一定的贬义色彩,不能用它来描述好人好事。看例句:

既然是"民心工程",有关部门就应当尽其所能,推波助澜,促其尽快上马,以造福市民。

"推波助澜"比喻从旁鼓动、助长事物(多指坏的事物)的声势和发展,扩大影响。澜:大波浪。出自隋代王通《文中子·问易篇》:"真君建德之事,足推波助澜,纵风止燎尔。"比如严复《论世变之亟》:"即或漏吞舟之鱼,而已暴鳃断鳍,颓然老矣,尚何能为推波助澜之事哉!"因为"推波助澜"含有贬义,所以例句应适当修改。

| 特别提示 |

"推波助澜"是贬义词,不能用来形容正义的事,类似的词语还有"煽风点火""兴风作浪"。

90. 蔚然成风

把成语"蔚然成风"用到贬义语境中的现象很常见,这样做就犯了褒词贬用的错误,应予以改正。看下文:

在有的国家的某些地区,青少年吸毒已蔚然成风,引起了当局的注意。

蔚然成风：蔚然，草木茂盛的样子，引申为荟萃、聚集；形容一种事物逐渐发展、盛行，形成一种良好风气。"蔚然成风"一般用于褒义，如："我们要发扬党的优良传统，使勤俭建国、勤俭办事在全党蔚然成风。"例句可以说成"青少年吸毒现象开始泛滥"。

| 特别提示 |

注意"蔚然成风"与感情消逝、淡薄没有一点关系。

91. 无独有偶

"无独有偶"的误用十分常见，基本错在不明其感情色彩，贬词褒用。看例句：

大连万达战胜了浦江制铁，无独有偶，鲁能泰山也战胜了现代恐龙，中国足球逢韩必败成为历史。

"无独有偶"的意思是：虽然罕见，但是不止一个，还有一个可以成对儿。"无独有偶"含有贬义，一般只用于不好的人或事上。中国足球打出胜仗实属不易，是值得庆祝的，用"无独有偶"来表示连胜两场显然是不合适的，可换成"好事成双"。

还有望文生义，误用"无独有偶"的情况。比如，有人就把"偶"理解成数学上与奇数相对的偶数，如："本期彩票中奖号码已揭晓，令人惊奇的是，无独有偶，所有号码均为偶数。"

| 特别提示 |

在使用"无独有偶"时，注意不要断取"无独"而忽视"有偶"。列举很多个而不是两个（偶）现象时，不能用该成语。

92. 无以复加

在使用"无以复加"这个成语时有不少人忽视其感情色彩，造成贬词褒用的语言错误。

在太旧公路建设的三年里，这种不顾身体、忘我拼搏更是发展到了无以复加的地步。

无以复加：无法再增加，形容程度严重到了极点。"无以复加"含有贬义，多用于不好的事物或情况。如"痛苦无以复加""看客的麻木不仁已经无以复加"等。例句中的"不顾身体、忘我拼搏"应该是一种值得肯定和褒扬的行为，明显不适合用"无以复加"来说明程度。文中的"无以复加"宜改为"废寝忘食"。

| 特别提示 |

"无以复加"可以作谓语、定语和补语，注意作谓语时不能带宾语。

93. 无所不为

成语"无所不为"的误用现象比较常见，所犯错误基本上都是忽视其感情色彩，贬词褒用，看例句：

这些年轻的科学家决心以无所不为的勇气，克服重重困难，去探索大自然的奥秘。

《三国志·吴书·张温传》："揆其奸心，无所不为。"无所不为：没有不干的事情，指什么坏事都干。它的近义词是"无恶不作"。例句把它用在决心付出一切、探索大自然奥秘的科学家身上，显然很不恰当。例句宜改为"决心以无所畏惧的勇气"。

"无所不为"不能望文生义地理解为没有哪方面做得不好、行行精通之义。

| 特别提示 |

与这个词类似的词语还有"所作所为"，该词同样含有贬义，使用时应注意。

94. 心劳日拙

不少人在没有搞清"心劳日拙"感情色彩的情况下，望文生义，对这个成语随意使用，造成不应该的语言错误。看下文：

这么多的事情都要他一个人处理，使他心劳日拙，极度疲惫。

"心劳日拙"的意思是做坏事的人费尽心机，即越来越无法得逞，处境一天不如一天。心劳：费尽心机；日：逐日；拙：笨拙。出自《尚书·周官》："作德，心逸日休，作伪，心劳日拙。"比如："终于因为我有铁据足以证明这是毁谤诬蔑，他们徒然'心劳日拙'，并不能达到他们的目的。"（邹韬奋《经历·社会的信用》）

可见"心劳日拙"是一个贬义词。句子要表达的意思是，一个人处理很多事，过于劳累，并没有贬义。根据句子的意思可以把"心劳日拙"改为"心力交瘁"。

| 特别提示 |

"心劳日拙"是个贬义词，不能用来形容辛苦努力。

95. 胸无城府

成语"胸无城府"很容易被当成贬义词使用，例句就犯了这样的错误。

在当今改革大潮中，有一些人身居要职，却胸无城府，思想僵化，不思改革，甚至阻挠改革潮流。

城府：城市和官署，比喻难于揣测的深远用心；胸无城府：形容待人接物坦率真诚，心口如一，不用心机。"尧俞厚重言寡，遇人不设城府，人自不忍欺。"（《宋史·傅尧俞传》）简单地说，"胸无城府"就是指坦率天真。如："史湘云胸无城府，心直口快，家计困难也掩不住她的天真烂漫。"该成语常常被人误解为大脑简单、目光短浅、缺乏谋略之义。例句中的"胸无城府"宜改为"鼠目寸光"。

| 特别提示 |

有人可能是受宰相肚里能撑船的影响,把"胸无城府"理解成心胸狭隘、没有容人之心的意思,谬矣。

96. 虚张声势

在误用"虚张声势"的现象中,多半因为错会其感情色彩。看例句:

执法部门要善于虚张声势,使假冒伪劣产品无藏身之地。

"虚张声势"的意思是假作威势,用虚声吓人,如元代无名氏《鸳鸯被》:"这厮倚恃钱财,虚张声势,硬保强媒,把咱凌逼。""虚张声势"是一个贬义词,用在例句中的执法部门身上不妥,可改为"善于运用计谋"之类的说法。

| 特别提示 |

"虚张声势"不可随意改为"虚长声势""虚张气势"等。

97. 煊赫一时

蒋雯丽因饰演了《牵手》里的夏雪而煊赫一时,不但获得了"金鹰"奖,最近又荣膺"飞天"奖最佳女主角。

"煊赫一时"指在一个时期内声名或气势很盛,多用于贬义。比如周而复《上海的早晨》:"煊赫一时的朱家,没想到死亡的死亡,坐监牢的坐监牢,活着的又是这副样子,只有她依靠徐义德,总算过得不错。"

例句中对知名演员蒋雯丽的评价是持赞美态度,所以"煊赫一时"与语境不合,改为"声名大噪"为宜。

| 特别提示 |

"煊赫一时"含有贬义,其近义词有"小人得志"等。

98. 寻章摘句

很多人不知道"寻章摘句"含有贬义,经常把它用在中性乃至褒义的语境里,看下文:

为了写好博士论文,他遍查文献,寻章摘句,费尽心思,最终完成精彩的论文,并受到专家们的一致好评。

"寻章摘句"指读书时只从书本中摘记精彩的片断语句,不做深入研究。现在"寻章摘句"指写作时堆砌现成词句,缺乏创造性。"寻章摘句"带有明显的贬义,是拾人牙慧的行为,为真正有才华的写作者所不齿,不能用来表示一般地搜索材料。因此,例句应改为:"他遍查文献,摘篇引句。"

| 特别提示 |

与"寻章摘句"意思相近的成语有"寻行数墨""寻枝摘叶"。

99. 咬文嚼字

贬义词"咬文嚼字"常常被人误解为治学严谨,严重忽视了这个成语的感情色彩,导致表达错误。看下文:

吴老师天天批阅语文作业,纠正错别字,修改例句,长此以往,就养成了喜欢咬文嚼字的习惯。

咬文嚼字:形容过分地斟酌字句,多指死抠字眼儿而不领会整篇、整段的精神实质。如:"学习文件不能只咬文嚼字,关键是领会文件的本质精神。""咬文嚼字"属贬义词,含有故意卖弄知识之义。例句中的"咬文嚼字"宜换成"字斟句酌"。

| 特别提示 |

有一本以净化汉语言文字为办刊宗旨的杂志,刊名就叫《咬文嚼字》,这是成语的特殊借代用法,一般情况下仍用于贬义。

100. 衣冠楚楚

把贬义词"衣冠楚楚"当成中性词乃至褒义词使用的现象十分普遍,在此加以强调。

今天就要参加准备多时的一个重要面试了,他衣冠楚楚,信心满怀地走出家门。

衣冠楚楚:衣帽穿戴得很整齐,很漂亮。它与"道貌岸然"的含义比较接近,意思是"楚楚"的只有"衣冠",实则表里不一,属贬义词。例句是一个中性语境,使用"衣冠楚楚"是不合适的,应当修改。

| 特别提示 |

"衣冠楚楚"中"楚楚"的意思是整洁、鲜明,不要和"楚楚动人"之"楚楚"混为一谈。

101. 一丘之貉

幸有挚友,雪中送炭。鼎力相助,孜孜不倦,同甘共苦,共赴难关。一丘之貉,情真义兼。来日方长,此情不忘……

例句中"一丘之貉"明显属于贬词褒用,放在文中十分突兀。

一丘之貉:貉,一种形似狐狸的野兽;同一个山丘上的貉,比喻彼此同是丑类,没有什么差别。"若秦时但任小臣,诛杀忠良,竟以灭亡,令亲任大臣,即至今耳,古与今如一丘之貉。"(《汉书·杨恽传》)"一丘之貉"专指坏人,犹言一路货色,怎么能用来比喻同甘苦共患难、"情真义兼"的挚友呢?根据语境,"一丘"之句如改成"志同道合,情真义兼"就比较合适了。

| 特别提示 |

注意不要将"一丘之貉"写成"一丘之貂""一丘之豹"之类。

102. 一团和气

"一团和气"常被误认为是褒义词,当成"和和美美"的完满和谐之义,见下文。

……师生的感情也就格外显得融洽。由于大家互信互爱,一团和气,因此近来很少有所谓"问题学生"或"问题行为"的发生。

"一团和气"的意思是互相之间只讲和气,不讲原则,含有贬义。如:"和谐既不是一团和气,更不是死水一潭,在消除不和谐因素的同时总要不断地创新,显示和谐的生机。"(张华强《和谐,需要化育"天敌"》)上引例句可修改为"大家互信互爱,和睡相处"。

| 特别提示 |

"一团和气"不能用来形容人和蔼可亲。误例如:"第一次见到王师傅便喜欢上了她,那轻柔的嗓音,那甜美的微笑,一看便知是个一团和气的人。"

103. 有口皆碑

"有口皆碑"是误用率最高的成语之一,犯错的原因基本是把这个褒义词当成贬义词使用,下文就是如此:

北京××商店服务之差是有口皆碑的,而且是大家一致公认的事实。

"有口皆碑"出自宋代释普济《五灯会元》:"劝君不用镌顽石,路上行人口似碑。"意思是所有人的嘴都是活的记功碑;比喻人人称赞、受到普遍好评。"有口皆碑"是表示赞扬的褒义词,只能是好人好事或其他值得赞赏的东西,不能当成人人指责的意思,用于坏人或不好的事情上面,也不可用来形容缺点。所以,例句应适当修改。

|特别提示|

"有口皆碑"可以缩简成"口碑"。"口碑不佳"常常在媒体上出现,其用法同样犯了褒贬不当的错误。

104. 雨后春笋

褒义词"雨后春笋"经常被人用到中性乃至贬义的语境中,造成严重的表达错误。看下文:

央视名嘴崔永元的新书尚在襁褓中,就有媒体迫不及待地大肆炒作,也声称"为防盗版,书名保密",可《不过如此》面市后,盗版书依然如雨后春笋。

春天下雨后,竹笋生长十分旺盛,人们便用"雨后春笋"来比喻新事物的蓬勃涌现。"雨后春笋"是个褒义词,只能用到好的新兴的事物上面。而盗版行为是不尊重作者知识产权的非法行为,应当严厉打击才是,如何能用朝气蓬勃的"雨后春笋"一词来形容其猖獗不断呢?所以例句可修改为"盗版书依然十分猖獗"。

|特别提示|

"雨后春笋"含有褒义,它形容的必须是新事物,而且是大量地出现,使用时应注意这几点。

105. 与时俱进

在具体应用中,常有人把褒义词"与时俱进"当成中性词甚至是贬义词使用。看下文:

一上研究生,功利心与时俱进,原初的触角就结了茧,到了我辈这把年龄就更不待言了。

"与时俱进"指观点、行动等随着时代的发展而不断地发展、前进。这是一个新生的词语,是褒义词,用于比较好的方面。

如:"坚持党的思想路线,解放思想、实事求是、与时俱进,是我们党保持先进性和增强创造力的决定性因素。"例句说"功利心与时俱进",感情色彩明显不统一,宜改为"功利心与日俱增"。

| 特别提示 |

"与时俱进"不可写成"与时具进"。

106. 沾沾自喜

成语"沾沾自喜"是个贬义词,但经常有人把它用到中性甚至是褒义的语境。看下文:

经过一年的努力,终于获得了成功,回想往日的艰辛,怎不沾沾自喜呢?

"沾沾自喜"形容自以为不错而得意的样子。沾:洋洋自得的样子。出自《史记·魏其武安侯列传》:"魏其者,沾沾自喜耳。""沾沾自喜"形容对自己的成绩感到得意,表现一种轻浮的样子,含有贬义。比如:"我们要保持谦虚谨慎的作风,即便取得一些成绩也不要沾沾自喜,得意忘形。"例句用它形容获得成功后的喜悦之情,与文义发生冲突,应该把它改为"喜不自胜"。

| 特别提示 |

"沾沾自喜"的同义词为"得意忘形""自鸣得意",这两个词同样含有贬义。

107. 振振有词

在报刊网页上,把"振振有词"当成中性词甚至褒义词使用的现象很常见。看例句:

针对日本是否应当向中国人民就侵华战争所带来的灾难道歉的问题,中国代表作了振振有词的发言,掌声立即响彻整个会议大厅，经久不息。

"振振有词"含有贬义，不能与"理直气壮"混淆，它的正确解释是形容自以为理由很充分，说个不休。如："该医院乱收费及医生随意收红包的丑闻已被曝光，院方居然还振振有词。"例句使用"振振有词"不当，应把它换成"义正词严"。

| 特别提示 |

"振振有词"也作"振振有辞"，注意不要写成"震震"。

108. 置之度外

成语"置之度外"常被人误用，犯错的原因基本上都是褒词贬用。

如果对中国人民的严正声明和强烈抗议置之度外，一意孤行，必将自食其果。

度：考虑；置之度外：放在考虑之外，指不把个人的生死利害等放在心上。"置之度外"是褒义词，常用来赞扬勇士或先进人物将个人利益甚至生命不放在心上，表现出大无畏的精神，去追求正义的事业。如："狼牙山五壮士早已将生死置之度外。"而上面的例句中，"置之度外"的主语应该是侵犯中国人民利益的敌人，从感情色彩上来说显然是不恰当的。其次，从语法角度看，"置之度外"一般和介词"把""将"搭配，说"对……置之度外"也不通顺。例句中的"置之度外"宜改为"置若罔闻"或"漠然置之"。

| 特别提示 |

词语的使用要贴合具体的语境，"置之度外"含褒义，用时注意不要与"置之不理""置身事外"等中性词混淆。

109. 擢发难数

在阅读中不难发现，有的人拿贬义词"擢发难数"来形容做的好事多，这就犯了贬词褒用的语言错误。看例句：

我班班长李玲同学，不仅学习成绩突出，而且乐于助人，她做的好事真是擢发难数。

我们来看一下《现代汉语词典》中的解释——"擢发难数"，形容罪恶多得数也数不清。"擢"是"拔"的意思。这个成语出自《史记·范雎蔡泽列传》："擢贾之发以续贾之罪，尚未足。""擢发难数"的意思是罪大恶极，绝对是一个贬义词，用在句中明显错误，应将之改成"不胜枚举""数不胜数"之类的词语。

| 特别提示 |

与"擢发难数"意思相近的词语有"罄竹难书""罪大恶极""恶贯满盈"等。

110. 装腔作势

把成语"装腔作势"当成中性词使用的并不鲜见，下面句子对它的使用就犯了褒贬失当的错误。

这次演出比较成功，只是个别动作有点装腔作势，不自然。

"装腔作势"的意思是拿腔拿调，故意做作，装出某种样子来引人注意或吓唬人。"装腔作势"是一个贬义词，把它用到中性语境是不合适的。例句用来形容演员因某些原因导致动作不娴熟是不恰当的，宜修改为："只是个别动作有点生硬，不自然。"

| 特别提示 |

"装腔作势"容易被错写为"装腔做势"，应注意避免。

第四篇

用错对象

1. 安放

在对放置的物体或地点较为重视的时候常使用动词"安放",但是很多人容易忽视"安放"的指向对象,常常出现语法错误,比如:

谢晋元墓一直安放在胶州路孤军营,后迁到了万国公墓即现在的宋庆龄陵园。

"安放"指的是使物体处于一定的位置。这个词的指向对象一般应是可移动的物品,但例句中的"墓"作为一种建筑物,通常是不可移动的,因此不能接受"安放"的支配。例句在进行修改时,可把"安放"删去;如保留"安放",则应该把"谢晋元墓"改为"谢晋元的遗骸"或"谢晋元的灵柩"。

| 特别提示 |

安放还可表示放置。比如鲁迅的《祝福》中有这样一句话:"祥林嫂比初来时候神气舒畅些,不待指引,自己驯熟的安放了铺盖。"

2. 按捺

不少人在使用"按捺"一词时,往往因忽视其特定的指示对象而犯错。看例句:

四十多年后欣赏这张照片,仍旧不明白到底是应该欣赏梦露,还是欣赏摄影师的创意,还是欣赏那一条按捺不住的裙子。

按捺:抑制,如"难以按捺激动的心情"。"按捺"是同义复词,"按""捺"的本义都是用手往下压。使用"按捺"一词应注意指示对象,"按捺"所指向的只能是人的情感、意志等抽象事物。"裙子"是具体的物品,与"按捺"搭配显然不妥。该例中的"按捺"宜直接删除"捺"字。

|特别提示|

"捺"读音为 nà。

3. 暗自

在使用"暗自"的时候,很多人非常容易忽视语境问题。下面的例句就是典型的因为忽视语境而造成的对象误用。

《安道尔》这部戏不仅揭露了纳粹法西斯的罪恶行径,其实也把矛头暗自指向了二战中立国的瑞士。

"暗自"指的是私下里、暗地里,一般用来描写人的心理活动。句中"暗自"的行为主体是"《安道尔》这部戏",而不是人,另一方面"指向了二战中立国的瑞士"也不是一种心理活动,"暗自"不适合这个语境。可把"暗自"改为"暗中"。另外,"二战中立国的瑞士"中的"的"应该删除。

|特别提示|

"暗中"的意思与"暗自"基本一样,但它的适用范围比"暗自"广。

4. 饱满

例一:多么饱满的一段时光啊!

例二:输了官司当然不是好事,损失两万元,顶我一年的工资了……这种事当真发生在自己身上,才能体会到非常饱满的情绪、涌动的情感、微妙的心境。

"饱满"既指丰满,也指充足。前者主要用于农林作物的果实,后者主要用于人的精神、热情。用于前者表示的是具象的状态,如"颗粒饱满";用于后者表示的是抽象的状态,如"精神饱满"。

例一中将"饱满"用于"时光",这超出了"饱满"的使用范围。例二中的"饱满"用来指作为人的"我"的精神状态,但当它这样使用的时候,一般指的是愉快的情绪,而例二中描述的是"我"在"输了官司"时的精神状态,这只会给人带来不愉快的情绪,用"饱满"来修饰这种情绪是不合适的。应该把"饱满"改为"激烈""激动"之类的词语。

| 特别提示 |

使用"饱满"时,注意与"丰满"的区别。

5. 保存

最新开播的上海东方卫视保存了叶蓉、董卿等原上海卫视的一批老将,独独缺毛威一人。

"保存"指的是使对象继续存在,不受损失或不发生变化。这个词的指向对象一般可以是具象的物品,也可以是一些抽象的概念,如性质、意义、作风等,但这个词不能用于人。例句中的"一批老将"是人,不能受"保存"的支配。应该把"保存"改为"保留"或"留下"。

| 特别提示 |

在计算机用语中,"保存"意思为将文档、图像存放到某个地方的过程。

6. 保护

很多人对"保护"的词义理解得不够,常常出现错误。比如:

关于酒类,多数认为葡萄酒特别是红葡萄酒有升高高密度脂蛋白水平的作用,对冠心病有保护作用。

"保护"意思为尽力照顾,使之不受损害。在例句中,按照其语法关系来分析,"保护"的指向对象是"冠心病",这与作者要表达的原意不相符合。根据作者要表达的意思,应把"保护"改为"预防""抑制"之类的词语,如果要保留"保护",则应该把其指向对象"冠心病"改为"冠心病人"。

| 特别提示 |

保护在计算机用语中指在一个多用户的系统中,采取一些必要的措施,用来限制访问或使用计算机系统中的全部或部分资源,它可以避免这些资源被其他用户或程序所使用或修改。

7. 拜读

把"拜读"这个有特定指向的敬辞用错对象的现象很常见,看下文:

张老师,您好,现寄上拙作《秋月》,望拜读。

"拜读"是阅读的意思,通常用在自己身上,表示对别人的尊敬。自己读别人的作品或书信可以用"拜读",如:"拜读您的大作,让我获益匪浅。"例句中,作者是请老师阅读自己的作品,应该恭恭敬敬地,怎么能让老师拜读呢?应该把"拜读"改为"费心一读"。

| 特别提示 |

"拜"的意思是行礼表示敬意,除"拜读"之外,"拜托""拜访""拜望""拜见"都是敬辞,使用时注意不要用错对象。

8. 拜访

敬辞"拜访"所"拜"的对象应该是别人,反之就会犯用错对象的错误。

在离开的前几天,科利亚·卡尔涅耶夫来拜访我。

"拜访"即访问，只能用于指行为主体访问别人，以示对别人的尊敬。如："我们虽然来了二十多天，但因为忙，未及分头拜访和请教，很感不安。"（周恩来《关于和平谈判问题的报告》）若说别人"拜访"自己，那就失礼了。

例句可以根据上下文的具体内容，将"拜访"改为"看望"之类的词语。

| 特别提示 |

这里还需要注意一点，"拜访"的对象一般只能是人，不能是地方或事物。

9. 败坏

这样的文章竟然发表，可谓践踏历史，有辱古书，戏弄世人，败坏媒体。

"败坏"是个兼类词，作动词用时意思为损害、破坏。例句中的"败坏"是用为动词，但是"败坏"作动词用时，它的指向对象一般应是名誉、风气等抽象的概念，而例句中的"媒体"是具象的概念，不能作"败坏"的宾语。可以将例句中的"败坏媒体"改成"败坏媒体形象"之类的话。很多人容易犯和例句一样的错误，在使用时要多加注意。

| 特别提示 |

"败坏"作形容词用时，指的是道德、纪律等极坏，比如"道德败坏""纪律败坏"，等等。

10. 鄙人

阅读中经常发现，有人把谦辞"鄙人"用到他人身上，造成严重的表述不当。看例句：

张三是个鄙人，你不要跟他一般见识。

"鄙人"有三个含义,第一个是书面语,指边远地方的人,比如《战国策·燕策》:"北蛮夷之鄙人。"第二个也是书面语,指知识浅陋的人。第三个是谦辞,对别人称自己,比如马中锡《中山狼传》:"鄙人不慧,将有志于世。"句子中的"鄙人"是用第二个含义想表达张三是个粗俗、没有涵养的人,但是在口语中并不这么用,可以把"鄙人"改为"粗人"。

| 特别提示 |

"鄙"字含有贬义,用来谦称自己或跟自己有关的事物。比如:"鄙人"谦称自己;"鄙意"谦称自己的意见;"鄙见"谦称自己的见解。

11. 厕身

细心的读者不难发现,把谦辞"厕身"用到别人身上的现象并不少见,有必要加以纠正。看例句:

在《汉语大词典》从胎孕到分娩的艰辛漫长的历程中,作为首席学术顾问的吕(叔湘)先生始终厕身其间,过问其事,起着举足轻重的作用。

"厕"有混杂在其中之义。"厕身"是一个谦辞,用于说明自己参与某件事情、加入某个行列,也作"侧身"。"厕身"作为一种谦虚的说法,只能用于自身。例文提及的吕叔湘先生是当代语言学界的一代宗师,一生都在从事汉语语言教学和语言研究。吕叔湘担任《汉语大词典》的学术顾问,绝对是当之无愧的,说他"厕身其间"不妥。例文中已有"过问其事",所以"厕身其间"完全可以删去。

| 特别提示 |

"厕身××时代"的说法也是不通的。

12. 创始

中国自清朝末年创始老股票以来，印制和发行的品种繁多，这些老股票图案各异，面值纷杂。

"创始"意思为开始创立。这个词一般专用于国家、政党、军队、团体等，也可用于某些非常重要的制度，例句中的"股票"属于一般的事物，用"创始"一词是不合适的。之所以发生这样的错误，是因为没有搞清该词的修饰对象。这种错误十分常见，我们要多加注意。例句应该把"创始"改为"发行""出现"之类的词语。

| 特别提示 |

值得注意的是，"创始"一词有较庄重的语言色彩，一般用在重大的对象上。

13. 垂询

在阅读时，经常会发现有人把敬辞"垂询"用在自己身上，这就犯了用错对象的错误。

活动策划案初步拟好后，我们特意去政教处垂询各位老师的意见，目的就是要把这次的活动办好。

"垂询"同"垂问"，表示别人（多指长辈或上级）对自己的询问，含尊敬对方之义，如"欢迎前来垂询"。晚辈对长辈、下级对上级、平辈或同级之间都不宜使用"垂询"或"垂问"。例句中的"垂询"宜改为"征询"。"征询"的意思是"征求询问（意见）"，正好符合例句的语境。

| 特别提示 |

"垂"在书面语中可以作敬辞，表示别人（多指长辈或上级）对自己的行动，如"垂爱""垂怜""垂训"等，使用这些词语时

都必须注意敬谦语境。

14. 淡漠

街上冷清淡漠,行人稀少,太阳有气无力,欲语还休。

"淡漠"指人的神情冷淡,在与人交往时显得不热情。例句中用它来形容"街上"的自然景象,不符"淡漠"的使用要求。这与下文说的"太阳有气无力、欲语还休"有所不同,一般"有气无力、欲语还休"也只是用来指人的,但句中用来指"太阳"是采用了拟人的修辞手法。从句中看,"淡漠"没有这样的修辞色彩,因此应适当修改。

| 特别提示 |

"淡漠"不能使用拟人的修辞手法用到物上。

15. 悼亡

李辉先生《笔墨碎片》中有篇文章,题为《读诗犹忆散宜生》,是写聂绀弩先生的。文章开始引了聂老1985年的《悼胡风》诗,接着说:"聂绀弩的诗中,这首悼亡诗给人印象最为深刻。"

《辞源》对"悼亡"的解释:晋潘岳妻死,赋《悼亡》诗三首,后因称丧妻为悼亡。所以,既不能把妻子悼念死去的丈夫说成"悼亡",更不能把一个人对已故朋友的悼念说成"悼亡","悼亡"只能指丈夫悼念死去的妻子。

| 特别提示 |

"悼亡"在表示"悼念""哀悼"一类意思时,是有特定对象的。

16. 嫡亲

她是我叔叔的女儿,我们是嫡亲姐妹。

"嫡"的意思是家族中血统最近的，含有正宗、正统的意思，比如"嫡派""嫡传"。"嫡亲"是指血统最接近的亲属，如："那人……正是武松的嫡亲哥哥武大郎。"（《水浒传》）"嫡亲姐妹"应该指同胞姐妹。例句中已经说明"她是我叔叔的女儿"，显然不是同胞姐妹。例句中她们的关系实际上是"堂姐妹"，修改时直接把"嫡亲姐妹"改为"堂姐妹"就行了。

| 特别提示 |

"嫡子"旧时指妻子所生的儿子，相对于妾生的儿子（庶子）而言。特指嫡长子。

17. 恩师

卢祥福对记者说："当天，一个晚上没有睡好觉，心情非常沉重。他毕竟是我的学生，作为他的恩师，我非常担心他。"

"恩师"用于称呼对自己有恩情的老师或师傅，含有尊敬、感激之义。这个敬辞显然不能用来称呼自己，例句中的"恩师"改说"老师"就行了。

| 特别提示 |

与"恩师"相同，"恩人""恩公"等词语也不能用于自称。

18. 贰臣

"你……你简直是大清的'不齿贰臣'！"这是苗宗舒辱骂刘统勋不守臣规的话。

"贰臣"是一个特定的概念，它特指在前一朝代做官，投降后一朝代后继续担任官职的人。《天下粮仓》这段台词中所指的"贰臣"刘统勋是雍正时期的进士，乾隆时官至东阁大学士兼军机大臣。《天下粮仓》讲的是乾隆年间的故事，此时距离清朝诞生已有100年左右的历史，刘统勋若要做"贰臣"，最起码也是

100多岁以上的超级寿星了,这显然与历史事实不符(刘统勋生于康熙年间)。所以说这里的"贰臣"用的是不对的。

| 特别提示 |

"贰臣"不符合封建道德,因此含有贬义。

19. 耳顺

对于60岁的别称,"花甲"是人们所熟悉的,但对"耳顺"一词却不甚了了,以致误用现象严重。看下文:

他已经68岁了,已经过了花甲之年,将近耳顺之年了。

"花甲"以天干地支名号错综参互而得名,指一甲子。由天干、地支组合,每一干支代表一年,60年为一循环。因干支名号错综参互,故称花甲子。后称年满60为花甲。"花甲"也指年月、时代、年纪、年岁。出自计有功《唐诗纪事》卷六十六:"(赵牧)大中咸通中效李长吉为短歌,对酒曰:'手挪六十花甲子,循环落落如弄珠'。""耳顺"出自《论语·为政》:"六十而耳顺。"意思是年到60,人的修为就应该成熟了,没有不顺耳的事。

"花甲"与"耳顺"都是指的60岁,例句错误地认为两个词代表着不同的年龄段。应该把"耳顺"改为"古稀"。

| 特别提示 |

60岁的代称除了"花甲""耳顺",还有"杖乡"(还乡之年);60岁以上还可称"耆年"。

20. 芳邻

敬辞"芳邻"有特定的使用对象,但不少人不了解这一点,随意使用,造成语言表达的严重错误。看下文:

(20世纪)80年代,我与范曾先生为芳邻。

"芳邻"是敬称或美称，意思是好邻居，用于称别人的邻居。比如王勃《滕王阁序》："非谢家之宝树，接孟氏之芳邻。"作者要表达两家是好邻居的意思，但是形容两家是好邻居不能用"芳邻"。"芳邻"只能用在别人身上，不能自称"芳邻"，包括他人也不行。因此，这句话应该改为："（20世纪）80年代，范曾先生曾经是我的芳邻。"

"芳"字是敬辞，用于称对方或跟对方有关的事物。比如：别人的情意可以称为"芳意"，别人的诗作可以称为"芳音"，别人的书信可以称为"芳笺"，这些没有男女之别。

| 特别提示 |

"芳龄"指年轻女子的年龄；"芳名"指女子的名称；"芳容"指女子的容貌。"芳"有花的意思，"芳龄"指花季少女，如中年妇女也可称女子，但不可用"芳龄"。

21. 芳心

与往年儿童节商家把消费群体定在家长身上所不同的是，今年不少商家在研究儿童消费方面颇下了番工夫……而在赢得小顾客芳心的同时，也就赢得了市场。

"芳心"特指女子的心境、情怀。芳心本义为具有香气的花蕊，因为人们常常把美貌的女人比成鲜花，所以，将芳心引申为女人美好的心灵和情感。《红楼梦》第二十三回回目为"西厢记妙词通戏语，牡丹亭艳曲警芳心"。"芳心"说的是林黛玉的心情。小顾客有男孩女孩，即使全部是女孩，也不宜用"芳心"来形容儿童的心情、感情。

| 特别提示 |

人类最美好的感情是纯真的爱情，于是"芳心"一词如今就成了女人爱情的专有代名词。

22. 府上

有人不解词义,竟把敬辞"府上"用到反面人物身上,还有人把这个词用到自己身上,使该词误用率居高不下。看例句:

一定要把他们救出来,哪怕是打到蒋介石府上!

"府上"是敬辞,称对方的住所或老家。"府上""贵府"之类的说法都表示对对方的尊敬。例句竟然敬称敌人的老巢为"府上",令人莫名惊诧,当改"府上"为"老窝"或"老巢"。

| 特别提示 |

"府上""贵府"只用于敬称对方的家,不能用在自己身上,如果说成"明天请到我府上详细谈谈"就会显得很滑稽。谦称自己的家,可以用"舍间""舍下""寒舍"等。

23. 斧正

现代生活中,不少人把敬辞"斧正"用作谦辞,造成严重语病。下文就是典型一例:

您的大作,我斗胆加以斧正。

"斧正"典出《庄子·徐无鬼》,其中说楚国郢都有一匠人,能从容抡动大斧,把别人鼻尖上所涂薄薄一层白粉完全削掉,而不伤那人鼻子。后来,人们根据这个故事,引申出"斧正"一词,意思是请别人像故事中的石匠抡起斧头削白泥那样,来帮助自己削删文章。《现代汉语词典》对"斧正"的解释是"敬辞,用于请别人修改文章"。可见,只能别人"斧正"自己的文章。把"斧正"用到自己身上,显然是不恰当的。

| 特别提示 |

"斧正"可以写成"斧削"或"削正"。由于古代的"正""政"通用,所以"斧正"还可以写成"斧政"。

24. 夫君

古代常用词"夫君",而今被人误用的现象时有发生。

她向初见面的一个男子问道:"请问,你和我丈夫是什么时候认识的?"

他答道:"五年前见到夫君……"

"夫君"是旧时女性用于对自己的丈夫的称谓,只能出于女性之口,而且只能是女子当面称呼自己丈夫时才可以用。例文中的男子称对方的丈夫为"夫君"就太离谱了。称一个女子的丈夫,最普遍的是"你先生"。如果非要用"夫君"也要加上一个"令"字。

| 特别提示 |

除了"夫君"之外,古代女子对丈夫的称呼还有:"良人""郎""郎君""官人""老爷""外人""外子""相公"等。

25. 供认

不仅这些烟草个体户供认潜江市烟草公司销售假烟,就连烟草公司业务科副科长关瑞章对此也毫不讳言。

"供认"是指受审讯者承认所做的事情,如"供认不讳"。这个词的发出者必须是受审讯者,否则不能使用。上面例句,"供认"的主体不符合这个条件,因此属于误用。在使用该词时,不能把它用于一般说出实情的人。

| 特别提示 |

"供认"所指向的对象必须是"事情",它不能指向物品和情报之类的事物。

26. 公民

《让 3.67 亿"未来公民"健康成长》

"公民"是一个政治概念,是指具有或取得某国国籍,并根据该国法律规定享有权利和承担义务的人。根据规定,我国婴儿一出生就是中国公民,具备中华人民共和国国籍。因此,我国的"公民"就是指全体具有中国国籍的人,这些人不分年龄、性别、种族等因素。

例句说让我国 3.67 亿青少年儿童健康成长,用了一个"未来公民"以示与成年人相区别。按着作者的意思,这里不应该说成"未来公民",应该是"未成年人"。作者把"未成年人"称作"未来公民",那么也就等于"成年人"才可称作真正的"公民",这是有悖于法律规定的。作者其实是把"公民"一词的概念搞错了,缩小了词义的范围。如果要保持原标题的活泼风格,可将"未来公民"改成"未来主人"或"小公民"。

| 特别提示 |

"未成年人"指的是未满 18 周岁的人,实际上就是指的青少年或儿童。"未成年人"虽然年龄小,但也是公民,也享有法律规定的有关权利并承担与其年龄相应的义务。

27. 古稀

有人忽视"古稀"一词对年龄的特定要求,随意使用,造成词语误用。看例句:

年逾古稀的王校长至今仍执鞭战斗在教育的第一线。18 岁师范学校毕业至今,弹指一挥间,他已经在讲台上辛勤地耕耘了整整 45 年。

"年逾古稀"是多大?算算王校长的年龄,今年应该是 63 岁,已逾"古稀"了吗?

"年逾古稀"出自唐代杜甫《曲江》一诗："酒债寻常行处有,人生七十古来稀。"大约古时医疗条件差,人能活到70岁都是非常少的事情了,所以称为"古来稀"。"年逾古稀"的意思是年龄已经超过了70岁,显然用在王校长身上还早了一点,换作"年逾花甲"就比较合适了。

| 特别提示 |

"古稀"表示70~80岁,因此也叫作"致仕之年"。对于超过80岁的老寿星,就不应再用"古稀"了。八九十岁称"耄耋",百岁老人则称"期颐"。

28. 官方

消费者向部分商场人员询问,答案属于私下行为,不是家乐福的官方行为。

词典对"官方"的解释是政府方面,如"官方消息"。家乐福是一家企业,不可能拥有行政权力,其行为能算得上"官方"行为吗?与之类似,媒体称球队、大企业都叫"官方",它们发布的消息也一概称为"官方"消息。如此误用词语,有误导读者之嫌。

| 特别提示 |

有时媒体喜欢把具有官方色彩的会议或表态径自称为"官方会议""官方态度",也是不对的。

29. 光顾

将敬辞"光顾"错用在自己身上的现象很常见,在此加以强调,希望读者避免这种错误。看下文:

昨晚6时许,在淮海中路沪港三联书店为读者签名售书。这家书店自成立以来我经常光顾。店堂不大,书种不多,但品位甚高。

"光顾"是一个敬辞，用于尊称他人的来访。将这个词剖析一下，"光"意思是使增添光彩；"顾"，拜访。"光顾"犹言（您的）到来使（我）增添光彩，现在一般用于商店欢迎顾客来访的敬辞。显然"光顾"这个词不能用在自己身上，否则就让人感觉太不谦逊了。

另外，在一些请柬或其他表示欢迎的标语中，经常会看见"欢迎前来光顾"之类的字眼，"光顾""光临""驾临"等词语本身就含有"到来""前来"之义，所以说"前来光顾"的说法完全是叠床架屋，应删去没有存在必要的"前来"一词。

| 特别提示 |

"光临""驾临""惠顾""惠临"与"光顾"同义，都是敬辞，使用时应注意对象。

30. 国人

今年夏天，美国北卡罗来纳大学教授乐刚在北京的一次会议上曾经希望通过本刊告诫国人：年中美国国防部向国会提交了一个关于中国军力的评估报告，报告中称"我们必须阻止中国成为一个世界工厂"。

"国人"指的是本国的人。当出现多个主体时，一定要搞清"国人"的指代对象。上例中说话者是美国人，说的又是"美国"如何如何，读者很容易就会将句中的"国人"理解为美国人。而事实上作者指的是中国人，因此应将"国人"改为"中国人"。

| 特别提示 |

"国人"与"国产""国货"等词相同，都是以说话者的国籍来确定范围的，具有一定的依赖性，使用时应注意这一点。

31. 孩提

今年 64 岁的宋庆芳，从 13 岁起就喜欢抓蝈蝈，得名"老顽童"。退休后的他又仿佛回到了孩提时代，整天抓蝈蝈，编笼子。

《现代汉语词典》对"孩提"的解释是：儿童、幼儿。"孩提"是一种年龄段的称谓，特指 2～3 岁的儿童，幼儿时期。如"孩提之童"。也作"孩抱"和"提孩"。颜师古注："婴儿始孩，人所提挈，故曰孩提也。孩者，小儿笑也。""提"的意思是指那些走路还不稳、需要大人牵带照看的幼儿。唐韩愈《祭十二郎文》："如此孩提者，又可冀其成立邪。"

例上文中的宋庆芳从 13 岁起就喜欢抓蝈蝈，这已经进入了少年时代，不再是"孩提时代"了。

| 特别提示 |

襁褓：不满周岁；孩提：2～3 岁；始龀、韶年：男孩 8 岁；总角：幼年泛称；垂髫之年：指儿童；黄口：10 岁以下。

32. 寒舍

"寒舍"是谦辞，对人称自己的家。但实际中，把这词用到别人家的并不少见。因此，应当对该词加以注意。看例句：

明日我到你的寒舍叙话，好好聊聊这几年的生活。

用于自谦的"寒舍"只能指向自己的家，否则是对他人的不敬。比如《醒世恒言·陈多寿生死夫妻》："正有句话，要与三老讲。屈三老到寒舍一行。"谦辞的作用是润滑人际关系，对自己的自谦可以表达出对别人恭敬的态度。请客人到自己的家，可以说"请光临寒舍一叙"。例文说"你的寒舍"显然有失礼貌，当改为"府上"等敬辞才妥。

| 特别提示 |

"寒舍"也可以称为"敝处"。"敝"的意思是破旧、破烂,用于谦称跟自己有关的事物,比如"敝处""敝校"等。

33. 后裔

当前,"后裔"一词被误用的现象颇为严重,所犯错误基本上都属于对象误用。看例句:

这次来访的嘉宾多为 20 世纪五六十年代出国的老华侨和他们的后裔。

"后裔"特指已经死去的人的子孙,如冰心《晚晴集·我的故乡》:"上面仿佛还讲我们谢家是从江西迁来的,是晋朝谢安的后裔。"例句中,"老华侨"能来访问,说明他们肯定都还健在,那么称他们的子孙为"后裔"就很不恰当了。例句中的"后裔"宜改为"儿孙""后辈"之类的词语。

| 特别提示 |

"后裔"也可用于比喻意义上的子孙,如"炎黄后裔""华人的后裔"等。中华民族是以汉族为主体的 56 个民族的总称,具有泛指性,而后裔具有特指性,故改成"华人"为妥,因"华人"具有特指性。

34. 惠赠

××大使进一步表示:"咖啡是埃塞俄比亚惠赠全世界的礼物,我们衷心地希望把我们的咖啡介绍给中国朋友。"

"惠赠"是个敬辞,指对方赠予自己物品,如"多谢恩师惠赠《汪曾祺全集》一套"。"惠赠"一词,是受赠者对赠予者表达尊敬,千万不能搞颠倒。例句中,作者用"惠赠"来表示"埃塞俄比亚大使"将自己国家的特产送给别人,显然不妥。句中"惠赠"宜改为"敬赠""赠予""馈赠"等词语。

| 特别提示 |

"惠"字除"恩惠"之义外,多用于敬辞,表示对方对自己的行动。除了"惠赠",再如"惠存""惠临""惠允""惠书"等,这些词语在使用过程中都需要注意对象。

35. 留步

不少人把劝止送行者的客套话"留步"用到自己身上,这就犯了误用对象的语言错误。

既然这样,我就留步不远送了,祝你们一路顺风。

"留步"是一个客套话,用于客人离去时请主人不要再送。如巴金《寒夜》:"到了楼梯口,钟老客气地要他留步,他却坚持着把客人送到大门。""留步"只能由离去者对送行者说,以表客气。例句说自己"留步",明显不合适,可直接删去。

| 特别提示 |

"留步"有其特殊的含义,不能理解为一般的停步,如:"元宵花灯异彩纷呈,行人纷纷留步观看。"这里的"留步"宜改为"伫足""停步"等。

36. 娈童

作为一个古代词语,"娈童"被今人误用的频率很高。看例句:

《杰克逊娈童案落幕》

"娈",形容词,意思是美好的样子。"娈童"则专指被当作女性玩弄的美少年。"娈童"只是名词,解作"男妓",也泛指身为被动一方的男性同性恋者。语法上,由于"娈童"并没有动词的用法,因此不能写作"娈童癖"或"娈童行为",若要说明此行为，该以"男同性恋"等来表示。

根据上述新闻的内容可以了解到作者想表达的意思是"对儿童性侵犯"，"娈"字被理解成了动词，指性侵犯、猥亵等犯罪行为。这样理解是错误的，标题应适当修改。

| 特别提示 |

"娈童"与"恋童"是不同的。"娈童"只作名词，指男妓；"恋童"可作动词，解作成人爱好与儿童发生性关系的犯罪行为。

37. 落得

动词"落得"有特定的指示对象，忽视这一点，就会犯误用对象的错误。看下文：

股市上的事说不清楚，风雨变幻啊，涨起来很快，跌下去也很快，能落得目前这个结果就算万幸了。

"落得"意思是落到某种境遇，多指落到比较坏的地步，如："平时总干坏事，所以落得可耻的下场。"这个词只能用到不好的结果上。例文中，从"就算万幸了"可以看出，结果还算不错。对于这样的结果，不适合用"落得"这样的词语。事实上，生活中如此使用"落得"的大有人在，有必要引起我们的重视。

| 特别提示 |

注意"落得清闲自在"，其结果同样是消极的。所以，"落得"不宜用到好的结局上。

38. 家侄

在使用古代常用称谓"家侄"时，不少人已难以准确把握其特定要求，导致错误频发。看例句：

家侄小彦年纪尚幼，已懂得安慰父母，分担家务，着实令人欣慰。

"家"和"舍"都用于谦称自己的亲属，但二字有所区别。"家"用于谦称自己的长辈或同辈中年纪比自己大的人，如"家父""家兄"等。"舍"则用于谦称比自己年纪小或辈分低的亲属，如"舍弟""舍妹""舍侄"等。例句中，"小彦"既是作者的侄子（辈分低），又"年纪尚幼"，显然不能用"家×"的称谓，改为"舍侄"才是正确的。

| 特别提示 |

使用称谓敬谦辞时，记住"'家'大'舍'小'令'外人"的字诀就不会再混淆了。

39. 监护

"监护"是一个有特定指示对象的词语，但它经常被人忽视这一点。看例句：

为了保证演出万无一失，刘德华所属的香港东亚娱乐有限公司特地安排了4名保镖监护。

"监护"有两种含义，一指法律上对无行为能力人或限制行为能力人的人身、财产以及其他一切合法权益的监督和保护；二指仔细观察并护理，一般用于重症病人或新生儿。刘德华是一名知名影视歌手，怎么能说成被人"监护"呢？根据句义，显然应将"监护"改为"保护""护卫"之类的词。

| 特别提示 |

"监护人"是就"监护"的第一个含义所说的，指在法律上负有保护、监督责任的人。

40. 减免

为了准确掌握气象资料，为了提前预报那些灾害信息使人们的生命、财产幸免于难，或将损失减免到最低限度，有些气象工作者为之付出了鲜血和生命……

"减免"意思为减轻或免除，其对象通常是捐税、刑罚。"减免"是一个联合结构的词，包括了"减"和"免"两个平行的意思。显然，能够免除的只能是人为加予的事物。但是，不少人没有理解这一点，随意扩大使用范围，造成语病。上文就是典型例子。就例句来说，将"灾害"造成的"损失减免到最低限度"的说法不通。所以，例句应做适当修改。

| 特别提示 |

另外，例句中"幸免于难"的用法也不恰当。

41. 届满

作为一个有特定指示对象的词语，"届满"一词常常被人误用。看下文：

所谓绝当品，也就是在典当期限届满后，没有被当户赎回的商品。

"届满"指规定担任职务的时期已满，该词只能用于人的任期已满。但是，目前这个词有被泛用化的趋势，很多人把它用到期限已到的其他事物上。例句说的是典当的物品到期，不能用"届满"表示。句中"在典当期限届满后"宜改为"超过典当期限后"之类的说法。

| 特别提示 |

"届满"容易被用错对象，这点需要特别注意。另外"届满"多出现在书面语中，口语一般很少用到。

42. 金兰

打开网页，发现有的人用"喜结金兰"来表示夫妻结合，他们错在不明白"金兰"一词的特定使用对象。看例句：

萧军没法再在西安待下去，准备去新疆。巧遇朱星南、王洛宾、罗珊一行去兰州，随之同行。不久他与家在兰州的苏州美术专科学校学生王德芬喜结金兰之好，又折回四川。

"金兰"出自《周易·系辞上》："二人同心，其利断金；同心之言，其嗅如兰。"《世说新语·贤媛》中也有记载："山公与嵇、陆一面，契若金兰。""金兰"原指牢固而融洽的友情，后来用作结拜为兄弟姐妹的代称。萧军与王德芬1938年结为夫妻，如何能用"金兰"来表示二人的关系呢？例句应改为"喜结良缘"或"喜结连理"。

| 特别提示 |

由"金兰"一词衍生出来的还有"金兰谱"（结拜兄弟时互换的帖子）、"金兰契"（结拜兄弟的盟约关系或深厚情谊）、"金兰簿"（登记结拜兄弟的姓名、年龄、籍贯的簿册）等，使用时同样需要注意对象。

43. 紧缩

随意扩大"紧缩"一词的使用范围是人们常犯的语言错误。看例句：

对于中国彩电企业，这也未必是一件坏事，它一方面紧缩了传统彩电的生存年限，另一方面也对于高端产品——特别是数字电视有着不可忽视的推动作用。

"紧缩"意思为缩小、压缩。这个词的指向对象一般是开支、机构等。在使用"紧缩"的时候，一定要明确它的指向对象。例句之中的"年限"不能用"紧缩"来作为它的支配语。因此，应把"紧缩"改为"缩短"之类的词语。

| 特别提示 |

这个句子毛病很多，句中的"生存"应改为"使用"，"对于中国彩电企业"应改为"对于中国彩电企业来说"，第二个"对于"应改为"对"，第二个"也"应移至"有着"之前。

44. 晋升

"晋升"一词有特定的指示对象，不能把它简单理解为一般的升级。下面结合例句介绍这个词语的用法：

《毁容新娘索赔额上升百万》……他们在肯定沈小姐实际伤残为重伤4级时认为，基于案发时沈小姐的实际年龄，考虑到容貌对于年轻女性的重要性，伤残等级应晋升一级成为重伤3级。

"晋升"指的是职位、级别等的升迁，如"晋升为大校""晋升两级工资""职场晋升之道"等。"晋升"一词有特殊的指示对象，例句中"伤残等级"的提高，显然不能用"晋升"来表示，应改为"上升一级"。

| 特别提示 |

"晋升"不要误写为"普升"。"普升"在某些语境中可以指普遍升高，如"黄金周旅游报价普升四成左右"。

45. 敬启

"敬启"有特定的使用对象，但它常常被人误用。下面这封"代鲁迅给藤野先生的信"就犯了用错对象的错误。

藤野先生敬启：

多年不曾相见，先生身体可好！阔别20余年，一直未同先生联系，不知先生还是否记起那个清国留学生，心中很是愧悔……
您的学生周树人某年某月某日

开头这一句"藤野先生敬启"，真是大错特错。

写信时所用的敬辞主要有两种，一是信封上的启封辞，另一种是写信人署名下的末启辞。"启"字写在信封上（或信件开头对对方的称呼后），则表示开启、启封。如果在信封上或收信人的称谓后用一个"敬启"，等于说让别人恭敬无比地拆开（阅读）你的信，这显然极不妥当。写在篇末署名下的"启"是禀告、自我陈述的意思。"敬启"同"敬上"，如"学生王某敬启"，意思是学生王某（向您）恭敬地奉上（此信）。

| 特别提示 |

启封辞的使用也因对象的不同而有所区别。如对父母、长辈要用"安启"；对上司用"钧启""勋启"；对女性用"芳启""玉启"；对年纪辈分较小的人用"文启"，等等。

46. 令尊

敬辞"令尊"有特定的指向，不了解这一点是导致该词屡被误用的根源。看例句：

小王的母亲病了，单位领导对他说："听说令尊病了，你抽空回家看看吧。"

"令尊"是敬称，意思是"您父亲"。小王的母亲病了，用"令尊"显然不对。与"令尊"相对应的是"令堂"，是对别人的母亲的敬称。"令"有"美好"之义，如"令名"（好名声）、"令辰"（吉时）等。所以在称谓中，"令"字就用于敬称对方的亲属，含有赞美之义。如"令尊"（您父亲）、"令堂"（您母亲）、"令室"（您夫人）、"令爱（媛）"（您女儿）、"令郎"（您儿子）等。

| 特别提示 |

"令×"含有"您的……"的意思,如果在前面再加上"您的"二字,就重复了。

47. 魁梧

形容词"魁梧"一般应该用到男人身上,但有些人忽视这一点,把它用到女人身上,造成表述不当。看例句:

这个女人曾经是举重冠军,身材非常魁梧。

句子中"魁梧"用错了对象,"魁梧"是用来形容男人身体强壮高大的词。比如:"这个战士肩膀宽,胳膊粗,身体很魁梧。"例句用"魁梧"形容女人就说不过去了,把"魁梧"改为"健壮"才合适。

| 特别提示 |

类似的容易用错的词语还有"魁伟""魁岸""彪悍""粗犷",等等。

48. 难友

"难友"这个词语有特定的指示对象,但实际运用中,不少人忽视这一点,造成词语误用。看例句:

在白金汉宫外面反对布什的示威游行队伍中,有人举起了这样一张标语牌:"全球流氓,你在地球上没有一个朋友!"但是,布什在这个地球上至少还有一个朋友,那就是托尼·布莱尔……这两个人真的那么和谐亲密吗?今天,这两位难友在唐宁街10号促膝谈心。

"难友"指的是共同遭受灾祸的人、一同蒙难的人,如:"他想到这里,于是去找牢中的难友讨论这个问题。"(老舍《老张的哲学》）布什和布莱尔既没有共同遭受重大灾难，更没有入狱，显然不符合成为"难友"的条件。例文想说的是布什和布莱尔二人面临一些同样的问题，用"难兄难弟"正好符合文义。"难兄难弟"这个成语的意思是彼此处于同样困难境地的人。

| 特别提示 |

"难兄难弟"还有另外的含义，它原指兄弟两人才德俱佳，难分高下，现多反讽两人同样低劣。如："一个不通文理，一个不达时务，真是难兄难弟。"

49. 弄璋（弄瓦）

"弄璋"与"弄瓦"都属于古汉语词汇，现在对它们能准确理解的人越来越少，所以，使用时犯错的概率很大。看例句：

县老爷喜得千金，众官员纷纷送礼，祝贺其弄璋之喜。

"弄璋"指生男；"弄瓦"指生女。典出《诗经·小雅·斯干》："乃生男子，载寝之床，载衣之裳，载弄之璋……乃生女子，载寝之地，载衣之裼，载弄之瓦。"例句说县老爷"喜得千金"，句中的"弄璋之喜"显然是"弄瓦之喜"的误用。

| 特别提示 |

"璋"是上好的玉，"瓦"是纺车上的零件。男孩"弄璋"、女孩"弄瓦"，这多少包含了古代重男轻女的错误思想。这种说法一直沿用至民国时期，现在已经不常用。

50. 仳离

"仳离"一词的使用有特定要求，但有些人不注意这一点，随意使用，导致表述不当。看例句：

世界上，谁会永远爱你、接纳你？不是朋友，甚至不是爱人，他们都是有条件的呀，而且，一旦仳离不会回头。

"仳离"出自《诗·王风》："有女仳离。"（郑玄注："有女遇凶年而见弃，与其君子别离。"）"仳离"指的是夫妻离散，特指妻子被遗弃。例句中"仳离"的主语是朋友和爱人，朋友抛弃自己显然不可用"仳离"表示，即使是爱人"仳离"，也必须特指丈夫抛弃妻子。因此，句中"仳离"一词使用不当，宜改为"分离""离弃"等。

| 特别提示 |

"仳离"是书面语，日常口语中一般不会用到。另外需注意"仳"字的正确写法和读音。

51. 乔迁

"乔迁"是一个祝贺别人搬到好地方的敬辞，可生活中总有人把这个词用到自己身上。看例句：

昨夜和夫人躺在床上一起回忆着乔迁的往事，喜怒哀乐涌上心头，屈指一算，结婚二十三年，这已经是第八次乔迁了。每次乔迁都有一个故事。

"乔迁"出自《诗·小雅·伐木》："伐木丁丁，鸟鸣嘤嘤，出自幽谷，迁于乔木。"说的是小鸟从幽谷中飞到高大的树木上。后人便用"乔迁"来祝贺别人搬到好的地方去住或高升官职。文中将"乔迁"一词用在自己身上，便有点滑稽的感觉，宜改为"搬家"或"迁居"。

| 特别提示 |

唐代张籍《赠殷山人》诗："满堂虚左待，众日望乔迁。"这里的"乔迁"，指的是升官发财。

52. 亲生

近些年来"亲生"一词被误用的现象极为严重。到处可见"亲生兄弟""亲生姐妹"之类的字样。其实,"亲生"指的是亲自生养,父母生养子女,才能谓之"亲生"。

《16岁少女恨父母偏心,用围巾勒死亲生妹妹》……其辩护人在庭审时提出,"被告人与被害人是亲生姐妹,且自小共同生活,平日没有积怨……"

"亲生"指的是自己所生育的或生育自己的,换言之,"亲生"只能用于父母和孩子之间,如"亲生女儿""亲生儿子"等。例文说"亲生妹妹"显然是不对的,直接写成"亲妹妹"就对了。

| 特别提示 |

注意"嫡亲"的"嫡"读音为 dí。

53. 鹊桥

为老同志祝寿,在工休之间架起了一座鹊桥,很受老同志欢迎。

架起鹊桥祝寿?人们把夫妻或恋人久别后的团聚比喻为"鹊桥相会",把由介绍人说合的婚姻称为"搭鹊桥"。可见,"鹊桥"是夫妻或恋人之间的专用名词。例文是在为老人祝寿,沟通老人间的感情,怎需"架鹊桥"呢?这里的"鹊桥"一词词义被不合理扩大了,应该改为"连心桥"或"友谊桥"。

| 特别提示 |

鹊桥相会:传说每年农历的七月初七,是天上的织女与人间的牛郎相会的日子。为了帮助他们顺利相会,这一天喜鹊们都要前去搭桥。"鹊桥"之名便因此而来。

54. 任免

就在交行即将引入跨国银行巨头作为战略投资者的关键时刻,中央任免了交通银行的新一届领导班子。

"任免"表示任命和免职。"任免"包含着两个意思正好相反的行为,因此能够当其宾语的,必须是表示集合概念的词,如"任免领导干部"就表示领导干部中既有任命的,也有免职的。但例句中"任免"的宾语"新一届领导班子"相对于交通银行来说,是一个非集合概念,不能在接受任命的同时又被免职,"任免"用得不妥。从全句的语境来看,可把因此"任免"改为"任命"。

| 特别提示 |

"任免"的宾语不能是非集合概念。

55. 弱冠

今人在使用表示年龄的古词"弱冠"时,往往不能准确把握其所指的特定年龄段,致使屡屡误用。

当年,健力宝足球队留学巴西,李铁还是15岁的弱冠少年。

"15岁的弱冠少年",这样的说法是不对的。《礼记·曲礼上》:"二十曰弱,冠。"古代男子20岁行冠礼,表示已经成人,但还没有达到壮年,故以"弱冠"称之。后来,"弱冠"泛指男子20岁左右的年纪。15岁的男子则称"束发"。古代男子留长发,15岁用头巾束发。即到了15岁,男子要把原先的总角解散,扎成一束。

| 特别提示 |

青少年男子年纪别称:幼学,10岁;志学,15岁;束发,15岁左右;舞象之年:15～20岁。

56. 抒发

受委屈不痛快时,她偶尔将现实中的一些事记录下来,借此抒发或发泄积压在自己内心的情感。

"抒发"意思为表达、发抒。这个词的指向对象不仅应该是与人的情感有关的概念,而且应该是比较美好的情感。但例句中的"情感"发生于"受委屈不痛快时",是一种不美好的情感,用"抒发"来与其搭配不合适。一般可把"抒发"改为"发泄",但例句中已经使用了"发泄",且与"抒发"并列,因此可以将"抒发"删去。

| 特别提示 |

"抒发"的指向对象应该是与人的感情有关的内容,比如"抒发思乡之情"。

57. 填房

有些人喜欢使用一些有古意的词语,但由于不求甚解,往往误用,"填房"就是典型一例。看下文:

这个男人离婚后又娶了个填房。

句子中"填房"用错了对象,"填房"并不是指离婚后再娶的妻子,而是指原配死后再娶的妻子,也称"续弦"。"填房"多为年轻寡妇或大龄姑娘,或为翁婿关系密切,长女出嫁后亡故,以次女续配。"填房"也可以作动词用,如巴金《谈〈家〉》:"没有'父母之命媒妁之言',便毫无办法。而且过了二十,嫁出去也只能给人家'填房'。"

| 特别提示 |

有人把"填房"理解为妾,这也是错误的,妻子死了把妾扶正才可以称"填房"。比如《儒林外史》:"王氏道:'何不向你爷

说，明日我若死了，就把你扶正做个填房。'"

58. 忝列

把用于自谦的"忝列"用到别人身上的现象十分常见，对这种错误有必要严加纠正。

蒋卫生从怀里掏出一个用报纸包裹着的本子，打开来说："我听人家说关部长是集邮专家。"……关原确实是集邮爱好者，准确地说应该说是邮迷，忝列本市集邮协会的名誉主席，所以经常会有人来请他鉴别邮品的真伪。

《说文解字》："忝，辱也。""忝"字本义是羞辱、愧对。如司马光《训俭示康》："二十忝科名。"陈寿《三国志》："臣忝当大任，义在安国。""忝列"等于说自己位列其中，辱没了他人，感觉十分羞愧。"忝列"是谦辞，如果用于第三人称，不管是贬低还是褒扬，都是不合适的。所以，例句中的"忝列"，宜适当修改。

| 特别提示 |

注意相关词语的准确含义："忝越"意思是愧对超过自己才德的职位；"忝列门墙"则谓自己不才，作为学生是有愧师门的。

59. 翁婿

由于时代的阻隔，不少古代称谓往往被今人误用，比如"翁婿"一词。电视剧《甘肃米案》第十七集中，钱沣去探望软禁在家的犯官王望，王望感动地说：

撇开现在的情况，我与翁婿可以说是很谈得来的。

"翁婿"是岳父和女婿两个人的合称。在剧情中，钱沣是王望的义女婿，两人的关系是翁婿关系。王望称钱沣为翁婿就说不通了，编剧错把"翁婿"当成了"女婿"。应该把"我与翁婿"改为"我与贤婿"或者"我们翁婿"。

| 特别提示 |

"翁"的意思是年老的男子，在古代指丈夫的父亲或妻子的父亲。"翁婿"指岳父和女婿，"翁姑"则指公公和婆婆。

60. 下榻

在实际运用中，经常见到有人把"下榻"用到自己身上，如此误用，皆因没有搞清这个词语的特定指向。看例句：

此次新加坡之行，我们下榻在泛太平洋酒店。

"榻"指古代一种狭长而较矮的床形坐具，亦泛指床。"下榻"原指放下床，以示对客人的尊敬。后来这个词语就逐渐演变为客人住宿之义。如："杨振宁今携夫人把家还，下榻宾馆精心准备喜迎老乡。""下榻"一词不适合用于自身，例句中"我们下榻在泛太平洋酒店"宜改为"我们入住泛太平洋酒店"。

| 特别提示 |

"下榻"之"榻"读音为 tà，不能写成"下塌"。

61. 先父

在阅读中不难发现，有些人竟把敬称自己已经去世的父亲和母亲的"先父""先母"用在在世的父母身上。看例句：

多年前父母离异，我和弟弟跟随母亲一起生活，继父待我们如同亲生。只是很久没有先父的消息了，不知道他现在过得怎么样？

"先父"，对自己已经去世的父亲的敬称，比较正式，一般用在社交场合或书面语中。文中用"先父"表示亲生父亲，以示与"继父"的区别，殊不知搞错了词语的特定指示对象，吓了读者一跳。"先"字有一个释义为尊称死去的上代或长辈,"先父"与"亡父""先公"同义,即指已经去世的父亲。例句中的"先父"当改为"生父"。

| 特别提示 |

另外需要注意的是,"先父""先母"必须是第一人称用语,无论对别人已去世的父母有多么尊重,都不能使用这样的称呼。

62. 乡愿

古意盎然的"乡愿"一词被人误用的现象极为常见,许多人之所以用错,皆因不求甚解。看例句:

望老(陈望道)……一贯坚持理论联系实际,因而富有创新精神。这同有些"皓首穷经,案牍劳形"的乡愿,简直是不可同日而语。

"乡愿"指貌似忠厚、实与恶俗同流合污、欺世盗名的人。出自《论语·阳货》:"子曰:'乡原,德之贼也。'""乡愿"也可以指在是非面前没有明确立场的老好人。比如《论语·子路》:"子贡问曰:'乡人皆好之,何如?'子曰:'未可也。''乡人皆恶之,何如?'子曰:'未可也。不如乡人之善者好之,其不善者恶之。'"例句弄错了"乡愿"的含义,把"乡愿"理解成了皓首穷经的腐儒。

| 特别提示 |

还有人把"乡愿"理解为乡下人的心愿,纯属望文生义,也是不对的。

63. 享年

不少人使用"享年"一词时,忽视其特定的指示对象,造成语言错误。看下文:

《岳麓山上，数风流人物》……讨袁运动结束后，蔡锷赴日就医，不久病逝，享年34岁。青草如碧的岳麓山留住了他的青春，铭刻着这位少壮革命家的煌煌业绩。

"享年"指死去的人活的寿命，这个词语一般只用于高寿的老人（70岁以上），如《红楼梦》："听见贾母喉间略一响动，脸变笑容，竟是去了。享年八十三岁。"蔡锷因病去世的时候，才34岁，用现在的话可以说是"英年早逝"，而不适合用"享年"。句中的"享年34岁"宜改为"年仅34岁"。

| 特别提示 |

"享年"是一个敬辞，多用于值得尊敬的年高逝世者，不可用于反面人物。

64. 笑纳

"笑纳"一词有特定的使用对象，绝对不能自己"笑纳"别人的礼物。但遗憾的是，实际中用错对象的现象却并不少见。看下面的例子：

电视剧《薛仁贵》中有这样一个情节：老百姓将尉迟敬德和秦琼的画像贴在门上当门神。尉迟敬德很激动，将一幅画像送给李世民，李世民说："那朕就笑纳了。"

"笑纳"是客套话，用于请别人收下自己的礼物。比如："些微薄礼，不成敬意，请笑纳。"送礼的人在送出礼物时可以说"请笑纳"，但是收礼的人不能用这个词表示自己收下礼物。因此李世民应该说："那朕就收下了。"

| 特别提示 |

"笑纳"中的"笑"不能作"高兴"解，其意是"笑话"。"笑纳"是说自己送的东西不好，不成敬意，让对方笑话了，也

作"晒纳"。

65. 义女

人民大学著名经济学教授孟氧已成故人，这本书的出版是他的女儿孟小灯促成的。很多人不知道，孟氧曾经是个被判了死刑的人，是孟小灯竭尽全力把父亲救出牢狱的，这是一个怎样的义女啊，这其中有一段怎样的感人的故事啊！

这段话中"义女"一词用错了对象。"义"的一层含义是因抚养或拜认而成为亲属的关系，比如"义父""义女"。孟小灯是孟氧的亲生女儿，用"义女"一词就不合适了。作者想要表达的是有情有义的女儿，但是不能简称为"义女"。但是，打开报纸网络，把"有情有义的女子"简写成"义女"的比比皆是，应多加注意。

|特别提示|

"义女"一般指的是拜认关系的女儿，不同于"养女"。"养女"指的是收养的非亲生的女儿。

66. 沿用

在阅读中不难发现，误用"沿用"一词的现象很普遍，有必要加以辨析。看例句：

她的生活循规蹈矩，乏善可陈，香水、丝巾、手提袋永远沿用自己熟悉的品牌。

"沿用"的意思是继续使用，但所指对象主要是过去的制度、法令、方法等较为抽象的事物。例句中"沿用"指向的对象却是"香水""丝巾"等较为具体的事物。因此，误用了对象，改为"使用"更合适。

| 特别提示 |

在实际使用中,把"沿用"写成"延用"的很多,这是错误的,汉语中没有这个词。

67. 夭折

在使用"夭折"时,不少人忽视其特定的指示范围,随意使用,造成语言错误。

上海有线电视台戏剧频道曾播出长篇评弹《神弹子》,说的是明朝江湖镖客韩林的故事。演员在介绍韩林的结拜兄弟邹炳之父时,有这样一句唱词:"……中年遭夭折。"

这里"夭折"用错了。《现代汉语词典》解释"夭折"为:未成年(18岁以内,包括18岁)而死。如:"小孩出生后就夭折了。"

例句中说"中年夭折"显然是不对的,改成"过世"比较好一些。

| 特别提示 |

"夭折"也用来比喻事情中途失败。

68. 英俊

时下,词语被误用的现象很严重,像通常用来修饰男子相貌的"英俊"就常常被人用来修饰女子。看例句:

这个英俊的女孩经常来这里打网球。

"英俊"的意思是容貌俊秀又有风度的,比如"这个小伙子长得很英俊";也指才智过人的,如"英俊有为"。"英俊"一词,一般用来修饰男子的相貌,不可以用到女子身上。例句用"英俊"形容女孩显然不妥,可以改为"漂亮"等词。

|特别提示|

类似的常被用错的词语还有"风度""豪迈""帅气",等等。

69. 羽化

"羽化"一词是道教专用术语,但有人随意变更其使用对象,造成表达失当。看例句:

空相寺作为达摩大师羽化成佛之所,在佛教中占据着不可替代的重要地位。

道家认为,人在成仙后身体会长出羽翼,能够飞升。于是"羽化"就成了中国道家的终极追求。"羽化"的说法自古有之,如《晋书·许迈传》:"自后莫测所终,好道者皆谓之羽化矣。""佛"即佛陀,既指释迦牟尼,也泛指一切修行圆满、大彻大悟的人。"羽化"绝不可能成佛,例句中的"羽化成佛"应改为"修行成佛"或"得道成佛"。

|特别提示|

"羽化"也可以指昆虫由蛹变为成虫,比如梁祝故事中的"羽化成蝶"。

70. 针对

而今,"针对"一词有被泛用化的趋势,应当引起注意,以免造成语言错误。看下文:

针对比较典型的15起交通事故,进行了集体"会诊"。

"针对"的意思是对准,如:"针对儿童心理特点进行教育。""针对"一词带有比喻性,意思是像针尖一样对准。所以,"针对"的对象应该具体、单一。例文中,"针对"却指向"15起交通事故",显然是不恰当,应做适当修改。

| 特别提示 |

还有不少人把"针对"与"面对"混淆。比如我们经常看到的"针对……的实际"之类的表述,就混淆了这两个词语。

71. 知命

古代表示年龄的"知命之年"一词,被人误用的现象很多。看例句:

儿子已经到了知命之年,正是年轻力壮的时候,大好前途等着他去开创。

"知命之年"是指男子到了 50 岁,意思是知道自己命运的年龄。出自《论语·为政》:"五十而知天命。"孔子与弟子们谈起自己的经历,说他从 30 岁开始立志弘道,经历知命之年到快 70 岁还没能实现政治理想,感慨万千。

30 岁才可以称为"年轻力壮","知命之年"已经知道了自己的命运,没有什么前途可以开创了。虽然现在已经进入老龄化社会,但是 50 岁的年龄绝对算不上年轻了。因此应该把"知命之年"改为"而立之年"。

| 特别提示 |

古代人寿命较短,有句话叫做"人过 50 不为夭",意思是活到 50 岁就不算夭折了。

72. 拙作

打开报刊,经常见到有人把谦辞"拙作"用到别人身上,这就搞错了这个词语的特定指向。看例句:

有时间定当拜读您的拙作。

"拙作"是谦辞,用来称自己的文章或书画。"拙"是笨的意思，作者用"拙作"称别人的作品，是对别人的不尊重。对别人的文章作品表示尊重，可以把"拙作"改为"大作"。

| 特别提示 |

与"拙作"类似的还有"拙著""拙见"，这些都是谦辞，只能用在自己身上。

73. 并蒂莲

忽视"并蒂莲"一词的特殊含义，是人们误用该词的重要原因。

我轻轻把自己的手抽出，穿上衣服，看着静静睡在床上如并蒂莲一般的两个女孩，忍不住又低头亲吻了一下她们娇嫩的粉腮才出去。

"并蒂莲"本指并排长在同一个茎上的两朵莲花，文学作品中多用来比喻男女好合或恩爱夫妻。"并蒂莲"有着特殊的含义，不能泛指其他像莲花一样漂亮、美好的人或事物。例句中用"并蒂莲"形容两个漂亮的小女孩，不妥，应适当修改。

| 特别提示 |

"并蒂莲"的近义词是"连理枝"，都是用来比喻恩爱夫妻的。

74. 绿帽子

现今，有不少人把"绿帽子"戴到女性的头上，这种用法忽视了这个词语的特定指事对象，是错误的。

希拉里忍受不了戴绿帽子的耻辱，愤然决定"休夫"。

"绿帽子"原称"绿头巾"。元明两代规定娼家男子必须戴绿头巾，后来便称人妻子有外遇为戴绿头巾。"绿头巾"是针对女性一方有不贞行为的情况而言的，丈夫蒙羞戴"绿帽子"，从来没有女人戴"绿帽子"的说法。这是约定俗成的用法，不能用错对象。

例文说的是克林顿的婚外情让希拉里蒙羞，但这顶"绿帽子"戴得实在不是地方。文中可将"绿帽子"直接改为"丈夫有外遇"。

| 特别提示 |

"绿帽子"是民间俗语，它的指示对象特殊，含有戏谑嘲讽的意味，使用时应谨慎，并注意与文章整体风格的统一。

75. 青少年

经常有人在"青少年"这个集合概念前面加上"一个"之类的数量词，造成表述不当。看下文：

刚踏上社工岗位不久，彭浦镇青少年社工组就让我们先接触一个姓林的男孩。第一次真正面对一位特殊的青少年，和他谈些什么？怎样谈？我们心里都没底。

"青少年"是"青年"和"少年"的合称，泛指年轻的男女。"青少年"是一个集合概念，明显不能用"一个""一名""一位"之类的定语来修饰。例句中"一位特殊的青少年"的说法有违语法，是错误的，应根据实际情况进行修改。

| 特别提示 |

"青少年"通常指满14周岁不满20周岁，也就是少年与青年相重合的阶段。

76. 赡养费

贝洛因与其第三任妻子的赡养费纠纷而被判入狱10天。

这句话让人不禁产生疑问："赡养"一词怎能用在这里？这

不是说贝洛和他的妻子吗？夫妻间怎么会有"赡养"之说？"赡养"是指成年子女或晚辈对父母或其他长辈在物质上的帮助和生活上的照顾。赡养是子女对父母的义务。由此可得，"赡养费"就是子女为父母、晚辈为长辈等亲属提供的物质生活费用。例文中说的是夫妻之间，不能用"赡养费"。

| 特别提示 |

有时候，近义词在意义上不容易区分，只在特定场合和语境中才可以明确其意义和用法。所以选择词语要与语境相结合，要符合语言习惯。

77. 未亡人

"未亡人"是个专用于女性的词语，但是，经常有人把它用到男性身上。

十几年前妻子重病不治，吴先生成了未亡人。他再未娶妻，也许是心疼年幼的女儿，也许是无法忘记已经去世的爱妻，独自一人把孩子抚养长大。

"未亡人"不能仅从字面意思上解释为仍活在世上的人，它有着特殊的含义。"未亡人"出自《左传·成公九年》："穆姜出于房，再拜曰：'大夫勤辱，不忘先君以及嗣君，施及未亡人。先君犹有望也！'"杜预注："妇人夫死，自称未亡人。""未亡人"是旧时寡妇的自称，现在则泛指寡妇，或特指某一已故者的遗孀。

| 特别提示 |

有两点需要注意：一、"未亡人"不能望文生义地理解成事故中的幸存者；二、"未亡人"现在一般只用于他称，很少有自己称呼自己为"未亡人"的。

78. 忘年交

在阅读中，发现不少人忽视"忘年交"的特定含义，随意使用造成表述不当，看例句：

刘翔和杨利伟在北京曾一起吃过一顿饭，英雄会英雄，两位"飞人"相谈甚欢，结为忘年交……

"忘年交"指的是年龄差别较大、辈分不同而交情深厚的朋友，通常用于青年人和老年人之间。如："康有为与徐悲鸿因画马而成为'忘年交'。"康徐二人相差近40岁，用"忘年交"就很恰当。刘翔和杨利伟相差不大，该例中的"忘年交"可用"好朋友"等替换。

| 特别提示 |

"忘年交"这个词语还容易被误解成从小玩到大的好朋友（忘记交往的年份了），这样的错误同样应该注意避免。

79. 小动作

有特定含义的"小动作"一词，经常被误解误用。看下文：

我常遇上这样的司机，有两个小动作令我对他产生敬意：一是他不急着打计程表，等调好头，或者红灯翻绿才打；再是已到目的地，恰遇红灯，或者堵车，需稍等片刻，他就将计程器翻了。

"小动作"即偷偷做的干扰别人或集体活动的动作，特指为了某种个人目的在背地搞的不正当活动，如行贿受贿、弄虚作假、搬弄是非等。"小动作"很明显是一个贬义词，表达了说话者对行为主体的不屑和反感。例文说的是的士司机的两个细微动作体现出为顾客着想的精神，并令作者"对他产生敬意"。可见文中的"小动作"一词无论是词义还是感情色彩都与内容不相符，应适当修改。

| 特别提示 |

"大动作"比喻重大措施,不能简单理解为幅度比较大的动作。如:"个税法修正草案 27 日表决,微调之后还将有大动作。"

80. 主人公

在应用时,有人把"主人公"当成"主人",造成语言表达不当。看下文:

他们大多事业有成,在社会上谋得了一定的职位,同时成家育子,负有上养老下养小的责任,这在传统看来,应属不远游者,在家做一个安稳的主人公。

"主人公"指的是文艺作品中的中心人物,即作者着力刻画的人物。如丁玲《梦珂》:"因了她那瘦削,她那善蹙的眉峰,还得请她做个悲剧的主人公呢。"例句中的"主人公"应改为"主人"。

| 特别提示 |

"主人公"不要写成"主公"。"主公"是旧时臣下对君主、仆役对主人或宾客对男主人的敬称,现已不常用。

81. 比翼双飞

把专用于恋人或夫妻的"比翼双飞"用到其他事物上的现象很普遍。看例句:

可见,权证品种与正股高度相关性在近期市场表现得淋漓尽致,权证与正股走势,有望继续演绎比翼双飞的格局。

《尔雅·释地》:"南方有比翼鸟焉,不比不飞,其名谓之鹣鹣。"比翼双飞:比翼,翅膀挨着翅膀;双飞,成双并飞;比喻夫妻情投意合,在事业上并肩前进。"比翼双飞"只能用在夫妻

第四篇 用错对象 / 531

或恋人身上,不适用于其他对象。如:"居里夫妇在科学征途上比翼双飞。"例句中的"比翼双飞"应改为"齐头并进"。

| 特别提示 |

需要注意的是,不能用"比翼双飞"来比喻夫妇同时去世或遭遇其他重大不测。

82. 长命富贵

"长命富贵"是古代专门用来为小孩子祝福的吉祥话,但现代很多人忽视了这一点,以致用错对象,造成误解。看下文:

正值老教授八十寿辰之际,晚辈们集体送去了一块匾额,上面写着"恭祝您老长命富贵"。

"长命富贵"的意思是长寿又富裕显贵。出自《旧唐书·姚崇传》:"经云:'求长命得长命,求富贵得富贵。'"旧时对小孩说的吉庆话,表示祝福。在旧时作的挂饰长命锁和瓷器等装饰上,可以看到"长命富贵"的字样。

例句中用"长命富贵"来给老人祝寿就不合适了,可以改为"多福多寿"。

| 特别提示 |

看起来"长命富贵"可以用来祝寿,但是祝福的对象是有限制的,一般是用来祝福小孩子的。

83. 豆蔻年华

"豆蔻年华"有其特指的年龄段,但现在不少人用它泛指女子年轻的时候。看例句:

这些女同志当初在豆蔻年华就干起了列车押运。

"豆蔻年华"一词应是杜甫的创造,他在七言《赠别》中写道:"娉娉袅袅十三余,豆蔻梢头二月初。春风十里扬州路,卷上珠帘总不如。"这是诗人落魄扬州时所作,所赠之人是一个十三四岁的雏妓。二月初的豆蔻花正值嫩叶卷芽、含苞待放的时期,杜甫用之比喻十三四岁的少女,十分形象生动。后人便用"豆蔻年华"指代女子十三四岁的美好时光。例句中形容列车押运员的年轻,可以用"风华正茂"一词。

| 特别提示 |

"豆蔻年华"只能用在女孩身上,十几岁的男孩是不可以说成"正值豆蔻年华"的。

84. 闺中密友

有的人不明就里,把专用于女子的词语"闺中密友"用到男子身上,显然是用错了对象。

李先生向他的朋友介绍一位男子:"这是我的闺中密友,我们从小一起长大的。"

"闺"是上圆下方的小门,"闺房"或"闺阁"指的是旧时女子居住的内室。"闺中密友"指的是女孩子还没有出嫁前的非常亲密的同性朋友。例句中男子称自己同性朋友为"闺中密友"就说不通了。李先生想表达"从小一起长大"的意思可以使用"发小"一词。

在流行词汇中,互为知己的女性朋友叫"姐妹淘"或"姊妹淘",也是"闺中密友"的意思。

| 特别提示 |

"闺女"除了指女儿之外,还指没有结婚的女子,比如"黄花闺女"。

85. 国色天香

各种花卉,争奇斗艳;若用国色天香来形容,实不为过。

"国色天香"原指颜色和香气不同于一般花卉的牡丹花,不用于各种花卉。出自唐代李浚《摭异记》:"国色朝酣酒,天香夜染衣。"宋代范成大《与至先兄游诸园看牡丹三日行遍》诗:"欲知国色天香句,须是倚阑烧烛看。""国色天香"是专门用来形容牡丹的,例句用来形容各种花卉就错了,可以改为"万紫千红"。

| 特别提示 |

"国色天香"也用来形容女子的美貌。比如,秋瑾《精卫石》弹词:"虽非国色天香艳,秀目修眉樱口鲜。"

86. 河东狮吼

就在这时,一个中年男子飞奔过来,一把抢过话筒,大吼一声:"我认识你!"他的声音如同河东狮吼。

成语"河东狮吼"源自一个很有意思的典故。北宋有个文人名叫陈季常,自号龙丘先生,他的妻子十分凶妒。陈季常的好朋友苏轼便写了一首打油诗送给他,诗是这样写的:"龙丘居士亦可怜,谈空说有夜不眠。忽闻河东狮子吼,拄杖落手心茫然。"陈季常的妻子是河东人(古地区名,在今山西省),苏轼便用"河东狮子"来指代好友那位彪悍的妻子。后来"河东狮吼"的说法就流传了下来,用来比喻妻子悍妒,和丈夫大吵大闹。例文把"中年男子"的"一声大吼"称为"河东狮吼",显然是不明白该成语的含义。

"河东狮吼"只能用在女子身上,例句中该词可改为"声如洪钟""震耳欲聋"之类的说法。

| 特别提示 |

不要把"河东狮吼"误解为"狮子吼"。狮子吼:佛教徒比

喻佛祖讲经，如雷震天地。

87. 红颜知己

我的红颜知己从上海打电话来，说她……

这篇文章的作者是一名女性，她所指"红颜知己"是她的女性朋友。这里使用"红颜知己"是不恰当的。

"红颜"指貌美的女子。"知己"的意思是相互了解而且情谊深切的朋友。"红颜知己"一词虽然没有被收入一般的词典，但是它的意思已经得到了广泛的认可，指男子所拥有的界于朋友和情人之间的女友的美称，有时也指男子的情人。"红颜知己"专是指男性的亲密的女性朋友，不能用来指女性的同性伴侣。例文应该把"红颜知己"改为"闺中密友"。

| 特别提示 |

"红颜"是借代修辞的一种用语，指美女。与之相关的成语有"红颜薄命""红颜祸水"等。

88. 环肥燕瘦

这些帅哥们是个个环肥燕瘦啊！

这真是叫人忍不住要发笑。"环肥燕瘦"岂能用在男子身上？"环肥燕瘦"出自苏轼《孙莘老求墨妙亭诗》："短长肥瘦各有态，玉环飞燕谁敢憎？"诗句的意思是说：人无论高矮胖瘦都有各自不同的姿态，玉环飞燕体态不同，但谁人不喜爱？后来人们用"环肥燕瘦"形容美女虽体态不同但各有风韵，无美丑之论。有时也用该成语借喻艺术作品风格不同却各有所长。可见，"环肥燕瘦"仅用在女子或艺术作品上，用这个词来形容帅哥的风采，实在是不合适。

| 特别提示 |

"环"指唐玄宗的贵妃杨玉环,以丰腴雍容之美著称;"燕"指汉成帝的皇后赵飞燕,以苗条轻盈之美著称。

89. 黄发垂髫

我突然记起黄发垂髫初懂事理时,有一回和母亲走亲戚。

从这个句子上看,"初懂事理"显然是说作者小时候,但前面又多了个"黄发垂髫",让人有点困惑。这里作者错会了"黄发垂髫"的意思。东汉王充《论衡·无形》:"人少则发黑,老则发白,白久则黄。"因此古代常用"黄发"形容年老高寿之人。《说文新附》:"髫,小儿垂结也。"古代成年人蓄发,儿童头发自然下垂,故称"垂髫"。"垂髫"是与"黄发"相对而言的。至今"黄发""垂髫"也只能分别指老年、少年,或老人、儿童。而作者将"黄发"和"垂髫"都指代孩童,是错误的。

| 特别提示 |

"黄发垂髫"语出陶渊明的《桃花源记》:"男女衣着,悉如外人。黄发垂髫,并怡然自乐。"意思是老人与孩童都欣欣然过着快乐的生活。

90. 见仁见智

成语"见仁见智"要求主语必须是多数,但是,在实际使用时,还是有人把它和单一主语相连接,导致语言错误。看下文:

他在哲学上造诣极深,所以才能见仁见智,写出极有价值的论文。

"见仁见智"出自《易·系辞上》:"仁者见之谓之仁,知者见之谓之知。"知,同"智"。"见仁见智"谓对同一问题各人有各人的见解。比如:"见仁见智,议论纷纭,却无非背后论人是

非，在兆奎面前都有忌讳。"（高阳《清宫外史》上册）

这个成语适用对象不能用于某一人，例文中的使用是错误的。根据句义可知，作者想用"见仁见智"表达很有见解的意思，宜改为"见解高明"。

| 特别提示 |

"见仁见智"只能用于多个人。

91. 精神矍铄

作为一个专门用来形容老年人精神健旺的词语，"精神矍铄"经常被人误用到年轻人身上。看例句：

《胡歌劫后复出做客聊天——精神矍铄》

胡歌是国内近年走红的一位年轻演员，曾出演《仙剑奇侠传》《第601个电话》等影视作品。胡歌生于1982年，怎能说人家"精神矍铄"呢？

"矍铄哉，是翁也。"（《后汉书·马援传》）矍铄：老年人目光炯炯、很有精神的样子。如："廊坊96岁老人坐诊80年，身体硬朗精神矍铄。""精神矍铄"只能用在老年人身上。例文说胡歌遭遇重大车祸后复出，精神较好，可以直接改为"神采奕奕"或"精神焕发"。

| 特别提示 |

除了不同年龄段的人有不同的称谓名词，有些形容词、动词也有年龄限制，就是说它们只适用于一定年龄段的人，而不适用于别的年龄段的人。

92. 举案齐眉

在实际应用中，有些人把专用于夫妻的成语"举案齐眉"用到邻里朋友之间，导致表意错误。看下文：

他们两家是多年的老邻居了,这么多年来一直举案齐眉、关系和睦。

"举案齐眉"的意思是妻子给丈夫送饭时把托盘举得跟眉毛一样高,后专门用来形容夫妻互相尊敬。出自《后汉书·梁鸿传》:"为人赁舂,每归,妻为具食,不敢于鸿前仰视,举案齐眉。"

梁鸿是东汉初年著名的隐士,他品德高尚,很多人都想把女儿嫁给他,但是都被他拒绝了。又丑又黑的孟氏之女已经到30岁了仍不出嫁,父母问她要嫁什么人,她答:"要嫁像梁鸿那样有贤德的人。"梁鸿听说后就迎娶了她,并给她取名为孟光,字德曜,意思是她的仁德像光芒一样闪耀。梁鸿每次归家时,孟光都备好食物,低头不敢仰视,举案齐眉,请梁鸿进食。例句用"举案齐眉"来形容邻里关系显然不当,应适当修改。

| 特别提示 |

"举案齐眉"是赞美夫妻和睦的专用词,不可用于兄弟、姐妹、邻居等其他关系。

93. 老气横秋

成语"老气横秋"的适用对象只能是人,用到别的事物上,就会犯误用对象的错误。看例句:

这件衣服老气横秋的,颜色太暗了,还是换一件颜色鲜艳的吧。

"老气横秋"形容人摆老资格,自以为了不起的样子或形容人没有朝气、暮气沉沉的样子。老气:老成的样子;横秋:横亘秋空。比如,清代吴趼人《二十年目睹之怪现状》第七十回:"众人取笑了一回,见新人老气横秋的那个样子,便纷纷散去。"

"老气横秋"只能用来形容人,可以指摆老资格而自负的人,也可以指没有朝气的人。例句用这个成语来形容衣服,显然把这个成语与"老气"搞混了。

|特别提示|

"老气横秋"的近义词是"老态龙钟",该词也只能用来形容人。

94. 满目疮痍

成语"满目疮痍"只能使用其比喻义,若用原义,就会用错对象。看下文:

他全身瘫痪,常年躺在床上,身上很多地方都溃烂了,真是满目疮痍啊!

"疮"通常指皮肤上或黏膜上发生溃烂的疾病,比如"口疮""褥疮"。"疮痍"指创伤,比喻遭受破坏或灾害后的景象。"满目疮痍"指眼睛看到的都是创伤,形容遭受战乱、灾祸严重破坏后的景象。

例句用"满目疮痍"来形容皮肤的溃烂并不恰当,虽然它的本义是创伤,但是成为固定成语之后就不再使用本义,只使用比喻义。如果使用词语的原义,就构成了用词不当的语病。

|特别提示|

有些词语比喻的意义已经凝固在词语中了,就不能再按词语的原义来使用这些词语。比如"情同手足""城府""水深火热",等等。

95. 眉飞色舞

经常见有人用成语"眉飞色舞"来形容动物,这就用错了对象。看例句:

这只斑点狗看到主人回来,高兴得眉飞色舞。

"眉飞色舞"的意思是喜形于色,形容人非常得意兴奋的样子。色:脸色,表情。出自清代李宝嘉《官场现形记》第一回:

"王乡绅一听此言,不禁眉飞色舞。"比如:"说到得意的地方,他不禁眉飞色舞起来。"

"眉飞色舞"只能用来形容人,例句把这个成语用在小狗身上,使用不当,可以改为"高兴地摇起尾巴"。

| 特别提示 |

类似的词语如"眉开眼笑""神采飞扬"也只能用来形容人。

96. 藕断丝连

《大学四六级与学位藕断丝连,各高校态度迥异》

这是一则新闻标题,其中的"藕断丝连"用得不妥,该词特指男女之间的关系,不能用在其他事物上面。

藕断丝连:藕已经断开,但丝还连接着;比喻表面上断了关系,实际上仍有牵连,一般指男女间情丝难断。"妾心藕中丝,虽断犹牵连。"(唐·孟郊《去妇》)写的就是这个意思。上引标题中的"藕断丝连"应修改。

| 特别提示 |

"藕断丝连"同样不能用来表示亲人间(非夫妻)虽然分离但仍有联系。

97. 破镜重圆

成语"破镜重圆"特指离异或离散的夫妻重又团圆,如果把它用到别的事物上,就会导致表意失当。看例句:

"科尔门"事件无疑让科尔和东家阿森纳足球俱乐部的关系进入"冰河期",但18日科尔的经纪公司突然宣布,科尔已同阿森纳在原先合同的基础上续约一年……如今发生戏剧性的转折,是否预示着科尔和阿森纳已经破镜重圆?

"破镜重圆"的典故出自唐代孟棨《本事诗·情感》。据书中记载，陈朝太子舍人与其妻乐昌公主十分恩爱，当时时局动乱，二人担心国破不能相保，便破镜一面，各执一半。后来陈朝灭亡，夫妻二人流离失所，最终得借破镜重新团聚。后人遂用"破镜重圆"比喻夫妻失散或决裂后重新团聚与和好。"破镜重圆"一词的使用范围仅限夫妻之间，其他如亲人（非夫妻）、朋友、同事等关系的人团聚或和好都不能说成是"破镜重圆"。例句可用"尽释前嫌""重归于好"等词语代替。

| 特别提示 |

有人用"破镜重圆"形容每月十五时月亮由亏转盈，实属望文生义，应注意避免。

98. 秦晋之好

有人忽视成语"秦晋之好"的特定指示对象，这必然会导致词语误用，甚至会闹出笑话。看例句：

随着双边关系的改善，中俄两国终于结为秦晋之好。

"秦晋之好"原指战国时秦国和晋国以本国利益为出发点采取的和亲政策，现在泛指两家联姻。如："主公仰慕将军，欲求令爱为儿妇，永结秦晋之好。"（明·罗贯中《三国演义》）例句中用"秦晋之好"指两国关系友好是错误的，可改为"中俄两国终于成为友好睦邻"。

需要特别注意的是，"秦晋之好"指两家联姻（侧重因联姻而带来的两家关系密切融洽），但不能用来指代二人结婚，如"王小姐和李先生永结秦晋之好"中的"秦晋之好"就应该改成"永结连理"。

| 特别提示 |

"秦晋之好"也可说"秦晋之缘""两性之好"等。

99. 青梅竹马

燕子是我青梅竹马的好朋友，我们俩就像孪生姐妹一样，形影不离。

"青梅竹马"，语出唐代李白《长干行》诗："郎骑竹马来，绕床弄青梅。同居长干里，两小无嫌猜。"青梅，青的梅子；竹马，儿童以竹竿当马骑；弄青梅、骑竹马都是古时幼童喜爱的游戏。"青梅竹马"形容小儿女天真无邪，在一起玩耍游戏，现指男女幼年时亲密无间。如："汉武帝与陈阿娇青梅竹马，刘彻小小年纪便出'金屋藏娇'惊人之语，传为佳话。""青梅竹马"与"两小无猜"同义，只适用于表示男女幼时关系密切。例句中"我和燕子"是一对好姐妹，用"青梅竹马"有误，应适当修改。

| 特别提示 |

"青梅竹马"只表示小男孩和小女孩天真无邪、一起玩耍，不能解释成从小就开始恋爱。

100. 情同手足

周氏兄弟情同手足，记得周作人刚到北大上班不久，突然得了麻疹，高烧不退，鲁迅以为得了猩红热，虚惊一场。

例句错用"情同手足"来形容亲兄弟间的感情深厚，让人迷糊。

"情同手足"一语出自唐代李华的《吊古战场文》："谁无兄弟，如足如手。"将"手足"比喻兄弟。"情同手足"的意思就是说两人的交情很深，关系好得就像亲兄弟。这个成语使用频率颇高，如"他们两个人情同手足""名虽各姓，情同手足"。可见，"情同手足"的两个人并非指具有血缘关系的亲兄弟，而是常常用于朋友、战友之间。例文中的鲁迅和周作人本来就是亲兄弟，怎能再"情同兄弟"呢？例句可改为"周氏兄弟情深"。

542 ／中国人容易犯的1500个语言错误

| 特别提示 |

"情同手足"与"亲如手足"同义,只适用于关系密切的朋友,不能用于辈分不同的人。

101. 人老珠黄

成语"人老珠黄"有特定的指示对象,随意扩大其使用范围必然会导致语言错误。看例句:

用我哥们儿的话说,我们都在透支着自己的身体……等到人老珠黄,城市迅速地抛弃了我们,转而寻找另一个精力与知识同等的年轻人作为替代品。

人老珠黄,旧时比喻女子老了被轻视,就像因年代久远而失去光泽的珍珠一样不值钱。如《缀白裘·醉菩提·醒妓》:"你掉转头,人老珠黄,惶惶,掩上门儿,愁听别院笙歌!""人老珠黄"只能用在妇女身上,例文泛指年老之人,不妥,可改为"待到迟暮之年"。

| 特别提示 |

"人老珠黄"中的"珠"指珍珠,是该词语的喻体,不能误解成"眼珠",把成语当成人一老眼珠就发黄了之义。

102. 石破天惊

"石破天惊"是媒体误用率较高的成语之一,常被错用于惊人的消息。例如:

2007 石破天惊:空调要降价?

"石破天惊"出自唐代李贺的《李凭箜篌引》一诗:"女娲炼石补天处,石破天惊逗秋雨。"形容箜篌的声音忽而高亢、忽而低沉,出人意料,有不可名状的奇境。现多比喻文章或言论新奇惊人。这个词有着特定的修饰对象，不能把握这一点，必然会导致误解误用。

| 特别提示 |

"石破天惊"与"惊天动地"有别。

103. 天作之合

"天作之合"只适用于夫妻，但不少人把它泛用到其他人身上，这样就会犯用错对象的错误。

葛菲、顾俊两人配合默契，多次获得女子双打世界冠军，真是一对天作之合的双打组合。

"天作之合"的意思是上天成全的婚姻，可以理解为天生的一对儿，常用来祝人婚姻美满。出自《诗经·大雅·大明》："天监在下，有命既集，文王初载，天作之合。"比如："你们俩结为夫妻真是天作之合啊！"

例句中的葛菲和顾俊并非夫妻，只是一对配合默契的双打组合，用"天作之合"来形容她们很不合适，应适当修改。

| 特别提示 |

类似的专门用于夫妻婚姻的词语还有"美满良缘""白头偕老"等。

104. 脱颖而出

他们到底扶持起了多少畜牧企业没有人记得清，只记得他们所到之处，大量畜牧企业脱颖而出。

"脱颖而出"意思是锥芒连同锥子把儿上套的环一起透过布囊，显露出来。比喻本领全部显露出来，也比喻人才崭露头角。"颖"指锥子把儿上套的环。出自司马迁《史记·平原君虞卿列传》：战国时，秦国攻打赵国。赵国平原君奉命到楚国求助，毛遂请求跟着去。平原君说："有本事的人，在人群中，就如锥子放在布袋中，尖儿立刻露出来。你在我家已有三年，但我未听说过你的名字，看来你没有什么能耐，还是不要去了。"毛遂说："若我真的能如锥子放在布袋里，就会连锥子上面的环儿也露出来，岂止只露出尖儿！"后来毛遂就跟着去，并发挥了非常重要的作用。

"脱颖而出"只能用来形容人，不能用来形容物，例句用这个成语来形容畜牧企业，用错了对象。

| 特别提示 |

有人这样使用脱颖而出："小鲸鱼从母鲸腹中脱颖而出。"这种用法也是错误的。"脱颖而出"有特定的比喻义，使用原义形容某件东西反而不妥。

105. 先斩后奏

成语"先斩后奏"只适用于下级对上级的关系，忽视这一特定要求是人们用错该词的重要原因。看下文：

在家里，爸爸做事总是先斩后奏，什么事情都是做了以后才让我们知道。

"先斩后奏"原指臣子先把人处决了，然后再报告帝王。现比喻自行把问题处理了，然后才报告上级或当权者。出自《新五代史·梁臣传·朱珍》："珍偏将张仁遇白珍曰：'军中有犯令者，请先斩而后白。'"

"先斩后奏"不适用于平辈关系或上对下。可见，例句中的"先斩后奏"系用词不当，可以把"先斩后奏"改为"不和我们商量"。

| 特别提示 |

"先斩后奏"的近义词是"先行后闻"。

106. 小鸟依人

几天前，广州海珠区的楼群中，一只鸟儿不期而至，入室造访，与摄影师亲密相处36个小时，留下了一组活泼灵动的影像。照片中的它，小鸟依人，婉转地啁啾、轻巧地跳跃，吃西瓜、品红酒、看电视……可爱的样子让人惊喜称奇。

文中用"小鸟依人"形容小鸟，用错了对象。

"小鸟依人"的意思是像小鸟那样依傍着人，形容少女或小孩娇小可爱的样子。出自《旧唐书·长孙无忌传》："褚遂良学问稍长，性亦坚正，既写忠诚，甚亲附于朕，譬如飞鸟依人，自加怜爱。"比如，大多数男生都喜欢小鸟依人的女孩儿。

"小鸟依人"只能用来形容是少女或小孩，例句用"小鸟依人"来形容小鸟就不对的。

| 特别提示 |

用"小鸟依人"形容中老年妇女不妥。

107. 相敬如宾

在阅读中，经常会看到有人把专门用于夫妻的"相敬如宾"泛用，造成语言错误。下面例句就是如此：

《我与婆婆怎样相敬如宾》一文本周点击率过万，婆媳关系一下子成为论坛里最热门的话题。

"相敬如宾"的故事出自《左传》："臼季使过冀，见冀缺耨，其妻馌之，敬，相待如宾。"讲的是一个晋国的大官外出时，看见一个叫冀缺的农夫在田里除草，他的妻子很恭敬地送上午饭，丈夫庄重地接过来，毕恭毕敬地祝福以后再用饭。妻子恭敬地伺立一旁，等丈夫吃完之后便收拾餐具辞别而归。这位大官十分感动，认为只有品德高尚的人才能做到如此相互尊重，遂以此为理由向国君力荐这位农夫做官。后人就用"相敬如宾"来形容夫妻互相尊敬,像对待宾客一样。"相敬如宾"的适用范围仅限于夫妻之间,例句宜改为"我与婆婆怎样和睦相处"。

| 特别提示 |

"相敬如宾"表达的关系是双向的,单方面的不合适。比如"他几十年来对妻子可谓相敬如宾"中对该词的使用就不妥。

108. 相濡以沫

成语"相濡以沫"被泛用的现象较为严重,必须注意其特定修饰对象才能避免使用不当。看例句:

他们疼爱自己的孩子,孩子也喜欢他们,一家三口相濡以沫,美满幸福。

"相濡以沫"是说泉水干了,两条鱼吐沫互相润湿。比喻一同在困难的处境里,用微薄的力量互相帮助,只为了保住生命。濡:沾湿;沫:唾沫。出自《庄子·大宗师》:"泉涸,鱼相与处于陆,相呴以湿,相濡以沫,不如相忘于江湖。"比如:"他们夫妻俩很恩爱,在最困难的时候也能相濡以沫。"

这个成语只适用于在困境中的人,例句中的一家人过着"美满幸福"的生活,用"相濡以沫"就不恰当了。另外,这个成语一般用于夫妻之间,例句用来形容一家三口,使用有误。

| 特别提示 |

"相濡以沫"的近义词是"同甘共苦""生死与共"。

109. 香消玉殒

在报刊网络上,经常会发现有人误用"香消玉殒"一词。看例句:

不幸的是，1986年1月28日，就在"挑战者"号航天飞机起飞仅73秒时，麦卡利夫人与其他6名航天员一起香消玉殒。

消，消逝；殒，死亡，组词如殒身、殒命；香、玉，代指貌美的女子。"香消玉殒"的意思十分好理解，即比喻年轻貌美的女子死亡；如："戴安娜王妃香消玉殒。"根据资料显示，当时失事的"挑战者"号航天飞机上有7名机组人员，其中5名是男性。他们的遇难，是不能与麦卡利夫人一起称为"香消玉殒"的。文中可将"香消玉殒"改为"一同遇难"。

| 特别提示 |

"香消玉殒"只能用于年轻女子。年老的女性因病或其他原因死亡不能用"香消玉殒"。

110. 言听计从

"言听计从"是个经常被误用的词，而且造成误用的原因不一，因此要多加注意。

例一：蒋介石对戴笠十分重用，戴笠对蒋介石言听计从，但蒋介石很快发现戴笠的军统特务人数已达到数十万之众，担心养虎为患，所以对戴笠始终心存防范。

例二：更奇怪的是偌大一位高级官员，竟言听计从一位神算的婢女……

"言听计从"出自《魏书·崔浩传》："值世祖经营之日，言听计从，宁廓区夏。"指对某人说的话和出的主意都听从照办，形容对某个人非常信任。在使用这个成语的时候，首先要注意谁对谁"言听计从"，不可搞错对象，例一就用错了对象。其次，这个成语是个不及物动词，后边不能接宾语，例二就违反这个规则。

| 特别提示 |

这个成语常用于上下级或长晚辈之间。

111. 嫣然一笑

于是我跟巴特先生说了我的痛苦,我看见他嫣然一笑。

"嫣然一笑"出自宋玉的《登徒子好色赋》:"眉如翠羽,肌如白雪;腰如束素,齿如含贝;嫣然一笑,惑阳城,迷下蔡。"宋玉在这篇著名的赋中将东家之子(女儿)的美态描绘到了极致。"嫣然一笑"遂被后人用来形容女子笑得十分娇媚的样子。如宋朝张元干《清平乐》词:"相见嫣然一笑,眼波先入郎怀。"《老残游记》:"那女子嫣然一笑,秋波流媚,向子平睇了一眼。""嫣然一笑"只能用于女子,用在"巴特先生"身上显然不正确。

| 特别提示 |

"暗送秋波"同样不能用于形容男子。"嫣然一笑"不能写成"颜然一笑"等。

112. 英年早逝

由于对"英年"有误解,不少人往往会误用"英年早逝"。看例句:

1939年元月,在抗日战争最艰苦的岁月中,石鲁这个20岁地主少爷抛弃富贵……奔赴圣地延安……1982年8月25日,石鲁英年早逝。

"英年早逝",形容人在青壮年时期死去,表示惋惜的意味。"英年",英气焕发的年龄,多指青壮年时期,其所指的年龄段最高也不超过50岁。由上文可知,石鲁先生1939年20岁,那么他1982年去世时应是63岁的老人,已逾花甲,何谈"英年早逝"?

|特别提示|

"英年早逝"的反义词是"老当益壮"。

113. 玉树临风

专门用来描绘男性美少年的"玉树临风",经常被人拿来描写女子。例如:

我一直渴望自己拥有玉树临风、不食人间烟火的淑女气质,可惜,我从小就是个饕餮之徒。

"玉树临风"是专写美少年的,形容风度潇洒,秀美多姿。据《晋书·谢安传》,谢玄曾以"芝兰玉树"比喻好子弟。《滕王阁序》中"非谢家之宝树"即用此典。杜甫《饮中八仙歌》:"宗之潇洒美少年,举觞白眼望青天,皎如玉树临风前。"崔宗之是"饮中八仙"之一,是一个少年英俊的风流人物,杜甫用"玉树临风"形容他的俊美丰姿和潇洒醉态。例句显然不宜使用"玉树临风"。

|特别提示|

"玉树临风"亦可作"临风玉树"。

第五篇

语法错误

词类误用

名词的误用

1. 板砖

随着网络的普及,很多网络新词不断地出现在文章中。但是很多人在使用这些新词的时候不加注意,常常出现词语误用的情况。比如:

他们尽情地在论坛上灌水、板砖。

"板砖",原来是北方的土话,指一种体积较大、质地粗糙的墙砖。网络兴起后,有人将它引入了论坛,俗称"砖头",指网络上用来攻击的常规武器。从上述解释中可以知道,"板砖"是一个名词,但是例句中将其作为动词与"灌水"并列使用,这是错误的。作者想要表达的是论坛网友之间互相攻击,用"板砖"相互攻击也有一个相应的网络新词——拍砖。例句犯了将名词误用作动词的错误,应该将"板砖"改成"拍砖"。

| 特别提示 |

在使用网络新词的时候,同样不能忽视词语的词性。

2. 裨益

毕业之际,我面临工作和考研的两种选择。前者自然会对减轻家庭负担非常裨益。

"裨益"是并列结构的名词,"裨"是益处的意思,"益"也代表益处,合起来仍然表示益处,比如:"大量阅读对增长知识大有裨益。"之所以有很多人将"裨益"一词使用错误,是因为他们误以为"裨益"是一个形容词。

例句中将"裨益"放在"非常"后面,把"裨益"当成形容词用了,应该改为"非常有益"或者是"大有裨益"。

| 特别提示 |

"裨益"除了有名词词性外,还有动词词性,意思是"使……受益"。比如:"植树造林是裨益当代,造福子孙的大事。"

3. 别扭

伊沙在寻找别扭余华的理由……

"别"在读"biè"的时候,是个动词,所以很多人误以为"别扭"也可以作为动词使用。"别扭"兼有形容词和名词的词性,含义比较丰富,指不顺心、难对付;意见不相投或争执之事;(语言、文章)不通顺、不流畅等。如欧阳予倩《桃花扇》:"你尽量跟我闹别扭,你到底想怎么样?"老舍《龙须沟》:"我不应当因为自己的别扭,就拦住你们的高兴!"

但是"别扭"没有动词的词性。例句中说"别扭余华",意思就是让余华别扭(不顺心),这显然是把"别扭"当成动词来用了。古汉语中虽然有名词作动词的用法(使动、意动等),但现代汉语词语的词性都是固定的,不宜随意变换。例句中的"别扭余华"可改为"让余华别扭"。

| 特别提示 |

"别扭"和"别嘴"中的"别"都念四声。

4. 禀赋

与其说《秀色》让我们看到了山野女性另外一种崇高伟大,不如说是作家意在透过《秀色》让我们去看那共产党人应禀赋的伟大崇高。

"禀"是个动词,比如禀告;"赋"也有动词的词性,比如"赋予"。因此,有很多人认为"禀赋"也是个动词。其实,"禀赋"是一个名词,指人的体魄、智力等方面的素质,如"具有艺术禀赋""禀赋极高"等。古汉语中虽然有名词作动词的用法(使动、意动等),但现代汉语词语的词性都是固定的,不宜随意变换。例句中"共产党人应禀赋的……"一句,明显是将"禀赋"当成动词来用了,这里的"禀赋"应该改为"具备"。

| 特别提示 |

"禀赋"不能写成"秉赋"。

5. 操守

他遇到过半推半就的女人,也遇到过操守贞节坚辞拒绝的女人,他在这一方面的全部经验都不能用来套解儿媳的矛盾行为。

"操守"是一个同义复合名词,指人平时的行为、品德,但是经常有人将"操守"理解为动词,比如上述例子。

之所以会错误地理解"操守"一词的词性,大约是没有理解"守"字在这里的含义。"守"字作动词时有保护、保持、看管、遵照、靠近等意思,作名词时与"操"同义,表示品行、行为。作为名词的"操守"是不能接宾语的。例文中的"操守贞节"可以改为"坚守贞节""严守贞节"等说法。

| 特别提示 |

"操守"与其他名词连用时,常表示某种行为规范和道德标准。如"职业操守""信用操守""记者操守"等。

6. 称谓

值得注意的是,在刘氏眼里,洋务并不等于自强,这或者是海峡两岸各以"洋务"和"自强"称谓同一"运动"者值得研讨的吧!

很多人认为,"称"和"谓"在解释为"叫,叫作"时是动词,所以两个字组合起来也是动词。其实不然。"称谓"是名词,指人们由于亲属和其他方面的相互关系,以及由于身份、职业等而得来的名称,如"母亲""老师""师傅"等。

古汉语中虽然有名词作动词的用法(使动、意动等),但现代汉语词语的词性都是固定的,不宜随意变换。例句中"以××称谓××"一句,显然是把"称谓"当成动词用了,宜改为"称呼""命名"等。

| 特别提示 |

汉语中两个单音节动词组成双音节词,有的变成了名词,如称谓、战争;有的还仍然是动词,如学习、仿照等。

7. 耻辱

天汉二年(公元前99年),李陵案件爆发,司马迁因上书救李获罪,次年下狱受腐刑。这是对他极大的摧残和耻辱。

"耻辱"表示声誉上所受的损害或其他可耻的事情,是名词。"摧残",动词,指使蒙受严重损害。例句中将"耻辱"和"摧残"并列,显然是把"耻辱"当成了动词。

"耻辱"与"屈辱""羞辱""侮辱""污辱"等词意思接近,很容易将词性混淆。"耻辱""屈辱"是名词,"侮辱""污辱"是动词,"羞辱"则是动词、名词词性均有。

其中"对他……的耻辱"一句犯了名词当成动词用的错误。"对某人怎样"后应接动词,所以例句应改为"这是对他极大的摧残和污辱"。

| 特别提示 |

"耻辱"与"屈辱""羞辱""侮辱""污辱"等词意思接近,

但需要注意的是,"耻辱""屈辱"是名词,"侮辱""污辱"是动词,"羞辱"则是动词、名词词性均有。

8. 创伤

很多人容易将"创伤"误认为是动词,常常出现语法错误。比如:

毛泽东的逝世重重地创伤了贺子珍孤独凄楚的心,但她却表现得异常的镇静,饱经忧患的她,已经变得更刚强了。

"创伤"指的是身体上受伤的地方,也可以比喻物质或精神行遭受的破坏或伤害,例句中用的是比喻义。这个词不论是本义还是比喻义,都是名词,但例句中的"创伤"却带上了宾语"贺子珍孤独凄楚的心",这是把名词"创伤"当成动词来用了,不合其使用规则。例句可以把"创伤"改成"挫伤"等。

| 特别提示 |

很多带有"伤"字的词语是动词,比如"挫伤""损伤",但是不能以偏概全,在使用时要多注意。

9. 此行

"月落乌啼霜满天,江枫渔火对愁眠"是著名诗人张继诗中的佳句,我们此行苏州也有幸来到诗境中枫桥景区……

在实际应用中,很多的游记中有"此行+地名"的写法,这是误解了"此行"的词性。

"此行"指"这一次出行",如"此行十分顺利""不虚此行"等。很多人认为"此行"是"此次到……"的意思,将名词误以为是动词。

例中"此行"后加了一个宾语——苏州,显然是错把"此行"当成动词了。"此行"只有名词词性,所以例句宜改为"我们这次苏州之行"等说法。

| 特别提示 |

"此行"的"行"读"háng"时，词义就变成了"这一行业"，如"给刚入此行的会计朋友几点建议"。

10. 诞辰

诞辰和诞生仅一字之差，经常有人会用错。如下例：

为设计总理诞辰百年纪念邮票组稿。

仔细对比发现，文章标题用了"诞生100周年"，句中用了"诞辰百年"，难道"诞生"可以与"诞辰"互换吗？当然不可以。句子中"诞辰百年"的说法是错误的，作者将"诞辰"与"诞生"的用法相混淆了。《现代汉语词典》中解释得非常明确："诞辰"意思为生日，是名词。既然是名词，又怎么能与宾语"百年"搭配呢？名词后面是不能带宾语的，因此正确的用法应该是：将"百年"移到"诞辰"前面，改成"百年诞辰"。用数量词修饰名词才符合语言规范。作者在"诞辰"的后边加上"百年"，显然是把"诞辰"这个名词当成动词用了。

"诞辰"是个褒义词，也是一个敬辞，多用于值得尊敬的人。除诞辰外，还有华诞、寿诞，都用于值得尊敬的人。准确的用法应该是"某某周年诞辰"，用"某某周年"在时间长短上限制"诞辰"。

| 特别提示 |

"诞辰"一般用于纪念性的文字或语言中。"诞辰"具有时限意义，"周年诞辰"的意思实际已表明某人什么时候出生到什么时候为止，因此"诞辰"不能用在活人身上，否则就不是敬辞了。

11. 分野

很多人将"分野"和"划分"相混淆,以为"分野"是动词"划分"的近义词。看下文:

小说和诗歌的发展,使我们有必要对它们进行内部分野。

"分野"是名词,本指与星次相对应的地域。中国古代占星家为了用天象来占卜人间的祸福吉凶,便以十二星次的位置来划分地面上州、国的位置,使二者相互对应。就天文说,称为分星;就地理说,称为分野。如《三国演义》:"蒯良谓刘表曰:'某夜观天象,见一将星欲坠,以分野度之,当应在孙坚。'"后来,人们便用"分野"来表示划分的范围、界限。如朱光潜《谈读书》:"近代科学分野严密。"

现代汉语中,每一个词的词性都是固定的,名词不能作为动词使用,动词也不能作为名词使用。例句中"对它们进行内部分野"明显误用了词性。这里的"分野"应当改为"区分""划分"等。

| 特别提示 |

"分野"也可用来指思想、政治方面的分歧。例如:"我们在船上共餐了五六天,谈话的机会自然很多,在认识上和信仰上的分野,无意中流露的,已有截然的界限。"

12. 共识

名词"共识"被误用的现象比较严重,不少人把它当成动词或形容词使用。看下文:

对于一时无法解决的双边分歧,两国日益共识:应该将之控制在封闭的"空间"内,不能放任"溢出",影响其他领域的携手共进。

《现代汉语词典》对"共识"的解释是共同的认识。认识是思维的结果，所以，其发出的主体应该为人或由人组成的国家、组织等。"共识"是个典型的名词，但例句作者把它当成动词使用了，违反了它的使用规则，应该做适当修改。还有人用"比较""很大"等修饰"共识"，这是把它当成形容词使用了，也是错误的。

| 特别提示 |

有人在概括事物的共同特点时用"共识"，这是不对的，物体不能有共识。

13. 故障

近些年来，名词"故障"被当成动词使用的情况很常见，有必要纠正这个错误。先看下文例句：

上航一航班故障，改签航班竟又故障。

"故障"，名词，是指机械或仪器等发生的障碍或毛病，如排除故障。例文短短一句话里，连用两个"故障"，都是错误地把它当动词了。尤其第二个，竟然用"又"去修饰。因此，应该在"故障"加上"出"或"发生"这样的动词，使表述正确无误。

| 特别提示 |

注意"故障"与"障碍"的区别。"障碍"既可以作名词（障碍物），也可以作动词（阻碍，挡住）。

14. 结晶

17 世纪法国的古典文学结晶了贵族语言风格。

"结晶"一般情况下是作为名词使用的，本义是指晶体，后来用来比喻比较珍贵的成果。其用法是"……是……的结晶"。

比如："万里长城是我国古代劳动人民智慧的结晶。"例句中"……结晶了……",显然把"结晶"当成动词用了。

"结晶"有动词词性,很多人将"结晶"当动词用的时候,并没有考虑它的意思,以致出现语法错误。"结晶"作动词用的时候,是特指物体从液态或气态形成结晶的过程。比如:"通过改变温度或减少溶剂的办法,可以使溶质从溶液中结晶析出。"

很显然,例句不是这个意思,应该改为:"17世纪法国的古典文学集中体现了贵族语言风格。"

| 特别提示 |

"结晶"一词含有明显的褒义色彩,不可把它用到贬义的语境中。

15. 讲座

马祖光院士在逝世前的一个月,应邀为学生讲座。

暂且不谈例句中"逝世前应邀"的说法恰当与否,句末"为学生讲座"肯定是说不通的,明显是犯了词性误用的毛病。

"讲座"是一个名词,指的是一种教学形式,一般利用报告会、广播、电视或刊物连载等方式进行。比如:汽车维修知识讲座。而例句中说"为学生讲座",是将"讲座"当成了动词,应改为"应邀为学生开讲座"或"应邀为学生讲课"。

| 特别提示 |

开设"讲座"不一定是现场进行的,也可以以书面形式呈现。

16. 纠葛

在实际应用中,很多人把"纠葛"和"纠缠"的意思相混淆,错把"纠葛"当动词来用。比如:

在和曹七巧纠葛了两年之后,王安忆终于把她甩下。这是写作风格一贯冷静的她的第一部"一反常态"的作品。

"纠葛"指纠缠不清的事情、纠纷，如："只为了一点小纠葛，他便匿名向小报投稿，诬陷老朋友去了。"（鲁迅《〈伪自由书〉后记》）"纠缠"指绕在一起；搅扰，找人麻烦。比如："问题纠缠不清""纠缠不休"等。从词的解释中可以清楚地知道，"纠葛"是名词，"纠缠"是动词。例句中错把"纠葛"当成了动词，应该改为"纠缠"。

|特别提示|

"纠葛"还容易被误解为矛盾的心理。

17. 女人

名词，属于实词范畴，用于表示人或事物的名称，具有指称意义。每一个事物都具有其特定的性状，而人们往往很容易从指称意义中联想到它的性状特征，从而为名词用作形容词提供了可能性。比如：

寝室的阿娇一直都保持着垂顺的马尾辫，这天她忽然心血来潮，烫了一个妩媚动人的卷发。室友们望着阿娇不禁赞叹："太漂亮了，这个发型让阿娇看起来更女人了！"

例子中的"更女人"无疑是在夸赞换了发型后的阿娇看起来更柔媚、更显女人魅力。古往今来用于形容女人美丽的词语，恐怕是数不胜数。可如今那些词语似乎早已被淘汰，取而代之的是一句"更女人"。仿佛只要一说"更女人"，就意味着具备了女人所有的特点，而不只是漂亮、窈窕或是风情万种了。由此，形容男子刚强、坚毅，也只一句"很男人"足矣。若是年轻人，"很阳光"似乎也用得不错。

可见，一些名词的错误用法是人们根据名词所具有的性状特征来人为地设定它的使用范围或意义的，严格按照现代汉语语法规则来判断，这种用法是不合理的，属于名词误用为形容词。

| 特别提示 |

名词不能由副词来修饰，但在表示方位和处所的名词前以及一些固定格式中，名词可以由副词修饰，如"上不上，下不下""最上面"等。另外，在修辞语境中，名词可用副词修饰。

18. 亲情

例一：这个戏完了之后，我们就建立了一种很亲情的那种友谊。

例二：一个名叫小尾巴的纯真少女，用她迷惑的眼睛、忧伤的心灵、青春的身体感受着熟悉而陌生、亲情而残酷的纷繁世界。

"亲情"指的是亲人的情义，是一个名词。这两个例句分别让"亲情"修饰"那种友谊"和"纷繁世界"，例一中还在"亲情"的前面加上了副词"很"，这都是将这个名词当成形容词来用了，不合其使用规则。例一中的"亲情"应该改成"亲密"，例二中的"亲情"应该改成"亲切"。

| 特别提示 |

"亲情"是一种感情，不是一种态度。

19. 荣誉

很多人认为"荣誉"是个形容词，常常直接在其前面加上否定副词表示否定或者反面的意思，比如：

例一：不荣誉的父亲
例二：当"荣誉市民"不再荣誉时

"荣誉"意思为光荣的名誉。这是一个名词，在使用中不能接受副词的修饰。例一中的"荣誉"和例二中第二个"荣誉"分别接受了副词"不"和"不再"的修饰，这是把这个名词当成形容词来用了，不合其使用规则。例一应该把"荣誉"改为"光荣"，也可根据表达的需要把"不荣誉"改为"丢失荣誉"之类的话。例二可把"不再荣誉"改为"失去荣誉"之类的话。

| 特别提示 |

荣誉有其独特性，是指特定的人从特定组织获得的专门性和定性化的积极评价。

20. 收益

它与国家征地不同，集体在上缴了与土地有关的各项税费后，可以收益土地租值，并由全体农户按股权分享……

"收益"指的是生产上或商业经营上的收入。这是一个名词，在现代汉语中规定不能带宾语。例句中的"收益"带上了比喻"土地租值"，这是把名词当成动词使用了。可把"收益土地租值"改为"从土地租值中获得收益"。

| 特别提示 |

与"收益"不同的是，"收入"和"收获"都是兼类词，既可以用为名词，也可以用为动词，而"收益"只能作名词用。

21. 缩影

这个位于中国东部沿海地区的小县城，在一定程度上，缩影着整个中国。

"缩"是个动词，所以很多人误以为"缩影"也是动词。其实，"缩影"是名词，比喻能代表同一类型的具体而微的人或事物。比如：《红楼梦》中的贾府是日趋没落的中国封建社会的缩影。"

在现代汉语中，名词是不能作为谓语的。因此，例句中的"缩影着整个中国"，应该改为"是整个中国的缩影"。

| 特别提示 |

"缩影"的一般用法是"……是……的缩影",不能用于"……缩影为……"或者"……缩影着……"等结构。

22. 外遇

他觉得他已经发了,现在不是梅教授会不会外遇的问题,而是他会不会泡小姐的问题,只要有了钱,他什么女人弄不上呢?

"外遇"指的是已经结婚的人在其配偶之外的不正当的男女关系。这是一个名词,句中让它与"会不会"搭配在一起,但"会不会"之后一般只能跟动词或动词性结构的内容,句中是把名词"外遇"当成动词来用了,这不符合现代语法规则。可以将例句中的"会不会外遇"改成"会不会有外遇"。

| 特别提示 |

有些名词可以用作动词,但不是所有名词都可以用作动词。

23. 义愤

孙志刚事件让人非常义愤,加上"非典",使我们意识到社会公共事业出现了危机。

人们经常将"义愤"这个词用错,上述句子就是一个很典型的例子。

"义愤"指基于正义公理激发的愤怒或对非正义的事情引起的愤慨,如"义愤填膺""满腔义愤"等。"义愤"解释说明它只能作名词,例句中的"让人非常义愤"应该改为"让人非常气愤"或"让人义愤填膺"。

| 特别提示 |

"义愤"特指对违反正义的事情所产生的愤怒,不能用来表示其他情况所导致的气愤。

24. 阴霾

静静的村庄飘着白的雪，阴霾的天空下鸽子飞翔，白桦树刻着那两个名字，他们发誓相爱用尽这一生。

"阴霾"是人们非常容易用错的一个词语。"阴霾"是"霾"的通称，气象学用语之一，指空气中因悬浮着大量的烟、尘等微粒而形成的混浊现象，能见度小于十千米。

从"阴霾"的解释不难看出，它是一个名词，却常被误当成形容词。报刊中常见的"阴霾的天空""阴霾的心情"等说法都是把"阴霾"当成形容词用了。例句也犯了同样的错误。

| 特别提示 |

"阴霾"也可比喻心灵上的阴影或不愉快的气氛，但词性不变，仍为名词。

25. 忧患

很多人认为"忧患"是一个形容词，见下例：

女同学忧患地说，现实生活是严峻的，他们应该尽早懂得这一点，并尽早开始积蓄，否则，日后的婚礼，连手表和皮鞋都会没有。

"忧"字组成的词语大多是形容词，如"忧愁""忧烦""忧愤""忧伤""忧郁"等，所以人们也容易将"忧患"划入形容词中。但"忧患"是名词，指忧虑、祸患，如："旷然无忧患，寂然无思虑。"(三国嵇康《养生论》)

例句中的"女同学忧患地说"建议改为"女同学忧心忡忡地说"。

| 特别提示 |

"忧患"同样不能作动词用，如"忧患国家的命运"一说就是错误的。

26. 责编

从这开始,我的工作重点就是责编西尧同志的诗集……这不仅因为我责编了两本好书,而且因为我在责编这两本好书的过程中,结识了一位和蔼可亲的革命老前辈,并从他一生的革命经历中学到了做人的道理。

很多人看到"责编",就以为它是动词,这是人们比较容易犯的语法错误。"责编"是"责任编辑"的缩写,责任编辑一般负责稿件的初审和整理。"责编"和"美编"一样,都是总编或者主编下设的担任不同编辑任务的职务名称。所以说,"责编"是一个名词,其中的"责"是"责任"的意思,而不能解释为"负责"。

例句就是对"责编"的词性理解有误,所以犯了将名词用作动词的语法错误。例句一共使用了4个"责编",都是用成了动词,可以改成"编辑"。

| 特别提示 |

"总编""美编""责编"都是名词,"主编"可兼作名词和动词。

27. 智慧

在网上,"很智慧"的说法比比皆是,如此使用"智慧",是误解了它的词性。看例句:

我忽然感到她是个很智慧的人。

"智慧"是名词,意思是辨析判断、发明创造的能力。如:"人民的智慧是无穷的。"但是很多人认为"智慧"是一个形容词,所以经常有人将"智慧"放在情态副词的后面,这样就出现了例句中的错误。例句把"智慧"放在情态副词"很"后面,显然把"智慧"当成形容词了，应该改为"她是个很有智慧的人"或者"她是个很聪慧的人"。

"聪慧"与"智慧"一字之差，"聪慧"是形容词，而"智慧"是名词，使用时要弄清楚词性，以免出现语法错误。

| 特别提示 |

"智慧"与"智力""智谋""智能"等都是名词，可以说"智能机器人"，但是不能说"这个机器人很智能"。

28. 高风亮节

画面上10枝挺拔的毛竹和6株茁壮成长的毛笋生机盎然，兰花点缀其间，表现出了竹、笋在自然环境中的顽强生命力，体现了中国传统文化中虚怀若谷、高风亮节的高尚情操，画面清逸高雅……

人们在说一个人品德很高尚时，往往会用到"高风亮节"这个词，因此很多人误认为"高风亮节"是一个形容词。实际上，"高风亮节"是一个名词，意思是高尚的品德、坚贞的节操。如徐迟《〈牡丹〉跋》："那个卖身投靠的演员只是一个蚂蚁堆，而她的高风亮节，抵得上一座入云的山峰。"

在例文"高风亮节的高尚情操"中，"高风亮节"作为定语出现在名词之前，作者显然是将其当成形容词来用了，而且还造成了语意的累赘。例文的末尾宜改为"体现了中国传统文化中虚怀若谷、坚贞高尚的情操"。

| 特别提示 |

"高风亮节"是褒义词，使用时应注意语境和感情色彩。

29. 花容月貌

想用化妆品使自己更加花容月貌，谁知脸上却长出一大片小痘痘。

"花容月貌"容易被误认为是形容词,例句就是犯了这样的错误,而且在"花容月貌"前加了一个副词"更加"进行修饰。

"花容月貌"的本义是如花似月的容貌,形容女子貌美。"花容月貌"是一个名词性词组,它不是形容词,显然是不能用程度副词修饰的。所以说,"更加花容月貌"犹言"特别桌子""十分报刊",都是修饰不当。例句可改为"使自己更加美丽动人"。

| 特别提示 |

"花容月貌""国色天香""闭月羞花",一般情况下是用来说明女子貌美的,但是"花容月貌"和"闭月羞花"不能用来形容花卉的娇艳美丽。

30. 文韬武略

很多人认为"文韬武略"是个形容词,因此习惯说"××文韬武略",其实这种说法是错误的。看例句:

越王勾践,"春秋五霸"的最后一位出场者,在历史上以"卧薪尝胆"美名激励了无数人的斗志,成为复仇者的典范……而从我个人情感角度,我极其讨厌他,勾践更像是一个冷酷坚忍的复仇者,而非文韬武略的强国英雄。

事实上,"文韬武略"是个名词。韬:《六韬》,古代兵书,内容分文、武、龙、虎、豹、犬六部分;略:《三略》,古代兵书,凡三卷。"文韬武略"是用来比喻用兵的谋略。如:"你便有文韬武略,怎逃出地网天罗。"(明·施耐庵《水浒全传》)

理解了成语的含义后,就可以知道这是一个并列关系的名词性词组,名词怎么能修饰名词呢?例句应改为"……而非具有文韬武略的强国英雄"。

| 特别提示 |

"文韬"与"武略"均比喻军事谋略、带兵打仗的本领,不能望文生义,将"文韬武略"与"文武双全"相混淆。

31. 衣冠禽兽

一顿酒,二憨实现了他的敲山震虎计划。虚实既已探明,接下来的事情是怎样告倒这个衣冠禽兽的家伙,二憨心里琢磨了很久也没有想出个万全之策来。

"衣冠禽兽"原来是个褒义词,是指有地位的官员。从明朝开始,统治阶级就在官员的"衣冠"上绣上飞禽走兽,以表示官员的品阶。文官的补子上绣的是飞禽,武官的是走兽。但是,到了明朝末期,统治阶级昏庸无能,文官贪财,武将怕死,欺压百姓,所以衣冠禽兽就成为为非作歹、禽兽不如的赃官的同义词了。因此,很多人误认为"衣冠禽兽"是一个形容词。

"衣冠禽兽"是指穿衣戴帽的禽兽,比喻行为卑劣、道德败坏的人。如徐迟《狂欢之夜》:"在这座最庄严的城中,却有着一群荒淫无耻的,丑态百出的,伤天害理的,穷凶极恶的衣冠禽兽。"因此,"衣冠禽兽"是名词,只能作主语或宾语。例句中说"衣冠禽兽的家伙",显然是将该成语当成了形容词,"的家伙"三字可以删去。

| 特别提示 |

"衣冠禽兽"的"冠"念 guān。

动词的误用

32. 拜会

促销团在港期间还将与相关部门的人员进行拜会。

"拜会",动词,又称拜见或拜访、访问,一般是指在外交上的正式拜访会见。现在也是公务员常见的交际形式。通常是以所在单位或者部门代表的身份,有针对性地前去拜访其他单位部门或个人,就有关事宜和对方进行探讨或磋商。

例句明显是将动词"拜会"误用为名词了,很多人犯这样的错误。"拜会"一词常用的结构是"拜会××"和"对××进行拜会"。正确的修改方法应该是:将例句中的"与"改成"对",或者将"与相关部门的人员进行拜会"改成"拜会相关部门的人员"。

| 特别提示 |

拜会不是一般的访问或者会见,而是有针对性地去找相关人员或部门进行探讨或者磋商。

33. 道歉

在生活中,经常能听到这样的两句话,"请你接受我的道歉"和"我不接受你的道歉",其实这两句中"道歉"的用法是错误的。这种错误在于把动词"道歉"当成名词用了。此类现象很常见,比如下文:

老人直起身子,那张黑黝黝的脸盘顿时绽出那憨厚的道歉。

"道歉"是动词,意思是向某人表示歉意,承认使人委屈或对人无礼并表示遗憾,特指认错。一般用法是"……向……道歉"。比如:"我不小心弄脏了你的衣服,我向你道歉。"例句中"憨厚的道歉",把动词用为名词,应该改为"憨厚的歉意"。

| 特别提示 |

道歉是一个动词,因此不能说"……的道歉"。

34. 发生

动词"发生"被误用的现象相当严重，有必要引起重视。看例句：

人脑两个半球内可以发生130余种肿瘤。

动词"发生"指原来没有的事情出现了，因此，它支配的对象应当具有动态性，比如"发生变化""发生关系"。人和一般性名词不能作为它的宾语。例句在"发生"后接"肿瘤"，就违反了其使用规则。

| 特别提示 |

"发生"指向的动态，通常是在短期内完成的，不宜把它与表示长时间的"长久"之类的副词，或需要长时间才完成的如"普及"之类动词共同使用。

35. 进取

李嘉诚首先指出，他是一个"很进取的人"，从他所从事行业之多便可看得到。

常常有人犯同例句一样的词法错误，将"进取"当成形容词用。"进取"是一个动词，意思是努力向前、立志有所作为。如《论语·子路》："狂者进取，狷者有所不为也。"例句在"进取"前加上程度副词"很"来修饰，明显是把"进取"当成形容词了。文中的"很进取的人"宜改为"很积极的人"或"很有进取心的人"。

| 特别提示 |

需要注意的还有"上进"，同"进取"一样，都是动词，不能当成形容词用。

36. 冷藏

在实际写作中，很多人容易将"冷藏"当成形容词使用，比如：

本商品请勿长时间受阳光照射，应置于阴凉处储存，开封后，请冷藏保存。

例句是某食品包装袋上印着的保存注意事项，该食品遇热容易变质，所以要求保存时放在低温的地方。冷藏：动词，指把事物、药品等贮存在低温设备里，以免变质、腐烂。例句明显是将"冷藏"误认为是形容词"低温"，出现了语法错误。例句可以将"冷藏"删除，也可以将"冷藏"改成"低温"。

| 特别提示 |

使用词语之前，要全面地理解词语，不能片面。

37. 威慑

很多人将"威慑"理解为恐惧、恐怖等，错误地将它当成形容词使用。这就犯了同下面例句一样的语法错误。

去年年初，美英两国曾集结了令人威慑的军事力量，使海湾地区一度战云密布。

威慑：动词，用武力使对方感到恐惧。"令人"是让人之义，一般用在形容词前面，如"令人欣慰""令人愉快"等。例句中在"威慑"一词前加上，明显误解了它的词性，把它视为形容词了。所以可以考虑改为："去年年初，美英两国曾集结令人畏惧的军事力量，使海湾地区一度战云密布。"

| 特别提示 |

"威慑"常与"力量"搭配，指的是能施行大规模毁灭性打击的武器和军事力量。由于"威慑力量"一词有其特殊的含义，所以一般只适用于军事方面，不可用于其他情况。

38. 享受

例一：他们最享受的娱乐是在天黑之后爬上平台的水泥护栏，观看每个窗子里上映的戏剧。

例二：编辑和记者在一起，那种人与人、心与心的非常温暖的对书稿的交流，多享受啊。

"享受"是个动词，不能接受程度副词的修饰。上述两个例句中的"享受"分别接受了程度副词"最"和"多"的修饰，这是把动词当成形容词用了，不符合其使用要求。可以把例一中的"最享受"改为"最感享受"，将例二中的"多享受"改为"多让人享受"。

另外，例一中的"上映"最好改成"上演"。

| 特别提示 |

"享受"还容易被误认为是名词。

39. 障碍

制约农民收入增长的因素越来越受到国民经济增长和宏观政策环境的影响。现阶段农民增收有哪些特点？到底是什么障碍农民增收？

"障碍"有两种词性，一个是名词，一个是动词。很多人将不及物动词的"障碍"和及物动词"阻碍""妨碍"相混淆。

"障碍"作动词时的意思是挡住道路使不能顺利通过，如"人格的成长受到障碍"；作名词时，指的是阻挡前进的东西，如"心理障碍""排除障碍"。"障碍"只能作不及物动词，它的后面是不可以接宾语的。例句中说"障碍农民增收"，这里的"障碍"显然是被当成及物动词来使用了，不妥。宜改为"阻碍""妨碍"等。

| 特别提示 |

"障碍"一词原是佛教用语,佛教认为恶业引起的烦恼困惑,会扰乱身心,因此称为"障碍"。

40. 致意

很多时候,人们在写文章的时候,不是很注意"致意"这个词的词性,以至于常常出现"致意××人"的错误。下文就是典型一例:

总理临别时再三致意王秀兰:"你做千家万户的工作,我要向你学习,向你表示感谢!"

"致意"的意思是向人表达真实的心意、表示问候之义。如"再三致意""点头致意""向全国人民致意"等。"致意"是一个不及物动词,例句错将"致意"当成了及物动词,在"致意"后加上了宾语"王秀兰",这显然不合词法。例文中的"再三致意王秀兰"宜改为"再三向王秀兰致意"。

| 特别提示 |

不要将"致意"与"执意"相混淆。"执意"是一个副词,意思是坚持自己的意见,表示坚决。

41. 滞后

在使用时,许多人给不及物动词"滞后"带上宾语,造成语法错误。看例句:

市场经济鼓励人口流动,办理暂住证等手段已经滞后社会发展。

"滞后"指(事物)落在形势发展的后面,如"发展滞后""决策滞后""教育滞后"等。"滞后"是一个不及物动词,它的后面无法接宾语。但例句中的"滞后"后面带了"社会发展"

这个宾语，误解了"滞后"。句中"滞后社会发展"应改为"滞后于社会发展"。

|特别提示|

"滞后"只能指事物的发展落后于形势，不能用于人的落后，或人为的延后、推迟等。

42. 重创

实际写作中，很多人容易将"重创"误认为是名词，比如：

一次车祸使她遭受重创。

"重创"是一个动词，意思是使受到严重的损伤，如"重创敌人"。例句在"重创"前面用了动词"遭受"，明显是将"重创"作为名词使用了。这不符合现代语法规范。例句可以将"遭受重创"改成"受重伤"。

|特别提示|

"重创"还有再次杀伤已受伤者的意思。

43. 主持

新丝路培养出来的名模李冰、甄妮，以及上届冠军慕中华、冯婧都将到场，就连主持人也特意请来新近加盟湖南卫视、人气正旺的谢娜主持。

这段话的最后一句让人不太明白，谢娜要主持主持人？难道主持人是一个栏目的名称吗？从文章的意思来看显然不是，主持人就是主持节目的人，并非栏目名称。文中的意思是说要请谢娜来当主持人。所以，句中最后的"主持"使用不当，可改成"担任"。

|特别提示|

"主持人"是一个职务名称，也是一种职业。主持人就是主

持节目的人，并非栏目名称。但"主持"主持人的说法就贻笑大方了。

44. 钻研

在网上经常看到有人使用"很钻研"，但这样使用明显违反了"钻研"一词的使用规则，把动词钻研误用作形容词。看下文：

亏得这三年教书，他既不用参加繁重的体力劳动，又有时间继续学习，对他喜爱的文科很钻研。

"钻研"是动词，意思是深入研究，比如钻研理论、钻研科学、钻研业务。例句用"很"来修饰钻研，把"钻研"当成形容词来用了。"钻研"是动词不能受程度副词"很"的修饰，应该改为"对他喜爱的文科深入钻研"或者"对他喜爱的文科刻苦钻研"。

| 特别提示 |

"钻"是动词，本意是用尖的物体在另一物体上转动，造成窟窿。"研"也是动词，本意是细磨。"钻"和"研"合起来则是深入研究的意思，同样是动词。

45. 出奇制胜

很多人在用到"出奇制胜"这个成语的时候，习惯在后面接上宾语，这样是误用了该成语的语法功能。比如：

下到中盘，他忽然变了套路，出奇制胜了那位八段棋手。

《孙子·势篇》："凡战者，以正合，以奇胜。故善出奇者，无穷如天地，不竭如江河。""出奇制胜"即由此而来。奇：奇兵、奇计；制：制服。出奇兵战胜敌人，比喻用对方意料不到的方法取得胜利。如："夫仲达出奇制胜，变化如神，天下莫不惮之。"（宋·陈亮《酌古论·诸葛孔明》）"出奇制胜"一般只作谓语，其后不能带宾语。例句宜作适当修改。

|特别提示|

注意不要把"出奇制胜"写成"出奇致胜"。

46. 墨守成规

在以改革、发展为主流的今天，人们总是用"墨守成规"这个词来指责那些阻碍改革的人。但是在实际应用中，总是出现这样或那样的语病。看例句：

企业要发展，就得不断地打破老一套的墨守成规。

"墨守成规"是一个动宾短语，意思是思想固执保守、守着老规矩不放，不思改革进取。战国时墨子善于守城，故称"善守"为"墨守"；成规，现成的规矩或制度。

例句显然是把"墨守成规"当并列关系的名词性词组来用了。例句宜改为"……不断地打破陈规陋习"。

|特别提示|

"墨守成规"不能写成"墨守陈规"或"默守成规"。

形容词的误用

47. 肮脏

在实际应用中，很多人容易将"肮脏"视为名词，把它和"脏物"相混淆，如下例：

在东北的冬季，新雪变成肮脏后又会有新雪飘飘然替代……

"肮脏"，形容词，意思为脏、不干净。例句中的"肮脏"出现于"变成"的后面，亦即接受了"变成"的支配，但"变成"的宾语只能是名词或名词性结构，而"肮脏"作为形容词不能接受"变成"的支配，原句的写法是把形容词"肮脏"当成名词来用了，不合其使用要求，把"变成"改为"变"更好，"变"后可跟上形容词。另外，现在网络上"开始肮脏"之类的句子比比皆是，这是把"肮脏"误用为动词了。这也是应该注意的。

|特别提示|

肮脏还用来比喻卑鄙、丑恶，如"肮脏交易""灵魂肮脏"。

48. 费解

实际生活中，总是能看到这样的句子"……让人费解"，这样使用不够严谨，比如下文：

广告上的外语着实让人费解良久。

"费解"指（文章的词句或说的话）不好懂。"不好懂"实际上暗含有主体"人"，所以不必再加"令（让）人"的字眼。另外，该句在"让人费解"后硬是加了一个小尾巴"良久"，既啰唆又不合语法规范。因为文章或话语是否费解是不会随着时间的长短而转变，它是一个固定的性状，所以说"费解良久"是说不通的。这句话删去"让人"和"良久"，改为"广告上的外语着实费解"，则干净利落。

|特别提示|

另外一种情况："这篇文章写得浅显通俗，不太费解。""费解"一词这么用才真费解，直接说成"不太难懂"不是更好？

49. 活跃

花朵每天一换，经常保持着鲜艳，花使这暗淡晦气的房屋有了一线活跃和生机。

"活跃"这个词可以形容人或气氛。形容人时，说明某人行动活泼而积极,比如:"他在文体活动中表现得很活跃。"形容气氛时,表示气氛活泼而热烈,比如:"学习讨论会开得很活跃。"无论用于人还是气氛,"活跃"的词性都是形容词。

很多人容易将"活跃"和"活力"相混淆,误认为"活跃"和"活力"一样是名词。就像例句中把"活跃"和"生机"并列起来,将"活跃"用作名词了。例句中的"一线活跃和生机"应该改为"一线活力和生机"。

| 特别提示 |

"活跃"可以用作动词,意思是使活跃,比如"活跃课外生活""活跃农村经济"。

50. 强壮

网球运动员在比赛间隙,经常会喝点水,吃点香蕉,以强壮他们的体能。

句中的"强壮"一词用得不恰当。"强壮"是形容词,形容身体强壮,可以说"身体变得强壮了",一般不用作动词。而"强壮体能"是将"强壮"用作动词了,"体能"作了"强壮"的宾语,是不对的。例句犯了将形容词当成动词来使用的错误,正确的应当是将"强壮"换成能与"体能"搭配的及物动词,如"补充"。

形容词从意义上看,可分为性质形容词和状态形容词两种,"强壮"一词属性质形容词。性质形容词除了可以作定语、状语、谓语外,还可带补语,但不能带宾语。上述例句的"体能"作为"强壮"的宾语出现,违背了形容词的用法规则。

| 特别提示 |

与"强壮"类似的词语有"强档""强劲""强健"等,这些都是形容词,不要搞错词性。

51. 亲爱

平时最亲爱妈妈,百依百顺着妈妈,处处想着妈妈的倩姑,一遇到自己的婚姻大事就拗得如同野驴:"是个崖我也要往下跳!"

"亲爱"意思为关系密切、感情深厚,用来指一方对另一方发生的感情。"亲爱"是个形容词,在实际使用中一般只作定语,如"亲爱的妈妈"。但例句中的"亲爱"被派了动词的用场,带上了宾语"妈妈",这不合"亲爱"的使用规范,应该将"亲爱"改为"爱"。

| 特别提示 |

与"亲爱"相类似的词语有"亲近""亲密""亲切""亲热""亲善"等,它们都是形容词,不可用成动词。

52. 乌合

也许是因为有"合"的缘故,很多人将"乌合"理解成集合、聚合的意思,这显然误解了它的词性。看下文:

徐、窦二匪各率一干匪徒,狼奔豕突,于6月19日头午,在距八里巷不远的店头村与赵匪部乌合。

"乌合"是一个形容词,意思是像乌鸦一样聚集。"乌合"和"集合""聚合"是不一样的,因为后两者是动词。句子中的"乌合"应该改为"集合"或"聚合"。

| 特别提示 |

"乌合"一般不单用,常用的说法是"乌合之众",指无组织、无纪律的一群人。

53. 幸福

在接下来的一星期交往中,沈亢利温文尔雅的谈吐与体贴温柔的性格，将顾小芳幸福得不知身在何处了……

"幸福"既是名词，也是形容词。当成形容词时，指称心如意。实际运用中，不少人会把形容词"幸福"用作动词，例句即是如此。例句中将其用于介词结构"将顾小芳"之后，这是将其当成动词来用了。一般来说，介词"将"在使用中要求其宾语能够接受介词结构"将……"后的动词的支配。例句不必改动幸福，只要将介词"将"改为"使""让"之类的兼语词就可以了，这样改过之后，"幸福"就不必对"顾小芳"产生支配作用，它与"顾小芳"形成了主谓关系。

| 特别提示 |

作名词的"幸福"是指令人心情舒畅的境遇或生活。

54. 足够

在阅读中，发现误用"足够"的现象很普遍，在此加以辨析。看例句：

这种变化的结果不足够平衡，也不足够公正。

"足够"可以作动词，表示达到应有的或能满足需要的程度；也可以作形容词表示在心理上感到满足、知足。例句中的"足够"用的是它的形容词性，所以不能去修饰形容词"平衡"和"公正"，这不符合"足够"的使用规则。应把例句中的"不足够"改成"不够"。此外，现在使用"足够我的费用"的人也比较多，这也是不对的，因为动词"足够"不能带宾语。

| 特别提示 |

"不够"，作动词表示在数量上或条件上比要求的差一些；作副词表示在程度上离要求的差些。

55. 做作

北美洲印第安人的"水牛舞",其中有个人腰间有一个雄伟的阳具,经过一番做作后,在场的女人就一拥而上把它扯下来扛着游行。

"做作"指故意做出某种表情、强调而显得虚假、不自然。这是一个形容词,但例句中的"做作"被用为动词,不合这个词的使用规则。同时,"做作"含有一定的贬义,但例句的作者对"北美洲印第安人的'水牛舞'"并无贬抑之义,将"做作"用在句中与感情色彩不协调。可把"做作"改为"表演"。

| 特别提示 |

很多人容易将"做作"误用为动词,在写作中要加以注意。

56. 沉甸甸

人们常用"沉甸甸"形容心情沉重,也使得有人误解了"沉甸甸"的词性。比如:

她很不经意的一句话让我心中产生了一种无可名状的沉甸甸。

"沉甸甸"是形容词,形容沉重,既可以形容事物,也可以形容心情。比如:"装了沉甸甸的一口袋麦种。"再比如:"任务还没有完成,心里总是沉甸甸的。"

例句是想用"沉甸甸"来形容心情,但是误把"沉甸甸"当成名词用了。"沉甸甸"是形容心情沉重,而不是说沉重的心情。"一种无可名状的沉甸甸"是说不通的,可以改为"一种沉甸甸的感觉"。

| 特别提示 |

"沉甸甸"是表状态的形容词,可以用来形容事物,也可以用来形容心情,但是不能当成名词来用。

57. 龙飞凤舞

有些人总是单从字面去理解一个词，看到"龙飞凤舞"就认为它是个动词，就会出现下面这样的语法错误。

李森三人渐渐地已经下到台阶的尽头，庄园大门上面的牌匾这才看清楚，上面龙飞凤舞着两个大字"琼园"。

文中"龙飞凤舞着两个大字"的说法不妥，作者误将"龙飞凤舞"当及物动词来使用了。

"龙飞凤舞"原形容山势蜿蜒雄壮，现多形容书法笔势舒展活泼。如"抬头看见北墙上挂着四幅大屏，草书写得龙飞凤舞，出色惊人。"（清·刘鹗《老残游记》）"龙飞凤舞"是一个形容词，不能表示动作。例句若说成"上面龙飞凤舞地写着两个大字"或"上面写着龙飞凤舞的两个大字"都是可以的。

| 特别提示 |

"龙飞凤舞"是一个褒义词，不能用来形容字迹难看、难以辨认，除非特意褒词贬用。

数词、量词的误用

58. "二"与"两"

巴以冲突并不是以色列的内部事务，而是二个民族的纷争。

数词"二"和"两"是经常被弄错的一对数字。因此，现代汉语对"二"和"两"有特殊的规定：表示基数时，用在表示度量衡的量词前时，重量单位"两"的前面必须用"二"，其他用"二"或"两"均可，比如"二两""二斤""两斤""两寸"等。在其他量词前面时，只能用"两"，不能用"二"，但是表示人数的量词"位"前"二"和"两"通用外，比如"两位""二位""两个"等。例句在量词"个"前面使用"二"，用错了数词，应该改为"两个民族"。

| 特别提示 |

表示序数时，能说"第二""初二"，不能说"第两""初两"。表示分数时，只能用"二"，不能用"两"。

59. "俩"和"仨"

在实际应用中，很多人不清楚"俩"与"仨"的意思，出现了很多语法问题。比如：

他们俩个人肩并肩从村中的小路上向川道里走去，都感到新奇、激动，谁连一句话也不说。

"俩"是数词"两"与量词"个"的合音，后面无须再加量词，比如"夫妻俩""娘儿俩"。例句中已经有量词"个"，就不应该再用"俩"了，应该把"俩"改为"两"，或者把"个人"去掉。同理，"仨"是数词"三"与量词"个"的合音，使用时后面无须再加量词。比如："仨吹唢呐的人腮帮子鼓得像拳头一般大，吱哩哇啦吹起了'大摆队'。"

| 特别提示 |

"俩"还可以指不多、几个，如："就剩这么俩钱了，不能再乱花了。"另外，"俩"在表数量时，读"liǎ"，不同于"伎俩"中的"俩"（音 liǎng）。

60. "增长到"和"增长了"

现实生活中，很多的统计数值要计算增长的倍数或者增长的百分比，很多人在书写计算结果的时候，将"增长到"和"增长了"弄错，出现了语法错误。如：

如今，许多商品的价格都由市场来"调整"了，有些以前卖

10元的商品，现在竟然卖到了50元，价格足足增长了5倍。

由原来的10元卖到现在的50元，价格是原来的5倍，比原来增长了4倍，说"价格足足增长了5倍"显然不对。

表示数字增长时，"增长了"指比原来多出的数额，不包括底数，只指净增数；"增长到"指现在的数额，包括底数，指增加后的总数。比如："2007年，印度全国的服务器市场销售总量增长到了7.27亿美元，相比2006年增长了24%。""增长到7.27亿美元"是指现在的总值是7.27亿美元，"增长了24%"是指7.27亿美元在2006年的基础上多了24%。

| 特别提示 |

"增长到"应该包括底数，指增加后的总数；"增长了"不包括底数，指净增数。例句中，应将"增长了"改为"增长到"。

61. "减少"和"降低"

很多人在统计某项数值的时候，习惯用"减少了××倍"或者"降低了××倍"，这种说法是错误的。举个例子说明。

由于美日贸易摩擦的升级，美国与日本的外贸出口额比去年同期降低了2倍。

现代汉语语法规定，数目的减少不能用倍数，只能说减少或降低了百分之几。比如："广州楼价下降了20%。"例句想要表达的意思可能是去年出口额是今年出口额的两倍，那么今年比去年同期降低了一半，"降低了2倍"可改为"降低了50%"。

| 特别提示 |

降低或减少不可以用倍数表示，只能用百分比表示。

62. 概数和约数的叠用

在很多的资料上，由于统计的结果或者分析的数据结果不确

定,人们就用约数或者概数来表示,但是有很多人将概数和约数重叠使用。比如:

北京市今年报考研究生的人数达到11.7万,比去年增长了近40%多。

例句犯了前后矛盾的错误。"近40%"的意思是不到40%,接近40%,而"40%多"的意思是超过40%。"近"与"多"前后矛盾,应根据实际情况取其一,或"近40%",或"40%多"。

现代汉语语法规定,在统计数值不是确切数值的时候,在表述时取概数和约数中的一种进行书写。

| 特别提示 |

并不是所有的统计值都是确定数值,在表述不确定的数值时,应该注意概数和约数的使用,不能前后矛盾,也不能重叠使用。

代词的误用

63. 几许

在阅读中不难发现,把代词"几许"用作副词的大有人在。看例句:

当他在保镖的护卫下撤离议会大楼时,便已是弃子认输了,其中应有无限无奈,几许凄凉。

"几许"是一个疑问代词,意思是多少。一般是用来发问的,如"价值几许"。但是,像例句这样,把它用作副词,来表示程度,并用来修饰形容词的现象十分普遍。翻开报章,"几许苦恼""几许悲凉"之类的字眼比比皆是。对这种词性误用,我们应当提高警惕。

|特别提示|

注意"几许"与"几分"的区别。"几分"具有副词性,可以用来修饰形容词。

64. "本"与"该"

本是不该被混淆误用的两个词,却往往被人混用,因此必须对"本"和"该"进行辨析,帮助读者搞明白这两个词的用法。看例句:

该店是诺基亚、摩托罗拉在本市的特约经销商。

这是某市一家手机专卖店在店前所做的广告,广告中的"该"字让人莫名其妙。"本"在作代词时指自己的或自己方面的,某种程度上可以作第一人称代词,如"本人""本社""本校""本店"等;而"该"在作代词时指上文说过的人或事物,如"该生""该校"等,某种程度上相当于第三人称代词。自己打广告当然是"本店",而不是"该店"。

|特别提示|

"本"和"该"在作代词时,还易犯指代不明的错误,应加以避免。

65. 你、我、他

在实际应用中,人称代词的使用频率是很高的,但是很多人在使用时往往有所疏忽,所以常出现一些问题。比如:

又是立交桥又是单行线,弄得他晕头转向,这才晓得我生活了四十年的这座城市,对我来说已经很是陌生了。

例句中人称代词不一致,表达意思不清楚。前面说"弄得他晕头转向",后面又说"我生活了",而且是"对我来说",句子表述的对象到底是"他",还是"我"呢?读者无从知道。

在一段话中,主语应该使用同一个人称代词。如果一会儿用"他",一会儿用"你",一会儿用"我",就会给人混乱的印象。根据作者要表达的意思,例句应该把"他"改为"我",或者把"我"改为"他"。

| 特别提示 |

在容易造成混乱的情况下,不要用人称代词来指代。

66. 其

"其",是一个非常常见的代词,但是很多人在使用的时候出现语法错误。比如:

不久,我和妈妈及其几个小伙伴也被关进监狱。

"其"作为人称代词的时候,有两个意思:一是指他(她、它)的或者他(她、它)们的,如"各得其所";二是指他(她、它)或者他(她、它)们,如"让其早日发芽"。

人们总是错误地认为"及其"是一个词,其实它是连词"及"与代词"其"组成的合成词,意思是"和他(他们)的"。"及其"前后的事物之间,有从属关系。

例句中的"几个小伙伴"与"妈妈"之间没有从属关系,在此处使用"及其"是不恰当的,应该改用连词"以及"。

| 特别提示 |

"其"还可以作为指示代词使用,可以是实指那个或者那样,也可以是虚指。

67. 这里、那里

在说话时,很少有人分不清楚远指和近指,但是在写作中,尤其是在直接引语与间接引语之间转换的时候,很多人容易将远指和近指混淆。例如：

在农村时，我和小张住在老乡家里。当时，我对小张说："那里就是咱们的家啊！"

近指时应该使用"这里"，远指时应该使用"那里"。说到自己的时候要用"这里"，比如："我这里条件很差，没什么招待你的。"说到别人的时候要用"那里"，比如："想不到你还有一手啊，告到队长那里去了。"例句中"我"回忆"当时"的情景，是当时说的话，是直接引语，应该把"那里"改为"这里"。

| 特别提示 |

在表示时间的时候，近指"这时"表示现在这个时候，远指的"那时"是指除说话之时以外的过去和未来。

副词的误用

68. 常常

"常常"是最常用的副词，但是，由于对这个词的词性以及汉语语序不够明确，很容易产生语法错误。如：

棒球是韩国学生常常的体育活动。

"常常"是频率副词，表示行为动作发生的次数多，主要用来修饰动词性词语，在句中作状语。上文句子中，副词"常常"作了"体育活动"的定语，这在现代汉语语法上是不通的。因为副词在句中只能充当状语来修饰动词，而不能充当定语来修饰名词。如可以说"星期天他常常打篮球"，而不能说"星期天他打篮球是常常的事"。

例句用"常常"来修饰"体育运动"这个名词性词语，犯了用副词作定语的错误。正确的用法是将"常常"改为"经常"，这样既能够保证语法上的正确，也使句子语序通顺。

| 特别提示 |

"经常"在词性上兼属副词和形容词，可以充当状语修饰动词，又可以充当定语修饰名词。"经常"在意义上也表示多次，同"常常"的意义相近。

69. 多重否定

在实际应用中，人们常常用双重否定或者三重否定来进行强调。但是，常常有使用不当的时候。

难道你能否认培养国家建设人才不是我们的责任吗？

例句要表达的意思应该是"培养国家建设人才是我们的责任"，却使用了三重否定，使得句子的意思与原句正好相反。"否认"和"不"是双重否定，再加上反问语气，相当于三重否定，意思成了"培养国家建设人才不是我们的责任"，与原句的意思正好相反。三重否定容易让人混淆句子的意思，因此最好不要使用。

要想句义与原句一样，可以在反问语气词和两个否定副词三者中，任意删除一个即可。

| 特别提示 |

双重否定表示肯定，三重否定则表示否定。如"谁也不会否认地球围绕太阳转"表示肯定，而"谁也不会否认地球不是绕着太阳转的"表示否定。

70. 反而

在实际应用中，"反而"使用不当，还容易将想要表达的意思说反。例如：

他们不但战胜了各种灾难，反而获得了丰收。

"反而"是副词,表示跟上文意思相反或出乎预料和常情。比如:"你这么做,反而弄得大家不好意思了。"例句的前半句提到"战胜了灾难",而且用到了"不但"这个连词,说明下面的文字,应该是在前边的基础上,取得更进一步的成果,并且不是出乎人们意料。

例句是想表达更进一步的结果,而不是相反或者出乎意料,所以应该把"反而"改成"而且"。

| 特别提示 |

"反而"可以与"不但"连用,但是要注意语境和语意。

71. 更

要想说明一件事物比另一件事物好、大或强,最简单的表示法就是用一个字来概括:"更"。如"更好""更大""更漂亮""更上一层楼""一代更比一代强",等等。"更"的意思就是略胜一筹。然而,要想知道两者之中哪一个更好,就要通过比较才能得出结果。因此,一说"更",就意味着是通过比较了的,比较的双方条件一定是不同等的。因为常用,所以比较易错。下页的句子的"更"就用错了:

新的政委和老政委一样,更会体贴战士。

"更"是程度副词,表示程度增加,指在原来的基础上进一步,带有比较的意味。既然新老政委在待人上都"一样",怎能用"更"呢?"更"又从哪里体现呢?所以说,这里不能用"更",应改为"很"。"更"一般是起突出、强调的作用,而例句中的"新的政委"和"老政委"之间没有比较的意味,也就用不着特别强调了。如果例句想要使用"更"字,应该改成"新的政委比老政委更会体贴战士"。

| 特别提示 |

"更"还表示再、又的意思,如"更上一层楼"。

72. "没有"和"不"

"没有"和"不"是最常用的否定副词,使用的频率高,也就更容易使用不当。如下面这句话听起来就让人十分不习惯。

对不起,我没有去,你们快去吧。

这种说法不仅不符合我们的日常口语习惯,也不符合现代汉语语法。

否定副词"不"多用于主观叙述,可以否定现在,也可以否定过去和将来。否定副词"没有(没)"主要用于客观叙述,用于否定已然和曾经,不能用于否定将来和现在。对带有主观意图的否定,不宜用"没有",应用"不"。例句中的"没有"应改成"不"。

| 特别提示 |

否定希望去做某件事的主观想法,也不能用"没有",应当用"不"。表示未曾学习过,尚不具备某种能力也要用"不",如"我不会说英语",而不能说"我没有会说英语。"

73. 强行

在报纸杂志上经常看到有人将副词"强行"作为动词使用,导致语言错误。比如:

他不再强行我,而是一味地说赔礼的话,好话、道歉的话,对我百依百顺。

"强行",副词,指用强硬的、强制的方式进行。这个词在使用中一般用来修饰动词,而不能直接做动词用。例句中的"强行"后跟上了宾语"我",这不合"强行"的使用规则。例句可以把"强行"改成"强迫",也可以将"强行我"改成"对我用强",但是这两种该法在表意上有一定的差别。

| 特别提示 |

"强迫"指施加压力使服从;迫使。

74. 稍微

副词"稍微"是人们误用频率较高的词,现做辨析如下。看例句:

他性格豪爽、敢作敢为,所以应该说他还是稍微不错的人。

"稍微"表示数量不多或程度不深,比如:"稍微大意一点,就要出毛病。"再比如:"我今天稍微迟到了一点。"例句中"性格豪爽、敢作敢为"与"稍微"相矛盾,应该改为"很""非常""相当"等程度较深的副词。所以,使用副词的时候,要注意副词的程度与句子表述的意思一致。

| 特别提示 |

实际中把"稍微"当成是形容词用的现象也很多,注意不要犯"稍微一点""比较稍微"之类的错误。

75. 相当

有一个词不知不觉地在人们的口头上流行开来,这就是"相当"。比如"这个人相当好""这个城市相当漂亮""那个人相当厉害"。可是近来媒体经常这样使用"相当":

他近来的一些作品引起了相当的争议。

从句义上看,例句中的"相当"应是表示程度的副词,并且在句中作状语。"相当"作副词时,表示程度高,但不到"很"

的程度。与它并用必须带上中心词,一般为形容词,"相当"起修饰中心词的作用。比如"相当大""相当多"等。

例句中的"相当"后面没有中心词,是相当大,相当多,相当少?都不得而知。"相当的争议"究竟是个什么样的争议,很是让人纳闷。所以,应在"相当"之后加上形容词,如"相当多(的争议)""相当激烈(的争议)"等都可以。

| 特别提示 |

"相当"可用作动词,表示两方面差不多,如"年纪相当";还可用作形容词,表示适宜、合适,如"这个工作还没有找到相当的人"。

76. 亦

在实际应用中,很多人喜欢用"亦"字,但也经常有人使用不当。比如:

远近亦相宜,花季少年走出早恋事故。

"亦"是副词,相当于"也",例句就是说"远近也相宜"。然而,带"也"的句子多表示两种情况间的比较,是相对来说的,意思为两种情况同样。如"他好我也好",意思是两人同样好。可是,"远近也相宜"前面并没有比较的对象,在没有参照物的前提下用"也"就会感觉句子不完整,读起来很别扭。

因此,例句可将"远近亦相宜"换成"远近都相宜"或"远近皆相宜",这样就符合语言习惯了。如果是一定要强调远近之间的比较,可以把"远近亦相宜"分解成两句话来说,"远亦相宜,近亦相宜",这样也不错。

| 特别提示 |

副词的作用是对动作或属性进行限制、修饰,有些副词单用或连用时,还可充当关联词,这类副词有"也""亦""就"等。

介词的误用

77. 关于与对于

"关于"和"对于",就词性而言,二者都是介词;从词义讲,又有相通之处。所以,常常有人将二者弄混,出现语法错误。例如:

例一:你到国外走一走,就可以在图书馆和书店,到处可以找到众多对于私人奖学金的信息手册。
例二:辞职关于一个凡人实在不是什么小事。

"关于"与"对于"的作用不同,"关于"表示关联、涉及的事物,"对于"用于指出对象。"关于"组成的介词短语作状语,通常放在主语前面。"对于"组成的介词短语作状语时,放在主语前后均可。比如:"我关于流体力学的基础知识和国内外研究现状,了解一些。"句子中"关于"的用法不对,应改为"对于流体力学的基础知识和国内外研究现状,我了解一些"。

两个例句将"关于"和"对于"弄混了,例一想要表达的是"找到"的事物为"私人奖学金信息手册",因此应该用"关于"。例二的意思是要指出"辞职不是小事"所针对的对象,因此应该使用"对于"。

| 特别提示 |

"关于"组成的介词短语可以作标题,而"对于"组成的介词短语加上名词后才能作标题,比如"关于解决下岗职工再就业问题""对于解决下岗职工再就业问题的研究"。

78. 在

"在",介词,表示时间、处所、范围、条件等。单独使用的时候，很少有人会出现语法错误。当组成"在……上下"这个用法的时候，往往容易出错。例如：

例一：最让人高兴的是，在全厂职工团结协作、日夜奋战下，全年的生产指标终于提前超额完成了。

例二：在不减少插秧丛数下，有可能做到周围套养红萍，争取大幅度提高红萍产量，为解决肥料问题闯出一条新的路子。

在现代汉语语法中，"在……上/下"属于固定用法，中间应该插入名词性词语，一般不能是谓词性词语。比如："在毫无精神准备的情况下，突然失去了最亲近的人，那痛苦就格外深重。"

例一将"全厂职工团结协作、日夜奋战"这个主谓短语放入固定用法中，不符合语法规范，应该改为"由于全厂职工团结协作、日夜奋战"。

例二在固定用法"在……下"中间插入了"不减少插秧丛数"这个动宾短语，不符合语法规范，应该改为"在不减少插秧丛数的前提下"。

| 特别提示 |

在使用由"在"组成的固定用法时，要特别注意是否符合汉语语法规则。

连词的误用

79. 和

作为连词，"和"的作用很大，但是也很容易出错，最容易误用的有两种情况，下面举例说明。

例一：他嗓音浑厚，虽然未受过专业训练，但他的歌声嘹亮和美妙。

例二：这部作品受到读者的欢迎和得到专家的肯定。

例一中，如果单独看"和"所连接的两个词，是没有错的。连词"和"可以连接两个形容词，但是组成后的词组不能直接作谓语。所以例一应该改为"但他的歌声十分嘹亮和美妙"。

现代汉语语法规定，"和"不能连接两个动词或者动词性词组。例二中"和"连接的是两个动词性词组，不符合语法规范，应该改成"受到读者的欢迎并得到评论家的肯定"。

|特别提示|

"和"可以连接两个名词或形容词，但不能连接两个动词或动词性词组。

80. "和"与"或"

很多人搞不清楚并列关系和选择关系的区别，所以容易在选择连词的时候弄混。比如：

例一：第一次购买月票者应持本人的学生证和工作证。

例二：倘若个人或商家利益都受到损害时，挨板子的通常只会是那些无助的个人。

并列关系是指并排平列的，不分主次，并列的各项不能有所取舍；选择本身就是挑选的意思，所以选择关系就是要在所给出的各项中有所取舍。"和"作连词的时候，意思是"联合、跟、与"，表示并列关系。"或"用在叙述句中，表示选择关系。

例一中一个人不能同时拥有"学生证"和"工作证"，所以只能二者取一，不能同时拥有，因此不能用"和"，应该用"或"。

例二中"个人"和"商家"是并列关系，后面提到了"都"，说明二者兼有，不能用"或"，应改为"和"。

|特别提示|

"或"作连词时，还可以代表等同关系。如：世界观或宇宙观是人们对整个世界的总的看法。"世界观"和"宇宙观"是

一样的，所以是等同关系，用"或"。"和"作连词的时候，有时也表示选择关系，等同于"或"，常用在表示条件的连词"不管""不论""无论"的后面，且"和"前后多是同一动作的肯定式和否定式。如："不论去和不去，都由你决定。"

81. 或者

"或者"和"或"一样，都是表示选择关系的连词，很多人在遇到选择关系的句子时就用"或"和"或者"，这样一概而论的态度很容易出现错误。举两个例子说：

例一：我们究竟是同学或者兄弟？

例二：是靠天等雨，或者靠人找水？是人定胜天，或者听天由命？这是两种截然不同的思想。

这两个例句都是选择关系的句子，根据我们前面所说的，选择关系的句子用"或"和"或者"连接，还可以用"还是"连接。而且，用在"无论、不管"的后面时，"或者"和"还是"还可以互换。但是，现代汉语语法中规定，在表示选择的疑问句中，只能用"还是"。

两个例句都是疑问句，因此，例一中的"是同学或者兄弟"应改为"是同学还是兄弟"。例二中的"或者靠人找水……或者听天由命"应改为"还是靠人找水……还是听天由命"。

| 特别提示 |

"或者"有也许的意思，比如："你快点走，或者还赶得上车。"

82. 而

在实际应用中，"而"使用频率很高，也经常出现语法错误，尤其是在表示原因等意义时。下面举两个典型的例子进行说明：

例一：他顾不得先自己的感情而痛苦，却被师傅的死压得喘不过气来。

例二：我们决不能取得了一些成绩而骄傲自满起来。

"而"作为连词，就是连接动词、形容词词组或分句的。它可以连接语意相承的成分，比如："取而代之""伟大而艰巨的任务"；可以连接肯定和否定互相补充的成分，如"栀子花的香，浓而不烈，清而不淡"；可以连接语意相反的成分，表示转折，如"如果能集中生产而不集中，就会影响改进技术、提高生产"；还可以连接实力上前后相因的成分，如"因困难而畏惧而退却而消极的人，不会有任何成就"。

"而"还可以把表示时间、方式、目的、原因、依据等的成分连接到动词上面。在表示原因、目的、依据等意义时，要与"为""因为""由于"等介词配合使用。

两个例句之所以不正确，都是因为没有与"而"配合使用的介词。例一中"顾不得先自己的感情而痛苦"应改为"顾不得先为自己的感情而痛苦"。例二中"决不能取得了一些成绩而骄傲自满起来"应改为"决不能因为取得了一些成绩就骄傲自满起来"。

| 特别提示 |

"而"作连词时，还有"到"的意思。比如："一而再，再而三"；"由南而北"等。还可以插在主语谓语中间，有"如果"的意思。比如："民族战争而不依靠人民大众，毫无疑义将不能取得胜利。"

83. 况且与何况

"况且"和"何况"都用来表示递进关系，但这两个词也不是随便可以用的，使用不当也容易造成病句。比如：

例一：你们连队刚入伍不到一年的新战士枪法就那么准，况且你这位"身经百战"的老将？

例二：你是三好生，何况又是语文科代表，这份语文试卷一定不成问题吧。

上面两句话中分别使用了"况且"与"何况"，但用反了。例一中的"况且"应改成"何况"，例二中的"何况"应改成"况且"。

"况且"与"何况"这两个词虽然都表示递进关系，但具体用法有所区别，"何况"是通过对比更进一层，表示甲这样，乙更是这样，或者甲都不能如此，乙当然就更不能如此；前一分句是后一分句的衬托。用"何况"的分句大多表示反问语气。"况且"只是在举出的理由之外，再追加或补充一层新的理由，相当于口语中的"再说"。用"况且"的分句大都表示陈述语气。

根据上述用法规则来判断，将上面两个句子中的"况且"与"何况"互换位置，语句就顺畅了。

| 特别提示 |

"何况"的后面可以是一个分句，也可以是一个词或短语。"况且"的后面只能是句子。

84. 尽管……也

由于对复句分句间的关系理解得不对，本应使用这一关联词语而使用了另外一个关联词语，从而导致句子逻辑和语义上的错误。关联词语在搭配方式上一般是固定的，如"只要……就……""只有……才……""尽管……但（是）……""不管……也（都、总）……"等。如果搭配错了，语意就不顺畅，令人费解。比如：

尽管任务多么艰巨，我们也要按时完成。

这里的"尽管"用错了，应改成"不管"。"不管"与"尽管"的主要区别是："不管……也……"表示无条件关系，"不管"

后面的语词通常是不确定的、有选择的,常与"或(者)""还是"等连词,以及"怎样""怎么""多么""多少"等疑问代词连用。"尽管……也(但是)……"表示转折关系,"尽管"后面的词语应该是确定的、没有选择性的,只能说"尽管这样(那样)",不能说"尽管怎样(怎么样)"等。这里是强调任务的艰巨性,句中有"多么"标志性词语,因此应用"不管"。

| 特别提示 |

"尽管……也(但是)……"是转折复句的常用关联词语,"不管……也(都)……"是条件复句的常用关联词语,二者所体现的语义关系是不同的。如果把表示不同关系的关联词语套用在一起,就会导致分句之间关系混乱,意思表达不清楚。

85. 既然……因此就……

关联词语能够正确体现复句中各分句之间的语义关系,一个复句一般只用一组与之相搭配的关联词语。如果一个复句中出现多个关联词语,就会造成语义关系的混乱。比如:

既然知道做错了,因此就应当赶快纠正。

这个句子用了两组关联词语,一组是"既然……就……",一组是"……因此……",两组关联词语套叠在一起,不但显得赘余,还打乱了句子原有的逻辑关系。"既然……就……"是因果关系复句所运用的关联词,表推论;"因此"也是因果关系复句所运用的关联词,但是表示说明。将表推论因果的关联词和表说明因果的关联词混杂一起使用,究竟是要体现什么样的关系,很是让人糊涂,而且句子读起来也不是很顺畅。

分析这个句子,由前提"做错了"推论出"应当纠正",所以这里只用"既然……就……"即可,再加上"因此"就多余了。复句中已经有了正确的关联词语,却偏要加上一个表示另一种关系的关联词语，这不是画蛇添足吗？

| 特别提示 |

　　语言表达形式中的句子，一般都有两个或两个以上的分句，各分句可表达一个完整的意义，但在语法上又没有结构关系，这就需要借助关联词语来体现句子间的逻辑关系。

86. 首先要……，然后要……

　　复句的分句之间的语义关系有多种，如表并列、表承接、表选择、表递进、表转折、表因果、表假设、表条件、表让步等。每一种关系的复句都有一种固定结构的关联词与之对应。这些复句中，有的语义关系对比较明显，容易辨别，有的则容易混淆。比如：

　　我们在各项工作中，首先要有埋头苦干的精神，然后要有科学分析的头脑，发扬巧干精神。

　　这个句子的语义关系就弄错了，原因是关联词语运用不当。句中的第一分句与第二、三分句之间是并列关系，"埋头苦干的精神"和"科学分析的头脑"是"在各项工作中"同时具备的条件，而不是一先一后的承接关系，因此没有必要用"首先……然后……"，应改为"既……又……"。如果要强调第二、第三分句的内容，也可以改为"不但……而且……"，构成递进关系。

　　因此，上述句子可以看作并列复句（既……又……），也可以看做递进复句（不但……而且……），但不能看作承接复句。可见，关联词语如果运用不当，各分句之间的关系也随之改变。

| 特别提示 |

　　并列复句的各分句之间是平等、并列的关系，各分句是从不同侧面叙述一个事件的不同方面。承接复句是按照时间顺序描述事件发展的过程，事件的发展有前有后。

助词的误用

87. 的、地、得

"的""地""得"是现代汉语中必不可少的组成部分。由于作结构助词的时候,这三个字的读音相同,都读 de,所以人们非常容易将三个字弄混。例如:

看的容易,用得简单。

根据广告词介绍,这种座机具有超大屏幕和菜单式界面的特点,所以观看、使用方便。广告词拟得倒还精练,但这两句中前一个用"的",后一个却用"得",就有点让人糊涂了。可见,"的""得"不分的文字差错还是相当常见的。

现代汉语中,"的""地""得"都是结构助词。"的"用在定语后面,定语和中心词之间构成修饰关系或领属关系,多组成"的"字结构,充当句子的主语或宾语。"地"表示它前面的词或词组是状语,比如"天渐渐地热了",再比如"实事求是地处理问题"。

"得"可以用在动词后面,表示可能、可以,比如"他去得,我也去得""哭不得,笑不得"。还可以用在动词和补语中间,表示可能,比如"回得来""办得到"。三是可以用在动词或形容词后面,连接表示结果或程度的补语,比如"写得很好""天冷得很"。最后一种是早期白话中比较常见的用法,即用在动词后面,表示动作已经完成。

在现代汉语中,"的"在一些名词性偏正短语中是不可缺少的,"地"则是一些谓词性偏正短语中不可缺少的成分,"得"是一些动补短语中不可缺少的成分。

上述广告词中"看的容易"的"的"应改成"得"。因为座机"屏幕超大",所以"看得容易","容易"是用来说明"看"的结果的。同理,"用得简单","简单"是"用"的结果。"容易"和"简单"都是补语。

| 特别提示 |

"的"除了上边叙述的两大作用外,还有四种作用。一是用在谓语动词后面,强调这动作的施事者或时间、地点、方式等。比如:"谁买的书?"值得注意的是,这种用法仅限用于过去的事情。二是用在陈述句的末尾,表示肯定的语气。比如:"这件事儿我知道的。"三是用在两个同类的词或词组之后,表示"等等、之类"的意思。比如:"破铜烂铁的,他捡了一大筐。"四是用在两个数量词中间,表示相乘或者相加。比如:"两个的三个,一共五个。"

88. 着、了、过

实际使用过程中,很多人对这三个语气助词之间的区别理解得不透彻,非常容易出现语法错误。比如:

例一:国家制定着优惠政策,采取国家财政贴息的方法,由商业银行发放助学贷款。

例二:太阳正在西边的地平线上下沉了。草原上的落日又红又大,把山、湖、原野都染成了一片绛红。

例三:他来了,但是已经走了。

"着""了""过"放在动词或者形容词的后面,表示动作或状态的不同变化阶段。

"着"表示动作或状态的持续,如"他举着红旗走在队伍前面"。"了"表示动作的完成或变化的实现,可以用于实际已经发生的动作或变化,如"这个小组受到了表扬";也可以用于预期的或假设的动作,如"你先去,我下了班就去"。"过"表示过去的动作,某种行为或变化曾经发生,但是并未继续到现在,如"他去年来过北京"。

"着"用在动词或表示程度的形容词后,具有加强命令或嘱咐的语气的作用,如"快着点儿写"。用在一些动词的后面,可以使这些动词变成介词,如"顺着""沿着""为着"等。

"了"用在句子的末尾或句中停顿的地方,所代表的意思有四种。一是表示已经出现或将要出现某种情况,如"下雨了""今天去不成了"。二是表示在某种条件之下出现某种情况,如"你早来一天,就见着他了"。三是表示认识、想法、主张、行动等有变化,如"他本来不想去,后来还是去了"。四是表示催促或劝阻,如"走了,走了,不能再等了"。

例一中说明"国家的优惠政策"已经制定完毕,成为既定事实,所以应该改为"国家制定了优惠政策"。例二中说"太阳正在西边的地平线上下沉了",这本身就是前后矛盾的一句话。根据后一句话的语意,应该把"了"删除。例三中说"他来了",这说明"他"已经在说话人所处的位置了,但是和下半句话连在一起,想表达的意思又是"他"现在不在说话人所处的位置了。所以,应该改成"他来过,但是已经走了"。

| 特别提示 |

"过"用在动词后,表示完毕,与"了"意思相同。比如"吃过饭再走",再如"杏花和碧桃都已经开过了"。

语义重复

89. 波及到

把"波及"和"到"连用的现象很常见,殊不知这样使用犯了语义重复的错误。看例句:

他们把自己在欧美歌坛扶摇直上的势头波及到了亚洲。

"波及"意思为牵涉到、影响到,指事件的发生影响到其他的人或事。将要向外"波及"的事多为人们所不愿看到,受"波及"的则可能或受到损失。例句对"波及"的使用没有考虑到该词的指示对象,首先犯了误用对象的语言错误。其次,例句把"波及"和"到"连用,属于语义重复,因为"波及"中的"及"就是"到"的意思。

| 特别提示 |

与"波及"类似的词语还有"涉及""顾及""提及"等,这两个词后面也不能加"到"。

90. 不良陋习

在报纸和网络上,经常看到"不良陋习"的用法,这样犯了语义重复的错误。看例句:

闻听彩民们的种种不良"玩彩陋习",笔者痛心之余,不由感慨颇多。

"不良"是指不好的,如不良少年,不良习惯。"陋习"是指不好的习惯。显然,"陋习"这个词已经包含了"不良"之义,再把"不良"和"陋习"连用,就造成了不必要的重复。所以,上面例文应把"不良"删去。

| 特别提示 |

诸如"酗酒""陋习"等词语,已经包含了"不好"之义,无须再用"不好""不良""坏"去修饰。

91. 亲自操刀

无论在报章上还是在网上,我们经常会看到"亲自操刀"这样的说法。例如:

电话中包小柏很有诚意地表达要亲自操刀为朱丹打造新专辑

的合作意向。

"操"有抓在手里、拿的意思,如"操刀"。而"操刀"比喻主持或亲自做某项工作。比如"这次试验由王总工程师操刀""点球由九号球员操刀主罚"。说某人"亲自操刀"好比是说某人要亲自去做某事,属于画蛇添足。例句可以在"亲自"和"操刀"之间保留一个即可。

| 特别提示 |

在语言表达中,有时需要对事物加以强调或说明,用以突出某事物,但要避免出现重复、矛盾的现象。

92. 再次重返

毒品让雪莉在地狱中的乐园走了一遭,再次重返人间,她的身上还残留这地狱之火的热度。

和例句一样的错误在网络上很常见。"再次"意思为第二次、又一次,比如"机构再次调整""谈判再次破裂"。"重返"指重新(再一次)回到(原来所在的地方)。这两个词连用也就是说第二次重新回到,属于语义重复。例句在修改时,可以直接将"再次"删除,也可以将"重返"改成"返回"。

| 特别提示 |

与词类似的还有"再次重逢"等。所以,在使用时,我们要对"再次""重新"一类的词语要多加注意。

93. 个人私事

"连长找我是公事,还是个人私事呢?"
"个人私事。"

例句中"个人私事"属语义重复。"个人"是指一个人,和

"集体"相对，比如"个人利益服从集体利益"。"私事"指个人的事，区别于"公事"，比如"这是我的私事，和别人无关"。例句中说"个人私事"也就是在说"个人的个人事情"，这种强调是没有必要的，可以直接说成是"私事"。在实际运用中，很多人容易出现和例句一样的错误，要加以注意。

| 特别提示 |

注意，与"私事"类似的"私产""私见""私利""私密""私生活"前面都不宜用"个人"来修饰。

94. 公诸于众

今天我们在这里集会，就是要把这种骇人听闻的情况公诸于众。

例句中"公诸于众"用法不妥，但是常常有人这样使用。从古音看，"诸"和"之"是双生，"诸"和"于"有时叠韵，所以说"诸"是"之于"的合音，其作用相当"之于"。例句中"公诸于众"一词中的"诸"字本身已含有"于"的意思，其后再加上一个"于"字，就造成了赘余，所以应该改为"公之于众"。

| 特别提示 |

我们平时所见的成语中有"公诸同好"一词，就不能写作"公诸于同好"。还有常用词"抛诸脑后"，可以写成是"抛之于脑后"，却不能写作是"抛诸于脑后"。

95. 出乎意料之外

现在，使用"出乎意料之外"这种错误语言的大有人在，有必要提醒读者注意。看例句：

实在是出乎意料之外啊！

"出乎意料"也作"出人意料"，是指事情的好坏、情况的变化、数量的大小等出于人们的意料，在人们的意料之外。"出乎意料之外"就是说在人们的意料之外的之外,那又是什么结果呢?让人觉得很糊涂。"出乎意料"是说不在人们的意料之中,"意料之外"也是说不在人们的意料之中,所以说"出乎"和"之外"存在这语义重复,二者留一个就可以了。

| 特别提示 |

"意料之外"也可以简写成"意外"。

96. 屋子里家徒四壁

在网络与报刊上,经常读到"屋子里家徒四壁"的句子,这是错误的。看例句:

三叔家很穷,屋子里家徒四壁。

例句中的"屋子里家徒四壁"存在着语义重复的问题。"家徒四壁"原义是说家里只有四面的墙壁,形容家里十分贫困,一无所有。这里所说的"家"已经包括了"屋子",再使用"屋子"就显得累赘了。很多人容易犯例句这样的错误,这是因为他们对词语不求甚解造成的。

| 特别提示 |

"家徒四壁"出自《汉书·司马相如传》。

97. 是……的好楷模

褒义词"楷模"本身包含"好"的意思,使用时无须用"好"修饰。但是,在报刊或网络上,诸如"是……好楷模"的句式随处可见。看例句:

他是东北军人的好楷模。

"楷模"是指值得学习的人或事物、榜样。现在,我们一般把人的模范行为、榜样作用、为人师表的风范称之为"楷模"。

"楷模"是一个褒义词，本身就有对行为主体的赞扬之义。因此，前面就不需要再加"好"来修饰了。

| 特别提示 |

"楷模"一词来源于两种树木。相传楷树最早生长在孔子的墓旁，而模树最早生长在周公墓旁。世人都认为孔子和周公是圣人，所以就用树喻人。

98. 明目张胆……公然……

阅读中，经常会发现"明目张胆……公然……"的句式，这是一种典型的语义重复，应多加注意。看例句：

他婚后依然故我，甚至明目张胆地将新欢公然带回家。

例句显然存在语义重复的错误。"明目张胆"，形容公开地大胆地做坏事。"公然"是指公开地、毫无顾忌地，如"公然作弊""公然撕毁条约"。这两个词语都有"公开地"的意思，二者并列使用则属于重复。在对例句进行修改的时候，只保留一个即可。

| 特别提示 |

"明目张胆"原来是形容有胆识，伸张正义而无所畏惧；现在用于形容公开地、大胆地做坏事。

99. 化疗治疗

在使用"化疗"时，不少人忽视其中已经包含了"治疗"之义，在后面又添加"治疗"，造成语言错误。看例句：

经过三次化疗治疗，他的病情得到了控制。

例句显然是没有弄清楚"化疗"的意思，以致句子出现了语义重复。"化疗"全称是"化学疗法"，现在多数是指用化学疗法治疗，特指治疗恶性肿瘤。因此，例句中在"化疗"后面再加上"治疗"属于重复，只用"化疗"即可。

| 特别提示 |

与"化疗"近似的词语"理疗"，也容易被人这样误用，应该引起重视。

100. 处罚处理

不少人喜欢在"处罚"一词后加上"处理"，造成不必要的重复。看例句：

对违章不交罚款的典型将进行公开处罚处理。

例句中的"处罚"和"处理"在词义上存在重复。"处罚"是指对犯错误的人或犯罪的人加以惩治。"处理"是指处治、惩办，比如："依法处理""处理了几个带头闹事的人"。二者皆有惩治、处治的意思，同时用在句中属于语义重复，两个词用一个即可。

| 特别提示 |

"处理"还有其他的意思，如：安排事物、解决问题；减价或变价出售；用特定的方法对工件或产品进行加工，是工件或产品获得所需要的性能。

101. 目前……已于昨日……

目前，长春机场已于昨日恢复通航。

"目前"，时间词，指说话的时候，如"目前形势""到目前为止"等。"昨日"，也是时间词，指今天的前一天。例句想要说明的有两点：一是在作者说话的时候，"机场"已经"恢复通航"了；二是"恢复通航"的具体时间是昨天，但是两个时间词叠用，使得句子啰唆。例句只要在"目前"和"于昨日"之间删除一个即可。这样的错误在报纸、网络上很常见，在实际写作中也要注意。

| 特别提示 |

在写作中，时间词的选择要注意，既要避免叠床架屋，也要避免冲突。

102. 不仅违法，也违反了相关的法律法规

这么做不仅违法，也违反了相关的法律法规。

很多人在看别人的文章时，总是能一眼就看出问题，但是在自己写作的时候，总是会出现问题。"违法"就是指违反法律或者法令。例句的两个分句说的其实是一回事，分成两个分句来说，反倒很啰唆，可以直接说"这么做违法"，也可以说"这么做违反了相关的法律法规"。

| 特别提示 |

在进行强调的时候，要避免重复。

103. 在……的重视和关注下

在许多地方的官方网站上，"在……的重视和关注下"的句式比比皆是，让人不胜感叹。看例句：

在长春市有关部门的重视和关注下，抗灾工作进行得很顺利。

"重视"是指认为事物的作用重要而认真对待；看重。比如："重视学习""重视群众的发明创造"。"关注"指关心重视，比如："这篇报道引起了各界人士的关注。""关注"中本身就含有重视的意思，它与"重视"并列，反而是语义重复。例句在修改时应该在两个词语中选择删除一个。

| 特别提示 |

"重视"还指认为人的德才优良而认真对待,比如"重视人才开发"。

104. 各参半

稍加注意就会发现,"各参半"的语病十分常见。看例句:

该物体中,水分、盐分各参半。

"参半"是指两种成分在某一整体之中各占一半,比如"喜忧参半"。"各"是表示不止一人或一物同做某事或同有某种属性,如"双方各执一词""三种方法各有优点和缺点"。"参半"和"各"都含有分别的意思,同时使用显得累赘。例句可以将"各"省略。

| 特别提示 |

在使用词语的时候,要深入了解词语的意思,切忌重复。

105. 然后……然后……

他先深吸了一口气,然后又缓缓地吐出,然后头部后仰。

"然后"是一个副词,指接着要干什么或接着发生另一件事。比如:"想要干这件事,然后再干那件事。"一般用于顺承复句的后一个分句的句首,或者是一段文字的开头,表示某一行动或情况发生后,接着发生或引起另一行动或者情况,有的跟前一分句的"先""首先"相呼应。例句中出现了两个"然后",虽然在意思上是与前面的分句想顺承的,但是很啰唆,所以可以将第二个"然后"删除。

| 特别提示 |

即使是顺承关系的复句,其连词也要尽量避免重复。

106. 一些个别

把"一些"和"个别"连用的现象司空见惯,但是,这是一个错误,因为这样做违反了语法规则,是不必要的重复。

执法机关对一些个别厂家进行了处罚。

"一些"是个数量词,可以表示不定的数量,如"这些活儿你做不完,分一些给我";可以表示数量少,如"只有这一些了";还可以表示不止一种或一次,如"他做过一些好事"。例句中的"一些"表示不定的数量。而"个别"是指极少数、少有的意思,与例句中的"一些"的表意有重复的地方,即都表示数量不一定。因此,例句可以在"一些"和"个别"中保留一个。

| 特别提示 |

"一些"放在形容词、动词或动词性词组后,表示略微的意思,如"当心一些""想开一些"。

107. 包含有……

在使用"包含"一词时,不少人把它和"有"连用,造成不必要的重复。看例句:

现有技术应当包含有实质性的技术知识。

"包含"是一个动词,意思是"里面含有"。显然,在它的后面跟一个"有",就造成了语意的重复,因此,直接把原句中的"有"删去更好。

| 特别提示 |

注意与"包涵"的区别。"包涵",客套话,请人原谅之义。

108. ……中，其中……

单独把"……中，其中……"抽出来，相信许多读者都觉得这样的句式不妥，是不必要的重复。但是，在阅读中却常常由于语境视而不见，在写作中也会不自觉地运用这种句式。看例句：

全国有3000多家参会企业中，其中80%是吉林市的。

"其中"是个方位词，意思为那里面。比如："不知道其中的奥秘""气象站一共五个人，其中三个是新来的。"例句中的"其"是指"3000多家参会企业"，"其中"就是指"3000多家参会企业中"。因此，"其中"二字与前半句中的"中"有重复，应该在二者中选择一个。

| 特别提示 |

"其"不仅是人称代词，还是指示代词。

109. 并肩一起

他和大家并肩一起，为我校纺织教育辛勤劳动一生。

"并肩"指肩挨着肩，引申后比喻行动一致，例句中的"并肩"用的是其引申义。引申后的"并肩"在使用中一般只能修饰动词，用以反映这个动词的行为主体在行动上的一致性。"一起"也是一个描写行动一致性的词，它在句中也是起修饰句中动词主干语的作用的，在它的前面再用上"并肩"，反而造成了修饰语重复的问题。例句可以将"并肩"删去。

| 特别提示 |

"并肩"一般是人的动作，在某些特定条件下也可以用于如国家、政党等组织机构，在感情色彩上是个褒义词，即要对此类对象有好感。

110. 平方顷

在实际写作中，很多人不使用法定的计量单位，使得单位使用混乱，而且常常出现语病，尤其是土地面积单位的使用上。如下例：

据调查，这里有湿地面积 6594 平方顷……

例句中的计量单位就很值得思考。

"顷"本身就是一个地积单位，1 顷等于 100 亩，如"几顷田""碧波万顷"。

"平方"是指数为 2 的乘方，也是平方米的简称。"平方＋长度单位"一般用作面积单位，如"平方米""平方千米"等。

但是例句把"顷"放在"平方"后面就让人糊涂了，长度单位的平方是面积，面积单位的平方代表什么呢？到底是"平方"还是"顷"呢？

一般情况下，土地面积用顷或公顷来表示，例句宜改成"这里有湿地面积 4.396 万公顷"。

| 特别提示 |

1 亩约等于 667 平方米，1 平方千米（平方公里）=100 公顷，1 公亩 =100 平方米。

111. 因怀念而想起

在无数的不可计算的失去的村镇中，最使我因怀念而想起的，是我的出生地——故乡。

例句中的"无数"和"不可计算"，"怀念"和"想起"，"出生地"和"故乡"，都是意思重复的词语，没有必要在句子中反复出现。应该改为"在无数个失去的村镇中，最使我怀念的是我的故乡"。

|特别提示|

语义重复相当于戴着两顶帽子,只能让人感到别扭和累赘。

112. 精选了集粹

我们精选了部分获奖作品集粹登载,请读者朋友们跟随这些妙语美图,和我们一起畅游美丽的世博园。

"集粹"与"集萃"形近音同,非常容易用错。

"粹",意思是精粹,"集粹"就是优秀作品的合集,如"每日观点集粹""图片集粹"。在词性上可以看作一个名词。词语的意思是符合文义的,然而在语法上却犯了叠床架屋的语病。因为句子的前面已经有了一个词"精选","精选"就是在众多作品中挑选出优秀作品,这与"集粹"在语义上有重复,可以换成与"集粹"形近音同的词语"集萃"。"集萃"是指荟萃,如"新闻集萃",是一个动词。文章刊登的优秀应征作品是集短文、绘画、图片三者为一体的,这与"集萃"的意义完全符合。

|特别提示|

"集萃"是由两个同义语素构成的合成词,"萃"意义为聚、汇,"集"是集中、聚集之义。

113. 水生的长在水里

词语的重复出现不一定会使句子的意思更清楚,有时反而累赘。比如:

水生植物之所以能生长在水里而不腐烂,是因为它们在水里能呼吸,有抗腐烂的能力才不腐烂。

"水生植物",顾名思义,就是生长在水里的植物,因此没有必要重复说明"生长在水中"。"腐烂"一词在句子中出现三次,但最后一次出现是没有必要的,应该删除。这一类的错误很常见，当在别人的文章中看到的时候，人们很容易指出来，但是自己在实际应用中还是会出错。

例句可以改成"水生植物之所以在水里而不腐烂，是因为它们能在水里呼吸，有抗腐烂的能力"。

| 特别提示 |

根据前后文的内容读者很容易就能知道的信息，没有重复的必要。

114. 妇孺及年幼之人

走进老宅，最初的感觉就是屋内比较阴暗，据说徽州男人大多出外经商，家中皆是妇孺及年幼之人，为了安全的缘故而如此修建。

很多人将"妇孺"理解为妇女和老弱的人，所以比较容易出现同例句一样的错误。

"孺"，年幼的、幼儿之义。《说文·子部》将"孺"解释为乳子，如"孺子可教也"中的"孺"指的是小孩子。再如"横眉冷对千夫指，俯首甘为孺子牛"中的"孺"即小、年幼的意思。

因此，"妇孺"中已经包括了"年幼之人"，后边再用"及年幼之人"，语义上就重复了。

| 特别提示 |

"妇孺"是个双音节合成词，意思是妇女和儿童，如成语"妇孺皆知"。清代管同《抱膝轩记》中也出现了这一词："凡夫行旅之歌唱，妇孺之呼啼。"

115. 更加变本加厉

李小红从痛苦中苏醒过来，老板对她不仅没有半点怜悯之心，反而更加变本加厉地予以摧残。

很多人容易在用到"变本加厉"这个词的时候出错。"变本加厉"的本义是比原来更加发展,现在指事情的情况变得比原来更加严重。"本"是本来的意思,"加"是更加的意思,"厉"是猛烈的意思。出自南朝梁萧统《〈文选〉序》:"盖踵其事而增华,变其本而加厉,物既有之,文亦宜然。"比如:"断句取义是在一句两句里拉出一个两个字来发挥,比起断章取义,真是变本加厉了。"(朱自清《经典常谈·诗经第四》)

例句在"变本加厉"前面加上"更加"两个字是画蛇添足,应该去掉。

| 特别提示 |

在现代汉语中,"变本加厉"含有贬义,多用于坏行为、坏事情。

116. 头上的帽子

很多人容易在不说自明的事情上犯语义重复的错误,比如:

那个演员摘下头上的帽子,向观众致意。

帽子必然是戴在头上的,"摘下帽子"就可以把意思表达清楚,何必再加上"头上的"这个定语呢?即使不说"头上的",读者也知道帽子是应该戴在头上的,因此没有必要在"帽子"前面加上"头上的"三个字,只要说"摘下帽子"就足以把事情说清楚了。再比如:

半夜,他用耳朵听到窗户外面有一种奇怪的声音。

三岁的孩子都知道耳朵是"听"的器官,既然"听到",毋庸置疑,就一定是用耳朵听到的,所以没有必要在"听到"前面强调"用耳朵"。如果想要强调听得仔细,可以改为"他把耳朵贴在窗户上,听到外面有一种奇怪的声音"。

第五篇 语法错误 / **619**

| 特别提示 |

不说自明的事情应该尽量省略。"用眼睛看""用嘴说""用鼻子闻""用脚走""用手拿"都是语义重复。

117. 星期天的时候

写作时,很多人喜欢用"……的时候"来表示时间,比如:

星期天的时候,我们一起去看电影吧!

"时候"的意思是时间,可以指某一具体时间,也可以指时间的长短,如"什么时候你才能过来找我""你完成这项工作用了多少时候"。"星期天"已经明确地指明了时间,也就不需要用"时候"来代表具体的时间或者时间的长短了。

例句中语义重复之处,将"的时候"删去即可。

| 特别提示 |

"时候"就是时间的意思,不能再与具体的时间连用。

118. 不必要的浪费

我们一定要减少不必要的浪费。

"浪费"的意思是指对人力、物力、财力、时间等使用不当或没有节制,其本身就含有不必要的意思,既然是"浪费",就一定没有必要。"不必要的"作为修饰语是相对于"必要的"而言的。"不必要的浪费",言外之意好像还有"必要的浪费"。这样的说法非常容易误导人们。

例句应该把"不必要的"删掉,或者把句子改为:"我们应该减少不必要的开支。"

| 特别提示 |

"浪费损失"等负面的东西都是应该避免的,都是没有必要的。

119. 举行了献花

校团委在教师节为老师们举行了献花。

"举行"是一个动词,其宾语应该是一个仪式或者一项活动。"献花"也是动词,两个动词不可以连用,否则就会造成句子成分的赘余。

现代汉语语法规定,一个句子只能由一个动词作谓语,还规定动词不能作宾语。句子可以改为"校团委在教师节为老师们举行了献花仪式",或者"校团委在教师节为老师们献了花"。

| 特别提示 |

动词后面应该用名词作宾语,而不应该用动词。

120. 进行投票

很多人在对某项活动进行描述的时候,习惯用"进行"这个词。但是时常因为使用不恰当,使语义重复。例如:

浦东发展银行召开股东大会,就增发 8 亿股方案进行投票。

"进行"是一个动词,意思是从事(某种活动),这个词总是用在持续性的和正式的、严肃的行为上。由于"进行"的是某种活动,当这项活动自身动词能够明确表达的时候,再用"进行"往往造成赘余,使文句显得啰唆。此外,"对……进行(动词)"之类的句式不顺畅,要尽量少用。是指"选举的一种方式",平时常用的句子结构是"就……投票"。"就……投票"是完整的句子结构,中间没有必要加上"进行"两个字,应该把"进行"删掉。

| 特别提示 |

"进行……的工作"句式不够简洁,尽量少用。比如,"对商户进行劝诫工作"远不如"劝诫商户"来得简洁。

第五篇 语法错误 / **621**

121. 很早就有听说

很早就有听说"无商不奸"这个词，这对于一个提倡诚信并立志于商场打拼的人来说，未免有些难以接受。

把"有"放在动词"听说"前面，是受了英语中完成时态的语法格式的影响，不符合汉语的语法规范。在港台剧中常有这样的说法"我有听说""我有收到你的信"，其中的"有"是多余的句子成分，把它去掉也不影响句子意思的表达。很多年轻人受港台风的影响也这样说，应该改正过来。

| 特别提示 |

"有"用在一些动词前面组成套语，表示客气，比如"有劳""有请"等。

122. 生活安居乐业

在说明一个地方好的时候，人们往往会强调"安居乐业"，但是在很多的时候容易用错。

这里有优越的自然条件，又有一个勤政爱民的领导班子，因而老百姓的生活安居乐业。

初看这个句子好像并没有什么问题，再仔细读一遍就会发现这里的"安居乐业"一词用错了。

"安居乐业"出自《老子》："民各甘其食，美其服，安其俗，乐其业，至老死不相往来。"意思是安定愉快地生活和劳动。例句中说"老百姓的生活安居乐业"，等于说"老百姓的生活安定的生活"，显然是重复啰唆了，用"乐业"来形容生活也说不通的；再次，从语法功能上来说，"安居乐业"在句中只能充当谓语或定语，而病句将其作为补语自然是不对的。因此，例句可修改为"因而老百姓安居乐业"。

| 特别提示 |

"安居乐业"是褒义词,用时应注意感情色彩。它的近义词有"国泰民安""丰衣足食""物阜民丰"。

123. 首开先河

对于第一个做某件事情的人,很多人会用"首开先河"。比如:

中国政府历来禁止外商对零售业进行投资,和田一夫可算是首开先河,况且"第一口螃蟹"就吃下55%的出资额,取得经营权。

例句用"首开先河"表示开创性的举动,错误在于没有掌握"先河"一词的意思。

我们来看看"先河"这个词的由来。古代认为黄河是海的本源,所以帝王在祭祀的时候,先祭河,后祭海,后来就称倡导在先的事物为先河。如:"曹禺……开创了话剧文学民族化、现代化的先河。"

例句在"先河"前面又加上"首开",明显赘余,改成"开了先河"即可。

| 特别提示 |

"先河"一词只适用于开创性、倡导性的事物,不能滥用。

124. 国外舶来品

现代人多知"进口货",对"舶来品"知之甚少,在应用中,常常使用不当。例如:

据银行相关部门介绍,ATM机设备属于国外舶来品,本身设计就是基于国外用户的现金使用习惯。

例句显然没有理解"舶来品"的正确含义,误作为"商品"一词来使用。"舶"意思为航海大船,"舶来品"的意思就是通过航船从国外进口来的物品,引申为从外国传入本国的文化、语言、科技、思想意识等。

例句说"国外舶来品",解释起来就是"国外的外国商品",明显累赘,应删去"国外"一词。

| 特别提示 |

不少的文章中把"舶来品"写成"泊来品",这也是因为不解其正确含义所致。

125. 令人堪忧

实际应用中,很多人用"令人兴奋"等词,但是,要注意不是什么时候都能这么用的。比如:

2001年12月9日,一份时间最新、内容翔实的调查报告,向公众展示了目前令人堪忧的西部生态环境现状。

"堪"有"可、能"的意思,"堪忧"解释为令人忧虑或值得忧虑,如果前面再加上"令人",就显得繁冗了。

例句是将"堪忧"误解作了"忧虑",应将"令人"删去,或改为"令人忧虑"。

| 特别提示 |

与"令人堪忧"一样,"令人可喜""令人可敬"等说法都是错误的。

126. 凯旋而归

马刺众将手捧金杯凯旋而归,防守专家感谢球迷支持。

"凯旋而归"是报刊中常见的一种错误用法,错误原因是没有理解"凯旋"一词的正确含义,添加了"而归"这一多余成分。"凯"是胜利的乐歌的意思,"旋"即表示归来,"凯旋"解释为奏着胜利的乐歌归来。如果后面再加上"而归",无异于画蛇添足。

例句中的"凯旋而归"可考虑改为"奏凯而归"或将"而归"删除。

| 特别提示 |

"凯旋"即表示得胜归来,所以不能说"某人胜利凯旋",否则也犯了表述累赘的错误。

127. 望眼欲穿的眼睛

用那望眼欲穿的眼睛寻觅着船帆。

这句话犯了语义重复的错误。句中"望眼欲穿"作名词"眼睛"的定语,但"望眼欲穿"本身带有"眼"字,这就和后面的"眼睛"重复了,属于形容词与名词的语义重复。

"望眼欲穿"一词在《现代汉语词典》上的解释是:"眼睛都要望穿了。形容盼望殷切。"如唐代诗人白居易《寄微之》诗句:"白头吟处变,青眼望中穿。"宋代杨万里《晨炊横塘桥酒家小窗》诗句:"饥望炊烟眼欲穿,可人最是一青帘。"都用于表示殷切的盼望。

例句形容寻觅船帆的急切心理只用一个"望眼欲穿"就足够,"望眼欲穿"自然是要用"眼睛"望的,无须再强调。因此,将句子中的"眼睛"删掉,直接说"望眼欲穿地寻觅着船帆",不仅简捷明了,而且同样将殷切的盼望之情表现得淋漓尽致。

| 特别提示 |

形容词与名词并用造成语义重复的病误还是较为常见的,这种病误产生的原因多是将词语的意义连同该词所表现的情境相联系,再用一个与该词语语义相同或相近的词语进一步强调其意义,这就导致两个词语的语义出现重复的现象。

128. 亲眼目睹

中国男足亲眼目睹女足大胜，只一人不进球也遭追捧。

例句误将"目睹"理解为"看见"。这种错误也十分常见。

"睹"是看见的意思，如"熟视无睹""睹物思人"等。"目睹"则表示亲眼看见，所以在"目睹"前面再加上"亲眼"一词就明显多余了。

因此，例句可直接删去"亲眼"。

| 特别提示 |

"目"表示亲眼之义的词语还有"目击""目见耳闻"（亲眼看见、亲耳听到）、"目治手营"（亲眼观察、亲手试验）。

129. 亲自……

1957年春，周璇精神病有很大好转，她亲自到照相馆去拍下这张照片，也是她最后一张照片。

"亲自"到照相馆拍照？让人不禁产生疑问：莫非拍照这事还可以有人代劳？自己想要拍照当然得亲自到照相馆才能拍出自己的相片，难道自己坐在家里，照相馆就能照出自己的照片来吗？除非神仙才可做到。因此，句中的"亲自"是多余的。要说别的事情或许能请人代劳，拍照这事不用说也得"亲自"进行。

再联系全文看，文中可能暗含这样一个信息：以前周璇在患病期间可能有人陪同，而病情好转后，周璇便能够独立做一些事情了。这样推测，句中的"亲自"应该是指周璇一个人去拍照的。然而用"亲自"容易让人迷糊，所以还是把"亲自"改成"独自"，这样意思就明白多了。

| 特别提示 |

在语言表达中，有时需要对事物加以强调或说明，用以突出某事物。但如果不该强调的而故意强调，就容易犯逻辑性错误，

语言表达也因此出现了重复、矛盾的现象。

130. 带妆彩排

1月11日晚，中央电视台2004年春节联欢晚会进行了第二次带妆彩排。

彩排，是指正式演出前的最后排练，演员须着演出服装并化妆，音乐、舞台等其他各部门均按正式演出的要求工作。彩排一般只进行一次，大型或重要晚会可进行两次或三次。彩排的目的是确保正式演出万无一失，因此，比较重要的演出活动都要进行彩排。

"彩排"本身就带"彩"，不用再强调"带妆"。例文中的"带妆"二字应删掉。

| 特别提示 |

多余修饰是造成语义重复的原因之一，有的词语本身具有动作意义或表示一定的行为，这种意义是带有特定性质的，不必再加任何修饰语。

131. 免费赠送

最近，有一家网络电信业务推出免费赠送8分钟通话时间的优惠活动，受到了大部分人的欢迎。

8分钟通话时间全部赠送，而且还是免费的，当然是好事。可仔细一琢磨，"赠送"的含义是什么？不就是免费给的吗？如果花钱买，就不叫"赠送"了，而应该叫"购买"。所以说，"免费赠送"的"免费"二字是多余的。

其实，不用强调"免费"，一说"赠送"，自然就表示免费了。"免费赠送"只能说是长期受口语习惯所影响的结果。

| 特别提示 |

　　口语表达中，句子出现语义重复的现象最常见，原因是由于长期以来受某种口语习惯的影响，形成了固定的词组或句法结构，而这种结构在语法上又很不严密，从而导致语义上的重复、赘余。

132. 一天天地日臻完善

　　在同事们的努力下，这个公益项目从框架到代码，从模块到界面都已经一天天地日臻完善。最终，同事们用自己的业余时间换来了这次公益项目的圆满完成。

　　日臻：一天一天地达到，如"日臻完善""日臻成熟"。"日臻"已经包含了"一天天地"这层意思，所以例句中"一天天地日臻完善"的说法显然是表意重复。"日臻"之前的"一天天地"应该直接删去。

| 特别提示 |

　　"臻"意思为达到、到来，注意该字的正确写法和读音。

133. 立刻顿悟

　　一个年轻人抱怨自己不被赏识，老者抓起一把沙子后丢在地上，请年轻人找到那把沙子，并捡起来。年轻人立刻顿悟，如果没有那一点一滴捡拾的过程，怎么会积累成手中的那把沙。而机遇，就是手中的那把沙子。

　　句中"立刻顿悟"实在是叠床架屋，"顿悟"不完全等同于"明白"，很多人都因为没有明白这个词的意思而出错。

　　"顿悟"原为佛教用语，意思是顿然破除妄念，觉悟真理。现在泛指忽然领悟某一道理。"顿"本身就是立刻、忽然的意思，所以说"立刻顿悟"的说法就显得很啰唆了，例句改成"年轻人立刻醒悟"或"年轻人顿悟"都可以的。

| 特别提示 |

"顿悟"表示猛然醒悟，如果是冥思苦想半天才明白的道理是不能用"顿悟"来形容的。

134. 第一部处女作

对于他的第一部处女作来说，他对于分寸的把握，我认为是非常难能可贵的，让我刮目相看。

例句中"他的第一部处女作"一句十分显眼，相信很多人能一眼看出这句话的表述错误。难道还有"第二部处女作"乃至"最后一部处女作"？

"处女作"由"处女"一词引申而来，带有比喻的性质，一般用于文艺作品方面。它的意思是初次发表的作品。"处女作"即第一部作品，如何还能说"第一部处女作"呢？例句可以改为"他的第一部作品"或"他的处女作"。

| 特别提示 |

有人将"处女作"理解成年轻女子或未婚女子的作品，这种错误是十分荒谬的。另外需要注意的一点是，"处女作"必须是已经发表的作品。比如著名作家丁玲，她在学生时代就写过一些小诗，但她的处女作则是发表在1927年12月《小说月报》第18卷上的短篇小说《梦珂》。所以诸如"××处女作即将完成"的错误说法也应避免。

135. 第一桂冠

第一季度丰田汽车销量超越通用，加冕第一桂冠。

例句中"第一桂冠"的说法不妥，作者大约不太明白"桂冠"一词的正确含义。

桂冠，用月桂树叶编织的帽子，古代希腊人以此授予杰出的诗人或竞技的优胜者。后来欧洲习俗以桂冠为光荣的称号。现在一般用来指竞赛中的冠军。如"刘翔独揽两项桂冠"。"桂冠"现在指第一名、冠军，没有必要再说"第一桂冠"了，例文中的"第一"应省去。

| 特别提示 |

在竞赛中获取第二、第三名的成绩虽然也是十分荣耀、值得庆祝的事情，却不能用"桂冠"来表示。比如下面这个句子："热烈祝贺杨勇威老师指导姜继同学荣获全国物理奥赛银牌，勇夺桂冠升入清华大学。""银牌"与"桂冠"放在一起无疑是自相矛盾的。

136. 最早的渊源

很多人愿意讲故事，喜欢去述说"××的渊源"，但是也容易犯语法错误。比如：

1066 年，诺曼底公爵威廉横渡英吉利海峡，自立为英王，史称威廉一世，建立了横跨英吉利海峡的诺曼底王朝。这也是诺曼底和隔海相望的英国最早的渊源。

"渊源"原指水源，比喻事物的本原。如："测其渊源，览其清浊，未有厉俗独行若宁者也"。（《三国志·管宁传》）事物的根源、本原肯定是最早的，如果前面再加上"最早"，实属叠床架屋。

例句正确的改法是删去"最早的"一词。

| 特别提示 |

与"渊源"同义的词还有"起源""来源"，这些词的前面也不能再加上定语"最早的"。

137. 提出质疑

在实际应用中，"提出质疑"这种错误用法时常出现，比如：

官方已承认易建联年龄,纽约媒体却仍提出质疑。

"质疑"的意思是提出疑问,请人解答。"时时好事者从之质疑问事。"(《汉书·陈遵传》)"质疑"本身已含"提出"之义,若再加一个"提出",就显得十分啰唆,但也常有人弄错。

例句应改为"纽约媒体却仍表示怀疑"或"纽约媒体却仍质疑"。

| 特别提示 |

"质疑"为动宾结构,表示一个动作,可以与"进行"搭配,主语必须是人。另外需注意"质疑"与"置疑"的区别。后者表示"疑问、怀疑",多用于否定式,如"不容置疑""无可置疑"等。

138. 女士坤车

现在很多人喜欢用"坤"代表女性,不说是不是崇古,单说因为使用不当而犯的错。如:

素素的爸爸为丽买了一辆崭新的女式坤车。素素不依了,哭着喊着甚至用绝食来抗议她爸爸的偏心。

"女式坤车"的"女式"二字实属多余。

"坤",八卦之一,代表地,可以用来表示女性。"坤车"即指女式自行车,如果说"女式坤车",等于说女式的女式自行车,表义重复,应将例句改为"崭新的坤车"或"崭新的女式自行车"。

| 特别提示 |

"坤"是女性或女方的代称,常见的词语有"坤表"(女式手表)、"坤包"(女式挎包、手提包)、"坤鞋"(女式鞋)、"坤旦"(评剧中女伶串演旦角,叫坤旦;男子串演旦角,叫乾旦)、"坤宅"(旧时联姻,称女家为坤宅,男家为乾宅)等。

139. 最近新闻

最早在《最近新闻》播出，后来又被中央电视台等全国媒体跟踪报道的专题片《众人托起生命之舟》，再一次让人们看到了电视关注人性所产生的巨大感染力。

这个栏目名称很有意思——"最近新闻"，读者是不是想问，有不是最近的"新闻"吗？做新闻栏目的应该都是内行人，怎么会说出这样的外行话呢？

什么是"新闻"？"新"即新近、最近，"闻"指听见的事情、消息；"新闻"也就是社会上新近发生的事情。所以说"最近新闻"的说法很明显是重复的，看来该节目的编导得好好动动脑筋，换个名字。

| 特别提示 |

注意不要使用"去年新闻、以前的新闻"之类的说法。

140. 到就近医院就医

每次有疾病流行的时候，相关部门总会在第一时间发出通知，比如：

如果您出现发热、咳嗽等症状……请及时到就近医院发热门诊就医。

"就近"一词的使用之所以容易出现错误，是人们习惯将"就近"看成一个词，把它理解为"附近"的意思了。实际上，"就近"是由"就"和"近"两个词构成的，"近"是附近，"就"是到，不能把"就"的意思忽略掉。"就近"，即到附近，"就"一般用作连词或副词，但在这里是用作动词，意思是到。可见，"就近"中已经包含有"到"的意思，用"就近"就不要再用"到"了。如可以说"就近上学""就近吃饭"，而不能说"到就近学校上学""到就近饭店吃饭"。

因此，例句可以将"就近"改成"附近"。

| 特别提示 |

"就近"一词有较强的古汉语色彩。"就"作为靠近、到的意思，在现代汉语"就近""迁就"等词语中仍然使用。

141. 不良陋习

"陋习"这个词时常会用到，因为个人有"陋习"，社会也存在"陈规陋习"。但是很多人将"陋习"与"习惯"等同起来，犯了语言错误。例如：

若选择科学的生活方式，去掉不良陋习，则可以有效地预防癌症，降低癌症的发病率。

"陋习"即指不好的习惯，如："破除农村一切迷信和陋习，指出农村大众的真正出路。"

"陋习"本身就含有不良的意思，所以没有必要加上这个定语。例句中的"不良陋习"可改为"不良习惯"，或直接删去"不良"二字。

| 特别提示 |

注意"陋习"与"陋俗"的区别。"陋习"指生活中的不良习惯。"陋俗"则指某一地区的不良风俗。"陋俗"的形成往往需要经历较长的时间。

142. 这个中

尽管她们并不是很懂这些，但是这个中的神秘关系还是让她们很是兴奋和神往……

"个中"是一个文言色彩比较浓的词语。"个"是代词，即

"这""此""那"等;"个中"即其中、此中。如"个中滋味""个中辛酸"。因此,"个中"之前就没有必要再加其他的指示代词。

例句中"这个中的神秘关系"应直接说成"个中的神秘关系"。

| 特别提示 |

"个中"是一个书面用语,一般不用在口语中。

143. 民众们

"民众",很多人将之理解为"人",在使用中往往出现错误,比如:

英国首相布莱尔沦为"房奴",民众们却不以为然。

"民众"指的是人民大众,如:"必须唤起民众,及联合世界上以平等待我之民族,共同奋斗。"(孙中山《遗嘱》)"民众"泛指人民,这是一个集合概念,因此其后是没有必要再加上表示复数的"们"。

例中"民众们"应直接说"民众"。

| 特别提示 |

"民众"多用于书面语,或比较正式的场合。日常生活中用"人们"即可。

144. 它其中

王忠民是把散文当诗写的,比如《秋霜包裹的人》这篇几百字的短文,如果把它其中的一些段落按自由诗的格式排列,绝对无愧于当下的诗歌创作。

"其"是代词,即"这、那";"中"是方位词,里面;"其中"也就是这里面、那里面之义,如"其中的奥秘""乐在其中"等。

例句中,"其中"的"其"即指《秋霜包裹的人》这篇短文,与"它"所指对象完全相同,因此在"其中"的前面再加一个"它"显然是多余的,应删去"它",或将"它其中的"改为"它里面的"。

| 特别提示 |

"其余""其内""其外"等词语也要注意避免犯表意重复的错误。

145. 高足弟子

段玉裁是戴震的高足弟子,他一生著述宏富,有《说文解字注》《六书音均表》《汲古阁说文订》《古文尚书撰异》《诗经小学》《周礼汉读考》等三十余种。

"高足"这个词语出自一个有意思的典故。中国很早就有足球这一项运动,古时叫"蹴鞠",宋代时尤为流行。据说高俅就是当时京城里的第一蹴鞠高手,恰好宋徽宗也很喜欢这项运动,高俅自然在官场上春风得意。一次高俅代表宋朝与高丽人踢球,大获全胜,宋徽宗喜不自禁,夸到:"高爱卿真乃朕之高足也。""高足"原来表示踢球的高手,相当于现代的"国脚"一说。后来词义经过几番引申,就变成了"优秀学生"的代名词。

"高足"本身就是指成绩优异、本领高强的弟子,因此"高足"之后就没有必要再加上"弟子"一词。例句应直接将"弟子"删去。

| 特别提示 |

"高足"是一个敬辞,只能用于称呼别人的学生,不可自称或称呼自己的弟子。

146. 先后一一

《大美晚报》为此刊登致汪精卫的公开信,对朱惺光的遇害表示义愤，丁默村所在的"七十六号"干脆一不做二不休，将该报的总经理、总编、记者、编辑等先后一一杀掉。

"一一"表示一个接一个地、依次地。如："问今是何世，乃不知有汉，无论魏晋。此人一一为具言，所闻皆叹惋。"（陶渊明《桃花源记》）"一一"本身就包含了从前到后逐一完成的意思，所以这个词语无须再与"前后""依次""先后"等表示顺序的词语并用。

例句的正确修改方法是在"先后"和"一一"中任意删除一个。

| 特别提示 |

"一一"还是旧时书信中的常用语，表示详细叙述，如韩愈《与孟东野书》："愈眼疾，比剧，甚无聊，不复一一。"

147. 百姓民不聊生

古代某年，南京遭受灾荒，百姓民不聊生。皇家下拨的救灾钱粮被赃官府尹周吉私吞，百姓告状无门。

"聊"，依赖、凭借；指老百姓无法安定地生活下去，形容人民生活困难。如："百姓罢敝，头会箕敛，以供军费，财匮力尽，民不聊生。"（司马迁·《史记》）"民不聊生"，"民"即人民、百姓，说"百姓民不聊生"显然是累赘，例句应直接删去"百姓"一词。

| 特别提示 |

"民不聊生"的近义词有"民不堪命""民穷财尽"。

148. 灾民哀鸿遍野

说灾民是哀鸿一点也不错，但是很多人容易犯这样的错误，比如：

人言洛阳牡丹香，江南多美女，今朝有酒今朝醉饮，醉卧美人膝今生何憾，就当花下风流鬼，哪管城外灾民哀鸿遍野。

首先我们应该先来了解一下"哀鸿"二字的含义。"哀鸿"由《诗经·小雅·鸿雁》中的"鸿雁于飞，哀鸣嗷嗷"而来，用哀鸣的鸿雁来比喻啼饥号寒的灾民。"哀鸿遍野"即比喻流离失所、呻吟呼号的灾民到处都是。所以说，"哀鸿遍野"前面就不应再加一个"灾民"了，例句可直接改为"哪管城外哀鸿遍野"。

| 特别提示 |

"哀鸿遍野"多由国家剧烈动荡或遭遇重大的天灾引起，使用这个成语的时候应注意词义轻重，与语境要相符合。小灾小难是不能说"哀鸿遍野"的。

149. 人民生灵涂炭

从1840年到1949年的100多年间，由于帝国主义列强的侵略和国内反动派的黑暗统治，人民生灵涂炭，备受屈辱，生命安全和人格尊严失去了最起码的保障。

出现此类误用的原因应该在于不理解"生灵"一词的含义。何谓"生灵"？《现代汉语词典》上写得明明白白："百姓；有生命的东西。""生灵涂炭"中的生灵取首义，百姓；涂，泥沼；炭，炭火；人民陷在泥塘和火坑里，形容政治混乱时期人民处于极端困苦的境地中。如："先帝晏驾贼庭，京师鞠为戎穴，神州萧条，生灵涂炭。"

例句中"人民生灵涂炭"应改为"生灵涂炭"。

| 特别提示 |

关于"生灵涂炭"一词，还有一些令人匪夷所思的用法，错因应为望文生义。如："假如江西萍乡爆炸案不是几十条生灵涂炭，能惊动下至平民百姓，上至国家领导人吗？"江西萍乡

3·11爆炸案导致33人死亡、十余人受伤。句中的"几十条生灵涂炭"莫非是说几十条人命被"炭"所"涂"？实在令人啼笑皆非。

150. 几天几夜通宵达旦

你这样连续几天几夜通宵达旦地工作，可要小心别伤了身体。

很多时候，我们能看到这样的句子，但要注意的是"连续几天几夜"与"通宵达旦"表意重复。

通宵达旦：通宵，整夜；达，到；旦，天亮；整整一夜，从天黑到天亮。如："乙校昨夜通宵达旦，将赤化书籍完全焚烧矣。"（鲁迅《华盖集续编》）

例句中的"连续几天几夜"和"通宵达旦"可任意删去其一，句义就正确了。

| 特别提示 |

"通宵达旦"一般指整夜不休息去做别的事情，不能说"通宵达旦地睡觉"。

151. 目前的当务之急

巴勒斯坦外长沙阿斯13日在拉姆安拉强调，巴领导机构目前的当务之急是维护民族团结和推动和平进程。

"当务之急"出自《孟子·尽心上》："知者无不知也，当务之为急。"当，当前；务，应该做的事；"当务之急"即当前急切应办的事。如："引入真正的廉租房制度是当务之急。"

例句可以改为"巴领导机构当务之急是"或"巴领导目前最要紧的是"。

| 特别提示 |

"当务之急"的近义词有"迫在眉睫""燃眉之急"。

152. 妄自菲薄自己

很多人对"妄自菲薄"这个词理解得不够,常常出现错误。比如:

成绩差的同学不应妄自菲薄自己、甘居下游,而应奋起直追,迎头赶上。

"妄自菲薄"出自《前出师表》:"诚宜开张圣听,以光先帝遗德,弘志士之气;不宜妄自菲薄,引喻失义,以塞忠谏之路也。""妄自菲薄":妄,过分地;菲薄,小看、轻视;过分看轻自己,形容轻视自身价值,十分自卑。"妄自菲薄"与"自轻自贱""自惭形秽"一样,都表示自己瞧不起自己,所以用这个成语的时候后面就不应再加"自己"了。

例句可以说成"不应妄自菲薄"或"不应过于轻视自己"。

| 特别提示 |

"妄自菲薄"与"自卑"同义,只能用于自身,不能表示瞧不起别人。如:"他总是妄自菲薄别人,大家都认为他是一个自负孤傲的人,没有人喜欢和他在一起。"这种用法就是错误的。

153. 书香门第之家

"书香门第",很多人将它作为形容词来用了,错误就是这样出现的。比如:

邓稼先,1924年出生于安徽怀宁县一个书香门第之家。

此句中"书香门第"后的"之家"二字实属蛇足。

"书香门第"即指世代读书、相沿不变的人家。如:"钱钟书同小说主人公方鸿渐一样,出身于中国的一个书香门第。""书香门第"后面无须再加"之家""家庭"之类的词语,否则就表意重复了。

| 特别提示 |

"书香门第"也可说"书香门户""世代书香"。

154. 忍俊不禁地笑了起来

很多人容易将"忍俊不禁"与"忍不住"等同起来,错误也就随之出现了。比如:

看了冯巩表演的相声,一向严肃的父亲也忍俊不禁地笑了起来。

"忍俊不禁":忍俊,含笑;不禁,无法控制自己;指忍不住要笑出声。"忍俊不禁"后不能再添个"笑起来",否则真要让人"忍俊不禁"了。例句宜改为"父亲也忍俊不禁"或"父亲也忍不住地笑起来"。

成语的语意精练,表达性强,使用得当可以收到言简意赅之效,但如果不注意成语和句子意思的比照,就容易造成成语隐含意义与句子意义的重复。

| 特别提示 |

"忍俊不禁"的近义词有"哑然失笑""喜不自胜"。

155. 无人驾驶的无人机

林务单位开始试用无人驾驶的无人机。

除了无人驾驶的无人机之外,还有别种无人机吗?有人会觉得这是笑话,但这种看似废话的标题却出现在我们身边的各类报刊和其他出版物上。

上述例句所犯的语言表达错误称为叠床架屋(比喻重复、累赘),正确的改法是"无人驾驶机"。

| 特别提示 |

不必要的词句重复必然造成语义上的重复、累赘,要想做到

语言表达简练，还要结合生活常识，避免不必要的文字强调产生的反作用。

156. 从未有过的空前

面对洪水，吴镇人民出现了从未有过的空前的团结。

这个句子中的"从未有过的空前的"一语读起来实在让人不舒服，总觉得繁冗、多余。"空前"这个词并不陌生，"盛况空前""空前强大"等。那么，"空前"究竟是什么意思呢？词典上对"空前"的解释是"从来没有发生过的"，如常常说的"空前绝后"，就是指从未有过（的事情），也可以算是"前无古人，后无来者"吧。所以一说"空前"，意思就是以前从来没有过的。"盛况空前"意思就是从未有过的盛大场面，"空前强大"就是说从来都没有这样强大。从字面看，"空前"意思即"前空"，前面是空的，当然什么都没有了，似乎也比较形象。

上面这个句子也使用了"空前"，但前面却又带着"从未有过"，根据上述分析，这样的说法就不妥当了，犯了语义重复的病误。因此，应将"从未有过"或"空前"删掉其中一个即可，保留一个，才会使句子更简明。

| 特别提示 |

盲目地追随口语语言的习惯而忽视了书面词语的意思也会出现语义重复的病误，人们都习惯用"从未有过"，似乎忘了"空前"一词的含义，两者碰到一起不免产生语言上的尴尬。

157. 白日依然依山尽，黄河还是入海流

白日依然依山尽，黄河还是入海流。想要欲穷千里目，就要更上一层楼。

听到这儿不禁纳闷：这不是唐代诗人王之涣的《登鹳雀楼》

吗？什么时候变成七言了？可笑的是，全诗的每一句都添加了两个无用的字，什么叫"白日依然依山尽"？"黄河还是入海流"，莫非有一天黄河没入海，现在找到方向了？更让人不解的是，"想要欲穷千里目"中"想要"和"欲"并列到一块儿了，"欲"不就是"想要"的意思吗？最后一句似乎还说得过去，但"就要更"这三个字读起来还是觉得有点别扭。本来一首脍炙人口的唐诗，结果无端地加字弄得面目全非，不伦不类。

推测原因，作者可能是想追求节奏和韵律美，于是使劲凑字数，或者是想个性一下，让歌词别有一番新意，但这种"创新"可是有点欠妥，令人哭笑不得。也许有人会说，流行歌曲只追求流行即可，至于其中的歌词内容不必深究。可是像这么不明不白的歌词，在广播里频繁地播放，难道听众就没有什么反应吗？如此的"七言"，又怎能以"艺术"相称？

| 特别提示 |

此类语义重复的语言错误产生的原因是古今词语的并用。古代汉语中，一字多义中的某个义项正好与现代汉语中的词语同义，如果两词同时出现就会造成句义重复。

158. 独自孑然一身

很多人将"孑然一身"理解为身上什么都没有，所以常常犯"独自孑然一身"这样的错误。比如：

夜深人静，王小东独自孑然一身地匆匆穿过小巷，闪进了巷口的一个漆黑的大门。

"孑然一身"即指独自一人，例句犯了表意累赘的错误。

"孑"为书面语，意思是单独、孤单，如"孑立""孑身"。"孑然一身"即孤零零一个人，常用来感叹自己或别人形影相吊、孤立无援的处境。"孑然一身"不能与"独自""单独"等词同时使用，不然就表意重复了。

例句应改成"王小东独自一人匆匆穿过小巷"。

| 特别提示 |

注意"孑"字的写法和读音。

159. 一声如洪钟般的

在实际应用中,"一个"当中的量词"个"可以省略,但有时省略会造成读者的阅读困难。比如:

"阿弥陀佛,重施主还是来了!旁边这位想必就是公孙姑娘。"一声如洪钟般的声音响起。

声如洪钟:洪,大;形容说话或唱歌声音洪亮,如同敲击大钟似的。如:"忆胥目如闪电,声如洪钟。"(明·冯梦龙《东周列国志》)从该成语的词义可以看出,在它前后加诸如"一声""声音"之类的词语都是不必要的,例句可以考虑改为"说话人声如洪钟,气势非凡"。

| 特别提示 |

"声如洪钟"不要写成"声如宏钟"。

160. 责无旁贷的责任

很多人对"责无旁贷"的错误理解,常常使文章中出现语言问题。比如:

执政党通过组织行为,要求自己的组织订阅党报党刊,是一种执政方式,是每个党员责无旁贷的责任。

"贷",责任;"责无旁贷"指自己的责任,不能推卸给别人。"责无旁贷"与"不可推卸"的区别在于,"责无旁贷"已经指出不可推卸的是什么(属于自己的责任),所以它不宜再与"责任"等词语同时使用。

例句可以修改为"是每个党员都责无旁贷的"或者"是每个党员都不可推卸的责任"。

| 特别提示 |

"责无旁贷"表示的是自己的责任不能推卸给别人,注意不能误解成"有口莫辩""百口难辩"等意思。

161. 想尽了千方百计

"千方百计"是怎么来的?当然是想出来的。但很多人常犯的"想尽了千方百计"这类错误。

事实上,对于公车私用的问题,昆明市可谓想尽了千方百计。

句中"想尽了"与"千方百计"的搭配明显不妥。作者应将"千方百计"理解成成百上千个方法和计谋,当成名词来使用了。

"千方百计",形容想尽或用尽一切办法。如:"譬如捉贼相似,须是着起气力精神,千方百计去赶他。"(《朱子语类·论语》)分解开来看词法,"千方百计"是一个动宾并列短语,即使千方、用百计之义。所以,该成语的前面就不能再加"想尽""用尽"之类的词语了。

例句应修改为"昆明市可谓想尽了一切办法"。

| 特别提示 |

"千方百计"在句中还可以作状语,如高校思想政治教育要千方百计地营造健康向上的集体舆论。

162. 显得相形见绌

对于不理解"相形见绌"的人来说,这种错误时常出现。比如:

相对于百脑汇、颐高数码广场、赛博数码广场这样的专业连锁卖场来说,合肥本土的电脑卖场显得相形见绌。

"相形见绌"何以再用"显得"？句中说法多此一举。

"形"，比较；"绌"，不足、逊色。"相形见绌"就是指和另外一些人或事物比较起来，显得远远不足。如："他一个部曹，戴了个水晶顶子去当会办，比着那红蓝色的顶子，未免相形见绌。"（清·吴趼人《二十年目睹之怪现状》）

"相形见绌"中的"见"就是显得、看出的意思，所以例句中的"显得"一词可以直接删除。

| 特别提示 |

"相形见绌"也可以说成"相形失色"，注意"绌"不要写成"拙"。

163. 全身被打得遍体鳞伤

在实际应用中，很多人容易在使用"遍体鳞伤"的时候出现语义重复的错误。比如：

2000年6月的一天晚上，戚秀丽又在房间里与黄建国发生争执，以至相互扭打。秀丽是女人，自然打不过身强力壮的黄建国，她全身被打得遍体鳞伤、血肉模糊。

遍体鳞伤，指浑身都是伤痕，形容伤势很重。"遍体鳞伤"就有全身都伤痕累累的意思，前面再重复说一个"全身"就明显多余了。

例句可改为"她被打得遍体鳞伤、血肉模糊"。

| 特别提示 |

"遍体鳞伤"中的"鳞伤"是一个比喻，即伤痕像鱼鳞一样密（形容伤势之重）。不能写成"遍体淋伤"等。

164. 难言之隐的苦衷

很多人容易将"难言之隐"用错，比如：

你看他双眉紧锁,沉默不语,恐怕真是有什么难言之隐的苦衷。

"苦衷"不就是"难言之隐"吗?例句中的说法与"米做的米饭"无异,同样犯了赘余的毛病。

难言之隐:隐藏在内心深处不便说出口的原因或事情。苦衷:说不出来的痛苦或为难的心情。"难言之隐"的"隐"即指伤痛、苦衷,例句要么改成"有什么难言之隐",要么改成"有什么苦衷"。

| 特别提示 |

在运用"难言之隐"一词时,还应注意避免其他语意重复的情况。如"不便启口的难言之隐""每个人都有苦衷和难言之隐"。

165. 不言而喻的潜台词

很多行业有潜规则,很多话里有潜台词,但是很多人在用到"潜台词"的时候容易出错。比如:

部分人士之痛感名誉受损,其实亦包含了不言而喻的潜台词:对女演员提性要求在不少人心里已被假定为确有其事。

例句将"不言而喻"与"潜台词"放在一块,有叠床架屋之感。"不言而喻"解释为意在言外的譬喻或不用说就能明白,形容道理很明显。"潜台词"则指戏剧的台词中没有直接说出,但是观众通过思考都能领悟得出来的意思,比喻不明说的言外之意。显然这两个词是不能同时使用的。

例句可以改为"其实亦包含了不言而喻的意思"或"其实亦包含了这样的潜台词"。

| 特别提示 |

"不言而喻"的近义词有"不言自明""显而易见""毋庸赘述"。

166. 令人贻笑大方

在实际应用中，人们用到"贻笑大方"的时候容易犯表意重复的错误，关键还是没有真正吃透这个词的含义。

例一：中文字词浩如烟海，每个字词的搭配、形成皆有来源。一不留神您可能就会错写误用字词，令人贻笑大方或使人产生误解。

例二：一位曾经在英国某大学做过访问学者的国内某高校学人，自称某世界级著名文艺理论家的国内唯一弟子，回来为中国文学大师重排座次，被国内同行贻笑大方。

"贻"，遗留；"贻笑"，让人笑话；"大方"，原指懂得大道的人，后泛指见识广博或有专长的人。"贻笑大方"指让内行人笑话。"贻笑大方"即有"令……笑话"之义，例一中在前面再加一个"令人"，明显多余。"贻笑大方"，意思为被内行人取笑，例二说"被国内同行贻笑大方"更是多此一举。

两个例句分别可以改为"使人产生误解或贻笑大方"和"重排座次，真是贻笑大方"。

| 特别提示 |

还需注意的是，笑人之人必须是内行人或知情人士，不能用于其他见笑于人的情况。

167. 乘风扶摇直上

实际应用中，很多人因为不甚了解"扶摇直上"，所以这种错误时常出现。比如：

在岳父大人的大力提携下，王某人在政界可谓春风得意，名誉、地位乘风扶摇直上。

"扶摇直上"是出自《逍遥游》中的一个成语，作者说"乘风扶摇直上",明显是不理解"扶摇"的含义,造成了语义重复。

《庄子·逍遥游》:"抟扶摇而上者九万里。"扶摇:急剧盘旋而上的暴风。"扶摇直上"即乘着暴风急速上升之义,前面再加"乘风",无异于画蛇添足。

例句可改为"名誉、地位扶摇直上"或"名誉、地位乘风而上"。

| 特别提示 |

"扶摇"注意不要写成"扶遥"。

168. 擦亮眼睛拭目以待

在紧张激烈的比赛前,一瞻昔日球王的尊容,目睹名模那窈窕身姿,也是一件愉悦眼球的美事。除了冠军的集体亮相,开幕式还有哪些更多精彩?我们擦亮眼睛拭目以待。

拭目以待:擦亮眼睛等待着,形容殷切期望或等待某件事情的实现。"拭目"的意思就是"擦亮眼睛",句中"擦亮眼睛"完全可以删去。

| 特别提示 |

"拭"意思为"擦",如"拭目""拭泪""拂拭"等,不能写成"试目以待"。

169. 小处不拘小节

卡扎菲小处不拘小节,但对大处的方向把握还是坚持自己的原则。

例句中"小处不拘小节"语意重复。

"不拘小节"的意思是不注意生活小事,不为无关原则的琐事所约束。"小节"即指琐碎的生活小事,所以就没有必要再在"不拘小节"的前面加上一个"小处"。例句中的"小处"可直接删去。

另外，后半句的"大处"显然是为了与"小处"对应起来而说的。"小处"删除后，剩下一个"大处"就会让读者不明其义，所以应将"大处"改为"大事""大的方面"等说法。

| 特别提示 |

"不拘小节"含有褒义，使用时应注意感情色彩。

170. 受"其的"影响

平时我们说"其中""其他"和"其"，而且说"其中的""其他的"，所以很多人容易认为也有"其的"这个词。比如：

寿司店吧台前的电视里还在播放入夜后交通发生混乱的新闻，桑村好像并不太在乎，受其的影响，千波也不再担心。

这里的"受其的影响"说法不当。"其"是代词，指代"他的""她的"，以及"他们的、她们的"。可见，"其"本身包含了"的"的意思。

例句中应将"其的"改成"其"，或者把"其"改成"他"。

| 特别提示 |

"其"还可作人称代词。

171. 淘汰局外

现代社会的竞争日新月异，如果不用新的知识充实自己，就会随之被社会淘汰局外。

该句存在赘余、语义不明等多处语病。

先来看"就会随之被社会淘汰局外"一句。该句语义表述不清，"随之"是随什么？前文并没有交代，如果直接删去这个"随之"，就不会出现这种语义不明的毛病。"淘汰"即被弃之局外,可见"淘汰局外"中的"局外"二字纯属多余。

另外,开头"现代社会的竞争日新月异"一句也说不通。"日新月异"的只能是"现代社会",而不可能是"现代社会的竞争"。句中"竞争"同"的"字可以一并删除,或将整句改为"现代社会的竞争十分激烈"之类的说法。

| 特别提示 |

与"淘汰局外"极为相似的表述是"淘汰出局",这样使用同样不够精练。

172. 过去曾经

在实际应用中,这样的错误时常出现。比如:

杰克逊和美国白人说唱歌手痞子阿姆取得联系,希望能在复出歌坛时得到阿姆的帮助。杰克逊做出这个举动让很多人惊讶。大家都知道阿姆并不欣赏这位歌坛的"老前辈",过去曾经在自己的说唱作品中嘲笑杰克逊。

例句中的"过去曾经"一说纯属赘余。

过去:时间词,指现在以前的时期。如:"她过去是一名教师。"曾经,从前有过某种行为或状况,如:"她曾经做过教师。""过去"与"曾经"表意接近,没有必要同时使用。

例句中的"曾经在……"自然是"过去"的事情,因此"过去"和"曾经"完全可以删去一个。

| 特别提示 |

"曾经"也不要与"以前""以往"等词语连用。

173. 正常的事业

很多人对"事业"这个词的理解不够,写作时很容易出错。比如:

因此，作为妻子，当丈夫为了某种正常的事业而处于忘我的境地时，"理解"就显得至关重要。

例文中"事业"一词前的定语"正常的"实在是多余。

"事业"指的是人们所从事的，具有一定目标、规模和系统的对社会发展有影响的经常性活动，如"公益事业""革命事业""科学文化事业""事业心"等。

"事业"一词含有褒义，能够被称之为"事业"的事务，一般都是正当的、对社会或个人有价值的，最少也是被说话者所认可的。例句中说"正常的事业"，那么是不是还有"不正常的事业"呢？这显然是不成立的。

另外，对于单个的人来说，"他"所从事的事业，自然是"某种"事业。因此，例句中"某种"和"正常的"这两个定语都属赘余，应删除。

| 特别提示 |

"事业"还可特指没有生产收入，由国家经费开支，不进行经济核算的文化、教育、卫生等事业。如"事业单位"（与"企业单位"相对）。

174. 独特的特征

"特征是独特的"，很多人认为这句话反过来说也成立。比如：

中国几个独特的自杀特征，受到了国际社会的广泛关注：一、农村自杀率是城市的3倍……二、女性自杀率高于男性……三、中国1/3的自杀死亡者和2/3的自杀未遂者在自杀时没有精神障碍。

所谓"特征"就是指可以作为人或事物特点的征象、标志等。如"相貌特征""艺术特征""犯罪心理特征"等。"特征"顾名思义，肯定是人或事物所特有的，因此"特征"之前完全没有必要再加上"独特""特别"之类的定语。

例句中"中国几人独特的自杀特征"宜改为"中国自杀现象的几个特征"。

| 特别提示 |

要注意"特点""特性"等词,也不应与"独特""特别"等连用。

175. 倾向偏重

"倾向"和"偏重"是同义词,但是很多人将它们连用。比如:

他的执政倾向偏重于务实。

"倾向"的意思是偏于赞成(对立事物中的某一方),如:"这两种观点,我还是倾向于后一种。""偏重"意思为着重于某一方面,如秦牧《花城》:"杂文是散文的一支,它是比较偏重于说理的。""倾向"和"偏重"表意相似,例句中同时用这两个词语无疑造成了语意的重复。

| 特别提示 |

"倾向"还可以作名词,意思是发展的方向;趋势。如瞿秋白《饿乡纪程》:"中国社会已经大大的震颠动摇之后,那疾然翻覆变更的倾向,已是猛不可当,非常之明显了。""偏重"则没有这样的用法。

176. 感到……自豪感

与此同时,德国的媒体对于加斯查因同样是爱恨交织。一家知名的德国报纸发表文章指出,一名德国少年以智慧战胜了世界上最优秀的计算机专家,这让德国人感到一种奇异的民族自豪感。

例句中"感到……自豪感"的说法十分累赘。

"自豪感"即自豪的感觉,"感到"某种"感觉"的说法明显很啰唆。例文中的"感到"宜改为"产生"之类的词语。

| 特别提示 |

"感到……感"的句式屡见不鲜,如:"感到一种危机感""感到使命感""总是感到深深的挫败感"等,都犯了赘余的语病,应注意避免。

177. 评为是

"是"这个词应该说是汉语中应用最广的动词,但很多时候人们也容易用错。比如:

张明被评为是"三好学生"。

例句中"评为"后的动词"是"字纯属多余。
"评为"的"为"就是"是"的意思,表示肯定说明,所以"评为"的后面就没有必要再用一个表示肯定的"是"。
例句中的"是"应该删除。

| 特别提示 |

类似的语病还有"××说成是××","说成"后面也无须再加动词"是"。

178. 光怪陆离的怪现象

人们说一些社会怪现象的时候,总说"光怪陆离",也使很多人写作的时候误写成"光怪陆离的怪现象"。比如:

而与此同时,正如阻淤已久的河流一旦奔涌必是泥沙俱下,鱼龙混杂,一些光怪陆离的社会怪现象也开始滋生,惑人心智,诈取钱财,甚至残人身体夺人性命。这就是对所谓"特异功能"的迷信和一系列伪科学事件。

例文中"光怪陆离的怪现象"一说表意重复。

"光怪陆离"即形容现象奇异、颜色繁杂，如徐迟《牡丹》："庸俗的卑下的连台本戏，愈来愈看不下去，故事情节光怪陆离，机关布景又恶劣不堪，实在叫人不能忍受。"

"光怪陆离的社会现象"就是"社会怪现象"，因此例句中"现象"一词前的"怪"字应予以删除。

| 特别提示 |

"陆离"形容参差错综的样子，不能将"光怪陆离"写成"光怪离陆"。

179. 经销或销售

目前，市场上经销或销售的鱼油有许多没有上述标志，这表明该产品尚未经过卫生部审批。

例句中"经销或销售"表意重复，这样的错误在广告中经常能看到。"经销"指经手出售，意思同"销售"。"经销或销售"的说法与"早餐或早饭"没有区别，都是无意义的重复。例句中的"经销"和"销售"应删去一个。

| 特别提示 |

"经销"也可说"经售"。

180. 天南地北、四面八方

很多人在写作中将"天南地北"和"四面八方"连用，比如：

唐教授经常接到从祖国的天南地北、四面八方来的信件，他们中间有刚刚步入科学殿堂的科技工作者、大学教师……

"天南地北"指相距遥远的不同地方，"四面八方"则泛指周围的各地或各个方面。就例文的语境来看，这两个词语表达的意思是完全相同的，因此没有必要同时使用，应删去其一。

另外，"信件"后紧跟的"他们"，应该是承接说"信件"如何的，但这明显说不通，作者想说的是这些写信的人如何（来自各个行业）。所以，这里的"他们"用得也不恰当。文中的"他们中间"应改为"来信者"。

| 特别提示 |

"天南地北"也可说成"天南海北""山南海北"，意思相同。

181. 虚浮的浮浅

这样的人没有虚浮的浮浅，没有流行的时髦，不会八面玲珑投机取巧，但他们会用实实在在的真本领去创造生活。

例文中"虚浮的浮浅""流行的时髦""实实在在的真本领"三个短语都是累赘不堪。"虚浮"不就是"浮浅"吗？"时髦的"不就是"流行的"吗？"实实在在的本领"不就是"真本领"吗？

例句中的三个定语完全是多余，整句宜修改为："这样的人不浮浅，不时髦，不会八面玲珑投机取巧，但他们会用实实在在的本领去创造生活。"

| 特别提示 |

"虚浮""浮浅"和"肤浅"都是形容词，不可当成名词用。

182. 过分的溢美之词

"过分"一词并不陌生，表示言行举止超出了正常的规范，通俗来讲就是"过火"了。因此"过分"含有夸大的意味。

近几年，常有报纸对明星大肆吹捧，过分的溢美之词，助长了某些明星的骄傲情绪。

例句用了一个"过分"，但这里的"过分"则属多余，因为

第五篇 语法错误 / 655

在它的后面有一个词"溢美"。"溢美"的意思就是不适宜、过分的赞美,这个词本身已包括了"过分"的意思,如果再加上"过分",就成了"过分的过分的赞美",语意重复,听起来十分别扭。因此,不必再用"过分"来修饰,应将句中"过分的"删掉。

| 特别提示 |

与"过分"的误用情况相同的还有"过于",如:许多家长对孩子过于溺爱,饭来张口,衣来伸手,这对孩子的成长是有害的。"溺爱"就是"过于宠爱",其意思已经包含了"过于",因此这里的"过于"也是多余的,应当删掉。

183. 过虑的想法

其实这是过虑的想法。

"过虑的想法"在语义上是重复的。"虑"就是"想",如"深思熟虑""处心积虑"等。"过虑"就是过多地想,所以后面不必再加"的想法",否则就变成"过多地想的想法",语句不通。

例句中的"的想法"三个字应删去。

| 特别提示 |

这类叠用虽然在词面上看起来没有重叠,但结合词义略加分析,仍存在着语意的重复。这种隐含的语义重叠容易被忽视,但稍加推敲即可分辨出来。

184. 使自己自卑

在他面前,你绝不会因他是名人而使自己自卑,你真正从心里觉得与他是平等的。

例句中的"使自己自卑"一语犯了语意重复的语病。自卑就是自己轻视自己。如果想说自卑是别人引起的,可以说"某人使自己自卑",但如果只是自己心生自卑感,只说"自卑"就行了,不必说"使自己自卑"。这里的"使自己自卑"实际上是一个兼语句,带有使令性动词"使",但"使"用在这里是多余的,会造成语意上的重复。因为例句要说的意思是因名人的影响而使自己感觉到自卑,这是一种自我感觉,并非带有使令意义,也就是这里的"自卑"不是"使"的结果,所以不必使用兼语句。

| 特别提示 |

兼语短语中的第一个动词一般是使、令、派、请、通知等支使、祈使、命令意义的动词,而不是人称意义的动词。兼语有特定的表达作用和语意衔接功能,一个具体的意思是否应当用兼语句来表达,要视具体需要而定。无须用兼语句的句子而误用为兼语句,容易造成语意重复的语病。

185. 感到自惭形秽

人们在说明感觉的时候,往往说"感到……",有时难免用错。比如:

一项社会调查显示,如果丈夫的收入低于妻子,一部分男性难免会感到自惭形秽,甚至无端地对自己进行心理折磨。

例句在"自惭形秽"前又加上"感到"一词,明显是不明白该成语的语法功能。

"自惭形秽"原指因为相貌方面不如他人而感到惭愧,后来泛指自愧不如别人。"自惭"就是自己感到惭愧的意思,前面没有必要再加一个"感到"。

例句可改成"难免会感到惭愧"或"难免自惭形秽"。

| 特别提示 |

"自觉形秽"与"自惭形秽"同义,可以换用。如:"小弟因多了几岁年纪,在他面前自觉形秽,所以不敢痴心想着相与他。"(《儒林外史》三十回)

搭配不当

主谓搭配不当

186. 本性爆发

主谓搭配不当最常见的是主语词和谓词不匹配。看例句：

一般是在没有食物的情况下，野生动物的本性才会爆发。

例句说"本性爆发"属于主谓搭配不当。"本性"指原来的性质或个性。比如："江山易改，本性难移。""爆发"指火山内部的岩浆突然冲破地壳，向四外迸发；还用来指突然发作或者事变突然发生。显然"本性"是不会突然发作或者突然发生的，而是在某些情况下会露出来。所以，例句应该将"爆发"改成"暴露"。

| 特别提示 |

"暴露"指荫蔽的事物、缺陷、矛盾、问题等显露出来。

187. 自行车使用

在特定的语境里，最普通的词语"使用"也常会被我们用错。看下文：

黄浦江越江设施无论是桥梁、隧道，均有一定坡度，不适于自行车使用。

"使用"意思为使人员、器物、资金等为某种目的而用，如"使用干部""使用资金"等。这个词的行为主体只能是人，而不能是物。例句中"使用"的行为主体是"自行车"，无法产生某种行为，因此，应该把"使用"改为"行驶"。在媒体上，像这样"不适合自行车使用、汽车使用"的说法很多，都是不正确的。

|特别提示|

"使用"的指向对象可以是人,也可以是具体的事物。

188. 人体标本参加展出

在面积 3000 平方米的展厅里,有 17 件完整的人体标本、288 个器官组织标本参加此次展出。

"参加"指加入某种组织或某种活动。这个词的行为主体必须是人或由人所组成的机构、团体等,而不能是物品。例句中的"人体标本、器官组织标本"实质上只能是物品,不能从事"参加"这样的行为,也就不能"参加"这个动词建立起主谓关系。例句可以把"参加了此次展出"改为"展出",让"展出"直接与"人体标本、器官组织标本"建立起主谓关系。

|特别提示|

"参加"的指向对象只能是某种组织或某种活动。

189. 工作和设计被采用

在实际写作中,主语不可能都是单个的词语,有可能是复合型的短语。这种情况下,很容易出现与谓语搭配不当的语言错误。例如:

这位建筑师的出色工作和独特设计,已被有关单位采用并受到国外的关注。

并列短语做主语时,如果使用共同的谓语,需要注意主谓之间是否搭配得当。例句的主语是"出色工作和独特设计",是个并列短语,谓语是"被采用并受到关注"。可以说"独特的设计"可以被采用,但是"出色工作"不能被采用,主语"出色工作和独特设计"是并列短语,不能共用一个谓语"采用"。

| 特别提示 |

并列短语作为一个句子成分，很容易出现搭配不当语病，所以要特别注意"和""与""跟""及""及其"等连词和表并列关系的顿号。

190. 水质流动

草鱼在水中需要充足的氧，在塘库的进水口，水质流动大，使鱼能得到充分的氧量。所以，在这些地方和有水草的地方，草鱼的数量比一般水域多。

例文中"水质流动大"主谓搭配不当。

"水质"指水的质量（物理性质和化学成分），多就饮用水的纯净度而言。"水质"作为一种质量，只能与"好""坏""一般""监测""检查""改良"之类的词语搭配。例句中"水质流动大"一说明显不当，池塘的进水口处"流动"的只能是"水"，而非"水质"。"水质流动大"应改为"水流量大"。

另外，"使鱼能得到充分的氧量"一句中，"氧量"一词应由"含氧量"减缩而来，不合规范，且"得到……氧量"的说法同时还犯有语法错误。该句宜改为"鱼能够得到充足的氧气"。

| 特别提示 |

应该避免写出诸如"水质的质量如何"之类表意累赘的句子。

191. 文字有一百二十斤重

据说，秦始皇每天批阅写在竹简和木片上的文字，有一百二十斤重。

例句犯了主谓搭配不当的错误。文字本身是没有重量的，句中想说的是秦始皇每天批阅的竹简和木片有一百二十斤重，而"文字"则是秦始皇书写在竹简和木片上的。

有人做了如下修改:"据说,秦始皇每天批阅写在竹简和木片上的文字,那竹简和木片有一百二十斤重。"似乎也不够简洁。可以改成:"据说,秦始皇每天批阅大量的文字,光用来写这些字的竹简和木片就有一百二十斤重。"

|特别提示|

例句想说的是"竹简和木片有一百二十斤重",结果,未处理好各成分之间的关系,造成了主谓搭配不当。

192. 生产量……供应

由于加强了生产过程中的生态环境监控,该基地每年的无公害蔬菜的生产量,除供应本省主要市场外,还销往河南、河北等省。

"生产量"如何供应市场,如何销往河南、河北等省?供应、销往的应该是"无公害蔬菜"才对。也就是说,此句犯了主谓搭配不当的错误。

例句应将"每年的无公害蔬菜的生产量"改为"每年生产的无公害蔬菜"。

|特别提示|

主谓搭配不当,就是指谓语不能陈述主语。

193. 消防车……放弃休假

今年春节期间,这个市的210辆消防车、3000多名消防官兵,放弃休假,始终坚守在各级值勤的岗位上。

例句中的"210辆消防车、3000多名消防官兵"是联合词组,谓语所要陈述的对象既包括"消防车",又包括"消防官兵"。"消防官兵,放弃休假,坚守在各级值勤的岗位上"说得通,"消防车放弃休假,坚守在各级值勤的岗位上"就说不通了。

例句在修改时,可以将"210辆消防车"改成定语,改成

"这个市的3000多名消防官兵出动210辆消防车"。

| 特别提示 |

联合词组充当句子成分时,不能只考虑其中一项,否则就会出现搭配不当的现象。

194. 市场严重滞销

几年前,在国内彩电市场严重滞销的情况下,长虹电器厂大幅度率先削价销售,亏本是免不了的,但赢来了产销两旺,经济效益一下子跃居国内行业前茅。

"国内彩电市场严重滞销"这个短语内部搭配不当。我们先分析一下本句的介宾结构。"在……下"是个介宾结构,介词"在"的宾语"国内彩电市场严重滞销的情况"是个偏正结构,中心词"情况"的定语"国内彩电市场严重滞销"是一个主谓短语。"国内彩电市场"是主语,"滞销"是谓语。这样就能看出问题了。"市场"如何"滞销"?这里犯了主谓搭配不当的错误,去掉"市场",说"彩电滞销"就对了。

| 特别提示 |

这个句子的毛病比较隐蔽。问题不是出在句子的主语、谓语搭上,而是出在介宾短语中的主谓结构上,属于小主语和小谓语搭配不当。

195. 萧声逡巡

岁月的萧声逡巡在灿烂的天空。明天是智慧的升华,明天是生命的概括,明天充满活力,明天永远年青。拥有明天,贫穷的种子也会生根发芽。

"逡巡"是一个带有浓厚文言色彩的词语,指"有所顾虑而徘徊或不敢前进",如《后汉书》:"舅犯谢罪文公,亦逡巡于河上。"李贤注:"逡巡,不进也。"陈去病《出塞望蒙古》诗:"驱车怅徘徊,临发复逡巡。"

例句中"萧声逡巡"一句主谓搭配不当,"萧声"是一种乐器的声音,它不具有主观意识性,不能与"逡巡"这个人为的动作搭配。再者,例文也没有说萧声"有所顾虑而徘徊"的意思,用"逡巡"也与文义不符。结合文章内容,这里的"逡巡"应改为"回荡"之类的词语。

| 特别提示 |

"逡"音 qūn。

196. 俱乐部面有难色

篮管中心准入制草案要求过高,CBA 俱乐部面有难色。

例句中"俱乐部面有难色"主谓搭配不当,除非作者用的是拟人的手法,但这种修辞手法用在新闻标题中又显得不太恰当。

面有难色,指脸上露出为难的神色。从"面有难色"的解释中不难看出,其主语应该是人,所以例句中说"俱乐部面有难色"是不妥的,宜改成"CBA 俱乐部表示为难",或在"俱乐部"后面加上"负责人"之类的词语。

| 特别提示 |

"面有难色"的"难"表示为难、困难,不能理解成"难看",这样成语就变成给人脸色看的意思了,与原义差之千里。

主宾搭配不当

197. 加强教育是问题

没有人能够保证文章中不出错误,但是很多时候,越是常用的越是容易出错,比如:

加强全民环保意识教育,是当前非常重要的问题。

例句犯了主宾搭配不当的语法错误。例句中"加强全民环保意识教育"是动宾短语做主语,谓语是"是",宾语中心语是"问题"。把主语和宾语找出来之后,你就会发现句子的意思是加强全民环保意识教育是问题,主宾显然不能对等,应该把"问题"改为"任务"。

| 特别提示 |

句子中如果充当谓语是"是",应该找到主语和宾语,看二者能否搭配。

198. 米特科也是离异

米特科也是离异,经营一家壁炉店。

"离异"指的是离婚,表示的是一种行为,而不是人的一种身份,但句中的"离异"与"米特科"形成了对应的主宾关系,使得"离异"成了"米特科"的一种身份,这有违"离异"的使用要求。例句可把"离异"改为"离异者",也可改变"米特科"与"离异"的主宾对应关系,即把"米特科也是离异"改为"米特科也已经离异"。

| 特别提示 |

离异作为一个动词,它的行为主体一般是双方的,并不是一方对另一方的行动。

199. 梦幻成泡影

大脑功能失调,导致感知、情感、思维、记忆、智能、意识、行为和运动功能等方面障碍,造成多少青春被断送,多少梦幻成泡影。

例句句末的"多少梦幻成泡影"主谓搭配不当。

"梦幻"的意思是如梦的幻境；梦境。如："她微微睁开眼睛呻吟一下，脑子里朦胧地、混沌地浮现出各种梦幻似的景象。""梦幻"本来就是虚幻、不真实的，"梦幻"即泡影，没有必要再"成泡影"。根据文义，句中的"梦幻"应改为"希望"。

|特别提示|

成语"梦幻泡影"原是佛教用语，意思是说世界上的一切事物都像梦境、幻术、水泡和影子一样空虚，现多比喻空虚而容易破灭的幻想。

200. 珠穆朗玛峰是山坡

家里盘着两条龙是长江和黄河，还有珠穆朗玛峰是最高山坡。

有点地理常识的人都知道珠穆朗玛峰是地球上最高的山峰，就算是为了合辙押韵，也不能将它说成是"山坡"。"山坡"，是山顶与平地之间的倾斜面，"峰"是山的突出的尖顶。"峰"和"坡"根本就是截然不同的两个概念。该句犯了主宾搭配不当的错误。

|特别提示|

不能为了勉强押韵，而不考虑词语的真正含义。

201. 晋文公成为北方一大强国

晋文公当上了晋国国君后，发展生产，整顿政治，训练军队，成为北方一大强国。

划分例句的句子成分，主语是"晋文公"，谓语是联合谓语，我们权且忽略"发展生产，整顿政治，训练军队"，因为这部分没问题，只探讨最后部分，即谓语是"成为"，宾语则是"强国"，提取句子的主干则是"晋文公成为强国"，显然主宾搭配不当。所以，本句应改成"使晋国成为北方一大强国"。

| 特别提示 |

后半句"成为北方一大强国"的主语是承前省略，应该是晋文公。

202. 粮食获得了丰收年

今年，这个地区的粮食连续获得了第十个丰收年。

该句主语和宾语搭配不当。例句的主语是"粮食"，谓语是"获得"，宾语是"丰收年"，这显然是说不通的。"粮食"只能获得"丰收"，不可能获得丰收年。例句建议修改为："今年，这个地区的粮食连续第十年获得了丰收。"

| 特别提示 |

"丰收"意思为收成好，也可用作比喻义，如"文艺创作获得了大丰收"。

动宾搭配不当

203. 亲历惊魂

××市民亲历惊魂。

"亲历"是指亲身经历，如亲历其境，一般指向时间、环境或事件。"惊魂"是指惊慌失措的神态。如果是自己"惊魂"，肯定是自己"亲历"；如果是别人"惊魂"，自己绝对无法"亲历"。可见，用"亲历"搭配"惊魂"是不恰当的。例句应适当修改。

| 特别提示 |

"亲历惊魂时刻"或"亲历惊魂一刻"是说得通的，因为在这个短语里，"亲历"搭配的是"时刻""一刻"。

204. 停放着生产设备

由于不注意指事对象,"停放"一词很容易错配宾语。看例句:

该车间内停放着生产牛奶的设备。

例句中的"停放……设备"属于动宾搭配不当。"停放"指短时间内放置,一般指汽车、灵柩等可以移动的物体,比如"一辆自行车停放在门口"。"设备"是指进行某项工作或供应某种需要所必需的成套建筑或器物。例句中的"设备"属于一般的生产设备,这种情况时不用"停放",应该做适当修改。

| 特别提示 |

"设备"也可以作动词,指设置以备应用,如:"俱乐部设备得很不错。"

205. 图书室落座通榆

不及物动词"落座"常被人用错,最主要的原因是给它带上宾语。看下文:

新的图书室正式落座通榆。

例句是典型的主谓搭配不当。"落座"是指坐到座位上。比如:"各位观众请落座,表演就要开始了。"很显然,"落座"的行为主体必须是人,而且"落座"是不能带补语的。不能说"落座……",词语本身就带有补语座位了。

| 特别提示 |

注意与"坐落"的区别。"坐落",指建筑物的位置在某处,如:"灵隐寺坐落在西子湖畔。"

206. 遵守交通安全

在习以为常的语言中,人们往往不经意间犯下语言错误。看下文:

人人遵守交通安全的良好氛围逐渐形成。

例句属于主语的修饰语中的动宾搭配不当。"安全"是指没有危险、不受威胁、不出事故,比如"安全地带""注意交通安全"。"遵守"是指依照规定行动、不违背,比如"遵守时间""遵守劳动纪律"。"安全"不是规定,所以不能被"遵守"支配,所以例句应该将"安全"改成"规则"。

| 特别提示 |

与这个语病相似的错误有"遵守用电安全""遵守行人安全"等,都要引起重视。

207. 打开知名度

该公司已经迅速通过宣传打开了知名度。

例句中的"打开了知名度"属于动宾搭配不当。"打开"指揭开、拉开、解开,比如"打开箱子";还可以指是停滞的局面开展,狭小的范围扩大。而"知名度"是指某人或某事物被社会、公众知道熟悉的程度。从概念上看,"知名度"不属于停滞的局面或者狭小的范围,所以不能用动词"打开",程度可以"提高"或者"降低",所以例句中的"打开了"可以改成"提高了"。

| 特别提示 |

注意与"知名"的区别。"知名",指著名,有名(多指人)。"知名"是形容词,而"知名度"则是个名词。

208. 丰富玉米经济

促进新农村建设,还可以不断丰富该地区的玉米经济。

例句中的"丰富该地区的玉米经济"属于动宾搭配不当。"丰富"指种类多或数量大,还可以指使丰富,一般用于物质财富、学识经验等方面,比如"丰富业余生活""丰富工作经验"。但例句说"丰富……经济"明显是搭配不当,应该改为"壮大……经济"。

| 特别提示 |

"壮大"和"丰富"一样,都是兼类词,都同时具有形容词词性和动词词性。

209. 娶回新娘子

打开网页,输入"娶回新娘子",能找到很多条新闻标题,可见这个句式使用之普遍。但是这样使用实属搭配不当。看例句:

例一:六辆三轮车,娶回新娘子
例二:骑马娶回新娘子

"娶新娘子"在表达上没有问题,但是,人们偏偏要在中间加一个"回"字,造成搭配不当。我们知道"回"是一个趋向动词,表示人或事物随动作从别处到原处。既然是"新娘子",和新郎原来一定不是一家人。如今被迎娶到新郎家,自然不能用"回"字。

| 特别提示 |

同理,"新娘子娶回来"的表达也是错误的。

210. 遭受质疑甚至是非

就在警匪剧的层出不穷面临"限产"的同时,刚刚露出苗头的"红色经典剧"的热潮已经在遭受质疑甚至是非。

"是非"指事理的正确和错误,也指口舌之争。例句中的"是非"是指口舌之争,但这个意义的"是非"不能像与它并列的"质疑"一样接受"遭受"的支配。作者说的是有关批评的议论,应把"是非"改为"非议";如保留"是非",则应该把"遭受质疑甚至是非"改为"遭受质疑甚至出现是非"。值得注意的是,"是非"是个名词,但很多人容易将它误认为动词。

| 特别提示 |

例句中"的热潮"应该删去,"警匪剧的层出不穷"也应该改为"层出不穷的警匪剧"。

211. 嫌弃我母亲不生男孩

祖母思想封建,重男轻女,嫌弃我母亲不生男孩,言语中经常伤害我的自尊心。

"嫌弃",动词,意思为因厌恶而不愿意接近。这个词的宾语只能是名词或名词性短语,但例句中的"我母亲不生男孩"是主谓结构,不能作"嫌弃"的宾语。可以将例句中的"嫌弃我母亲不生男孩"改成"怪我母亲不生男孩而嫌弃她",这样改过之后,"嫌弃"的宾语就变成了相当于名词的代词"她"。

| 特别提示 |

注意"嫌弃""嫌恶"和"嫌憎"的区别。"嫌恶"即厌恶,"嫌憎"指嫌弃憎恶。

212. 加快规模

近年来,我国加快了高等教育事业发展的速度和规模,高校将进一步扩大招生,并重点建设一批高水平的大学和学科。

例句犯了动宾搭配不当的错误。句子中的谓语是"加快",宾语是"速度和规模",可以说"加快速度",但是不能说"加快规模",应该另配一个动词"扩大",改为"我国加快了高等教育事业的发展速度,扩大了发展规模"。

| 特别提示 |

例句中"并重点建设"的主语已被偷换,犯了主语和宾语搭配不当的语病。"高校"怎么可以"建设一批高水平的大学"呢?应该把"大学"去掉。

213. 打造古都

郑州打造中国第八古都。

"打造"一词如今颇为流行,如"打造品牌""打造经典""打造明星"。在某个意义上,"打造"已相当于我们常说的"包装"。然而,不管"打造"词义范围如何扩大,说郑州要"打造"出一个中国第八古都来都是不适宜的。"打造"用在这里似乎是说,郑州原本称不上古都,或者说根本不是古都,郑州人要对郑州进行改造包装一番,使之变成古都。这就给人一种印象,即郑州即使能列入中国第八古都,也是"打造"出来的。其实郑州本来堪称古都,根本无须"打造"。虽然"打造"是个很时髦的词,精心打造出来的作品会令人耳目一新,但用来打造"古都"是不合适的。

| 特别提示 |

"打造"一词的原义是制造(器械、石器等),如"打造军器"。然而现在"打造"不单是用于制造器械了,其使用范围已从金属物体扩大到了其他许多方面。

214. 手、耳也"开窍"

索乐钢琴,货真价实,开窍手耳。

商家的惯用语"货真价实"并无异议,但后面的"开窍手耳"却用得欠妥。平常我们经常说"脑瓜不开窍""脑子终于开窍了",却没听说过"手和耳不开窍"的。可见,"开窍"一词只能与脑袋相联系,表示思维活跃、转动脑筋,而手和耳没有思维,怎么让它们开窍呢?因此,"开窍手耳"一说根本行不通,不但不符合逻辑,而且还犯了动宾搭配不当的错误。商家也许是想说明钢琴具有增强弹奏者的听力和手指灵活力的功能,才选了"开窍"一词,原以为是词语活用,没想到扩大了词语的使用范围。

| 特别提示 |

词语新用本无可厚非,但一定要在词语使用的正确范围内进行翻新活用。一些词语本没有引申义,若生拉硬拽地将它安到别的词语上,就要闹笑话。

215. 戴上紧箍咒

最高人民检察院检察长贾春旺在 11 日做的工作报告中的平实话语,如同给贪官戴上了紧箍咒。

句子中"戴上紧箍咒"犯了动宾搭配不当的错误。在《西游记》中,观世音让唐僧给孙悟空头上戴了一个金箍,并教给他咒语,只要一念咒语,金箍就会勒紧孙悟空的头部,因此叫做"紧箍咒"。"紧箍咒"是咒语,只能念,不能戴。句子应该改为"如同给贪官念了紧箍咒"。

| 特别提示 |

戴在头上的是"金箍",之所以会变紧,是因为"紧箍咒"的作用。

216. 一人献血,全家享用

某城市有一块无偿献血的标语牌,上书八个大字:

一人献血,全家享用。

任何人看到这条标语都会被吓一跳。全家人享用一个亲人的鲜血,那不变成斯托克笔下的吸血鬼德拉库拉了吗?生活经验告诉我们,一个人如果不是遭遇了较重的伤病是不需要输血的。通过输血,病人不过是恢复某些生理机能,根本谈不上"享用"。

当然,这不是这条标语要表达的意义,它想说的是无偿献血者的直系亲属在今后需要时有一定的免费用血权,所以可以把它改为"一人献血,全家受益",这样比较合情合理。从语法上说,这条标语犯了动宾搭配不当的错误。

| 特别提示 |

动宾搭配不当是人们在日常生活和工作中最容易犯的语病之一。

217. 有效改善时间

BE80 益生菌能够以足够有效数量直达肠道,并保持更持久活性,有效改善食物的胃肠通过时间。

有效改善时间?又是一个动宾搭配不当的例子。时间只有长短之分,哪有好坏之别,因此,"时间"不能与"改善"搭配,可以将最后一个分句改为"有效改善胃肠的消化功能"。因为,酸奶比鲜奶更容易消化吸收,它特有的益生菌能帮助肠的蠕动和机体物质代谢,坚持饮用可避免食物在胃肠中停留时间过长,从而保持胃肠健康。

| 特别提示 |

动词谓语与宾语的搭配关系,是受其自身发展规律所制约的,如果违背这个规律,就会出现动宾搭配不当的错误。

218. 女人的问题女人办

有一次初中语文期考,一道改例句的怪题难倒了学生:"女人的问题女人办。"

学生做了如下修改：女人的问题男人办；女人的问题女人自己办；女人的问题我也不知道怎么办。

女人的问题谁来办？当然只有女人自己了，可是，怎么"办"呢？可见，是这个"办"字出了问题，"问题"是要"解决"的，而不是"办"的，所以，正确答案应该是"女人的问题女人解决"。

| 特别提示 |

究竟"办"与"问题"是否能够搭配，还有待进一步研究，因为《现代汉语词典》对"办"的解释有"处理"这一义项，我们平时说"这个问题怎么办"也能说得通。

219. 看到乡音、笑声

现在，我又看到了那阔别多年的乡亲，那我从小就住惯了的茅草房子，那崎岖的街道，那熟悉的乡音，那胶东人所特有的幽默爽朗的笑声。

我们先来看一下该句的主谓宾："我"是主语，"看到"是谓语，"房子""街道""乡音""笑声"是宾语。宾语是一些并列的名词，所以，谓语和宾语分别搭配为"看到房子""看到街道""看到乡音""看到笑声"。"房子""街道"可以"看到"，可是，"乡音""笑声"如何"看到"？所以，该句犯了动宾搭配的错误。例句应该在"那熟悉的乡音"前面加上动词"听到了"。

| 特别提示 |

例句的宾语是由五个词语构成的并列短语，该句的主干是"我看到乡亲、房子、街道、乡音、笑声"。

220. 努力学习，保卫国防

一所军校校园里树立着一块标语牌，上面醒目地写着"努力学习，保卫国防"几个大字。

我们经常说的都是"保卫祖国""保卫家乡""保卫边疆"之类的话,从没有说过"保卫国防","国防"能用"保卫"修饰吗?

国家军队和一切军事设施是用来保卫国家和人民的,军队无须再派人去"保卫"自身,因此,应该说是用"国防"来保卫国家、保卫人民,而不是要人民去"保卫国防"。与"国防"并用的词组可以说"献身国防""加强国防建设"等。

上述标语实际上要表达的也正是"勉励学生要努力学习,将来献身国防,保卫国家"之义,却没经过认真斟酌,把"献身国防、保卫国家"拼合成了"保卫国防",犯了词组搭配不当的语病。

| 特别提示 |

"国防"在《现代汉语词典》上的解释是:一个国家为了保卫自己的领土主权,防备外来侵略,而拥有的人力、物力,以及和军事有关的一切设施。简单说,"国防"就是军队及军事设施。

221. 宰杀、解剖、切割牛羊的肉

它和欧洲古代游牧民族的生活有关。游牧人民带的刀子既可用来宰杀、解剖、切割牛羊的肉,到了烧熟可食时,又兼做餐具。

例句中"宰杀、解剖、切割牛羊的肉"的说法不妥,"牛羊的肉"可"切割",但不可"宰杀"和"解剖"。

"解剖"是一个医学术语,《现代汉语词典》对它的解释是:在医学或生物学研究中,用特制的刀、剪把人体或动植物体剖开。"解剖"是用专门的刀具来进行的,与"宰杀"用的常用刀具是不同的,因此,不能将"解剖"和"宰杀"等同起来。

不用"解剖"一词,说"宰杀牛羊的肉"也是不恰当的。"牛羊的肉"已经是经过宰杀变成块或片状的肉,岂能再"宰杀",只可说"宰杀牛羊"。

| 特别提示 |

从语法上看,"牛羊的肉"是一个偏正结构的词组,其中心

词是"肉"。偏正结构的词组作宾语，动词必须要和中心词相搭配。上述句子的动词与中心词搭配不当，违背了语法规则。

222. 找工作的艰辛，我们愿分享

找工作的艰辛，我们愿分享。

"分享"的意思是与别人分着享受，一般用于欢乐、幸福、好处等方面。如可以说"分享快乐""分享幸福"。可见，"分享"主要用于美好的事物上。而"艰辛"的意思是"艰难和辛苦"，一般用于劳动、生活、工作等方面。如"生活的道路是艰辛的""找工作的过程是艰辛的"等。因此，"艰辛"一词多含有困难、挫折、痛苦之义，一般情况下很难让人感受到喜悦和舒畅。

"艰辛"不能用"分享"，应该用"分担"来与之搭配。"分担艰辛"就如同"承受痛苦"一样，表示从别人的艰辛中担负一部分给自己，有风雨同舟、患难与共的意味。上述标题中应该把"分享"换成"分担"，这样不仅会给人一种有实际的人文关怀之感，让求职者倍感亲切与鼓舞，而且表达效果也十分突出。

| 特别提示 |

如果说"分享"是一种精神享受的话，那么"分担"则是一种实际的关怀。"分享"与"分担"的表达效果是不一样的。

223. 塑造力量

他用自己的行动塑造了巨大的人格力量，引导和感动着周围的人们。

例文中"塑造了巨大的人格力量"一句动宾搭配不当。

"塑造"指的是用泥土等可塑材料制成人物形象，引申为用语言文字或其他艺术手段表现人物形象。如"塑造佛像""塑造陶土人偶""塑造典型人物"等。例句说"塑造……人格力量"，

显然搭配不当。这里的"塑造"宜改为"形成"或"创造"。

| 特别提示 |

"塑造"不能写成"树造"。

224. 揭发黑幕

意裁判协会揭发黑幕——意大利足球裁判协会主席斯蒂法诺-特德斯基保证将要和盘托出所有与他有联络想要指定裁判的所有俱乐部老板的名单。他的言论将是"意甲电话门"后又一震撼事件。

例句中的"揭发黑幕"动宾搭配不当,应改为"揭穿黑幕"。"揭发"和"揭穿"都有使隐藏的东西或秘密的行为显露出来的意思,但各自的侧重点不同。"揭发"侧重指揭露缺点、错误或罪行等,如"揭发骗子的行径""检举揭发"等。"揭穿"则强调揭开某样不易被人识破的内幕、谣言等,如"揭穿假面具""揭穿阴谋"等。显然,例句中的"揭发内幕"改为"揭穿内幕"或"揭露黑幕"更合适。

| 特别提示 |

"揭发""揭穿"等都是贬义词,用时需注意感情色彩。

225. 被签约

这个歌手唱功很好,很有可能被签约。

例句中"被签约"搭配不当。"被"是介词,用于被动句,引进动作的施事,前面的主语是动作的受事。施动者放在"被"字的后面,有时也被省略,如"解放军到处被尊敬""那棵大树被刮倒了"。

例句中"签约"是指签订合约或协约,是歌手与唱片公司双方签署的,不能用于被动句。可以改为"很有可能被唱片公司看中"或者"很有可能和唱片公司签约"。

| 特别提示 |

作用于双方的动词,不能用于被动句,比如签约、合作等。

226. 缓和、改善和发展两岸局势和关系

缓和、改善和发展两岸局势和关系,是当前台湾同胞的期望,是两岸的主流民意,也符合国际社会的共同利益。

句子的主语是"缓和、改善和发展两岸局势和关系",这个动宾短语很复杂,包含三个动词和两个宾语,这些动词和宾语杂糅在一起,导致搭配不当。正确的搭配应该是:"缓和两岸局势,改善和发展两岸关系。"

| 特别提示 |

由多个词语连接起来做同一个句子成分,容易出现搭配不当的问题。

结构杂糅

227. 不必治疗也无妨

有人认为多动症在长大发育后会自愈,不必治疗也无妨。

"不必"指某一行为在事理上或情理上没有必要性。"不必"在用于阐述事理的时候,在其后面用上一个动词即已完整表意,如"你对他的这种说法不必介意",即表示对"他的这种说法"没有必要介意的事理,表意完整。例句中在"不必治疗"的后面又加上了"也无妨",实际上表示了又一种意思,造成了句子结构的杂糅。如果作者侧重于表示"无妨"的意思,应把"不必"改为"不";如果作者侧重于表达"不必治疗",则应删去"也无妨"。

| 特别提示 |

"不必"和"无妨"不能同时出现在一个句子中。

228. 不足二三十

尽管陈顺强的"邦邦家政"位于扬州城北一条不起眼的弄巷里,而且他的"邦邦"也就是两间不足二三十平方米的老屋。可数十万扬州市民知道陈顺强还有他的"邦邦",真可谓无人不晓。

上文中"不足二三十平方米"的数量表达不正确。

"不足"在表示数目时,意思是"不满、不到",它所接的必须是一个确定的数量,如"不足二十岁""不足五年""不足十个人"等。例句中的"二三十平方米"是一个概数,不确指。"不足二三十平方米"究竟是"不足二十平方米"还是"不足三十平方米"?"不足"与概数的错误搭配就会出现这种语义模糊。修改方法有两种,一是删去"不足",二是根据实际情况,将"二三十平方米"改为一个确定的数值。

| 特别提示 |

"不足"还有"不充足""不值得""不可以"等义,如"人手不足""不足为奇""不足为训"等。

229. 非常坚定自己的理念

范以锦非常坚定自己的龙子龙孙报系理念……

"坚定"指立场、态度、意志等稳定坚强、不动摇,这是形容词的用法。但"坚定"是个兼类词,除了作形容词以外,它还可以用为动词,指采取措施使坚定。例句中的"坚定"之前加上了副词"非常"作为修饰语,这是形容词的用法。但"坚定"后又带上了比喻"理念",这又是动词的用法。一个词在一个句子中只能做一个用途,"坚定"既接受副词的修饰又带上了宾语,一词两用，十分不当。所以，例句可以改为"范以锦对自己的龙子龙孙报系理念非常坚定"。

| 特别提示 |

"坚定"的使用对象一般限于人以及由人所组成的团体和机构等的立场、态度、意志。

230. 几十个学生们

当四位志愿者举起酒杯与几十个学生们干杯庆祝的时候，感动之情溢于言表。

例句中的"几十个学生们"数量表述不当。"们"是一个后缀词，一般用在代词或指人的名词后面，表示复数，如"同学们""乡亲们""孩子们"等。当名词前有数量词时，后面就不能再加"们"。例句中，"学生"之前已有数量词"几十个"，那么"学生"后就没有必要再用"们"来表示复数了。例句中的"几十个学生们"应改为"几十个学生"。

| 特别提示 |

"们"字作后缀表复数时念轻声，在"图们""图们江"中则念二声。

231. 作者是……合写的

《吕梁英雄传》的作者是马烽、西戎合写的。

这是经典的结构杂糅现象，一个句子中出现两个谓语动词。"马烽、西戎"本来是句子的宾语，但是在后面又跟了动词作主语，把两种说法混杂在了一起。正确的说法应该是："小说《吕梁英雄传》的作者是马烽、西戎。"或者改为："小说《吕梁英雄传》是马烽、西戎合写的。"

|特别提示|

一个句子不能有两个谓语动词，除非是并列的动词作谓语，或者动宾短语作句子成分。

232. 被……把他吵醒了

小周实在太疲倦了，一上火车就打瞌睡，但不一会儿就被车上旅客们的吵嚷声把他吵醒了。

例句犯了主动与被动杂糅的错误。"被"字句是被动句式，"把"字句是主动句式，句子中"被车上旅客们的吵嚷声把他吵醒了"把主动句式和被动句式合在一起了，造成叙述角度不一致。表述一件事或者用主动句式，或者用被动句式，不能混合使用。"但"后面的句子承前省略了主语，主语是"小周"，所以应该使用被动句。应该改为"但不一会儿就被车上旅客们吵醒了"。

|特别提示|

同一个动作在句子中不能既用主动句式，又用被动句式。用主动句式还是用被动句式要考虑句子的主语是施动者还是受动者。如果主语是施动者，就应用主动句式；如果主语是受动者，则要用被动句式。

233. 为避免或救护……使之不受损害

紧急避险造成损害，是指行为人在遭到紧急为难的情况下，为避免或救护一个较大的合法权益使之不受损害，不得已而对某一较小的利益所致的损害。

"为了避免或救护"与"使之不受损害"表达的是一个意思，却用正反两种说法糅合在例句中，使句子犯了结构杂糅的语法错误。"为了避免一个较大的合法权益受损害"或者"为了救护一个较大的合法权益使之不受损害"的说法都可以，但是不能将两种说法混合在一起。

|特别提示|

一个意思往往可以有两种说法，表达时要注意使用一种说法就行了，不应把两种说法杂糅在一起。

234. 做好一个受欢迎的辅导员的工作

我一定要做好一个受群众欢迎的辅导员工作。

例句犯了结构杂糅的语病。句子要表达两层意思：做一个受群众欢迎的辅导员；做好辅导员工作。这两层意思基本相同。句子有数量词"一个"可以用来指"辅导员"，但是不能用来指"工作"，所以这个句子在语法上是说不通的。应该在句子中保留一层意思："我一定要做好辅导员工作"或"我一定要做一个受群众欢迎的辅导员"。

|特别提示|

如果想表达两个意思，就要用两个句子。把两个意思放在一个句子中，就容易造成结构杂糅。

235. 唯她莫属

香港一位女艺人滞留法国期间，一广告公司唯她莫属般不远万里赴法国邀她拍一种护肤品广告片。

例句中"唯她莫属"是对成语的篡改。成语中只有"非我莫属"，却没有"唯她莫属"。"非我莫属"的意思是指某个角色或名誉除了我不会属于别人，比如"英雄谁属，非我莫属"。即使成语活用，也只能改成"非你莫属"或"非她莫属"的结构，不能改成"唯……莫属"的结构。

|特别提示|

"非我莫属"的同义词是"舍我其谁"，同样，"舍我其谁"

不能随便篡改成"舍他其谁""舍你其谁"。

236. 连动

　　羞辱难当的彩云回到家里，迅速喊来堂兄阿权给自己壮胆审问责罚雷训海。

　　例句中出现一系列动词："迅速喊来""审问""责罚"。如果使用连动结构，表示一系列动作都是由主语做出的。句子的主语是彩云，她做出的动作是"迅速喊来堂兄给自己壮胆"，后面的"审问责罚"可能是彩云和堂兄两个人，也可能主要是堂兄一个人，而不会是彩云一个人。因此，这种连动结构是不符合语言规范的，应该分为两个句子，改为"迅速喊来堂兄给自己壮胆，并一起审问责罚雷训海"。

　　例句中"审问"一词使用不当，"审问"是司法机关的权力，不能用于公民个人，应该改为"盘问"。

| 特别提示 |

　　在连动结构中，所有的动词都属于一个主语。如果某个动作不是主语发出的，就要另写一个句子。

237. 目的是为了

　　温家宝访问日本的目的是为了友谊与合作。

　　"目的是……"与"为了……"表达的是同一个意思，不应混在一起使用，只能使用一种表达方式，应该改为"温家宝访问日本的目的是促进友谊与合作"，或者"温家宝访问日本是为了友谊与合作"。

| 特别提示 |

　　句子中"目的"与"为了"不能同时使用。如果用了"目的是……"，就不应该再用"为了……"。如果用了"为了……"，

第五篇　语法错误／683

就不应再用"目的是……"。

238. 大多是以……为主

这届运动会的会徽、吉祥物的设计者大多是以青年师生为主。

句子用"大多"与"以……为主"同时使用，造成结构杂糅的语病。"大多"与"以……为主"表达的是同一个意思，在句子中使用其中一个结构就可以了。句子应该改为"这届运动会的会徽、吉祥物的设计者大多是青年师生"，或者"这届运动会的会徽、吉祥物的设计者以青年师生为主"。

| 特别提示 |

"大多"与"以……为主"不能同时使用，同样"主要"与"以……为主"也不能同时使用。

239. 大约……左右

我国大约 30% 左右的青年认为"诚实守信""助人为乐"是优秀的传统美德，是做人的基本准绳。

句子中"大约"和"左右"同时使用，犯了结构杂糅的语病。"大约"与"左右"表达的是同一个意思，只是用了不同的结构来表达，保留一种结构就行了。句子应该改为"大约 30% 的青年"，或者"30% 左右的青年"。

| 特别提示 |

"大约"与"左右"不能同时出现在一个句子中。类似的结构还有："大概""也许""上下"等。

240. ……的原因是因为

这些蔬菜长得这么好的原因，是因为社员们的精心管理。

句子中"……的原因"与"是因为"犯了结构杂糅的错误。"……的原因"和"是因为"这两个结构表示的是同一个意思,同时使用容易使句子变得累赘。正确的说法是"这些蔬菜长得这么好的原因是社员们精心管理",或者"这些蔬菜长得这么好是因为社员们的精心管理"。

| 特别提示 |

这种典型的结构杂糅的情况还有"原因是……造成(引起、诱发、作怪)""由于……结果""之所以……的原因",等等。

241. 平均……以上

世纪电视网推出电视直销业务,夏新、创维等品牌全国平均优惠 10% 以上。

句子中"平均"与"以上"同时使用造成结构杂糅。"平均"的意思是把总数按份儿均匀计算。平均数是进行平均计算后的结果,是一个确定的数值。既然是平均数,就是说有的比平均数高,有的比平均数低。"平均优惠 10% 以上",这种表述就不规范了。应该改为"平均优惠 10%",或者"优惠 10% 以上"。

| 特别提示 |

平均数应该是一个固定值,比如:"10 筐梨重 500 千克,平均每筐重 50 千克。"

242. 几乎所有

几乎所有染发剂都含有致癌物,一年染发别超过两次。

句子中"几乎"与"所有"同时使用,造成结构杂糅。句子要表达的意思是大部分染发剂都含有致癌物。"几乎"的意思是十分接近,如"今天到会的几乎有五千人"。"所有"的意思是全部,如"所有的人都到齐了"。"几乎"与"所有"连起来使用就使句子矛盾了。例句应该改为"大部分染发剂都含有致癌物"。

| 特别提示 |

表示约数的词不应该与表示确数的词同时使用。

243. 来自于

我们的竞争来自于产业链的竞争。

例句犯了结构杂糅的错误,把"来自"和"来源于"杂糅在了一起。"自"和"于"都是介词,意思是从、由。表示相同意思的介词不能重复使用,只能说"来自"或者"来源于"。

| 特别提示 |

类似的错误用法还有"这其中"。"这"与"其"是一个意思,不能同时使用。

244. "之所以……是因为"和"造成……的原因"杂糅

这家工厂之所以造成年年亏损的主要原因有两个:一是因为领导不善于经营管理,二是因为工人的基本素质太低。

表达事情的原因有两种说法,一种是使用"之所以……是由于"这种句式,另一种是使用"造成……的原因"这种句式,但是两种句式不能同时使用。如果两种句式用在一起,就犯了结构杂糅的语病。

句式杂糅的修改方法是选择其中一种句式。例句的正确表达方法有两种:一种是去掉"造成"和"主要原因有两个";另一种是去掉"之所以"和两个"由于"。

| 特别提示 |

"之所以"可以与"是因为"连用,但是不能与"的原因"连用。

245. 来自在……中

第三类"婚托"均来自在婚姻介绍所征婚者之中。

例句中"均来自在……中"的说法犯了句式杂糅的毛病。

例句想说明的是"第三类婚托"的人员构成情况。"均来自在……中"的说法无疑是句式杂糅，要么说成"均来自婚姻介绍所的征婚者"，要么说成"均在婚姻介绍所征婚者之中"，但不能将这两种说法混合在一起。例句应做适当修改。

| 特别提示 |

"来源"常与介词"于"连用，说成"来源于"。"来源于"同样不能与"……中"连用。

246. 能给……有

她终于病倒了……在病中她仍天真、善良地期待着早日能给"李先生"有一个公正的结论……

例句犯有结构杂糅的语病。

例句中"期待着早日能给'李先生'有一个公正的结论"一句，显然是将"期待着早日能给'李先生'一个公正的结论"和"期待着'李先生'早日能有一个公正的结论"这两种说法杂糅在一起了。这既不合语法，语义也表述不清，应在上面的两句正确的表述中选择其一作为修改。

| 特别提示 |

"能给某人某物"可以说成"能让某人有某物"。

247. 可以……快

"广谱晚癌康"一是可以缓解和改善症状快，特别是止痛效果好。二是……

例文中"可以缓解和改善症状快"的说法杂糅了两种表达句式。"可以缓解和改善症状"是一个动宾短语,"缓解和改善症状快"是主谓短语。这两种说法都可以表达作者想要说明的意思。例句将两种表述方法糅合在一起,自然就会出现语病。结合上下文,例句宜将"可以"删除。

| 特别提示 |

"可以"还要避免与"能够"同时使用,如"欲租一套可以能够长期居住的房子",就犯了叠床架屋的毛病。

248. 最厉害之极

分手分得你没商量,而这才是珍姐最最厉害之极的"杀手锏"。

例文中"最最厉害之极"一说句式杂糅。"杀手锏"意思为取胜的绝招、拿手的本领。例句想要在"杀手锏"前加上定语来形容它的厉害,就将"最厉害"和"厉害之极"这两种修饰语全部用上了,结果只会导致句子出现语法问题。另外两个"最"的连用也没有必要。

例句中"最最厉害之极的'杀手锏'"可改为"最厉害的'杀手锏'"或"厉害之极的'杀手锏'"。

| 特别提示 |

"杀手锏"可写成"撒手锏"。

249. 来自通过

记者手中有几瓶来自通过不同渠道购买的美国产的鱼油。

根据语义,例句中"鱼油"一词前的定语应为"来自美国的"或"通过不同渠道购买的美国产的",作者将两种说法糅合在了一起,显然造成了句子结构的混乱。例句宜修改为"记者手中有几瓶通过不同渠道购买的美国产的鱼油"。

|特别提示|

"通过"作介词时指以人、事物为媒介或手段而达到某种目的;"来自"则表示来源,指从原有的以另一形式存在的人或物,通过赋予、移转、演绎、模仿或再生而发生。二词的含义不相同。

250. 根据……看

两位律师指出,根据法庭调查的事实和东城分局刑警队及法制办出具的书面证明材料看,王萱是在并未被采取强制措施时交代了自己的罪行。

例文中"根据……看"一句犯了状语杂糅的错误。

"根据某种情况"和"从某种情况来看"这两个短语都可以在句中充当状语,来说明主体存在、发生的凭借或依据。例文说"根据法庭调查的事实和东城分局刑警队及法制办出具的书面证明材料看",很明显是杂糅了两种表述方法,应改为"根据法庭调查的事实和东城分局刑警队及法制办出具的书面证明材料"或"从法庭调查的事实和东城分局刑警队及法制办出具的书面证明材料来看"。

|特别提示|

"根据"是一个兼类词,除了介词外,还可以作名词和动词。"根据"作名词时指作为根据的事物;作动词时指以某种事物为根据。

251. 两种句式杂糅

消费者在选购时,通过肉眼查看鱼油是否明亮透彻,其颜色应呈淡黄色。

例句的两个分句之间的格式不统一,语义混乱。"鱼油是否明亮透彻"和"其颜色应呈淡黄色"这两个分句应为并列关系。

但作者在表达时,一个用选择句式,一个用肯定句式,造成了句式前后不统一,让人读起来十分别扭。例句宜改为"鱼油是否明亮透彻,颜色是否呈应有的淡黄色"。

另外,"通过肉眼查看"的说法也不恰当。普通的消费者购买鱼油时查看货品,都不可能有专业的检验设备来查看,只能通过"肉眼"。"通过肉眼"一说明显多余,例句中的"通过肉眼查看"可改为"应认真查看"之类的说法。

| 特别提示 |

"是否"即"是不是",因此不能说"是否是"。

252. 叫人糊涂的栏目

在语言表达过程中,写作者往往会根据习惯或主观意图而将两个或多个句子进行不合理地掺和,造成句子结构混乱、语义不明。比如:

本栏目将各地电视台选送的歌舞曲艺、风情民俗、文化娱乐和体育活动等方面的节目,加以重新编排、组合和润色,进行的再创作。

这句话读起来就给人一种结构混乱的感觉,意义上也令人费解。这种情况在语法上被称为句式杂糅。句式杂糅简单说就是一句话内含有两个语句,即两个谓语结构相互套叠在一起,使结构纠缠不清。例句就是由"本栏目将各地电视台……的节目加以重新编排、组合和润色"和"本栏目是将……的节目加以……进行的再创作"两句杂糅而成的。

要使例句完整地表达清楚一个意思,有两种改法:一种是全句如果保留"将各地电视台……,进行的再创作",则全句缺少谓语动词,应在"将各地电视台"的前面添加谓语动词"是",改为"本栏目是将各地电视台……,进行的再创作"。另一种是如果不添加谓语动词"是",则应将"将各地电视台……,进行的再创作"中的"的"改为"了",即把这一语段改成全句的谓语。

| 特别提示 |

句式杂糅一般有两种情况:一是两个谓语结构表意相同;二是一句话中两个谓语结构表意不同,是两个独立句子合在一个句子中造成的一种杂糅现象。大多数的杂糅句都属于第一类。

253. 不恰当的两句并成一句说

关键问题是知识起决定性作用。

例句是把两个短句并成了一句,但这种合并是不符合语法规范的。例句想表达两层意思:"关键问题是知识"和"知识起决定性作用"。"知识"是前一个句子的宾语,也是后一个句子的主语。这种合并使句子的结构变得混乱,应该把句子分成两个来说。可以改为"关键问题是知识,它起着决定性作用",或者改为"关键问题是起决定性作用的知识"。

| 特别提示 |

不能随便把两个句子并成一个句子,前一个句子的宾语不能作为后一个句子的主语。

254. 合二为一的"感觉"

当领导决定把这次任务交给我们时,我们立刻产生一种非常光荣的感觉真是难以形容。

这句话读起来似乎很顺畅,也比较符合人们的心理,油然而生的"非常光荣的感觉"肯定是难以形容的。但仔细分析我们会发现,这个句子的结构是非常混乱的。要想准确表达出自己的感觉,就要把话一句一句地说清楚。首先是"领导决定把这次任务交给我们,使我们立刻产生一种光荣的感觉",光荣的感觉产生了，才能体会到"这种感觉真是难以形容"。因此，这个句子应由两部分构成。为了准确表达"光荣的感觉"，应该改成："当领导决定把这次任务交给我们时，我们立刻产生一种非常光荣的感觉，那种感觉真是难以形容。"

| 特别提示 |

将两种不同的结构糅合在一起，想用一个句子表达两种意思，这种生硬拼凑的方法只能导致语句混乱，使句义模糊不清。

255. 把出书热又掀起了一个高潮

该书的出版把"名人"出书热又掀起了一个高潮，同时也引来对名人出书热的更严厉的批评。

例句是个"把"字句，但在动词"掀起"后带了宾语"高潮"，这是不当的，违反了"把"字句的构成规则。"把"字句的构成规则中强调一点：多数情况下，"把"字句里的主要动词不能再带宾语。也就是说，"把"字句里动词支配的对象提到前面去了，动词就不能再带宾语了。如我们习惯的说法是"他看过了这部电影"，而不习惯说成"他把这部电影看过了"，道理上与例句是一样的。为了符合语言习惯，例句可改为"该书的出版把'名人'出书热的高潮又掀起来了"。

| 特别提示 |

"把"字句中的"把"领起的介词短语在句中充当主要动词的修饰语，主要作用是将动词支配的对象提到动词前边。

256. 读完了这部小说深深地教育了我

我花了三天的时间读完了这部小说深深地教育了我，鼓舞了我。

应当分成两句话说的，却不恰当地合并成了一句，就属于杂糅。这个例句就是两个句子的杂糅，杂糅的部分是前一句的宾语和后一句的主语,即"这部小说"。改法应该是把后一句话从前一句中分离出来,另加一个主语"它",即:"我花了三天的时间读完了这部小说,它深深地教育了我,鼓舞了我。"

| 特别提示 |

一句带出另一句也是杂糅的一种形式,也叫"藕断丝连",即一句话本来已经说完了,却把它的结尾(通常是它的宾语)当成开头另起一句话。

语序不当

257. 多项并列顺序不合理

并列关系是说明相互之间的性质是一致的,但在排列上也要遵从一定的规律,否则就会出现语序不当的语法错误。比如:

县交通管理局通知,6月1日起凭新准运证上路,更换农用车辆准运证自5月8日起开始办理。

句子中把"凭新准运证上路"放在"更换准运证"的前面,时间顺序不合理。按照正常的时间顺序,应当先更换准运证,后凭准运证上路。所以句子应该改为:"县交通管理局通知,更换农用车辆准运证自5月8日起开始办理,6月1日起凭新准运证上路。"

除了时间顺序之外,空间上要遵循从小到大、从近到远、从低到高的说法。比如:"李对红入选沈阳军区射击队从事射击运动以来,曾多次夺得世界冠军、亚洲冠军和全国冠军,为我国和我军争得了荣誉。"这句话中"世界冠军、亚洲冠军和全国冠军"的顺序不对,应该改为"全国冠军、亚洲冠军和世界冠军"才符合逻辑。

| 特别提示 |

汉语缺乏形态变化,语序的安排对句子意思的表达重要。语序

不当有时会影响句子的结构，使意思表达不清，有的会产生歧义。

258. 多项修饰语语序不当

首汽集团今天上午开通电子商务网站，成为第一家国内开展网上电子商务租车的旅游企业。

句子中"第一家国内开展网上电子商务租车的旅游"是多项定语，语序不当。

一般情况下，多项定语中表示领属性的或时间处所的词语（如"国内"）应放在指称或数量词语的前面（如"第一家"），因此"第一家"应与"国内"互换位置，改为"国内第一家开展网上电子商务租车的旅游"。

| 特别提示 |

多项状语排列，顺序应是先时间后处所。

259. "把"字句语序不当

城市中的贫困市民和下岗职工不会把干个体再看作丢脸和难以启齿的事，他们中的很多人已经勇敢、舒心地加入这个队伍中。

例句犯了语序颠倒的病误，"把干个体"与"再"的语序颠倒了，使得"把"字领起的状语与它所修饰的动词发生了偏离。正确的顺序应该是将"再"提到"把"字的前面，即"不会把干个体再看作"改为"不会再把干个体看作"，这样才符合语言习惯。

"把"字句中的一个规则是，"把"字介词短语构成的状语要尽可能靠近动词。例句中介词短语"把干个体"应该与动词"看作"相连，这样才使状语与动词尽可能地接近。由于句中的"再"插在动词的前面，阻碍了正常的语序关系，违反了"把字句的语法规则,所以需要调整词序。根据语言习惯,"不会再把"的句式要比"不会把……再"的句式表达更顺畅。

|特别提示|

在实际应用中,要明确"把"字句的构成规则。

260. 多重定语语序失当

说来这也真是咄咄一桩怪事……

例句中的定语——"咄咄"位置不当。

咄咄怪事:咄咄,表示惊诧或感叹;形容不合常理,难以理解的怪事。如清代沈起凤的《谐铎·怗嘲》:"世有一字不通之辈,而能知我高才,可谓咄咄怪事。""咄咄怪事"是固定短语,不宜改变结构或添加其他词语。例句中的"真是咄咄一桩怪事"的语序应调整为"真是一桩咄咄怪事"。

"咄咄怪事"与"咄咄称奇"中的"咄咄"都是叹词,表示惊异,不同于"咄咄逼人"中的"咄咄"(呵斥)。

|特别提示|

一般来说,多重定语的位序与定语同中心语属性关系的远近成正比:与中心语属性越密切的定语,在距离上离中心语越近。

261. 主语和状语语序不当

大家不妨考虑一下一些上市已经一段时间,但无论从造型还是功能都不会落后于时代的高性价比产品。真的有这样的机型吗?不禁有人会问,当然……

例文中"不禁有人会问"一句犯了语序不当的错误。

"不禁"的意思是抑制不住、不由得,如:"演到精彩之处,观众不禁大声叫好。""不禁"通常在谓语之前充当状语。例句中"不禁有人会问"一句,"不禁"作为状语却出现在主语之前,语序不当。例句中的"不禁有人会问"应改为"有人不禁会问"。

| 特别提示 |

"不禁"原有禁受不住之义，如吴承恩《夏日》诗："高堂美人不禁暑，冰簟湘帘梦秋雨。"

262. 定语和状语位置颠倒

他们虽然俱是大文学家，或者是名副其实的大作家、大评论家，可他们共同都有一个特点，就是自我感觉不良好，老觉得自己学问还太浅……

例句中"共同都有一个特点"一句中，定语与状语的位置颠倒了。

作者想说的是这些作家、评论家有一个相同的特点。在"他们共同都有一个特点"这句话中，"共同"本应作为定语放在宾语"特点"之前，却误与"都"一起充当了状语的成分。这既有违语法规范，也不合人们的语言习惯。因此，应将例句改为"他们都有一个共同的特点"。

另外，文中的"俱是"宜改为"都是"，"自我感觉不良好"宜改为"自我感觉不太好"。

| 特别提示 |

"共同"是一个兼类词，作形容词时意思是属于大家的、彼此都具有的；作副词时表示大家一起（做某事）。

263. 被动句式语序不当

您所光临的金店……后厂加工、生产批发、一条龙服务，技术力量雄厚，工艺流程先进，是多年来新老顾客备受信赖的优质品牌。

例句中"多年来新老顾客备受信赖的优质品牌"语序不当。

例句要表达的意思是说某金店是个优质品牌，多年来深受新老顾客的信赖。例句却说成了"新老顾客备受信赖"，意思就反了。新老顾客怎么会受品牌信赖呢？正确的说法应该是"多年来备受新老顾客信赖的优质品牌"，这个品牌被"新老顾客"所信赖，"品牌"是受信赖的对象。例句犯了语序颠倒的错误，导致了"受信赖"对象的错误。

| 特别提示 |

"受"字前面的名词是动作的接受者，后面的名词是动作的发出者。原句中"新老顾客"是动作接受者，"优质品牌"是动作发出者；修改后，"金店"是动作的接受者，"新老顾客"是动作发出者。

264. 定中语序不当

过去我国石油的开采长期不能自给。

这句话是典型的定语和中心语颠倒造成的语序不当，"石油的开采"应改为"开采的石油"。

在例句中，"石油的"是"开采"的定语，"开采"是中心语，句子的意思就变成开采不能自给。"开采"是动词，"自给"也是动词，显然不符合语法规范，而且"开采"与"自给"相搭配也不合逻辑。

作者要表达的意思是石油不能自给，所以应该把"石油"与"开采"互换一下位置，"开采"作"石油"的定语，"石油"是中心语。这样意思就表达清楚了，而且符合语言的语法规范。

| 特别提示 |

定语是偏正短语中的修饰成分，一般由形容词、名词等充当。修饰语如果是动词，如"开采"，则修饰语与中心词"石油"才可构成正确的动宾关系，反之则语序不当。

第五篇 语法错误 / **697**

265. 主语和宾语语序不当

代售票点不设任何饭店。

代售票点是出售车票的地方，设饭店干吗？难道售票点还要提供一项餐饮服务？看过资讯内容之后才知道，原文的意思是：以往春节前，车站为了给出行者提供方便，会在饭店、餐馆设立代售票点。2006年春运期间改变了政策，不在饭店内设立代售票点。例句与要表达的意思正好相反。

例句的主语与宾语的语序不当。正确的语序应该是"任何饭店不设代售票点"。

| 特别提示 |

主语和宾语的顺序改变之后，往往句义也就会跟着改变，而且会违反逻辑，如"我吃饭"与"饭吃我"意思完全不同。所以要想准确地表达自己的意思，句子的语序一定要正确。

266. 多重状语语序不当

同定语有多重层次一样，状语也可以有多个，并且从不同的方面修饰限制谓词性中心语。这几个状语也同样存在着排列顺序的问题，这就是多重状语的位序。如果多重状语的位序排列不当，便会产生病句，影响阅读和理解。比如：

许多大企业普遍在各地拥有局部网及办公自动化设施。

这个句子的状语词序就出现了颠倒的情况，表示地点的词组"在各地"应在表示状态的词语"普遍"前面就对了。不是"普遍在各地"，而是"在各地普遍"。相对于定语来说，状语的位序有着更多的强制性，也就是说，状语修饰的范围和条件更严密、更紧凑，这就使得多重状语成分之间很难改变顺序。

例句的"在各地"是由处所名词充当的状语，用以限制谓词性中心成分的状态或属性。一般情况下，由处所名词、时间名词充当的状语应放在各状语语序最前面的位置。因此,例句应改成:"许多大企业在各地普遍拥有局部网及办公自动化设施。"

| 特别提示 |

多重状语的位序与状语同动词状态的关联度成正比,也就是说,与行为动作状态联系越紧密的成分,与中心语距离越近。

267. 插入语位置不对

比较高大的观叶类植物应放在厅室角落的位置,如橡皮树、龟背竹、棕竹、苏铁树等,可给人以郁郁葱葱、一片生机盎然之感。

"如橡皮树、龟背竹、棕竹、苏铁树等"是一个插入语,它是对前面的主语"比较高大的观叶类植物"进行举例说明。这个插入语的正确位置应该是紧接在被说明的对象之后的,例文却在一句完整的话都说完了以后才加入这个插入语,明显语序不当。

整句宜修改如下:"比较高大的观叶类植物,如橡皮树、龟背竹、棕竹、苏铁树等,应放在厅室角落的位置,这样可以给人以郁郁葱葱、生机盎然之感。"

| 特别提示 |

补充说明的成分也可以在被说明者的后面用括号加以注明,但同样需要注意语序问题。

268. 虚词位置不当

有些炎症,西医能治,中医照样能治,不仅中药能与抗菌素媲美,而且副作用小,成本也低。

在后一个分句中连词"不仅"的位置不对,应该放在"中药"后面。

"不仅"与"而且"相呼应,如果两个分句的主语相同,后面的分句可以承前省略,主语应该放在不仅前面,意味着主语不仅这样，而且那样。如果主语不同，主语就应该放在"不仅"后面，意味着不仅 A 这样，而且 B 也这样。

例句中"不仅……而且……"说的都是中药，因此主语"中药"应该放在"不仅"的前面。

| 特别提示 |

虚词位置不当的例句，在口头表达时更为常见。

常见复句错误

269. 没有转折关系却用"但"构成转折关系复句

有时复句的分句与分句之间并没有转折关系，却强行加进"但"，以致出现关联不当的毛病，影响语意的表达。

今年我们取得了很好的成绩，但是明年还要取得更大的成绩。

从句义上看，"今年取得了很好的成绩，明年还要取得更大的成绩"是表递进关系的，句中已有了一个"还"，逻辑关系已经很明确了。而"但是"是转折复句中使用的关联词语，表示前后分句语义的转折。这个句子没有转折的意思，因此这里的"但是"应该删掉。

| 特别提示 |

"虽然……但是"表转折关系，也可以单用。

270. 没有转折关系用"然而"

卢丁年近七十，在国际量子化学界享有崇高的威望，从不肯随随便便地推崇一个人，然而他毕竟与唐敖庆见过一次面。

例文中的"然而"用得十分不妥。"然而"连接两个分句时，这两个句子之间肯定是转折的关系。假设例句中的"然而"没有用错的话，文章的言下之意就变成了能与"卢丁"这位德高望重的、从不轻易推崇人的学者见面是莫大的荣幸。而这显然不是作者的原意。根据文义，最后一个分句应改为"他曾与唐敖庆见过一次面"。

| 特别提示 |

"然而"表转折，不能与"不过""但是"之类的词语连用。

271. 没有因果关系却用"因"

希拉克总统在人事任用问题上常听取女儿意见，如那位富有激情的政治家埃里克·劳尔本没有列入人选，因在向克洛特诉说自己的命运后，就被任命为负责城市一体化的部长代表。

例文中连词"因"用得不恰当。

"因"即"因为"，用在两个分句之间可以表示因果关系。但例句中连词"因"所连接的两个分句间并不存在因果联系，所以说这个连词用得不对，应改为表示转折关系的"但""但是""然而"等。

| 特别提示 |

"因此"不能缩写为"因"。

272. 不存在递进关系，却用"也"构成递进关系复句

教研组是开展教学研究的重要组织形式，也应该提高教研活动的质量。

例句中前后分句之间不存在递进关系，所以不应该使用"也"作关联词。根据前后分句的意义，把"也"字删掉，句子的意思就明白了："教研组是开展教学研究的重要组织形式，应该提高教研活动的质量。"此外，还可以把句子改为因果关系复句：

"教研组是开展教学研究的重要组织形式,所以应该努力提高教研活动的质量。"

| 特别提示 |

没有递进关系的两个分句,不应使用"也"作为关联词。

273. 毫不相关的句子构成并列关系复句

一方面钢材质量屡屡出现问题,一方面销售人员无法拓宽销售渠道。

"一方面……一方面"作为连接词连接并列的分句,分句之间应该是同一类情况的不同方面。例句中的两个分句的意思并不是并列关系,无法构成并列关系的复句,不应用"一方面"连接。

根据分句之间的意思,例句可以改为因果关系:"由于钢材质量屡屡出现问题,销售人员无法拓宽销售渠道。"

| 特别提示 |

如果分句之间毫无关系,就不能够成并列关系复句。

274. 颠倒了分句之间的递进关系

与会代表不仅见多识广,而且专业知识精湛,能得到他们的首肯,靠的不是溢美之词,而是材料、事实、理论和数据。

例句中"见多识广"与"专业知识精湛"的位置颠倒了。"不仅……而且"连接的复句,"而且"后面的内容要比"不仅"后面的内容更进一层。"见多识广"比"专业知识精湛"所表达的意义更进一步,所以应放在后面。例句应该改为"与会代表不仅专业知识精湛,而且见多识广"。

| 特别提示 |

如果颠倒了分句之间的递进关系,就会导致逻辑错误。

275. 层递关系颠倒

在商场里，减价的标牌随处可见。三折、四折甚至五折，非常诱人。

"三折、四折甚至五折"读起来很顺口，但是颠倒了层递关系。正常的层递关系应该是从小到大、从近到远、从低到高。乍一看"三折、四折甚至五折"好像符合这一规则，但是推敲句子的意思就会发现问题。打折是商家促销的手段，打折越低价格越低，对顾客来说越有吸引力。相对"四折""五折"来说，"三折"最优惠，因此放在"甚至"后面的应该是"三折"。正确的顺序是"五折、四折甚至三折"。

| 特别提示 |

句子的层递结构要符合逻辑和语法规则，如果弄错了句子的层递关系，就会造成读者对句子的不理解。

276. 不按照空间顺序排列分句

场院屋的门大开着，遍地是被践踏乱了的干草，屋里弥漫着一股火药味儿，草上还有星星点点的几点鲜血和几颗亮晶晶的手枪弹壳。

例句没有按照正确的空间顺序排列分句。例句是描写空间场景的承接复句，分句之间的层次比较混乱。第三个分句"屋里"应该承接第一个分句"场院屋"，第四个分句"草上"应该承接第二分句的"干草"。

正确的顺序应该是："场院屋的门大开着，屋里弥漫着一股火药味儿，遍地是被践踏乱了的干草，草上还有星星点点的几点鲜血和几颗亮晶晶的手枪弹壳。"

| 特别提示 |

多重复句中分句之间的层次比较复杂，容易出现层次不清、

结构混乱的问题。按照空间顺序排列的分句不能随意调换。

277. 时间顺序颠倒

当时，许峰正在住院，听到险情，带病走出医院，不顾医生的阻拦，投入到抗洪救灾工作中。

句子中"带病走出医院，不顾医生的阻拦"时间顺序不对。在复句中，分句之间排列要遵循时间的先后顺序。显然"带病走出医院"应该发生在"不顾医生的阻拦"后面。因此正确的顺序是"不顾医生的阻拦，带病走出医院"。

| 特别提示 |

复句中各分句要按照时间的先后顺序排列。

278. 条件与结果颠倒

报刊、电视和一切出版物，更有责任做出表率，杜绝用字不规范现象，增强使用语言的规范意识。

后面两个分句"杜绝用字不规范现象"与"增强使用语言的规范意识"语序不当。只有先"增强使用语言的规范意识"，才能"杜绝用字不规范现象"。"增强"是条件，"杜绝"是结果。句子应该改为："报刊、电视和一切出版物，更有责任做出表率，增强使用语言的规范意识，杜绝用字不规范现象。"

| 特别提示 |

在复句中条件应该放在结果的前面，否则就会造成逻辑错误。

279. 原因与结果颠倒

由于世界性水危机，地表水和地下水遭到不同程度的污染，水质日益恶化。

例句颠倒了原因和结果。"世界性水危机"是结果,"地表水和地下水遭到不同程度的污染,水质日益恶化"是原因。原因理所当然应该在结果的前面,正确的顺序是:"由于地表水和地下水遭到不同程度的污染,水质日益恶化,造成世界性水危机。"

| 特别提示 |

在因果关系的复句中,原因和结果的颠倒会造成逻辑错误,不能明确表达句子的意思。

280. 递进关系复句中关联词语搭配不当

他不仅没有完成承包合同规定的各项指标,而是使企业负债累累。

例句中"不仅"和"而是"搭配不当。例句是一个递进复句,"使企业负债累累"比"没有完成承包合同的各项指标"更进一步。表示递进关系的关联词应该是"不仅……而且"。"而是"是表示并列关系的关联词,不应与"不仅"搭配,应该与"不是"搭配。比如:"运动会延期举行不是因为天气不好,而是因为比赛场地没有准备好。"

| 特别提示 |

关联词都有固定的搭配,"不仅"应该和"而且"搭配,"不仅……而是"不能搭配。

281. 因果关系复句中关联词语搭配不当

因为作者没有很好地掌握主题,单凭主观想象,加入了许多不必要的情节和人物,反而大大地削弱了作品的思想性和艺术性。

例句是因果复句,"因为"和"反而"作为连接词搭配不当。"因为"表示因果关系的连接词,"反而"表示递进关系的连接词,两者不能搭配,应将"反而"改为"所以"。

| 特别提示 |

错乱的连词搭配还有"不完全是……而是""无论……和……""尽管……如何"。

282. 条件关系复句中关联词语搭配不当

只有儿女们能活得好一些,他受罪一辈子也心甘情愿。

例句是条件复句,关联词"只有"和"也"属于搭配不当。在条件复句中应该使用关联词"只有……才""只要……也/就",指满足前面的条件,就有后面的结果。例句中"儿女们能活得好一些"是条件,"他受罪一辈子也心甘情愿"是结果。"只有"与"也"不能搭配,应该将"只有"改为"只要"。例句应该改为:"只要儿女们能活得好一些,他受罪一辈子也心甘情愿。"

| 特别提示 |

"只有……才"表示必要条件,"只要……也/就"表示充分条件。充分条件有了便一定成立,没有也不一定不成立,即不排除其他条件也可以引起同样结果;必要条件是有了不一定成立,但没有的话则肯定不成立。

第六篇

修辞错误

语言拉杂

1. 已日渐风行，已形成一种风气

　　古时一个自称"诗伯"的人写过一首题为《宿山房即事》的诗，诗云："一个孤僧独自归，关门闭户掩柴扉。半夜三更子时分，杜鹃谢豹子规啼。"该诗无一句不重复啰唆，可以说是该类语病的"范例"。"一个""孤""独自"均表单数；"关门""闭户""掩柴扉"同指一事；"半夜""三更""子时"是同一时间；"杜鹃""谢豹""子规"又为同鸟别名。该诗可谓啰唆到了极点。下面的句子也是犯了表述重复的错误。

　　北京2008奥运会临近，纪念品市场需求旺盛，奥运五福娃之类的产品越出越多，目前在市场上已日渐风行，已形成一股风气。

　　"风行"意思为盛行、普遍流行；"日渐风行"即言某种事物、观念、行为方式被人们接受后迅速推广。"日渐风行"与"形成一股风气"在意思表达上是完全一样的。比如"明星出书日渐风行"，也可以说成"明星出书已形成一股风气"。例句中的"已日渐风行"和"已形成一种风气"应该删去其一。

| 特别提示 |

　　表义重复的语病十分常见，有的是实词的重复，有的是短语的重复。另外，虚词与实词、虚词与虚词之间的重复也需避免。如"付诸于实践"，"诸"是文言兼词，此处释作"之于"，可见"付诸"后面的"于"就是多余的。

2. 来来往往，熙熙攘攘，十分热闹

　　语言拉杂、不简洁的语病中，还有一种情况是堆砌。堆砌不同于重复，重复主要指字面重复和意思重复，多因作者疏忽或懒

于检查而无意识造成的，堆砌则是有意为之，将字面不同意思一样的词语堆放在一处，以给读者留下"气势磅礴"的印象。比如下句：

新年的集市上，穿着一新的人们来来往往、熙熙攘攘、摩肩接踵、十分热闹。

该病句中的"来来往往""熙熙攘攘""摩肩接踵""十分热闹"等词语就犯了堆砌的毛病。描写过年的集市上人多热闹的场景，这些词语所表达的意思基本没有区别，只需选择一个比较贴切的就行了，没有必要如此重复。句子写得好坏，不在于用词的多寡，而在于用得是否恰当，能不能根据实际需要，用最少的词表达出最丰富的意思。

| 特别提示 |

词语堆砌与复语修辞不同，后者出于表达的需要，属于语言的妙用；前者仅是无意义的重复，是语言的痼疾，二者本质不同，应区别对待。复语修辞即同义连用，指为了表义的需要，将意思相同或相近的词或短语连续使用的情况。如鲁迅的名作《为了忘却的纪念》中有这样一句话："而不料这一去，竟就是我和他相见的末一回，竟就是我们的永诀。""相见的末一回"意思与"永诀"相同，这是作者为了表达内心强烈的悲愤、强调这是不可弥补的巨大遗憾和损失而有意连用的。这种重复既突出了作者的心情，又渲染了文章的气氛，是语言的一种妙用。

3. 挫折、困难、种种不顺利

有些人在写文章的时候害怕句子单薄，读起来没有力度，于是将同一个意思用好几种不同的说法来陈述，好让句子看起来"丰满"一些。这种做法往往适得其反，只会让人觉得累赘。比如下面的这个句子：

这些年在生活中遇到的挫折、困难、种种不顺利，都始终没有动摇过这位母亲坚定的决心。

例句中的"挫折""困难""种种不顺利"均属于负面意义的词汇，含义基本相同。作者将它们堆砌在一起，大约也是认为连续使用同义词（或短语）能起到增加气势的作用。但从句义来看，这种重复并没有什么必要，反而让读者感觉十分啰唆，应作精简。

| 特别提示 |

表义重复这类语病中，除了意思相同的词或短语的并列堆砌，还需注意包含关系的语意重复。如"涉及到很多问题""三令五申地强调""双方实力悬殊很大"这几个短语（词组）中，"及"即"到"，"涉及"后面的"到"显然是多余；"三令五申"就包含了强调的意思，不可再与"强调"并用；"悬殊"即"相差很远、差别很大"，后面无须再加"很大"。

4. 精心组织，精心指挥，严肃认真，周到细致，稳妥可靠，万无一失

堆砌的语病还有一个"分支"，就是滥用排比。不少演讲词、工作报告等，为了煽情或增加气势，经常滥用一些工整的排比句，表面看着堂皇，内容却空虚无比。如下句：

本次调研工作意义非凡，各部门务必精心组织，精心指挥，严肃认真，周到细致，稳妥可靠，万无一失。

这便是在一些工作报告、总结、通知等"官样文章"中经常能看到的句子。一个句子中，共用了六个四字短语，表达的完全是一个意思，除了空洞和浮夸，不会给人留下别的印象。该句可改为"务必精心组织、严肃认真，确保万无一失"。

| 特别提示 |

　　运用排比是丰富语言表达的技巧之一，恰当地运用排比，能够表达强烈奔放的情感，周密细致地说明复杂的事理，增强语言的气势和表达效果，提高文章的审美和欣赏价值。如朱自清的《匆匆》一文中有这样一句："燕子去了，有再来的时候；杨柳枯了，有再青的时候；桃花谢了，有再开的时候……"这样的排比句简洁有力，更具说服力和渲染效果。运用排比必须从内容的需要出发，切不可生硬地拼凑或随意滥用、片面地追求文字的漂亮而不顾浮夸的文风。

5. 从前有座山，山上有个洞

　　相信绝大多数读者小时候都听过这样一个故事——

　　从前有座山，山上有个洞，洞里有个庙，庙里住着两个和尚，老和尚对小和尚说：从前有座山，山上有个洞，洞里有个庙……

　　这个周而复始、首尾相接的"故事"一般都是大人用来敷衍小孩子的。从语言学的角度来说，这种"故事"可以称为典型的车轱辘话。所谓车轱辘话，就是指重复、絮叨的话，翻来覆去、废话连篇。比如："今天要谈两个重要的问题，大家知道，这两个问题都是非常重要的，所以我需要特别强调一下。"这样啰啰唆唆的话听了实在令人心烦，完全可以简单地说"今天我要强调两个重要的问题"。

| 特别提示 |

　　生活中的车轱辘话也绝不少见，不少报告、演讲、谈话、课堂教学、电视节目中都充斥着转来转去毫无意义的废话。说话、做文章，切不可为了增加字数而作无谓的表达，那些颠三倒四、拖泥带水的话只能让人感到厌倦。

6. 用白话说

公平的概念，用白话说，是我自己认为，我得到了该是我的东西。

这句话读来实在是费劲。若从"用白话说"这个插入语来看，前面的主语显然应当是用非白话表述的。但该句的主语是"公平的概念"，并非文言文。另外，后半句"我得到了该是我的东西"，也很不符合中国人的语言表达习惯。全句不妨改为："公平的概念，我认为可以简单概括为得到了本该属于自己的东西。"

| 特别提示 |

插入语的滥用是造成语意拖沓累赘的原因之一，使用插入语时，首先需注意是否有添加的必要，插入部分与句子主干、段落大意有无关联；另外还要注意表述得是否简洁明了，不可拖泥带水。

7. 闻所闻而来，见所见而去

《晋书·嵇康传》里讲了这么一个故事：

初，康居贫，尝与向秀共锻于大树之下，以自赡给。颍川钟会，贵公子也，精练有才辩，故往造焉。康不为之礼，而锻不辍。良久，会去，康谓曰："何所闻而来？何所见而去？"会曰："闻所闻而来，见所见而去。"

嵇康是魏晋时期"竹林七贤"的领袖人物，他不满司马氏政权而辞去官职，后生活贫困，便与好友向秀（同为七贤之一）开了个铁匠铺维持生机。司马昭的心腹钟会一心想结交嵇康，一天带了大批官员前去拜访。嵇康一见这场面就十分反感，他继续挥锤打铁，旁若无人。钟会见好半天也没人搭理他，快快欲离。这时嵇康发话了："听到了什么才来的？看到了什么才走的？"钟会遂答："听到了所听到的才来，看到了所看到的才走。"说完拂袖而去。

钟会的那句"闻所闻而来，见所见而去"，从语言学的角度看就是典型的车轱辘话，完全没有实质内容。钟会才华横溢、能言善辩，他当时那么回答，只是为了给自己找一个台阶，以便从尴尬的场面中解脱出来。

| 特别提示 |

"车轱辘话"有时候也可用于自我解嘲或制造幽默，不过一定要用得巧妙，否则只会适得其反。

比喻不伦不类

8. 人体的硬件部位

他从山上摔落，幸运的是硬件部位没有太大的损伤。

"硬件"是"计算机硬件"的简称，与"软件"相对。电子计算机系统中所有实体部件和设备的统称。从基本结构上来讲，电脑可以分为五大部分：运算器、存储器、控制器、输入设备和输出设备。但例句中说的是"他"，指的是一个人，想要表达的是身体没有受伤，而且用"硬件部分"来比喻人身体的部分，这是不妥当的。因为人体没有软硬件，所以改成"重要脏器"更准确。

| 特别提示 |

比喻可以分为明喻、暗喻和借喻，本例作者所用的是暗喻。

9. 一锅窝头

曲艺家沈永年先生创作的相声《乾隆再世》中有这样一个段子：

甲（摇头晃脑）：到此一游，消愁解闷，远望群山——

乙：怎么样？

甲：一锅窝头！

乙：这是悖谬之言！

甲：这比喻多恰当，就是颜色差点儿。

乙：那窝头是黄的。

甲用"一锅窝头"来比喻远处的群山，实在令人发笑。先说本体和喻体，本体是"群山"，喻体是"窝头"，这山再矮小，也不至于像窝头、像地上鼓起的包；而且山石多为青黑色，还有绿色的植被，怎么能和金黄色的窝头联系到一起呢？再说登上山顶，极目远眺，人的心情应该非常舒畅。观众听了甲之前说的那三句话，以为接下来肯定要抒情一番呢，谁知却冒出来朴实无比的"一锅窝头"，自是忍俊不禁。当然，作者故意这么写，是为了满足相声作品抖包袱的需要。我们平时说话或是写文章时若是作出这样的比喻来，非让人笑掉大牙不可。

| 特别提示 |

一个贴切的比喻，往往需从色、形、神等各方面充分考虑。任何一方面都没有相似点的本体和喻体，不能构成一个比喻。

10. 工作紧张……像男人脖子上戴着领带一样

某营养产品生产商研制了一种新型营养液，主要面向白领阶层。该公司的广告词是这么说的：

很多人都对薪水丰厚的写字楼白领一族羡慕不已，却很少有人了解他们工作的紧张程度。这种紧张，就像男人脖子上戴着领带一样。

按照广告中的说法，脖子上戴着领带与套上一个绳索是没有区别的，一样令人窒息，用这来渲染工作的紧张程度的确起到了一定的效果，却无法解释为什么世界上还有那么多的男性愿意日复一日地用这种方式"摧残"自己的身体。而且，这样的比喻会让人很不舒服，好像立刻有一个绳子勒住了自己的脖子一样。很明显,用"男人脖子上戴着领带"来形容工作的紧张度是非常不贴切的。

| 特别提示 |

比喻使用是否得当,首先要贴切,即本体和喻体之间有确切的相似点。

11. 人心像煮熟的米饭那样散

人心要是像煮熟的米饭那样散,还指望拿什么去完成我们的计划、实现我们的目标?

稍微有点生活常识的人都知道,生米是散的,米饭煮熟后则是黏的。旧时人家粘贴纸张时若找不到糨糊,就会用一点黏糊糊的米饭来代替。团队中的"人心"若能像"煮熟的米饭"一样紧密相连,还有什么工作目标不能实现呢?另外,从语言习惯上来说,用米来比喻人心涣散也是不合适的。病句中"人心要是像煮熟的米饭那样散"不如改为"人心若是像一盘散沙一样毫无凝聚"。

| 特别提示 |

作比喻时务必考虑自己的说法是否与生活现实相符,是否符合人们表达习惯。

12. 分裂与统一……犹如鱼与熊掌

分裂与统一不能共存,犹如鱼与熊掌,不可得兼。这是海峡两岸炎黄子孙的共识。

"鱼和熊掌"的典故出自《孟子·告子上》,原文为:"鱼,我所欲也,熊掌,亦我所欲也;二者不可得兼,舍鱼而取熊掌者也。生,亦我所欲也,义,亦我所欲也;二者不可得兼,舍生而取义者也。"孟子用面对鱼和熊掌之间的选择,比喻面对生命和大义之间的抉择,表明自己舍生取义的决心。

鱼和熊掌、生和大义是一个并列的概念，两者都是好东西，如能"得兼"，是最好不过的。倘若不能同时得到，就只能两利相权取其重，做出更合适的选择了。比如 2007 年 11 月 19 日的《人民日报》上有篇文章的标题就是："带薪休假与保住饭碗鱼和熊掌不能兼得？"

再看例句，比喻的本体为"分裂与统一"，这显然是两个不可相容的矛盾概念。比照孟子的原句，岂不是可以造出"分裂，我所欲也，统一，亦我所欲也"的句子来？这不是太荒唐了吗？可见把"分裂与统一"比喻成"鱼和熊掌"，是非常滑稽可笑的。

| 特别提示 |

打比方时若用到古书中的典故，首先应正确理解典故的确切含义，切莫胡乱使用。

13. 配颜色……像做化学实验一样

比喻通常都依据以浅喻深、以近喻远、以实喻虚的原则，这样一是为了使表达更加形象生动，二是为了让读者（听众）更容易理解自己的意思。

如果一个画画儿的人说，"配颜色真麻烦，像做化学实验一样……"

这个比喻就不太恰当。对于大多数读者来说，"做化学实验"不一定会比画画儿更熟悉，所以也就不能体会到"配颜色""做实验"的麻烦程度。作者原想用一个比喻来帮助别人想象和理解，结果用错了喻体，完全收不到效果。

| 特别提示 |

秦牧先生说，如果在文学作品中完全停止采用譬喻，文学必将大大失去光彩。比喻是修辞的重要手段之一，无论是文学作品还是新闻、政论、广告词等实用文体，都会经常用到比喻。比喻

用得恰当，能使文章格外生动，否则只会适得其反。

14. 像驴子一样勤奋工作

爸爸最近充满干劲，每天像驴子一样勤奋工作。

这是一个小学生日记中的一句话。这位父亲若是看到儿子把自己比喻成"驴子"，不知会做何感想。

通常情况下，人们一般都认为驴是愚蠢的、无技能的、目光短浅的，因此有"黔驴技穷"一说，口语中也常用"蠢驴""呆驴""懒驴"等词来辱骂别人。"驴子"具有明显的贬义色彩，例句把人喻为驴子，无异于说人蠢笨，所以说这个比喻是非常不恰当的。例中的"驴子"可改为"老黄牛"等说法。

|特别提示|

打比方务必注意感情色彩，避免让别人产生不佳的联想。

15. ……好像一块生铁经过反复锤炼，结果变成了熟铁

这样看来，把一种思想用文章的形式表达出来，就好像一块生铁经过反复的锤炼，结果成了熟铁。这就是为什么我们可以用写文字的方法来锻炼思想，提高思想能力的缘故。

例句用"反复的锤炼"来说明"把一种思想用文章的形式表达出来"，这个思路是没有问题的。但说"经过反复的锤炼"，生铁就"成了熟铁"，这就违背常识了。"锤炼"一词共有两个解释：用铁锤击打使变成要求的形状；锻炼，磨炼，刻苦钻研，反复琢磨，使技艺等精炼、纯熟。显然"锤炼"与"冶炼"没什么关系。

化学常识告诉我们，生铁和熟铁的区别在于含碳量的多少。生铁经过一次加热即可炼成熟铁，并不需要"反复锤炼"。从另一个角度说，如果不采用加热的办法，不管经过多长时间的"锤

炼",生铁也不会变成熟铁的。例句的喻体出现了常识性的错误,整个比喻就都无法成立了。

| 特别提示 |

用比喻来说明事理是比较复杂的,喻体一般是一个自足的事件或道理;另外还需注意不可用违背生活常识和科学理论的事物打比方。

夸张失实

16. 泪水随风飞舞

她创业时很艰难,很多次她都跑到楼顶,任辛酸的泪水随风飞舞。

很多动漫中,表示人物伤心的时候,常常让人物的眼泪随风飘走,但是如果实际写作中这样使用的话,就属于夸张失实了。能让泪水飞舞的风需要多少级?适度的夸张不但更加真实可信,更容易被人接受,有时还能起到意外的效果。但是,过度或不准确的夸张则会适得其反。

| 特别提示 |

使用夸张的手法时,要掌握"度",不能让人觉得荒唐。

17. 英国最好的裁缝

夸张指运用丰富的想象力,在客观现实的基础上有目的地放大或缩小事物的形象特征,以增强表达效果的修辞手法,也叫夸饰或铺张。运用夸张应以客观事实为基础,过分地夸大,只会取得相反的效果。

有这样一个有趣的小故事。

伦敦某个大街上一共有三个裁缝，各家门口的招牌挂得都不相同。甲挂的是：英国最好的裁缝。乙挂的是：伦敦最好的裁缝。丙却挂了个：本街最好的裁缝。结果没想到，裁缝丙的生意是最好的。

乍一看，应该是"英国最好的裁缝"生意最好，可为什么他敌不过一条街上最好的裁缝呢？问题就出在夸张失度上。

甲说自己是"英国最好的裁缝"，已经有些夸张失度；乙为了和甲竞争，说自己是"伦敦最好的裁缝"，结果非但没有门庭若市，反而令人生厌。丙很谦虚，他只说自己是"本街最好的裁缝"，更能给人真实感。其实裁缝丙才是最聪明的，"本街"的裁缝也包括甲和乙，丙是本街最好的，不是就胜过了甲和乙了吗？

| 特别提示 |

运用夸张修辞务必讲究"度"，不可盲目追求效果，乱用一气。

18. 广州雪花大如席

某小学三年级的语文老师给学生们布置了一道作文，题为《这个冬天》。两天后老师批改作文时，看到一个学生的开头竟然是这么写的：

今年冬天非常寒冷，广州雪花大如席。寒假里我和小朋友们堆了很多雪人。

这样的作文让人哭笑不得。人们形容雪花之大，常说"鹅毛大雪"。若说雪花"大如席"，显然是用了夸张的手法了。问题在于，如果说"哈尔滨雪花大如席""北京雪花大如席"，起码还有一点真实感，若说"广州雪花大如席"，岂不是成了笑话了吗？广州地处亚热带，冬季时间短，平均气温在十几摄氏度，降雪非常罕见。即便下雪，那雪花也远远达不到"鹅毛"的级别，更别说"大如席"了。

|特别提示|

扩大性夸张是夸张的一种形式,即将事物的形象、性质、状态、特征、程度等,故意往大处、高处、快处、强处说。使用扩大性夸张时最容易出现失实的毛病,写作时务必注意避免。

19. 一根豆角……当扁担

夸张不顾事实,就成了浮夸、虚夸。1958~1960年"大跃进"时期,浮夸风泛滥,"水稻亩产二十万斤""钢铁产量超六千万吨"等报道频见报端。该时期诗歌等文学作品的创作也非常明显地受到浮夸风的影响,滥用夸张,完全不顾客观实际。比如下面的这句歌词:

一根豆角两头尖,社员拿它当扁担,一头挑起山一座,扁担还没打闪闪。

豆角生长得再好,也绝对不可能拿来"当扁担"使。这里的社员竟然拿着"豆角扁担"去挑山!竟然还没"打闪闪"!这种违背生活常理的夸张,既不会增强感染力,也起不到俏皮幽默的效果,只能让人觉得滑稽可笑。

|特别提示|

夸张法在日常会话和文学作品中都经常用到,它指的是为了达到强调或滑稽效果,而有意识地使用言过其实的词语的一种修辞手段。夸张法并不等于有失真实或不要事实,而是通过夸张把事物的本质更好地体现出来。

20. 汗水如喷泉

为了四个现代化,谁也不愿歇一歇。汗水如喷泉,在我心中喷泻。

这是一个夸张失实的例子。铆足干劲,为实现四个现代化全力奋斗,自然是要流汗的。但若说"汗水如喷泉",就很荒唐了。人们形容在炎热、紧张、劳累等情况下出汗非常多时,常用"汗如雨下""挥汗如雨"等说法,这都是没问题的。如《红楼梦》:"不防一块石头绊了一跤,犹如梦醒一般,浑身汗如雨下。"《战国策》:"监淄之途,车毂击,人肩摩,连衽成帷,举袂成幕,挥汗成雨。"

喷泉大家都很熟悉,它是将水通过一定的压力往外喷洒的。人的汗水再怎么多,也只能是慢慢地流淌下来,不可能出现"喷射"的情况。"在我心中喷泻"这一句更离奇,汗水只能从皮肤中蒸发出来,怎么可能从"心中"喷泻呢?这样的句子简直令人无法理解了。

| 特别提示 |

在表示决心、订立目标时有时也会用到夸张的手法,但同样需掌握一个"度",否则只会让人感觉滑稽荒唐。

21. 震响万里高原的机器轰隆声

从山下雪白的电机房里,传出了震响万里高原的机器轰鸣声。

机器的轰鸣声再响,也不可能"震响万里高原";再说了,电机房机器的动静大,并不能表现出工人的干劲,或生产设备的先进,相反,过大的噪声只能表示机器出现故障。后来作者自知夸张不当,遂将该句改成了"从山下那雪白的电机房里传出了机器的轰鸣声"。

| 特别提示 |

夸张的修辞手法可以深刻、生动地揭示事物的本质,增强语言的感染力,给人以深刻的印象。但夸张绝不可滥用,既要用得必要,也要用得巧妙。

22. ……新元素像雨后春笋一样……

一些科学报道也会出现夸张失实的现象,比如下例:

随着光谱分析技术的出现,寻找新元素成了一个热潮,世界各地的海水、河水,各种各样的矿石,各处的土壤都放在光谱分析仪面前分析着,新元素像雨后春笋一样,接二连三地出现了。

春天下雨后,竹笋一下子就长出来很多,人们于是用"雨后春笋"来比喻好的事物迅速地、大量地涌现出来,蓬勃发展。如:"不到三个月,读夜书的工人,就像雨后春笋,一天多过一天。"

到目前为止,已经发现的化学元素总共不过 109 种,而发明光谱仪之前就已经发现了几十种。例句中"雨后春笋"来说明新元素的数量之多,显然是不合适的。

| 特别提示 |

运用夸张需注意文体的区别。文学创作可以多用夸张,但新闻、科普作品等讲究确切的数据,语言表达必须完全与事实相符,因此不宜使用夸张的手法。

23. 关于湿地的定义,汗牛充栋

关于湿地的定义,汗牛充栋。

"汗牛充栋"指藏书太多,书运输时牛累得出汗,存放时可堆至屋顶,形容藏书非常多。

"湿地"的定义有广义和狭义之分,最多不过百余个。假使世界上 200 多个国家对"湿地"的定义都不相同,那加在一起用一本书也足以容纳了。何以说得上"汗牛",更如何"充栋"?

| 特别提示 |

表示夸张的成语非常多,如"浩如烟海""寥若晨星""一目十行""一落千丈""气吞山河""地动山摇""垂涎三尺""度日

如年""一手遮天""怒发冲冠"等。夸张时如用成语，首先应该把握成语的正确含义，以免出现误用。

24. 温柔的晓月……会将我烧得体无完肤

李白《月下独酌》一诗云："举杯邀明月，对影成三人。月既不解饮，影徒随我身。"浩瀚星空中一轮孤单单的月亮，往往会加深人们内心的孤独和惆怅，但也有很多人在写作时过夸张。比如：

我害怕见到那温柔的晓月，因为她会将我这个孤独的人烧得体无完肤。

这个句子完全是不合情理的。月亮本身并不发光，只反射太阳光，也不向地球供热。若说太阳能把人烧死还有可信度，说"月亮"把人"烧得体无完肤"就纯粹是无稽之谈了。前句还强调是"温柔的晓月"，更加不合逻辑了。如果不改动例句的结构和表达方式，不妨将句子修改如下："我害怕见到那温柔的晓月，因为她会将我这个孤独的人伤得体无完肤。"

| 特别提示 |

运用夸张的修辞手法时，如需以自然事物作比，应尽量贴近实际，寻找共同点。

25. 整个山顶都被打翻了

敌人为了逃命，用三十二架飞机、十多辆坦克和集团冲锋向这个连的阵地汹涌卷来。整个山顶都被打翻了。汽油弹的火焰把这个阵地烧红了。

上句在收入语文课本时，"整个山顶都被打翻了"一句被改成了"整个山顶的土都被打翻了"。原句显然是有些夸张过分的，战斗再激烈，似乎也不至于将山顶打翻。修改后的句子，既表现出战斗激烈的现实，也符合生活逻辑，因此更妥帖、更有可信度。

| 特别提示 |

通讯是运用叙述、描写、抒情、议论等多种手法，详细地报道新闻事件或典型人物的一种报道形式。通讯写作的基本要求之一是严格的真实性，通讯中运用夸张等修辞手法时往往需要更加慎重。

引用不准确

26. 海上升明月

漫步在……古老驿站上竟然感觉到它本身就是一首千秋不朽的诗作，它的作者就是那位写了"海上升明月，天涯共此时"的唐朝诗人张九龄。

例句中引用的张九龄的两句诗是五言律诗《望月怀远》起首。这首诗曾被收入《唐诗三百首》，在五言律诗中位列第二。但是所有版本中，都是"海上生明月"而不是"海上升明月"。曾有诗词鉴赏书籍中分析，"'生'字把生命和感情赋予了二物"，"表现了水月相依相恋、相映生辉的情态和生机"。"生"字更加耐人寻味，"不留痕迹地注入了主观想象"。很多人在引用的时候，凭借个人的经验，很容易出现和例句一样的错误。

| 特别提示 |

《望月怀远》是作者远离故乡，望月思念远方的亲人而写的诗，引用时要注意语境和语义。

27. 语不惊人誓不休

语不惊人誓不休，奥斯卡司仪克里斯炮轰评委。

例句前半句是杜甫的名句，但作者在引用时误写一字，应为

"语不惊人死不休"。杜甫名作《江上值水如海势聊短述》,首联为:"为人性僻耽佳句,语不惊人死不休。"诗人自谓平生甚喜雕琢诗句,这种艺术追求在别人看来简直是怪异的;如果不写出惊人之语,自己是绝不会罢休的。这两句诗表明诗人在诗歌创作中特别注重语言的选择和锤炼,这种认真执着的治学态度,是杜甫能够成为伟大诗人的重要条件之一。

"语不惊人死不休"一句,现在常被人们用来形容惊人之语,不过错写的情况也十分常见。上例写成了"语不惊人誓不休","誓"有表决心之义,放在句中似乎也能说得通,但不论引用古诗文还是今人的文句,都应该严谨对待,不宜与原文有出入。就"语不惊人死不休"这句诗来说,还常被错写成"语不惊人势不休""语不惊人决不休",甚至改成半文半白的"语不惊人不罢休",这些错误都是需要注意的。

| 特别提示 |

还有这样一些名句也容易出现引用错误,如"执手相看泪眼,竟无语凝噎"写成"执手相看两眼,竟无语凝噎";"寻寻觅觅,冷冷清清,凄凄惨惨戚戚"写成"寻寻觅觅,冷冷清清,戚戚惨惨凄凄";"此情可待成追忆,只是当时已惘然"写成"此情可待成追忆,只是当时已枉然"等。这种引用字句与原文有出入的情况都应注意避免。

28. 秀出于林

你声名大噪,好,秀出于林,风必摧之。毛主席都说过:"人怕出名猪怕壮。"壮了必然挨一刀儿。

文中的"秀出于林"应为"木秀于林"。"木秀于林,风必摧之;堆出于岸,流必湍之;行高于人,众必非之。"语出三国魏李康《运命论》。

"木秀于林","秀"谓高出、突出,高出树林的大树总会先被大风吹倒，比喻才能或品行出众的人，容易受到嫉妒、指责。"木秀于林"中的"木"是主语，是"秀"的主体。引文说"秀出于林，风必摧之"，读者看了无法理解：谁"秀"？风"摧"谁？这句没了主语的话显然是说不通的。

|特别提示|

　　引用不准确中最常见的情况之一就是引文的字句与原文不符，这里也分两种情况，一种是个别字的讹误，多为原文中的一两个字被误写成同音字或近义字，如前例中将"死不休"错写成"誓不休"；另一种情况则是短语或句子结构的改动，结果导致引文与原文意思有较大变化。这种情况有的是作者凭模糊印象随意写的，有的是作者有意乱改，不论怎样，都是不可取的。

29. 百金买骏马，千金买美人，万金买高爵，何处买青春？

　　百金买骏马，千金买美人，万金买高爵，何处买青春？

　　句旁注明作者是屈原。略通文史基础知识的读者可能会有这样的疑问：战国时期的语言有这么"通俗"吗？的确，这几句话既不同于《楚辞》中的句式，似乎也不像屈原的风格，到底是不是屈原写的呢？

　　细心的读者如果多查一下资料就能找出答案，《名人名言》中引用的这几句话原来出自清代诗人屈复的《偶然作》。该诗前三句"白金""千金""万金""骏马""美人""高爵"层层递进，最后以一句无疑而问的句子结束，表达了诗人对青春易逝、光阴难追的感慨。屈复与屈原，名字只差一字，例句显然是被编者搞混了。

|特别提示|

　　引用文句时一定要注意出处的正确，切勿张冠李戴，随便给别人扣上"侵权"的帽子。除了原文作者的名字不可混淆外，作者生活的年代、原文出自何书等都不能弄错。

30. 二十四桥明月夜，波心荡冷月无声

辛弃疾则满怀爱国激情，慷慨愤世："二十四桥明月夜，波心荡冷月无声。"

"二十四桥明月夜，玉人何处教吹箫"出自晚唐诗人杜牧的《寄扬州韩绰判官》一诗。"二十四桥仍在，波心荡、冷月无声"则出自南宋词人姜夔的《扬州慢》一词。例句把一句诗一句词拼凑在一起，又把"版权"送给了辛弃疾，实在是令人发笑。

| 特别提示 |

引用时如果碰到记忆不清的情况，务必勤查资料，确保正确，若只凭脑中的一点印象随手写来，很可能就会出现前例"诗词杂糅"的笑话。

31. 高尔基曾经说过……

某位中学生在一篇题为《诚与信》的作文中写道：

高尔基曾经说过："诚信对于一个人、一个社会乃至一个国家、一个民族来说，都是不可或缺的基本素质。"

这是高尔基说过的话吗？不少人在发言、演讲和写文章时，为了使语言更有分量、更有说服力，便借名人之口说出自己的见解。常用句式如"伟大的领袖××说过这样的话……""著名作家×××曾经说……"，等等。古今中外的名人数不胜数，名人一辈子说过哪些话更是无法统计。所以编造名人名言的这种现象不易被人发觉，这也是这股歪风得以蔓延的原因之一。

| 特别提示 |

引用名人名言一定要有确凿的依据，切不可随意生编硬造，无中生有。

32. 八戒的个人能力是你三个徒弟里面最差的

"那么八戒的个人能力是你三个徒弟里面最差的,又有不负责任等对工作不利的缺点。你为什么不换一个精明能干的人选呢?"如来佛不解地问。

猪八戒的"个人能力"是唐僧三徒弟里最差的吗?这显然与原著不符。根据《西游记》的描写,三徒弟中本领最强的当属会七十二变的孙悟空;猪八戒只会三十六变,他的本事虽然不能和孙悟空比,但比起只会二十七变的沙僧,还是略胜一筹的。八戒好吃懒做、贪财好色,喜欢占小便宜,又喜欢打小报告,三徒弟中,他可能是最没有"个人魅力"的一个,但绝不是"个人能力"最差的一个。例文引证不确。

|特别提示|

即使是虚构的作品,在引用其他著作中的人、事时,同样也需要讲究依据;不可根据自身的需要,随意改造引例。

33. 中国古人说,管理意味着服务

古代的中国人说,管理意味着爱。现代的美国人说,管理意味着钱。古代的中国人说,管理意味着服务。现代的美国人说,管理意味着控制。

"管理意味着爱""管理意味着服务",这些名言出自哪位古人之口?或者哪位古人表达过类似的思想?作者为何不交代清楚?不注明原文?

中国古代不会有现代管理思想,中国的古人更不会说出"管理意味着服务"这样的话来。该文作者显然是为了方便表达自己的思想,保持语句工整、排列整齐、读起来铿锵有力,而将自己的话借用"中国古人"之口说出来。

|特别提示|

很多文章中都常出现"古人云""外国××大师说"之类的句式,其后所引用的话,不一定就有确凿的来源根据。这种做法是很不负责任的。

滥用文言文

34. 文言请假条

敬爱的老师:

昨夜雨急风骤,风云异色,天气突变。因吾尚在梦中,猝不及防,不幸受凉!鸡鸣之时,吾方发现,不想为时已晚矣!病毒入肌体,吾痛苦万分!室友无不为之动容!本想学业之成就为吾一生之追求!又怎可为逃避病痛而荒辍学业乎!遂释然而往校。但行至半途,冷风迎面吹,痛楚再袭人。吾泪、涕俱下,已到生不如死之境,哪得力气再往之。不得已,而借友人之臂,返之!由此上述,为吾未到校之缘由……

这是一则在网络上广泛流传的"文言"请假条。作者对文言似乎有着狂热的喜爱,无非是感冒发烧需要请假,非要用一些文绉绉的"病毒入肌体""痛楚再袭人""泪、涕俱下""生不如死之境""借友人之臂,返之"等措辞。作者本想卖弄文言,可惜基本功不够,导致文中多处出现用词不当、生造词语和不合文言语法的语病,实在是贻笑大方。

|特别提示|

行文适当运用一点文言,可以使语言优雅、简练、含蓄、隽永。倘若不顾内容需要,滥用文言或文白夹杂,非但不会产生美感,还会让人觉得滑稽可笑。

35. 告之了日本政府

中国人民银行已经明确地把我们的观点告之了日本政府的有关方面。

例句中的"告之"为文言说法，放在句中明显不当。"告之"为动宾结构，由动词"告"加宾语"之"构成。如："如有不敬之处，敬请告之。"这里的"之"即"不敬之处"。例句中，"告之"前有直接宾语"我们的观点"，后有间接宾语"日本政府的有关方面"，那么"之"在这里指代什么？只能是一个毫无用处的累赘。况且全句用得都是非常通俗浅白的口语，完全没有必要夹进文言词汇。例句中的"告之了"应改为"告知"。

| 特别提示 |

文言既不可滥用，也不可乱用。现在，人们说话绝不会满口之乎者也，写文章也很少用到文言。如果需要文言点缀，也需注意语境，不可随意插置。

36. 事故甫发生民警速救人

某新闻标题这样写道：

事故甫发生民警速救人

题中用了一个文言"甫"，给人感觉十分突兀。"甫"意思为刚刚，前面若用"刚"，后面就应当用"就"（与文言"甫"相对则可用"即"），表示一件事紧跟着另一件事。例句后半截用的却是"速"，"速"即快速、飞速，表示的是事情发生的速度，与前半截的"甫"显然无法呼应。这个标题中的"甫"，既不省字，又不增加表现力，前后还不对应，可以说用得毫无必要。

| 特别提示 |

新闻标题为了精简字数、保持对仗工整，常会用上一些文言词汇。这种情况下务必仔细揣摩，保证用得准确恰当。

第七篇

逻辑错误

概念之间关系混淆

1. 冷水、温水、软水还是硬水

无论是在低温冷水、温水、软水还是硬水中，都能迅速融解，释放强劲洁净力。

例句中有两处问题，首先是"低温冷水"属于语意重复；其次就是概念之间的关系问题。例句中"低温冷水、温水、软水还是硬水"的句式，说明"低温冷水""温水""软水""硬水"之间是并列关系。这就让人很不解了，"软水"和"硬水"是根据水质的不同划分的，而"低温冷水"和"温水"是按照水温划分的。不论是软水还是硬水，只要对其进行加温都能变成温水，甚至是热水；对其降温就会变成冷水，甚至是冰。因此，这四者是不能形成并列关系的，应对例句进行相应的修改。在写作中，如果不注意概念之间的逻辑关系，很容易出现和例句一样的错误。

【特别提示】

根据外延部分的重合情况，概念间的逻辑关系可以分为全同关系、包含关系、交叉关系和全异关系。交叉关系的概念不应该并列使用。

2. 鲜菜包括鲜果、香蕉

××地区鲜菜价格下降2.3%，其中白菜价格下降2.2%、黄瓜价格下降2.5%、鲜果价格下降2.6%、香蕉价格下降2.0%。

例句中的"其中"说明鲜菜中包括白菜、黄瓜、鲜果和香蕉，也就是说白菜、黄瓜、鲜果和香蕉之间是并列关系，而鲜菜与这四者之间是从属关系。这就让人不能理解了，鲜果和香蕉也是鲜菜吗？鲜果中不包括香蕉吗？很显然，例句中的逻辑关系是错误的。白菜和黄瓜与鲜菜是从属关系，香蕉和鲜果也是从属关系，而鲜果和鲜菜是并列关系。如果在写作中不加注意的话，很容易出现例句这样的错误。例句如果只是想说明该地区的鲜菜价格问题，可以直接将有关鲜果和香蕉的部分删除；如果也要说明鲜果的价格问题，则可以将有关鲜果和香蕉的部分进行适当的修改。

| 特别提示 |

概念的内涵是指一个概念所概括的思维对象本质特有的属性的总和；外延是指一个概念所概括的思维对象的数量或范围。

3. 饲养、繁殖蚯蚓等癞蛤蟆喜欢吃的昆虫

为了更好地表达语意，文章中常常要涉及各种概念。但是当一个句子提到几个不同的概念的时候，很容易处理不好这些概念之间的关系。比如：

癞蛤蟆生活的地方弄好以后，袁正洋又专门建成了几个大池子，用来饲养、繁殖蚯蚓等癞蛤蟆喜欢吃的昆虫。

例句中出现了"蚯蚓等……昆虫"的句式，这就是说蚯蚓与昆虫为从属关系，蚯蚓属于昆虫的一种。但在生物学上，蚯蚓并不属于昆虫，而是环节动物的一种。见过蚯蚓的人都知道，蚯蚓的身体呈圆柱状，头部不明显，身体上的各体节很相似。昆虫属于节肢动物，身体可分为头、胸、腹三个部分，头部长有触角，胸部有六足，这是昆虫的特点。由此可见，由于不具备昆虫的特点，蚯蚓是不能被归属到昆虫之中的。这样看来，上面的句子就出现了明显的逻辑错误。可以将上句中的"昆虫"改成"小动物"，蚯蚓虽然不是昆虫，但它是小动物，将蚯蚓和小动物列为从属关系是没有问题的。

| 特别提示 |

如果一个句子里面出现了两个或两个以上不同的概念，就一

定要处理好它们之间的关系，以免发生混淆。

4. 单位和团体

在报刊上，经常会看到"一些单位和团体"之类的表述。这种表述虽然对理解文义影响不大，但却是不折不扣的逻辑错误。看例句：

单位、团体及个人可享所得税优惠。

"单位"是指机关团体等或属于一个机关团体等的各个部门，如"直属单位"。"团体"是指共同目的、志趣的人组成的集体，如"社会团体"。由这两个概念不难看出"单位"与"团体"是两个有交叉关系的概念，而交叉关系的概念不宜并列使用。

| 特别提示 |

"单位"还有一个义项，是指计量事物的标准量名称，如米为计量长度的单位。

5. 许多作曲家、画家和文艺工作者

市场经济的大潮推动了文艺事业的发展，许多作曲家、画家和文艺工作者创作出了大批人民喜爱的作品。

句中出现了"作曲家、画家和文艺工作者"的句式，这就是说"作曲家""画家"和"文艺工作者"为并列关系，三者的地位是平等的。这就让人很难理解了，难道"作曲家"不是"文艺工作者"吗？难道"画家"不是"文艺工作者"吗？很显然，"作曲家"和"画家"都属于"文艺工作者"，它们的关系应该是从属关系，而不是并列关系。由于没有处理好这三个概念之间的关系，因此上面的句子出现了逻辑错误。如果平时写作中不加以注意的话，就很容易出现和例句一样的错误。例句可以将"作曲家、画家和文艺工作者"改成"作曲家、画家等文艺工作者"，

将并列句式转换成从属句式，这样就没有问题了。

| 特别提示 |

在一个句子中，如果用"和"来连接两个以上不同的概念，就表示并列关系；如果用"等"来连接，则表示从属关系。

6. 几种能源，如水、电、煤气等

从居家过日子的角度盘算一下，感觉到生活必需的几种能源，如水、电、煤气等，常生欲用不能、欲罢不忍之念。

能源，是指能够产生能量的物质，比如水力、燃料、风力等。例句中出现了"水、电、煤气等"的句式，为从属句式，"等"的后面显然省略了一个"能源"。因此，"水""电""煤气"与"能源"的关系应为从属关系。

从能源的概念中我们能够了解，"电"和"煤气"都是能源的一种，在例句中使用从属关系是正确的，但是"水"并不属于"能源"。这里的"水"指的是日常生活中使用的自来水，自来水显然不是能源，只有"水力"才是能源。所以，将"水"和"能源"列为从属关系是错误的。可以将"水"去掉，只保留"电"和"煤气"，这样就没有问题了。

| 特别提示 |

要处理好同一句子中不同概念之间的关系，就一定要弄清它们之间的内在联系。

7. 由专家、山东媒体、山东三箭集团等单位组成的

2004年10月至12月，由专家、山东三箭集团和山东媒体等单位组成的三箭探险队一行40多人，分两次深入罗布泊地区，进行了为期20多天的"寻找彭加木"科学探险活动。

例句中有两处错误：第一，句子中出现了"专家、山东三箭

集团和山东媒体"的句式,这就是说"专家、山东三箭集团"和"山东媒体"之间为并列关系,这显然是不合逻辑的。"专家"代表个人,"山东三箭集团"代表单位,"山东媒体"代表行业,三者不同类,是不能并列在一起的。第二,句子中出现了"专家、山东三箭集团和山东媒体等单位"的句式,这就是说"专家、山东三箭集团、山东媒体"与"单位"的关系为从属关系。可在前面已经提到了,"专家"和"山东媒体"都不属于单位,所以说这样的表述也是错误的。可以将原句改成"专家、山东三箭集团员工和山东媒体记者等探险爱好者",这样就没有问题了。与例句类似的句子我们常常可以在一些活动或者计划等的介绍中见到,应引起注意。

| 特别提示 |

不同类的事物不能构成并列关系,单位、个人与行业显然是不同类的,所以不能构成并列关系。但如果都改成个人,那就可以构成并列关系了。

8. 报刊、杂志和一切出版物

我们的报刊、杂志、电视和一切出版物,更有责任做出表率,杜绝用字不规范的现象,增强使用语言文字的规范意识。

这句话开头部分将"报刊、杂志、电视和一切出版物"并列在一起是不对的,因为"一切出版物"包括了"报刊、杂志"。而"报刊、杂志和一切出版物"的说法给我们的感觉就是"报刊、杂志"不是出版物,这显然不合逻辑。从逻辑上看,句子犯了种概念和属概念相并列的语病。概念按其表示范围的大小可分属概念和种概念,属概念大于种概念,种概念包含在属概念之中。句中的"一切出版物"是属概念,"报刊、杂志"是种概念,二者的关系是包含与被包含的关系,不是并列关系。要使句子转换成并列关系,可将"一切出版物"改成"其他出版物"。另外,

"报刊"包含了"杂志","杂志"应去掉。

| 特别提示 |

如果种概念和属概念出现在同一个句子中,那么它们只能构成从属关系,不能构成并列关系。

9. 中国驻开普敦大使馆

我国驻外机构发新春贺电贺信向全国人民拜年,是每年的春节晚会必有的一个项目,由主持人现场宣读驻外机构名称及贺电贺信内容。然而 2006 年主持人在宣读中国驻汤加、葡萄牙、利比亚等国大使馆发来的贺信时,"开普敦"竟与这些国家并列在一起出现!

熟悉世界地理知识的人都知道,开普敦不是一个国家,它是南非共和国的重要港口城市,地处南非西南端。既然是一个城市,又怎么能与汤加、葡萄牙、利比亚等国家相并列呢?同时,开普敦不是国家,那么我国驻开普敦的外交机构也不能称大使馆。大使是常驻他国的最高一级的外交代表,由一国元首向另一国元首派遣。大使馆是以大使为馆长的外交机关,通常设在所在国的首都。

因此,只有"中国驻南非大使馆",设在南非的行政首都约翰内斯堡,没有"中国驻开普敦大使馆"。驻开普敦的中国外交机构应该是总领事馆,其外交代表称总领事,而不是大使。

| 特别提示 |

要处理不同概念之间的关系,还需要掌握一定的常识,这样才不至于闹出笑话。

10. 阅读过大量的小说、诗歌、散文以及外国名著

他是个文学爱好者,阅读了大量的小说、诗歌、散文以及外国名著。

句子中出现了"小说、诗歌、散文以及外国名著"的句式,这就是说"小说""诗歌""散文"和"外国名著"之间的关系是并列关系。但实际上,"小说""诗歌"和"散文"中有一些是"外国名著",而"外国名著"中也有一些是"小说""散文"和"诗歌"。也就是说,"小说""诗歌"和"散文"之间的关系为并列关系,而它们与"外国名著"之间的关系则是交叉关系。可以将"外国名著"去掉,如果要保留,可以这样改正:

他是个文学爱好者,阅读了大量的小说、诗歌、散文,其中有一些还是外国名著。

| 特别提示 |

并列关系与交叉关系是有区别的:并列关系一定是同类的事物,但它们之间是没有交集的;交叉关系也是同类事物,但它们之间一定是有交集的。

11. 球台、球拍、球衣、球鞋等乒乓器材

这家乒乓球纪念馆设施齐全,可为乒乓球爱好者提供不同档次的球台、球拍、球衣、球鞋等乒乓器材。

句中出现了"球台、球拍、球衣、球鞋等乒乓器材"的句式,这就意味着"球台""球拍""球衣""球鞋"都属于"乒乓器材"。但实际上,"球衣""球鞋"并不属于乒乓器材,因此这里所用的从属关系是不合适的。另外,它们与"球台""球拍"属于不同类事物,所以也不能并用。可以将"球衣""球鞋"去掉,只保留"球台"和"球拍",由于"球台"和"球拍"都属于乒乓器材,所以它们之间就可以构成从属关系。如果要保留"球衣"和"球鞋",则可以将原句改成:

这家乒乓球纪念馆设施齐全,可为乒乓球爱好者提供不同档次的球台、球拍等乒乓器材。此外,该球馆还有各种各样的球衣和球鞋对外出售。

|特别提示|

性质不同的两类或两类以上的事物是不能并用的。

12. 北京、上海、杭州、浙江、江苏等省市的各级领导

近日来,北京、上海、杭州、浙江、江苏等省市的各级领导认真学习讲话,召开各种座谈会。

当句中出现"省市"并称的情况时,这里的"市"通常都是指直辖市。在上句中。"北京""上海"均为直辖市,"杭州"为浙江省的省会城市,"浙江""江苏"都是省,既有"省",又有"市",属于"省市"并称的情况,所以"杭州"显然是不能放在这里的。另外,"杭州"为浙江省省会,接下来句中又出现了"浙江",所以应该将"杭州"去掉。

|特别提示|

目前,我国有四个直辖市,即北京、天津、上海和重庆。

13. 冷、热饮用更佳

椰树牌椰汁是海南椰树集团的著名产品,也是我国酒水业的驰名品牌。然而在一个天然椰子汁的外包装盒上却写着这样一行文字:

冷、热饮用更佳。

这句话给人的感觉好像不完整,因为句中有个"更"字。"更"有略胜一筹之义。而从上述句子来看,句中确实包含有两种情况即"冷"和"热",但"冷"和"热"之间用了个顿号,就说明这两种情况是并列在一起的。既然两种情况相并列,就表示二者具有共同的特征,无比较性可言,因而也谈不上"更"。"冷"饮佳,"热"饮也佳,所以应该说,"冷、热饮用均佳"。如果要用"更"来强调某一情况,还要使"冷""热"二者相并列,

可将句子分成两层说：如强调"冷"饮，则原句可改成"冷、热饮用均可，冷饮更佳"；如强调"热饮"，原句可改成"冷、热饮用均可，热饮更佳"。很多的饮料外包装上都会标上这样的文字，但是作为面对大众的消费品，更应该注意文字对人的影响。

| 特别提示 |

"更"是程度副词，表示两事物之间的比较，以突出其中一事物的特色。如："姐姐学习好，妹妹学习更好。"

14. 学生成了"中性人"

参加演出的有男人、妇女、大学生、中学生。

读完这句话忽然觉得很好笑：男人、妇女、大学生、中学生，这几个词并列到一块是什么意思？"男人""妇女"是名词，是性别不同的两类人；"大、中学生"也是名词，却是性质不同的两类人。这四个词语是按什么进行并列的呢？如果说是按性别归类，那么"大、中学生"肯定也有男学生、女学生之分，而他们中的每个人当然也是"男人、女人（妇女）"中的一员，因此，"男人、妇女"是包括"大学生、中学生"的。如果按性质、职位等归类，"男人、妇女"又没有明确的表示是属于哪一层次上的，所以不能与"学生"混在一起。仔细琢磨，句子可能是想说"参加演出的人员除了有成年男女外，还有一些大、中学生"。如果是这样，原句不如改成：

参加演出的有男人、女人，其中也有一些大学生、中学生。

这样各名词概念之间的层次就明确了。原句犯了将大小概念、交叉概念相并列的错误，让人误以为大、中学生不在男人、女人之列，成了莫名其妙的"中性人"，岂不是笑话！

|特别提示|

构成并列关系的两个或两个以上的概念一定是按照同一分类方式划分的两种或两种以上的不同事物，它们之间是不能出现交集的。

15. 硕士生和研究生

很多人对我国的学历制度不是很了解，常常出现错误。比如：

现在，唐教授已经为国家培养了数以百计的从事理论化学教学、科研的骨干，50多名硕士生和研究生。

例句中"硕士生和研究生"这两个并列的概念使用不当。"研究生"指的是大学本科毕业（或具有同等学力）后经考试录取，在高等学校或科学研究机关学习、研究的学生，包括硕士生和博士生。所以说例句中将"研究生"与"硕士生"并列使用是不对的。文中的"硕士生和"几字可删除。

|特别提示|

"研究生"不同于"研究员"，后者指的是科学研究机关的高级研究人员。

集合概念误用

16. 公婆张雅晶

公婆张雅晶对她赞不绝口。

"公婆"是指丈夫的父亲和母亲。很多人认为"公婆"是个单一的概念，指的是婆婆，这是错误的。"公婆"是一个集合概念，说的是两个人，也就是指公公和婆婆。因此，例句中的"公婆"属于误用。例句在修改时，可以将"张雅晶"删除，也可以将"公婆"改成"婆婆"。

| 特别提示 |

在某些方言中,"公婆"指夫妻,夫妻两人叫两公婆。

17. 父母均为双职工

江西路小学五年级学生姜鹤,父母均为双职工。

这里的"父母均为双职工"的说法不恰当。"双职工"是针对家庭而言的,通常人们把夫妻两人都是在职职工的家庭称为双职工家庭,把都是在职职工的夫妻称作双职工。可见,"双职工"实际上就包含了夫妻二人。如果相对孩子来说,"双职工"就已包括父母二人。所以,如果孩子的父亲和母亲都是在职职工,可以说"他的父母是双职工",或者直接说"他的父母都是在职职工"。"双职工"实际上即指两个人,可以看作一个集合概念,因此没有"均为""都是"之说。如果按原句"父母均为双职工"去理解,很容易让人产生以下误解:孩子的父母不止一对儿,不然怎能称"均为"?或者仅从句子语法角度分析,可以理解成父亲是双职工,母亲也是双职工,这不是更可笑吗?所以说,句中的"均为"实属多余,应当删掉。

| 特别提示 |

对一些社会用语、专有名词等词语的不正确理解也会使句子产生语法问题,造成句义不明。

18. 有一个子女

何晓已婚,并有一名子女。

"子女"这个词很常见,也很容易用错。"子女"是儿子和女儿的总称,指的是两个或两个以上的人,用"一名"来形容显然是不合适的。不管怎么说,"子女"都不可能是一个人,所以上面的说法是错误的。如果何晓的孩子为男孩，就可以改为"儿子"；如果何晓的孩子为女孩，则可以改为"女儿"；如果何晓有一个男孩和一个女孩，那么就可以改为"一对子女"或"一双子女"；如果无法确定孩子的性别，那么不妨用"孩子"替换"子女"，前面的数词则由孩子的数量而定。

| 特别提示 |

在一个句子中，数量词与后面的名词一定要合理搭配。一般来说，集合概念的前面是不能用数量词修饰的，非集合概念则经常用数量词来修饰。

19. 某词典共收了两万个词汇

某词典共收了两万个词汇。

现在有很多人都喜欢这样说，"某词典共收了多少个词汇"。乍一听，这句话似乎并没有什么问题。但只要仔细揣摩，就会发现其中的问题了。"词汇"是一个集合概念，指的是所有词语的集合，而不是指某一个词语。此外，集合概念也不能用数量词来修饰。所以，"两万个词汇"的表述方式是不正确的。如果希望表示出具体的数目，就可以用"词语"来替代"词汇"。

| 特别提示 |

概念有集合概念和非集合概念之分：集合概念反映的是一类事物的整体，非集合概念反映的是一类事物的个体。要正确地运用数量词，就一定要分清集合概念和非集合概念。

20. 站满了人群

连续几个昼夜，在大桥及其两侧，站满了数千名胸前挂着"靶心"标志的人群……用不着再举例，你已经可以知道南斯拉夫人民是怎样一种人，这种人是怎样一种精神。

例句中的"人群"为集合概念，用"数千名"来修饰显然是不合适的。三五个人是构不成"人群"的，既然称之为"人群"，就一定有一群人，前面的数量词显然是多余的，可以将"数千名"去掉。如果希望保留"数千名"，则可以将"人群"改成"群众"。"群众"虽然也是集合概念，但是在特定的语境中，它也可以表达非集合概念。例句中的"群众"就可以特指那些站在大桥及其两侧的"群众"。除了上面的错误，此句还有一处错误，那就是将集合概念"人民"和非集合概念"人"并用，可以将"人民"改成"人"，让二者统一。

| 特别提示 |

有些词语可以在不同的语境里分别表达集合概念和非集合概念。当其特指某一个或某一部分事物的时候，就可视为非集合概念；当其泛指一类事物的时候，则要视为集合概念。

21. 作为一本经济学书籍

作为一本经济学书籍，这本书并不枯燥，相反它引人入胜。

"一本"指的是特定的一本书，而"书籍"指的是书的总称，是集合概念，因此是不能用"一本"来修饰的。你可以说"众多书籍""大量书籍"，但就是不能说"一本书籍"。可以将书籍改成"著作"，这样就没有问题了。如果你希望保留"书籍"，则可以将原句改成："在众多的经济学书籍之中，这本书并不枯燥，相反它引人入胜。"

有些人可能会认为将"一本"直接去掉比较好，这样"书籍"前面也没有数量词来修饰了。可是如果是这样，前面"书籍"和后面的"书"就会处于同等地位，而集合概念和非集合概念等同显然是不合适的。如果改成上面的形式，意思就完全不同了，这里面的"书"包含于前面的"书籍"之中，二者为从属关系，是符合逻辑的。例句这样的错误时常可见，应该引起人们的注意。

|特别提示|

　　当一个句子中同时出现集合概念和非集合概念的时候,一定要注意处理好二者之间的关系,绝不能让二者等同。

22. 那一排排、一行行、一树树的桃林

　　漫步校园,那一排排、一行行、一树树的桃林让人流连忘返;午餐后还可去自费采摘,那柔软多汁的大桃更让你大快朵颐。

　　"一排排、一行行、一树树"用来形容桃树尚且说得过去,用来形容"桃林"可就说不过去了。"桃林"为集合概念,而"一排排""一行行"和"一树树"均为数量词,用数量词来修饰集合概念显然是不合适的。"桃林"本身就是由"一排排、一行行、一树树"的桃树组成的,那么"一排排、一行行、一树树的桃林"该是什么样子的呢?难道有很多"桃林"吗?这显然是不合逻辑的。可以将原句中的"桃林"改成"桃树",这样就没有问题了。

|特别提示|

　　当句子中出现数量词修饰集合概念的错误时,只要将集合概念转换成非集合概念,就不会存在逻辑错误了。

23. 要把好大专、院校的收费关

　　招生期间,有关部门一定要把好大专、院校的收费关。

　　"大专院校"是一个集合概念,表达的是一个完整的意思,是不能断开的。如果将其从中间断开,那么给人的感觉就是"大专"和"院校"两者之间的关系是并列的,这显然是不合逻辑的。"大专院校"是一个约定俗成的词语,如果强行拆分就会使其失去原有的意思,容易给读者造成理解上的困难。如果没有前面的"大专"加以限制,你知道"院校"具体指什么吗?可以将

原句中的顿号去掉，让"大专院校"作为一个整体出现，这样就符合逻辑了。

| 特别提示 |

集合概念的内部结构是非常紧密的，所以其各词素之间绝不能用顿号断开，如上面的"大专院校"只能是一个整体，"大专、院校"或"大专院、校"的表述方式都是不正确的。

数量表述不准确

24. 百旬老妇驾车 70 余年零事故

百旬老妇驾车 70 余年没出过事故

看到这儿，相信很多人都会异常惊讶。有一定常识的人都知道，"旬"是用来表示时间的，每个月都可以分为上、中、下三"旬"，也就是每十日为一旬。如果用来表示年龄，则十岁为一旬。我们常常说某某人"年过七旬"，其意思就是说这个人已经70多岁了。照这样算来，"百旬"就应该是 100 个 10 岁，也就是 1000 岁，难道这个老妇活了 1000 岁吗？这显然是不可能的。古往今来，还从没有人能活到这个岁数，显然，这是拟题者犯的一个常识性错误，没有搞清楚"旬"的真正含义。可以将原句中的"百旬"改成"百岁"，这样就没问题。

| 特别提示 |

在表述数量的时候，一定要做到准确无误，否则就很容易闹出笑话。对于自己不了解的词语，一定要弄清楚再用，千万不要胡乱使用。

25. 50 至 60 元上下

像西南部的世界公园、北四环附近的中华民族园……门票均在 50 至 60 元上下。

"50 至 60 元",指的是一个票价段,也就是票价应该在"50 元"和"60 元"之间,不可能少于"50 元",也不可能多于"60 元"。"上下"表示数量的时候,则有多一些或少一些的意思。比如说"50 元上下",就是可能比 50 元多一些,也可能比 50 元少一些,但多和少的幅度都不能太大。本句中的"50 至 60 元"本身的幅度就很大,而且还是一个不确定的数字,又有什么"上下"可言呢?这样的错误时常出现,应该引起写作者的注意。

此外,如果在后面加了"上下",那么是"50 元上下"还是"60 元上下"呢?不管是哪一个,都与原句的意思不符。这样的表示方式是有问题的,可以将"上下"改成"之间",就没有问题了。

| 特别提示 |

"上下"只能用在某个确定的数量词后面,而且不能表示过大的范围。

26. 至少 5 万元以上的精神赔偿

消费者一旦被认定受到经营者的精神损害,经营者将支付至少 5 万元以上的精神赔偿。

"至少 5 万元"意味着 5 万元为最小的限度,"5 万元以上"意味着以 5 万元为起点,两者的意思是完全相同的。而例句却将两个句子糅合到了一起,"至少 5 万元以上"意味着什么呢?"5 万元以上"的数目有很多,究竟该以哪一个为最小限度呢?这显然是不得而知的。所以说,这样的表达方式是有问题的。可以将"至少 5 万元以上"改成"至少 5 万元"或者"5 万元以上",这样就没有问题了。

| 特别提示 |

"至少"的后面一定要接具体的数量,"以上"的前面也应该

是确切的数量,否则就无法确定最小限度,句子本身也就失去了实际的意义。

27. 不到 5 万人左右

现场的球迷人数大概不到 5 万人左右。

"左右"与"上下"的意思想近,都有略多于或略少于的意思。"5 万人左右"的意思就是可能多于 5 万人,也可能不到 5 万人。原句中"不到 5 万人左右"的说法显然是有问题的,既然"左右"都已经包含了不到 5 万人的意思,那么为什么还要在前面加上"不到"呢?这不是多此一举吗?如果只是想表达不到 5 万人的意思,那么又何必在后面加上"左右"呢?这样的表述,很容易让读者迷惑。所以,"不到"和"左右"是不能同时存在的,必须要去掉其中的一个。

| 特别提示 |

左右与上下相似,都必须用在确切的数量后面。不到的后面也必须接具体的数量,否则就无法清楚地表达句义。

28. 将近三个多小时

我们的节目已经进行了将近三个多小时。

"将近"的意思是快要达到,但还没有达到;"多"则是说已经超过了。句中所说的"将近三个多小时",究竟是什么意思呢?是不到三个小时,还是已经超过三个小时呢?同时用了"将近"和"多",这不是自相矛盾吗?如果要表达的意思是还不到三个小时,那就将原句改成"将近三个小时"。如果要表达的意思是已经超过了三个小时,那就将原句改成"三个多小时"。总之,千万不能同时出现"将近"和"多"两个词语。

|特别提示|

在一个句子中,表达意思相反的两个词语是不能用来修饰同一个数量词的,可根据需要只保留一个。当然,表达意思相同的两个词语也不能修饰同一个数量词,但由于两个词语意思相同,所以随便保留其中的一个就可以了。

29. 两个"王中王"

《"国家德比"聚焦山东,两个王中王今晚看谁强》

这是一篇网络体育新闻报道的标题。乍一看标题,好像挺有新意,一场激烈的比赛即将展开,连标题都带有挑战的意味,怎能不激动人心?但仔细一琢磨,"两个王中王"是什么意思?"王"即强者,"王中王"就是强者中最强的人,既然"最"字当头,岂有并列之理?"最"有第一名的意思,那么"王中王"当然也是位居榜首了,再没有人敢超过这个"王",因此说"王中王"只能是一个人。

其实,这里的"两个王中王"的本意是两个实力相当的参赛队进行挑战。之所以称为"两个",是指两队各自在其他比赛中获得冠军而分别享有"王中王"的称号。然而,文章标题只用"两个'王中王'"表示,难免令读者产生疑问。文章标题在量词的使用上出现问题,容易使标题表意不明,更容易造成读者的误解。

|特别提示|

在使用词语时,要注意前后搭配的正确性,一般来说,"最好""最著名"等表示最高程度的词语前面不能用"两个"或"两个"以上的数量词来修饰。

30. 将近十余年

不逢北国之秋,已将近十余年了。

在这句话中,"将近十余年"的说法是不正确的。"将近"意思为将要达到,指数量上快要接近,如"将近傍晚""中国有将近四千年的有文字可考的历史"。"余"一般指大数或度量单位等后面的零头部分,常说成"多",如"五百余斤"可说成"五百多斤"。无论是"将近"还是"余",与其配合使用的数字必须是确定的。如用"将近",即表示快要达到这个数字,实际上还未达到;如用"余",则表示超过了这个数字。

以上述句子为例,"将近十年"是说不到十年,而"十余年"是指超过了十年。由此可见,"将近"和"余"所表示的数量范围是不同的。因此二者不能同时使用,只能选择其一,要么说"将近"十年,要么说"十余年"。而像例句说的"将近十余年",把二者融合到一起,到底是不到十年呢,还是比十年多呢?让人糊涂。这样使用的情况很常见,在写作的时候要加以注意。

| 特别提示 |

两个意思相反的表达方式是不能在一起混用的,如"不到十多年""将近二十余年"等,这些都是错误的表达方法。

31. 最……之一

珠穆朗玛峰是世界上最高的山峰之一。

无论是报刊还是媒体,有一种句式经常出现,就是"最……之一"。这个结构是存在语法问题的,然而却常常被我们所忽视。"最"有第一位、第一名之义,当句子中出现"最"字时,就表示句中所描述的事物是无所企及的。因此,"最"简单来说就是独一无二。

但是,在"最"字后面又加了个"之一",就让人糊涂了。出现了"之一",就意味着"最"也有很多并列者。"最好""最高"就已经达到顶峰了,那么"最好……之一""最高……之一"应该是什么程度?言外之意就是好的(高的)还有很多,既然这样,又怎敢称"最"?因此,"最……之一"的结构是不成立的。

我们都知道,世界上最高的山峰就是珠穆朗玛峰,再也没有跟它具有相同高度的山峰了,因此这里的"最"是确确实实的独一无二,而句子后面的"之一"就是多余的了,应该删掉。

| 特别提示 |

"最"指仅有的,代表事物的本身;"之一"指事物群体中的一个。二者各自表示的程度和范围不同,因此不能同时并用。这样的词组搭配是不符合事实逻辑的。

32. 整整高出 100 多米

某电视栏目专门介绍西部地区的地理风貌等内容。有一次,外景主持人从拉萨出发,一路向林芝地区行进,其间介绍途径地区的主要地理环境。其中有一个地方的海拔是3721米,拉萨的海拔高度是3659米。在比较两者的海拔高度时,主持人说了一句:

整整高出了100多米!

这怎么可能呢?小学生也会计算,3659与3721相差62,也就是说,海拔从3659米到3721米仅高出了62米,不到100米,更不要说"100多米"。另外,"整整"一词用得不合适。"整整"由"整"重叠而成,意思等同于"整",只是在表达语气上比"整"要强烈一些。"整整"用在整数的前面,指数目刚好达到这个"整数"。而"100多米"是个概数,是不确定的数目。因此,用"整整"修饰"100多米"显然说不通。可将句子改成"高出了60多米"或"整整高出了62米",这样语言就比较严密了。

| 特别提示 |

"整"本指完整、没有剩余或残缺,如"整天""一年整""化整为零""十二点整"等。"整整"其义与"整"相通,如"整整干了一个星期""整整待了一天"。

第七篇 逻辑错误 / 751

33. 低三十倍左右

1991年1月22日,某报刊登了一条消息《恐龙灭绝的"元凶"竟是镁元素》,文中写道:

结果发现,恐龙蛋壳的微量元素镁比现代"阴蛋"低十倍,比正常蛋壳低三十倍左右。

读了这则消息,人们不禁要问:低十倍是多少?低三十倍左右又是多少?这里用倍数表示数量低是不正确的。经常有人犯这样的错误,在写作中要多注意。

在数量短语增减表示法中,一般用"高""多""增加"与"倍"连用,即某某比某某高(多)多少倍,不能说"低""少"或"减少"多少倍。"倍"是指在原有数目的基础上再增加与原有数目等同的份数,如"高一倍"就表示是原来的二倍。如果用倍数表示低多少,按此推理,"低一倍"就表示低的数目和原来数目相等,也就是等于零。"低一倍"就已经是零了,那么"低十倍""低三十倍"又是什么概念呢?正确的表示低或少到什么程度,应该用"百分之几"或"几分之几"来表示,即"是原来的几分之一"或"少百分之几"。因此,例句可以将"低十倍"改成"1/10",将"低三十倍"改成"1/30"。

| 特别提示 |

比原来多多少用"倍"表示,有百分之百之义,一般与整数连用;比原来少多少用百分数或分数表示,在程度上没有达到百分之百。

34. 糊涂的"翻番"

某报曾刊登了一篇题为《中国官员零距离目击美国大选》的报道,其中有一段话里面的几个数字很是叫人糊涂。文章是这样说的:

亚特兰大市接邻的格温莱特县，是一个 70 万人口的"大县"。格温莱特县在 20 世纪 70 年代才 7 万人，而今翻了十番。

读到这里，我们不禁感到迷惑：从 7 万到 70 万，是翻了 10 番吗？显然是不对的，这里作者是把"翻番"与"倍数"搞混了。"翻番"是指数量上的加倍。以 7 万为例，翻一番是 14，翻两番就是在 14 的基础上翻一番，所以应是 28，同理，翻三番就是 56，依次类推。这样计算，7 万翻十番不可能是 70 万，肯定要比 70 万多得多。作者把 7 万翻十番算成 70 万，是计算的"倍数"，不是"翻番"。7 的 2 倍是 14，3 倍是 21，4 倍是 28，依次计算，7 的 10 倍是 70。因此，上述句中的格温莱特县从 7 万人增加到 70 万人，不是"翻了十番"，而应该说成"增加了 9 倍"或"是那时的 10 倍"。很多人容易将"番"和"倍"相混淆，写作中更注意语言的严谨。

| 特别提示 |

增加一倍，就是增加 100%；翻一番，也是增加 100%。除了一倍与一番相同外，两倍与两番以上的数字含义就不同了，而且数字越大，差距越大。"番"是按几何级数计算的，"倍"是按算术级数计算的。

35. 平均文化程度大专以上

此次比赛选手平均年龄 19 岁，平均身高 1.68 米，平均文化程度大专以上。

"平均"的意思是将总数按份儿均匀计算，比如说平均年龄、平均身高等。将所有比赛选手的年龄相加，再除以参加比赛的总人数，得到的就是选手的"平均年龄"；将所有比赛选手的身高相加，再除以参加比赛的总人数，得到的就是选手的"平均身高"。"平均年龄"和"平均身高"都很容易计算，那么"平均文化程度"呢？该如何计算呢？难道文化程度也能相加相除吗？这显然是不太现实的。凡是不能进行精确计算的，就没有平均数，如文化程度、表达能力等。所以，"平均文化程度大专以上"的说法是不符合规范的，可以改为"大多数人的文化程度都达到了大专水平"。例句这样的错误经常可以在报纸杂志上看到，因此更应该引起大家的注意。

| 特别提示 |

平均数是一个确切的数字，而不能是个约数。

36."半个整版"是多少

该报在2001年4月19日以半个整版的篇幅发表了一篇署名黑马的长文。

这里的"半个整版"的说法令人不解，到底是半个还是整个呢？通常情况下，一张报纸分两页，每页前后为两个版面，一张报纸共4版。作者的"半个整版"想要表达的意思可能是用一张报纸其中一页的半个版面来登载文章，也就是说文章的大小正好占了一个版的1/2。那么，半个版面直接说"半版"即可，如果是"整版"，前面就不要再加"半个"二字了。同一事物既用"半"又用"整"，到底要表达什么就很难表示清楚。再说"半"和"整"同时指一个事物也是说不通的。因此，"半版"和"整版"二者只能选择一个。根据作者的原意，应该选择"半版"。

| 特别提示 |

一个"整"可以分为两个"半"，也就是说，"半"为"整"的一部分。一个事物，要么是"整"，要么是"半"，绝不可能既是"整"，又是"半"。

37. "45个"和"第45个"

45个秋天呵，正是中国电视第45个华诞。

这句话听起来有点别扭，"45个秋天"怎么成了"第45个华诞"呢？前者是基数词，后者是序数词，基数词怎能与序数词对等呢？仔细分析句子，作者可能是想说，走过了45个秋天，迎来了中国电视的第45个华诞。然而，句中并没有流露出"走过"的意思，这就给人一种感觉："45个秋天"共同组成了一个"华诞"，华诞的顺序排到了第45位，这不是很可笑吗？在实际写作中，常常有人将序数词和基数词弄混，应该多加注意。

"华诞"意指生日，敬辞，与"诞辰""寿诞"的意思相同，多用于书面语或公文中。因此，"华诞"只能是出现在某一年，这一年当中的某一天是这个华诞的纪念日，用序数词记录。句中"第45个华诞"用法是正确的。但这是个主谓句，中间用"是"加以连接，"45个秋天是……第45个华诞"，显然不合逻辑，句子的语法结构也十分混乱。

| 特别提示 |

基数词表示数量，序数词表示次第。基数词除了"1"之外，其余的都表示多个数目，而序数词只是众多数目中的一个，二者的范围不同，用法当然也不同。

38. 24平方米的特大型屏幕

法国足球世界杯开幕之前，某电视台体育节目主持人与驻法国特派记者通电话。记者报道说：

巴黎街上树立起一块24平方米的特大型屏幕。
随后主持人问："24平方米？"记者又进一步补充："就是高24米，宽24米。"

这里记者把屏幕的面积搞错了，"高24米，宽24米"的屏幕的面积应该是 576 平方米，而不是 24 平方米。在日常生活中，表示平面面积一般采用"长×宽"或"宽×高"的形式，最常用的是表示家用电器的尺寸。如标准 21 寸电视机是 40.6cm（长）×30.5cm（宽）的，29 寸电视机是 54.1cm（长）×40.6cm（宽）的。上述的特大型屏幕的宽和高都是 24 米，换算为面积应该是 24 米×24 米。因此，记者在报道屏幕面积时可以直接说是"24 米×24 米"，又因为屏幕的宽和高均等，还可说成"24 米见方"。如果真是 24 平方米的话，不过才"4 米×6 米"，不算是特大型屏幕。

| 特别提示 |

平方米是个面积单位。1 平方米的大小等于边长为 1 米的正方形的面积。除了平方米以外，平方千米、平方分米、平方厘米等都是表示面积的单位，要采用"长×宽"或"宽×高"的方式计算出面积。注意要与表示长度单位的千米、米、分米、厘米等区分开来。

39. 贝加尔湖有多大？

2004 年 7 月 26 日，某报上刊登了一篇科普文章，题目叫作《美丽神秘的贝加尔湖》。科普文章讲求知识性、科学性和准确性，但这篇文章在介绍贝加尔湖时竟出现了两处错误。

第一个错处是文章在介绍贝加尔湖的湖长时，竟这样写道：

湖水 636 公里。

"湖水"怎能用长度单位来表示？"636 公里的湖水"究竟是多大？其实，"636 公里"应该是"湖"的长度，而不是"湖水"的长度。

第二个错处是文章在介绍贝加尔湖的总蓄水量时，把单位弄错了。文中这样写道：

贝加尔湖的总蓄水量 23600 立方米，相当于北美洲五大湖蓄水量的总和,够 50 亿人用半个世纪。"

"23600 立方米"是个什么概念呢?拿身边最熟悉的事物游泳池来比较,一个标准的游泳池蓄水量大约在 3000 立方米,23600 立方米算起来应该是 8 个游泳池的蓄水量,准确地说不到 8 个游泳池。可是文中却说"相当于北美洲五大湖蓄水量的总和,而且够 50 亿人用半个世纪",实在是太夸张了。查阅资料可知,正确的应该是 23600 立方千米。1 立方千米等于 10 亿立方米,23600 立方千米当然足够 50 亿人用半个世纪了。"立方千米"变成了"立方米",可谓是差之毫厘,谬之千里。

| 特别提示 |

在写数量词的时候一定要认真仔细,因为有时候一个字的差别就会导致很大的错误。譬如把"平方千米"写成"平方米",把"千克"写成"克",差的就不仅是一点点。

40. 秦始皇陵(前 247 ~ 210 年)

秦始皇陵位于西安临潼城东的骊山北麓,在皇陵大门的左侧矗立着一块石碑,上面刻有"秦始皇陵"几个大字。在石碑的背面刻有介绍秦始皇陵的简要文字说明。文字的开头是这样写的:

秦始皇陵(前 247 ~ 210 年),是秦始皇帝嬴政的陵墓。(注:"嬴政"应写作"嬴政")

括号里的年代注释很让人不解,一般来说,括号里的注释是对前一部分的说明,但这个注释是有问题的。"前 247 ~ 210 年"让人理解为该是公元前 247 年至公元 210 年,这段时间前后共 457 年,这简直是横跨秦汉两个朝代了,怎么可能只指秦朝呢?因此可推算,"210 年"的前面漏掉了一个"前"字,应该是"公元前 210"年。

其次,这个注释标在"秦始皇陵"之后,是说明秦始皇陵存世的时间，但显然是错误的，因为今天我们还能看到秦始皇陵，它并没有在"公元前210年"消失。后经考察，原来这个注释是说明秦始皇陵建造的时间。史书记载，秦始皇陵是在公元前247年开始建造，公元前210年完工，前后共用了37年。可是，文字只用了这样一个注释，不但没起到解释说明的作用，反而更让人糊涂了。

| 特别提示 |

括注一般是对括号前的内容进一步的解释和说明，因此括注内的文字必须准确、完整、无误，不能存在产生歧义和表意不明的现象，否则将违背括注的一般体例。

偷换概念

41. 两个读书，意义不同

阅读序跋，除了要注意读书的一般方法之外，特别要注意与读书相结合。

这里面提到了两个"读书"，但是仔细揣摩，前后两个"读书"的意思却是不同的。第一个"读书"指的就是普遍意义上的阅读，第二个"读书"则是特指阅读有"序""跋"的某本书。由于前后两个"读书"的意思是不同的，所以就很容易产生歧义，给读者造成理解上的困难。为了将句义表达清楚，可以将后一个"读书"改成"阅读本书"。这样一来，句子的意思就清楚了。前面的"读书"和后面的"阅读本书"都明确地表达了各自的意思，避免了歧义的产生。

| 特别提示 |

当一个句子中出现两个相同的概念时，如果两个概念所表达的意思不一致，那就是被偷换了概念，很容易造成文不对题、前

后矛盾，使读者误解，因此在写作的过程中一定要注意避免。

42. 三个"雪莲"，两个意思

另一种奇珍异品是雪莲。如果你从山脚往上爬，超越天山雪线以上，就可以看见青凛凛的雪的寒光中挺立着一朵朵玉琢似的雪莲，这习惯于生长在奇寒环境中的雪莲，根部扎入岩隙间，汲取着雪水，承受着雪光，柔静多姿，洁白晶莹。

这里面提到了三个"雪莲"，但这三个"雪莲"的意思却不是完全相同的。第一个"雪莲"指的显然是雪莲这种草本植物；第二个"雪莲"就不一样了，其前面的定语为"一朵朵玉琢似的"，这样的定语显然是不能用来修饰草本植物的，而应该是修饰雪莲花的，所以第二个"雪莲"应该指的是雪莲花；第三个"雪莲"为"生长在奇寒环境中的"，又变回了雪莲这种草本植物。也就是说，在一个句子中，三个"雪莲"所指的意思并没有保持一致，而是发生了两次转变。这就很容易使读者糊涂，这里的"雪莲"究竟是指草本植物，还是指"雪莲花"呢？可以将原句中的第二个"雪莲"改成"雪莲花"，这样就没有问题了。

| 特别提示 |

"雪莲"指的就是一种草本植物，而"雪莲花"则特指这种草本植物的花，两者是不能等同的，在使用时一定要区别开来，千万不要混淆。

43. 思想政治课等于政治素质？

在一场题为"当今社会，对个人而言，是思想政治素质重要，还是文化素质重要"的辩论会中，正反双方有这样一段辩词：

反方：我想问，我们都要参加高考了，你说是思想政治课的分值高，还是其他科目的分值高呢？

正方：难道说思想政治课就等于政治素质吗？

辩题中的内容是"思想政治素质"，但是反方却将其等同于"思想政治课的分值"，这显然是犯了偷换概念的错误。"素质"和"分值"怎么能够等同呢？难道高分就等于高素质吗？当然不是。事实上，高分低素质和低分高素质的人很多。为什么现在要大力提倡素质教育？就是因为人们认识到了应试教育的弊端，盲目追求高分对于提高个人的素质是没有益处的。所以说，"思想政治课"与"政治素质"根本就是两回事，是不能混淆的。

| 特别提示 |

只有弄清各概念的真正含义，才不至于犯偷换概念的错误。

44. 你也在讲话

一家电影院正在放电影，观众席上有几个人高声说话，旁边的一位观众劝他们说："请你们不要讲话，好吗？"其中一个小伙子倒打一耙说："嘿嘿，你现在不也在讲话吗？"

这里面提到了两个"讲话"，但两个"讲话"的意思明显是不同的。第一个"讲话"指的是在公共场所大声喧哗，是一种违背社会道德的行为；第二个"讲话"是制止大声喧哗的讲话，是正义之声。后面的小伙子当然知道旁边的观众所说的"讲话"是指"大声喧哗"，但他却故意偷换概念，将两个"讲话"混为一谈，为自己的不道德行为狡辩。偷换概念通常都是为了达到某种目的而故意混淆是非，强词夺理。

| 特别提示 |

大多数人偷换概念都是因为缺少逻辑训练，无意中偷换了概念，但也有一些人是故意偷换概念，以达到自己的某种目的。

时间先后矛盾

45. 临终前后

爷爷临终前后，嘱咐爸爸把老家的宅子卖掉，然后搬到城里去住。

"临终"，指的是人将要死亡的那段时间，是一个不确定的时间，而前后则只能用来形容一个具体时间的前一段时间和后一段时间，所以这里说"临终前后"是不合适的。"临终"本来指的就是一段不确定的时间，又怎么来划分前后呢？所以说，"临终"和"前后"这两个词是不能同时出现的，必须将其中的一个去掉。但句子所表现的显然是"爷爷"去世之前的事情，所以只能用临终前而不能用临终后。可以将例句改成"爷爷临终时"或者"爷爷去世之前"。

| 特别提示 |

临终，指的是死亡之前；临终前后，指的是死亡之前和死亡之后。两者同时使用，就会造成时间的先后矛盾，所以是不能说"临终前后"的。

46. 自古依然

风花雪月，自古依然，祖先的青春刻在竹板上；爱情如新，爱情复来，圣贤也挡不住风流的情怀。

这首歌的旋律虽然很优美，但是仔细品味歌词，却让人有些茫然。"自古依然"是什么意思呢？"自古"是从古时候一直到现在，意思是说从古至今事物都是像现在这样的；"依然"是依旧的意思，说的是现在的事物和过去的一样，没有发生变化。这两个词语看似相同，但存在时间上的先后关系，一个说的是过去和现在一样，另一个说的是现在和过去一样。如果将二者混用，那么究竟说的是现在和过去一样，还是过去和现在一样呢？这让读者很是糊涂。所以，在叙述的时候，只能保留一个，要么保留"自古"，要么保留"依然"，将二者并用是不合逻辑的。

| 特别提示 |

事件的发生可能是同时的，也可能是先后发生的，如果存在时间上的先后次序，就一定要遵守这个次序，不能出现时间先后矛盾的现象。

47. 海浪真的翻滚了

有这样一则幽默故事：

一对新婚的夫妻去海边度蜜月。在海滨散步的时候，新郎一时兴起，对着波涛翻滚的大海吟咏起拜伦的名句："翻滚吧，你这深邃而碧绿的海洋，翻吧！"新娘凝望着大海，然后转过身来对丈夫说："你真有本事，看，海浪真的翻起来了。"

海浪真的翻起来了吗？是的，海浪确实翻起来了，但那是因为新郎的吟咏才翻起来的吗？当然不是。新娘对丈夫无限爱慕，所以她才会把海浪的翻滚与丈夫的吟咏联系在一起。但实际上，海浪的翻滚是先于丈夫的吟咏的，也就是先有海浪的翻滚，然后才有丈夫的吟咏，而新娘却忽视了时间的先后顺序，把海浪翻滚视为丈夫吟咏的结果，这显然是不合逻辑的。把先发生的事情看成是后发生的事情的结果，这不是很可笑吗？

| 特别提示 |

叙述事情应该符合客观实际，不能前后颠倒，否则就是不合理的。

48. 泪流满面的老者生前与死者是什么关系

有一篇标题为《亡灵的"初恋情人"》的文章,文章讲述了一位六十来岁的老妇人的葬礼,在主持人宣读悼词的时候,有一位头发花白的老先生显得很不一样,他泪流满面,很是伤心,这使周围的人都用异样的眼光看着他。接下来,文中出现了这样一句话:

谁也不知道这位陌生人生前与死者究竟是什么关系。

这样的叙述让人很是不解,死者明明是"老妇人",为什么要说"这位陌生人生前"呢?我们都知道,"生前"是指死去的人活着的时候,只能用来描述死者,而不能用来描述活着的人。这位老先生显然是活着的,所以绝不能把"生前"用在他的身上。可以将原句中的"生前"移到"死者"的后面。

| 特别提示 |

有些词语只能用来形容特定的人或事物,这样的词语是绝对不能乱用的,否则就会闹出笑话,甚至给自己惹来麻烦。

49. 年轻时的近照

2006年某篇报道中有这样的话:

杨沫年轻时的近照

"年轻"确实是年轻,但"近照"用的不是地方。何谓"近照"?"近"指空间或时间距离相隔较短,跟"远"相对。"近照"就是最近拍摄的照片。这个"最近"期限不能太长,有近期、现在、当年之义。可从照片上杨沫的形象来看,这张照片很明显是过去拍的。查阅杨沫简介资料可知,杨沫出生于1914年,根据推测,照片拍摄时间大概是20世纪30年代。20世纪30年代与现在相隔了70多年,70多年前的照片怎能称之为"近照"?所以,"年轻时的近照"是不合逻辑的。"年轻时"本身带有过去之

第七篇 逻辑错误 / 763

义，含有时光流逝的意味，而"近照"指的是近期、当年，"年轻时的近照"的说法是前后矛盾的，在语法上这个短语结构也是行不通的。例句可以将"近"改成"旧"，或者干脆去掉"近"字，这样就没有问题了。

| 特别提示 |

出现在一个短语中的两个或两个以上的修饰词一定不能出现矛盾。

50. 日前仍在修复中

保钓联合会网站遭遇黑客攻击，日前仍在修复中。

例句的意思是说"保钓联合会的网站"正在"修复"，也就是说，到目前还没有修好。可是用了一个"日前"，就让人有些摸不着头脑了。"日前"的意思是几天前，如果是几天前在修复，那么现在到底有没有修好呢？而且原句中出现了"在……中"的句式，这表明事情仍在进行中，将其与"日前"连用又是什么意思呢？一个是过去的时间，一个是现在的时间，将两者混杂在一起，必然导致时间先后矛盾，让读者不知所云。所以，两者必须去掉一个，将时间统一。但根据例句的原意，应该将"日前"改成"目前"。

| 特别提示 |

"日前"和"目前"虽然仅有一字之别，但是所表达的意思却是完全不同的。"日前"表示过去，"目前"表示现在，两者存在时间上的先后关系，在使用时一定要注意区分。

51. 包拯府中悬挂陆游诗句的条幅

包拯在河东节度使的府中与节度使叙谈，在节度使府的墙壁上，挂着一轴诗文条幅，上面写着："山重水复疑无路，柳暗花明

764 /中国人容易犯的1500个语言错误

又一村。"

例句的错误出在两个历史人物的先后顺序上。我们知道,"山重水复疑无路,柳暗花明又一村"是著名的爱国诗人陆游所做的《过山西村》中的名句,而包拯则是有名的"包青天",是贤臣。包拯既然能看到陆游的诗句,那就说明陆游一定生于包拯之前,至少他们也要有处于同一朝代的交集,否则包拯就不可能看到陆游的诗。

但事实呢?包拯生于999年,死于1062年,是北宋的名臣;而陆游则生于1125年,死于1210年,是南宋的诗人。由此可见,两者根本就不处于同一朝代,没有任何交集,而且在包拯死后的六十多年,陆游才刚刚出生,试问已经死去的包拯又怎么可能看到陆游的诗呢?这显然是不合逻辑的。

| 特别提示 |

在涉及历史人物的创作中,一定要弄清人物的历史年代、生卒时间,否则就会出现前人吟咏后人之诗的笑话。

52. 松赞干布吟诵晚唐诗人的诗句

在影片《松赞干布》中,有这样一镜头:

松赞干布横刀跃马,仰天长叹道:"凭君莫话封侯事,一将功成万骨枯。"

松赞干布是西藏历史上著名的赞普,他实现了西藏的统一,建立了吐蕃王朝,并与当时的唐朝联姻,大大促进了西藏的发展。文成公主与松赞干布的故事相信大家都很清楚,松赞干布派使者赴唐求婚,唐太宗为了与吐蕃结好,求得西部边境的安宁,就将文成公主许配给了他。确切地说,文成公主进藏的时间是641年。而在影片中松赞干布所吟诵的两句诗又出于何处呢?这两句诗出于晚唐诗人曹松的《己亥岁》,比文成公主进藏的时间晚了200多年，试问松赞干布又怎能吟诵200多年后的诗句呢？这显然是不合逻辑的。

| 特别提示 |

在历史题材的文艺作品中，经常要引用前人的名句或历史事实，统称为用典。用典不能乱用，只能是后人引用前人的典故，绝不能相反，否则就会使作品的真实性大打折扣。

53. 明代小说《中山狼传》引用"毛宝放龟"的典故

明代马中锡的小说《中山狼传》中有这样一句话：

昔毛宝放龟而得渡，隋侯救蛇而获珠，龟蛇固弗灵于狼也。

小说写的是东郭先生和狼的故事，狼请求东郭先生救自己，引用"毛宝放龟"的典故，是为了劝说东郭先生。"毛宝放龟"的故事出自《搜神后记》，说的是晋时的豫州刺史毛宝曾经将一只小白龟放入江中，后来毛宝兵败，跳入江中，幸得小白龟相助而活命的故事。从故事本身来看，以"毛宝放龟"来规劝东郭先生救狼是再合适不过了，意思是将来狼也会回报东郭先生。可是从时间的角度来看，这里的用典就是不恰当的。小说中的故事发生在春秋时期，而"毛宝放龟"的故事却发生在晋代，有一定历史基础的人都知道，春秋在晋代之前，前人怎能引用后人的典故呢？这显然是不合适的。

| 特别提示 |

大多数人在用典时往往只注重内容，这样虽然可以使作者的才情得以表现，但是常常因忽略时间的先后顺序，出现逻辑上的错误。

54. 楚怀王的妃子说自己是"半老徐娘"

她（楚怀王的宠妃郑袖）站在一面巨大的铜镜面前，反反复复地端详着自己。不自信又自信,自信又不自信地叹道:"不觉已是半老徐娘了,真是光阴似箭啊。"

"半老徐娘",指的是那些年老但风韵犹存的妇女。用"半老徐娘"来形容年老的郑袖,从意思上看并没有什么问题。但是这里有一个出处的问题,今天的人当然可以毫无顾忌地用,因为这个词早就已经存在了,不过文章中的郑袖生活在楚国,当时是不是也有"半老徐娘"这个词呢?答案是否定的。"半老徐娘"出自《南史》,说的是南朝梁元帝的妃子徐昭佩的故事。徐昭佩年轻的时候是一个光芒四射的美女,中年的她虽然已不如从前,但风韵犹存。由于脾气怪异,梁元帝逐渐疏远了她,她在独守空房的情况下,就开始在外面找情夫。当她已经是一个中年妇女的时候,结识了朝中的美男子暨季江,暨季江说:"柏直狗虽老犹能猎,萧溧阳马虽老犹骏,徐娘虽老犹尚多情。"这就是"半老徐娘"的出处。郑袖生活的战国时期要比徐昭佩生活的南北朝时期早700多年,郑袖又怎么可能说出"半老徐娘"的话来呢?这显然是很荒唐的。

| 特别提示 |

有人误以为"半老徐娘"可以用来形容所有年老的妇女,其实不然,它只能形容那些年老却风韵犹存的妇女,那些年老而风韵不再的妇女是不能用"半老徐娘"来形容的。

55. 秦始皇说臣子:"你是醉翁之意不在酒啊!"

在电视连续剧《秦始皇》中,秦始皇对臣子说了这样一句话:

你是醉翁之意不在酒啊!

"醉翁之意不在酒",这是北宋著名的文学家欧阳修《醉翁亭记》中的名句,作为中国第一代皇帝的秦始皇是如何得知的?秦始皇生活的秦代与欧阳修生活的北宋相距1000多年,秦始皇怎么可能说出1000多年后的名句呢？前人引用后人之典故的情况在影视作品中经常可以见到，有些古人甚至会说现代人的话。当然，要完全按照古代的表达方式去拍摄是有一定难度的，而且现代的观众也很难理解，所以影视作品更注重的是思想内涵的表达，只要将人物及历史背景真实地呈现出来，时间上的矛盾并不重要。对于一般的观众来说，这样的表达方式是很容易接受的，但对于某些专家学者来说，就不会太舒服了。总之，如果可以避免，就一定要尽量避免时间的颠倒，这样也可以更具真实性。

| 特别提示 |

对于名言名句，我们一定要了解它的出处和背景，这样才不至于用错。

56. 历史从清延续到宋？

某报摄影专栏中曾刊登了几幅同里的照片。照片上方是标题"小桥流水看同里"，照片下方配有文字说明。其中一幅照片的文字说明这样写道：

在同里，49座风格迥异的石桥历史可从清延续到宋。

不知作者是笔误的原因还是对历史不熟悉，竟然能说出"历史可从清延续到宋"的话来，让"清"跳到"宋"的前面去了，时光岂能倒转？众所周知，历史上先有宋、后有清，清朝是我国历史上最后一个封建王朝，清怎能向宋延续？"延续"一词的意思是按照原来的样子持续下去，宋朝要按照清朝的样子延续，这不是笑话吗？因此，句中的"延续"使用不当，应改成"上溯"。"上溯"指"从现在往上推算"，句子的意思是想说明石桥历史可从清代开始往上推算直到宋代，因此，"上溯"符合文义。时间上从前向后称"延续"，从后到前称"上溯"，让后世延续到前代，岂不是犯了颠倒历史逻辑性的错误！

| 特别提示 |

基本的历史常识是每个人都应该掌握的,这是避免犯常识性错误的最好办法。

57. "当时""现在"有点晕

"当时"与"现在"是我们语言表达中最常用的两个词。"现在",就是当前、眼下之义;"当时",就表示事情已经发生过了,而发生过的事在进行的时候就可称为"当时"。然而,要用"现在"的思维角度来讲述"当时"的事情,思路不清就会发生混淆。

原来大郗"下台"后,曾去日本讲学,当时,已故的国际乒联主席荻村先生请他留在日本的会馆里教球。

句子中用了一个"当时",说明事情是发生在过去的,而后句中的"已故",又表明作者是站在"现在"的角度在讲述过去的事情。这其中就出现了一个逻辑错误。原句中"当时,已故的国际乒联主席荻村先生",意思就是说在那个时候国际乒联主席荻村先生就已故了,但是又怎能有"请他留在日本的会馆里教球"这一活动?显然,作者是站在"过去"的角度说"当时",又站在"现在"的角度说"已故"。对于"现在"来说,国际乒联主席荻村先生是"已故"了,但对于"当时"来讲,荻村先生是健在的。作者想要站在"现在"写"当时",就应该按照当时真实的情况去写,所以应该将"已故"改成"健在"。这样,无论从"当时"角度还是"现在"角度来看,文章都符合逻辑。

| 特别提示 |

在转述历史事件的时候,要么就全站在"当时"写,要么就全站在"现在"写,用"现在"的思维去写"当时"的史实,难免会出现前人吟出后人诗的怪事。

58. 先"付梓"后"著述"

某杂志上有一篇文章讲述了唐朝围棋高手王积薪的故事。原话如下：

安史之乱渐息，三年后京城里换了皇帝。王积薪已不恋念棋待诏的头衔，仍一心付梓著述。

"付梓"一词听起来感觉有些陌生，平时这个词是不多用的，一般只在书面语中出现，口语中很少用。"付梓"的"梓"，指在木版上刻字，因为在古代多用的是木版印刷。将稿件交付刊印称为"付梓"。"著述"，即创作。古人创作文字多是手写，然后把写成的稿子交到专门负责刻字的匠人那里等待刊印。可见，先要完成手写稿才能交付刊印，也就是说要想"付梓"先得"著述"。文中的"付梓著述"意思就成了先付梓再著述，这是不合逻辑的。作者没有搞清"付梓"一词的真正含义，颠倒了"付梓"和"著述"的顺序。其实，这里也不必用"付梓"一词，按照文义，作者应该强调的是"一心著述"，因此，把"一心付梓著述"改成"一心埋头著述"即可。

| 特别提示 |

在写作中最好不要使用生僻的词语，这样既可以避免使用错误，也方便读者的理解。如果一定要用，就要对其进行详细的了解，包括意思、用法等，千万不要乱用。

59. "将于昨日"发放

新农村建设物资将于昨日开始发放。

这里的"将于昨日"一语犯了前后矛盾的语病。"将于"是将要在的意思，表示行为或事情即将发生但又还未发生时。"昨日"，即昨天，相对于今天来说是前一天，表示已经过去的时间。"将于"表将来，"昨日"表过去，两个词所表示的时态不同，并列在一起使用不符合语言逻辑。如果单从语言角度来看,"将于昨日"可有两种改法:一是保留"将于",把"昨日"改为"明日","将于明日"表示将要进行(行为);另一种是保留"昨日",把"将于"改成"已于","已于昨日"表示行为已经完成。

| 特别提示 |

表示时间的词有很多,有的表示过去的时间,如"已于";有的表示现在的时间,如"马上";有的表示将来的时间,如"将于"。在叙述的时候,一定要选择正确的时间词,否则就会造成时间上的混乱,让读者摸不着头脑。

自相矛盾

60. 已经开始学会

Lucas 已经开始学会走路的样子很可爱。

例句这样的错误很常见。"已经",副词,表示动作、变化完成或达到某种程度。"开始"作动词用时,表示从头起、从某一点起,或者表示动手做、着手进行。如果将"已经"看成是终点,那么"开始"就是起点,两个词并用,显然自相矛盾。例句有两种修改方法,一是将"开始"删除,二是将"已经"和"会"删除。

| 特别提示 |

"会"在例句中是个助动词,表示懂得怎么样做或有能力做,多半指需要学习的事情。

61. 最后一次见面……重新见到

那是他们最后一次见面,直到三年后及一九五〇年春我爹才重新见到我妈。

"最后"指的是在时间上或次序上在所有别的事项之后。一般地说,如果某一个行动被称为"最后",那么在其之后就不可能再次出现同样的行动。例句中说"他们"的"见面"是"最后一次",但又说"他们"又"重新见面"了,这就说明那"一次"并非"最后",那么就出现了前后矛盾的错误。因此,例句应适当修改。

| 特别提示 |

"最"本义就是表示某种事情超过所有同类的人或事物,所以在使用这个字的时候,要注意言语间是否矛盾。

62. 溜达时都会骑车去

在阅读中,经常会看到骑自行车"溜达",或坐车"溜达",真是让人无奈。看例句:

刘先生说:"我溜达的时候,都会骑车去。"

"溜达",动词,指散步、闲走。"骑车"指的是骑自行车。"溜达"和"骑车"在交通工具的使用上明显是矛盾的。"溜达"是步行,不使用交通工具,只是随便走走。"骑车"则是利用了交通工具——自行车。例句这样的错误在口语中很常见,但是在书面表达上要避免出现这样的错误。

| 特别提示 |

"溜达"不能写成"遛达"。

63. 在电话里母子哭作一团

在形容哭的时候,很多人常用"哭作一团",但是也很容易出现错误。

在电话里听到儿子的声音后,母子俩哭作一团。

772 / 中国人容易犯的1500个语言错误

"团"指分不开，聚合在一起，如"抱成团"。"哭作一团"指聚在一起哭。如果单看后半句，"哭作一团"的用法是正确的。但是例句有一个限定性的状语——介词短语"在电话里"，说明母子虽然是同时哭的，但是身在两地，这样的话，是不能聚在一起哭的。例句可以将"哭作一团"改成"同时痛哭不已"。

| 特别提示 |

与这个病句类似的句子是"在电话里……抱头痛哭"，一定要注意避免此类错误。

64. 全球现场观众

××演唱会全球现场观众可达上亿人。

这是某报纸对一位明星演唱会报道的最后一句话，本意是想说明观看演唱会的人数多，但是因为作者用词不当，出现了自相矛盾的错误。

就例句来说，买票进场观看演唱会的人称为"现场观众"。如果演唱会是电视转播，那么还可以说是有"全球"的观众，当然"全球"观众中肯定包括"现场"观众。但"全球"的就不能再使用"现场"来限定了，因为演唱会的现场再大，也容纳不下"全球"的观众。很多人容易出现与例句一样的错误，在写作中要加以注意。

| 特别提示 |

"观众"，指看表演、比赛，或看电影、电视的人。也就是说，看直播或转播的人也叫观众，但他们不在现场。

65. 人工栽植的自然林

这个公园里大多数是人工栽植的自然林。

"自然林"就是天然林，是自然繁殖和变异形成的森林。具有环境适应力强、色林结构分布相对稳定的特点，成长时间较长，分为原始林和次生林两类。人工栽植的就是"人工林"，是采用人工播种、栽植或扦插等方法营造培育而成的森林。从概念上我们就能看出，"人工林"和"自然林"是相对的。自然的就不会是人工手段下出现的，作者显然是没有弄清楚"自然林"的概念，使得句子出现自相矛盾的错误。例句应该将"自然林"改成"树林"。

| 特别提示 |

现存的世界上最著名的天然林包括：非洲中部热带雨林、南美洲亚马孙河流域的热带雨林、俄罗斯北部的寒带针叶林、美国大峡谷地区等。

66. 基本爆满

基本爆满的上座率还是给了莫文蔚面子。

乍一读这句话似乎很顺畅，可是仔细一琢磨："基本爆满"是何概念？究竟是满员还是未满员呢？如果是"爆满"，就不应该用"基本"。"基本"一词在《现代汉语词典》上有明确的解释，其中有一个义项是大体上，如"产品质量基本合格"，意思是大体上合格。根据上述句子的意思来看，作者是想说演唱会观众比较多，以至于快要"爆满"，而实际上并未达到"爆满"的程度，所以用了个"基本"。但"基本"后面跟着用了个"爆满"就不妥当了，"爆满"一词是用来形容戏院、影院、竞赛场所等人多到没有空位的程度。如果还有空位，那就不能称之为"爆满"。如果说成"基本爆满"，就表示还有空位，却又座无虚席，这不是自相矛盾吗？

| 特别提示 |

"基本"相当于"大多数"，表示多数符合条件，而不是全部符合。它是不能与表示完全的词语如"全部""爆满"等连用的。

67. 一个……一类

他感兴趣的话题，其实只有一个，就是"兼济天下"一类……

该句犯了前后矛盾的语病。

例句前面说"他感兴趣的话题"，只有"一个"，后面又说就是"……一类"。"一个"显然不等同于"一类"。修改方法有两种，一是删去"一个，就是"，一是删去"一类"。即"他感兴趣的话题，其实只有'兼济天下'一类……"；或者是"他感兴趣的话题，其实只有一个，就是'兼济天下'……"

| 特别提示 |

"一类"表示一个种类或同一类别，但不可说成"一别"。

68. 无法用语言来表达

此时此刻，我激动的心情真是无法用语言来表达。

这样的说法经常能听到，意思是形容自己的心情非常激动，以至于找不到一个恰当的词语来形容。可能大多数人都不觉得这样的表述方式有什么问题，但仔细分析，就会发现这句话本身就是自相矛盾的。例句说"无法用语言来表达"，难道例句本身不是语言吗？"我"的心情不是已经通过上面的语言表达出来了吗？又怎么能说"无法用语言来表达"呢？这显然是自相矛盾。

| 特别提示 |

"无法用语言来表达"是不能随意说出口的，因为在你说出这句话的时候，你就已经用语言在表达了。